Diogenes Taschenbuch 21292

JOSEPH VICTOR VON SCHEFFEL, geboren 1826 in Karlsruhe, war ein im 19. Jahrhundert vielgelesener deutscher Schriftsteller und Dichter, Autor von Erzählungen und Versepen sowie mehrerer bekannter Liedertexte. Er starb 1886 in Karlsruhe.

Joseph
Victor von Scheffel

Ekkehard

Roman
Mit einem Nachwort
des Autors

Diogenes

Der Text folgt dem dritten und vierten Teil der 1917
im Deutschen Verlagshaus Bong & Co., Berlin,
erschienenen Ausgabe von Scheffels Werken
Abbildung Seite 6: Illustration von Karl Mühlmeister
Covermotiv: Illustration von Karl Mühlmeister

Veröffentlicht als Diogenes Taschenbuch, 1985

info@diogenes.ch · www.diogenes.ch
In Fragen zur Produktsicherheit (GPSR):
truepages UG (haftungsbeschränkt)
Westermühlstraße 29, 80469 München
info@truepages.de
ASR / 20 / 852 / 9
ISBN 978 3 257 21292 1

Inhalt

Erster Teil

Zweiter Teil

Erster Teil

Hadwig, Herzogin von Schwaben

Es war vor beinahe tausend Jahren. Die Welt wußte weder von Schießpulver noch von Buchdruckerkunst. Über dem Hegau lag ein trüber bleischwerer Himmel, doch war von der Finsternis, die bekanntlich über dem ganzen Mittelalter lastete, im einzelnen nichts wahrzunehmen. Vom Bodensee her wogten die Nebel übers Ries und verdeckten Land und Leute. Auch der Turm vom jungen Gotteshaus Radolfszelle war eingehüllt, aber das Frühglöcklein war lustig durch Dunst und Dampf erklungen, wie das Wort eines verständigen Mannes durch verfinsternden Nebel der Toren.

Es ist ein schönes Stück deutscher Erde, was dort zwischen Schwarzwald und schwäbischem Meer sich auftut. Wer's mit einem falschen Gleichnis nicht allzu genau nimmt, mag sich der Worte des Dichters erinnern:

> Das Land der Alemannen mit seiner Berge Schnee,
> Mit seinem blauen Auge, dem klaren Bodensee,
> Mit seinen gelben Haaren, dem Ährenschmuck der Auen,
> Recht wie ein deutsches Antlitz ist solches Land zu schauen.

– wiewohl die Fortführung dieses Bildes Veranlassung werden könnte, die Hegauer Berge als die Nase in diesem Antlitz zu preisen.

Düster ragte die Kuppel des hohen Twiel mit ihren Klingsteinzacken in die Lüfte. Als Denkstein stürmischer Vorgeschichte unserer alten Mutter Erde stehen jene schroffen malerischen Bergkegel in der Niederung, die einst gleich dem jetzigen Becken des Sees von wogender Flut überströmt war. Für Fische und Wassermöwen mag's ein denkwürdiger Tag gewesen sein, da es in den Tiefen brauste und zischte und die basaltischen Massen glühend durch der Erdrinde Spalten sich ihren Weg über die Wasserspiegel bahnten. Aber das ist schon lange her.

Es ist Gras gewachsen über die Leiden derer, die bei jener Umwälzung mitleidlos vernichtet wurden; nur die Berge stehen noch immer, ohne Zusammenhang mit ihren Nachbarn, einsam und trotzig wie alle, die mit feurigem Kern im Herzen die Schranken des Vorhandenen durchbrechen, und ihr Gestein klingt, als säße noch ein Gedächtnis an die fröhliche Jugendzeit drin, da sie zuerst der Pracht der Schöpfung entgegen gejubelt.

Zur Zeit, da unsere Geschichte anhebt, trug der hohe Twiel schon Turm und Mauern, eine feste Burg. Dort hatte Herr Burkhard gehaust, der Herzog in Schwaben. Er war ein fester Degen gewesen und hatte manchen Kriegszug getan; die Feinde des Kaisers waren auch die seinen, und dabei gab es immer Arbeit: wenn's in Welschland ruhig war, fingen oben die Normänner an, und wenn die geworfen waren, kam etwann der Ungar geritten, oder es war einmal ein Bischof übermütig oder ein Grafe widerspenstig, – so war Herr Burkhard zeitlebens mehr im Sattel als im Lehnstuhl gesessen. Demgemäß ist erklärlich, daß er sich keinen sanften Leumund geschaffen.

In Schwaben sprachen sie, er habe die Herrschaft geführt, sozusagen als ein Zwingherr, und im fernen Sachsen schrieben die Mönche in ihre Chroniken, er sei ein kaum zu ertragender Kriegsmann gewesen.[1]

Bevor Herr Burkhard zu seinen Vätern versammelt ward, hatte er sich noch ein Ehgemahl erlesen. Das war die junge Frau Hadwig, Tochter des Herzogs in Bayern. Aber in das Abendrot eines Lebens, das zur Neige geht, mag der Morgenstern nicht freudig scheinen. Das hat seinen natürlichen Grund.[2] Darum hatte Frau Hadwig den alten Herzog in Schwaben genommen ihrem Vater zu Gefallen, hatte ihn auch gehegt und gepflegt, wie es einem grauen Haupt zukam, aber wie der Alte zu sterben ging, hat ihr der Kummer das Herz nicht gebrochen.

Da begrub sie ihn in der Gruft seiner Väter und ließ ihm von grauem Sandstein ein Grabmal setzen und stiftete eine ewige Lampe über das Grab, kam auch noch etliche Male zum Beten herunter, aber nicht allzuoft.

Dann saß Frau Hadwig allein auf der Burg Hohentwiel; es

waren ihr die Erbgüter des Hauses und mannigfalt Befugnis, im Land zu schalten und zu walten, verblieben, sowie die Schutzvogtei über das Hochstift Konstanz und die Klöster um den See, und hatte ihr der Kaiser gebrieft und gesiegelt zugesagt, daß sie als Reichsverweserin in Schwaben gebieten solle, solange der Witwenstuhl unverrückt bleibe. Die junge Witib war von adeligem Gemüt und nicht gewöhnlicher Schönheit. Aber die Nase brach unvermerkt kurz und stumpflich im Antlitz ab, und der holdselige Mund war ein wenig aufgeworfen, und das Kinn sprang mit kühner Form vor, also, daß das anmutige Grüblein, so den Frauen so innig ansteht, bei ihr nicht zu finden war. Und wessen Antlitz also geschaffen, der trägt bei scharfem Geist ein rauhes Herz im Busen und sein Wesen neigt zur Strenge. Darum flößte auch die Herzogin manchem ihres Landes trotz der lichten Röte ihrer Wangen einen sonderbaren Schreck ein.[3]

An jenem nebligen Tag stand Frau Hadwig im Kabinett ihrer Burg und schaute in die Ferne hinaus. Sie trug ein stahlgrau Unterkleid, das in leichten Wellen über die gestickten Sandalen wallte, darüber schmiegte sich eine bis zum Knie reichende schwarze Tunika; im Gürtel, der die Hüften umschloß, glänzte ein kostbarer Beryll. Ein goldfadengesticktes Netz hielt das kastanienbraune Haar umfangen, doch unverwehrt umspielten sorgsam gewundene Locken die lichte Stirn.

Auf dem Marmortischlein am Fenster stand ein phantastisch geformtes dunkelgrün gebeiztes Metallgefäß, drin brannte ein fremdländisch Räucherwerk und wirbelte seine duftig weißen Wölklein zur Decke des Gemachs. Die Wände waren mit buntfarbigen gewirkten Teppichen umhangen.

Es gibt Tage, wo der Mensch mit jeglichem unzufrieden ist, und wenn er in den Mittelpunkt des Paradiesgartens gesetzt würde, es wär' ihm auch nicht recht. Da fliegen die Gedanken mißmutig von dem zu jenem und wissen nicht, wo sie anhalten sollen – aus jedem Winkel grinst ein Fratzengesicht herfür, und wenn einer ein fein Gehör hat, so mag er auch der Kobolde Gelächter vernehmen. Man sagt dortlands, der schiefe Verlauf solcher Tage rühre gewöhnlich davon her, daß man frühmorgens mit dem linken Fuß zuerst aus dem Bett gesprungen sei, was bestimmtem Naturgesetz zuwider.

Die Herzogin hatte heute ihren Tag. Sie wollte zum Fenster hinausschauen, da blies ihr ein feiner Luftzug den Nebel ins Angesicht; das war ihr nicht recht. Sie hub einen zürnenden Husten an. Wenn Sonnenschein weit übers Land geglänzt hätte, sie würde auch an ihm etwas ausgesetzt haben.

Der Kämmerer Spazzo war eingetreten und stand ehrerbietig am Eingang. Er warf einen wohlgefälligen Blick auf seine Gewandung, als wär' er sicher, seiner Gebieterin Augen heut auf sich zu lenken, denn er hatte ein gestickt Hemde von Glanzleinwand angelegt und ein saphirfarbiges Oberkleid mit purpurnen Säumen, alles nach neuestem Schnitt; erst gestern war des Bischofs Schneider von Konstanz damit herübergekommen.[4]

Der Wolfshund dessen von Fridingen hatte zwei Lämmer der Burgherde zerrissen, da gedachte Herr Spazzo pünktlichen Vortrag zu erstatten und Frau Hadwigs fürstliches Gutachten einzuholen, ob er in friedlichem Austrag sich mit dem Herrn des Schädigers vergleichen oder am nächsten Gaugericht Wehrgeld und Buße einklagen solle.[5] Er hub seinen Spruch an. Aber eh' und bevor er zu Ende gekommen, sah er, daß ihm die Fürstin ein Zeichen machte, dessen Bedeutung einem verständigen Mann nicht fremd bleiben konnte. Sie fuhr mit dem Zeigefinger der Rechten erst nach der Stirn, dann wies sie mit gleichem Finger nach der Tür. Da merkte der Kämmerer, daß es seinem eigenen Witz anheimgestellt sei, nicht nur den Bescheid wegen der Lämmer zu finden, sondern sich mit möglichster Beschleunigung zu entfernen. Er verbeugte sich und ging.

Mit heller Stimme rief Frau Hadwig jetzt: »Praxedis!« – Und wie's nicht sogleich die Stufen zum Saal heraufhuschte, rief sie noch einmal schärfer: »Praxedis!«

Es dauerte nicht lange, so schwebte die Gerufene ins Kabinett herein.

Praxedis war der Herzogin in Schwaben Kammerfrau, von griechischer Nation, ein lebend Angedenken, daß einst des Byzantiner Kaisers Basilius Sohn um Hadwigs Hand geworben.[6]

Der hatte das des Gesangs und weiblicher Kunstfertigkeit erfahrene Kind samt vielen Kleinodien und Schätzen der deutschen Herzogstochter geschenkt und als Gegengabe einen Korb erbeutet. Man konnte damals Menschen verschenken, auch kaufen. Freiheit war nicht jedem zu eigen. Aber eine Unfreiheit, wie sie das Griechenkind auf der schwäbischen Herzogsburg zu tragen hatte, war nicht drückend.

Praxedis war ein blasses feingezeichnetes Köpfchen, aus dem zwei große dunkle Augen unsäglich wehmütig und lustig zugleich in die Welt vorschauten. Das Haar trug sie in Flechten um die Stirn geschlungen; sie war schön.

»Praxedis, wo ist der Star?« sprach Frau Hadwig.

»Ich werd' ihn bringen«, sagte die Griechin. Und sie ging und brachte den schwarzen Gesellen, der saß so breit und frech in seinem Käfig, als wenn sein Dasein im Weltganzen eine klaffende Lücke auszufüllen hätte. Der Star hatte bei Hadwigs Hochzeit sein Glück gemacht.[7] Ein alter Fiedelmann und Gaukler hatte ihm unter langwieriger Mühsal einen lateinischen Hochzeitsgruß eingetrichtert; das gab einen großen Jubel, wie beim Festschmaus der Käfig auf den Tisch gestellt war und der Vogel seinen Spruch sprach: »Es ist ein neuer Stern am Schwabenhimmel aufgegangen, der Stern heißt Hadwig, Heil ihm!« und so weiter.

Der Star war aber tiefer gebildet. Er konnte außer dem gereimten Klingklang auch das Vaterunser hersagen. Der Star war auch hartnäckig und konnte seine Grillen haben, so gut wie eine Herzogin in Schwaben.

Heute mußte dieser eine Erinnerung an alte Zeit durch den Sinn geflogen sein, der Star sollte den Hochzeitsspruch sagen. Der Star aber hatte seinen frommen Tag. Und wie ihn Praxedis ins Gemach trug, rief er feierlich: »Amen!« und wie Frau Hadwig ihm ein Stück Honigkuchen in den Käfig reichte und schmeichelnd fragte: »Wie war's mit dem Stern am schwäbischen Himmel, Freund Star?«, da sprach er langsam: »Führe uns nicht in Versuchung!« Wie sie aber zur Ergänzung seines Gedächtnisses ihm zuflüsterte: »Der Stern heißt Hadwig, Heil ihm!« – da fuhr der Star in seiner Melodie fort und intonierte würdig: »Erlöse uns von dem Übel!«

»Fürwahr, das fehlt noch, daß auch die Vögel heutigestags unverschämt werden«, rief Frau Hadwig; »Burgkatze, wo steckst du?«, und sie lockte die schwarze Katze herbei, der war der Star schon lange ein Dorn im Auge; mit funkelnden Augen kam sie geschlichen.

Frau Hadwig erschloß den Käfig und überantwortete ihr den Vogel, der Star aber, dem schon die scharfen Krallen das Gefieder zausten und etliche Schwungfedern geknickt hatten, ersah noch ein Gelegenheitlein und entwischte durch einen Spalt am Fenster.

Bald war er verschwunden, ein schwarzer Punkt im Nebel.

»Eigentlich«, sprach Frau Hadwig, »hätt' ich ihn auch im Käfig behalten können. Praxedis, was meinst du?«

»Meine Herrin hat bei allem recht, was sie tut«, erwiderte diese.

»Praxedis«, fuhr Frau Hadwig fort, »hol' mir meinen Schmuck. Mich gelustet, eine goldene Armspange anzulegen.«

Da ging Praxedis, die immerwillige, und brachte der Herzogin Schmuckkästchen. Das war von getriebenem Silber, mit starken unfertigen Strichen waren etliche Gestalten darin angebracht in erhabener Arbeit, der Heiland als guter Hirt und Petrus mit dem Schlüssel und Paulus mit dem Schwert, samt allerhand Blattwerk und reich verschlungener Zierat, als wenn es früher zur Aufbewahrung von Reliquien gedient hätte. Es war durch Herrn Burkhard eingebracht worden, doch sprach er nie gern davon, denn er kam zu selber Zeit von einer Fehde heimgeritten, darin er einen burgundischen Bischof schwer überrannt und niedergeworfen hatte.

Wie die Herzogin das Kästchen aufschlug, gleißten und glänzten die Kleinodien mannigfalt auf dem roten Samtfutter. Bei solchen Denkzeichen der Erinnerung kommen allerhand alte Geschichten herangeschwirrt. Auch das Bildnis des griechischen Prinzen Konstantin lag dort, zierlich, geleckt und sonder Geist vom Byzantiner Meister auf Goldgrund gemalt.

»Praxedis«, sprach Frau Hadwig, »wie wär's geworden, wenn ich deinem spitznasigen, gelbwangigen Prinzen die Hand gereicht hätte?«

»Meine Herrin«, war Praxedis' Antwort, »es wäre sicher gut geworden.«

»Ei«, fuhr Frau Hadwig fort, »erzähl' mir etwas von deiner langweiligen Heimat, ich möchte mir gern vorstellen, was ich für einen Einzug in Konstantinopolis gehalten hätte.«

»O Fürstin«, sprach Praxedis, »meine Heimat ist schön« – wehmütig ließ sie ihr dunkles Aug' in die neblige Ferne gleiten – »und solch trüber Himmel wenigstens wär' Euch am Ufer des Marmormeeres für immer erspart. Auch Ihr hättet den Schrei des Staunens nicht unterdrückt, wenn wir auf stolzer Galeere dahin gefahren wären: an den sieben Türmen vorbei, da heben sich zuerst die dunklen Massen, Paläste, Kuppeln, Gotteshäuser, alles im blendend weißen Marmor, aus den Brüchen der Insel Prokonnesos, groß und stolz steigt die Lilie des Meeres aus dem blauen Grunde auf, dort ein dunkler Wald von Zypressen, hier die riesige Wölbung der Hagia Sophia, auf und ab das weite Vorgebirg des Goldenen Horns; gegenüber am asiatischen Gestade grüßt eine zweite Stadt, und als blaugoldner Gürtel schlingt sich das schiffbelastete Meer um den Zauber – o Herrin, auch im Traum vermag ich hier im schwäbischen Land den Glanz jenes Anblicks nicht wieder zu schauen.

Und dann, wenn die Sonne niedergestiegen und über flimmernden Meereswellen die Nacht aufgeht, der Königsbraut zu Ehren alles im blaufahlen Glanz griechischen Feuers, – jetzt fahren wir im Hafen ein, die große Kette, die ihn sonst absperrt, löst sich dem Brautschiff, Fackeln sprühen am Ufer, dort steht des Kaisers Leibwache, die Waräger mit ihren zweischneidigen Streitäxten und die blauäugigen Normänner, dort der Patriarch mit zahllosen Priestern, überall Musik und Jubelruf, und der Königssohn im Schmucke der Jugend empfängt die Verlobte; nach dem Palaste von Blacharnä wallt der Festzug ...«

»Und all diese Herrlichkeit habe ich versäumt«, spottete Frau Hadwig. »Praxedis, dein Bild ist nicht vollständig. Und schon des andern Tags kommt der Patriarch und erteilt der abendländischen Christin einen scharfen Glaubensunterricht, was von all den Ketzereien zu halten, die auf eurem verstandesdürren Erdreich aufsprießen wie Stechapfel und Bilsenkraut, – und was von den Bildern der Mönche und dem Konzilschluß zu Chalzedon und Nizäa; dann kommt die Großhofmeisterin und lehrt die Gesetze der Sitte und Bewegung: so die Stirn gefaltet und so die Schleppe getragen, diesen Fußfall vor dem Kaiser und jene Umarmung der Frau Schwiegermutter und diese Höflichkeit gegen jenen Günstling und jene gigantische Redensart gegen dieses Untier: Eure Gravität, Eure Eminenz, Eure erhabene und wunderbare Größe! – was am Menschen Lebenslust und Kraft heißt, wird abgetötet, und der Herr Gemahl gibt sich auch als gefirnißtes Püppchen zu erkennen, eines Tages steht der Feind vor den Toren oder der Thronfolger ist den Blauen und Grünen des Zirkus nicht genehm, der Aufstand tobt durch die Straßen, und die deutsche Herzogstochter wird geblendet ins Kloster gesteckt ... Was frommt's ihr dann, daß ihre Kinder schon in der Wiege mit dem Titel Alleredelster begrüßt wurden? Praxedis, ich weiß, warum ich nicht nach Konstantinopolis ging.«

»Der Kaiser ist der Herr der Welt«, sprach die Griechin; »was der Wille seiner Ewigkeit ordnet, ist wohlgetan; so hat man mich gelehrt.«

»Hast du auch schon darüber nachgedacht, daß es dem Menschen ein kostbar Gut ist, sein eigener Herr zu sein?«

»Nein«, sprach Praxedis.

Das angeregte Gespräch behagte der Herzogin.

»Was hat denn«, fuhr sie fort, »euer Byzantiner Maler für einen Bescheid heimgebracht, da er mein Konterfei fertigen sollte?«

Die Griechin schien die Frage überhört zu haben. Sie hatte sich erhoben und stand am Fenster.

»Praxedis«, sprach Frau Hadwig scharf, »antworte!«

Da lächelte die Gefragte mild und sagte: »Das ist schon eine lange Zeit her, aber Herr Michael Thallelaios hat wenig Gutes von Euch gesprochen. Die schönsten Farben habe er bereit gehalten, so erzählt' er uns, und die feinsten Goldblättchen, Ihr seiet ein reizend Kind gewesen, wie man Euch zum Gemaltwerden vor ihn führte, und es hab' ihn feierlich angemutet, als sollt' er seine ganze Kunst zusammennehmen, wie damals, als er die Mutter Gottes fürs Athoskloster malte. Aber die Prinzessin Hadwig hätten geruht, die Augen zu verdrehen, und wie er eine bescheidene Einwendung erhoben, hätten Eure Gnaden die Zunge gewiesen und beide Hände mit gestreckten Fingern an die Nase gehalten und in anmutig gebrochenem Griechisch gesagt, das sei die rechte Stellung.

Der Herr Hofmaler nahm Veranlassung, vieles über den Mangel an Bildung in deutschen Landen dran zu knüpfen, und hat einen hohen Schwur getan, daß er zeitlebens dort kein Fräulein mehr malen wolle. Und der Kaiser Basilius hat auf den Bericht hin grimmig in den Bart gebrummt ...«[8]

»Laß Seine Majestät brummen«, sprach die Herzogin. »Und flehe zum Himmel, daß er jeder andern die Geduld verleihen möge, die mir damals ausging. Ich habe noch nicht Gelegenheit gehabt, einen Affen zu sehen, aber allem zufolge, was glaubwürdige Männer erzählen, reicht Herrn Michaels Ahnentafel zu jenen Mitgliedern der Schöpfung hinauf.«

Sie hatte inzwischen die Armspange angelegt, es waren zwei ineinanderverstrickte Schlangen, die sich küssen, jede trug ein Krönlein auf dem Haupt.[9] Da ihr unter dem vielen Geschmucke jetzt ein schwerer silberner Pfeil unter die Hände geraten war, so mußte auch er seinen Aufenthalt im Gefängnis des Schreins mit anderem Platze vertauschen. Er ward in die Maschen des goldfadigen Haarnetzes gezogen.

Als wollte sie des Schmuckes Wirkung prüfen, ging Frau Hadwig mit großen Schritten durchs Gemach. Ihr Gang war herausfordernd. Aber der Saal war leer: selbst die Burgkatze war von dannen geschlichen. Spiegel waren keine an den Wänden. Der Zustand wohnlicher Einrichtung überhaupt ließ damals manches zu wünschen übrig.

Praxedis' Gedanken waren noch bei der vorigen Geschichte. »Gnädige Gebieterin«, sprach sie, »er hat mich doch gedauert.«

»Wer?«

»Des Kaisers Sohn. Ihr seid ihm im Traum erschienen, sagt er, und all sein Glück hab' er von Euch erhofft. Er hat auch geweint ...«

»Laß die Toten ruhen«, sprach Frau Hadwig ärgerlich. »Nimm lieber die Laute und sing mir das griechische Liedlein:

Konstantin, du armer Knabe,
Konstantin, und laß das Weinen!«

»Sie ist zersprungen«, war die Antwort, »und alle Saiten zugrund' gerichtet, seit die Frau Herzogin geruhten, sie ...«

»Sie dem Grafen Boso von Burgund an den Kopf zu werfen«, ergänzte Hadwig. »Dem ist nicht zu viel geschehen, 's war gar nicht notwendig, daß er uneingeladen zur Leichenfeier Herrn Burkhards kam und mir Trost zusprechen wollte, als wär' er ein Heiliger. Laß die Laute flicken.

Sag' mir indes, du griechische Goldblume, warum hab' ich heut den festlichen Schmuck angelegt?«

»Gott ist allwissend«, sprach die Griechin, »ich weiß es nicht.« Sie schwieg. Frau Hadwig schwieg auch. Da trat eine jener schwülen inhaltsvollen Pausen ein, wie sie der Selbsterkenntnis vorangehen. Endlich sprach die Herzogin: »Ich weiß es auch nicht!«

Sie schlug mißmutig die Augen nieder: »Ich glaube, es geschah aus Langerweile. Der Gipfel unseres Hohentwiel ist aber auch ein gar zu betrübtes Nest – zumal für eine Witib. Praxedis, weißt du ein Mittel gegen die Langeweile?«

»Ich habe einmal von einem weisen Prediger gehört«, sprach Praxedis, »es gäb' mannigfaltige Mittel dawider: Schlafen, Trinken, Reisen – das beste sei Fasten und Beten.«

Da stützte Frau Hadwig ihr Haupt auf die lilienweiße Hand, sah die dienstbereite Griechin scharf an und sprach: »Morgen reisen wir!«

Die Jünger des heiligen Gallus

Des andern Tages fuhr die Herzogin samt Praxedis und großer Gefolgschaft im lichten Schein des Frühmorgens über den Bodensee. Der See war prächtig blau, die Wimpel flaggten lustig, und war viel Kurzweil auf dem Schiff. Wer sollt' auch traurig sein, wenn er über die kristallklare Wasserfläche dahinschwebt, die baumumsäumten Gestade mit Mauern und Türmen ziehen im bunten Wechsel an ihm vorbei, fern dämmern die schneeigen Firnen, und der Widerschein des weißen Segels verzittert im Spiele der Wellen?

Keines wußte, wo das Ziel der Fahrt. Sie waren's aber so gewohnt.

Wie sie an der Bucht von Rorschach[10] anfuhren, hieß die Herzogin einlenken. Zum Ufer steuerte das Schiff, übers schwanke Brett stieg sie ans Land. Und der Wasserzoller kam herbei, der dort den Welschlandfahrern das Durchgangsgeld abnahm, und der Weibel des Marktes und wer immer am jungen Hafenplatz seßhaft war, sie riefen der Landesherrin ein rauhes: »Heil Herro! Heil Liebo!«[11] zu und schwangen mächtige Tannenzweige. Grüßend schritt sie durch die Reihen und gebot ihrem Kämmerer, etliche Silbermünzen auszuwerfen, aber es galt kein langes Verweilen. Schon standen die Rosse bereit, die waren zur Nachtzeit insgeheim vorausgeschickt worden; wie alle im Sattel saßen, sprach Frau Hadwig: »Zum heiligen Gallus!« Da schauten sich die Dienstleute verwundert an: »Was soll uns die Wallfahrt?« Zum Antworten war's nicht Zeit, schon ging's im Trab das hügelige Stück Landes hinauf, dem Gotteshaus entgegen.

Sankt Benedikt und seine Schüler haben die bauliche Anlage ihrer Klöster wohl verstanden. Landab, landauf, so irgendwo eine Ansiedelung steht, die gleich einer Festung einen ganzen Strich beherrscht, als Schlüssel zu einem Tal, als Mittelpunkt sich kreuzender Heerstraßen, als Hort des feinsten Weinwuchses: so mag der Vorüberwandernde bis auf weitere Widerlegung die Vermutung aussprechen, daß sotanes Gotteshaus dem Orden Benedicti zugehöre oder vielmehr zugehört habe, denn heutigestags sind die Klöster seltener und die Wirtshäuser häufiger, was mit steigender Bildung zusammenhängt.

Auch der irische Gallus hatte einen löblichen Platz erwählt, da er, nach Waldluft gierig,[12] in helvetischer Einöde sich festsetzte: ein hochgelegenes Tal, durch dunkle Bergrücken von den milderen Gestaden des Sees gesondert, steinige Waldbäche brausen vorüber, und die riesigen Wände des Alpsteins, dessen Spitzen, mit ewigem Schnee umhüllt, im Gewölke verschwinden, erheben sich als schirmende Mauer zur Seite.

Es war ein sonderbarer Zug, den jene Glaubensboten von Albion und Erin aufs germanische Festland führte. Genau besehen ist's ihnen kaum zu allzu hohem Verdienst anzurechnen. »Die Gewohnheit, in die Fremde zu ziehen, ist den Briten so in die Natur gewachsen, daß sie nicht anders können«,[13] schrieb schon in Karls des Großen Tagen ein unbefangener schwäbischer Mann. Sie kamen als Vorfahren der heutigen Touristen, man kannte sie schon von weitem am fremdartig zugeschnittenen Felleisen.[14] Und ein mancher blieb haften und ging nimmer heim, wiewohl die ehrsamen Landesbewohner ihn für sehr unnötig halten mochten. Aber die größere Zähigkeit, das Erbteil des britischen Wesens, lebensgewandte Kunst, sich einzurichten, und beim Volk die mystische Ehrfurcht vor dem Fremden gab ihren Bestrebungen im Dienst der Kirche Bestand.

Andere Zeiten, andere Lieder! Heute bauen die Enkel jener Heiligen den Schweizern für gutes eidgenössisches Geld die Eisenbahn.[15]

Aus der schmucklosen Zelle an der Steinach, wo der irische Einsiedel seine Abenteuer mit Dornen, Bären und gespenstigen Wasserweibern bestand, war ein umfangreich Kloster emporgewachsen. Stattlich ragte der achteckige Turm der Kirche aus schindelgedeckten Dächern der Wohngebäude; Schulhäuser und Kornspeicher, Kellerei und Scheunen waren daran gebaut, auch ein klappernd Mühlrad ließ sich hören, denn aller Bedarf zum Lebensunterhalt muß in des Klosters nächster Nähe bereitet werden, auf daß es den Mönchen nicht notwendig falle, in die Ferne zu schweifen, was ihrem Seelenheil undiensam. Eine feste Ringmauer mit Turm und Tor umschloß das Ganze, minder des Zierats als der Sicherheit halber, maßen mancher Gewaltige im Land das Gebot: »Laß dich nicht gelüsten deines Nachbars Gut!« dazumal nicht allzustrenge einhielt.

Es war Mittagszeit vorüber, schweigende Ruhe lag über dem Tal. Des heiligen Benedikt Regel ordnet für diese Stunde, daß ein jeder sich still auf seinem Lager halte, und wiewohl von der gliederlösenden Glut italischer Mittagssonne, die Menschen und Tier in des Schlummers Arme treibt, diesseits der Alpen wenig zu verspüren, folgten sie im Kloster doch pflichtgemäß dem Gebot.[16]

Nur der Wächter auf dem Torturm stand, wie immer, treulich und aufrecht im mückendurchsummten Stüblein.

Der Wächter hieß Romeias und hielt gute Wacht. Da hörte er durch den nahen Tannwald ein Roßgetrabe; er spitzte sein Ohr nach der Richtung. »Acht oder zehn Berittene!« sprach er nach prüfendem Lauschen; er ließ das Fallgatter vom Tor herniederrasseln, zog das Brücklein, was über den Wassergraben führte, auf und langte sein Horn vom Nagel. Und weil sich einiges Spinnweb drin festgesetzt hatte, reinigte er dasselbe.

Jetzt kamen die vordersten des Zuges am Waldsaum zum Vorschein. Da fuhr Romeias mit der Rechten über die Stirn und tat einen sonderbarlichen Blick hinunter. Das Endergebnis seines Blickes war ein Wort: »Weibervölker!?« – er sprach's halb fragend, halb als Ausruf, und lag weder Freudigkeit noch Auferbauung in seinem Worte. Er griff sein Horn und blies dreimal hinein. Es war ein ungefüger stiermäßiger Ton, den er hervorlockte, und war dem Hornblasen deutlich zu entnehmen, daß weder Musen noch Grazien die Wiege des Romeias zu Villingen im Schwarzwald umstanden hatten.

Wenn einer im Wald sich umgeschaut hat, so hat er sicher schon das Getrieb' eines Ameisenhaufens angesehen. Da ist alles wohlgeordnet und geht seinen gemeinsamen Gang und freut sich der Ruhe in der Bewegung: itzt fährst du mit deinem Stab darein und scheuchest die vordersten: da bricht Verwirrung aus, Rennen und wimmelnder Zusammenlauf – alles hat der eine Stoß verstört. Also und nicht anders fuhr der Stoß aus Romeias Horn aufjagend ins stille Kloster.

Da füllten sich die Fenster am Saal der Klosterschulen mit neugierigen jungen Gesichtern, manch lieblicher Traum in einsamer Zelle entschwebte, ohne seinen Schluß zu finden, manch tiefsinnige Meditation halbwachender Denker desgleichen; der böse Sindolt, der in dieser Stunde auf seinem Schragen des Ovidius verboten Büchlein »Von der Kunst, zu lieben« zu ergründen pflegte, rollte eiligst die pergamentnen Blätter zusammen und barg sie im schützenden Versteck seines Strohsacks.

Der Abt Cralo sprang aus seinem Lehnstuhl und reckte seine Arme der Decke seines Gemaches entgegen, ein schlaftrunkener Mann; auf schwerem Steintisch stund ein prachtvoll silbern Wasserbecken,[17] darein tauchte er den Zeigefinger und netzte die Augen, des Schlummers Rest zu vertreiben. Dann hinkte er zum offenen Söller seines Erkers und schaute hinab.

Und er ward betrüblich überrascht, als wär' ihm eine Walnuß aufs Haupt gefallen: »Heiliger Benedikt, sei mir gnädig, meine Base, die Herzogin!«

Sofort schürzte er seine Kutte, strich den schmalen Büschel Haare zurecht, der ihm inmitten des kahlen Scheitels noch stattlich emporwuchs gleich einer Fichte im öden Sandfeld,[18] hing das güldene Kettlein mit dem Klostersigill um, nahm seinen Abtsstab von Apfelbaumholz, dran der reichverzierte Elfenbeingriff erglänzte, und stieg in den Hof hernieder.

»Wird's bald?« rief einer der Berittenen draußen. Da gebot er dem Wächter, daß er die Angekommenen nach ihrem Begehr frage. Romeias tat's.

Jetzt ward draußen ins Horn gestoßen, der Kämmerer Spazzo ritt als Herold ans Tor und rief mit tiefer Stimme:

»Die Herzogin und Verweserin des Reichs in Schwabenland entbeut dem heiligen Gallus ihren Gruß. Schaffet Einlaß.«

Der Abt seufzte leise. Er stieg auf Romeias' Warte; an seinen Stab gelehnt, gab er denen vor dem Tor den Segen und sprach:

»Im Namen des heiligen Gallus dankt der unwürdigste seiner

Jünger für den erlauchten Gruß. Aber sein Kloster ist keine Arche, drin jegliche Gattung von Lebendigem, Reines und Unreines, Männlein und Weiblein Eingang findet. Darum – ob auch das Herz von Betrübnis erfüllt wird – ist Einlaßschaffen ein unmöglich Ding. Der Abt muß am Tag des Gerichts Rechenschaft ablegen über die seiner Hut vertrauten Seelen. Die Nähe einer Frau, und wär' sie auch die erlauchteste im Lande, und der hinfällige Scherz der Kinder dieser Welt wär' allzu große Versuchung für die, so zuerst nach dem Reich Gottes und seiner Gerechtigkeit trachten müssen. Beschweret das Gewissen des Hirten nicht, der um seine Lämmer Sorge trägt. Kanonische Satzung sperrt das Tor.

Die gnädige Herzogin wird in Trogen oder Rorschach des Klosters Villa zu ihrer Verfügung finden . . .«

Frau Hadwig saß schon lange ungeduldig im Sattel; jetzt schlug sie mit der Reitgerte ihren weißen Zelter, daß er sich mäßig bäumte, und rief lachenden Mundes:

»Spart die Umschweife, Vetter Cralo; ich will das Kloster sehen!«

Wehmütig hob der Abt an: »Wehe dem, durch welchen Ärgernis in die Welt kommt. Ihm wäre heilsamer, daß an seinem Hals ein Mühlstein . . .«

Aber seine Warnung kam nicht zu Ende. Frau Hadwig änderte den Ton ihrer Stimme. »Herr Abt, die Herzogin in Schwaben *muß* das Kloster sehen!« sprach sie scharf.

Da ward es dem Schwergeprüften klar, daß weiterer Widerspruch kaum möglich ohne große Gefahr für des Gotteshauses Zukunft. Noch sträubte sich sein Gewissen. Wenn einer in zweifelhafter Lage aus sich selber keine Auskunft zu schöpfen weiß, ist's dem schwanken Gemüt wohltätig, andere zu gutem Rat beizuziehen, das nimmt die Verantwortung und deckt den Rücken.

Drum rief Cralo jetzt hinunter: »Da Ihr hartnäckig darauf besteht, muß ich's der Ratsversammlung der Brüder vortragen. Bis dahin geduldet Euch!«

Er schritt zurück über den Hof, im Herzen den stillen

Wunsch, daß eine Sintflut vom Himmel die Heerstraße zerstören möge, die so leichtlich unberufenen Besuch herbeiführte. Sein hinkender Gang war eilig und aufgeregt, und es ist nicht zu verwundern, daß berichtet wird, er sei in selber Zeit in dem Klostergang auf- und abgeflattert wie ein Schwälblein vor dem Gewitter.[19]

Fünfmal erklang jetzt das Glöcklein von des heiligen Othmar Kapelle neben der Hauptkirche und rief die Brüder zum Kapitelsaal. Und der einsame Kreuzgang belebte sich mit einherwandelnden Gestalten; gegenüber vom sechseckigen Ausbau, wo unter säulengetragenen Rundbogen der Springquell anmutig in die metallene Schale niederplätscherte, war der Ort der Versammlung, eine einfache graue Halle; auf erhöhtem Ziegelsteinboden hob sich des Abtes Marmorstuhl, dran zwei rohe Löwenköpfe ausgehauen, Stufen führten hinauf. Vergnüglich streifte das Auge von dort an den dunkeln Pfeilern und Säulen vorüber ins Grün des Gärtleins im innern Hofe; Rosen und Malven blühten drin empor; die Natur sucht gütig auch die heim, die sich ihr abgekehrt.

In scharfem Gegensatz der Farbe hoben sich die weißen Kutten und dunkelfarbigen Oberkleider vom Steingrau der Wände; lautlos traten die Berufenen ein, flüchtig Nicken des Hauptes war der gegenseitige Gruß; wärmender Sonnenstrahl fiel durchs schmale Fenster auf ihre Reihen.

Es waren erprobte Männer, ein heiliger und Gott wohlgefälliger Senat.[20]

Der mit dem schmächtigen Körper und dem scharfen, von Fasten und Nachtwachen geblaßten Antlitz war Notker, der Stammler; ein wehmütig Zucken spielte um seine Lippen, lange Übung der Askesis hatte seinen Geist der Gegenwart entrückt. Früher hatte er gar schöne Singweisen erdacht, jetzt war er verdüstert und ging in der Stille der Nacht den Dämonen nach, mit ihnen zu kämpfen; in der Krypta des heiligen Gallus hatte er jüngst den Teufel erreicht und so darniedergeschlagen, daß er mit lautem Auwehschrei in einen Winkel sich barg; und seine Neider sagten, auch sein schwermütiges Lied *media vita* sei unheimlichen Ursprungs und vom bösen Feind geoffenbart als Lösegeld, da er ihn in seiner Zelle siegreich zusammengetreten unter starkem Fuße festhielt.

Aber neben ihm lächelte ein gutmütig ehrenfest Gesicht aus eisgrauem Bart hervor; der starke Tutilo war's; der saß am liebsten vor der Schnitzbank und schnitzte die wunderfeinen Bildwerke in Elfenbein; noch gibt das Diptychon mit Marias Himmelfahrt und dem Bären des heiligen Gallus Zeugnis von seiner Kunst. Aber wenn ihm der Rücken sich krümmen wollte von der Arbeit Last, zog er singend hinab auf die Wolfsjagd oder suchte einen ehrlichen Faustkampf zur Erholung; er focht lieber mit bösen Menschen als mit nächtlichem Spuk und sagte oft im Vertrauen zu seinem Freund Notker: »Wer so manchem in Christenheit und Heidenschaft ein blaues Denkzeichen verabreicht, wie ich, kann der Dämonomachia entbehren.«

Auch Ratpert kam herzu, der lang erprobte Lehrer der Schule, der immer unwillig auffuhr, wenn ihn das Kapitelglöcklein von seinen Geschichtsbüchern abrief. In vornehmer Haltung trug er das Haupt; er und die beiden andern waren ein Herz und eine Seele, ein dreiblättriger Klosterklee, so verschieden auch ihr Wesen.[21] Weil er unter den letzten in den Saal trat, kam Ratpert neben seinen Widersacher zu stehen, den bösen Sindolt, der tat, als sähe er ihn nicht, und flüsterte seinem Nachbar etwas zu; der war ein klein Männlein mit einem Gesicht wie eine Spitzmaus und kniff den Mund zusammen, denn Sindolt hatte ihm soeben zugeraunt, im großen Wörterbuch des Bischofs Salomo[22] sei zu der Glosse: »*Rabulista* bedeutet einen, der über jeglich Ding der Welt disputieren will«, von unbekannter Hand zugeschrieben worden: »Wie Radolt, unser Denkmann.«

Aus dem Dunkel im Saalesgrund ragte Sintram hervor, der unermüdliche Schönschreiber, dessen Schriftzüge die ganze zisalpinische Welt bewunderte;[23] die größten von Sankt Gallus' Jüngern an Maß des Körpers waren die Schotten, die am Eingang ihren Stand nahmen, Fortegian und Failan, Dubslan und Brendan und wie sie alle hießen, eine untrennbare Landsmannschaft, aber mißvergnügt über Zurücksetzung; auch der rotbärtige Dabduin stand dabei, der trotz der schweren eisernen Bußkette nicht zum Propst gewählt ward und zur Strafe für seine beißenden Schmähverse auf die deutschen Mitbrüder drei Jahre lang den dürren Pfirsichbaum im Klostergarten begießen mußte.

Und Notker, der Arzt, stund unter den Versammelten, der erst jüngst des Abts hinkendem Fuß die große Heilkur verordnet hatte mit Einreibung von Fischgehirn und Umschlag einer frisch abgezogenen Wolfshaut, auf daß die Wärme des Pelzes die gekrümmten Sehnen geradbiege:[24] sie hießen ihn das Pfefferkorn ob seiner Strenge in Handhabung der Klosterzucht; – und Wolo, der keine Frau ansehen konnte und keine reifen Äpfel,[25] und Engelbert, der Einrichter des Tiergartens, und Gerhard, der Prediger, und Folkard, der Maler: Wer kennt sie alle, die löblichen Meister, bei deren Aufzählung schon das nächstfolgende Klostergeschlecht wehmütig bekannte, daß solche Männer von Tag zu Tag seltener würden?

Jetzo bestieg der Abt seinen ragenden Steinsitz, und sie ratschlagten, was zu tun sei. Der Fall war schwierig. Ratpert trat auf und wies aus den Aufzeichnungen vergangener Zeit nach, auf welche Art einst dem großen Kaiser Karl ermöglicht worden, in des Klosters Inneres zu kommen.[26] Damals, sprach er, ward angenommen, er sei ein Ordensbruder, solang er in unsern Räumen weile, und alle taten, als ob sie ihn nicht kenneten; kein Wort ward gesprochen von kaiserlicher Würde und Kriegstaten oder demütigender Huldigung, er mußte einherwandeln wie ein anderer auch, und daß er des nicht beleidigt war, ist der Schutzbrief, den er beim Abzug über die Mauern hineinwarf, Zeuge.

Aber damit war das große Bedenken, daß jetzt eine Frau Einlaß begehrte, nicht gelöst. Die strengeren Brüder murrten, und Notker, das Pfefferkorn, sprach: »Sie ist die Witib jenes Landverwüsters und Klosterbeschädigers, der den kostbaren Kelch bei uns als Kriegssteuer erhob[27] und höhnend dazu sagte: ›Gott ißt nicht und trinkt nicht, was nützen ihm die güldenen Gefäße?‹ Laßt ihr das Tor geschlossen!«

Das war jedoch dem Abt nicht recht. Er suchte einen Ausweg.

Die Beratung war stürmisch, sie sprachen hin und her. Der Bruder Wolo, da er hörte, daß von einer Frau die Rede, schlich leis von dannen und schloß sich in seine Zelle.

Da hob sich unter den jüngeren einer und erbat das Wort.

»Sprechet, Bruder Ekkehard«,[28] rief der Abt.

Und das wogende Gemurmel verstummte; alle hörten den Ekkehard gern. Er war jung an Jahren, von schöner Gestalt und fesselte jeden, der ihn schaute, durch sittige Anmut, dabei weise und beredt, von klugverständigem Rat und ein scharfer Gelehrter. An der Klosterschule lehrte er den Virgilius, und wiewohl in der Ordensregel geschrieben stund: »zum Pörtner soll ein weiser Greis erwählt werden, dem gesetztes Alter das Irrlichtelieren unmöglich macht, damit die Ankommenden mit gutem Bescheid empfangen seien«, so waren die Brüder eins, daß er die erforderlichen Eigenschaften besitze, und hatten ihm auch das Pörtneramt übertragen.

Ein kaum sichtbares Lächeln war über seinen Lippen gelegen, dieweil die Alten sich stritten. Jetzt erhob er seine Stimme und sprach:

»Die Herzogin in Schwaben ist des Klosters Schirmvogt und gilt in solcher Eigenschaft als wie ein Mann. Und wenn in unserer Satzung streng geboten ist, daß kein Weib den Fuß über des Klosters Schwelle setze: man kann sie ja darüber tragen.«

Da heiterten sich die Stirnen der Alten, als wäre jedem ein Stein vom Herzen gefallen, beifällig nickten die Kapuzen, auch der Abt war des verständigen Wortes nicht unbewegt und sprach:

»Fürwahr, oftmals offenbart der Herr einem Jüngeren das Dienlichste,[29] Bruder Ekkehard, Ihr seid sanft wie die Taube, aber klug wie die Schlange, so sollt Ihr des eigenen Rats Vollstrecker sein. Wir geben Euch Dispens.«

Dem Pörtner schoß das Blut in die Wangen, er verbeugte sich, seinen Gehorsam anzudeuten.

»Und der Herzogin weibliche Begleitung?« frug der Abt weiter. Da wurde der Konvent eins, daß für diese auch die freimütigste Gesetzesauslegung keine Möglichkeit des Eintritts eröffne. Der böse Sindolt aber sprach: »Die mögen indessen zu den Klausnerinnen auf den Irenhügel gehen; wenn des heiligen Gallus Herde von einer Landplage heimgesucht wird, soll die fromme Wiborad auch ein Teil daran leiden.«

Der Abt pflog noch eine lange flüsternde Verhandlung mit Gerold, dem Schaffner, wegen des Vesperimbisses; dann stieg er von seinem Steinsitz und zog mit der Brüder Schar den Gästen entgegen. Die waren draußen schon dreimal um des Klosters Umfriedung herumgeritten und hatten sich mit Glimpf und Scherz des Wartens Ungeduld vertrieben.

In der Tonweise: *justus germinavit* kamen jetzt die eintönigen schweren Klänge des Lobliedes auf den heiligen Benediktus aus dem Klosterhof zu den Wartenden gezogen, das schwere Tor knarrte auf, heraus schritt der Abt, paarweise langsamen Ganges der Zug der Brüder, die beiden Reihen erwiderten sich die Strophen des Hymnus.

Dann gab der Abt ein Zeichen, daß der Gesang verstumme. »Wie geht's Euch, Vetter Cralo«, rief die Herzogin leichtfertig vom Roß, »hab' Euch lange nicht gesehen. Hinket Ihr noch?«

Cralo aber sprach ernst: »Es ist besser, der Hirt hinke, als die Herde.[30] Vernehmet des Klosters Beschluß.«

Und er eröffnete die Bedingung, die auf den Eintritt gesetzt. Da sprach Frau Hadwig lächelnd: »Solang ich den Zepter führe in Schwabenland, ist mir ein solcher Vorschlag nicht gemacht worden. Aber Eures Ordens Vorschrift soll von uns kein Leides geschehen; welchem der Brüder habt Ihr's zugewiesen, die Landesherrin über die Schwelle zu tragen?«

Sie ließ ihr funkelnd Auge über die geistliche Heerschar streifen. Wie sie auf Notkers, des Stammlers, unheimlich Schwärmerantlitz traf, flüsterte sie leise der Griechin zu: »Möglich, daß wir gleich wieder umkehren!«

Da sprach der Abt: »Das ist des Pörtners Amt, dort steht er.«

Frau Hadwig wandte den Blick in der Richtung, die des Abts Zeigefinger wies; gesenkten Auges stund Ekkehard; sie erschaute die sinnige Gestalt im rotwangigen Schimmer der Jugend, es war ein langer Blick, mit dem sie über die gedankenbewegten Züge und das wallende gelbliche Haupthaar und die breite Tonsur streifte.

»Wir kehren nicht um!« nickte sie zu ihrer Begleiterin, und bevor der kurzhalsige Kämmerer, der meistenteils den guten Willen und das Zuspätkommen hatte, vom Gaul herab und ihrem Schimmel genaht war, sprang sie anmutig aus dem Bügel, trat auf den Pörtner zu und sprach: – »So tut, was Eures Amtes!«

Ekkehard hatte sich auf eine Anrede besonnen und gedachte mit Anwendung tadellosen Lateins die sonderbare Freiheit zu rechtfertigen, aber wie sie stolz und gebietend vor ihm stand, versagte ihm die Stimme, und die Rede blieb, wo sie entstanden – in seinen Gedanken. Aber er war unverzagten Mutes und umfaßte mit starkem Arm die Herzogin, die schmiegte sich vergnüglich an ihren Träger und lehnte den rechten Arm auf seine Schulter. Fröhlich schritt er unter seiner Bürde über die Schwelle, die kein Frauenfuß berühren durfte, der Abt ihm zur Seite, Kämmerer und Dienstmannen folgten, hoch schwangen die dienenden Knaben ihre Weihrauchfässer, und die Mönche wandelten in gedoppelter Reihe, wie sie gekommen, hinterdrein, die letzten Strophen ihres Loblieds singend.

Es war ein wundersam Bild, wie es vor und nachmals in des Klosters Geschichte nicht wieder vorkam, und ließen sich von Freunden unnützer Worte an den Mönch, der die Herzogin trug, ersprießliche Bemerkungen anknüpfen über das Verhältnis der Kirche zum Staat in damaligen Zeiten und dessen Änderung in der Gegenwart ...

Die Naturverständigen sagen, daß durch Annäherung lebender Körper unsichtbar wirkende Kräfte tätig werden, ausströmen, ineinander übergehen und seltsamliche Beziehungen herstellen. Das mochte sich auch an der Herzogin und dem Pörtner bewähren; dieweil sie sich in seinen Armen wiegte, gedachte sie leise: »Fürwahr, noch keinem hat Sankt Benedikts Kapuze anmutiger gesessen als diesem«,[31] und wie er im kühlen Klostergang seine Bürde mit schüchternem Anstand absetzte, fiel ihm nichts auf, als daß ihm die Strecke vom Tor bis hierher noch niemals so kurz vorgekommen.

»Ich bin Euch wohl schwer gefallen?« sprach die Herzogin sanft.

»Hohe Herrin, Ihr möget kecklich sagen, wie da geschrieben steht: mein Joch ist sanft und meine Bürde ist leicht«, war seine Erwiderung.

»Ich hätte nicht gedacht«, sprach sie darauf, »daß Ihr die Worte der Schrift zu einer Schmeichelrede anwendet. Wie heißet Ihr?«

Er antwortete: »Sie nennen mich Ekkehard.«

»Ekkehard! ich danke Euch!« sagte die Herzogin mit anmutvoller Handbewegung.

Er trat zurück an ein Bogenfenster im Kreuzgang und schaute hinaus ins Gärtlein. War's ein Zufall, daß ihm jetzt der heilige Christophorus vor die Gedanken trat?

Dem deuchte seine Bürde auch leicht, da er anhub, das fremde Kindlein auf starker Schulter über den Strom zu tragen, aber schwer und schwerer senkte sich die Last auf seinen Nacken und preßte ihn hinab in die brausende Flut, tief, tief, daß sein Mut sich neigen wollt' zu verzweifeln ...

Der Abt hatte einen köstlichen Henkelkrug bringen lassen, damit ging er selber zum Springquell, füllte ihn und trat vor die Herzogin. »Der Abt soll den Fremden das Wasser darbringen, ihre Hand zu netzen«, sprach er, »und sich samt der ganzen Brüderschaft zur Fußwaschung –«

»Wir danken«, fiel ihm Frau Hadwig in die Rede. Sie sprach's mit entschiedenem Ton. Indes hatten zwei der Brüder eine Truhe herabgeholt, sie stand geöffnet im Gang. Drein griff jetzt der Abt, zog eine funkelneue Kutte herfür und sprach: »So ernenne ich denn unseres Klosters erlauchten Schirmvogt zum Mitglied und zugeschriebenen Bruder und schmück' ihn dessen zum Zeugnis mit des Ordens Gewandung.«[32]

Frau Hadwig fügte sich. Leicht bog sie das Knie, da sie die Kutte aus seinen Händen empfing; sie warf das ungewohnte Kleidungsstück um, es stand ihr gut, faltig war's und weit, wie die Regel besagt: »Der Abt soll ein scharfes Auge haben, daß die Gewänder nicht zu kurz seien für ihre Träger, sondern wohlgemessen.«

Reizend sah das lichte Frauenantlitz aus der dunklen Kapuze.

»Für Euch gilt das Gleiche!« rief nun der Abt zu der Herzogin Gefolge. Da hatte der böse Sindolt seine Freude dran, Herrn Spazzo einzukleiden. »Und wißt Ihr auch«, raunte er ihm ins Ohr, »was die Kutte für Euch zu bedeuten hat? – Daß Ihr die Gelüste der Welt abschwöret und einen mäßigen, armen und keuschen Wandel gelobet für immerdar!«

Herr Spazzo war schon mit dem rechten Arm in das faltige Ordensgewand gefahren, schnell zog er ihn wieder zurück. »Halt an«, zürnte er, »da muß ich Einsprache tun!« Sindolt schlug ein Gelächter auf, da merkte der Kämmerer, es sei so ernst nicht gemeint, und sprach: »Bruder, Ihr seid ein Schalk!«

Bald prangten auch die Gefolgsmänner im Schmuck des Ordenskleides, manchem der neuerschaffenen Mönche hing der lange Bart ordnungswidrig bis an den Gürtel, und das sittige Niederschlagen des Blicks gelang noch nicht ganz nach Vorschrift.[33]

Der Abt geleitete seine Gäste zuerst zur Kirche.

Wiborada Reclusa

Einer von denen, die am wenigsten sich des unerwarteten Besuchs ergötzten, war Romeias, der Wächter am Tor. Er wußte ungefähr, was ihm bevorstand, aber nicht alles. Während der Abt die Herzogin empfing, kam Gerold, der Schaffner, zu ihm und sprach: »Romeias, rüstet Euch, auszuziehen! Ihr sollt auf den nächsten Meierhöfen ansagen, daß sie noch heut vor Abend die schuldigen Hühner[34] zur Ausschmückung der Mahlzeit schicken, und sollt einen guten Bissen Wildbret beschaffen.«

Des war Romeias zufrieden. Es fügte sich nicht zum ersten Male, daß er das Gasthuhn zu heischen ging, und die Meier und Kellerer auf den Höfen duckten sich des Romeias Worten, denn er hatte eine kräftige Sprache zum Anbefehlen. Des Weidwerks aber freute er sich zu jeder Zeit. Darum nahm Romeias seinen Jagdspieß, ging die Armbrust über und wollte gehen, ein Rudel

Hunde zu lösen. Gerold, der Schaffner, aber zupfte ihn am Gewand und sagte: »Romeias, noch etwas! Ihr sollet auch der Herzogin Frauenzimmer, denen der Eintritt verwehrt ist, hinauf ins Schwarzatal führen und der frommen Wiborad vorstellen, daß sie bei ihr Kurzweil finden, bis der Abend kommt. Und sollet fein artig sein, Romeias, es ist eine Griechin dabei mit gar dunkeln Augen ...«

Da legten sich drei tiefe Falten über Romeias' Stirn, und er stieß den Jagdspieß auf den Boden, daß es klirrte. »Weibervölker begleiten?« rief er, – »dazu ist der Wächter am Tor des heiligen Gallus nicht nutz!«

Gerold aber nickte ihm bedeutungsvoll zu und sprach: »Ihr müßt's versuchen, Romeias. Ist's nicht schon zugetroffen, daß Wächter, die ihren Auftrag getreulich erfüllten, des Abends einen großen Steinkrug Klosterwein in ihrem Stüblein vorfanden? Hallo, Romeias!«

Des Mißmutigen Antlitz heiterte sich. Und er ging hinab in den Hof und löste die Hunde; der Spürhund und der Leithund sprangen an ihm hinauf, auch das Biberhündlein kläffte vergnüglich und wollte mit ausziehen,[35] aber verächtlich jagte er's heim, der Fischteich und seine Insassen gingen den Weidmann nichts an. Von seinen Rüden umbellt schritt er vors Tor.

Praxedis und die anderen dienenden Frauen der Herzogin waren von den Pferden gestiegen und saßen auf einem Rain im Sonnenschein und hatten viel miteinander zu schwatzen von Mönchen und Kutten und Bärten und sonderbaren Launen ihrer Herrschaft. Da trat Romeias vor sie hin und sprach: »Vorwärts!«

Praxedis musterte den wilden Jägersmann und war sich nicht klar, was sie aus ihm machen sollte; mit schnippischer Stimme fragte sie: »Wohin, guter Freund?« Romeias aber hob seinen Spieß und deutete nach einem nahen Hügel hinter dem Walde und sagte nichts. Da sprach Praxedis: »Sind die Worte bei Euch in Sankt Gallen so teuer zu kaufen, daß Ihr keinen anderen Bescheid gebt?«

Die Dienerinnen lachten.

Da sprach Romeias ernst: »Möcht' euch doch allzusamt ein Donnerwetter sieben Klafter tief in Erdboden hinein verschlagen!«

Praxedis erwiderte: »Wir danken Euch, guter Freund!« Hiemit war die schickliche Einleitung zu einem Gespräch gefunden. Romeias eröffnete seinen Auftrag, die Frauen folgten ihm willig.

Und allmählich fand der Wächter, daß es nicht der härteste Dienst sei, solche Gäste zu geleiten, und wie die Griechin ihn des Näheren über Wächterei und Jagdhantierung befragte, ward seine Zunge gelöst, und er erzählte von Bären und Wildschweinen, daß es eine Freude war, und erzählte sogar sein großes Jagdstück von dem furchtbaren Eber, dem er einst den Speer in die Seite geworfen und ihn doch nicht zu erlegen vermochte, denn er hatte Füße, einer Wagenlast an Maß gleich, und Borsten, so hoch wie die Tannen des Forstes, und Zähne, zwölf Ellen lang,[36] – und ward zusehends artiger, denn, wie die Griechin einmal ihren Schritt hemmte, um einer Drossel Schlag zu belauschen, hielt auch Romeias geduldig an, wiewohl ihm sonst ein Singvogel ein viel zu erbärmlich Stück Wild war, als daß er ihn großen Aufmerkens gewürdigt. Und wie Praxedis sich nach einem schönen Goldkäfer bückte, der im rötlichen Moos herumkletterte, wollte ihr Romeias dienstwillig den Käfer mit schwerbesohltem Fuß zur Hand schieben, und daß er ihn bei solcher Gelegenheit zertrat, war nicht seine Absicht.

Sie stiegen einen düsteren Bergpfad hinauf; über zerklüftete Nagelfluhfelsen rann die Schwarza zu Tale. An jenem Abhang war einst der heilige Gall in die Dornen gefallen und hatte zum Begleiter, der ihn aufrichten wollte, gesprochen: »Laß mich liegen, hier soll meine Ruhe sein und mein Haus für alle Zeit!«[37]

Sie waren nicht lang bergan geklommen, da kamen sie an einen freien, tannwaldumsäumten Platz. An schirmende Felswand angelehnt, stand dort eine schlichte Kapelle in Form eines Kreuzes. Nah dabei war ein viereckig Häuslein gemauert, das mit der Rückseite auch an den Fels anstieß; nur eine einzige niedere Fensteröffnung, mit einem Holzladen verschließbar, war dran zu schauen; nirgends eine Türe oder anderweiter Eingang, und war nicht abzusehen, wie ein Mensch in solch Gebäu Einlaß finden mochte, wofern er nicht durch eine Luke im Dach von seiten der Felswand sich hinabließ. Gegenüber stund ein gleiches Gelaß, so ebenfalls nur ein einzig Fensterlein hatte.

Es war ein häufiger Brauch dazumal, daß solche, die Neigung zum Mönchsleben verspürten und die sich, wie der heilige Benedikt sagt,[38] stark genug fühlten, den Kampf mit dem Teufel ohne Beihilfe frommer Genossenschaft auf eigene Faust zu bestehen, sich in solch einen Gaden einmauern ließen. Man hieß sie *Reclusi,* Eingeschlossene, Klausner, und war ihre Nutzbarkeit und Lebensabsicht der der Säulenheiligen in Ägyptenland zu vergleichen; scharfer Winterswind und Schneefall macht freilich diesseits der Alpen die Absperrung in frischer Luft unmöglich, das Anachoretengelüst war nicht minder stark.[39]

In den vier engen Wänden hier auf dem Irenhügel hauste nun die Schwester Wiborad,[40] eine vielgepriesene Klausnerin ihrer Zeit.

Sie stammte aus Klingnau im Aargau und war eine stolze, spröde Jungfrau gewesen, in mancher Kunst bewandert, und hatte von ihrem Bruder Hitto alle Psalmen lateinisch beten gelernt und war ehedem nicht abgeneigt, einem Mann sein Leben zu versüßen, wenn sie den rechten finden mochte, aber die Blüte aargauischer Landeskraft fand keine Gnade vor ihren Augen, und sie tat eine Wallfahrt gen Rom. Und dort muß ihr unstet Gemüt durchschüttert worden sein, keiner der Zeitgenossen hat erfahren wie; – drei Tage lang rannte ihr Bruder Hitto das Forum auf und nieder, und durch die Hallen des Kolosseum und unter Konstantins Triumphbogen durch bis zum vierstirnigen Janus an der Tiber unten, und suchte seine Schwester und fand sie nicht; am Morgen des vierten Tags kam sie zum salarischen Tor herein und trug ihr Haupt hoch und ihre Augen leuchtend und sprach, es sei alles nichts auf der Welt, solang nicht dem heiligen Martinus die Ehre erwiesen werde, die seinem Verdienst gebühre.

Wie sie aber zurückkehrte in die Heimat, verschrieb sie ihr

Hab und Gut der Bischofskirche zu Konstanz mit dem Bedingnis, daß die geistlichen Herren jeweils am elften jedes Herbstmonats dem heiligen Martin ein besonderes Fest halten sollten; sie selber trat in ein eng Häuslein, wo die Klausnerin Zilia sich seßhaft gemacht, und führte ein klösterlich Leben. Und wie es ihr dort nimmer zuträglich war, verzog sie sich ins Tal des heiligen Gallus; der Bischof selbst gab ihr das Geleit und tat ihr den schwarzen Schleier um und führte sie an der Hand in die Zelle am Irenhügel und sprach den Segen darüber; mit der Mauerkelle tat er den ersten Schlag auf die Steine, mit denen der Eingang vermauert ward, und drückte viermal sein Sigill auf das Blei, damit sie die Fugen löteten, und schied sie von der Welt, und die Mönche sangen dazu, als würd' einer begraben, dumpf und traurig.

Die Leute ringsum aber hielten die Klausnerin hoch in Ehren; sie sei eine hartgeschmiedete Meisterin,[41] sagten sie, und an manchem Sonntag stund Haupt an Haupt auf dem Wiesenplan, und Wiborad stund an ihrem Fensterlein und predigte ihnen, und andere Frauen siedelten sich in die Nähe und suchten bei ihr Anleitung zur Tugend.

»Wir sind an Ort und Stelle«, sprach Romeias. Da blickte Praxedis mit ihren Begleiterinnen um. Kein menschlich Wesen war zu erschauen; verspätete Schmetterlinge und Käfer summten im Sonnenschein, und die Grille zirpte flügelwetzend im Gras. An Wiborads Zelle war der Fensterladen angelehnt, so daß nur ein schmaler Streif Sonnenlicht hineinfallen konnte. Dumpfes, langsam und halb durch die Nase gesungenes Psalmodieren tönte durch die Einsamkeit.

Romeias klopfte mit seinem Jagdspieß an den Fensterladen, der blieb, wie er war, angelehnt; das Psalmodieren tönte fort. Da sprach der Wächter: »Wir müssen sie anderweitig herausklopfen!«

Romeias war ein Mann von ungeschliffener Lebensart, sonst hätte er nicht getan, was er jetzt tat.

Er begann ein Lied zu singen, womit er oftmals die Klosterschüler ergötzte, wenn sie in seine Turmstube entwischten, ihn am Bart zu zupfen und mit dem großen Wächterhorn zu spielen. Es war eine jener Kantilenen, wie deren, seit daß es eine deutsche Zunge gibt, auf freier Heerstraße, an Wegscheiden und Waldecken und draus auf weiter Halde schon manches gute Tausend in den Wind gesungen und wieder verweht worden, und lautete also:

Ich weiß einen Stamm im Eichenschlag,
Der steht im grünsten Laube,
Dort lockt und lacht den ganzen Tag
Eine schöne wilde Taube.

Ich weiß einen Fels, draus schillt und schallt
Nur Krächzen und Geheule,
Dort haust fahlgrau und mißgestalt
Eine heisre Schleiereule.

Des Jägers Horn bringt süßen Klang,
Des Jägers Pfeil Verderben:
Die Taube grüß' ich mit Gesang,
Die Eul' muß mir ersterben!

Romeias' Lied hatte ungefähr die Wirkung, als wenn er einen Feldstein in Wiborads Laden geworfen. Alsbald erschien eine Gestalt an der viereckigen Fensteröffnung, auf hagerem Halse hob sich ein blasses, vergilbtes Frauenantlitz, in dem der Mund eine feindselige Richtung aufwärts gegen die Nase genommen; von dunklem Schleier vermummt, beugte sie sich weit aus dem Fensterlein, die Augen glänzten unheimlich. »Schon wieder, Satanas?« rief sie.

Da trat Romeias vor und sprach mit gutmütigem Ausdruck: »Der böse Feind weiß keine so schönen Lieder wie Romeias, der Klosterwächter. Beruhigt Euch, Schwester Wiborad, ich bring' ein paar feine Jungfräulein, die Herren im Kloster lassen sie Euch zu annehmlicher Unterhaltung empfohlen sein.«

»Hebet euch weg, ihr Truggestalten!« rief die Klausnerin. »Wir kennen die Schlingen, die der Versucher legt. Weichet, weichet!«

Praxedis aber näherte sich der Zelle und neigte sich sittig vor der dürren Bewohnerin: sie komme nicht aus der Hölle, sondern vom hohen Twiel herüber, setzte sie ihr auseinand'. Ein wenig falsch konnte das Griechenkind auch sein, denn wiewohl ihre Kenntnis von der Klause im Schwarzatal sich erst von heute herschrieb, fügte sie doch bei, sie hätte von dem auferbaulichen Wandel der Schwester Wiborad schon so viel vernommen, daß sie die erste Gelegenheit genutzt, bei ihr anzusprechen.

Da schien es, als wollten sich einige Runzeln auf Wiborads Stirn glätten. »Reich' mir die Hand, Fremde!« sprach sie und reckte ihren Arm zum Fensterlein hinaus. Die Kutte streifte sich ein weniges zurück, da war er in seiner ganzen fleischlosen Magerheit dem Sonnenschein ausgesetzt.

Praxedis reichte ihr die Rechte. Wie der junge, lebenswarme Pulsschlag der weißen Hand an der Klausnerin dürre Finger anschlug, war sie langsam von der Griechin Menschlichkeit überzeugt.

Romeias merkte die Wendung zum Besseren, er wälzte etliche Felsstücke unter das Fenster der Zelle. »In zwei Stunden hol' ich euch wieder ab; behüt' Gott, ihr Jungfräulein!« sprach er. »Und erschreckt nicht, wenn sie in Verzuckung kommt«, flüsterte er der Griechin zu.

Hiemit pfiff Romeias seinen Hunden und schritt ins Waldesdickicht. Er legte auch etwa dreißig Schritte ohne Hindernis zurück, aber dann drehte er sein struppig Haupt und wandte den ganzen Menschen um; auf den Spieß gestemmt, schaute er unverrückt nach dem Platz vor der Klause, als hätt' er etwas verloren. Hatte aber nichts zurückgelassen.

Praxedis lächelte und warf dem gröbsten aller Wächter eine Kußhand zu. Da machte Romeias kehrt, wollte seinen Spieß schultern, ließ ihn fallen, hob ihn auf, stolperte, erholte sich wieder und verschwand in gutem Trab jenseits der moosverwachsenen Stämme.

»O Kind der Welt, das in Finsternis wandelt«, schalt die Klausnerin herab, »was soll die Bewegung deiner Hand?«

»Ein Scherz ...« sprach Praxedis unbefangen.

»Eine Sünde!« rief Wiborad mit rauher Stimme. Praxedis erschrak.

»O Teufelswerk und Verblendung!« fuhr jene predigend fort. »Da lasset Ihr Eure Augen listig herumstreifen, bis sie dem Manne als wie ein Blitz ins Herz fahren, und werft ihm eine Kußhand zu, als wenn das nichts wäre. Ist das nichts, wenn einer rückwärts schaut, der vorwärts schauen sollte? Wer die Hand an den Pflug zu legen hat und siehet zurück, der ist nicht geschickt zum Reiche Gottes![42] Ein Scherz?! O reichet mir Ysop, Euch zu entsündigen, und Schnee, Euch rein zu waschen!«

»Daran hab' ich nicht gedacht«, sprach Praxedis errötend.

»Ihr denkt noch an vieles nicht!«, sprach Wiborad. Sie schaute Praxedis mit einem musternden Blick von oben bis unten an. »Ihr denkt auch nicht, daß Ihr heut ein grüngelb Gewand traget, und daß solch herausfordernde Farbe weltabgewandten Augen ein Greuel ist, und daß Ihr den Gürtel so lose und nachlässig darum geschlungen habet, als wäret Ihr eine landfahrende Tänzerin. Wachet und betet!«

Die Klausnerin verschwand eine Weile, dann kehrte sie zurück und reichte einen grobgedrehten Strick heraus. »Du dauerst mich, arme Lachtaube«, sprach sie. »Reiß ab die seidegestickte Umwindung und empfah' hier den Gürtel der Entsagung aus Wiborads Händen; der soll dir eine Mahnung sein, daß du unnützem Schwatzen und Tun den Abschied gebest. Kommt aber wieder eine Versuchung eitlen Herzens über dich, Wächtern Kußhände zuzuwerfen, so wende dein Haupt gen Sonnenaufgang und singe den Psalm: Herr, zu meinem Beistand eile herbei! – und will auch dann der Friede nicht bei dir einkehren, so brenn ein Wachslicht an und halt den Zeigefinger über die Flamme, so wirst du sicher sein zur Stunde.[43] Das Feuer heilt das Feuer.«

Praxedis schlug die Augen nieder.

»Eure Worte sind bitter«, sprach sie.

»Bitter!« rief die Klausnerin, »gelobt sei der Herr, daß auf meinen Lippen kein süßer Geschmack wohnt! Der Mund der

Heiligen muß bitter sein. Da Pachomius in der Wüste saß, trat der Engel des Herrn zu ihm und brach die Blätter des Lorbeerbaums und schrieb die Worte des Gebets drauf und gab sie dem Pachomius und sprach: ›Verschling die Blätter; sie werden schmecken in deinem Mund wie Galle, aber dein Herz wird erfüllet werden vom Überschwall wahrer Weisheit.‹ Und Pachomius nahm die Blätter und aß sie, und von Stund' an blieb sein Mund bitter, sein Herz aber füllte sich mit Süße, und er pries den Herrn.«[44]

Praxedis schwieg. Es blieb eine Zeitlang still. Die andern Frauen der Herzogin waren nicht mehr zu sehen. Wie die Klausnerin ihren Gürtel herausreichte, hatten sie einand' mit dem Ellbogen angestoßen und waren leise um das Häuslein geschlichen. Sie pflückten einen großen Strauß Heidekraut und Herbstblumen im Walde und kicherten dazu.

»Wollen wir auch einen solchen Gürtel umlegen?« sprach die eine.

»Wenn die Sonne schwarz aufgeht«, sprach die andere.

Praxedis hatte den Strick ins Gras gelegt. »Ich will Euch Eures Gürtels nicht berauben«, sprach sie jetzt schüchtern zum Fenster der Zelle hinauf.

»O harmloses Gemüt«, sprach Wiborad, »der Gürtel, den wir tragen, ist kein Kinderspiel wie der, den ich dir reichte; der Gürtel Wiborads ist ein eiserner Reif mit stumpfen Stacheln und klirrt wie eine Kette und schneidet ein; – deine Augen erschauerten seines Anblicks.«[45]

Praxedis schaute nach dem Wald, als wollte sie spähen, ob Romeias nicht bald zurückkehre. Die Klausnerin mochte bemerken, daß es ihrem Gast nicht allzu behaglich war, sie reichte ein Brett aus ihrem Fensterlein, drauf war ein halb Dutzend rotgrüner Äpfel gelegt.

»Wird dir die Zeit lang, Tochter der Welt?« sprach sie. »Greif zu, wenn die Worte des Heils dich nicht sättigen. Backwerk und Süßigkeiten hab' ich nicht, aber auch diese Äpfel gefallen dem Herrn wohl, sie sind die Speise der Armen.«

Die Griechin wußte, was der Anstand erheischt. Aber es waren Holzäpfel. Wie sie den ersten zur Hälfte verzehrt, verzog sich ihr anmutiger Mund, und unfreiwillige Tränen perlten in den Augen.

»Wie schmecken sie?« rief die Klausnerin. Da tat Praxedis, als ob des Apfels Rest zufällig ihrer Hand entfalle. »Wenn der Schöpfer allen solche Herbigkeit anerschaffen, so hätte Eva nimmermehr vom Apfel gekostet«, sprach sie mit sauersüßem Lächeln.

Wiborad war beleidigt! »Gut!« erwiderte sie, »daß du der Eva Angedenken nicht erlöschen lässest. Die hat denselben Geschmack gehabt wie du, drum ist auch die Sünde in die Welt gekommen.«[46]

Die Griechin blickte nach dem Himmel. Aber nicht aus Rührung. Ein Falke kreiste einsam über Wiborads Zelle. »O könnt' ich mit dir über den Bodensee fliegen«, dachte sie. Dann wiegte sie schalkhaft das Haupt.

»Wie muß ich's anfangen«, fragte sie, »daß ich vollkommen werde, wie Ihr?«

»Der Welt gründlich entsagen«, antwortete Wiborad, »ist eine Gnade von oben; der Mensch kann sich's nicht geben. Fasten, Quellwasser trinken, das Fleisch abtöten, Psalmen beten, das sind nur Vorbereitungen. Das Wichtigste ist ein guter Schutzheiliger. Wir Frauen sind ein gebrechlich Volk, aber eindringlich Gebet ruft die Streiter Gottes an unsere Seite, die helfen. Schau' her ans kleine Fenster, da steht er oft in nächtlicher Stille, der Erlesene meiner Gedanken, der tapfere Bischof Martinus, und hält Schild und Lanze wider die anstürmenden Teufel; ein blauer Strahlenglanz geht von seinem Haupte aus, es zuckt durchs Dunkel wie Wetterleuchten, wenn er naht, und grunzend entfliehen die Dämonen. Und wenn der Kampf geendet, dann pflegt er gar traulichen Zwiespruch; ich klag' ihm, was das Herz bedrängt, all die Not, die ich mit den Nachbarinnen habe, und alles Leid, das mir die Klosterleute zufügen, und der Heilige nickt und schüttelt die wallenden Locken und nimmt alles mit sich himmelaufwärts und teilt es seinem Freund, dem Erzengel Michael, mit, der hat jeden Montag Wache am Thron Gott Vaters,[47] so kommt's an den rechten Ort, und Wiborad, die letzte der letzten im Dienste des Hochthronenden, ist nicht vergessen ...«

»Da will ich den heiligen Martinus auch zu meinem Schutzpatron erwählen«, sprach Praxedis. Aber darauf hatte Wiborads Lobspruch nicht gezielt. Sie warf einen verächtlich eifersüchtigen Blick auf die roten Wangen der Griechin. »Der Herr verzeih Euch Eure Anmaßung«, sprach sie mit gefalteten Händen; – »glaubt Ihr, das ist mit einem leichtfertigen Wort und mit einem glatten Gesicht getan? Unerhört! Viel lange Jahre hab' ich gerungen und die Falten der Askesis wie Narben auf der Stirn getragen und war noch nicht von ihm begnadigt, daß er mir nur einen Blick zuwarf. Es ist ein fürnehmer Heiliger und ein tapferer Kriegsmann vor dem Herrn, der schaut nur auf erprobte Streiterinnen.«

»Er wird mein Gebet nicht gröblich abweisen«, warf Praxedis ein.

»Ihr sollt aber nicht zu ihm beten«, rief Wiborad zornig, »Ihr dürft nicht zu ihm beten. Was hat er mit Euch zu schaffen? Für Euresgleichen sind andere Schutzheilige. Ich will Euch einen sagen. Nehmt Ihr den frommen Vater Pachomius zum Patron!«

»Den kenn' ich nicht«, sagte Praxedis.

»Schlimm genug, so lern' ihn itzt kennen. Der war ein ehrwürdiger Einsiedel in der thebaischen Wüste, aß Wurzeln und Heuschrecken und war so fromm, daß er schon bei Lebzeiten die Harmonie der Sphären und Planeten erklingen hörte, und sprach oft: ›Wenn alle Menschen das hören könnten, was meine Ohren zu hören gewürdigt sind, sie ließen Haus und Hof, und wer den rechten Schuh angezogen, ließe den linken und liefe in den Orient.‹ In Alexandria aber war eine Maid, die hieß Thaïs, und niemand wußte, was unendlicher an ihr, die Schönheit oder der Leichtsinn. Da sprach Pachomius: ›Eine solche ist dem ganzen Land Ägypten eine Plage‹, und machte sich auf, schnitt seinen Bart, salbte sich und bestieg sein Krokodil, das er durch die Kraft des Gebets dienstbar gemacht, das trug ihn auf schuppigem Rücken den Nil hinab, und er ging zu ihr, als wär' er ein

Liebhaber. Seinen großen Palmstock hatte er auch mitgenommen und erschütterte das Herz der Sünderin dermaßen, daß sie ihre Seidengewande verbrannte und ihren Schmuck dazu und dem Pachomius folgte wie ein Zicklein dem Hirten. Und er schloß sie in ein Felsengrab ein, daran ließ er nur ein klein Fenster und unterwies sie im Gebet, und nach fünf Jahren war der Thaïs Läuterung zu Ende und vier Engel trugen ihre Seele gerettet gen Himmel.«[48]

Aber Praxedis war nicht sehr auferbaut. »Der alte Wüstenvater mit seinem struppigen Bart und den bitteren Lippen ist ihr nicht vornehm genug, da soll ich mit ihm vorliebnehmen«, dachte sie. Sie wagte nicht, es auszusprechen.

Jetzt tönte die Vesperglocke vom Kloster durch den Tannenwald herauf. Da trat die Klausnerin vom Fenster ab und schloß ihren Laden. Dumpfes Psalmbeten ward drinnen hörbar, untermischt mit einem Geräusch wie von niederfallenden Streichen. Sie geißelte sich.

Inzwischen hatte Romeias im fernen Gehölz das Gejaid begonnen und warf seinen Spieß; aber er hatte einen Eichstrunk für ein Rehlein angesehen. Zürnend zog er sein Geschoß aus dem widerstrebenden Holz, – es war das erstemal in seinem Leben, daß ihm solches vorkam.

Vor Wiborads Klause war's lange still. Dann tönte ihre Stimme wieder, aber wie verwandelt, mit klangvoller Leidenschaft: »Steig hernieder, heiliger Martinus, tapferer Kriegstribun, du meine Trösteinsamkeit, Stern im Dunkel der Zeit! steig hernieder, meine Seele ist gerüstet, dich zu erschauen, meine Augen dürsten nach dir.«[49]

Und wieder war's still auf dem Plan – da schreckte Praxedis zusammen. Ein dumpfer Schrei klang in der Zelle auf. Sie sprang ans Fenster und schaute hinein: die Klausnerin war in die Knie gesunken, die Arme hoch erhoben, ihre Augen gläsern starrend. Neben ihr lag die Geißel, das Werkzeug der Buße.

»Um Gottes willen!« rief Praxedis, »was ist Euch?«

Wiborad fuhr empor und preßte der Griechin Hand krampfhaft. »Menschenkind«, sprach sie mit gebrochenem Ton, »die du Wiborads Schmerzen zu sehen gewürdigt bist, klopf' an deine Brust, es ist ein Zeichen geschehen. Ausgeblieben ist der Erwählte meiner Gedanken, er zürnt, daß sein Name von unheiligen Lippen entweiht ward, aber der heilige Gallus ist dem Aug' meiner Seele erschienen, er, der noch niemals Einkehr hier genommen – und sein Antlitz war das eines Dulders und sein Gewand zerrissen und brandig. Seinem Kloster droht ein Unheil. Wir müssen eine Fürbitte tun, daß seine Jünger nicht straucheln auf dem Pfad der Gerechten.«

Sie beugte sich aus dem schmalen Fenster und rief zur nachbarlichen Klause hinüber: »Schwester Wendelgard!«

Da schob sich drüben das Lädlein zurück, ein ältlich Antlitz erschien, das war die brave Frau Wendelgard, die dort um ihren Ehegemahl trauerte, der vom letzten Heereszug nimmer heimgekommen.

»Schwester Wendelgard«, sprach Wiborad, »laß uns dreimal singen den Psalm: ›Sei mir gnädig, o Gott, nach deiner Huld.‹«

Aber die Schwester Wendelgard hatte just mit träumender Sehnsucht ihres Eheherrn gedacht; sie wußte in festem Gottvertrauen, daß er dereinst noch heimkehren werde aus der Hunnen Landen, und hätte am liebsten jetzt schon die Pforte ihrer Klause eingetreten, hinauszuschreiten in die wehende Luft, ihm entgegen.

»Es ist nicht die Stunde des Psallierens«, rief sie hinüber.

»Desto lieblicher klingt freiwillige Andacht zum Himmel empor«, sprach Wiborad. Und sie intonierte mit rauher Stimme den Psalm. Aber die Antwort blieb aus. »Was stimmst du nicht in Davids Schallgesang?«

»Ich mag nicht«, war Wendelgards einfache Antwort. Es war ihr in langjährigem Klausnertum allmählich schwül geworden. Viel tausend Psalmen hatte sie auf Wiborads Geheiß gesungen, daß der heilige Martinus ihren Ehegespons heraushaue aus der Feinde Gewalt, aber die Sonne ging auf, die Sonne ging nieder – noch immer blieb er aus. Und die hagere Nachbarin mit ihren Phantasmen war ihr verleidet.

Wiborad aber wandte ihre Augen unverrückt dem Himmel

zu, gleich einem, der am hellen Tag einen Kometen zu entdekken gedenkt: »O Gefäß voll Ungehorsam und Bosheit«, rief sie, »ich will für dich beten, daß die bösen Geister von dir gebannet werden. Dein Aug' ist blind, dein Sinn ist wirr.«

Doch ruhig antwortete die Gescholtene: »Richtet nicht, auf daß auch ihr nicht gerichtet werdet. Mein Aug' ist noch so scharf wie vor Jahresfrist, da es Euch in mondumglänzter Nacht erschauen konnte, wie Ihr aus dem Fenster der Klause stieget und hinausgewandelt seid, Gott weiß wohin, – und mein Sinn erwäget noch wohl, ob Psalmengesang aus solchem Munde ein Wunder zu wirken imstande.«

Da verzog sich Wiborads bleiches Antlitz, als ob sie auf einen Kieselstein gebissen hätte. »Weh dir, Teufelgeblendete!« schrie sie, ein Schwall scheltender Reden entströmte ihren Lippen; die Nachbarin blieb keine Antwort schuldig, schneller und schneller kam Wort auf Wort geflogen, verschlang sich, verwirrte sich; von den Felswänden klang unharmonischer Widerhall drein und schreckte ein Käuzleinpaar auf, das dort in den Spalten horstete und scharf krächzend von dannen flatterte ... am Portal des Münsters zu Worms, da die Königinnen einander schalten, ging's sänftlicher zu als jetzo.

Mit stummem Erstaunen horchte Praxedis dem Lärm; gern wäre sie beschwichtigend dazwischengetreten, aber Sanftes taugt nicht, um Schneidiges zu trennen.

Da tönte vergnüglicher Schall des Hifthorns vom Walde her und kläffendes Rüdengebell; langsam kam des Romeias hohe Gestalt geschritten. Das zweitemal, da er den Spieß geworfen, war's kein Baumstrunk, sondern ein stattlicher Zehnender; der Hirsch hing ihm auf dem Rücken, sechs lebende Hasen, die der Klostermeier von Tablatt in Schlingen gefangen, trug er gefestigt am Gürtel.

Und wie der Weidmann die Klausnerinnen erschaute, freute sich sein Herz; kein Wörtlein sprach er, wohl aber löste er der lebenden Häslein zwei ihrer Bande; einen in der Rechten, einen in der Linken schwingend, warf er sie so sicher durch die engen Klausfenster der Streitenden, daß Wiborad, vom weichen Fell elektrisch am Haupte berührt, mit lautem Aufschrei zurückfuhr. Der braven Wendelgard hatte sich in währender Hitze des Zwiegesprächs der schwarze Habit gelöst, der Hase fuhr ihr so plötzlich zwischen Hals und Kapuze und verfing sich in der Gewandung und suchte einen Ausweg und wußte nicht wohin, daß auch sie ein jäher Schreck überfiel. Da stellten beide die Scheltung ein, die Fensterläden schlossen sich, ruhig ward's auf dem Hügel.[50]

»Wir wollen heim«, sprach Romeias zur Griechin, »es will Abend werden.« Praxedis war weder vom Gezänk noch von Romeias' Friedestiftung so auferbaut, daß sie länger zu bleiben gewünscht hätte. Ihre Begleiterinnen hatten bereits auf eigene Faust den Rückweg angetreten.

»Die Hasen gelten bei Euch nicht viel«, sprach sie zum Wächter, »daß Ihr sie so grob in die Welt hinauswerfet.«

»Nicht viel«, lachte Romeias, »doch wär' das Geschenk eines Dankes wert.«

Zu selber Zeit hob sich die Dachluke an Wiborads Zelle, die hagere Gestalt ward zur Hälfte sichtbar, ein mäßiger Feldstein flog über Romeias' Haupt hin, er traf ihn nicht. Das war der Dank für den Hasen.

Man ersieht daraus, daß die Formen geselligen Verkehrs mannigfach von den heutigen verschieden waren.

Praxedis sprach ihr Befremden aus.

»So etwas kommt alle paar Wochen einmal vor«, erwiderte Romeias. »Mäßiger Geifer und Zorn schafft alten Einsiedlerinnen neue Lebenskraft; es ist ein gut Werk, zu Erregung derselben beizutragen.«

»Aber sie ist eine Heilige«, sagte Praxedis scheu.

Da brummte Romeias in den Bart. »Sie soll froh sein«, sprach er, »wenn sie's ist. Ich will ihr das Fell ihrer Heiligkeit nicht abziehen.[51] Aber seit ich in Konstanz meiner Mutter Schwester besucht, hab' ich allerhand erfahren, was mir nicht grün aussieht. Es ist dort noch nicht vergessen, wie sie vor des Bischofs Gericht sich verantworten mußte wegen dem und jenem, was mich nichts angeht, und die Konstanzer Kaufleute erzählen, ohne daß man sie fragt, wie ihnen die Klausnerinnen am Münster das Almosengeld, das fromme Pilgrime zutrugen, gegen Wucherzins ausgeliehen.[52] Was kann ich dafür, daß mir schon in Knabenzeit im Steinbruch ein seltsam großer Kiesel in die Hände kam? Wie ich den aufgehämmert, saß eine Kröte drin und machte verwunderte Augen. Seitdem weiß ich, was eine Klausnerin ist. Schnipp, schnapp – trari, trara!«

Romeias geleitete seine neue Freundin zur Pforte des außer Klosterbann gelegenen Hauses, das zu ihrer Herbergung bestimmt war. Dort standen die Dienerinnen, der Strauß Waldblumen, den sie gepflückt, lag auf dem Steintisch am Eingang.

»Wir müssen Abschied nehmen«, sagte der Wächter.

»Leb wohl«, sprach Praxedis.

Da ging er. Nach dreißig Schritten schaute er scharf zurück. Aber zweimal geht die Sonne an einem Tage nicht auf, am wenigsten für einen Wächter am Klostertor. Es ward ihm keine Kußhand mehr zugeworfen, Praxedis war ins Haus gegangen.

Da wandelte Romeias langsam zurück, griff, ohne anzufragen, den Blumenstrauß vom Steintisch und zog ab. Den Hirsch und die vier Hasen lieferte er der Klosterküche. Dann bezog er seine Wächterstube, nagelte den Strauß an die Wand und malte mit Kohle ein Herz dazu, das hatte zwei Augen und einen langen Strich als Nase und einen Querstrich als Mund.

Der Klosterschüler Burkard kam herauf, mit ihm zu spielen. Den faßte er mit gewaltiger Hand, reichte ihm die Kohle, stellte ihn vor die Wand und sprach: »Schreib den Namen drunter!«

»Was für einen Namen?« frug der Knabe.

»Ihren!« sprach Romeias.

»Was weiß ich von ihr und ihrem Namen?« sagte der Klosterschüler verdrießlich.

»Da sieht man's wieder«, brummte Romeias, »wozu das Studieren gut ist! Sitzt der Bub' jeden Tag acht Stunden hinter seinen Eselshäuten und weiß nicht einmal, wie ein fremdes Frauenzimmer heißt! ...«

Im Kloster

Frau Hadwig hatte inzwischen am Grab des heiligen Gallus ihre Andacht verrichtet. Dann gedachte der Abt, ihr einen Gang im schattigen Klostergarten vorzuschlagen; aber sie bat, ihr zuvörderst den Kirchenschatz zu zeigen. Der Frauen Gemüt, wie hoch es auch genaturt sein mag, erfreut sich allzeit an Schmuck, Zierat und prächtiger Gewandung. Da wollte der Abt mit einiger Ausrede ihren Sinn ablenken, vermeinend, sie seien nur ein arm Klösterlein und seine Base werde auf ihren Fahrten im Reich und am Kaiserhof schon Preiswürdigeres erschaut haben: es half ihm nicht.

Sie traten in die Sakristei.

Er ließ die gebräunten Schränke öffnen, da war viel zu bewundern an purpurnen Meßgewändern, an Priesterkleidern mit Stickerei und gewirkten Darstellungen aus heiliger Geschichte. War auch manches darauf abgebildet, was noch nahe ans römische Heidentum anstreifte, zum Beispiel die Hochzeit des Mercurius mit der Philologie.

Hernach wurden die Truhen aufgeschlossen, da glänzte es vom Schein edler Metalle, silberne Ampeln gleißten herfür und Kronen, Streifen getriebenen Goldes zur Einfassung der Evangelienbücher und der Altarverzierung;[53] Mönche des Klosters hatten sie, ums Knie gebunden, aus welschen Landen über unsichere Alpenpfade sicher eingebracht; – köstliche Gefäße in seltsamen Formen, Leuchter in Delphinengestalt, säulengetragene Schalen, Leuchttürmen gleich, Weihrauchbehälter und viel anderes – ein reicher Schatz. Auch ein Kelch von Bernstein war dabei,[54] der schimmerte lieblich, so man ihn ans Licht hielt; am Rand war ein Stück ausgebrochen.

»Als mein Vorgänger Hartmuth am Sterben lag«, sprach der Abt, »ward's gepulvert und ihm mit Wein und Honig eingegeben, das Fieber zu stillen.«

Mitten im Bernstein saß ein Mücklein, so fein erhalten, als

wär's erst neulich hineingeflogen, und hat sich dies Insekt, wie es in vorgeschichtlichen Zeiten vergnüglich auf seinem Grashalm saß und vom zähflüssigen Erdharz überströmt ward, auch nicht träumen lassen, daß es in solcher Weise auf die Nachwelt übergehen werde.

Auf derlei stummes Zeugnis wirkender Naturkraft ward aber damals kein aufmerkend Auge gerichtet; wenigstens war der Kämmerer Spazzo, der ebenfalls mit Sorgfalt alles musterte, mit andern Dingen beschäftigt. Er dachte, um wie viel ergötzlicher es sein möcht', mit diesen frommen Männern in Fehde zu liegen und, statt als Gastfreund einzureiten, Platz und Schatz mit stürmender Hand zu nehmen. Und weil er schon manchen Umschlag vornehmer Freundschaft erlebt, bereitete er sein Gemüt auf diese Möglichkeit, faßte den Eingang der Sakristei genau ins Aug' und murmelte: »Also vom Chor die erste Pforte zur Rechten!«

Der Abt mochte auch der Ansicht sein, daß lang fortgesetzter Anblick von Gold und Silber Hunger nach Besitz errege; er ließ die letzte Truhe, welche der Kostbarkeiten vorzüglichste barg, nicht mehr erschließen und drängte, daß sie ins Freie kamen.

Sie lenkten ihre Schritte zum Klostergarten. Der war weitschichtig angelegt und trug an Kraut und Gemüse viel nach Bedarf der Küche, zudem auch nützliches Arzneigewächs und heilbringende Wurzeln.

Beim Baumgarten war ein großer Raum abgeteilt für wild Getier und Gevögel, wie solches teils in den nahen Alpen hauste, teils als Geschenk fremder Gäste dem Garten verehrt war.[55]

Da erfreute sich Frau Hadwig am ungeschlachten Wesen der Bären: in närrischen Sprüngen kletterten sie am Baum ihres Zwingers auf und nieder; daneben erging sich ein kurznasiger Affe, der mit einer Meerkatze zusammen an einer Kette durchs Leben tollte, – zwei Geschöpfe, von denen ein Dichter damaliger Zeit sagt, daß weder das eine noch das andere eine Spur nutzbringender Anlage als Berechtigungsgrund seines Vorhandenseins aufzuweisen vermöge.[56]

Ein alter Steinbock stund in seines Raumes Enge, der Sohn der Hochalpe senkte sein Haupt, still und geduckt; seit er die schneidige Luft der Gletscher entbehren mußte, war er blind geworden, denn nicht jedweder gedeiht in den Niederungen der Menschen.

In anderem Behältnis waren dickhäutige Dachse angebaut; der böse Sindolt lachte, wie sie vorüberkamen. »Sei gegrüßt, du kleines, niederträchtig Getier«, sprach er, »du erlesen Wildbret der Klosterknechte!«

Wieder anderswo pfiff es durchdringend. Ein Rudel Murmeltiere lief den Ritzen zwischen den künstlich geschichteten Felsen zu. Frau Hadwig hatte solch kurzweilig Geschöpf noch nicht erschaut. Da erklärte ihr der Abt deren Lebensart.

»Die schlafen mehr als jede andere Kreatur«, sprach er; »auch wenn sie wachen, mögen sie ohne Phantasieren nicht sein, und so der Winter herzustreicht, lesen sie allenthalb Halm und Heu zusammen, und eines von ihnen legt sich auf den Rücken, richtet die vier Füße ob sich, die andern legen auf es alles, so sie zusammengeraspelt haben, nehmen es danach beim Schweif und ziehen's wie einen geladenen Frachtwagen zu ihrer Höhle.«[57]

Da sprach Sindolt zum dicken Kämmerer Spazzo: »Wie schade, daß Ihr keine Bergmaus geworden, das wär' eine anmutige Verrichtung für Euch!«

Wie der Abt sich abgewendet, hub der böse Sindolt eine neue Art der Erklärung an: »Das ist unser Tutilo!« sprach er und deutete auf einen Bären, der soeben seinen Nebenbär rücklings zu Boden geworfen, – »das der blinde Thieto!« er deutete auf den Steinbock; eben wollte er auch seinem Abte die Ehre einer nicht schmeichelhaften Vergleichung erweisen, da fiel ihm die Herzogin in die Rede: »Wenn Ihr alles zu vergleichen wisset, habt Ihr auch für mich ein Sinnbild?«

Sindolt war verlegen. Zum guten Glück stand bei den Kranichen und Reihern ein schmucker Silberfasan und wiegte sein perlgrau glänzend Gefieder im Sonnenschein.

»Dort!« sprach Sindolt.

Aber die Herzogin wandte sich zu Ekkehard, der träumerisch in das Gewimmel der Tierwelt schaute. »Einverstanden?« frug sie. Er fuhr auf. »O Herrin«, sprach er mit weicher Stimme,

»wer ist so vermessen, unter dem, was da kreucht und fleucht, ein Sinnbild für Euch zu suchen?«

»Wenn Wir's aber verlangen ...«

»Dann weiß ich nur *einen* Vogel«, sprach Ekkehard, »wir haben ihn nicht und niemand hat ihn; in klaren Mitternächten fliegt er hoch zu unsern Häuptern und streift mit den Schwingen den Himmel. Der Vogel heißt Caradrion; wenn seine Fittiche sich zur Erde senken, soll ein siecher Mann genesen: da kehret sich der Vogel zu dem Manne und tut seinen Schnabel auf des Mannes Mund, nimmt des Mannes Unkraft an sich und fährt auf zur Sonne und läutert sich im ew'gen Licht: da ist der Mann gerettet.«[58]

Der Abt kam wieder herbei und unterbrach weitere Sinnreden. Auf einem Apfelbaum saß ein dienender Bruder, pflückte die Äpfel und sammelte sie in Körbe. Wie sich die Herzogin zum Schatten der Bäume wandte, wollte er herniedersteigen, aber sie winkte ihm, zu bleiben. Jetzt ertönte es wie Gesang zarter Knabenstimmen in des Gartens Niederung: die Zöglinge der inneren Klosterschule kamen heran, der Herzogin ihre Huldigung zu bringen; blutjunge Bürschlein, trugen sie bereits die Kutte, und mancher hatte die Tonsur aufs elfjährige Haupt geschoren. Wie sie aber in Prozession daherzogen, die rotbackigen Äbtlein der Zukunft, geführt von ihren Lehrern, den Blick zur Erde niedergeschlagen, und wie sie so ernst und langsam ihre Sequenzen sangen, da flog ein leiser Spott über Frau Hadwigs Antlitz, mit starkem Fuß stieß sie den nahestehenden Korb um, daß die Äpfel lustig unter den Zug der Schüler rollten und an ihren Kapuzen emporsprangen. Aber unbeirrt zogen sie des Weges; nur der kleinsten einer wollte sich bücken nach der verlockenden Frucht, doch streng hielt ihn sein Nebenmännlein am Gürtel.[59]

Wohlgefällig sah der Abt die Haltung des jungen Volkes und sprach: »Disziplin unterscheidet den Menschen vom Tier![60] und wenn Ihr der Hesperiden Äpfel unter sie werfen wolltet, sie blieben fest.«

Frau Hadwig war gerührt. »Sind alle Eure Schüler so gut erzogen?« frug sie.

»So Ihr Euch überzeugen wollt«, sprach der Abt, »die großen in der äußeren Schule wissen nicht minder, was Zucht und Gehorsam ist.«

Die Herzogin nickte. Da führte sie der Abt zur äußern Klosterschule, wo zumeist vornehmer Laien Söhne und diejenigen erzogen wurden, die sich weltgeistlichem Stand widmen wollten.

Sie traten in die Klasse der Ältesten ein. Auf der Lehrkanzel stand Ratpert, der Vielgelehrte, und unterwies seine Jugend im Verständnis von Aristoteles' Logica. Geduckt saßen die Schüler über ihren Pergamenten, kaum wandten sich die Häupter nach den Eingetretenen. Der Lehrmeister gedachte Ehre einzulegen. »Notker Labeo!« rief er. Der war die Perle seiner Schüler, die Hoffnung der Wissenschaft; auf schmächtigem Körper ein mächtiges Haupt, dran eine gewaltige Unterlippe kritisch in die Welt hervorragte, das Wahrzeichen strenger Ausdauer auf den steinigen Pfaden des Forschens und Ursache seines Übernamens.

»Der wird brav«, flüsterte der Abt, »die ganze Welt sei ein Buch, hat er schon im zwölften Jahre gesagt, und die Klöster die klassischen Stellen drin.«[61]

Der Aufgerufene ließ seine klugen Äuglein über den griechischen Text hingleiten und übersetzte mit gewichtigem Ernst den stagiritischen Tiefsinn:

... »Findest du an einem Holze oder Steine einen als Linie laufenden Strich, der ist der eben liegenden Teile gemeine March. Spaltet sich an dem Striche der Stein oder das Holz entzwei, so sehen wir strichweise zwei Durchschnitte an dem sichtbaren Spalte, die vorher nur *ein* Strich und Linie waren. Und überdies sehen wir zwo neue Oberflächen, die also breit sind, als dick der Körper war, da man vor die neue Oberfläche nicht sah. Darum erhellet, daß dieser Körper vorhin zusammenhängend war.«[62]

Aber wie dieser Begriff des Zusammenhängenden glücklich herausgeklaubt war, streckten etliche der jungen Logiker die Köpfe zusammen und flüsterten und flüsterten lauter, – selbst der Klosterschüler Hepidan, der unbeirrt von Notkers trefflicher Verdeutschung seine ganze Mühe aufwandte, einen Teufel mit doppeltem Flügelpaar und Ringelschwanz in die Bank einzuschneiden, stellte seine Arbeit ein ... itzt wandte der Lehrmeister sich an den Folgenden: »Wie wird aber die Oberfläche eine gemeine March?« Da las er seinen griechischen Text, aber die Bewegung in den Schulbänken ward stärker, es summte und brummte wie ferne Sturmglocken, zur Übersetzung kam's nicht mehr, plötzlich stürmten die Zöglinge Ratperts lärmend vor, sie stürmten auf die Herzogin ein, rissen sie von des Abts und des Kämmerers Seite: »gefangen! gefangen!« schrie die holde Jugend und begann sich mit den Schulbänken zu verschanzen: »gefangen! wir haben die Herzogin in Schwaben gefangen! Was soll ihr Lösegeld sein?«

Frau Hadwig hatte sich schon in mancherlei Lebenslagen befunden. Daß sie als Gefangene unter Schulknaben fallen könne, war ihr noch nie in den Sinn gekommen. Weil die Sache neu war, hatte sie Reiz für sie; sie fügte sich.

Ratpert, der Lehrmeister, holte aus seinem Holzverschlag eine mächtige Rute hervor, schwang sie dräuend zur Umkehr und rief, ein zweiter Neptunus, die Virgilischen Verse ins Getümmel:

> So weit hat das Vertrauen auf euer Geschlecht euch verleitet?
> Himmel und Erde sogar, ohn' alles Geheiß von mir selber,
> Wagt ihr zu mischen, ihr Winde und solchen Tumult zu erheben?!
> *Quos ego!!*

Erneuter Halloruf war die Antwort. Schon war der Saal durch Schulbänke und Schemel abgesperrt. Herr Spazzo überlegte den Gedanken eines Sturms und kräftiger Faustschläge an die Haupträdelsführer. Der Abt war sprachlos, die Keckheit war ihm lähmend in die Glieder gefahren.

Die hohe Gefangene stand am unteren Ende des Hörsaals in einer Fensternische, umringt von ihren fünfzehnjährigen Entführern.

»Was soll das alles, ihr schlimmen Knaben?« frug sie lächelnd.

Da trat einer der Anführer vor, beugte sein Knie und sprach

demütig: »Wer als Fremder kommt, ist sonder Schutz und Friede, und friedlose Leute hält man gefangen, bis sie sich der Unfreiheit lösen.«[63]

»Lernt ihr das auch aus euern griechischen Büchern?«

»Nein, Herrin, das ist deutscher Brauch.«

»So will ich mich denn auslösen«, lachte Frau Hadwig, erfaßte den rotwangigen Logiker und zog ihn zu sich heran, ihn zu küssen; der aber riß sich von ihr los, sprang in den Kreis der lärmenden Genossen und rief:

»Die Münze kennen wir nicht!«

»Was heischet ihr denn für ein Lösegeld?« fragte die Herzogin. Sie war der Ungeduld nahe.

»Der Bischof Salomo von Konstanz war auch unser Gefangener«, sprach der Schüler, »der hat uns drei weitere Vakanztage erwirkt im Jahre und eine Rekreation an Fleisch und Brot und hat's in seinem Testament gebrieft und angewiesen.«[64]

»O nimmersatte Jugend!« sprach Frau Hadwig, »so muß ich's zum mindesten dem Bischof gleichtun. Habt ihr schon Felchen aus dem Bodensee verspeist?«

»Nein!« riefen die Jungen.

»So sollt ihr jährlich sechs Felchen zum Angedenken an mich erhalten. Der Fisch ist gut für junge Schnäbel.«

»Gebt Ihr's mit Brief und Siegel?«

»Wenn's sein muß!«

»Langes Leben der Frau Herzogin in Schwaben! Heil ihr!« rief's von allen Seiten, »Heil, sie ist frei!« Die Schulbänke wurden in Ordnung gestellt, der Ausgang gelichtet, springend und jubelnd geleiteten sie die Gefangene zurück. Im Hintergrund flogen die Pergamentblätter der Logica als Freudenzeichen in die Höhe, selbst Notker Labeos Mundwinkel neigten sich zu einem gröblichen Lachen, und Frau Hadwig sprach: »Sie waren recht huldvoll, die jungen Herren; wollet die Rute wieder in Verschlag tun, Herr Professor!«

An ein Weitererklären des Aristoteles war heut nicht mehr zu denken. Ob die Ausgelassenheit der Schüler nicht in nahem Zusammenhang mit ihrem Studium der Logik stand? Der Ernst ist oftmals ein gar zu dürrer blattloser hohler Stamm, sonst hätt' die Torheit nicht Raum, ihn üppig grün zu umranken ...

Wie die Herzogin mit dem Abt den Hörsaal verlassen, sprach dieser: »Es übrigt noch, Euch des Klosters Bücherei zu zeigen, die Arzneikammer lernbegieriger Seelen, das Zeughaus für die Waffen des Wissens.« Aber Frau Hadwig war ermüdet, sie dankte. »Ich muß mein Wort halten«, sprach sie, »und die Schenkung an Eure Schulknaben urkundlich machen. Wollet die Handfeste aufsetzen lassen, daß wir sie mit Unterschrift und Sigill versehen.«

Herr Cralo führte seinen Gast nach seinen Gemächern. Den Kreuzgang entlang wandelnd, kamen sie an einem Gelaß vorüber, des Tür war offen. An kahler Wand stand eine niedere Säule, von der in halber Mannshöhe eine Kette niederhing. Über dem Portal war in verblaßten Farben eine Gestalt gemalt, sie hielt in mageren Fingern eine Rute. »Wen der Herr lieb hat, züchtigt er; er stäupet einen jeglichen, den er zum Sohne annimmt« (Hebr. XII. 6), war in großen Buchstaben darunter geschrieben.

Frau Hadwig warf dem Abt einen fragenden Blick zu.

»Die Geißelkammer!«[65] sprach er.

»Ist keiner der Brüder zur Zeit einer Strafe verfallen«, fragte sie, »es möcht' ein lehrreich Beispiel sein ...«

Da zuckte der böse Sindolt mit dem rechten Fuß, als wär' er in einen Dorn getreten, rückte sein Ohr rückwärts, wie wenn von dort eine Stimme ihm riefe, sprach: »Ich komme sogleich« und enteilte ins Dunkel des Ganges.

Er wußte warum.

Notker, der Stammler, hatte nach jähriger Arbeit die Abschreibung eines Psalterbuchs vollendet und es mit zierlich feinen Federzeichnungen geziert; das hatte der neidische Sindolt nächtlicherweile zerschnitten und die Weinkanne darüber geschüttet. Drob war er zu dreimaliger Geißelstrafe verdammt, der letzten Vollzug stand noch aus; er kannte das Örtlein und die Bußwerkzeuge, die ihrem Rang nach an der Wand hingen, vom neunfältigen »Skorpion« herab bis zur einfachen »Wespe«.

Der Abt drängte, daß sie vorüberkamen. Seine Prunkgemächer waren mit Blumen geschmückt. Frau Hadwig warf sich in den einfachen Lehnstuhl, auszuruhen vom Wechsel des Erschauten. Sie hatte in wenig Stunden viel erlebt. Es war noch eine halbe Stunde zum Abendimbiß.

Wer zu dieser Frist einen Rundgang durch des Klosters Zellen gemacht, der hätte sich überzeugen mögen, wie kein einziger Bewohner des Stiftes unberührt vom Eindruck des vornehmen Besuchs geblieben. Auch die weltabgeschiedensten Gemüter fühlten, daß einer Frau Huldigung gebührt.

Dem grauen Tutilo war's beim Empfang schwer aufs Herz gefallen, daß der linke Ärmel seiner Kutte mit einem Loch geschmückt war; sonst wär's wohl bis zum nächsten hohen Festtag ungeflickt geblieben, aber itzt galt kein Verzug; mit Nadel und Zwirn bewaffnet saß er auf dem Schragen und besserte den Schaden.

Und weil er gerade im Zug war, legte er auch seinen Sandalen eine neue Sohle an und festigte sie mit Nägeln. Er summte eine Melodei, daß die Arbeit besser gedieh.

Radolt, das Denkmännlein, ging mit gerunzelter Stirn auf seiner Zelle auf und nieder, vermeinend, es werde sich eine Gelegenheit ergeben, in frei ersonnener Rede des hohen Gastes Ruhm zu preisen. Den Eindruck unmittelbaren Ergusses zu erhöhen, studierte er sie vorher. Er wollte des Tacitus Spruch von den Germanen[66] zugrund' legen: »Sie glauben auch, daß den Frauen etwas Heiliges und Zukunftsvoraussehendes inwohne, darum verschmähen sie niemals ihren Rat und fügen sich ihren Bescheiden.« Es war dies fast das einzige, was er aus Hörensagen von den Frauen wußte, aber er zwinkte mit den Eichhörnleinsaugen und war sicher, von dort unter etlichen bissigen Ausfällen auf seine Mitbrüder einen Übergang zum Lob der Herzogin zu finden. Leider blieb die Gelegenheit zur Anbringung einer Rede aus, weil er sie nicht zu finden verstand.

In anderer Zelle saßen der Brüder sechs unter dem riesigen Elfenbeinkamm,[67] der an eiserner Kette von der Decke herabhing, – Abt Hartmuths nützliche Stiftung – die vorgeschriebenen Gebete murmelnd erwies einer dem andern den Dienst sorglicher Glättung des Haupthaares. Ward auch manch überwachsene Tonsur in jener Zeit zu strahlendem Glanze erneut.

In der Küche aber ward unter Gerolds, des Schaffners, Leitung eine Tätigkeit entwickelt, die nichts zu wünschen übrigließ.

Jetzo läutete das Glöcklein, dessen Ton auch von den frömmsten Brüdern noch keiner unwillig gehört: der Ruf zur Abendmahlzeit. Abt Cralo geleitete die Herzogin ins Refektorium. Sieben Säulen teilten den luftigen Saal hälftig ab, an vierzehn Tischen standen, wie Heerscharen der streitenden Kirche, des Klosters Mitglieder, Priester und Diakonen; sie erwiesen dem hohen Gast keine sonderliche Aufmerksamkeit.

Das Amt des Vorlesers[68] vor dem Imbiß stund in dieser Woche bei Ekkehard, dem Pörtner. Der Herzogin zu Ehren hatte er den vierundvierzigsten Psalm erkoren, er trat auf und sprach einleitend: »Herr, öffne meine Lippen, auf daß mein Mund dein Lob verkünde«, und alle sprachen's ihm murmelnd nach, als Segen zu seiner Lesung.

Nun erhub er seine Stimme und begann den Psalm, den die Schrift selber einen lieblichen Gesang nennet:

»Es quillet mein Herz eine schöne Rede, ich will reden mein Gedicht dem Könige, meine Zunge sei der Griffel des Geschwindschreibers.

Der Schönste bist du von den Söhnen des Menschen, Anmut ist gegossen über deine Lippen, denn Gott hat dich gesegnet ewig.

Gürte um die Hüfte dein Schwert, du Held, deinen Ruhm und deinen Schmuck. Und geschmückt zeuch aus, ein Hort der Wahrheit, Milde und des Rechts.

Ja, Wunder wird zeigen deine Rechte! Deine Pfeile seien geschärft, Völker sollen unter dir stürzen, die im Herzen Feinde des Königs sind.

Dein Thron vor Gott steht immer und ewig, ein gerechter Zepter ist der Zepter deines Reichs.

Du liebest das Recht und hassest das Unrecht, drum hat dich

Gott, dein Gott, gesalbt mit dem Öl der Freude, mehr denn alle Genossen; Myrrhen, Aloe und Kassia duften all deine Kleider, aus elfenbeinernen Palästen erfreuen Saiten dich ...«[69]

Die Herzogin schien die Huldigung zu verstehen; als wenn sie selber mit den Worten des Psalms angeredet wäre, hefteten sich ihre Augen auf Ekkehard. Aber auch dem Abt war's nicht entgangen, da gab er ein Zeichen abzubrechen, und der Psalm blieb unbeendet, als sich männiglich zu Tisch setzte.

Das aber konnte Herr Cralo nicht hindern, daß Frau Hadwig dem emsigen Vorleser befahl, an ihrer Seite Platz zu nehmen; es war zwar der Rangstufung folgend der Sitz zu ihrer Linken dem alten Dekan Gozbert zugedacht, aber dem war's schon lang zumute, als käm' er auf glühende Kohlen zu sitzen, denn er hatte mit Frau Hadwigs seligem Gemahl dereinst einen gröblichen Wortwechsel gepflogen, wie er dem Klosterschatz das unfreiwillige Kriegsanlehen auflegte, und war von damals auch der Herzogin giftig gestimmt, – kaum merkte er die Absicht, so rückte er sich vergnüglich seitwärts und schob den Pörtner auf den Dekanssitz. Neben Ekkehard kam der Herzogin Kämmerer Spazzo zu sitzen, dem zur Seite der Mönch Sindolt.

Die Mahlzeit begann. Der Küchenmeister, wohl wissend, wie bei Ankunft fremder Gäste Erweiterung der schmalen Klosterkost gestattet sei, hatte es nicht beim üblichen Mus mit Hülsenfrüchten[70] bewenden lassen. Auch der strenge Küchenzettel des seligen Abts Hartmuth ward nicht eingehalten.

Wohl erschien zuerst ein dampfender Hirsebrei, auf daß, wer gewissenhaft bei der Regel[71] bleiben wollte, sich daran ersättige: aber Schüssel auf Schüssel folgte, bei mächtigem Hirschziemer fehlte der Bärenschinken nicht, sogar der Biber vom obern Fischteich hatte sein Leben lassen müssen; Fasanen, Rebhühner, Turteltauben und des Vogelherds kleinere Ausbeute folgten, der Fische aber eine unendliche Auswahl, so daß schließlich ein jeglich Getier, watendes, fliegendes, schwimmendes und kriechendes, auf der Klostertafel seine Vertretung fand.

Und mancher der Brüder kämpfte damals einen schweren Kampf in seines Gemütes Tiefe; selbst Gozbert, der alte Dekan ...

des Hirsebreis war er gesättigt und hatte mit mächtigem Stirnrunzeln des Hirsches Braten und des Bären Schinken weggeschoben, als wär's eine Versuchung des bösen Feindes; aber wie auch ein schön bräunlich gebraten Birkhuhn in seine Nähe gestellt ward, da schlug der Bratenduft träumerisch an seine Nase, mit dem Duft hielten die Geschichten seiner Jugend bei ihm Rückkehr: wie er selber vor vierzig Jahren dem Weidwerk oblag und in frühem Morgennebel dem balzenden Auerhahn nachstellte, und die Geschichte von des Försters Töchterlein, die ihm damals begegnet, und ... zweimal noch kämpfte er des Arms Bewegung zurück, das drittemal hielt's nimmer, des Birkhuhns Hälfte lag vor ihm und ward in Eile verzehrt.

Der Kämmerer Spazzo hatte Beifall nickend der Schüsseln mannigfache Zahl erscheinen sehen, ein großer Rheinlank,[72] der Fische besten einer, war schier unter seinen Händen verschwunden, fragend schaute er sich nach einem Getränk um, da zog Sindolt, sein Nachbar, ein steinern Krüglein herbei, schenkte ihm den metallenen Becher voll, stieß mit ihm an und sprach: »Des Klosterweins Auslese!« Herr Spazzo gedachte einen mächtigen Zug zu tun, aber es schüttelte ihn wie Fieberfrost, und den Becher absetzend, sagte er: »Da möchte der Teufel Klosterbruder sein!« Der böse Sindolt hatte ihm ein saures Apfelweinlein mit dem Saft von Brombeeren gemischt vorgesetzt. Wie aber Herr Spazzo ihm schier mit einem Faustschlag gelohnt hätte, holte er, ihn zu besänftigen, des dunkelroten Valtelliners einen Henkelkrug. Der Valtelliner ist ein wackerer Wein, in dem schon der Kaiser Augustus seinen Schmerz über die Varusschlacht niedergetrunken;[73] und allmählich versöhnte sich Herr Spazzo, trank auch auf das Wohlergehen des Bischofs von Chur, dem das Kloster diesen Wein verdankte, ohne daß er ihm sonst näher bekannt war, seinen Becher leer, und Sindolt tat wacker Bescheid.

»Was sagt euer Patron zu solchem Trinken?« fragte der Kämmerer.

»Sankt Benedikt war ein weiser Mann«, sprach Sindolt. »Darum schrieb er in sein Gesetz: Wiewohl zu lesen steht, daß der

Wein überhaupt kein Trunk für Mönche sei, so mag dies doch heutigestags keinem einzigen mehr mit Überzeugung eingeredet werden. Darum, und schwächlicheren Gemütes Hinfälligkeit erwägend, ordnen wir dem einzelnen eine halbe Maß für den Tag zu. Keiner aber soll trinken bis zur Sättigkeit, denn der Wein macht auch den Weisesten abtrünnig vom Pfade der Weisheit ...«[74]

»Gut!« sprach Spazzo und trank seinen Becher aus.

»Wißt Ihr aber auch«, frug Sindolt, »was den Brüdern zu tun vorgeschrieben steht, in deren Gegend wenig oder gar kein Rebensaft gedeihen mag? Die sollen Gott loben und preisen und nicht murren.«

»Auch gut!« sprach Spazzo und trank wiederholt seinen Becher aus.

Der Abt suchte inzwischen seine fürnehme Base nach Kräften zu unterhalten. Er fing an, Herrn Burkhards trefflichen Eigenschaften einen Nachruf zu halten. Aber Frau Hadwigs Antworten waren karg und einsilbig. Da merkte der Abt, daß alles seine Zeit habe, namentlich die Liebe einer Witib zum verstorbenen Ehemann. Er wandte das Gespräch und fragte, wie ihr des Klosters Schulen gefallen.

»Mich dauert das junge Völklein«, sprach die Herzogin, »daß es in jungen Tagen so vieles erlernen muß. Ist das nicht wie eine Last, die Ihr ihnen aufbürdet, an der sie zeitlebens keuchend schleppen müssen?«

»Erlaubet, edle Base«, erwiderte der Abt, »daß ich Euch als Freund und Blutsverwandter gemahne, weniger in den Tag hinein zu reden. Das Studium der Wissenschaft ist dem jungen Menschen kein lästiger Zwang, es ist wie Erdbeeren; je mehr er genießt, desto größer der Hunger.«

»Was hat aber die heidnische Kunst Logica mit der Gottesgelahrtheit zu schaffen?« frug Frau Hadwig.

»Die wird in rechten Händen zur Waffe, die Kirche Gottes zu schützen«, sprach der Abt. »Mit ihren Künsten haben der Ketzer viele die Gläubigen angefochten, jetzt fechten wir mit gleichem Rüstzeug wider sie, und glaubet mir, ein sauber Griechisch oder Latein ist eine feinere Waffe als unsere einheimische Sprache, die sich auch in des Gewandtesten Hand nur wie eine Keule schwingt.«

»Ei«, sprach die Herzogin, »müssen wir noch bei Euch lernen, was fein sei? Ich habe seither gelebt, ohne Latein zu sprechen, Herr Vetter.«

»Es möcht' Euch nicht schaden, wenn Ihr's noch lerntet«, sprach der Abt. »Und wenn die ersten Wohlklänge der Latinität Euer Gehör erquickt haben, werdet Ihr zugeben, daß unsere Muttersprache ein junger Bär ist, der nicht stehen und gehen lernt, wenn ihn nicht klassische Zunge beleckt.[75] Zudem lernt alter Römer Mund Weisheit, fraget einmal den Mann zu Eurer Linken.«

»Ist's wahr?« wandte sich Frau Hadwig an Ekkehard, der schweigend dem Zwiesprach gelauscht hatte.

»Es wäre wahr, hohe Herrin!« sprach er mit Feuer, »so es Euch vonnöten wäre, Weisheit zu lernen.«

Frau Hadwig drohte mit dem Finger: »Habt Ihr selber denn Erquickung aus den alten Pergamenten geschöpft?«

»Erquickung und Glück!« sprach Ekkehard, und seine Augen leuchteten. »Glaubet mir, Herrin, es tut in allen Lebenslagen wohl, sich bei den Klassikern Rats zu erholen; lehrt uns nicht Cicero auf den verschlungenen Pfaden weltlicher Klugheit den rechten Steg wandeln? schöpfen wir nicht aus Sallust und Livius Anweisung zu Mannesmut und Stärke, aus Virgils Gesängen die Ahnung unvergänglicher Schönheit? Die Schrift ist uns Leitstern des Glaubens, die Alten aber leuchten zu uns herüber wie das Spätrot einer Sonne, die auch nach ihrem Niedergang noch mit erquickendem Widerschein in des Menschen Gemüt strahlt ...«

Ekkehard sprach mit Bewegung. Die Herzogin hatte seit dem Tag, als der alte Herzog Burkhard um ihre Hand anhielt, keinen Menschen mehr gesehen, der für etwas begeistert war. Sie trug einen hohen Geist in sich, der sich leicht auch Fremdartigem zuwandte. Griechisch hatte sie in jungen Tagen der byzantinischen Werbung wegen schnell gelernt. Latein flößte ihr eine Art

Ehrfurcht ein, weil es ihr fremd war. Unbekanntes imponiert, Erkenntnis führt auf den wahren Wert, der meist geringer ist, als der geahnte. Mit dem Namen Virgilius war auch der Begriff des Zauberhaften verbunden...

In jener Stunde stieg in Hadwigs Herz der Entschluß auf, Lateinisch zu lernen. Zeit dazu hatte sie. Wie sie ihren Nachbarn Ekkehard noch einmal angeschaut hatte, wußte sie auch, wer ihr Lehrer sein sollte....

Der stattliche Nachtisch, auf dem Pfirsiche, Melonen und trockene Feigen geprangt hatten, war verzehrt. Lebhaftes Gespräch an den andern Tischen deutete auf nicht unfleißiges Kreisen des Weinkrugs.

Auch nach der Mahlzeit, – so wollte es des Ordens Regel – war zur Erbauung der Gemüter ein Abschnitt aus der Schrift oder dem Leben heiliger Väter zu verlesen.

Ekkehard hatte am Tag zuvor das Leben des heiligen Benediktus begonnen, das einst Papst Gregorius abgefaßt. Die Brüder rückten die Tische zusammen, der Weinkrug stand unbewegt, und es war still in der Runde. Ekkehard fuhr mit dem zweiten Kapitel[76] fort:

»Eines Tages aber, dieweil er allein war, nahte ihm der Versucher. Denn ein schwarzer kleiner Vogel, der gemeiniglich Krähe geheißen ist, begann um sein Haupt zu flattern und setzte ihm so unablässig zu, daß ihn der heilige Mann mit der Hand hätte ergreifen mögen, so er ihn fangen gewollt.

Er aber schlug das Zeichen des Kreuzes, da wich der Vogel.

Wie aber derselbe Vogel verschwunden war, folgte eine so große Versuchung des Fleisches, wie sie der heilige Mann noch niemalen erprobt. Denn vor langer Zeit hatte er eine gewisse Frau erschauet. Diese stellte ihm der böse Feind jetzo vor die Augen des Geistes und entzündete das Herz des Knechtes Gottes durch jene Gestalt mit solchem Feuer, daß eine verzehrende Liebe in ihm zu glühen begann und er, von Lust und Sehnsucht bewältigt, seinen Einsiedelstand jäh zu verlassen gedachte.

Da warf plötzlich des Himmels Gnade einen Schein auf ihn, daß er zu sich selber rückkehrte. Und er sah ihm zur Seite ein dicht Gebüsch von Brennesseln und Dörnern stehen, zog sein Gewand aus und warf sich nackt in die Stacheln des Gedörns und den Brand der Nesseln, bis daß er am ganzen Körper verwundet von dannen ging.

Also löschete er des Geistes Wunde durch die Wunden der Haut und siegte ob der Sünde ...«

Frau Hadwig war von dieser Vorlesung nicht erbaut; sie ließ ihre Augen gelangweilt im Saal die Runde machen. Der Kämmerer Spazzo – deuchte auch ihm die Wahl des Kapitels unpassend, oder war ihm der Valtelliner zu Häupten gestiegen? – schlug unversehens dem Vorleser das Buch zu, daß der holzbeschlagene Deckel klappte, hob ihm seinen Pokal entgegen und sprach: »Soll leben der heilige Benedikt!« und wie ihn Ekkehard vorwurfsvoll ansah, stimmte schon die jüngere Mannschaft der Klosterbrüder lärmend ein, sie hielten den Trinkspruch für ernst; da und dort ward das Loblied auf den heiligen Mann intoniert, diesmal als fröhlicher Zechgesang, und lauter Jubel klang durch den Saal.

Dieweil aber Abt Cralo bedenklich umschaute und Herr Spazzo immer noch beschäftigt war, mit den jungen Klerikern auf das Wohl ihres Schutzpatrons zu trinken, neigte sich Frau Hadwig zu Ekkehard und frug ihn mit nicht allzu lauter Stimme:

»Würdet Ihr mich das Lateinische lehren, junger Verehrer des Altertums, wenn ich's lernen wollte?«[77]

Da klang es in Ekkehards Herz wie ein Widerhall des Gelesenen: »Wirf dich in die Nesseln und Dornen und sag' nein!« er aber sprach:

»Befehlet, ich gehorche!«

Die Herzogin schaute den jungen Mönch noch einmal mit einem sonderbar flüchtigen Blicke an, wandte sich dann zum Abt und sprach über gleichgültige Dinge.

Die Klosterbrüder zeigten noch kein Verlangen, des Tages günstige Gelegenheit unbenutzt verstreichen zu lassen. In des Abts Augen mochte ein gnädig milder Schein leuchten, und der Kellermeister schob auch keinen Riegel für, wenn sie mit leeren

Krügen die Stufen hinabstiegen. Am vierten Tisch begann der alte Tutilo gemütlich zu werden und erzählte seine unvermeidliche Geschichte mit den zwei Räubern;[78] immer lauter klang seine starke Stimme durch den Saal: »Der eine also zur Flucht sich gewendet – ich ihm nach mit meinem Eichpfahl – er Spieß und Schild weg zu Boden, – ich ihn am Hals gefaßt – den weggeworfenen Spieß in seine Faust gedrückt; du Schlingel von einem Räuber, zu was bist auf der Welt? Fechten sollst mit mir! ...«

Aber sie hatten's schon allzuoft hören müssen, wie er dann dem Kampfgenötigten den Schädel eingeschlagen, und zupften und nötigten an ihm, sie wollten ein schönes Lied anstimmen; wie er endlich mit dem Haupte nickte, stürmten etliche hinaus: bald kamen sie wieder mit Instrumenten. Der brachte eine Laute, jener ein Geiglein, worauf nur eine Saite gespannt, ein anderer eine Art Hackbrett mit eingeschlagenen Metallstiften, zu deren Anschlag ein Stimmschlüssel dienlich war, wiederum ein anderer eine kleine zehnsaitige Harfe, Psalter hießen sie das seltsam geformte Instrument und sahen in seiner dreieckigen Gestalt ein Symbol der Dreieinigkeit.[79]

Und sie reichten ihm seinen dunkeln Taktstab von Ebenholz. Da erhob sich lächelnd der graue Künstler und gab ihnen das Zeichen zu einer Musika, die er selbst in jungen Tagen aufgesetzet; mit Freudigkeit hörten's die andern.[80] Nur Gerold, dem Schaffner, ward's mit dem Aufklingen der Melodien melancholisch zu Gemüte, er überzählte die abgetragenen Schüsseln und die geleerten Steinkrüge, und wie ein Text zur Singweise flog's ihm durch den Sinn: »Wieviel hat dieser Tag verschlungen an Klostergeld und Gut?«[81] Leise schlug er mit sandalenbeschwertem Fuße den Takt, bis der letzte Ton verklang.

Zu unterst am Tische saß ein stiller Gast mit blaßgelbem Angesicht und schwarzkrausem Gelock; er war aus Welschland und hatte von des Klosters Gütern im Lombardischen die Saumtiere mit Kastanien und Öl herübergeleitet. In wehmütigem Schweigen ließ er die Flut der Töne über sich erbrausen.

»Nun, Meister Johannes«, sprach Folkard, der Maler, zu ihm,

»ist die welsche Feinfühligkeit jetzt zufriedengestellt? Den Kaiser Julianus mutete einst unserer Vorväter Gesang an wie das Geschrei wilder Vögel, aber seitdem haben wir's gelernt. Klingt's Euch nicht lieblicher als Sang der Schwanen?«[82]

»Lieblicher – als Sang der Schwanen« – – wiederholte der Fremde wie im Traum. Dann erhob er sich und schlich leise von dannen. Es hat's keiner im Kloster zu lesen bekommen, was er in jener Nacht noch ins Tagebuch seiner Reise eintrug:

»Diese Männer diesseits der Alpen«, schrieb er, »wenn sie auch den Donner ihrer Stimmen hoch gegen Himmel erdröhnen lassen, können sich doch nimmer zur Süße einer gehobenen Modulation erschwingen. Wahrhaft barbarisch ist die Rauheit solch abgetrunkener Kehlen; wenn sie durch Beugung und Wiederaufrichtung des Tons einen sanften Gesang zu ermöglichen suchen, schauert die Natur, und es klingt wie das Fahren eines Wagens, der in Winterszeit über gefrorenes Pflaster dahin knarrt ...«[83]

Herr Spazzo gedachte, was löblich begonnen, auch löblich zu enden, er schlich sich fort über den Hof in das Gebäude, wo Praxedis und die Dienerinnen waren, und sprach: »Ihr sollet zur Herzogin kommen, und zwar gleich« – sie lachten erst ob seiner Kutte, folgten ihm aber zum Saal, und war keiner, der sie von der Schwelle zurückhielt. Und wie die Mägdlein an des Refektoriums Eingang sichtbar wurden, entstand ein Gemurmel und ein Kopfwenden im Saal, als sollte jetzo ein Tanzen und Springen anheben, wie es diese Wände noch nicht erschaut.

Herr Cralo, der Abt, aber wandte sich an die Herzogin und sprach: »Frau Base?!« – und sprach's mit so duldender Wehmut, daß sie aus ihren Gedanken auffuhr. Und sie sah auf einmal ihren Kämmerer und sich selber in der Mönchskutte mit andern Augen an denn zuvor, und schaute die Reihen trinkender Männer, dem entferntesten verdeckte der Kapuze vorstehender Rand das Antlitz, daß es aussah, als werde der Wein in leeren Gewandes Abgrund geschüttet, und die Musik klang ihr gellend in die Ohren, als würde hier ein Mummenschanz gefeiert, der schon allzulang gedauert ...

Da sprach sie: »Es ist Zeit schlafen zu gehen!« und ging mit ihrem Gefolg' nach dem Schulhaus hinüber, wo ihr Nachtlager sein sollte.

»Wißt Ihr auch, was des Tanzens Lohn gewesen wär'?« frug Sindolt einen der Mönche, der ob dieser Wendung der Dinge höchlich betrübt schien. Der schaute ihn starr an. Da machte ihm Sindolt eine unverkennbare Gebärde, die hieß »Geißelung«!

Ekkehards Auszug

Früh morgens darauf saß die Herzogin samt ihren Leuten im Sattel heimzureiten, und der Abt hatte keine Einwendung erhoben, daß sie sich jegliche Abschiedsfeierlichkeit verbat. Darum lag das Kloster in stiller Ruhe, als drüben schon die Rosse wieherten, nur Herr Cralo kam pflichtschuldig herüber. Er wußte, was die Sitte gebot.

Zwei Brüder begleiteten ihn.

Der eine trug einen schmucken Becher von Kristall, mit silbergetriebenem Fuß und Aufsatz geschmückt, und saß manches gute Stücklein Onyx und Smaragd in der silbernen Umfassung; der andere trug ein Krüglein mit Wein. Und der Abt schöpfte ein weniges in den Becher, wünschte seiner erlauchten Base einen gesegneten Tag und bat, mit ihm des Abschieds Minne zu trinken und den Becher zu freundlichem Angedenken zu behalten.[84]

Für den Fall, daß das Geschenk nicht genügend befunden werden sollte, hatte er noch ein seltsam Schaustück im Rückhalt, das war silbern zwar, doch unansehnlicher Gestalt und täuschend einem schlichten Brote gleichgeformt, innen aber gefüllt mit güldenen Byzantinern bis zum Rande;[85] – vorerst ließ der Abt nichts davon vermerken und trug's sorglich verborgen in der Kutte.

Frau Hadwig nahm den dargebotenen Becher, tat, als wenn sie daran nippte, gab ihn aber wieder zurück und sprach: »Erlaubet, teurer Vetter, was soll der Frau das Trinkgefäß? Ich heische ein anderweitig Gastgeschenk. Habet Ihr nicht gestern von Quellen der Weisheit gesprochen?

Ihr sollet mir aus des Klosters Bücherei einen Virgilius verehren!«

»Immer zu Scherz geneigt«, sagte Herr Cralo, der eine gewichtigere Forderung erwartet hatte, »was soll Euch der Virgilius, so Ihr der Sprache nicht kundig seid?«

»Es versteht sich, daß Ihr mir den Lehrer dazu gebet«, sprach die Herzogin ernst.

Da schüttelte der Abt bedenklich das Haupt: »Seit wann werden die Jünger des heiligen Gall als Gastgeschenke vergeben?«

Sie aber sprach: »Ihr werdet mich verstanden haben. Der blonde Pörtner wird mein Lehrer sein, und heut am dritten Tage längstens wird der Virgilius und er sich bei mir einstellen! Gedenket, daß des Klosters Streit um die Güter im Rheintal und die Bestätigung seiner Freiheiten in Schwaben in meiner Hand ruhet, und daß ich nicht abgeneigt, auch auf dem Twieler Felsen den Jüngern Sankt Benedikts ein Klösterlein herzurichten ...

Lebet wohl, Herr Vetter!«

Da winkte Herr Cralo betrübt dem dienenden Bruder: »Traget den Kelch in die Schatzkammer zurück.« Frau Hadwig reichte ihm anmutig die Rechte, die Rosse stampften, Herr Spazzo schwang den Hut – in leichtem Trab ritt der Zug aus des Klosters Bann heimwärts.

Von des Wächters Turmstube ward ein mächtiger Strauß in die Abreitenden geworfen, dran allein an Sonnenblumen die Hälfte eines Dutzends prangte, der Astern nicht zu gedenken, aber niemand fing ihn auf, und der Rosse Huf brauste drüber hin ...

Im trockenen Graben vor dem Tor hatten sich die Schüler der äußeren Klosterschule versteckt. »Langes Leben der Frau Herzogin in Schwaben! Heil ihr! ... und sie soll die Felchen bald schicken! Heil!« klang ihr Ruf gellend in der Scheidenden Ohr.

»Wem für ein ungezogen Benehmen drei Feiertage und die

besten Seefische bewilligt sind, der hat gut schreien«, sprach Herr Spazzo.

Langsam ging der Abt ins Kloster zurück; er ließ Ekkehard, den Pörtner, zu sich rufen und sprach zu ihm: »Es ist eine Fügung über Euch ergangen. Ihr sollet der Herzogin Hadwig einen Virgilius überbringen und ihr Lehrer werden.

›Die alten Lieder des Maro mögen mit lieblichem Sang die szythischen Sitten besänften‹, heißt's im Sidonius. Es ist nicht Euer Wunsch ...«

Ekkehard schlug die Augen nieder, seine Wangen röteten sich –

»Aber den Mächtigen der Erde dürfen wir keinen Anstoß geben. Morgen reiset Ihr ab. Ich verliere Euch ungern; Ihr waret der brävsten und würdigsten einer. Der heilige Gallus wird Euch den Dienst gedenken, den Ihr seinem Stift leistet. Vergeßt auch nicht, aus dem Virgilius das Titelblatt weg zu schneiden mit der Verwünschung gegen den, der das Buch dem Kloster verschleppt ...«[86]

Was des Menschen Herzenswunsch ist, dazu läßt er sich gern befehligen.

»Des Gehorsams Gelübde«, sprach Ekkehard, »heißt mich des Vorgesetzten Willen sonder Zagen und Aufschub, sonder Lauheit und Murren vollziehen.«

Er beugte seine Knie vor dem Abte.

Dann ging er nach seiner Zelle. Es war ihm, als hätte er geträumt. Seit gestern war ihm fast zu vieles begegnet. Es geht noch andern ebenso; lang einförmig schleicht das Leben, – wenn des Schicksals Wendungen kommen, folgt Schlag auf Schlag. Er rüstete sich zur Reise. »Was du begonnen, laß unvollendet zurück, zieh ab deine Hand vom Geschäft, darin sie tätig war, zeuch aus im Schritt des Gehorsams«, es war ihm kaum Not, sich diesen Satz seiner Regel vorzuhalten.

Auf seiner Zelle lagen die Pergamente des Psalmenbuchs,[87] das Folkard mit Meisterhand geschrieben und mit feinen Bildwerken verziert hatte. Ekkehard war beauftragt, mit der wertvollen Goldfarbe, die der Abt jüngst von venezianischen

Handelsleuten erkauft hatte, die Anfangsbuchstaben auszumalen und den Figuren durch leisen Goldstrich an Krone, Zepter, Schwert und Mantelsaum die letzte Vollendung zu geben.

Er nahm Pergament und Farben und trug's seinem Gefährten hinüber, daß er statt seiner die letzte Hand ans Begonnene lege; Folkard war gerade daran, ein neues Bild zu entwerfen, wie David vor der Bundeslade tanzt und die Laute spielt, – er schaute nicht auf. Schweigend verließ Ekkehard seine Künstlerstube.

Er wandte sich zur Bibliothek, den Virgil auszulesen. Wie er droben stand im hochgewölbten Saal, einsam unter den schweigenden Pergamenten, da kam ein Gefühl der Wehmut über ihn; auch das Leblose stellt sich bei Abschied und Wiedersehen vor den Menschen, als trüg's eine Seele in sich und nähme Anteil an dem, was ihn bewegt.

Die Bücher waren seine besten Freunde. Er kannte sie alle und wußte, wer sie geschrieben; – manche der Schriftzüge erinnerten an einen vom Tode schon entführten Gefährten ...

»Was wird das neue Leben bescheren, das von morgen für mich anhebt?« Eine Träne stand ihm im Auge. Jetzt fiel sein Blick auf das kleine in metallene Decke gebundene Glossarium, in dem einst der heilige Gallus, der am Bodensee üblichen Landessprache unkundig, sich vom Pfarrherrn zu Arbon die notwendigsten Worte hatte verdeutschen lassen.[88] Da gedachte Ekkehard, wie des Klosters Stifter mit so wenig Ausrüstung und Hilfe dereinst ausgezogen, ein fremder Mann unter die Heiden, und wie sein Gott und sein unverzagt Herz in Not und Fährlichkeit ihn immerdar frisch gehalten ... sein Mut stärkte sich, er küßte das Büchlein, nahm den Virgil aus dem Schrein und wandte sich, zu gehen. »Wer dieses Buch wegträgt, den sollen tausend Peitschenhiebe treffen und Lähmung und Aussatz dazu!« stand auf dem ersten Blatte. Er schnitt's weg.

Noch einmal schaute er um, als wollten ihm vom Brett und Kasten die Bücher einen Gruß zuwinken. Da hub sich ein Knistern an der Wand, der große Bauriß,[89] den der Architekt Gehrung einst auf drei Schuh langer Tierhaut zu des Abts Hartmuth neuem Klosterbau angefertigt hatte, löste sich von dem festhaltenden Nagel und stürzte nieder, daß eine Staubwolke daraus emporstieg.

Ekkehard machte sich keine Gedanken drüber.

Wie er den Gang des oberen Stockwerks entlang schritt, kam er an einem offenen Gemach vorüber. Das war der Winkel der Alten. Der blinde Thieto[90] saß drin, einst des Klosters Abt, bis schwindendes Augenlicht ihn abzudanken nötigte. Ein Fenster war geöffnet, daß der Greis sich der sonnenwarmen Luft erfreue. Bei ihm hatte Ekkehard manche Stunde in traulichem Gespräch verbracht. Der Blinde kannte ihn am Schritt und rief ihn zu sich. »Wohin?« frug er.

»Hinunter, – und morgen fort ins Weite. Gebt mir Eure Hand, ich komme auf den hohen Twiel.«

»Schlimm«, sprach der Blinde, »sehr schlimm!«

»Warum, Vater Thieto?«

»Frauendienst ist ein schlimm Ding für den, der gerecht bleiben will, Hofdienst noch schlimmer – was ist Frauen- und Hofdienst zugleich?«

»Es ist mein Schicksal«, sprach Ekkehard.

»Sankt Gallus behüte und schirme Euch«, sagte Thieto. »Ich will für Euch beten. Gebt mir meinen Stab.«

Ekkehard wollte ihm seinen Arm bieten, den lehnte er ab; er erhob sich und schritt zu einer Nische in der Wand, dort stund ein schmucklos Fläschlein. Er nahm's herab und gab's ihm:

»'s ist Wasser aus dem Jordan, das ich selber einst geschöpft. Wenn Euch der Staub der Welt überflogen hat und Eure Augen trüb werden wollen, so läutert Euch damit. Meinen hilft's nicht mehr. Fahret wohl!«

Am Abend desselben Tages ging Ekkehard auf den Berg, an den sich das Kloster anlehnt. Seit langer Zeit war das sein Lieblingsgang. In den Fischweihern, die dort zur Spendung klösterlicher Fastenspeise künstlich angelegt sind, spiegelten sich die Tannen; ein leiser Luftzug kräuselte die Wellen, die Fische tummelten sich. Lächelnd ging er vorüber: »Wann werd' ich wohl wieder einen von euch verzehren?«

Im Tannenwald oben auf dem Freudenberg war's feierlich still. Da hielt er an. Ein weites Rundbild tat sich auf.

Zu Füßen lag das Kloster mit all seinen Gebäuden und Ringmauern; hier sprang der wohlbekannte Springquell im Hofe, dort blühten die Herbstblumen im Garten – dort in langer Reihe die Fenster der Klosterzellen, er kannte jedwede und sah auch die seinige: »Behüt' dich Gott, stilles Gelaß!«

Der Ort, wo Tage strebsamer Jugend verlebt wurden, wirkt wie Magnetstein aufs Herz; es braucht so wenig, um angezogen zu sein, nur der ist arm, dem das große Treiben der Welt nicht Zeit vergönnt, sich örtlich und geistig an einem stillen Platz niederzulassen.

Ekkehard hob sein Auge. Hoch aus der Ferne, wie reiche Zukunft, glänzte des Bodensees Spiegel herüber, in verschwommenen Duft war die Linie des anderseitigen Ufers und seiner Höhenzüge gehüllt, nur da und dort haftete ein heller Schein und ein Widerschein im Wasser, die Niederlassungen der Menschen andeutend.

»Aber was will das Dunkel in meinem Rücken?« Er schaute sich um, rückwärts hinter den tannigen Vorbergen reckte der Säntis seine Zacken und Hörner empor, auf den verwitterten Felswänden hüpfte warmer Sonnenstrahl unstet im Kampf mit dem Gewölke und strahlte vorüberfliehend auf die Massen alten Schnees, die in den Schluchten neuem Winter entgegenharrten ... Über dem Kamor stand eine dunkle Wolke, sie dehnte und streckte sich, bald war die Sonne verdeckt, grau und matt wurden die Bergspitzen gefärbt, es schickte sich an, zu wetterleuchten ...

»Soll mir das ein Zeichen sein?« sprach Ekkehard, »ich verstehe es nicht. Mein Weg geht nicht zum Säntis.«

Nachdenkend schritt er den Berg hinunter.

In der Nacht betete er am Grabe des heiligen Gallus. Frühmorgens nahm er Abschied. Der Virgilius und Thietos Fläschlein waren in der Reisetasche verpackt, sein übrig Gepäck kurz beisammen.

Wem selbst nicht der Körper, die Wünsche und Begierden zu

eigener Verfügung stehen dürfen, soll auch weder an fahrender Habe noch an liegendem Gut ein eigen Besitztum ausüben.

Der Abt schenkte ihm zwei Goldschillinge und etliche Silberdenare als Zehr- und Notpfennig.

Mit einem Kornschiff des Klosters fuhr er über den See, – die Segel von günstigem Wind, die Brust von Mut und Wanderlust geschwellt.

Mittag war's, da rückte das Kastell von Konstanz und Dom und Mauerzinnen immer deutlicher vor den Augen der Schiffahrer auf. Wohlgemut sprang Ekkehard ans Land.

In Konstanz hätt' er sich verweilen, im Hof des Bischofs Gastfreundschaft ansprechen mögen. Er tat's nicht. Der Ort war ihm zuwider, zuwider von Grund seines Herzens, nicht wegen seiner Lage oder etwaigen Mißgestalt, denn an Schönheit wetteifert er kühnlich mit jeglicher Stadt am See, sondern wegen der Erinnerung an einen Mann, dem er gram.

Das war der Bischof Salomo, sie hatten ihn kürzlich mit großem Prunk im Münster begraben. Ekkehard war ein schlichter, gerader, frommer Mensch. Im Dienst der Kirche stolz und hochfahrend werden, schien ihm Unrecht, ihn mit weltlichen Kniffen und Ränken verbinden, verwerflich, – trotz aller Herzensverworfenheit ein weitberühmter Mann bleiben: sonderbar. Solcher Art aber war des Bischofs Salomo Treiben gewesen. Ekkehard erinnerte sich noch wohl aus den Erzählungen älterer Genossen, mit welcher Zudringlichkeit sich der junge Edelmann in das Kloster eingeschlichen, den Späher gemacht, sich beim Kaiser als unentbehrlicher Mann darzustellen gewußt, bis die Inful eines Abts von Sankt Gallen mit der Mitra eines Bischofs von Konstanz auf seinem Haupt vereinigt war.

Und vom großen Schicksal der Kammerboten sangen die Kinder auf den Straßen. Die hatte der ränkespinnende Prälat gereizt und gekränkt, bis sie in der Fehde Recht suchten und ihn fingen: aber wiewohl Herrn Erchangers Gemahlin Berchta ihn in der Gefangenschaft hegte und pflegte wie ihren Herrn und den Friedenskuß von ihm erbat und aus einer Schüssel mit ihm aß, war sein Gemüt der Rache nicht gesättigt, bis daß des

Kaisers Gericht zu Adingen seinen rauhen Feinden die Häupter vor die Füße gelegt.

Und die Tochter, die dem frommen Mann aus luftiger Studentenzeit erwachsen, war itzt noch Äbtissin am Münster zu Zürich.[91]

All das wußte Ekkehard; in der Kirche, wo der Mann begraben lag, mocht' er nicht beten.

Es mag ungerecht sein, den Haß, der den Menschen gebührt, auf das Stück Land überzutragen, wo sie gelebt und gestorben, aber es ist erklärlich.

Er schüttelte den Konstanzer Staub von den Füßen und wanderte zum Tor hinaus; dem sich kaum dem See entwindenden jungen Rhein blieb er zur Linken.

Von mächtiger Haselstaude schnitt er sich einen festen Wanderstab: »wie die Rute Aarons, da sie im Tempel Gottes aufgrünte, sein Geschlecht schied von den abtrünnigen Juden, so möge dieser Stab, geweiht mit der Fülle göttlicher Gnade, mir ein Hort sein wider die Ungerechten am Wege«, sprach er mit den Worten eines alten Stocksegens.[92] Vergnügt schlug ihm das Herz, wie er einsam fürbaß zog.

Wie hoffnungsgrün und beseligt ist der Mensch, der in jungen Tagen auf unbekannten Pfaden unbekannter Zukunft entgegenzieht, – die weite Welt vor sich, der Himmel blau und das Herz frisch, als müßt' sein Wanderstab überall, wo er ihn ins Erdreich einstößt, Laub und Blüten treiben und das Glück als goldnen Apfel in seinen Zweigen tragen. Wandre nur immer zu! Auch du wirst einstmals müden Fußes im Staub der Heerstraße einherschleichen, und dein Stab ist ein dürrer Stecken, dein Antlitz welk, und die Kinder zeigen mit Fingern auf dich und lachen und fragen: »wo ist der goldene Apfel? . . .«

Ekkehard war in der Tat vergnügt. Wanderlieder zu singen, war für einen Mann geistlichen Standes nicht üblich, aber der Gesang Davids, den er jetzt anstimmte: »Jehova ist mein Hirt, mir mangelt nichts. Auf grünen Triften läßt er mich lagern, zu stillen Gewässern führt er mich« – mag ihm im Himmel in das gleiche Buch des Verdienstes verzeichnet worden sein, in das die Engel der Jugend fahrender Schüler und wandernder Gesellen Lieder einzutragen pflegen.

Durch Wiesen und an hohem Schilfgelände vorüber führte ihn sein Pfad. Lang und niedrig streckte sich im See eine Insel, die Reichenau; Turm und Mauern des Klosters spiegelten sich im ruhigen Gewässer; Rebhügel, Matten und Obstgärten wiesen dem Auge den Fleiß der Bewohner.

Vor zweihundert Jahren war die Au noch wüst und leer gestanden, in feuchtem Grunde die Herberge von Gewürm und bösen Schlangen. Der austrasische Landvogt Sintlaz aber wies den wandernden Bischof Pirminius hinüber, der sprach einen schweren Segen über das Eiland, da zogen Schlangen und Würmer in vollem Heereshaufen aus, die Tausendfüßler im Plänklerzug voran, Ohrklemmer, Skorpione, Lurche und was sonst kreucht, in geordneten Säulen mit, Kröten und Salamander in der Nachhut: des Pirminius Spruch konnten sie nicht bestehen, zum Gestade, wo später die Burg Schopfeln gebaut ward, wälzte sich der Schwarm, dann hinab in die grüne Seeflut – und der Fisch weitum hat damals einen guten Tag gehabt ...

Seither war des Pirminius Stift aufgeblüht, eine Pflanzstätte körperlicher Zucht von gutem Klang in deutschen Landen.

»Reichenau, grünendes Eiland, wie bist du vor andern gesegnet,
Reich an Schätzen des Wissens und heiligem Sinn der Bewohner,
Reich an des Obstbaums Frucht und schwellender Traube des Weinbergs:
Immerdar blüht es auf dir und spiegelt im See sich die Lilie,
Weithin schallet dein Ruhm bis ins neblige Land der Britannen«

hatte schon in Ludwigs des Deutschen Tagen der gelahrte Mönch Ermenrich[93] gesungen, da ihn auf seiner Abtei Ellwangen Heimweh nach den schimmernden Fluten des Bodensees beschlich.

Ekkehard beschloß, dieser Nebenbuhlerin seines Klosters einen Besuch abzustatten. Am weißsandigen Gestad' von Ermatingen stand ein Fischer im Kahn und schöpfte das Wasser aus. Da deutete Ekkehard mit seinem Stab nach dem Eiland: »Führt mich hinüber, guter Freund!«

Mönchshabit verlieh damals jeder Aufforderung Nachdruck.

Der Fischer aber schüttelte verdrossen das Haupt: »Ich fahre keinen mehr von euch, seit ihr mich am letzten Ruggericht um einen Schilling gebüßt ...«

»Warum haben sie Euch gebüßt?«

»Wegen dem Kreuzmann!«

»Wer ist der Kreuzmann?«

»Der Allmann.«

»Auch der ist mir unbekannt«, sprach Ekkehard, »wie sieht er aus?«

»Aus Erz ist er gegossen«, brummte der Fischer, »von zweier Spannen Höhe, und hält drei Seerosen in der Hand. Der stund im alten Weidenbaum zu Allmannsdorf, und 's war gut, daß er dort stund, aber seit dem letzten Ruggericht haben sie ihn aus dem Baum gehauen und ins Kloster verschleppt. Jetzt steht er auf des welschen Bischofs Grab in Niederzell, was soll er dort? Toten Heiligen Fische fangen helfen?! ...«[94]

Da merkte Ekkehard, daß des Fischers Christenglaube noch nicht felsenfest stand, und mochte sich erklären, warum das eherne Götzenbild ihm die Schillingsbuße eingetragen – er hatte ihm ein Zicklein nächtlich als Opfer geschlachtet, damit seine Fischzüge mit Felchen, Forellen und Braxmannen gesegnet würden, und die Rugmänner hatten nach kaiserlicher Verordnung solch heidnisch Rückerinnern geahndet.

»Seid vernünftig, alter Freund«, sprach Ekkehard, »und vergesset den Allmann. Ich will Euch ein gut Teil Eures Schillings geben, so Ihr mich übersetzet.«

»Was ich rede«, sprach der Fischer, »soll sich nicht drehen lassen wie ein Ring am Finger. Ich fahr keinen von euch. Mein Bub kann's tun, wenn er will.«

Er pfiff durch die Finger, da kam sein Bub, ein hochstämmiger Ferge, der führte Ekkehard hinüber.

Wie sie das Schifflein angelegt, ging Ekkehard dem Kloster zu, das zwischen Obstbäumen und Rebhügeln versteckt inmitten des Eilandes aufgebaut steht. Es war die Zeit des Spätherbstes, alt und jung auf der Insel mit der Weinlese beschäftigt, da und dort hob sich die Kapuze eines dienenden Bruders dunkel vom rotgelben Reblaub ab. Auf der Hochwarte standen die Väter der Insel truppweise beisammen und ergötzten sich am Getrieb' der traubensammelnden Leute; sie hatten unter Umtragung eines mächtigen Marmorgefäßes, das für einen Krug von der kananäischen Hochzeit galt, die Einsegnung des neuen Weines[95] abgehalten. Fröhlicher Zuruf und fernes Jauchzen klang aus den Rebbergen.

Unbemerkt kam Ekkehard zum Kloster, auf wenig Schritte war er ihm genaht, da erst ragte der schwerfällige Turm mit seinen Vorhallen, deren Rundbogen abwechselnd mit grauen und roten Sandsteinquadern geschmückt sind, vor ihm auf.

Im Klosterhof war alles stumm und still. Ein großer Hund wedelte am fremden Gast hinauf, ohne Laut zu geben, er bellte keine Kutte an; die Einwohner allesamt hatte der linde Herbsttag hinausgelockt.[96]

Da trat Ekkehard in die gewölbte Fremdenstube am Eingang. Auch des Pörtners Gelaß nebenan war leer. Offene Fässer standen aufgepflanzt, manche schon mit süßem Moste gefüllt. Hinter ihnen war ein steinern Bänklein an der Wand; Ekkehard war frisch ausgeschritten, und die Seeluft hatte ihm zehrend ums Haupt geweht, da kam ein Zug des Schlummers mächtig über ihn, er lehnte den Wanderstab an den Arm, streckte sich ein weniges und nickte ein.

Derweil zog sich's mit langsamem Schritt in die kühle Stube, das war der ehrenwerte Bruder Rudimann, des Klosters Kellermeister. Er trug ein steinern Krüglein in der Rechten und ging seines Amtes nach, Mostprobe zu halten. Das Lächeln eines mit der Welt und sich versöhnten Mannes lag auf seinen Lippen, und sein Bauch war fröhlich gediehen, wie das Hauswesen des Fleißigen, einen weißen Schurz hatte er darüber geschlungen, gewichtiger Schlüsselbund klapperte an seiner linken Seite.

»Zum Kellermeister soll erwählt werden ein weiser Mann von reifen Sitten, nüchtern und nicht vieler Speise gierig, kein Zänker und kein Schelter, kein Träger und kein Vergeuder, sondern ein Gottesfürchtiger, der der gesamten Bruderschaft sei als wie ein Vater«,[97] – und soweit es des Fleisches Schwäche hienieden möglich macht, war Rudimann bemüht, sotane Kellermeisterseigenschaften in sich zu vereinen. Dabei aber trug er das herbe Amt eines Strafvollziehers, und wenn einer der Brüder der Geißelung sich schuldig gemacht, band er ihn an die Säule und konnte sich keiner über die Milde seines Amtes beklagen. Daß er außerdem mit boshafter Zunge dann und wann boshaftige Gedanken aussprach und den Abt mit Verdächtigung der Mitbrüder zu unterhalten wußte, wie das Eichhörnchen Ratatöskr der »Edda«,[98] das auf- und abrennt an der Esche Yggdrasil und des Adlers zürnende Worte im Wipfel herniederträgt zu Nidhöggr, dem Drachen in der Tiefe: das war nicht seines Amtes, das tat er aus freien Stücken.

Heute aber schaute er gar vergnüglich drein, des trug die Güte der Weinlese schuld. Und er tauchte sein Krüglein in ein offenes Faß, hielt's gegen das Fenster und schlürfte bedächtig den unklaren Stoff. Des schlafenden Gastes nahm er nicht wahr.

»Auch dieser ist süß«, sprach er, »und kommt doch vom mitternächtigen Abhang der Hügel. Gelobt sei der Herr, der vom Notstand seiner Knechte auf dieser Au eine billige Einsicht nahm und nach so viel magern Jahren ein fettes schuf, und frei von Säure!«

Inzwischen ging draußen Kerhildis, die Obermagd, vorüber, sie trug eine traubengefüllte Butte zur Kelter. »Kerhildis«, sprach der Kellermeister leise, »getreueste aller Mägde, nimm mein Krüglein und füll' es mit dem Neuen vom Wartberg, der drüben an der Kelter steht, auf daß ich ihn mit diesem vergleiche.«

Kerhildis, die Obermagd, stellte ihre Last ab und ging und kam und stand vor Rudimann, reichte ihm das Krüglein, schaute schalkhaft an ihm hinauf, denn er überragte sie um eines Kopfes Länge, und sprach: »Wohl bekomm's!«

Rudimann tat einen langen, frommen, vergleichenden Zug, so daß ihm der Neue auf den Lippen schmelzen mochte wie Schnee in der Morgensonne: »alle miteinander werden süß und gut«, sprach er, und seine Augen hoben sich gerührt, und daß sie an der Obermagd strahlendem Antlitz haften blieben, daran trug der Kellermeister kaum Schuld, denn diese hätte sich inzwischen auch zurückziehen können.

Da fuhr er mit Salbung fort: »So ich aber Euch anschaue, Kerhildis, so wird mein Herz doppelt froh, denn auch Ihr gedeihet wie der Klosterwein in diesem Herbst, und Eure Bäcklein sind rot, wie Granatäpfel, die des Pflückenden harren. Preiset mit mir des Jahrgangs Güte, getreuste aller Mägde!«

Und der Kellermeister schlang seinen Arm um der schwarzbraunen Obermagd Hüfte,[99] die wehrte sich dessen nicht groß – was liegt an einem Kuß im Herbste? – und sie wußte, daß Rudimann ein Mann von reifen Sitten war und alles mäßig tat, wie es einem Kellermeister geziemt.

Da fuhr der Schläfer auf der Steinbank aus seinem Schlummer. Ein eigentümlich Geräusch, das von nichts anderem herrühren kann als von einem wohlaufgesetzten verständigen Kuß, schlug an sein Ohr, er schaute zwischen den Fässern durch, da sah er des Kellermeisters Gewandung und ein Paar fliegende Zöpfe, die nicht zu diesem Habit gehörten ... er richtete sich auf, ein ungestümer Zorn kam über ihn, denn Ekkehard war jung und eifrig, und in Sankt Gallen war strenge Sitte, und es hatte ihm noch nie als möglich vorgeschwebt, daß ein Mann im Ordenskleid ein Weib küssen möge.

Sein wuchtiger Haselstock ruhte ihm noch im Arm; itzt sprang er vor und schlug dem Kellermeister einen wohlgefügen Streich, der zog sich von der rechten Schulter nach der linken Hüfte und saß fest und gut wie ein auf Bestellung gelieferter Rock – und bevor sich jener der ersten Überraschung erholt, folgte ein zweiter und dritter von gleichem Schrot ... er ließ sein steinern Geschirr fallen, daß es am Pflaster zerschellte; Kerhildis entfloh.

»Beim Krug von der Hochzeit zu Kana!« rief Rudimann, »was ist das?« und wandte sich gegen den Angreifer. Jetzt erst schauten sich die beiden von Angesicht zu Angesicht.

»Ein Gastgeschenk ist's«, sprach Ekkehard ingrimmig, »das der heilige Gall dem heiligen Pirmin sendet!«[100] und er erhub seinen Stab von neuem.

»Dacht' ich's doch«, schalt der Kellermeister, »sankt gallische

Holzäpfel! Man kennt euch an den Früchten: Boden hart, Glaube roh, Leute grob![101] Wartet des Gegengeschenks.«

Er sah nach etwas Greifbarem um, ein namhafter Besen stand in der Ecke, mit dem waffnete er sich und gedachte auf den Störer seines Friedens einzudringen ...

Da rief's gebietend von der Pforte her: »Halt! Friede mit euch!« Und eine zweite Stimme frug mit fremder Betonung: »Was ist hier für ein Holofernes aus dem Boden gewachsen?«

Es war der Abt Wazmann, der mit seinem Freund Simon Bardo, dem ehemaligen Protospathar[102] des griechischen Kaisers, von der Einsegnung der Weinlese zurückkehrte. Das Geräusch des Streits unterbrach eine gelehrte Auseinandersetzung des Griechen über die Belagerung der Stadt Hai durch Josua und die strategischen Fehler des Königs von Hai, da er mit seinem Heer auszog wider die Wüste. Der alte Griechenfeldherr, der die Heimat verlassen, um im byzantinischen Ruhestand nicht an Mattigkeit der Seele zu ersterben, lag in seinen Mußestunden im deutschen Kloster eifrig dem Studium der Taktik ob; sie hießen ihn scherzweise den Hauptmann von Kapernaum, wiewohl er das Ordenskleid genommen.

»Gebt dem Streite Raum«, sprach Simon Bardo, der mit Bedauern den Zweikampf unterbrochen sah, zum Abte: »ich hab' heut im Traume ein Sprühen von Feuerfunken erschaut, das deutet Schläge ...«

Der Abt aber, in dessen Augen die Eigenmacht jüngerer ein Greuel war, gebot Ruhe und ließ den Streitfall zur Schlichtung vortragen.

Da hob Rudimann an zu erzählen, was geschehen und verschwieg nichts.

»Leichtes Vergehen«, murmelte der Abt; »Hauptstück sechsundvierzig: von dem, was bei der Arbeit, beim Gärtnen oder Fischfang, in Küche oder Keller gesündigt wird – alemannisches Gesetz: von dem was mit Mägden geschieht ... der Gegner spreche!«

Da trug auch Ekkehard vor, wie er die Sache angeschaut und im gerechten Zorn dreingefahren.

»Verwickelt!« murmelte der Abt, »Hauptstück siebenzig: kein Bruder nehme sich heraus, den Mitbruder sonder Ermächtigung des Abts zu schlagen, Hauptstück zweiundsiebenzig: von demjenigen Eifer, der einem Mönch wohl ansteht und zum ewigen Leben führet ... Wieviel Jahre zählt Ihr?«

»Dreiundzwanzig!«

Da sprach der Abt ernsthaft: »Der Streit ist aus. Ihr, Bruder Kellermeister, habt Eure Streiche als wohlverdient Entgelt Eurer Zerstreutheit aufzunehmen; – Euch, Fremdling des heiligen Gallus, vermöchte ich füglich anzuweisen, Eures Weges weiter zu ziehen, denn es stehet geschrieben: Wenn ein fremder Mönch aus anderweiten Provinzen ankommt, soll er zufrieden sein mit dem, was er im Kloster vorfindet, sich nur einen demütigen Tadel erlauben und sich in keiner Weise überflüssig machen. In Erwägung Eurer Jugend und untadeligen Beweggrundes aber mögt Ihr zur Sühnung am Hauptaltar unserer Kirche eine einstündige Abendandacht verrichten: dann seid als Gastfreund willkommen!«

Dem Abte erging es mit seinem Schiedsspruch wie manchem gerechten Richter. Keiner der Beteiligten war zufrieden; sie gehorchten, aber unversöhnt. Wie Ekkehard in der Kirche sein Sühngebet tat, mochten ihm allerlei Gedanken durch die Sinne ziehen von gutem Herzen, von rechtzeitigem Eifer und von andrer Leute Urteil drüber. Es war eine der ersten Lehren, die er im Zusammenstoß mit Menschen erlitt. Durch eine Seitenpforte ging er ins Kloster zurück.

Was Kerhildis, die Obermagd, an jenem Abend den dienstbaren Frauen im Nähsaal zu Oberzell erzählte, allwo sie beim flackernden Scheine des Kienspans ein Dutzend neue Mönchsgewänder zu fertigen hatten, war mit so beleidigenden Ausfällen gegen die Jünger des heiligen Gallus untermischt, daß es besser verschwiegen bleibt ...

Moengal

Um dieselbe Zeit, da Ekkehard in der Klosterkirche der Insel eine unfreiwillige Andacht abhielt, war Frau Hadwig auf dem Söller von Hohentwiel gestanden und hatte lange hinausgeschaut – aber nicht nach der untergehenden Sonne. Die ging ihr im Rücken, hinter den dunkeln Bergen des Schwarzwalds zur Ruhe. Frau Hadwig aber schaute erwartungsvoll nach dem Untersee und nach dem Pfad, der von seinem Ausgang sich dem Hohentwieler Fels entgegen zog. Die Aussicht schien ihr nicht zu genügen; wie's dunkel war, ging sie unwillig[103] zurück, ließ ihren Kämmerer rufen und verhandelte lang mit ihm ...

Am frühen Morgen des andern Tages stund Ekkehard gerüstet zu weiterer Fahrt an der Schwelle des Klosters. Der Abt war auch schon wach und machte einen Frühgang im Gärtlein. Der Richterernst des gestrigen Tages lag nicht mehr auf seiner Stirne. Ekkehard sagte ihm Valet. Da raunte ihm der Abt lächelnd ins Ohr: »Seliger, der du eine solche Schülerin die Grammatik lehren darfst!« Das schnitt in Ekkehards Herz. Eine alte Geschichte stieg in seiner Erinnerung auf, – auch in den Klostermauern gab's böse Zungen und überlieferte Stücklein, die von einem zum andern die Runde machten.

»Ihr gedenket wohl der Zeit, heiliger Herr«, sprach er höhnisch, »da Ihr die Nonne Clotildis in der Dialektik unterrichtet?«[104]

Damit ging er hinab zu seinem Schiffe. Der Abt hätte lieber ein Büchslein mit Pfeffer zum Frühmahl eingenommen, als diese Erinnerung. »Glückliche Reise!« rief er dem Scheidenden nach.

Von dieser Zeit hatte Ekkehard es mit den Reichenauer Klosterleuten verdorben. Er ließ sich's nicht kümmern und fuhr mit seinem Ermatinger Fergen den Untersee hinab.

Träumerisch schaute er aus seinem Schifflein hinaus ins Weite. Im durchsichtigen Duft des Morgens wogte der See, zur

Linken hoben sich die schlanken Türmchen von Eginos Klause Niederzell, – dort streckt das Eiland seine letzten Spitzen ins Gewässer hinaus, eine steinerne Pfalz schaute aus den Weidenbüschen vor – aber Ekkehards Blick haftete auf der Ferne, der er zusteuerte; groß, stolz, in steiler kecker Linie trat ein felsiger Bergrücken aus dem Gehügel des Ufers vor, gleich dem Gedanken eines Geistesgewaltigen, der wuchtig und tatenschwer flache Umgebung überragt, die Frühsonne warf helle Streiflichter auf Felskanten und Gemäuer. Fern zur Rechten hoben sich etliche niedere Kuppen von gleicher Form, bescheiden, als wären sie Feldwachen, die der Große ausgesendet.

»Der Hohentwiel!« sprach der Fährmann zu Ekkehard. Der hatte das Ziel seiner Fahrt in früheren Tagen noch niemals erschaut, aber es brauchte des Schiffers Wort nicht, um's ihm zu sagen. So mußte der Berg sein, den sie zu ihrem Sitze erkoren. Eine ernste Stimmung kam über Ekkehard. Züge des Gebirges, weite Flächen Wasser und Himmel, große Landschaft wirkt jederzeit Ernst im Gemüt, nur des Menschen Getrieb' ruft ein Lächeln auf des Beschauers Lippe. Er gedachte des Apostels Johannes, wie der einst der Felseninsel Patmos entgegengefahren, und wie ihm dort die Offenbarung aufgegangen ...

Der Fährmann steuerte rüstig vorwärts. Schon waren sie dem Ufervorsprung, der die Zelle Radolfs und die wenig umliegenden Behausungen trägt, nahe. Da trieb ein seltsam Schifflein im See, roh, ein hohler Baumstamm, aber ganz verdeckt und überbaut mit grünem Gezweig' und Schilfrohr, und war kein Ruderer zu erschauen, der es lenkte. Der Wind schaukelte es dem Geröhricht am Gestade entgegen.

Ekkehard hieß seinen Fergen das absonderliche Fahrzeug anhalten. Da stieß derselbe mit seiner Ruderstange in die grüne Verhüllung.

»Pest und Aussatz Euch ins Gebein!« fluchte es mit tiefer Stimme aus der Höhlung hervor, »*oleum et operam perdidi*, Hopfen und Malz ist verloren. Wildgans und Kriekente sind des Teufels!«

Ein Zug Wasservögel, der mit heiserem Geschnatter in der

Nähe aufstieg und landeinwärts flog, bestätigte des Fluchenden Ausspruch.

Im Buschwerk des Schiffleins aber knisterte es und hob sich auf, ein wettergebräuntes, runzeldurchfurchtes Antlitz schaute herüber, um den Leib schmiegte sich ein verblichen geistlich Kleid, das, an den Knien mit unsicherem Messerschnitt gekürzt, zerzaust herabhing; im Gürtel stak ein Köcher statt des Rosenkranzes, die gespannte Armbrust lag auf des Schiffes Vorderteil.

»Pest und Aussatz – « wollte des Fahrzeugs Insasse nochmals anheben, da schaute er Ekkehards Tonsur und Benediktinergewand und änderte den Ton: »Hoiho! *salve confrater!* Beim Bart des heiligen Patrik von Armagh, so mich Euer Fürwitz noch eine Viertelstunde länger ungehindert gelassen, könnt' ich Euch zu einem weidlichen Bissen Seewildbret einladen.« Mit Bewegung schaute er den in die Ferne streichenden Wildenten nach.

Ekkehard aber hob lächelnd den Zeigefinger: »*Ne clericus venationi incumbat!* Kein Geweihter des Herrn soll der Jagd pflegen.«[105]

»Stubenweisheit«, rief der andere, »gilt nicht bei uns am Untersee. Seid Ihr etwann gesendet, beim Leutpriester zu Radolfszelle Kirchenschau zu halten?«

»Beim Leutpriester von Radolfszelle?« frug Ekkehard. »Steht hier der Bruder Marzellus vor mir?« Er tat einen Seitenblick auf des Weidmanns rechten Arm, an dem sich die Kutte zurückgestreift hatte; in rauhen Linien war ein von einer Schlange umwundenes Heilandbild eingeätzt und stund mit punktierten Buchstaben drüber *»Christus vindex«*.[106]

»Bruder Marzellus?« lachte der Gefragte und strich mit der Hand über die Stirn, *»fuimus Troes,* willkommen in Moengals Revier!«

Er stieg aus seinem hohlen Baum in Ekkehards Schiff hinüber. »Der heilige Gallus soll leben!« sprach er und küßte ihn auf Wange und Stirn, »lasset uns ans Land fahren, Ihr seid mein Gast, wenn auch ohne Wildenten.«

»Euch hab' ich mir anders vorgestellt«, sprach Ekkehard. Das war kein Wunder.

Nichts gibt ein falscher Bild von Menschen, als nach ihnen an denselben Ort kommen, wo sie einstens gewirkt, vereinzelte Reste ihrer Tätigkeit sehen und aus dem Gerede der Zurückgebliebenen sich eine Vorstellung des Weggegangenen schaffen. Tiefstes und Eigenstes bleibt dritten meist unbeachtet, auch wenn's offen zu Tag liegt, in der Überlieferung schwindet's ganz. Als Ekkehard ins Kloster trat, war der Bruder Marcellus schon nach der verlassenen Zelle Radolfs als Pfarrherr abgegangen. Etliche zierlich geschriebene Urkunden, Ciceros »Buch von den Pflichten«, und ein lateinischer Priscianus mit irischer Schrift zwischen den Zeilen erhielten sein Andenken. Viel verehrt lebte sein Name noch an der inneren Klosterschule, er war der tüchtigsten Lehrer einer gewesen, tadellos sein Wandel. Seither war er in Sankt Gallen verschollen. Darum hatte sich Ekkehard statt des Weidmanns im See einen ernsten hagern blassen Gelehrten erwartet.

Das Gestad' von Radolfs Zelle war erreicht; eine dünne, nur auf einer Seite geprägte Silbermünze stellte den Fährmann zufrieden.[107] Sie gingen ans Land. Wenig Häuser und schmucklose Fischerhütten standen um das Grabkirchlein, das Radolfs Gebeine birgt.

»Wir sind an Moengals Pfarrhaus«, sprach der Alte, »tretet ein. Ihr werdet hoffentlich dem Bischof zu Konstanz keinen Bericht von meinem Hauswesen erstatten, wie jener Dekan von Rheinau, der behauptete, er habe bei mir Krüge und Trinkhörner von einer jedem Zeitalter verhaßten Größe erschauen müssen.«[108]

Sie traten in eine holzgetäfelte Halle. Hirschgeweih' und Auerochsenhörner hingen über dem Eingang, Jagdspieße, Leimruten, Fischgarne lehnten in malerischer Unordnung an den Wänden, an das umgestürzte Fäßlein im Winkel schmiegte sich der Würfelbecher: wäre es nicht des Leutpriesters Behausung gewesen, so hätte füglich auch der Förster des kaiserlichen Bannwaldes hier wohnen können.

In kurzem stand ein Krug säuerlichen Weines auf dem Eichentisch, auch Brot und Butter lieferte die Vorratskammer.

Dann kam der Leutpriester aus der Küche zurück, hielt sein Gewand wie eine gefüllte Schürze und schüttete einen Platzregen von geräucherten Gangfischen vor seinen Gast. *»Heu! quod anseres fugasti antvogelosque et horotumblum!* Weh, daß du mir die Wildgänse verscheucht und die Enten samt der Rohrdommel!«[109] sprach er, »aber wenn einer nur die Wahl zwischen Gangfisch und gar nichts hat, greift er immer noch zum ersten.«

Glieder derselben Genossenschaft sind schnell befreundet. Ein lebhaft Gespräch erhob sich beim Imbiß. Aber der Alte hatte mehr zu fragen, als Ekkehard beantworten konnte; von so manchem seiner alten Brüder war nichts mehr zu berichten, als daß sein Sarg eingemauert stand bei dem der andern und ein Kreuz an der Wand und ein Eintrag im Totenbuch die einzige Spur, daß er gelebt; – die Geschichten und Späßlein und Klosterfehden, wie sie vor dreißig Jahren erzählt wurden, waren durch neue ersetzt, und was seit damals geschehen, ließ ihn gleichgültig. Nur wie Ekkehard von dem Zweck und Ziel seiner Fahrt sprach, rief er: »Hoiho, Konfrater, was habt Ihr wider die Jagd gesprochen und ziehet ja selber auf Edelwild aus!«

Aber Ekkehard winkte ab. »Habt Ihr noch nie Heimweh nach des Klosters Stille und Wissenschaft verspürt?« frug er.

Da flammte des Leutpriesters Aug': »Ward Katilina von Heimweh nach den Holzbänken des römischen Senats geplagt, nachdem von ihm gesagt war: *excessit, evasit, erupit?* Junges Blut versteht das nicht. Fleischtöpfe Ägyptens?! *ille terrarum mihi praeter omnes* ... sprach der Hund zum Stall, in dem er sieben Jahre gelegen.«

»Ich versteh' Euch allerdings nicht«, sprach Ekkehard. »Was schuf Euch solche Änderung der Sinnesart?« Er warf einen Seitenblick auf das Jagdgerät.

»Die Zeit«, gab der Leutpriester zurück und klopfte seinen Gangfisch auf dem Eichentisch mürb, – »die Zeit und wachsende Erkenntnis. Das braucht Ihr aber Eurem Abte nicht zu berichten. Bin auch einmal ein Bursch gewesen wie Ihr, Irland zieht fromme Leute, sie wissen's hierzuland'. *Eheu,* wie war ich untadeligen Gemütes, wie ich mit Oheim Markus von der Wallfahrt gen Rom zurückkam.[110] Hättet den jungen Moengal sehen sollen, die ganze Welt war ihm keinen Gründling wert, aber Psallieren, Vigilien singen, geistliche Übungen halten: das war mein Labsal. Da ritten wir in Gallus' Kloster ein – einem heiligen Landsmann zu Ehren macht ein braver Irländer schon ein paar Meilen um, – ich aber bin ganz dort hängengeblieben. Kleider, Bücher, Gold und Wissen, der ganze Mensch war des Klosters, und der irische Moengal ward Marzellus geheißen und warf seines Oheims silberne und goldene Pfennige zum Fenster hinaus, daß die Brücke abgebrochen sei, die zur Welt zurückführt. Waren schöne Jahre, sag' ich Euch, hab' gewacht und gebetet und studiert nach Herzenslust.

Aber viel Sitzen ist schädlich dem Menschen und viel Wissen macht überflüssige Arbeit. Manchen Abend hab' ich gegrübelt wie ein Bohrwurm und disputiert wie eine Elster, nichts war unergründlich: wo das Haupt Johannis des Täufers begraben liege, und in welcher Sprache die Schlange zu Adam gesprochen – alles klar erörtert, nur daran war ich nicht zu denken geraten, daß der Mensch auch Knochen und Fleisch und Blut mit sich in die Welt bekommen. Hoiho, Konfrater, da kamen böse Stunden, mögen sie Euch erspart bleiben! der Kopf ward schwer, die Hände unruhig, am Schreibtisch kein Bleiben, in der Kirche kein Knien – fort! hieß es, nur fort und hinaus! Dem alten Thieto sagt' ich dereinst, ich habe eine Entdeckung gemacht. Was für eine? Daß es jenseits unserer Mauern frische Luft gebe ... Da versagten sie mir den Ausgang, aber manche Nacht bin ich heimlich auf den Glockenturm gestiegen[111] und hab' hinausgeschaut und die Fledermäuse beneidet, die in den Tannenwald hinüberflogen ... Konfrater, dagegen hilft kein Fasten und kein Beten, was im Menschen steckt, muß heraus.

Der vorige Abt hat billige Einsicht genommen und mich auf Jahresfrist hierher geschickt, aber der Bruder Marzellus kam nimmer heim. Wie ich hier im Schweiß meines Angesichtes den Tannbaum fällte und den Nachen zimmerte und den Strichvogel aus den Lüften herunterholte, da ist mir ein Licht aufgegangen, was gesund sein heißt – Fischfang und Weidwerk beizen die unnützen Mücken aus dem Kopf – so stehe ich seit dreißig Jahren der Zelle Radolfi vor, *rusticitate quadam imbutus*, einer gewissen Verbauerung ausgesetzt, was verficht's? ›Ich bin gleich der Kropfgans in der Wüste, gleich der Eule, die in Trümmern nistet‹, sagt der Psalmist, ›aber frisch und stark‹, und der alte Moengal gedenkt sobald noch nicht ein stummer Mann zu werden und weiß, daß er wenigstens vor einem Unglück sicher sein darf ...«

»Was meint Ihr für ein Unglück?« frug Ekkehard.

»Daß ihm Sankt Petrus dereinst den himmlischen Torschlüssel vor die Stirn schlägt und spricht: ›hinaus mit dir, der du unnütz und eitel Philosophie getrieben!‹«

Ekkehard ließ sich auf Moengals Herzensergießungen nicht näher ein. »Ihr habet wohl rauhen Dienst in Sorge der Seelen«, sprach er, »verstockte Herzen, Heidentum und Ketzerei ...«

»'s geht an«, sprach der Alte, »im Mund der Bischöfe und kaiserlichen Räte, in den Kapitularien und Synodalbeschlüssen nimmt sich's haarsträubend aus, wenn sie den heidnischen Irrwahn abzeichnen und mit Strafsatzung bedräuen. 's ist eben alter Glaube hierlands, im Baum und Fluß und auf luftiger Bergeshöhe der Gottheit nachzuspüren. Jeder auf der Welt muß seine Apokalypsis haben, die Hegauer suchen sie draußen ... es läßt sich auch etwas dabei denken, wenn der Mensch frühmorgens im Schilfe steht und die Sonne über ihm aufgeht ...

Deshalb kommen sie am Tage des Herrn doch zu mir und singen die Messe mit, und wenn der Sendbote ihnen nicht so manchen Strafschilling aus dem Sack zwickte, würden sie noch fröhlicher sich zum Evangelium wenden. –

Stoßt an, Konfrater, die frische Luft ...«

»Erlaubt«, sprach Ekkehard mit feiner Wendung, »daß ich das Wohl Marzellus', des Lehrers an der Klosterschule, des Verfassers der irischen Übersetzung des Priscianus trinke.«

»Mir auch recht«, lachte Moengal. »Was aber die irische Übersetzung betrifft, die möchte einen Haken haben.«[112]

In Ekkehard war das Verlangen groß, seinen hohen Twiel zu

erreichen. Kurz vor dem Ziele langer Fahrt hat noch selten einer lange Rast gehalten. »Der Berg steht fest in der Erden«, sprach zwar Moengal, »er entfleucht Euch nimmer.«

Aber Moengals Wein und seine Lehre von der frischen Luft hatten für den, der einer Herzogin entgegen sollte, wenig Verstrickendes. Er brach auf.

»Ich geh' mit Euch bis an des Pfarrsprengels Grenze«, sagte der Leutpriester, »heute dürft Ihr mir noch zur Seite gehen, trotz meines verblichenen Gewandes; wenn Ihr auf dem Berg droben festsitzet, dann werdet Ihr meinen, die Verklärung sei über Euch gekommen, und werdet ein vornehmer Herr werden, und wenn Ihr dereinst an Frau Hadwigs Seite gen Radolfs Zelle geritten kommet und der alte Moengal steht an der Schwelle, so wird ihm eine gnädige Handbewegung als Almosen zugeworfen – der Welt Lauf! Wenn der Heuerling groß geworden, heißt er Felchen und frißt die Kleinen seines Geschlechts.«

»Das sollt Ihr nicht sagen«, sprach Ekkehard und küßte den irischen Mitbruder.

Da gingen sie zusammen, und der Leutpriester nahm seine Leimruten mit, im Rückweg den Vögeln des Waldes Nachstellung zu bereiten. Es war ein langer Weg durch den Tannenwald, lang und still.

Wie sich das Gehölz lichtete, da stand in dunkler Masse der hohe Twiel und warf ihnen seinen Schatten entgegen. Moengal aber schaute mit scharfem Aug' den Waldpfad entlang durch die Lichtung der Tannen. »Es streicht was durchs Revier«, sprach er.

Sie waren wieder etliche Schritte gegangen, da griff Moengal seinen Gefährten am Arm, stellte ihn, deutete vorwärts und sprach: »Das sind keine Wildenten noch Tiere des Waldes!«

Es kam ein Ton herüber, als wenn fernab ein Roß gewiehert ... Moengal sprang seitwärts, schlich sich ein gut Stück im jungen Gehölz vorwärts, legte sich auf den Boden und spähte.

»Weidmanns Torheit«, sprach Ekkehard und wartete seiner. Jetzt kam er zurück. »Bruder«, sprach er, »liegt der heilige Gall in Fehde mit einem der Gewaltigen dieses Landes?«

»Nein.«

»Habt Ihr einen beleidigt?« – »Nein.«

»Sonderbar«, sprach der Alte, »es kommen drei Gewaffnete geritten.«

»Es werden Boten der Herzogin sein, mich zu empfangen«, sprach Ekkehard mit stolzem Lächeln.

»Hoiho!« brummte Moengal, »fehlgeschossen! Das ist nicht herzoglicher Dienstmannen Kleid, der Helm ist sonder Abzeichen. Und im grauen Mantel reitet kein Twieler!«

Er hemmte seinen Schritt.

»Vorwärts!«sprach Ekkehard. »Wes Herz ohne Schuld, den geleiten die Engel des Herrn.«

»Im Hegau nicht immer!« war des Alten Antwort. Es war keine Gelegenheit zu weiterem Zwiegespräch, Hufschlag tönte, der Boden klirrte, drei Reitersmänner kamen gesprengt, den Helm geschlossen, das Schwert gezogen ...

»Folgt mir«, rief der Leutpriester, *»maturate fugam!«* Er warf seine Leimruten zu Boden und wollte Ekkehard mit zur Seite ziehen. Der aber wandte sich nicht. Da sprang Moengal allein ins Buschwerk hinüber, die Dornen zogen ihm zu den alten Rissen ins morsche Gewand etliche neue, er wand sich los, mit den Sprüngen eines Eichhorns setzte er ins Dickicht. Er kannte die Schliche.

»Er ist's!« rief der vorderste der Reiter, da sprangen die andern von den Rossen, stolz sah ihnen Ekkehard entgegen. »Was wollt Ihr?« – keine Antwort; er griff zum Kruzifix, das ihm im Gürtel hing. »Im Namen des Gekreuzigten!« ... wollte er anheben, aber schon war er zu Boden geworfen, unsanfte Fäuste hielten ihn, ein Strick ward um seine Hände geschlungen, bald lagen sie geknebelt auf dem Rücken – eine weiße Binde umschloß seine Augen knapp und fest, daß es dunkel um ihn ward – »Vorwärts!« die Überraschung des Augenblicks beugte ihm die Knie, unsicher schritt er, da hoben sie ihn und trugen ihn ein Stück weit. Am Beginn des Waldes stunden vier Männer mit einer Sänfte, in die warfen sie den Betroffenen und weiter ging's durch die Ebene, am steten Hufschlag zur Seite merkte Ekkehard, daß die Reiter ihren Fang geleiteten.

Derweil Moengal durch den Wald floh, hüpften die Meisen so zutraulich auf den Zweigen, und heller Drosselschlag umtönte ihn, da vergaß er der Gefahr, und sein Herz kränkte sich, daß er die Leimruten fahren gelassen.

Wie er aber auch die Wachtel ihr ›Quakkara! Quakkara‹[113] rufen hörte, klang ihm das geradezu herausfordernd, und er wandte seinen Schritt zum Platze des Überfalls. Es war still dort, als wäre nichts geschehen. In der Ferne sah er die Kriegsleute abziehen. Die Helme glänzten.

»Es werden aber viele, so die ersten waren, die letzten sein«, sprach er kopfschüttelnd und las seine Leimruten zusammen. »Zu einer Fürstin Saal gedachte er zu gehen, und das Gefängnis nimmt ihn auf. Heiliger Gallus, bitt für uns!«

Weiter zerbrach sich Moengal den Kopf nicht. Derlei Vergewaltigung war häufig wie Schlüsselblumen im Frühling.

Es schwamm einmal ein Fisch klaftertief unten im Bodensee, der konnt' sich's gar nicht erklären, was den Kormoran zu ihm hinabführte, der schwarze Tauchervogel hatte ihn schon im Schnabel und flog mit ihm hoch durch die Lüfte weg: noch war's ihm unbegreiflich. So lag Ekkehard in der Sänfte, ein gebundener Mann; je mehr er über seines Geschickes Wendung nachsann, desto weniger mocht' er's fassen.

Dräuend stieg der Gedanke in ihm auf, es möchte wohl einer im Hegau sitzen, ein Freund oder Blutsverwandter der Kammerboten, und jetzt am unschuldigen Jünger des heiligen Gallus Rache nehmen, denn Salomo, der Ursächer ihres schmählichen Todes, war zugleich Abt jenes Klosters gewesen. Für den Fall mochte sich Ekkehard auf das Schlimmste bereit halten, er wußte, wie manchen priesterlichen Standes nicht die Tonsur, nicht geistlich Gewand vor dem Ausstechen der Augen oder Abhauen der Hände geschützt, wenn's um Rache ging.

Er gedachte ans Sterben. Mit seinem Gewissen war er versöhnt, der Tod trug ihm kein Schrecknis zu, aber tief im Herzen klang doch eine leise Frage: »Warum nicht in Jahresfrist, nachdem mein Fuß den Twiel betrat?« –

Jetzt gingen die Träger der Sänfte langsamen Schrittes, es

mochte einen Berg hinan gehen. »Auf welches der Felsennester dieses Landes schleppen sie mich?« Ein halb Stündlein mochten sie aufwärts gestiegen sein, da schlug der Huftritt der Reiter rasselnd und hohl auf, wie wenn sie über eine hölzerne Brücke ritten. Noch blieb's still, kein Wächterruf, – die Entscheidung konnte nimmer fern sein. Da kam ein starkes Vertrauen über Ekkehard, die Worte des Psalms traten vor ihn: »Gott ist unsere Zuflucht und Stärke, als Hilfe in Nöten mächtig erfunden. Darum fürchten wir nichts, ob auch die Erde wechselte und die Berge wankten im Herzen des Meers. Mögen brausen die Gewässer, die Berge beben bei seinem Ungestüm. Jehova ist mit uns, unsere Zuflucht der Gott Jakobs, Sela ...«

Über eine zweite Brücke ging's. Ein Tor ward aufgetan, die Sänfte stand. Da huben sie ihren Gefangenen herfür, sein Fuß berührte den Boden, es war Gras; – ein Flüstern schlug an sein Ohr, als wär' viel Volk in der Nähe versammelt, der Strick um seine Hände ward gelöst. »Nehmt Euch die Binde von den Augen!« sprach einer seiner Begleiter, er tat's – Herz, jauchze nicht! er stand im Schloßhof von Hohentwiel ... Fröhlich rauschte es im Geäst' der alten Linde, ein zeltartig Getüch war darein gespannt, Kränze von Eppich und Weinlaub hingen hernieder, der Burg Insassen standen gedrängt herum, auf steinerner Bank saß die Herzogin, der purpurdunkle Fürstenmantel wallte von den Schultern, mildes Lächeln umspielte die herben Züge – itzt erhob sich die herrliche Gestalt, sie schritt Ekkehard entgegen: »Willkommen in Hadwigs Burgfrieden!« Er wußte kaum, wie ihm geschah, und wollte ins Knie sinken, huldreich hob sie ihn empor und winkte dem Kämmerer Spazzo, der warf seinen grauen Reitermantel ab, ging auf Ekkehard zu und umarmte ihn wie einen alten Freund: »Im Namen unserer Gebieterin empfahet den Friedenskuß!«

Flüchtig zuckte in Ekkehard der Gedanke: »soll hier ein Spiel mit mir gespielt werden?«, aber die Herzogin rief scherzend:

»Ihr seid mit gleicher Münze bezahlt. Habt Ihr vor drei Tagen die Herzogin in Schwaben nicht anders als getragen über des heiligen Gallus Schwelle kommen lassen, so war's billig, daß auch sie den Mann von Sankt Gallen in ihr Schloß tragen ließ.«

Und Herr Spazzo schüttelte ihm nochmals die Hand und sprach: »Nichts für ungut, es war strenger Befehl so!« – Er hatte erst den Überfall befehligt und wirkte itzt zum herzlichen Empfang, beides mit gleich unveränderter, gewichtiger Miene, denn ein Kämmerer muß gewandt sein und auch das Widersprechende in Form zu bringen wissen.

Ekkehard lächelte. »Für einen Scherz«, sagte er, »habt Ihr's recht ernsthaft ausgeführt.« Er gedachte dabei insbesondere, wie ihm einer der Reitersmänner, da sie ihn in die Sänfte warfen, mit erzbeschlagenem Lanzenschaft einen schweren Stoß in die Seite versetzt. Das stand freilich nicht in der Herzogin Befehl, aber der Reitknecht war schon unter Luitfried, des Kammerboten Neffen, dabei gewesen, wie sie den Bischof Salomo einstmals niederwarfen, und hatte sich von dazumal die irrige Meinung eingeprägt, bei Niederwerfung geistlicher Herren gehöre ein fester Faustschlag, Stoß oder Fußtritt unumgänglich zum Landbrauch.[114]

Jetzt führte Frau Hadwig ihren Gast an der Hand durch den Schloßhof und wies ihm ihre luftige Behausung und die stolze Fernsicht nach Bodensee und Alpenkuppen, und der Burg Leute baten um seinen Segen – auch die Reitknechte kamen und die Träger der Sänfte, und er segnete sie alle.

Dann geleitete ihn die Herzogin bis an den Eingang. Ein Bad ward ihm zurechtgemacht[115] und frische Gewandung bereitet; sie hieß ihn sich pflegen und ausruhen, und Ekkehard war fröhlich und guter Dinge nach leicht erstandener Gefahr ...

In der Nacht, die jenem Tage folgte, trug sich's im Kloster Sankt Gallen zu, daß Romeias, der Wächter, ohn' allen Anlaß von seiner Matte auffuhr und grimmig in sein Horn stieß, so daß die Hunde im Klosterhof anschlugen und alles wach wurde und zusammenlief – und war doch weit und breit niemand, der Einlaß begehrte. Der Abt schrieb's auf Rechnung böser Geister, ließ aber zugleich des Romeias Vespertrunk sechs Tage lang auf die Hälfte herabsetzen – eine Maßregel, die jedoch auf Voraussetzung eines gänzlich unrichtigen Grundes beruhte.

Virgilius auf dem hohen Twiel

Wenn einer seine Übersiedlung an neuen Wohnsitz glücklich bewerkstelligt hat, dann ist's ein anmutig und reizend Geschäft, sich wohnlich einzurichten.

Ist auch gar nicht so gleichgültig, in was Stube und Umgebung einer haust, und wessen Fenster auf die Heerstraße zielen, wo die Lastwagen fahren und die Steine geklopft werden, bei dem halten sicherlich mehr graue und verstäubte als buntfarbige Gedanken Einkehr.

Darüber hatte sich nun Ekkehard keine Sorge zu machen, denn die Herzogsburg auf dem Twiel lag luftig und hoch und einsam, – aber ganz zufrieden war er auch nicht, als ihm Frau Hadwig tags nach seiner Ankunft seinen Wohnsitz anwies.

Es war ein groß luftig Gemach mit säulendurchteiltem Rundbogenfenster, aber an demselben Gang gelegen, an den auch der Herzogin Saal und Zimmer stießen. Der Eindruck, den einer aus abgeschiedener Klosterzelle mitnimmt, läßt sich nicht über Nacht verwischen. Und Ekkehard gedachte, wie er oftmals möge von seiner Betrachtung abgezogen werden, wenn geharnischter Fußtritt und Sporenklang oder leises Huschen dienender Mägde an seiner Tür vorüberstreife, oder wenn er sie selber, die Herrin der Burg, möge einhergehen hören – unbefangen wandte er sich an Frau Hadwig: »Ich hab' ein Anliegen, hohe Frau!«

»Redet«, sagte sie mild.

»Möchtet Ihr mir nicht zu sotanem Gelaß ein fern gelegen Stüblein zuweisen, – und wenn's unterm Dach oder in einem der Warttürme wäre. Der Wissenschaft, wie des Gebetes Pflege heischt einsame Stille, Ihr kennet ja des Klosters Brauch.«

Da legte sich eine leise Falte über Frau Hadwigs Stirn, eine Wolke war's nicht, aber ein Wölklein. »Ihr sehnet Euch danach, oftmals allein zu sein?« frug sie spöttisch. »Warum seid Ihr nicht in Sankt Gallen geblieben?«

Ekkehard neigte sich und schwieg.

»Halt an«, rief Frau Hadwig, »es soll Euch geholfen werden. Seht Euch das Gelaß an, in dem Vincentius, unser Kapellan, bis an sein selig Ende gehaust hat, der hat auch so einen Raubvogelgeschmack gehabt und war lieber der höchste auf Twiel als der bequemste. Praxedis, hol' den großen Schlüsselbund und geleite unsern Gast.«

Praxedis tat nach dem Gebot. Das Gemach des seligen Kapellans war hoch oben im viereckigen Hauptturm der Burg; langsam stieg sie mit Ekkehard die finstere Wendeltreppe hinauf, der Schlüssel knarrte schwer im lang nicht gedrehten Schloß. Sie traten ein. Da sah's gut aus.

Wo ein gelehrter Mann gehaust, braucht's ein Stück Zeit, um seine Spuren zu verwischen. Es war ein mäßiger Geviertraum, weiße Wände, wenig Hausrat, Staub und Spinnweb allenthalb; auf dem Eichentisch stand ein Büchslein mit Schreibsaft, längst war's eingetrocknet, im Winkel ein Krug, drin vielleicht einst Wein gefunkelt, auf einem Brett der Wandnische glänzten einige Bücher, aufgeschlagene Pergamentrollen lagen dabei, aber, o Leidwesen! der Sturm hatte das Fensterlein zerschlagen, der Paß in Vincentius' Stube war seit seinem Tod für Sonne und Regen, Mücken und Vögel frei geworden, eine Schar Tauben war eingezogen, in ungestörter Besitzergreifung hatten sie sich zwischen der Bücherweisheit angesiedelt, auf den Briefen des heiligen Paulus und auf Julius Cäsars »Gallischem Krieg« nisteten sie und schauten verwundert den Eingetretenen entgegen.

Der Tür gegenüber war mit Kohle ein Sprüchlein an die Wand geschrieben. »Martha, Martha, du machst dir um vielerlei Sorge und Unruh!« las Ekkehard; »soll das des Verstorbenen letzter Wille sein?« frug er seine liebliche Wegweiserin.

Praxedis lachte: »'s war gar ein behaglicher Herr«, sprach sie, »der Herr Vincentius selig. ›Ruhe ist mehr wert als ein Talent Silbers‹,[116] hat er oft gesagt. Die Frau Herzogin aber hat ihm arg zugesetzt, immer gefragt und was anderes gefragt: heut von den

Sternen am Himmel, morgen von Arzneikraut und Heilmitteln, übermorgen aus der Heiligen Schrift und Überlieferung der Kirche – ›wozu habt Ihr studiert, wenn Ihr keinen Bescheid wisset?‹ dräute sie, und Herr Vincentius hat einen schweren Stand gehabt –«

Praxedis deutete schalkhaft mit dem Zeigefinger nach der Stirn –

»›Mitten im Land Asia‹, hat er meistens erwidert, ›liegt ein schwarzer Marmelstein; wer den aufhebt, der weiß alles und braucht nicht mehr zu fragen‹ ... Er war aus Bayernland, der Herr Vincentius, den Bibelspruch hat er wohl zu seinem Trost hingeschrieben.«

»Pflegt die Herzogin so viel zu fragen?« sprach Ekkehard zerstreut.

»Ihr werdet's wahrnehmen«, sagte Praxedis.

Ekkehard musterte die zurückgebliebenen Bücher. »Es tut mir leid um die Tauben, die werden abziehen müssen.«

»Warum?«

»Sie haben das ganze erste Buch des ›Gallischen Kriegs‹ verdorben, und der Brief an die Korinther ist mit untilgbaren Flekken belastet ...«

»Ist das ein großer Schaden?« frug Praxedis.

»Ein sehr großer!«

»O ihr arme böse Tauben«, scherzte die Griechin, »kommt her zu mir, eh' der fromme Mann euch hinausjagt unter die Häher und Falken.«

Und sie lockte den Vögeln, die unbefangen in der Büchernische verblieben waren, und wie sie nicht kamen, warf sie einen weißen Wollknäuel auf den Tisch, da flog der Tauber herüber, vermeinend, es sei eine neue Taube angekommen, und ging dem Knäuel mit gemessenen Schritten entgegen, zwei vor und einen zurück, und verbeugte sich und grüßte mit langgezogenem Gurren. Praxedis aber nahm den Knäuel an sich, da flog ihr der Vogel auf den Kopf.

Da hub sie leise an, eine griechische Singweise zu summen; es war das Lied des alten, ewig jungen Sängers von Tejos:

Πόθεν, φίλη πέλεια
Πόθεν πόθεν πέτασαι; usw.

»Ei sieh, du holdes Täubchen,
Wo kommst du hergeflogen?
Woher die Salbendüfte,
Die du, die Luft durchwandelnd,
Aushauchst und niederträufelst?
Wer bist du? was beliebt dir?«

Ekkehard horchte hoch auf und warf einen schier erschrockenen Blick von dem Kodex, den er durchblätterte, herüber; wäre sein Aug' für natürliche Anmut geübter gewesen, so hätt' es wohl länger auf der Griechin haften dürfen. Der Tauber war ihr auf die Hand gehüpft, sie hielt ihn mit gebogenem Arm in die Höhe – Anakreons alter Landsmann, der dereinst den parischen Marmorblock zur Venus von Knidos umschuf, hätte das Bild dauernd seinem Gedächtnis eingeprägt.

»Was singt Ihr?« fragte Ekkehard. »Das klingt ja wie fremde Sprache.«

»Warum soll's nicht so klingen?«

»Griechisch?!«

»Warum soll ich nicht Griechisch singen?« gab ihm Praxedis schnippisch zurück.

»Bei der Leier des Homerus«, sprach Ekkehard verwundert, »wo in aller Welt habt Ihr das erlernt, unserer Gelehrsamkeit höchstes Ziel?«

»Zu Hause!« ... sagte Praxedis gelassen und ließ die Taube zurückfliegen.

Da schaute Ekkehard noch einmal in scheuer Hochachtung herüber. Bei Aristoteles und Plato war's ihm seither kaum eingefallen, daß auch zur Zeit noch lebende Menschen griechischer Zunge auf der Welt seien. Wie eine Ahnung zog's durch seinen Sinn, daß hier etwas verkörpert vor ihm stehe, das ihm trotz aller geistlichen und weltlichen Weisheit fremd, unerreichbar ...

»Ich glaubte als Lehrer gen Twiel zu kommen«, sprach er wehmütig, »und finde meine Meister. Wollt Ihr von Eurer Muttersprache mir nicht auch dann und wann ein Körnlein zuwenden?«

»Wenn Ihr die Tauben nicht aus der Stube verjagt«, sprach Praxedis. »Ihr könnt ja ein Drahtgitterlein vor die Nische ziehen, wenn sie Euch ums Haupt fliegen wollen.«

»Um eines reinen Griechisch willen« ... wollte Ekkehard erwidern, aber die Türe der engen Klause war aufgegangen. –

»Was wird hier von Tauben und reinem Griechisch verhandelt?« klang Frau Hadwigs scharfe Stimme. »Braucht man so viel Zeit, um diese vier Wände anzuschauen? Nun, Herr Ekkehard, taugt Euch die Höhle?«

Er nickte bejahend.

»Dann soll sie gesäubert und instand gesetzt werden«, fuhr Frau Hadwig fort. »Auf, Praxedis, die Hände gerührt und vor allem das Taubenvolk verjagt!«

Ekkehard wollte es wagen, ein Wort für die Tauben einzulegen.

»Ei so«, sprach Frau Hadwig, »Ihr wünschet allein zu sein und Tauben zu hegen. Soll man Euch nicht auch eine Laute an die Wand hängen und Rosenblätter in Wein streuen? Gut, wir wollen sie nicht verjagen; aber heute abend sollen sie gebraten unsern Tisch zieren.«

Praxedis tat, als habe sie nichts gehört.

»Wie war's mit dem reinen Griechisch?« frug nun die Herzogin. Unbefangen erzählte ihr Ekkehard, um was er die Griechin angegangen, da zogen die Stirnfalten wieder bei Frau Hadwig auf. »Wenn Ihr so wißbegierig seid, so mögt Ihr mich fragen«, sagte sie, »auch mir ist die Sprache geläufig.« Ekkehard sprach nichts dagegen. In ihrer Rede lag meistens eine Schärfe, die das Wort der Erwiderung im Munde abschnitt. –

Die Herzogin war streng und genau in allem. Schon in den ersten Tagen nach Ekkehards Ankunft entwarf sie einen Plan, in welcher Art sie zur Erlernung der lateinischen Sprache vorschreiten wolle. Da fanden sie es am besten, eine Stunde des Tages der löblichen Grammatik zu bestimmen, eine zweite der Lesung des Virgilius. Auf letztere freute sich Ekkehard sehr, er gedachte sich zusammen zu fassen und mit Aufbietung von Wissen, Schärfe und Feinheit der Herzogin die Pfade des Verständnisses zu ebnen.

»Es ist doch kein unnütz Werk«, sprach er, »was die alten Poeten getan; wie mühsam wäre es, eine Sprache zu erlernen, wenn sie uns nur im Wörterbuch überliefert wäre, wie die Getreidekörner in einem Sack, und wir die Mühe hätten, Mehl daraus zu mahlen und Brot daraus zu backen ... Der Poet aber stellt alles wohlgefügt an seinen Platz, da ist fein ersonnener Plan und Inhalt, und die Form klingt lieblich drein wie Saitenspiel; woran wir uns sonst die Zähne auszubeißen hätten, das schlürfen wir aus Dichters Hand wie Honigseim, und es schmeckt süße.«

Das Herbe der Grammatik zu lindern, wußte Ekkehard keinen Ausweg. Für jeden Tag schrieb er der Herzogin die Aufgabe auf ein Pergamentblatt, die war des Lernens begierig, und wenn die Frühsonne über dem Bodensee aufstieg und ihre ersten Strahlen auf den hohen Twiel warf, stund sie schon in des Fensters Wölbung und lernte, was ihr vorgeschrieben war, leise und laut, bis zu Ekkehards Saal klang einst ihr einförmig Hersagen: *»amo, amas, amat, amamus ...«*

Praxedis aber hatte schwere Stunden. Sich zur Anregung, aber ihr zu nicht geringer Langeweile, befahl ihr Frau Hadwig, jeweils das gleiche Stück Grammatik zu lernen. Kaum Schülerin, freute es sie, mit dem, was sie erlernt, ihre Dienerin zu meistern, und nie war sie zufriedener, als wenn Praxedis ein Hauptwort für ein Beiwort ansah oder ein unregelmäßig Zeitwort regelmäßig abwandelte.

Des Abends kam die Herzogin hinüber zu Ekkehards Gemach. Da mußte alles bereit sein zur Lesung des Virgil, Praxedis kam mit ihr, und da in Vincentius' nachgelassenen Büchern ein lateinisches Wörterbuch nicht vorhanden war, ward sie mit Anfertigung eines solchen beauftragt, denn sie hatte in jungen Tagen des Schreibens Kunst erlernt. Frau Hadwig war dessen minder erfahren: »Wozu wären die geistlichen Männer«, sprach sie, »wenn ein jeder die Kunst verstünde, die ihrem Stand zukommt? Schmieden sollen die Schmiede, fechten die Krieger und schreiben die Schreiber, und soll kein Durcheinander entstehen.« Doch hatte Frau Hadwig sich wohlgeübt, ihren Namenszug in künstlich verschlungenen großen Buchstaben den siegelbehangenen Urkunden als Herrin des Landes beizufügen.

Praxedis zerteilte eine Pergamentrolle in kleine Blätter, zog auf jedes Blatt zwei Striche, also, daß drei Abteilungen geschaffen wurden, um nach Ekkehards Vortrag jedes lateinische Wort einzutragen, daneben das deutsche, in die dritte Reihe das entsprechende griechische. Letzteres war der Herzogin Anordnung, ihm zu beweisen, daß die Frauen auch ohne seine Beihilfe schon löbliche Kenntnis erworben.

So begann der Unterricht.[117]

Die Türe von Ekkehards Gemach nach dem Gang hin hatte Praxedis weit aufgesperrt. Er ging hin und wollte sie zulehnen, die Herzogin aber hielt ihn zurück: »Kennet Ihr die Welt noch nicht?«

Ekkehard wußte nicht, was das heißen solle.

Jetzt las er ihnen das erste Buch von Virgilius' Heldendichtung. Äneas, der Troer, hub sich vor ihren Augen, wie ihn siebenjährige Irrfahrt umhergeschleudert auf dem Tyrrhener Meer und wie es so unsäglicher Mühsal gekostet, des römischen Volkes Gründer zu werden. Es kam der Zorn der Juno, wie sie an Äolus bittweise sich wendet und dem Gebietiger von Wind und Sturm die schönste ihrer Nymphen verspricht, wenn er der Troer Schiffe verderben wolle – Gewitter, Sturm, Schiffbruch, Zerschellen der Kiele, ringsum schwimmen umher sparsam in unendlicher Meeresflut Waffen des Kriegs und Gebälk und troischer Prunk durch die Brandung. Und der Wogen Gemurr dringt zu Neptunus hinunter, tief in Grund, er kommt emporgestiegen und schaut die Verwirrung, des Äolus Winde jagt er mit Schimpf und Schande nach Hause, wie der Aufruhr beim Wort des verdienten Mannes legt sich das Toben der Wässer, an Libyens Küste landet der Schiffe Rest ...

Soweit hatte Ekkehard gelesen und erklärt. Seine Stimme war voll und tönend und klang ein wohltuend Gefühl inneren Verständnisses durch. Es war spät geworden, die Lampe flackerte, da hub Frau Hadwig den Vortrag auf.

»Wie gefällt meiner Herrin des heidnischen Poeten Erzählung?« frug Ekkehard.

»Ich will's Euch morgen sagen«, sprach sie. Sie hätte es auch schon heute sagen können, denn fest und bestimmt stand der Eindruck des Gelesenen ihrem Gemüte eingeprägt, sie tat's aber nicht, um ihn nicht zu kränken. »Lasset Euch was Gutes träumen«, rief sie dem Weggehenden nach.

Ekkehard aber ging noch hinauf in des Vincentius' Turmstube. Die war sauber hergerichtet, die letzte Spur vom Nisten der Tauben getilgt; er wollte sich sammeln zu stiller Betrachtung wie ehemals im Kloster, aber sein Haupt war heiß, vor seiner Seele stand die hohe Gestalt der Herzogin, und wenn er sie recht ins Auge faßte, so schaute auch Praxedis' schwarzäugig Köpflein über ihrer Herrin Schulter zu ihm herüber – was aus all dem noch werden soll? Er trat ans Fenster, eine kühle Herbstluft wehte ihm entgegen, ein dunkler eherner unendlicher Himmel spannte sich über das schweigende Land, die Sterne funkelten, nah, fern, licht, matt; so groß hatte er das Himmelsgewölbe noch niemals erschaut – auf Bergesgipfeln ändert sich das Maß der Dinge – lang stand er so, da ward's ihm unheimlich, als wollten ihn die Gestirne hinaufziehen zu sich, als sollt' er leicht und geflügelt der Stube entschweben ... er schloß das Fenster, bekreuzte sich und ging schlafen.

Des andern Tages kam Frau Hadwig mit Praxedis, der Grammatik zu pflegen. Sie hatte Wörter gelernt und Deklinationen und wußte ihre Aufgabe. Aber sie schien zerstreut.

»Habt Ihr etwas geträumt?« frug sie den Lehrer, wie die Stunde abgelaufen war.

»Nein.«

»Gestern auch nicht?«

»Nein.«

»Ist schade, es soll eine Vorbedeutung in dem liegen, was einer in den ersten Tagen am neuen Wohnort träumt ... Höret«, fuhr sie nach einer Pause fort, »seid Ihr nicht ein recht ungeschickter Mensch?«

»Ich?« fuhr Ekkehard betroffen auf.

»Ihr geht mit Dichtern um, warum habt Ihr nicht einen anmutigen Traum ersonnen und mir erzählt; Dichtung ist so viel wie Traum, es hätt' mir Freude gemacht.«

»Ihr befehlet«, sprach Ekkehard, »so Ihr mich wieder fraget, will ich einen Traum erzählen, auch wenn ich ihn nicht geträumt habe.«

Solcherlei war für Ekkehard neu, unklar.

»Ihr habt mir Eure Ansicht vom Virgilius gestern vorenthalten«, sprach er.

»Ja so«, sprach Frau Hadwig. »Höret, wenn ich Herrin im Römerland gewesen, ich weiß nicht, ob ich nicht die Gesänge verbrannt und den Mann für immer schweigen geheißen hätte...«

Ekkehard sah sie starr verwundert an.

»Es ist mein Ernst!« fuhr sie fort. »Wißt Ihr warum? – weil er die Götter seines Landes schlecht macht. Ich hab' gute Acht gehabt, wie Ihr der Juno Reden gestern vortruget. Des Herrn aller Götter Ehefrau – und trägt eine Wunde im Gemüt, daß ein troischer Hirtenknab' sie nicht für die Schönste erklärt, und ist nicht imstande, aus eigener Macht einen Sturm zu befehlen, daß die paar Schifflein zertrümmert werden, und muß den Äolus durch Antragung einer Nymphe verführen ... und Neptun will Herrscher der Meere sein und läßt sich von fremdem Gewind Sturm und Wetter in sein Reich blasen und merkt's erst, wie es fast vorbei ist – was ist all das für ein Wesen? Als Herzogin sag' ich Euch, in dem Reich, dessen Götter gescholten werden, möcht' ich den Zepter nicht führen.«

Ekkehard schien um eine Antwort verlegen. Was das Altertum an Schriftwerk überliefert, stand ihm da als ein Festes, Unerschütterliches, wie altes Gebirg; er war zufrieden, sich in Bedeutung und Verständnis einzuarbeiten, – nun solche Zweifel!

»Erlaubet, Herrin«, sprach er, »wir haben noch nicht weit gelesen, es steht zu hoffen, daß Euch die Menschen der Äneïs besser gefallen. Wollet auch bedenken, daß zur Zeit, wo Augustus, der Kaiser, seine Untertanen aufzeichnen ließ, das Licht der Welt zu Bethlehem zu leuchten anhub; es geht die Sage, daß auch auf Virgilius ein Strahl davon gefallen, da mochten ihm die alten Götter nicht mehr groß sein ...«

Frau Hadwig hatte gesprochen nach dem ersten Eindruck. Mit dem Lehrer streiten mochte sie nicht.

»Praxedis«, sprach sie scherzend, »was ist deine Meinung?«

»Mein Denken geht nicht so hoch«, sprach die Griechin. »Mir kam alles so natürlich vor, drum war mir's lieb. Und am besten hat mir gefallen, wie die Frau Juno ihrer Nymphe den Äolus zum Ehgemahl verschafft; wenn er auch ein wenig alt ist, so ist er doch ein König der Winde, und sie ist gewißlich gut bei ihm versorgt gewesen ...«

»Gewiß!« – sprach Frau Hadwig und winkte ihr, zu schweigen. »Nun wissen wir doch auch, wie Kammerfrauen den Virgilius lesen.«

Ekkehard war durch der Herzogin Widerspruch zu größerem Eifer gereizt. Mit Begeisterung las er am Abend des weiteren, wie der fromme Äneas auf Erspähung des libyschen Landes auszog und ihm seine Mutter Venus entgegentritt in Gewand und Waffen einer Sparterjungfrau, den leichten Bogen um die Schulter, den wallenden Busen kaum in des aufgeschürzten Gewandes Knüpfung verborgen – und wie sie des Sohnes Schritt der tyrischen Fürstin entgegenlenkt. Und weiter las er, wie Äneas zu spät die göttliche Mutter erkannte – vergebens ruft er ihr nach, sie aber hüllt ihn in Nebel, daß er unerkannt zur neuen Stadt gelange ... wo die Tyrerin zu Junos Ehren den mächtigen Tempel gründet, steht er und schaut, von Künstlerhand gemalt, die Schlachten von Troja; am leeren Abbild vergangener Kampfarbeit weidet sich seine Seele.

Jetzt naht sie selber, Dido, die Herrin des Landes, antreibend das Werk und die künftige Herrschaft:

»Und an der Pforte der Göttin, bedeckt vom Gewölbe des Tempels,
Saß sie, mit Waffen umschart, auf des Throns hochragendem Sessel,
Urteil sprach sie den Männern und Recht, und die Mühen der Arbeit
Teilte sie jeglichem gleich nach Billigkeit ...«

»Leset mir das nochmals«, sprach die Herzogin. Ekkehard wiederholte es.

»Steht's so geschrieben?« frug sie. »Ich hätte nichts eingewendet, wenn Ihr's selber so eingeschaltet hättet. Glaubt' ich doch schier ein Abbild eigener Herrschaftsführung zu hören ... Mit den Menschen Eures Dichters bin ich wohl zufrieden.«

»Es wird wohl leichter sein, sie abzuzeichnen, als die Götter«, sprach Ekkehard. »Es gibt so viel Menschen auf der Welt ...«

Sie winkte ihm, fortzufahren. Da las er, wie des Äneas Gefährten herankamen, der Königin gastlichen Schutz anflehend, und wie sie ihres Führers Ruhm künden, der, von der Wolke verhüllt, nahe stand.

Und Dido öffnet ihre Stadt den Hilfesuchenden, und der Wunsch steigt in ihr auf: Wäre doch selbst der König, vom selbigen Sturme gedränget, euer Äneas allhier! also, daß sehnendes Verlangen den Helden treibt, die Wolke zu durchbrechen ...

Doch wie Ekkehard begonnen hatte:

»Kaum war solches gesagt, als schnell des umwallenden Nebels Hülle zerreißt ...«,

da kam ein schwerer Tritt den Gang herauf: Herr Spazzo, der Kämmerer, trat ein, er wollte die neuen Studien seiner Gebieterin beaugenscheinigen – beim Wein mochte er auch gesessen haben: sein Aug' war starr, der Gruß erstarb ihm auf den Lippen. Es war nicht seine Schuld. Schon in der Frühe hatte er ein Brennen und Zucken in der Nase verspürt, und das bedeutet sonder Widerrede einen trunkenen Abend.

»Bleibet stehen!« rief die Herzogin, »und Ihr, Ekkehard, leset weiter.«

Er las, ernst, mit Nachdruck:

»Siehe! da stand Äneas und strahlt' in der Helle des Tages,
Hehr an Schulter und Haupt, wie ein Gott, denn die himmlische Mutter
Hatt' anmutige Locken dem Sohn und blühender Jugend
Purpurlicht und heitere Würd' in die Augen geatmet:
So wie das Elfenbein durch Kunst sich verschönet, wie Silber

Prangt und parischer Stein in des rötlichen Goldes Umrandung.
Drauf zur Königin wandt' er das Wort und allen ein Wunder
Redet er plötzlich und sprach: ›Hier schauet mich, welchen Ihr suchet,
Mich, den Troer Äneas, gerettet aus libyscher Woge.‹«

Herr Spazzo stand verwirrt. Um Praxedis' Lippen schwebte ein verhaltenes Kichern.

»Wenn Euch der Weg wieder herführt«, rief die Herzogin, »so wählet eine schicklichere Stelle zum Eintritt, daß wir nicht versucht werden, zu glauben, Ihr seid Äneas, der Troer, gerettet aus libyscher Woge!«

Herr Spazzo trat seinen Rückzug an. »Äneas, der Troer«, murmelte er im Gang; »hat wieder einmal ein rheinfränkischer Landfahrer sich einen erlogenen Stammbaum gemacht? Troja!? – umwallender Nebel? ... Äneas, der Troer, wir werden eine Lanze brechen, wenn wir uns treffen! Mord und Brand!«

Audifax

In jener Zeit lebte auf dem Hohentwiel ein Knabe, der hieß Audifax. Er war eigener Leute Kind, Vater und Mutter waren ihm weggestorben, da war er wild aufgewachsen, und die Leute hatten sein nicht viel acht, er gehörte zur Burg wie die Hauswurz, die auf dem Dach wächst, und der Efeu, der sich um die Mauern schlingt. Man hatte ihn aber die Ziegen zu hüten angewiesen. Die trieb er auch getreulich hinaus und herein und war schweigsam und scheu. Er hatte ein blaß Gesicht und kurz geschnitten blondes Haupthaar, denn nur der Freigeborene durfte sich mit wallenden Locken schmücken.[118]

Im Frühjahr, wenn neuer Schuß und Trieb in Baum und Strauch waltete, saß Audifax vergnüglich draußen und schnitt Sackpfeifen aus dem jungen Holz und blies darauf; es war ein einsam schwermütiges Getön, und Frau Hadwig war einmal schier eines Mittags Länge oben auf dem Söller gestanden und hatte ihm gelauscht, vielleicht, daß ihre Stimmung der Melodie der Sackpfeife entsprach – und wie Audifax des Abends seine Ziegen eintrieb, sprach sie zu ihm: »Heische dir eine Gnade!« Da bat er um ein Glöcklein für eine seiner Ziegen, die hieß Schwarzfuß. Der Schwarzfuß bekam das Glöcklein, seither war in Audifax' Leben nichts von Belang vorgefallen. Aber er ward zusehends scheuer, im letzten Frühjahr hatte er auch sein Pfeifenblasen eingestellt.

Jetzt war ein sonniger Spätherbsttag, da trieb er seine Ziegen an den felsigen Hang des Berges und saß auf einem Steinblock und schaute hinaus ins Land; hinter dunkelm Tannenwald leuchtete der Bodensee, vorn war alles herbstlich gefärbt – dürres rotes Laub trieb im Winde. Audifax aber saß und weinte bitterlich.

Damals hütete, was an Gänsen und Enten zum Hofe der Burg gehörte, ein Mägdlein, des Name war Hadumoth, die war einer alten Magd Tochter und hatte ihren Vater nie gesehen. Es war Hadumoth ein braves Kind, rotwangig, blauäugig, und ließ das Haar in zwei Zöpfe geflochten vom Haupt herunterfallen. Ihre Gänse hielt sie in Zucht und guter Ordnung, sie reckten manchem den langen Hals entgegen und schnatterten wie törichte Weiber, aber der Hirtin trotzte keine; wenn sie ihren Stab schwang, gingen sie züchtig und sittsam einher und enthielten sich jeglichen Lärmens. Oft weideten sie vermischt zwischen den Ziegen des Audifax, denn Hadumoth hatte den kurzgeschorenen Ziegenhirten nicht ungern und saß oft bei ihm und schaute mit ihm in die blaue Luft hinaus – und die Tiere merkten, wie ihre Hüter zusammenstanden, da hielten auch sie Freundschaft miteinand'. Jetzt trieb Hadumoth ihre Gänse auf die Berghalde herunter, und da sie der Ziegen Glöcklein drüben läuten hörte, sah sie sich nach dem Hirten um. Und sie erschaute ihn, wie er weinte, und ging hinüber, setzte sich zu ihm und sprach: »Audifax, warum weinst du?« Der gab keine Antwort. Da legte Hadumoth ihren Arm um seine Schulter, wendete sein lockenloses Haupt zu sich herüber und sprach betrübt: »Audifax, wenn du weinst, so will ich mit dir weinen.«

Audifax aber suchte seine Tränen zu trocknen: »Du brauchst

nicht zu weinen«, sagte er, »ich muß. Es ist etwas in mir, daß ich weinen muß.«

»Was ist in dir, daß du weinen mußt?« frug sie. Da nahm er einen der Steine, wie sie von den Twieler Felswänden abgelöst dalagen, und warf ihn auf die anderen Steine. Der Stein war dünn und gab einen Klang.

»Hast du's gehört?«

»Ich hab's gehört«, sagte Hadumoth, »es klingt wie immer.«

»Hast du den Klang auch verstanden?«

»Nein.«

»Ich aber versteh' ihn, und darum muß ich weinen«, sprach Audifax. »Es ist schon viele Wochen her, da bin ich drüben gesessen auf dem Felsen im Tale, da ist's zuerst in mich gezogen, ich kann nicht sagen wie, aber es muß aus der Tiefe gekommen sein, jetzt ist mir's oft, als wär' Aug' und Ohr anders geworden, und in den Händen flimmert's wie fliegende Funken; wenn ich übers Feld geh', so hör' ich's unter meinen Füßen rieseln, als flösse ein Quell unten; wenn ich am Fels steh', so sehe ich durchs Gestein, da ziehen viel Arme und Adern hinunter, und drunten hämmert's und pocht's, das müssen die Zwerge sein, von denen der Großvater erzählt hat, und von ganz unten leuchtet ein glühroter Schein empor ... Hadumoth, ich muß einen großen Schatz finden, und weil ich ihn nicht finden kann, drum weine ich.«

Hadumoth schlug ein Kreuz. »Dir ist was angetan worden«, sprach sie. »Du hast nach Sonnenuntergang auf dem Boden geschlafen, da hat einer der Unterirdischen Macht über dich bekommen ... Wart', ich weiß dir was Besseres als Weinen.«

Sie sprang den Berg hinauf, in kurzem kam sie wieder herab und hatte ein Töpflein mit Wasser und ein Stücklein Seife, das ihr Praxedis einst geschenkt, und etliche Strohhalme. Und sie schlug einen hellen Schaum auf, nahm sich einen Halm, gab dem Audifax einen und sprach: »Laß uns mit Seifenblasen spielen, wie ehedem. Weißt du noch, wie wir beisammen saßen und um die Wette geblasen haben, und zuletzt konnten wir's so schön, daß sie groß und farbig übers Tal flogen und glänzten wie ein Regenbogen, und 's war schier zum Weinen, wenn sie platzten ...«

Audifax hatte schweigend den Strohhalm genommen, duftig wie Tautropfen hing der Seifenschaum am Ende, er hielt ihn in die Luft hinaus, die Sonne glänzte drauf.

»Weißt du auch, Audifax«, fuhr die Hirtin fort, »was du einmal gesagt hast, wie wir unsern Schaum verblasen hatten und es war Abend und Nacht geworden und die Sterne zogen am Himmel auf? ›Das sind auch Seifenblasen‹, hast du gesagt, ›der liebe Gott sitzt auf einem hohen Berge, der bläst sie und kann's besser als wir‹ ... «

»Das weiß ich nicht mehr«, sprach Audifax.

Er neigte sein Haupt zur Brust herab und fing wiederum an zu weinen. »Wie muß ich's anfangen, daß ich den Schatz gewinne?« klagte er.

»Sei gescheit«, sprach Hadumoth, »was wolltest du auch mit dem Schatz beginnen, wenn er gewonnen ist?«

»Dann kauf' ich mich frei«, sprach er gelassen, »und dich auch, und der Frau Herzogin kauf' ich ihr Herzogtum ab und den ganzen Berg mit allem, was drauf steht, und dir laß ich eine güldene Krone machen und jeder Ziege ein gülden Glöcklein und mir eine Sackpfeife von Ebenholz und lauterem Golde ...«

»Von lauterem Golde« – scherzte Hadumoth, »weißt du denn, wie Gold aussieht?«

Da deutete Audifax mit dem Finger nach dem Mund: »Kannst du schweigen?« Sie nickte bejahend. »Gib mir die Hand drauf.« Sie gab ihm die Hand. »So will ich dir zeigen, wie Gold aussieht«, sprach der Hirtenknabe, griff in seine Busentasche und zog ein Stücklein hervor, rund wie eine mäßige Münze, aber gewölbt wie eine Schale, und waren etliche unverständliche verwischte Zeichen darauf, es gleißte und glänzte und war wirklich Gold. Hadumoth wog das Stück auf dem Zeigefinger.

»Das hab' ich auf dem Feld gefunden, weit da drüben«, sprach Audifax, »nach dem Gewitter. Wenn der Regenbogen mit seinem Farbenglanz sich zu uns niederwölbt, dann kommen zwei Engel, wo seine Enden sich auf die Erde senken, halten sie ihm ein gülden Schüsselein unter, daß er nicht auf dem verregneten rauhen Boden aufstehen muß – und wenn er ausgeglänzt hat, dann lassen sie das Schüsselein im Felde stehen, zweimal dürfen sie's nicht brauchen, das würde der Regenbogen übelnehmen ...«[119]

Hadumoth begann an den Beruf ihres Gespielen zum Schatzfinden zu glauben. »Audifax«, sprach sie und gab ihm das Regenbogenschüsselein zurück, »das frommt dir alles nichts. Wer einen Schatz finden will, muß den Zauber wissen – in der Tiefe unten wird alles gut gehütet, sie geben's nicht los, wenn sie nicht niedergezwungen werden.«

»Ja, der Zauber«, sagte Audifax mit tränendem Aug' »wer ihn wüßte ...«

»Hast du den heiligen Mann schon gesehen?« frug Hadumoth.

»Nein.«

»Seit vier Tagen ist der heilige Mann in der Burg, der weiß allen Zauber. Ein großes Buch hat er mitgebracht, das liest er unserer Herzogin vor, da steht alles drin geschrieben, wie man die in der Luft zwingt und die in der Erde und die im Wasser und Feuer, die lange Friderun hat's den Knechten heimlich erzählt, die Herzogin hab' ihn verschrieben, daß das Herzogtum fester werde und größer, und daß sie jung und schön bleibe und ewig zu leben komme ...«

»Ich will zum heiligen Mann gehen«, sprach Audifax.

»Sie werden dich schlagen«, warnte Hadumoth.

»Sie werden mich nicht schlagen«, sagte er, »ich weiß etwas, das biet' ich ihm, wenn er mir den Zauber weist ...«

Es war Abend worden. Die Kinder standen von ihrem Steinsitz auf – Ziegen und Gänse wurden zusammengerufen, wohlgeordnet, wie eine Heerschar, zogen sie den Burgweg hinauf und rückten in ihren Ställen ein. –

Desselben Abends las Ekkehard der Herzogin den Schluß des ersten Buchs der »Äneide«, den Herr Spazzo tagszuvor unterbrochen: wie die Sidonierin Dido erstaunt bei des Helden Anblick ihn und die Seinen unter ihr gastlich Dach einladet, und beifällig nickte Frau Hadwig zu Didos Worten:

»Mich auch hat ein gleiches Geschick durch mancherlei Trübsal
Umgeschüttelt und endlich im Lande hier ruhen geheißen;
Fremd nicht blieb ich dem Kummer und lernt' Unglücklichen beistehn.«

Jetzt sendet Äneas den Achates zu den Schiffen, daß er's dem Sohn Askanius ansage, denn ganz auf Askanius ruht die zärtliche Sorge des Vaters. Frau Venus aber bewegt neue List im Busen, in Didos Herz soll der Liebe Flamme entzündet werden, da entrückt sie den Askanius weit in den Hain Idalia und wandelt den Gott der Liebe in Askanius' Gestalt, die Flügel legt er ab, an Schritt und Gang ihm gleich stellt er sich mit den Troern in Karthagos Königsburg und eilt zur Königin hin –

»mit den Augen an ihm, mit der Seele
Haftet sie, oft auch im Schoß erwärmt ihn Dido und weiß nicht,
Welch ein Gott ihr genaht, der Elenden! Er, sich erinnernd
Dein, acidalische Mutter, vertilgt des Sichäus Gedächtnis
Allgemach und mit lebender Glut zu gewinnen versucht er
Ihr längst kühleres Herz und der Seel' entwöhnete Regung.«

»Haltet ein«, sprach Frau Hadwig. »Das ist wieder recht schwach ausgesonnen.«

»Schwach?« frug Ekkehard.

»Was braucht's den Gott Amor selber«, sprach sie. »Könnt' es sich nicht ereignen, daß auch ohne Trug und List und sein Einschreiten des ersten Gemahls Gedächtnis in einer Witib Herzen zurückgedrängt würde?«

»Wenn der Gott selber das Unheil anstiftet«, sprach Ekkehard, »so ist Frau Dido entschuldigt und sozusagen gerechtfertigt – das hat wohl der Dichter andeuten wollen« ... Ekkehard mochte glauben, er habe eine feine Bemerkung gemacht. Frau Hadwig aber stand auf. »Das ist etwas anderes«, sprach sie spitzig, »sie bedarf also einer Entschuldigung. An das habe ich nicht gedacht. Gute Nacht!«

Stolz ging sie durch den Saal, vorwurfsvoll rauschte ihr langes Gewand. »Sonderbar«, dachte Ekkehard, »mit Frauen den teuern Virgilius lesen, hat Schwierigkeit.« Weiter gingen seine Gedanken nicht ...

Andern Tags schritt er durch den Burghof, da trat Audifax, der Hirtenknabe zu ihm, hob das Ende seines Gewandes, küßte es und sah fragend an ihm hinauf.

»Was hast du?« frug Ekkehard.

»Ich möcht' den Zauber haben«, sprach Audifax schüchtern.

»Was für einen Zauber?«

»Den Schatz zu heben in der Tiefe.«

»Den möcht' ich auch haben«, sprach Ekkehard lachend.

»O, Ihr habt ihn, heiliger Mann«, sprach der Knabe. »Habet Ihr nicht das große Buch, aus dem Ihr unserer Herrin des Abends vorleset?«

Ekkehard schaute ihn scharf an, er ward mißtrauisch und gedachte der Art, wie er auf dem hohen Twiel eingeführt worden. »Hat dir's jemand eingegeben«, fragte er, »daß du so zu mir redest?«

»Ja!«

»Wer?«

Da fing Audifax an zu weinen. »Hadumoth!« sprach er. Ekkehard verstand ihn nicht.

»Wer ist Hadumoth?«

»Die Ganshirtin«, sprach der Knabe schluchzend.

»Du redest Torheit, geh deiner Wege ...«

Aber Audifax ging nicht.

»Ihr sollt mir's nicht umsonst geben«, sagte er, »ich will Euch was Schönes zeigen. Es müssen viele Schätze im Berg sein, ich weiß einen, der ist aber nicht der rechte. Ich möcht' den rechten finden.«

Ekkehard ward aufmerksam: »Zeig' mir, was du weißt!« Audifax deutete bergabwärts. Da ging Ekkehard mit ihm zum Burghof hinaus und die Stufen des Burgwegs hinunter; auf des Berges Rückseite, wo der Blick zu des hohen Stoffeln tannigem Haupt hinüberstreift und zum hohen Höwen, bog Audifax vom Weg ab, sie gingen durchs Gebüsch; kahl, in verwittertem Grau strebte die Felswand vor ihnen zur Himmelsbläue empor.

Audifax bog einen Strauch zurück und riß das Moos auf; in dem grauen Klingstein, der des Berges Kern ist, ward eine gelbe Ader sichtbar; in eines Fingers Breite zog sie durchs Gestein. – Audifax löste ein Stück ab; versteinten Tropfen gleich, saß der eingesprengte Stoff in der Spalte, strahlend, rundlich, goldgelb, und in weißrötlicher Druse hafteten Opalkristalle.

Prüfend sah Ekkehard auf das abgelöste Stück. Der Stein war ihm fremd. Edelstein war's nicht; die gelehrten Männer haben ihn später Natrolith getauft.

»Seht Ihr, daß ich etwas weiß!« sprach Audifax.

»Was soll ich damit?« fragte Ekkehard.

»Das wißt Ihr besser als ich, Ihr könnt's schleifen lassen und Eure großen Bücher damit verzieren – gebt Ihr mir jetzt den Zauber?«

Ekkehard mußte des Knaben lachen. »Du sollst Bergknappe werden«, sprach er und wollte gehen.

Aber Audifax hielt ihn am Gewand.

»Ihr müßt mich jetzt aus Eurem Buch lehren!«

»Was?«

»Den stärksten Spruch ...«

Eine Anwandlung des Scherzes kam über Ekkehards ernstes Antlitz. »Komm mit mir«, sprach er, »du sollst ihn haben, den stärksten Spruch.«

Frohlockend ging Audifax mit ihm. Da sagte ihm Ekkehard lachend den virgilianischen Vers:

> *Auri sacra fames, quid non mortalia cogis*
> *Pectora?*
>
> Graulicher Hunger nach Golde, wozu nicht zwingst du der Menschen nimmersattes Gemüt?

und mit eiserner Geduld sagte Audifax die fremden Worte her, bis er sie sprachrichtig dem Gedächtnis eingeprägt.

»Schreibt mir's auf, daß ich's auf dem Leib tragen kann«, bat er ihn.

Ekkehard gedachte den Scherz vollständig zu machen und schrieb ihm die Worte auf einen dünnen Pergamentstreif, der

Knabe barg's in seiner Brusttasche; hoch schlug sein Herz, wiederum küßte er Ekkehards Gewand – in Sprüngen, wie sie die kletterfroheste Ziege nicht machte, sprang er aus dem Hofe.

»Bei diesem Kind gilt Virgilius mehr als bei der Herzogin«, dachte Ekkehard.

Des Mittags saß Audifax wieder auf seinem Steinblock. Aber es perlten keine Tränen mehr in seinen scheuen Augen; seit langem zum erstenmal war die alte Sackpfeife wieder mit ihm auf die Ziegenhut ausgezogen, der Wind trug die Klänge ins Tal hinab. Vergnügt kam seine Freundin Hadumoth zu ihm herüber. »Wollen wir wieder Seifenblasen machen?« frug sie ihn.

»Ich mache keine Seifenblasen mehr!« sprach Audifax und blies auf seiner Pfeife weiter. Dann stund er auf, sah sich sorgsam um, zog Hadumoth zu sich – sein Auge glänzte seltsam: »ich bin beim heiligen Mann gewesen«, raunte er ihr ins Ohr, »heute nacht heben wir den Schatz, du gehst mit.« Hadumoth versprach's ihm.

Der dienenden Leute Nachtessen in der Gesindestube war zu Ende; gleichzeitig standen sie alle von ihren Bänken auf und stellten sich in die Reihe; zu unterst waren Audifax und Hadumoth gesessen, die junge Hirtin sprach den grobkörnigen Menschen das Gebet vor, sie zitterte heut mit der Stimme ...

Eh' der Tisch abgeräumt war, huschte es wie zwei Schatten zu dem noch unverschlossenen Burgtor hinaus, es waren die zwei Kinder, Audifax ging voran. »Die Nacht wird kalt sein«, hatte er zu Hadumoth gesagt und ihr ein langhaariges Ziegenfell umgeworfen. Da, wo der Berg jäh nach Süden hin abfällt, war ein alter Erdwall gezogen, dort machte Audifax halt – sie waren vor dem Herbstwind geschützt. Er streckte seinen Arm in gerader Richtung aus: »Ich meine, hier soll's sein!« sprach er. »Wir müssen noch lang warten, bis Mitternacht.«

Hadumoth sprach nichts. Die beiden setzten sich dicht nebeneinander. Der Mond war aufgegangen, sein Licht zitterte durch halbdurchsichtiges Gewölk. Auf der Burg oben waren etliche Fenster hell, sie saßen wieder über dem Virgilius droben ... am Berg war's still, selten strich der Schleiereule heiserer Ruf herüber. Nach langer Frist fragte Hadumoth schüchtern: »Wie wird's werden, Audifax?«

»Ich weiß nicht«, war die Antwort. »Es wird einer herkommen und wird ihn herbringen, oder die Erde tut sich auf, und wir steigen hinunter, oder ...«

»Sei still«, sprach Hadumoth, »ich fürcht' mich.«

Und wieder war eine gute Frist vergangen, Hadumoth hatte ihr Haupt an Audifax' Brust gelehnt und war eingeschlummert, er aber rieb sich den Schlaf aus den Augen, dann schüttelte er seine Gefährtin. »Hadumoth«, sprach er, »die Nacht ist lang, erzähl' mir was.«

»Mir ist was Böses eingefallen«, sprach sie. »Es war einmal ein Mann, der ging pflügen ums Morgenrot, da pflügte er den Goldzwerg aus der Furche, der stand vor ihm und grinste ihn freundlich an und sprach: ›Nimm mich mit! Wer uns nicht sucht, dem gehören wir, wer uns sucht, den erwürgen wir‹ ... Audifax, ich fürcht' mich.«

»Gib mir deine Hand«, sagte Audifax, »daß du mutig bleibest.«

Die Lichter auf der Burg waren erloschen. Dumpfer Hornruf des Wächters auf dem Turm kündete Mitternacht. Da kniete Audifax nieder, und Hadumoth kniete neben ihn, er hatte seinen Holzschuh vom rechten Fuß gezogen, daß er mit nackter Sohle auf dem dunkeln Erdreich aufstand, den Pergamentstreifen hielt er in der Hand und mit fester Stimme sprach er die Worte, deren Sinn ihm fremd:

Auri sacra fames, quid non mortalia cogis
Pectora?

er hatte sie wohl behalten. Und auf den Knien blieben die beiden und harrten dessen, was da kommen sollte ... Aber es kam kein Zwerg und kein Riese, und die Erde tat sich auch nicht auf; die Gestirne glänzten zu ihren Häupten kalt und fern, kühl wehte die Nachtluft ... Doch über einen Glauben so fest und tief, wie den der beiden Kinder, soll niemand lachen, auch wenn damit keine Berge versetzt und keine Schätze gefunden werden.

Jetzt hub sich ein unsicheres Leuchten am Himmelsgewölb', eine Sternschnuppe kam geflogen, ein flimmernder Glanzstreif zeichnete ihre Bahn, viel andere folgten nach – »es kommt von oben«, flüsterte Audifax und preßte krampfhaft das Hirtenkind an sich, *»auri sacra fames«* ... rief er noch einmal in die Nacht hinaus, strahlend kreuzten sich die Meteore, das erste erlosch, das zweite erlosch – es war wieder ruhig am Himmel wie zuvor.

Lang und scharf sah sich Audifax um. Dann stand er betrübt auf. »Es ist nichts«, sagte er mit zitternder Stimme, »sie sind in den See gefallen. Sie gönnen uns nichts. Wir werden Hirten bleiben.«

»Hast du des heiligen Mannes Spruch auch recht gesagt?« fragte ihn Hadumoth.

»Wie er ihn mich lehrte.«

»Dann hat er dich nicht den rechten gelehrt. Er wird den Schatz selber heben. Vielleicht hat er ein Netz dorthin gelegt, wo die Sterne fielen ...«

»Das glaub' ich nicht«, sprach Audifax. »Sein Antlitz ist mild und gut, und seine Lippen sprechen kein Falsch.«

Hadumoth sann nach.

»Vielleicht weiß er den rechten Spruch nicht?«

»Warum?«

»Weil er den rechten Gott nicht hat. Er hat den neuen Gott. Die alten Götter waren auch stark.«

Audifax hielt seiner Gefährtin die Finger auf die Lippen. »Schweig!« sprach er.

»Ich fürchte mich nicht mehr«, sagte Hadumoth. »Ich weiß noch eine andere, die versteht sich auch auf Sprüche.«

»Wen?«

Hadumoth deutete hinüber, wo aus lang gestrecktem Tannensaum ein dunkler Bergkegel steil aufstieg. »Die Waldfrau!« antwortete sie.

»Die Waldfrau?« sprach Audifax erschrocken. »Die, die das große Gewitter gemacht, wo die Schlossen so groß wie Taubeneier ins Feld einschlugen, und die den Zentgrafen von Hilzingen gefressen hat, daß er nimmer heimkam?«

»Eben darum. Wir wollen sie fragen. Die Burg ist uns doch verschlossen, und die Nacht kalt.«

Das Hirtenmägdlein war keck und mutig geworden. Das Mitleid um Audifax war groß in ihr; sie hätte ihm so gern zu seiner Wünsche Erfüllung verholfen. »Komm!« sprach sie lebhaft, »wenn dir's bange wird im Wald, so blas auf deiner Pfeife. Die Vögel antworten. Es geht dem Morgen entgegen.«

Audifax erhob keinen Einwand mehr. Da gingen sie miteinand' durchs dichte Gehölz nordwärts, es war ein dunkler Tannenwald, sie kannten den Pfad. Niemand war des Weges. Nur ein alter Fuchs stand lauernd auf einem Rain, aber er war vom Erscheinen der beiden Kinder so wenig befriedigt, als diese von den schnell verflogenen Sternschnuppen.

Auch bei Füchsen kommt oft etwas ganz anderes, als sie wünschen und erwarten. Darum zog er seinen Schweif ein und schlug sich seitwärts.

Sie waren eine Stunde weit gegangen, da stunden sie vor dem Fels Hohenkrähen. Zwischen Bäumen versteckt stund ein steinern Häuslein; sie hielten. »Der Hund wird Laut geben!« sprach Hadumoth. Aber kein Hund rührte sich. Sie traten näher, die Tür stand offen.

»Die Waldfrau ist fort!« sprachen sie. Aber auf dem Fels Hohenkrähen brannte ein verglimmend Feuerlein. Dunkle Gestalten regten sich. Da schlichen die Kinder den Felspfad hinauf.

Schon stand ein heller Luftstreif hinter den Bergen am Bodensee. Es ging steil in die Höhe. Oben, wo das Feuer glimmt, war ein Felsenvorsprung. Eine breitgipflige Eiche breitete ihre dunklen Äste aus. Da duckten sich Audifax und Hadumoth hinter einen Stein und schauten hinüber. Es war ein Tier geschlachtet worden, ein Haupt, wie das eines Pferdes, war an den Eichstamm genagelt, Spieße stunden über dem Feuer, Knochen lagen umher. In einem Gefäß war Blut.

Um einen zugehauenen Felsblock saßen viele Männer, ein Kessel mit Bier stand auf dem Stein,[120] sie schöpften daraus mit steinernen Krügen.

An der Eiche kauerte ein Weib. Sie war nicht so liebreizend wie jene alemannische Jungfrau Bissula, die dem römischen Staatsmann Ausonius einst trotz seiner sechzig Jahre das Herz berückte, daß er idyllendichtend auf seiner Präfekturkanzlei einherschritt und sang: »sie ist von Augen himmelblau, und golden das rötliche Haar, ein Barbarenkind, hoch über allen Puppen Latiums; der sie malen will, muß Rosen und Lilien mischen.«[121] Das Weib auf dem Hohenkrähen war alt und struppig.

Die Männer schauten nach ihr. Zusehends hellte sich der Himmel im Osten. In die Nebel über dem See kam Bewegung. Jetzt warf die Sonne ihre ersten Strahlen vergüldend über die Berge, bald stieg der feurige Ball empor, da sprang das Weib auf, die Männer erhoben sich schweigend; sie schwang einen Strauß von Mistel und Tannreis, tauchte ihn in das Gefäß mit Blut, sprengte dreimal der Sonne entgegen, dreimal über die Männer, dann goß sie des Gefäßes Inhalt in das Wurzelwerk der Eiche.

Die Männer hatten ihre Krüge ergriffen, sie rieben sie in einförmiger Weise dreimal auf dem geglätteten Fels, daß ein summendes Getön entstand, hoben sie gleichzeitig der Sonne entgegen und tranken aus; im gleichen Takte setzte jeder den Krug nieder, es klang wie ein einziger Schlag. Dann warf ein jeglicher seinen Mantel um, schweigend zogen sie den Fels hinab.[122]

Es war die Nacht des ersten November.

Wie es still geworden auf dem Platz, wollten die Kinder vortreten zur Waldfrau. Audifax hatte sein Streiflein Pergament zur Hand genommen – aber das Weib riß einen Feuerbrand aus der Asche und schritt ihnen drohend entgegen.

Da flohen sie in Hast den Berg hinunter.

Die Waldfrau

Audifax und Hadumoth waren in die Burg von Twiel zurückgekehrt. Ihres nächtlichen Ausbleibens war nicht geachtet worden. Sie schwiegen von den Begebnissen jener Nacht. Auch unter sich. Audifax hatte viel nachzudenken.

In seiner Ziegen Hut war er säumig. Eine seiner Untergebenen verlief sich nach den platten Hügeln hin, die den Lauf des dem Bodensee entströmenden Rheines umsäumen. Da ging er, sie zu suchen; einen Tag blieb er aus, dann kehrte er mit der Entronnenen zurück.

Hadumoth freute sich des Erfolges, der ihrem Gefährten Schläge ersparte. Der Winter kam mählich heran, die Tiere blieben im Stall. Eines Tages saßen die Kinder am Kaminfeuer in der Knechtstube. Sie waren allein.

»Du denkst noch immer an Schatz und Spruch?« sagte Hadumoth. Da zog sie Audifax geheimnisvoll zu sich. »Der heilige Mann hat doch den rechten Gott!« sprach er.

»Warum?« frug Hadumoth.

Er ging in seine Kammer hinüber; im Stroh seines Lagers hatte er allerhand Gestein untergebracht, er griff einen heraus und brachte ihn herüber. »Schau' an!« sprach er. Es war ein glimmeriger grauer Schieferstein, er umschloß die Reste eines Fisches, in zartem Umriß waren Haupt, Flossen und Gräten dem Schiefer eingedrückt. »Den hab' ich drüben am Schiener Berg[123] mitgenommen, da ich die Ziege suchen ging. Der muß von der Flut sein, von der der Vater Vincentius einmal gepredigt hat, und die Flut hat der Herr Himmels und der Erde über die Welt gehen lassen, da er den Noah das große Schiff bauen ließ, davon weiß die Waldfrau nichts.«

Hadumoth wurde nachdenklich: »Dann ist die Waldfrau schuld, daß uns die Sterne nicht in den Schoß gefallen sind, wir wollen sie beim heiligen Mann verklagen.«

Da gingen die beiden zu Ekkehard und berichteten ihm, was

in jener Nacht auf dem Hohenkrähen vorgegangen. Er hörte sie freundlich an. Des Abends erzählte er's der Herzogin. Frau Hadwig lächelte.

»Sie haben einen seltsamen Geschmack, meine treuen Untertanen«, sprach sie. »Überall sind ihnen schmucke Kirchen gebaut, sanft und eindringlich wird das Wort Gottes verkündet, stattlicher Gesang, große Feste, Bittgänge mit Kreuz und Fahnen durch wogendes Kornfeld und Flur, – und doch ist's nicht genug. Da müssen sie noch in kalter Nacht auf ihren Berggipfeln sitzen und wissen selber nicht, was sie dort treiben, außer daß Bier getrunken wird. Wir kennen das. Was haltet Ihr von der Sache, frommer Ekkehard?«

»Aberglaube!« sprach der Gefragte, »den der böse Feind noch immer in abtrünnige Gemüter säet. Ich hab' in unsern Büchern gelesen von den Werken der Heiden, wie sie im Dunkel der Wälder, an einsamen Wegscheiden und Quellen und selbst an den dunkeln Gräbern der Toten ihre zaubrischen Listen treiben.«

»Sie sind keine Heiden mehr«, sagte Frau Hadwig. »Ein jeder ist getauft und seinem Pfarrherrn zugewiesen. Aber es lebt noch ein Stück alte Erinnerung in ihnen, die ist sinnlos geworden und zieht sich noch durch ihr Denken und Tun, gleich dem Rhein, wenn er in Winterszeit tief unter des Bodensees Eisdecke geräuschlos weiter fließt. Was wollt Ihr mit ihnen beginnen?«

»Vertilgen!« sprach Ekkehard. »Wer seinen Christenglauben bricht und dem Gelübde seiner Taufe untreu wird, soll fahren in die ewige Verdammnis.«

»Halt an, junger Eiferer«, sagte Frau Hadwig; »meinen Hegauer Mannen sollt Ihr darum das Haupt noch nicht abschlagen, daß sie die erste Nacht des Herbstmonats lieber auf dem kalten hohen Krähen sitzen, als auf ihrem Strohlager schlafen; sie tun doch, was sie müssen, und schon im Heerbann des großen Kaisers Karl haben sie dereinst gegen die heidnischen Sachsen gefochten, als wär' ein jeder zum erlesenen Rüstzeug der Kirche geweiht.«

»Mit dem Teufel«, rief Ekkehard hochfahrend, »ist kein Friede. Wollet Ihr lau im Glauben sein, Herrin?«

»Im Regieren einer Landschaft«, sprach sie mit leisem Spott,

»lernt sich manches, das in Euren Büchern nicht steht. Wißt Ihr auch, daß der Schwache wirksamer durch seine Schwäche geschlagen wird, als durch die Schneide des Schwerts? Wie der heilige Gallus einst in die Trümmer von Bregenz drüben einzog, da lag der heiligen Aurelia Altar zerstört, drei eherne Götzenbilder stunden aufgerichtet; um den großen Bierkessel, der niemals fehlen darf, so oft man hierlands in alter Weise fromm sein will, saßen sie und tranken. Der heilige Gall hat keinem ein Leides getan, aber ihre Bilder hat er in Stücke geschlagen und hinausgeschleudert, daß sie zischend einfuhren ins grüne Gewoge des Sees, und in ihren Bierkessel hat er ein Loch gehaucht und das Evangelium gepredigt an derselben Stelle; es fiel kein Feuer vom Himmel, ihn zu verzehren, sie aber sahen, daß ihre Sache nichts war, und bekehrten sich.[124] Verständig sein heißt nicht lau im Glauben sein ...«

»Das war damals ...« begann Ekkehard.

»Und itzt« – fiel ihm Frau Hadwig ins Wort, »itzt steht die Kirche aufgerichtet vom Rhein bis ans nördliche Meer, stärker als die Kastelle der Römer zieht sich eine Kette von Klöstern durchs Land, Festungen des Glaubens; bis in die Wildnisse des Schwarzwalds ist längst das Wort christlicher Bekenner gedrungen, was wollt Ihr mit den Nachzüglern vergangener Zeiten so schweren Kampf fechten?«[125]

»So belohnet sie denn«, sprach Ekkehard bitter.

»Belohnen?« sagte die Herzogin. »Zwischen Entweder und Oder führt noch manches Sträßlein. Wir müssen einschreiten gegen den nächtlichen Unfug. Warum? Kein Reich mag gut bestehen bei zweierlei Glauben, das führt die Gemüter gegen einand' in Schlachtordnung und ist unnötig, solange draußen Feinde genug lauern. Des Landes Gesetz hat ihnen das törichte Wesen untersagt, sie sollen merken, daß unser Gebot und Verbot nicht in den Wind gesprochen ist.«

Ekkehard schien von dieser Weisheit nicht befriedigt. Ein Zug von Mißmut flog über sein Antlitz.

»Höret«, fuhr die Herzogin fort, »was ist Eure Meinung von der Zauberei überhaupt?«

»Die Zauberei«, sprach Ekkehard mit Ernst und schwerem Atemzug, der auf den Vorsatz einer längeren Rede zu deuten schien, »ist eine verdammliche Kunst, wodurch der Mensch sich die Dämonen, die allenthalb' in der Natur walten und nisten, dienstbar macht. Auch im Unlebendigen ruht Lebendiges verborgen, wir hören es nicht und sehen es nicht, aber verführend weht es an unbewachtes Gemüt, mehr zu erfahren und mehr zu wirken, als ein treuer Knecht Gottes erfahren und wirken kann – das ist das alte Blendwerk der Schlange und der Mächte der Finsternis; wer sich ihnen zu eigen macht, kann ein Stück von ihrer Gewalt erlangen, aber er herrscht über die Teufel durch deren Obersten und verfällt ihm, wenn seine Zeit aus ist. Darum ist die Zauberei so alt wie die Sünde, und statt daß der eine wahre Glaube sei auf der Welt und die eine Mildigkeit der Werke, anzubeten den dreieinigen Gott, gehen noch Weissager umher und Traumdeuter und Traumscheider und Liedersetzer und Rätsellöser, vor allem aber sind unter den Töchtern Evas die Anhängerinnen solcher Künste zu suchen ...«

»Ihr werdet artig«, unterbrach ihn Frau Hadwig –

»Denn der Frauen Gemüt«, fuhr Ekkehard fort, »ist allzeit neugieriger Erforschung und Ausübung verbotener Dinge zugewendet. Wenn wir mit Lesung des Virgilius fortschreiten, werdet Ihr den Ausbund der Zauberei in Gestalt des Weibes Circe angedeutet sehen, die auf unzugänglichem Vorgebirg singend haust, lieblich duftender Span von Zedernholz erleuchtet die dunkeln Gemächer, mit fleißigem Weberschifflein webt sie viel zartes Gezeug, aber daußen im Hof tönt seufzendes Knurren von Löwen und Wölfen und der Schweine Gegrunz', die sie alle aus Menschen durch zaubrischen Trank in der Tiere Gestalt verwandelt ...«

»Ihr sprechet ja wie ein Buch«, sagte die Herzogin spitz. »Ihr sollet Eure Wissenschaft von der Zauberei weiterbilden. Reitet denn auf den hohen Krähen hinüber und untersuchet, ob die Waldfrau eine Circe, und regieret in unserem Namen, wir sind neugierig, was Eure Weisheit ordnet.«

»Es ist nicht meine Wissenschaft«, erwiderte er ausweichend, »wie man die Völker regiert und die Dinge der Welt gebietend schlichtet.«

»Das findet sich«, sprach Frau Hadwig, »es hat noch selten einen in Verlegenheit gebracht, am wenigsten einen Sohn der Kirche.«

Ekkehard fügte sich. Der Auftrag war ihm ein Beweis von Vertrauen. Andern Morgens ritt er nach dem hohen Krähen. Den Audifax nahm er mit, daß er ihm den Weg zeige. »Glückliche Reise, Herr Reichskanzler!« rief ihm eine lachende Stimme nach. Es war Praxedis.

Bald kamen sie vor der Waldfrau Behausung. Auf einem Vorsprung, in halber Höhe des steilen Felsens stand ihre steinerne Hütte, mächtige Eich- und Buchstämme breiteten ihre Äste darüber und verdeckten den ragenden Gipfel des hohen Krähen. Drei wie Stufen geschichtete Klingsteinplatten führten ins Innere. Es war eine hohe dunkle Stube. Viel getrocknete Waldkräuter lagen angehäuft, würziger Geruch entströmte ihnen; drei weißgebleichte Pferdeschädel grinsten gespenstig von den Pfeilern der Wand herab,[126] ein riesig Hirschgeweih hing dabei. In den hölzernen Türpfosten war ein verschlungenes Doppeldreieck geschnitten. Ein zahmer Waldspecht hüpfte in der Stube umher, ein Rabe, dem die Schwingen gekürzt, war sein Genosse.

Die Inwohnerin saß am glimmenden Feuer des Herdes und nähte an einem Gewand. Ein hoher behauener, halb verwitterter Stein stand ihr zur Seite. Von Zeit zu Zeit bückte sie sich zum Herde und hielt ihre magere Hand über die Kohlen; Novemberkälte lag auf Berg und Wald. Die Zweige einer alten Buche neigten sich schier zum Fenster herein, ein leiser Windeshauch bewegte sie, das Laub war herbstgelb und morsch und zitterte und brach ab, etliche welke Blätter wirbelten in die Stube.

Und die Waldfrau war einsam und alt und mochte frieren. »Da liegt ihr nun verachtet und welk und tot«, sprach sie zu den Blättern, »und ich gleiche euch.« Ein fremdartiger Zug umflog ihr runzlig Antlitz. Sie dachte vergangener Zeiten, da auch sie jung und frühlingsgrün gewesen und einen Liebsten gehabt – aber den hatte sein Schicksal weit hinausgetrieben aus dem heimischen Tannenwald, raubende Nordmänner, die einst mit Sengen und Brennen den Rhein herauffuhren, hatten ihn und viele Heerbannleute gefangen mitgeschleppt und er war bei ihnen geblieben über Jahresfrist und hatte den Seemannsdienst gelernt und war wild und trotzig geworden in der Strandluft des Meeres, und wie sie ihn wieder freigaben, trug er die Nordseesehnsucht mit sich in den schwäbischen Wald, – die Gesichter der Heimat gefielen ihm nimmer wieder, die der Mönche und Priester am wenigsten, und das Unglück fügte es, daß er in zornigem Aufbrausen einen wandernden Mönch erschlug, der ihn gescholten, da war seines Bleibens nicht fürder.

Der Waldfrau Gedanken hafteten heut immerdar auf jener letzten Stunde, die ihn von ihr geschieden. Da hatten ihn die Gerichtsmänner vor seine Hütte im Weiterdinger Wald geführt, sechshundert Schillinge sollte er als Wehrgeld für den Erschlagenen zahlen und wies ihnen statt dessen Haus und Hofmark zu und schwur mit zwölf Eideshelfern, daß er nichts unter und nichts ober der Erde mehr zu eigen habe. Drauf ging er in sein Haus, sammelte eine Handvoll Erde, stand auf die Schwelle und warf mit der Linken die Erde über seine Schultern auf seines Vaters Bruder, als Zeichen, daß seine Schuld auf diesen seinen einzigen Blutsverwandten übergehen solle, er aber griff einen Stab und sprang im leinenen Hemde ohne Gürtel und Schuhe über den Zaun seines Hofes; das Recht der *chrene chruda*[127] schrieb's so vor, und damit war er seiner Heimat ledig und ging in Wälder und Wüsten – ein landflüchtiger Mann, und ging wieder ins Dänenland zu seinen Nordmännern und kam nimmer zurück. Nur eine dunkle Kunde sagte, er sei mit ihnen nach Island hinübergefahren, wo die tapferen Seefahrer, die ihren Nacken nicht beugen wollten vor neuem Glauben und neuer Herrschaft, sich ein kaltes Asyl gegründet.

Das war schon lange, lange her, aber der Waldfrau war es, als sähe sie ihren Friduhelm noch, wie er ins Waldesdunkel sprang; sie hatte damals ins Weiterdinger Kirchlein einen Kranz von Eisenkraut gehängt und viel Tränen vergossen ... kein anderer hatte sein Bild aus ihrer Seele verdrängt. Die traurige Jahreszeit gemahnte sie an ein altes Nordmännerlied, das er sie einst gelehrt; das summte sie jetzt vor sich hin:

»Der Abend kommt, und die Herbstluft weht,
Reifkälte spinnt um die Tannen,
O Kreuz und Buch und Mönchsgebet –
Wir müssen alle von dannen.

Die Heimat wird dämmernd und dunkel und alt,
Trüb rinnen die heiligen Quellen:
Du götterumschwebter, du grünender Wald,
Schon blitzt die Axt, dich zu fällen!

Und wir ziehen stumm, ein geschlagen Heer,
Erloschen sind unsere Sterne –
O Island, du eisiger Fels im Meer,
Steig auf aus nächtiger Ferne.

Steig auf und empfah unser reisig Geschlecht –
Auf geschnäbelten Schiffen kommen
Die alten Götter, das alte Recht,
Die alten Nordmänner geschwommen.

Wo der Feuerberg loht, Glutasche fällt,
Sturmwogen die Ufer umschäumen,
Auf dir, du trotziges Ende der Welt,
Die Winternacht wolln wir verträumen!«

Ekkehard war indes draußen abgestiegen und hatte sein Roß an eine Tanne gebunden. Jetzt trat er über die Schwelle; scheu ging Audifax hinter ihm drein. Die Waldfrau warf das Gewand über den Stein, faltete die Hände in ihren Schoß und sah starr dem eintretenden Mann im Mönchsgewand entgegen. Sie stand nicht auf.

»Gelobt sei Jesus Christ!« sprach Ekkehard als Gruß und Ablenkung etwaigen Zaubers. Unwillkürlich schlug er den Daumen der Rechten ein und schloß die Hand, er fürchtete das böse Auge[128] und seine Gewalt; Audifax hatte ihm erzählt, die

Leute sagten von ihr, daß sie mit *einem* Blick ein ganzes Grasfeld dürre zu machen vermöge.

Sie antwortete nicht auf den Gruß.

»Was schafft Ihr Gutes?« hub Ekkehard das Gespräch an.

»Einen Rock bessern«, sprach die Alte, »er ist schadhaft geworden.«

»Ihr sucht auch Kräuter?«

»Such' auch Kräuter. Seid Ihr ein Kräutermann? Dort liegen viele: Habichtskraut und Schneckenklee, Bocksbart und Mäuseohr, auch dürrer Waldmeister, so Ihr begehret.«

»Ich bin kein Kräutermann«, sprach Ekkehard. »Was macht Ihr mit den Kräutern?«

»Braucht Ihr zu fragen, wozu Kräuter gut sind?« sprach die Alte, »Euer einer weiß das auch. Es stünd' schlimm um kranke Menschen und krankes Tier und schlimm um Abwehr nächtiger Unholde und Stillung liebender Sehnsucht, wenn keine Kräuter wären.«

»Und Ihr seid getauft?« fuhr Ekkehard ungeduldig fort.

»Sie werden mich auch getauft haben ...«

»Und wenn Ihr getauft seid«, rief er mit erhobener Stimme, »und dem Teufel versagt habt und allen seinen Werken und allen seinen Gezierden, was soll das?« Er deutete mit seinem Stab nach den Pferdeschädeln an der Wand und stieß einen heftig an, daß er herunterfiel und in Stücke brach; die weißen Zähne rollten auf dem Fußboden umher.

»Der Schädel eines Rosses«, antwortete die Alte gelassen, »den Ihr jetzt zertrümmert habt. Es war ein junges Tier, Ihr könnt's am Gebiß noch sehen.«

»Und der Rosse Fleisch schmeckt Euch?« frug Ekkehard.

»Es ist kein unrein Tier«, sagte die Waldfrau, »und sein Genuß nicht verboten.«

»Weib!« rief Ekkehard und trat hart vor sie hin – »du treibst Zauberkunst und Hexenwerk!«

Da stand die Alte auf. Ihre Stirn runzelte sich, unheimlich glänzten die grauen Augen. »Ihr tragt ein geistlich Gewand«, sprach sie, »Ihr möget mir das sagen. Gegen Euch hat eine alte

Waldfrau kein Recht. Es heißt sonst, das sei ein groß Scheltwort, was Ihr mir ins Antlitz geworfen, und das Landrecht büßt den Schelter ...«[129]

Audifax war inzwischen scheu an der Tür gestanden. Da kam der Waldfrau Rabe auf ihn zugehüpft, so daß er sich fürchtete; er lief zu Ekkehard hin. Am Herde sah er den behauenen Stein. An einem Stein herumzuspüren, hätte ihn auch die Furcht vor zwanzig Raben nicht abgehalten. Er hob das Gewand, das drüber gebreitet war. Verwitterte Gestalten kamen zum Vorschein.

Ekkehard lenkte seinen Blick darauf.

Es war ein römischer Altar. Kohorten, die fern aus üppigem asischem Standlager des allmächtigen Kriegsherrn Gebot an den unwirtlichen Bodensee versetzt, mochten ihn einst in diesen Höhen aufgestellt haben – ein Jüngling in fliegendem Mantel und phrygischer Mütze kniete auf einem niedergeworfenen Stier: der persische Lichtgott Mithras, an den der sinkende Römerglaube neue Hoffnung anknüpfte, als das andere abgenutzt war.

Eine Inschrift war nicht sichtbar. Lang schaute ihn Ekkehard an, sein Aug' hatte außer der güldenen Vespasianusmünze, die Untergebene des Klosters einst im Torfmoos bei Rapperswyl gefunden, und etlichen geschnittenen Steinen im Kirchenschatz noch kein Bildwerk des Altertums erschaut, aber er ahnte an Form und Bildung den stummen Zeugen einer vergangenen Welt.

»Woher der Stein?« frug er.

»Ich bin genug gefragt«, sagte die Waldfrau trotzig, »schafft Euch selber Antwort.«

... Der Stein hätte auch mancherlei antworten können, wenn Steine Zungen hätten. Es haftet ein gut Stück Geschichte an solch verwittertem Gebild'. Was lehrt es? Daß der Menschen Geschlechter kommen und zergehen wie die Blätter, die der Frühling bringt und der Herbst verweht, und daß ihr Denken und Tun nur eine Spanne weit reicht; dann kommen andere und reden in andern Zungen und schaffen in andern Formen; Heiliges wird geächtet, Geächtetes heilig, neue Götter steigen auf den Thron: wohl ihnen, wenn er nicht über allzuviel Opfern sich aufrichtet ...

Ekkehard deutete das Dasein des Römersteins in der Waldfrau Hütte anders.

»Den Mann auf dem Stier betet Ihr an«, rief er heftig.

Die Waldfrau griff einen Stab, der am Herde stand, nahm ein Messer und schnitt zwei Kerbschnitte hinein: »Die zweite Beschimpfung, die Ihr mir antut!« sprach sie dumpf. »Was haben wir mit dem Steinbild zu schaffen?«

»So redet«, sagte der Mönch, »wie kommt der Stein in Eure Hütte?«

»Weil er uns gedauert hat«, sagte die Waldfrau. »Das mögt Ihr nicht verstehen, die Ihr das Haupt kahl geschoren traget. Der Stein ist draus gestanden auf dem Felsvorsprung, es war ein zugerichteter Platz und wird mancher in alten Tagen dort gekniet haben, aber itzt hat sich keiner mehr um ihn gekümmert, die Leute des Waldes haben Holzäpfel drauf gedörrt und Späne drauf gespalten, wie's kam, und des Regens Unbill hat die Bilder verwaschen. ›Der Stein dauert mich‹, hat meine Mutter gesagt, ›es war einmal was Heiliges; aber die Knochen derer, die den Mann drauf gekannt und verehrt haben und den Stein, sind längst weiß gebleicht, – es wird ihn frieren den Mann mit dem fliegenden Mantel.‹ Da haben wir ihn ausgehoben und an den Herd gestellt: er hat uns noch kein Leids gebracht. – Wir wissen, wie es den alten Göttern zumut' ist, unsere gelten auch nicht mehr. Laßt Ihr dem Stein seine Ruhe!«

»Eure Götter?« fuhr Ekkehard in seinen Fragen fort – »wer sind Eure Götter?«

»Das müßt Ihr wissen«, sprach die Alte. »Ihr habt sie vertrieben und in den See gebannt: in der Fluten Tiefe liegt alles begraben, der Hort alter Zeit und die alten Götter, wir sehen sie nicht mehr und wissen nur noch die Plätze, wo unsere Väter sie verehrt eh' der Franke kam und die Männer in den Kutten. Aber wenn der Wind die Wipfel des Eichbaums droben schüttelt, dann kommt's wie Stimmen durch die Lüfte, das ist ihr Klagen – und in gefeiten Nächten rauscht und brauset es, und der Wald leuchtet, Schlangen winden sich an den Stämmen empor, da jagt's über die Berge wie ein Zug verzweifelter Geister, die nach der alten Heimat schauen« ...

Ekkehard bekreuzte sich.

»Ich sag's, wie ich's weiß«, sprach die Alte. »Ich will den Heiland nicht beleidigen; aber er ist als ein Fremder ins Land gekommen. Ihr dienet ihm in fremder Sprache, die verstehen wir nicht. Wenn er auf unserem Grund und Boden erwachsen wäre, dann könnten wir zu ihm reden und wären seine treuesten Diener, und es stünd' besser ums alemannische Wesen.«

»Weib!« rief Ekkehard zürnend, »wir werden Euch verbrennen lassen ...«

»Wenn's in Euren Büchern steht«, war die Antwort, »daß das Holz des Waldes aufwächst, um alte Frauen zu verbrennen: ich hab' genug gelebt. Der Blitz hat neulich Einkehr bei der Waldfrau genommen –« fuhr sie fort und deutete auf einen schwärzlichen Streif an der Wand – »der Blitz hat die Waldfrau verschont.«

Sie kauerte am Herd nieder und blieb starr und unbeweglich sitzen. Die glühenden Kohlen warfen ein scharfes Streiflicht auf die runzligen Züge.

»Es ist gut!« sprach Ekkehard. Er verließ die Stube. Audifax war froh, als er wieder blauen Himmel über sich sah. »Dort sind sie gesessen!« sprach er und deutete den Berg hinauf. »Ich werd's ansehen«, sprach Ekkehard. »Du gehst zum hohen Twiel zurück und bestellst zwei Knechte her mit Hacke und Beil und Otfried, den Diakon von Singen, er soll eine Stola mitbringen und sein Meßbuch.«

Audifax sprang davon. Ekkehard stieg auf den hohen Krähen.

In der Burg zu Hohentwiel war indes die Herzogin an der Mittagstafel gesessen. Sie hatte oft unstet herumgeschaut, als wenn ihr etwas fehle. Die Mahlzeit war kurz. Wie Frau Hadwig mit Praxedis allein war, hub sie an:

»Wie gefällt dir unser neuer Lehrer, Praxedis?«

Die Griechin lächelte.

»Rede!« sprach die Herzogin gebietend.

»Ich hab' in Konstantinopolis schon manchen Schulmeister gesehen«, sprach Praxedis wegwerfend.

Frau Hadwig drohte mit dem Finger: »Ich werd' dich aus meinen Augen verbannen ob so unehrerbietiger Rede. Was hast du über Schulmeister zu lästern?«

»Verzeihet«, sprach Praxedis, »es ist nicht schlimm gemeint. Aber wenn ich so einen Mann der Bücher sehe, wie der ernsthaft einherschreitet und einen Anlauf nimmt, um aus seinen Schriften das herauszugraben, von dem wir ungefähr auch ahnen, daß es kommen muß, und wie er mit seinen Pergamenten zusammengewachsen ist, als wär's ihm angetan worden, und seine Augen nur für die Buchstaben einen Blick haben und kaum für die Menschen, die um ihn sind: so steht mir das Lachen nahe. Wenn ich nicht weiß, ob Mitleid am rechten Platze, so lach' ich. Des Mitleids wird er auch nicht bedürfen, er versteht ja mehr als ich.«

»Ein Lehrer muß ernst sein«, sagte die Herzogin, »das gehört dazu, wie der Schnee zu unsern Alpen.«

»Ernst, ja wohl!« erwiderte die Griechin, »in diesem Land, wo der Schnee die Berggipfel deckt, muß alles ernst sein. Wär' ich doch gelehrt wie Herr Ekkehard, um Euch zu sagen, was ich meine. Ich meine, man sollte auch im Scherz lernen können, spielend, ohne den Schweißtropfen der Anstrengung auf der Stirn – was schön ist, muß gefallen und wahr zugleich sein. Ich meine, das Wissen ist wie Honig, Verschiedene können ihn holen, der Schmetterling summt um den Blumenkelch und findet ihn auch, doch so ein deutscher weiser Mann kommt mir vor wie ein Bär, der schwerfällig in den Bienenstock hineingreift und die Tatzen leckt – ich hab' an Bären keinen Gefallen.«

»Du bist ein leichtsinnig Mägdlein«, sprach Frau Hadwig, »und unlustig des Lernens. Wie gefällt dir denn Ekkehard sonst – ich meine, er sei schön?«

Praxedis sah zu ihrer Gebieterin hinüber: »Ich hab' noch keinen Mönch drum angeschaut, ob er schön sei.«

»Warum?«

»Ich hab's für unnötig gehalten.«

»Du gibst heute sonderbare Antworten«, sprach Frau Hadwig und erhob sich. Sie trat ans Fenster und blickte nordwärts. Jenseits der dunkeln Tannenwälder schaute in plumper Steile der Fels von Hohenkrähen zu ihr herüber.

»Der Hirtenbub war vorhin da, er hat Leute hinüber bestellt«, sprach Praxedis.

»Der Nachmittag ist mild und sonnig geworden«, sagte die Herzogin, »laß die Pferde rüsten, wir wollen hinüberreiten und sehen, was sie treiben. Oder – ich hab' vergessen, daß du dich über die Mühsal beklagt, im Sattel zu sitzen, da wir vom heiligen Gallus heimkehrten: ich werd' alleine ausreiten ...«

Ekkehard hatte sich auf dem Hohenkrähen den Schauplatz des nächtlichen Gelages betrachtet. Wenig Spuren waren übrig. Das Erdreich um den Eichbaum war rötlich angefeuchtet. Reste von Kohlen und Asche deuteten auf den Feuerplatz. In den Ästen der Eiche sah er mit Befremden da und dort kleine Wachsbilder von menschlichen Gliedmaßen versteckt hangen, Füße und Hände, Abbilder von Pferden und Kühen, – Gelöbnisse für Heilung von Krankheit an Menschen und Tier, die der bäuerliche Aberglaube damals noch am altersgeweihten Baume lieber löste als in der Kirche des Tales.

Zwei Männer mit Haugeräte kamen heran. »Wir sind bestellt«, sprachen sie. »Vom Hohentwiel?« fragte Ekkehard. – »Wir arbeiten der Herrschaft, unser Sitz ist drüben am Hohenhöwen, wo der Rauch der Kohlenmeiler aufsteigt.«

»Gut«, sagte Ekkehard, »ihr sollt mir die Eiche hier fällen.« Die Männer sahen ihn verlegen an. »Vorwärts«, rief er, »und sputet euch! Bis die Nacht anbricht, muß sie umgehauen liegen.«

Da gingen die zwei mit ihren Beilen zu der Eiche hin. Mit offenem Munde standen sie vor dem stolzen Baum. Einer ließ sein Beil zur Erde fallen.

»Kommt dir der Platz nicht bekannt vor, Chomuli?« frug er seinen Nebenmann.

»Warum bekannt, Woveli?«

Der Holzhacker deutete nach Sonnenaufgang, setzte die geballte Rechte an den Mund, hob sie, als wenn er trinke und sprach: »Darum, Chomuli.«

Da sah der andere nach Ekkehard hinunter und zwinkte mit dem Aug': »Wir wissen von nichts, Woveli!« »Aber er wird's wissen, Chomuli«, sprach der erste. »Abwarten, Woveli«, sagte der andere.

»Es ist Sünd' und schade«, fuhr sein Gefährte fort, »um den Eichbaum, schon an die zweihundert Jahre steht er und hat manch lustig flackernd Mai- und Herbstfeuer erlebt. Ich bring's schier nicht über's Herz, Chomuli.«

»Sei kein Tor«, tröstete der andere und tat den ersten Hieb, »wir müssen dran. Je schärfer wir dem Baum ins Fleisch hauen, desto weniger glaubt's der in der Kutte dort, daß wir selber in nächtlicher Andacht unter seinen Wipfeln saßen. Und der Strafschilling?! ... Klug muß der Mensch sein, Woveli!«

Das leuchtete dem ersten ein. »Klug muß der Mensch sein, Chomuli!« sprach er und hieb auf den Baum seiner Verehrung. Zehn Tage vorher hatte er ein Wachsbild dran gehängt, daß ihm seine kranke Kuh vom Fieber genese. – Die Späne flogen, in dumpfem Takt krachten die einschlagenden Hiebe der beiden.

Der Diakon von Singen war auch herübergekommen mit Meßbuch und Stola. Ekkehard winkte ihm, daß er mit eintrete zur Waldfrau. Die saß noch starr an ihrem Herde. Ein scharfer Windzug erhob sich, da die beiden durch die geöffnete Tür eintraten, und verlöschte ihr Feuer.

»Waldfrau«, rief Ekkehard gebietend, »bestellt Euer Haus und schnüret Euren Bündel, Ihr müsset fort.«

Die Alte griff nach ihrem Stab und schnitt den dritten Kerbschnitt ein. »Wer beschimpft mich zum drittenmal«, sprach sie dumpf, »und will mich aus meiner Mutter Hause werfen wie einen herrenlosen Hund?«

»Im Namen der Herzogin in Schwaben«, fuhr Ekkehard feierlich fort, »spreche ich über Euch wegen Hegung heidnischen Aberglaubens und nächtlichen Götzendienstes die Verweisung aus Haus und Hof und Gau und Land aus. Euer Stuhl sei gesetzt vor die Tür Eurer Hütte, ziehen sollt Ihr unstet soweit der Himmel blau ist, soweit Christen die Kirche besuchen, soweit der Falke fliegt am Frühlingstag, wenn der Wind unter beiden Flügeln ihn dahin treibt. Kein gastlich Tor soll sich Euch öffnen, kein Feuer am Herd brenne für Euch, kein Wasser des Quells rausche für Euch, bis daß Ihr Eures Frevels Euch abgetan und Euren Frieden gefestet mit dem dreieinigen Gott, dem Richter der Lebenden und Toten.«

Die Waldfrau hatte ihm ohne große Erregung zugehört. »Ein gesalbter Mann wird dir dreimal Schimpf antun unter deinem eigenen Dach«, murmelte sie, »des sollst du ein Zeichen in den Stab schneiden und mit selbem Stab sollst du ausziehen gen Niedergang, denn sie werden dir nicht lassen, wo du dein Haupt niederlegest. O Mutter, meine Mutter!«

Sie raffte ihren Plunder in ein Bündel zusammen, griff den Stab und rüstete sich zu gehen. Den Diakon von Singen kam eine Rührung an. »Rufet Gott durch seine Diener um Verzeihung an«, sprach er, »und tut eine christliche Pönitenz, daß Ihr in Gnade gesund werdet.«

»Dafür ist die Waldfrau zu alt«,[130] sagte sie und lockte ihren Specht, der flog ihr um die Schulter, und der Rabe hüpfte ängstlich hinter ihr drein; schon war die Tür aufgerissen, noch einen Blick auf Wand und Herd und Kräuter und Pferdsschädel – sie stieß den Stab auf die Schwelle, daß die Steinplatten erdröhnten: »Seid verflucht, ihr Hunde!« klang's vernehmlich den Zurückbleibenden; sie wandte sich mit ihren Vögeln dem Walde zu und verschwand.

Und wir ziehen stumm, ein geschlagen Heer,
Erloschen sind unsere Sterne –
O Island, eisiger Fels im Meer,
Steig auf aus nächtiger Ferne!

tönte leis murmelnder Gesang durch die entlaubten Stämme herüber.

Ekkehard aber ließ sich vom Diakon die Stola umhängen und das Meßbuch vortragen, er hielt einen Umgang durch Stube und Kammer, die Wände weihte er mit dem Zeichen des Kreuzes, auf daß das Getriebe böser Geister gebannt sei für immer, dann sprach er unter Gebeten den großen Exorzismus über die Stätte.

Das fromme Werk hatte lang gedauert. Dem Diakon stand der Angstschweiß auf der Stirn, als er Ekkehard die Stola wieder abnahm, er hatte so große Worte noch nie gehört. Jetzt tönte Pferdegetrab durch den Wald.

Es war die Herzogin, von einem einzigen Diener geleitet. Ekkehard ging ihr entgegen; der Diakon von Singen trat seinen Heimweg an. »Ihr seid lange ausgeblieben«, rief die Herzogin gnädig, »ich muß wohl selber sehen, was Ihr geschlichtet und gerichtet.«

Die zwei Holzhauer hatten indes ihre Arbeit beendigt und schlichen auf des Berges Rückseite von dannen; sie fürchteten die Herzogin. Ekkehard erzählte ihr der Waldfrau Wesen und Haushalt, und wie er sie ausgetrieben.

»Ihr seid streng«, sprach Frau Hadwig.

»Ich glaubte mild zu sein«, erwiderte Ekkehard.

»Wir genehmigen, was Ihr geordnet«, sprach die Herzogin. »Was fanget Ihr mit dem verlassenen Hause an?« Sie warf einen flüchtigen Blick auf das steinerne Gemäuer.

»Die Kraft der bösen Geister ist gebannt und beschworen«, sagte Ekkehard. »Ich will es zu einer Kapelle der heiligen Hadwig weihen.«

Die Herzogin sah ihn wohlwollend an: »Wie kommt Ihr auf den Gedanken?«

»Es ist mir so beigefallen ... Die Eiche hab' ich umhauen lassen.«

»Wir wollen den Platz besichtigen«, sprach sie. »Ich denke, wir werden auch das Umhauen der Eiche genehmigen.«

Sie stieg mit Ekkehard den steinigen Pfad hinauf, der auf den Gipfel des hohen Krähen führt. Oben lag die Eiche gefällt, schier sperrten ihre mächtigen Äste den Platz. Eine Felsplatte, wenig Schritte im Umfang, ist der Gipfel des seltsam geformten Berges. Sie standen oben. Steil senkten sich die Felswände unter ihren Füßen abwärts; es war eine schier schwindelnde Höhe, kein Stein oder Baum zum Anlehnen; in die blaue Luft hinaus ragten die zwei Gestalten, der Mönch im dunkeln Gewand, die Herzogin, den hellen farbigen Mantel faltig umgeschlagen. Schweigend standen sie beisammen. Ein gewaltiger Anblick tat sich vor ihren Augen auf. Tief unten streckte sich die Ebene, in Schlangenlinie zog das Flüßlein Aach durch die wiesengrüne Fläche, Dächer und Giebel der Häuser im Tal waren winzig fern, wie Punkte auf einer Landkarte; drüben reckte sich der bekannte Gipfel des Hohentwiel dunkel empor, ein stolzer Mittelgrund; blaue platte Bergrücken erhoben sich mauergleich hinter dem Gewaltigen, ein Damm, der den Rhein auf seiner Flucht aus dem See dem Beschauer verdeckt. Glänzend trat der Untersee mit der Insel Reichenau hervor, und leise, wie hingehaucht, zeichneten sich ferne riesige Berggestalten im dünnen Gewölk, sie wurden deutlicher und deutlicher, lichter Glanz säumte die Kanten ihrer Höhen, die Sonne neigte zum Untergang ... schmelzend, duftig flimmerte die Landschaft ...

Frau Hadwig war bewegt. Ein Stück großer weiter Natur sagte ihrem großen Herzen zu. Die Gefühle aber ruhen nahe beieinander. Ein zarter Hauch zog durch ihr Denken; ihre Blikke wandten sich von den schneeigen Häuptern der Alpen auf Ekkehard. »Er will der heiligen Hadwig eine Kapelle weihen!« so klang es immer und immer wieder in ihr.

Sie trat einen Schritt vor, als fürchte sie den Schwindel, lehnte den rechten Arm auf Ekkehards Schulter und stützte sich fest auf ihn. Ihr Auge flammte auf die kurze Entfernung in das seine hinüber. »Was denkt mein Freund?« sprach sie mit weicher Stimme.

Ekkehard stand zerstreut. Er fuhr auf.

»Ich bin nie auf solcher Höhe gestanden«, sprach er, »bei dem Anblick mußt' ich der Schrift gedenken: ›Hernach führte ihn der Teufel auf einen sehr hohen Berg und zeigte ihm alle Reiche der Welt und ihre Pracht und sprach zu ihm: Dies alles will ich dir geben, wenn du niederfällst und mich anbetest. Er aber antwortete und sprach: Weg von mir, Satan! denn es steht geschrieben: Du sollst den Herrn, deinen Gott, anbeten und ihm allein dienen.‹«

Starr trat die Herzogin zurück. Das Feuer ihres Auges wandelte sich, als hätte sie den Mönch hinabstoßen mögen in den Abgrund.

»Ekkehard!« rief sie, »Ihr seid ein Kind – oder ein Tor!«

Sie wandte sich und stieg schnellen, unmutigen Ganges hinunter. Sie ritt allein zur Feste Twiel zurück, sausend, im Galopp; kaum mochte der Diener folgen.

Ekkehard wußte nicht, wie ihm geschehen. Er fuhr mit der Hand über die Augen, als lägen Schuppen davor.

Wie er in stiller Nacht auf seiner Hohentwieler Turmstube saß und den Tag überdachte, flammte ein ferner Feuerschein herüber. Er schaute hinaus. Aus den Tannen am hohen Krähen schlug die feurige Lohe.

Die Waldfrau hatte der künftigen Kapelle zur heiligen Hadwig ihren letzten Besuch erstattet.

Weihnachten

Der Abend auf dem Hohenkrähen klang noch etliche Tage in der Herzogin Gemüt fort. Mißtöne werden schwer vergeben, zumal von dem, der sie selber angeschlagen. Darum saß Frau Hadwig einige Tage verstimmt in ihrem Saal. Grammatik und Virgilius ruhten. Sie scherzte mit Praxedis über die Schulmeister in Konstantinopel angelegentlicher denn früher. Ekkehard fragte an, ob er zur Fortsetzung des Unterrichts sich einstellen solle. »Ich habe Zahnweh«, sprach die Herzogin. Die rauhe Spätherbstluft werde schuld daran sein, meinte er bedauernd.

Er fragte jeden Tag etliche Male nach seiner Gebieterin Befinden. Das rührte die Herzogin wieder. »Woher kommt's«, sprach sie einmal zu Praxedis, »daß einer mehr wert sein kann, als er selber aus sich zu machen weiß?«

»Vom Mangel an Grazie«, sagte die Griechin. »In andern Ländern hab' ich das Umgekehrte wahrgenommen, aber hier sind die Menschen zu träge, mit jedem Schritt, mit jeder Handbewegung, mit jedem Wort auszusprechen: das bin ich. Sie denken's lieber und meinen, es müßte dann die ganze Welt auf ihrer Stirn lesen, was dahinter webt und strebt.«

»Wir sind doch sonst so fleißig«, sprach Frau Hadwig wohlgefällig.

»Die Büffel schaffen auch den ganzen Tag«, hätte Praxedis schier erwidert, aber in diesem Falle begnügte sie sich damit, es gedacht zu haben. Ekkehard war unbefangen. Es fiel ihm nicht ein, daß er der Herzogin ungeeignet geantwortet. Er hatte wirklich an das Gleichnis der Schrift gedacht und übersehen, daß es dem leisen Ausdruck einer Zuneigung gegenüber nicht zweckmäßig ist, die Schrift anzuführen. Er verehrte die Herzogin, aber mehr als den verkörperten Begriff der Hoheit, denn als Frau. Daß Hohes Anbetung fordert, war ihm nicht eingefallen, noch weniger, daß auch die höchste Erscheinung oft mit einfacher Liebe zufrieden ist. Frau Hadwigs üble Laune nahm er wahr. Er begnügte sich, seine Wahrnehmung in dem allgemeinen Satz niederzulegen, daß der Umgang mit einer Herzogin schwieriger sei, als der mit Ordensbrüdern nach der Regel des heiligen Benedikt. Aus Vincentius' nachgelassenen Büchern studierte er die Briefe des Apostels Paulus. Herr Spazzo ging in jener Zeit hochmütiger an ihm vorüber denn früher.

Frau Hadwig fand, daß es besser sei, ins frühere Geleis zurückzukehren. »Es war doch ein mächtiger Anblick«, sprach sie eines Tages zu Ekkehard, »wie wir vom Hohenkrähen nach den Schneegebirgen schauten. Kennt Ihr aber das Hohentwieler Wetterzeichen? Wenn die Alpen recht klar und nah am Himmel sich abzeichnen, schlägt die Witterung um. Es sind wirklich schlechte Tage darauf gefolgt. Wir wollen wieder Virgilius lesen.« Da holte Ekkehard vergnügt seinen schweren metallbeschlagenen Virgilius und sie setzten die Studien fort. Er erklärte den Frauen der »Äneide« zweites Buch, den Fall der hohen Troja, das hölzerne Pferd und Simons List und Laokoons bittres Verderben, den nächtlichen Kampf, Kassandras Geschick und Priamus' Tod, die Flucht mit dem greisen Anchises.

Mit sichtbarer Teilnahme lauschte Frau Hadwig der spannenden Erzählung. Nur mit dem Verschwinden von Äneas' Ehegemahlin Kreusa war sie nicht ganz zufrieden. »Das braucht er vor der Königin Dido nicht so breit zu erzählen«, sprach sie, »die Lebende hat sicher nicht gern gehört, daß er der Entschwundenen so lange nachgelaufen. Verloren ist verloren.«

Indessen zog der Winter mit scharfem Schritt heran. Der Himmel blieb trüb und bleigrau, die Ferne verhüllt; erst zogen die Berggipfel rings die weiße Schneeedecke um, dann folgte Feld und Tal dem Beispiel. Junge Eiszapfen prüften das Gebälke unter dem Dach, ob sie sich für etliche Monate ungestört dran niederlassen möchten; die alte Linde im Schloßhof hatte längst wie ein fürsichtiger Hausvater, der die abgetragenen Gewandungen dem Hebräer überläßt, ihre welken Blätter dem Spiel der Winde hingeschüttelt – es war ein großer Bündel, sie zerzausten ihn in alle Lüfte. An ihre Äste kamen krächzend die Raben aus den nahen Wäldern geflogen, spähend, ob nicht aus der Burg Küche dann und wann ein Knöchlein für sie abfalle. Einmal kam einer mit den schwarzen Brüdern, dessen Flug war schwierig, die Schwungfedern verstümmelt – da ging Ekkehard über den Schloßhof, der Rabe aber flog schreiend auf und suchte das Weite, er hatte den Mönchshabit schon früher gesehen und war ihm nicht hold.

Des Winters Nächte sind lang und dunkel. Dann und wann blitzt ein Nordlicht auf. Aber leuchtender als alles Nordlicht steht jene Nacht in der Menschen Gemüt, da die Engel niederstiegen zu den Hirten auf der Feldwacht und ihnen den Gruß brachten: »Ehre sei Gott in der Höhe und Friede auf Erden allen, die eines guten Willens sind.«

Auf dem hohen Twiel rüsteten sie zur Feier der Weihnacht durch freundliches Geschenk. Das Jahr ist lang und zählt der Tage viel, in denen man sich Freundliches erweisen kann, aber der Deutschen Sinnesart will auch dafür einen Tag vorgeschrieben haben, darum ist bei ihnen vor anderem Volk die Sitte der Bescherung eingeführt. Das gute Herz hat sein besonder Landrecht.

In jener Zeit hatte Frau Hadwig die Grammatica schier beiseitegelegt; es wurde im Frauensaal viel genäht und gestickt, Knäuel von Goldfaden und schwarzer Seide lagen umher, und wie Ekkehard einsmals unvermerkt eintrat, sprang Praxedis vor ihn hin und wies ihm die Tür, Frau Hadwig aber verbarg ein angefangen Werk der Nadel in einem Körblein.

Da ward Ekkehard aufmerksam und zog nicht ohne Grund den Schluß, es werde etwas zum Geschenk für ihn hergerichtet. Darum sann er darauf, dasselbe zu erwidern und alles aufzubieten, was ihm an Wissen und Kunstfertigkeit zu Gebot stand: er schickte seinem Freund und Lehrer Folkard in Sankt Gallen Bericht, daß ihm der zusende Pergament und Farben und Pinsel und köstliche Tinte. Jener tat's. Ekkehard aber saß manches Stündlein der Nacht in seiner Turmstube und besann sich auf ein lateinisches Reimwerk, das er der Herzogin widmen wolle – und sollten ihr darin etliche feine Huldigungen dargebracht werden. Es ging aber nicht so leicht.

Einmal hatte er begonnen und wollte in kurzem Zug von Erschaffung der Welt bis auf Antritt des Herzogtums in Schwabenland durch Frau Hadwig gelangen, aber es hatte ein paar Hundert Hexameter gekostet, da war er noch nicht beim König David angelangt, und das Werk hätte wohl erst Weihnachten über drei Jahre fertig werden können. Ein anderesmal wollte er alle Frauen aufzählen, die durch Kraft oder Liebreiz in der Völker Geschichte eingegriffen, von der Königin Semiramis an mit der Erwähnung der amazonischen Jungfrauen, der heldenmütigen Judith und der melodischen Sängerin Sappho, aber zu seinem Leidwesen fand er, daß, bis sein Griffel zu Frau Hadwig sich durchgearbeitet hätte, er unmöglich noch etwas Neues zu deren Lob und Preis vorzubringen vermöchte. Da ging er sehr betrübt und niedergeschlagen umher.

»Habt Ihr eine Spinne verschluckt, Perle aller Professoren?« frug ihn Praxedis einmal, wie sie dem Verstörten begegnete.

»Ihr habt gut scherzen«, sprach Ekkehard traurig, – und unter dem Siegel der Verschwiegenheit klagte er ihr seine Not. Praxedis mußte lachen.

»Bei den sechsunddreißigtausend Bänden der Bibliothek zu Konstantinopolis!« sagte sie, – »Ihr wollet ja ganze Wälder umhauen, wo es nur ein paar Blümlein zum Strauß erfordert.

Macht's einfach, ungelehrt, lieblich – wie es Euer geliebter Virgilius ausgedacht hätte!« – Sie sprang davon.

Ekkehard setzte sich wieder auf die Stube. »Wie Virgil?« dachte er. Aber in der ganzen Äneide war kein Beispiel für solchen Fall vorgezeichnet. Er las etliche Gesänge. Dann saß er träumerisch da. Da kam ihm ein guter Gedanke. »Ich hab's!« rief er, »der teure Sänger selber soll die Huldigung darbringen!« Er schrieb das Gedicht nieder, als wenn Virgilius ihm in seiner Turmeinsamkeit erschienen wäre, freudig darüber, daß in deutschen Landen seine Gesänge fortlebten, der hohen Frau dankend, die sein pflege. In wenig Minuten war's fertig.

Das Gedicht wollte Ekkehard mit einer schönen Malerei verziert zu Pergament bringen. Er sann ein Bild aus; die Herzogin mit Krone und Zepter auf hohem Throne sitzend, ihr kommt Virgilius im weißen Gewand, den Lorbeer in den Locken, entgegen und neigt das Haupt; an der Rechten aber führt er den Ekkehard, der bescheiden wie der Schüler mit dem Lehrer einherschreitet, ebenfalls tief sich verneigend.

In der strengen Weise des trefflichen Folkard entwarf er die Zeichnung. Er erinnerte sich an ein Bild im Psalterbuch, wie der junge David vor den König Abimelech tritt.[131] So ordnete er die Gestalten; die Herzogin zeichnete er zwei Finger breit höher als Virgilius, der Ekkehard des Entwurfs war hinwiederum ein beträchtliches kleiner als der heidnische Poet; – anfangende Kunst, der es an anderem Mittel des Ausdrucks gebricht, spricht Rang und Größe äußerlich aus. Den Virgilius bracht' er leidlich zuwege. Sie hatten sich in Sankt Gallen bei ihren Malereien stets an Überlieferung alten Bildwerks gehalten und für Gewandung, Faltenwurf und Bezeichnung der Gestalt einen gleichmäßig sich wiederholenden Zug angenommen. Ebenso gelang es ihm mit seinem eigenen Abbild, sofern er wenigstens eine Figur im Mönchshabit, kenntlich durch eine Tonsur, herstellte.

Aber ein verzweifelt Problema war ihm die richtige Darstellung einer königlichen Frauengestalt, denn in die klösterliche Kunst hatte noch kein Abbild einer Frau, selbst nicht das der Gottesmutter Maria, Einlaß erhalten. David und Abimelech, die er so gut im Zug hatte, halfen ihm nichts, bei ihnen brach der Königsmantel schon hoch über dem Knie ab, und er wußte nicht, wie den Faltenwurf tiefer herabsenken.

Da lagerte sich wiederum Kümmernis auf seine Stirn. »Nun?« fragte Praxedis eines Tages.

»Das Lied ist fertig«, sprach Ekkehard. »Jetzt fehlt mir was anderes.«

»Was fehlt denn?«

»Ich sollte wissen«, sprach er wehmütig, »in welcher Weise sich der Frauen Gewand um den zarten Leib schmiegt.«

»Ihr sprecht ja ganz abscheulich, erlesenes Gefäß der Tugend«, schalt ihn Praxedis. Ekkehard aber erklärte ihr seinen Kummer deutlicher. Da machte die Griechin eine Handbewegung, als wolle sie die Augenlider in die Höhe ziehen. »Macht die Augen auf«, sagte sie, »und seht Euch das Leben an.« Der Rat war einfach und doch neu für einen, der seine ganze Kunst auf einsamer Stube erlernt. Ekkehard schaute seine Ratgeberin lang und abmessend an. »Es frommt mir nichts«, sprach er, »Ihr tragt keinen Königsmantel.«

Da erbarmte sich die Griechin des zweifelerfüllten Künstlers. »Wartet«, sagte sie, »die Frau Herzogin ist drunten im Garten, ich will ihren Staatsmantel umlegen, da kann Euch geholfen werden.« Sie huschte fort; in wenig Minuten war sie wieder da, der schwere Purpurmantel mit goldener Verbrämung hing ihr nachlässig um die Schultern. In gemessenem Schritt ging sie durchs Gemach, ein eherner Leuchter stand auf dem Tisch, sie nahm ihn wie ein Zepter, das Haupt auf die Schulter zurückgeworfen, trat sie vor den Mönch.

Der hatte seine Feder ergriffen und ein Stücklein Pergament. »Wendet Euch ein wenig gegen das Licht«, sprach er und begann emsig seine Striche zu ziehen.

Jedesmal aber, wenn er nach seinem anmutigen Vorbild schaute, warf ihm dies einen blitzenden Blick zu. Er zeichnete langsamer. Praxedis schaute nach dem Fenster: »Und da unsere Nebenbuhlerin im Reich«, sprach sie mit künstlich erhobener Stimme, »bereits den Burghof verläßt und uns zu überfallen droht, so befehlen wir Euch bei Strafe der Enthauptung, Eure Zeichnung in eines Augenblicks Frist zu vollenden.«

»Ich danke Euch«, sprach Ekkehard und legte die Feder nieder.

Praxedis trat zu ihm und beugte sich vor, in sein Blatt zu sehen. »Schändlicher Verrat«, sprach sie, »das Bild hat ja keinen Kopf.«

»Ich brauche nur den Faltenwurf«, sagte Ekkehard.

»Ihr habt Euer Glück versäumt«, scherzte Praxedis im früheren Ton; »das Antlitz treu abgebildet, und wer weiß, ob wir in fürstlicher Gnade Euch nicht zum Patriarchen von Konstantinopel ernannt hätten.«

Es wurden Schritte hörbar. Schnell riß Praxedis den Mantel von den Schultern, daß er auf den Arm niedersank. Schon stand die Herzogin vor den beiden.

»Wollt Ihr wieder Griechisch lernen?« sprach sie vorwurfsvoll zu Ekkehard.

»Ich hab' ihm den edeln Sardonyx an meiner Herrin Mantel Agraffe gezeigt; es ist so ein feingeschnittener Kopf«, sagte Praxedis, »Herr Ekkehard versteht sich aufs Altertum. Er hat das Antlitz recht gelobt ...«

Auch Audifax traf seine Vorbereitungen für Weihnachten. Seine Hoffnung auf Schätze war sehr geschwunden. Er hielt sich jetzt an das wirklich Vorhandene. Darum stieg er oft nächtlich ins Tal hinunter ans Ufer der Aach, die mit trägem Lauf dem See entgegenschleicht.

Beim morschen Steg stand ein hohler Weidenbaum. Dort lauerte Audifax manches Stündlein, den erhobenen Rebstecken nach des Baumes Öffnung gerichtet. Er stellte einem Fischotter nach. Aber keinem Denker ist die Erforschung der letzten Gründe alles Seins so schwierig geworden, wie dem Hirtenknaben seine Otterjagd. Denn aus dem hohlen Ufer zogen sich noch allerhand Ausgänge in den Fluß, die der Otter wußte, Audifax nicht. Und wenn Audifax oft vor Kälte zitternd sprach: »itzt muß er kommen!«, so kam weit stromaufwärts ein Gebrause hergetönt, das war sein Freund, der dort die Schnauze übers Wasser streckte und Atem holte; und wenn Audifax leise dem Ton nachschlich, hatte sich der Otter inzwischen auf den Rücken gelegt und ließ sich gemächlich stromabwärts treiben ...

In der Hohentwieler Küche war Leben und Bewegung, wie im Zelt des Feldherrn am Vorabend der Schlacht. Frau Hadwig selbst stand unter den dienenden Mägden, sie trug keinen Herzogsmantel, wohl aber einen weißen Schurz, teilte Mehl und Honig aus und ordnete die Backung der Lebkuchen an. Praxedis mischte Ingwer, Pfeffer und Zimt zur Würze des Teigs.

»Was nehmen wir für eine Form?« frug sie. »Das Viereck mit den Schlangen?«

»Das große Herz[132] ist schöner«, sprach Frau Hadwig. Da wurden die Weihnachtslebkuchen in der Herzform gebacken, den schönsten spickte Frau Hadwig eigenhändig mit Mandeln und Kardamomen.

Eines Morgens kam Audifax ganz erfroren in die Küche und suchte sich ein Plätzlein am Herdfeuer; seine Lippen zitterten wie in Fieberschauer, aber er war wohlgemut und freudig. »Rüste dich, Büblein«, sprach Praxedis zu ihm, »du mußt heut nachmittag hinüber in den Wald und ein Tännlein hauen.«

»Das ist nicht meines Amtes«, sprach Audifax stolz, »ich will's aber tun, wenn Ihr mir auch einen Gefallen tut.«

»Was befiehlt der Herr Ziegenhirt?« fragte Praxedis.

Audifax sprang hinaus, dann kam er wieder und hielt einen dunkelbraunen Balg siegesfroh in die Höhe, das kurze glatte Haar glänzte daran, dicht und weich war's anzufühlen.

»Woher das Rauchwerk?« fragte Praxedis.

»Selbst gefangen«, sprach Audifax und sah wohlgefällig auf seine Beute. »Ihr sollt eine Pelzhaube für die Hadumoth daraus machen.«

Die Griechin war ihm wohlgesinnt und versprach Erfüllung der Bitte. – Der Weihnachtsbaum war gefällt; sie schmückten ihn mit Äpfeln und Lichtlein, die Herzogin richtete alles im großen Saal. Ein Mann von Stein am Rhein kam herüber und brachte einen Korb, der mit Leinwand zugenäht war. Es sei von Sankt Gallen, sprach er, für Herrn Ekkehard. Frau Hadwig ließ den Korb uneröffnet zu den andern Gaben stellen.

Der heilige Abend war gekommen. Die gesamten Insassen der Burg versammelten sich in festlichem Gewand, zwischen Herrschaft und Gesind' sollte heut keine Trennung sein. Ekkehard las ihnen das Evangelium von des Heilands Geburt, dann gingen sie paarweise in den großen Saal hinüber, da flammte heller Lichtglanz und festlich leuchtete der dunkle Tannenbaum – als die letzten traten Audifax und Hadumoth ein, ein Blättlein Goldschaum vom Vergolden der Nüsse lag an der Schwelle, Audifax bückte sich darnach, es zerging ihm unter den Fingern. »Das ist dem Christkind von den Flügeln abgefallen«, sprach Hadumoth leise zu ihm.

Auf großen Tischen lagen die Geschenke für die dienenden Leute, ein Stück Leinwand oder gewoben Tuch und einiges Gebäck; sie freuten sich des nicht allzeit so milden Sinnes der Gebieterin. Bei Hadumoths Anteil lag richtig die Pelzhaube. Sie weinte, als Praxedis ihr freundlich den Geber verriet. »Ich hab' nichts für dich«, sagte sie zu Audifax. »Es ist statt der Goldkrone«, sprach er. Knechte und Mägde dankten der Herzogin und gingen in die Gesindestube hinunter.

Frau Hadwig nahm Ekkehard bei der Hand und führte ihn an ein Tischlein. »Das ist für Euch«, sprach sie. Beim mandelgespickten Lebkuchenherz und dem Korb lag ein schmuckes priesterliches Samtbarett und eine prächtige Stola, Grund und Fransen waren von Goldfaden, dunkle Punkte waren mit schwarzer Seide drein gestickt, einige mit Perlen ausgeziert, sie war eines Bischofs wert.

»Laßt sehen, wie Ihr Euch ausnehmt«, sprach Praxedis. Trotz der kirchlichen Bestimmungen setzte sie ihm das Barett auf und warf ihm die Stola um. Ekkehard schlug die Augen nieder. »Meisterhaft!« rief sie, »Ihr dürft Euch bedanken.«

Er aber legte scheu die geweihten Gaben wieder ab, aus seinem weiten Gewand zog er die Pergamentrolle und reichte sie schüchtern der Herzogin dar. Frau Hadwig hielt sie unentfaltet. »Erst den Korb öffnen! das Beste« – sprach sie, freundlich auf das Pergament deutend, »soll zuletzt kommen.«

Da schnitten sie den Korb auf; in Heu begraben und durch

des Winters Kälte wohl erhalten, lag ein mächtiger Auerhahn drin, Ekkehard hob ihn in die Höhe, mit ausgebreiteten Flügeln reichte er über eines Mannes Länge. Ein Brieflein war bei dem stattlichen Stück Federwild.

»Vorlesen!« sprach die Herzogin neugierig.

Ekkehard öffnete das unkenntliche Sigill und las:

»Dem ehrwürdigen Bruder Ekkehard auf dem hohen Twiel durch Burkard, den Klosterschüler, Romeias der Wächter am Tor.

Wenn es zwei wären, so wäre einer für Euch. Da es aber auf zwei nicht geglückt hat, so ist der eine nicht für Euch und Eure kommt nach. Gesendet wird er an Euch wegen Unwissenheit des Namens. Sie war aber mit der Frau Herzogin damals im Kloster und trug ein Gewand von Farbe eines Grünspechts, den Zopf um die Stirn geschlungen.

Derselben den Vogel. Wegen fortwährender Gedenkung dessen, der ihn geschossen, an stattgefundene Begleitung zu den Klausnerinnen. Er muß aber stark eingebeizt und mürb gebraten werden, weil sonst zähe; bei Zuzug von Gästen soll sie das weiße Fleisch am Rückgrat selber verzehren, da dies das beste, und das braune von harzigem Geschmack.

Dazu Glück und Segen. Euch, ehrwürdiger Bruder, auch. Wenn auf Eurer Burg ein Wächter, Turmwart oder Forstwart zu wenig, so empfehlet der Herzogin den Romeias, dem wegen Verspottung durch den Schaffner und Verklagung durch den Drachen Wiborad Veränderung des Dienstes wünschenswert. Übung im Tordienst, Einlaß und Hinauswerfung fremden Besuchs betreffend, kann bezeugt werden. Ebenso was Jagd angeht. Und er schaut jetzt schon nach dem hohen Twiel, als zöge ihn ein Seil dorthin. – Langes Leben Euch und der Frau Herzogin. Lebet wohl.«

Fröhlich Lachen schloß die Vorlesung. Praxedis aber war rot geworden. »Das ist ein schlechter Dank von Euch«, sprach sie bissig zu Ekkehard, »daß Ihr Briefe in anderer Leute Namen schreibt und mich beleidigt.«

»Haltet ein«, sprach er, »warum soll der Brief nicht echt sein?«

»Es wär' nicht der erste, den ein Mönch gefälscht«, war Praxedis' gereizte Antwort. »Was braucht Ihr Euch über den groben Jägersmann lustig zu machen? Er war gar nicht so übel.«

»Praxedis sei vernünftig«, sprach die Herzogin. »Schau' dir den Auerhahn an, der ist nicht im Hegau geschossen, und Ekkehard führt eine andere Feder. Wollen wir den Bittsteller auf unser Schloß versetzen?«

»Das verbitt' ich mir«, rief Praxedis eifrig. »Es soll niemand meinen, daß ...«

»Gut«, sprach Frau Hadwig mit Schweigen gebietendem Ton. Sie rollte Ekkehards Pergament auf. Die Malerei am Anfang war leidlich gelungen, Zweifel über deren Bedeutung beseitigte die Darüberschreibung der Namen Hadwigis, Virgilius, Ekkehard. Eine kühne Initiale mit verschlungenem goldenen Geäste eröffnete die Schrift.

Die Herzogin war höchlich erfreut. Ekkehard hatte seither über den Besitz solcher Kunst nichts verlauten lassen. Praxedis schaute nach dem purpurnen Mantel, den die gemalte Herzogin trug, und lächelte, als wüßte sie was Besonderes.

Frau Hadwig winkte, daß Ekkehard sein Geschriebenes vorlese und erkläre. Er las.

Verdeutscht lautet's also:

»In nächt'ger Stille saß ich jüngst allein
Und ziffert' an den Schriften alter Zeit,
Da flammte hell ein geisterhafter Schein
In mein Gemach. 's war nicht des Mondes Licht, –
Und vor mich trat ein leuchtend Menschenbild,
Unsterblich Lächeln schwebt' um seinen Mund,
In dunkler Fülle wallte das Gelock,
Als Diadem trug er den Lorbeerkranz.

Hindeutend auf das aufgeschlagne Buch,
Sprach er zu mir. ›Sei guten Muts, mein Freund,
Ich bin kein Geist, der deinen Frieden stört,
Ich bringe dir nur Gruß und Segenswunsch.
Was toter Buchstab' dort dir noch erzählt,
Das schrieb ich selbst mit warmem Herzblut einst:
Der Troer Waffen, des Äneas Fahrt,
Der Götter Horn, der stolzen Rom Beginn.

Schon ein Jahrtausend schier ist abgerollt,
Der Sänger starb, es starb sein ganzes Volk.
Still ist mein Grab. Nur selten dringt ein Klang
Zu mir herab von froher Winzer Fest,
Vom Wogenschlag am nahen Kap Misen.

Doch jüngst hat mich der Nordwind aufgestört,
Er brachte Kunde, daß in fremden Gaun
Man des Äneas Schicksal wieder liest,
Daß eine Fürstin, stolz und hochgemut,
Des Landes Sprache als ein neu Gewand
Um meine Worte gnädig schmiegen heißt.

Wir glaubten einst, am Fluß der Alpen sei
Nur Sumpf des Rheins und ein barbarisch Volk,
Jetzt hat die Heimat selber uns vergessen
Und bei den Fremden leben neu wir auf.
Des Euch zu danken bin ich heute hier:
Das höchste Kleinod, was dem Sänger wird,
Ist Anerkennung einer hohen Frau.

Heil deiner Herrin, der das seltne Gut
Der Stärke und der Weisheit ward beschert,
Die gleich Minerva in der Götter Reihn,
In Erz gerüstet eine Kriegerin,
Der Friedenskünste Hort und Schutz zugleich.
Noch lange Jahre mög' ihr Zepter walten,
Es blüh' um sie ein stark und sittig Volk,
Und kommt Euch einst ein fremd Getön gerauscht,
Wie Heldenlied und fernes Saitenspiel,
Dann denket mein, es grüßt Italia Euch,
Es grüßt Virgil den Feld von Hohentwiel.

Er sprach's und winkte freundlich und verschwand.
Ich aber schrieb noch in derselben Nacht,
Was er gesprochen. Meiner Herrin sei's
Als Festgeschenk itzt schüchtern dargebracht
Von ihrem treuen Dienstmann Ekkehard.«

Eine kurze Pause erhob sich, als er die Lesung seines Gedichts beendet. Dann trat die Herzogin auf ihn zu und reichte ihm die Hand. »Ekkehard, ich danke Euch!« sprach sie; es waren dieselben Worte, die sie einst im Klosterhof zu Sankt Gallen zu ihm gesprochen, aber der Ton war noch milder wie damals, und der Blick war strahlend, und ihr Lächeln wundersam wie das zaubervoller Feien, von dem die Sage geht, ein Schneeregen blühender Rosen müsse drauf folgen.

Sie wandte sich dann zu Praxedis: »Und dich sollte ich verurteilen, itzt einen abbittenden Fußfall zu tun, die du jüngst so geringschätzend von den gelehrten geistlichen Männern gesprochen.« Aber die Griechin blickte schelmisch drein, wohl wissend, daß ohne ihren weisen Rat und Beistand der scheue Mönch sich kaum zu seiner Dichtung erschwungen.

»In aller Zukunft«, sprach sie, »werde ich seinem Verdienste die gebührende Achtung zollen. Auch einen Kranz will ich ihm flechten, so Ihr gebietet.«

Als Ekkehard hinaufgegangen war in seine Turmstube und die stille Mitternacht herannahte, saßen die Frauen noch beieinand'. Und die Griechin brachte eine Schale mit Wasser und etliche Stücklein Blei und einen metallenen Löffel. »Das Bleigießen vom vorigen Jahr ist gut eingetroffen«, sprach sie, »wir mochten's uns damals kaum erklären, welch ein sonderbare Form das geschmolzene Stück im Wasser annahm, aber ich meine itzt mehr und mehr, es habe einer Mönchskapuze geglichen, und die ist unserer Burg geworden.«

Die Herzogin war nachdenkend. Sie lauschte, ob Ekkehard nicht etwa den Gang zurückkehre.

»Es ist doch nur eitel Spielerei«, sprach sie ...

»Wenn es meiner Herrin nicht gefällt«, sagte die Griechin, »so mag sie unsern Lehrer beauftragen, uns mit Besserem zu erfreuen; sein Virgilius ist freilich ein zuverlässiger Orakel der Zukunft, als unser Blei, wenn er in geweihter Nacht mit Segensspruch und Gebet aufgeschlagen wird. Ich wäre fast neugierig, welch ein Stück seiner Dichtung uns die Geschicke des nächsten Jahres offenbaren würde ...«

»Schweig«, sagte die Herzogin. »Er hat neulich so streng über Zauberei gesprochen, er würde uns auslachen.«

»Dann werden wir beim Alten bleiben müssen«, sprach Praxedis und hielt den Löffel mit dem Blei über das Licht der Lampe. Das Blei schmolz und bewegte sich zitternd, da stund sie auf, murmelte etliche unverständliche Worte und goß es herab. Zischend sprühte das flüssige Metall in die Wasserschale.

Frau Hadwig wandte ihren Blick in scheinbarer Gleichgültigkeit. Praxedis hielt die Schale ans Lampenlicht: statt in seltsame Schlacken zu splittern, war das Blei zusammenhängend geblieben, ein länglich zugespitzter Tropfen. Matt glänzte es in Frau Hadwigs Hand.

»Das ist wiederum ein Rätsel, bis die Lösung kommt«, scherzte Praxedis. »Die Zukunft sieht ja für diesesmal fast aus wie ein Tannenzapfen.«

»Wie eine Träne!« sprach die Herzogin ernst und stützte ihr Haupt auf die Rechte.[133]

Lauter Lärm im Erdgeschoß der Burg unterbrach das weitere Prüfen der Vorbedeutung; Gekicher und Aufschrei der dienenden Mägde, rauhes Gebrumm männlicher Stimmen, schriller Lautenschlag: so tönte es verworren den Gang herauf; ehrerbietig und schutzflehend hielt der fliehende Schwarm der Dienerinnen an des Saales Schwelle, die lange Friderun unterdrückte mühsam ein lautes Schelten, die junge Hadumoth weinte – tappend kam eine Gestalt hinter ihnen drein, schwerfälligen zweibeinigen Schritts, in rauhe Bärenhaut gehüllt, eine bemalte hölzerne Maske mit namhafter Schnauze vor dem Antlitz; sie brummte und murrte wie ein hungriger Braun, der auf Beute ausgeht, und tat dann und wann einen ungefügen Griff in die Laute, die an rotem Band über die zottigen Schultern gehängt war – aber wie des Weihnachtssaals Türe sich auftat und der Herzogin Gewand entgegenrauschte, machte der nächtliche Spuk kehrt und polterte langsam durch den dröhnenden Gang zurück.

Die alte Schaffnerin ergriff das Wort und trug ihrer Gebieterin vor, daß sie fröhlich unten gesessen und sich der Weihnachtsgaben erfreut, da sei das Ungetüm eingebrochen und habe erst zum eigenen Lautenspiel einen feinen Tanz aufgeführt, hernach aber die Lichter ausgeblasen und die erschrockenen Maiden mit Kuß und Umarmung bedroht und sei so wild und unersättlich geworden, daß es sie alle zur Flucht genötigt; dem rauhen Lachen des Bären aber sei mit Grund zu entnehmen, daß unter der Wildschur Herr Spazzo, der Kämmerer, verborgen stecke, der nach einem scharfen Weintrunk hiemit sein Weihnachtsvergnügen beschlossen.

Frau Hadwig beruhigte den Unwillen des Gesindes und hieß

sie schlafen gehen. Vom Hofe aber tönte noch einmal verwunderter Aufschrei; alle standen in einer Gruppe beisammen und schauten unverrückt auf den Turm, denn der schreckhafte Bär war hinaufgestiegen und erging sich jetzo auf den Zinnen der Warte und reckte sein struppiges Haupt nach den Sternen, als wolle er seinem Namensgenossen droben, dem großen Bären, einen Gruß hinüberwinken ins Unermeßliche.

Die dunkle Vermummung hob sich in deutlichem Umriß vom fahlen glanzerhellten Himmelsgrunde, gespenstig klang ihr Brummen in die schweigende Nacht; doch keinem der Sterblichen ward kund, was die leuchtenden Gestirne dem weinschweren Haupte Herrn Spazzos, des Kämmerers, geoffenbart...

Um dieselbe Mitternachtstunde kniete Ekkehard vor dem Altar der Burgkapelle und sang leise die Hymnen der Christmette,[134] wie es die Übung der Kirche vorschrieb.

Der Alte in der Heidenhöhle

Der Rest des Winters ging auf dem hohen Twiel einförmig, darum schnell vorüber. Sie beteten und arbeiteten, lasen Virgil und studierten Grammatik, wie es die Zeit brachte. Frau Hadwig stellte keine verfänglichen Fragen mehr.

In der Faschingszeit kamen die benachbarten Großen, der Herzogin ihren Besuch abzustatten, die von der Nellenburg und von Veringen, der alte Graf im Argengau mit seinen Töchtern, die sieben Welfen von Ravensburg überm See und manch anderer.[135] Da wurde viel geschmaust und noch mehr getrunken.

Dann ward's wieder einsam oben.

Der März kam heran, schwere Stürme sausten übers Land, in der ersten klaren Sternennacht stand ein Komet am Himmel,[136] und der Storch, der auf der Burg Dachfirst wohlgemut hauste, war acht Tage nach seiner Rückkunft wieder von dannen geflogen; die Leute schüttelten den Kopf. Dann trieb der Schäfer von

Engen seine Herde am Berg vorüber; der erzählte, daß er dem Heerwurm[137] begegnet: das bedeutet Krieg.

Unheimliche Stimmung lagerte sich über die Gemüter. Drohendes Erdbeben wird auch in weiter Entfernung vorausgespürt; hier Ausbleiben einer Quelle, dort scheuer Vogelflug: ebenso ahnt sich Gefahr des Krieges.

Herr Spazzo, der im Februar tapfer hinter den Weinkrügen turniert hatte, ging jetzo tiefsinnig umher. »Ihr sollt mir einen Dienst erweisen«, sprach er eines Abends zu Ekkehard. »Ich hab' im Traum einen toten Fisch gesehen, der auf dem Rücken schwamm. Ich will mein Testament machen. Die Welt ist alt geworden und steht nur noch auf einem Bein, das wird nächstens auch zusammenknacken. Gute Nacht, Firnewein! Zum tausendjährigen Reich ist's ohnedem nicht mehr weit; es ist lustig gelebt worden, vielleicht werden die letzten Jahre doppelt gerechnet.

Weiter kann's die Menschheit auch nicht mehr bringen. Die Bildung ist so weit gediehen, daß auf dem einen Schloß Hohentwiel mehr als ein halb Dutzend Bücher aufgehäuft liegen, und wenn einer blutrünstig geschlagen wird, so läuft er zum Gaugericht und klagt's ein, statt seinem Schädiger Haus und Hof überm Kopf zusammenzubrennen. Da hört die Welt von selber auf.«[138]

»Wer soll Euer Erbe sein, wenn alle zugrunde gehen?« hatte ihn Ekkehard gefragt.

Ein Mann von Augsburg kam nach der Reichenau, der brachte schlimme Kundschaft. Der Bischof Ulrich hatte dem Kloster ein kostbar Heiligtum zugesagt, den rechten Vorderarm des heiligen Theopontus, reich in Silber und Edelstein gefaßt. Das Land sei unsicher, ließ er vermelden, er traue sich nicht, das Geschenk zu senden.

Der Abt wies den Mann nach dem hohen Twiel, der Herzogin Bericht zu erstatten.

»Was bringt Ihr Gutes?« frug sie ihn.

»Nicht viel, möchte lieber was mitnehmen: den schwäbischen Heerbann, Roß und Reiter, so viel ihrer Schild und Speer an der

Wand hängen haben. Sie sind wieder auf dem Weg zwischen Donau und Rhein« ...

»Wer?«

»Die alten Freunde von drüben herüber; die kleinen mit den tiefliegenden Augen und den stumpfen Nasen. Es wird wieder viel roh Fleisch unter dem Sattel mürb geritten werden dieses Jahr.«

Er zog ein seltsam geformtes kleines Hufeisen mit hohem Absatz aus dem Gewand: »Kennt Ihr das Wahrzeichen? ›Kleiner Huf und kleines Roß, krummer Säbel, spitz Geschoß – blitzesschnell und sattelfest: schirm' uns Herr vor dieser Pest!‹«

»Die Hunnen?!«[139] fragte die Herzogin betroffen.

»So Ihr sie lieber die Ungerer heißen wollt oder die Hungerer, ist mir's auch recht«, sprach der Bote. »Der Bischof Pilgrim hat's von Passau nach Freising melden lassen, von dort kam uns die Mär'. Über die Donau sind sie schon geschwommen, wie die Heuschrecken fallen sie aufs deutsche Land, geschwinde wie geflügelte Teufel sind die auch, eher fängst du den Wind auf der Ebene und den Vogel in der Luft, heißt's bei uns von früher her. Daß Koller und Dampf ihre kleinen Rosse heimsuchte! ... Mich dauert nur meiner Schwester Kind, die schöne Berta in Passau ...«

»Es ist nicht möglich!« sagte Frau Hadwig. »Haben sie schon vergessen, wie ihnen die Kammerboten Erchanger und Berchtold den Bescheid gaben: Wir haben Eisen und Schwerter und fünf Finger in der Faust? In der Schlacht am Inn ward's ihnen deutlich auf die Köpfe geschrieben ...«

»Eben darum«, sprach der Mann. »Wer tüchtig geschlagen worden, kommt gern wieder, um das zweitemal selber zu schlagen. Itzt sind andere Zeiten. Den Kammerboten hat man zum Dank für ihre Tapferkeit später das Haupt vor die Füße gelegt, wer wird sich noch voranstellen?«

»Auch wir wissen den Weg, auf dem unsere Vorgänger gegen den Feind geritten sind«, sprach die Herzogin stolz.

Sie entließ den Mann von Augsburg mit einem Geschenk. Dann berief sie Ekkehard zu sich.

»Virgilius wird eine Zeitlang in Ruhe kommen«, sprach sie zu ihm und teilte ihm die Nachricht von der Hunnen Gefahr mit. Die Lage der Dinge war nicht erfreulich.

Die Großen des Reichs hatten in langen Fehden verlernt, zu gemeinsamem Handeln einzustehen; der Kaiser, aus sächsischem Stamm und den Schwaben nicht sonderlich hold, schlug sich fern von den deutschen Grenzen in Italien herum, die Straße nach dem Bodensee stund den fremden Gästen offen. An ihrem Namen haftete der Schreck. Seit Jahren schwärmten ihre Haufen wie Irrlichter durch das zerrüttete Reich, das Karl der Große unfähigen Nachfolgern hinterlassen; von den Ufern der Nordsee, wo die Trümmerstätte von Bremen Zeugnis ihres Einfalls gab, bis hinab an die Südspitze Kalabriens, wo der Landeingeborene ihnen Mann für Mann ein Lösegeld für seinen Kopf zahlen mußte, zeichnete Brand und Plünderung ihre Spur...

»Wenn der fromme Bischof Ulrich keine Gespenster gesehen hat«, sprach die Herzogin, »so kommen sie auch zu uns, was ist zu tun? In Kampf ziehen? Auch Tapferkeit ist Torheit, wenn der Feind übermächtig. Durch Tribut und Goldzins Frieden kaufen und sie auf der Nachbarn Grenzen hetzen? Andere haben's getan; wir haben von Ehr' und Unehr' andere Meinung.

Uns auf dem Twiel verschanzen und das Land preisgeben? Es sind unsere Untertanen, denen wir herzoglichen Schutz gelobt. Ratet!«

»Mein Wissen ist auf solchen Fall nicht gerüstet«, sprach Ekkehard betrübt.

Die Herzogin war aufgeregt. »O Schulmeister«, rief sie vorwurfsvoll, »warum hat Euch der Himmel nicht zum Kriegsmann werden lassen? Es wäre vieles besser!«

Da wollte Ekkehard verletzt von dannen gehen. Das Wort war ihm ins Herz gefahren, wie ein Pfeil, und setzte sich tief darin fest. Es lag ein Stück Wahrheit in dem Vorwurf, darum schmerzte er.

»Ekkehard!« rief ihm Frau Hadwig nach, »Ihr sollt nicht gehen. Ihr sollt mit Eurem Wissen der Heimat dienen, und was

Ihr noch nicht wißt, sollt Ihr lernen. Ich will Euch zu einem schicken, der weiß Bescheid in solchen Dingen, wenn er noch lebt. Wollt Ihr meinen Auftrag bestellen?«

Ekkehard hatte sich umgewandt. »Ich war noch nie säumig, meiner Herrin zu dienen«, sprach er.

»Ihr dürft aber nicht erschrecken, wenn er Euch spröd und rauh anläßt, er hat viel Unbill erfahren von früheren Geschlechtern, die heutigen kennen ihn nicht mehr. Dürft auch nicht erschrecken, wenn er Euch gar alt und fett erscheint.«

Er hatte aufmerksam zugehört. »Ich verstehe Euch nicht ganz ...«

»Tut nichts«, sprach die Herzogin. »Ihr sollt morgen nach dem Sipplinger Hof hinüber, drüben am Überlinger See, wo die Feldswand sich steil in die Flut herabsenkt, ist aus alten Zeiten allerhand Gelaß zu menschlicher Wohnung in den Stein gehauen. Wenn Ihr den Rauch eines Herdfeuers aus dem Berg aufsteigen sehet, so gehet hinauf. Dort findet Ihr, den ich meine, redet mit ihm von wegen der Hunnen ...«

»Zu wem sendet mich meine Herrin?« fragte Ekkehard gespannt.

»Zum Alten in der Heidenhöhle«, sagte Frau Hadwig. »Man weiß hierlands keinen andern Namen von ihm. Aber halt!« fuhr sie fort, »ich muß Euch auch das Wort mitgeben für den Fall, daß er den Eintritt weigert.«

Sie ging zu ihrem Schrank und stöberte unter Schmuck und Gerätschaften; dann brachte sie ein Schiefertäflein, drauf standen etliche Buchstaben gekritzelt: »das sollt Ihr zu ihm sagen und einen Gruß von mir.«

Ekkehard las. Es waren die zwei unverständlichen lateinischen Worte: *»neque enim!«* sonst nichts. »Das hat keinen Sinn«, sprach er.

»Tut nichts«, sagte Frau Hadwig, »der Alte weiß, was es ihm bedeutet ...«

Bevor der Hahn den Morgen anrief, war Ekkehard schon durchs Tor von Hohentwiel ausgeritten. Kühle Frühluft wehte ihm ums Antlitz; er hüllte sich tief in die Kapuze. »Warum hat

Euch der Himmel nicht zum Kriegsmann werden lassen? Es wäre vieles besser!« Das Wort der Herzogin ging mit ihm, wie sein Schatten. Es war ihm ein Sporn zu mutigen Entschlüssen. »Wenn die Gefahr kommt«, dachte er, »soll sie den Schulmeister nicht hinter den Büchern sehen!«

Sein Roß trabte gut. In wenigen Stunden ritt er über die waldigen Höhen, die den Untersee von dem See von Überlingen trennen. Am herzoglichen Meierhof Sernatingen grüßte ihn die blaue Flut des Sees, er ließ sein Roß dem Meier und schritt den Pfad voran, der hart am Ufer hinführt.

An einem Vorsprung hielt er eine Weile, gefesselt von der weiten Umschau. Der Blick flog unbegrenzt über die Wasserfläche zu den Rätischen Alpen, die, eine kristallklare Mauer, sich als Ende der Landschaft himmelan türmen.

Wo die Sandsteinfelsen senkrecht aus dem See emporstiegen, lenkte sich der Pfad aufwärts. Stufen im Fels erleichterten den Schritt, gehauene Fensteröffnungen, mit dunklen Schatten in der Tiefe die Lichte der Felswand unterbrechend, wiesen ihm den Ort, dran einst in Zeiten römischer Herrschaft unbekannte Männer sich in der Weise der Katakomben ein Höhlenasyl eingegraben.[140]

Das Aufsteigen war beschwerlich. Jetzt trat er auf einen ebenen Geviertraum, wenig Schritte im Umfang, von jungem Gras bewachsen. Vor ihm öffnete sich ein mannshoher Eingang in den Felsen, aber ein riesiger schwarzer Hund sprang bellend hervor, zwei Schritte vor Ekkehard hielt er zu Sprung und Biß bereit, seine Augen starr auf den Mönch gerichtet; der durfte keinen Schritt vorwärts machen, so fuhr ihm der Hund an den Hals. Die Stellung war nicht beneidenswert, Rückzug unmöglich, Waffen trug Ekkehard nicht. So blieb er seinem Gegner gegenüber eine Weile starr stehen; da schaute aus der Fensteröffnung zur Seite eines Mannes Angesicht: ein Graukopf war's mit stechenden Augen und rötlichem Bart.

»Gebietet dem Tier Ruhe!« rief Ekkehard.

Dauerte nicht lange, so erschien der Graukopf unter dem Eingang. Er war mit einem Spieß bewaffnet.

»Rückwärts, Mummolin!« rief er.

Ungern gehorchte das große Tier. Erst wie ihm der Graue den Spieß zeigte, zog sich's knurrend zurück.

»Man sollt' Euch den Hund erschlagen und neun Schuh hoch über Euer Tor hängen, bis er verfaulte und stückweis auf Euch herunterfiele«,[141] sprach Ekkehard zürnend, »schier hat er mich ins Wasser gestürzt.« Er sah sich um, in senkrechter Tiefe rauschte der See zu seinen Füßen.

»In den Heidenhöhlen gilt kein Landrecht!« gab der Graue trotzig zurück. »Bei uns heißt's: Zwei Mannslängen vom Leib, oder wir schlagen Euch den Schädel ein.«

Ekkehard wollte vorwärts gehen.

»Halt an!« fuhr der Mann unterm Eingang fort und hielt den Spieß vor, »so schnell geht's nicht. Wohin des Wegs?«

»Zum Alten in der Heidenhöhle«, sprach Ekkehard.

»Zum Alten in der Heidenhöhle?« schalt der andere, »habt Ihr kein ehrerbietiger Wort für ihren Inwohner, gelbschnäbliger Kuttenträger?«

»Ich weiß nicht anders«, sagte Ekkehard betroffen. »Mein Gruß heißt, ‹*neque enim!*›«

»Das lautet besser«, sprach der Graue treuherzig und reichte ihm die Hand. »Woher des Wegs?«

»Vom hohen Twiel. Ich soll Euch ...«

»Halt an, ich bin nicht, den Ihr suchet, bin nur sein Dienstmann Rauching. Ich werd' Euch anmelden.«

Angesichts der starren Felswände und des schwarzen Hundes war diese Förmlichkeit befremdend. Ekkehard stand harrend, es dauerte eine gute Weile, schier als wenn Vorbereitungen zum Empfang getroffen würden. Dann erschien Rauching wieder: »Wollet eintreten.« Sie gingen den dunkeln Gang entlang, dann weitete sich der Höhlenraum, ein Gemach war von Menschenhänden in den Fels gehauen, hoch, stattlich, in spitzbogiger Wölbung; ein rohes Gesimse zog sich um die Wände, die Fensteröffnungen weit und luftig; wie von einer Rahme umfaßt glänzte ein Stück blauer See und gegenüberliegendes Waldgebirge herein, eine flimmernde Schicht Sonnenlicht drang durch sie in des Gemaches Dunkel. Spuren von Steinbänken waren da und dort sichtbar, nah beim Fenster stund ein hoher steinerner Lehnstuhl, ähnlich dem eines Bischofs in alten Kirchen, eine Gestalt saß drin. Es war ein fremdartig Menschenbild, mächtigen Umfangs, schwer saß das schwere Haupt zwischen den Schultern, Runzeln durchfurchten Stirn und Wangen, spärlich weißes Haupthaar lockte sich um den Scheitel, schier zahnlos der Mund: der Mann mußte steinalt sein. Ein Mantel von unkenntlicher Farbe hing um des Greisen Schulter, die Rückseite, die des Stuhles Lehne verdeckte, mochte stark Fadenschein tragen, in Saum und Faltenwurf saßen Spuren vergangener Flickung. Seine Füße waren mit rauhem Stiefelwerk bekleidet, ein alter Hut, mit verstäubtem Fuchspelz verbrämt, lag zur Seite. Eine Nische der Felsvertiefung trug ein Schachzabelbrett mit elfenbeingeschnittenen Figuren, es war eine Partie zu Ende gespielt worden, noch stand der König matt gesetzt durch einen Turm und zwei Läufer ...

»Wer kommt zu den Vergessenen?« fragte der Greis mit dünner Stimme. Da neigte sich Ekkehard vor ihm und nannte seinen Namen und wer ihn gesandt.

»Ihr habt ein böses Losungswort mit Euch gebracht. Erzählen die Leute draußen noch vom Luitward von Vercelli?«

»Dessen Seele Gott verdammen möge!« rief Rauching ergänzend ein.

»Ich habe nichts von ihm gehört«, sprach Ekkehard.

»Sag's ihm, Rauching, wer der Luitward war, 's wär' schade, wenn sein Gedächtnis ausstürbe bei den Menschen.«

»Der größte Schurke, den je ein Sonnenstrahl beschienen«, war Rauchings Antwort.

»Sag' ihm auch, was *›neque enim‹* heißt.«

»Es gibt keinen Dank auf dieser Welt, und von eines Kaisers Freunden ist auch der beste ein Verräter!«

»Auch der beste ein Verräter«, sprach der Alte in Gedanken. Sein Blick fiel auf das nahestehende Schachbrett. »Ja wohl!« murmelte er leise, »matt gesetzt, durch Läufer und Überläufer matt gesetzt« ... er ballte die Faust, als wolle er aufspringen, dann seufzte er laut und fuhr mit der welken Hand nach der Stirn und stützte sein schweres Haupt auf.

»Das Kopfweh!« sprach er ... »das verfluchte Kopfweh!«

»Mummolin!« rief Rauching.

Mit großen Sätzen kam der schwarze Hund vom Eingang her gesprungen; wie er den Alten mit aufgestülptem Haupt gewahrte, trat er schmeichelnd heran und leckte ihm die Stirn. »Es ist gut«, sprach der Greis nach einer Weile und richtete sich wieder auf.

»Seid Ihr krank?« fragte Ekkehard teilnehmend.

»Krank?« sprach der Alte – »'s mag eine Krankheit sein. Mich sucht's schon so lang heim, daß mir's wie ein alter Bekannter erscheint. Habt Ihr auch schon Kopfweh gehabt? Ich rate Euch, zieht niemals zu Felde, wenn Euch Kopfweh plagt, und schließt keinen Frieden, es kann ein Reich kosten, das Kopfweh ...«

»Soll Euch kein Arzt ...« wollte Ekkehard fragen.

»Der Ärzte Weisheit ist erschöpft. Sie haben's gut mit mir gemeint.«

Er wies auf seine Stirn; zwei alte Narben kreuzten sich darauf. »Schaut her! und wenn sie Euch das verordnen wollen, müßt's nicht anwenden! An den Füßen bin ich aufgehangen worden in jungen Tagen, dann die Einschnitte im Kopf – ein Stück Blut und ein Stück Verstand haben sie mir genommen: nichts geholfen!

In Cremona – Zedekias hat der hebräische Weise geheißen – haben sie die Sterne gefragt und mich in dämmernder Mitternacht unter einen Maulbeerbaum gestellt: 's war ein langer Spruch, mit dem sie das Kopfweh in den Baum hinein verfluchten: nichts geholfen!

In deutschen Landen gepulverte Krebsaugen verordnet, gemischt mit etlichem Staub von des heiligen Markus Grab und einen Trunk Seewein drauf:[142] auch nichts. Jetzt bin ich's gewöhnt. Das ärgste leckt des Mummolin rauhe Zunge hinweg. Komm her, braver Mummolin, der mich noch nicht verraten hat ...«

Er schwieg atemschöpfend und streichelte den Hund.

»Meine Botschaft ...« hub Ekkehard an.

Der Greis aber winkte ihm: »Geduldet Euch, nüchtern ist nicht gut reden. Ihr werdet hungrig sein. ›Nichts ist niederträchtiger und heiliger als der Hunger!‹[143] hat jener Dekan gesagt, da sein Gastfreund von sechs Forellen fünf aß und ihm die kleinste zurückließ. Wer mit der Welt draußen zu tun gehabt, vergißt den Spruch nicht. Rauching, richt' unser Mahl!«

Der ging hinüber in ein anstoßend Felsengemach, das war zur Küche hergerichtet; in etlichen Nischen stunden seine Vorräte; bald wirbelte aus dem Höhlenschornstein eine weiße Rauchwolke dem blauen Himmel entgegen, und das Werk des Kochens war beendet. Eine Steinplatte mußte als Tisch gelten. Als des Mahles Krone prangte ein Hecht, aber der Hecht war alt und trug Moos auf dem Haupt, sein Fleisch schmeckte zäh wie Leder. Auch einen Krug rötlichen Weines brachte Rauching herbei, aber der wuchs auf den Sipplinger Hügeln, und die erfreuen sich noch heute des Leumunds, daß ihr Wein der sauern sauerster am ganzen See.[144] Rauching wartete auf und saß nicht zu ihnen nieder.

»Was bringt Ihr mir?« frug der Alte, wie die schmale Mahlzeit beendet.

»Schlimme Botschaft; die Hunnen sind ins Land gebrochen, bald treten ihre Hufe die schwäbische Erde.«

»Recht!« sprach der Greis, »das gehört euch! Sind die Nordmänner auch wieder auf der Fahrt?«

»Ihr sprechet sonderbar«, sagte Ekkehard.

Des Alten Aug' ward glänzender. »Und wenn euch die Feinde wie Schwämme aus der Erde wachsen, ihr habt's verdient, ihr und eure Herren. Rauching, füll' dein Glas, die Hunnen kommen ... *neque enim!* Nun soll euch die Suppe schmecken, die eure Herren gesalzen haben. Ein großes stolzes Reich ist aufgerichtet gestanden, vom Ebro bis an die Raab und bis hinauf an die dänische Mark, keine Rattmaus hätt' einschleichen dürfen, ohne daß treue Wächter sie gefangen, so hat's der große Kaiser Karl ...«

»Den Gott segnen möge!« fiel Rauching ein.

»... gefestigt hingestellt; die Stämme, die dem Römer einst zusammen den Garaus gemacht, ein Ganzes, wie sich's gehört, damals hat der Hunn' scheu hinter seinem Landhag an der Donau gelauert, 's war kein Wetter für ihn, und wie sie sich rühren wollten, ist von ihrer hölzernen Lagerstatt tief in Pannonien drin kein Span mehr übriggeblieben, so hat die fränkische Landwehr drein gewettert ...[145] aber die Großen in der Heimat hat's gedrückt, daß nicht ein jeder der Herr der Welt sein kann; da hat's innerhalb des eigenen Zauns probiert sein müssen – Aufruhr, Empörung und Reichsverrat, das schmeckt besser, den letzten von Karls Stamme, der des Weltreichs Zügel führte, haben sie abgesetzt – das Symbolum der Reichseinheit ist ein Bettelmann worden und muß ungeschmälzte Wassersuppen essen – nun, und eure Herren, denen der Bastard Arnulf und ihr eigener Übermut lieber war, haben die Hunnen auf dem Nakken, und die alten Zeiten kommen wieder, wie sie schon der König Etzel malen ließ. Kennt Ihr das Bild im Mailänder Palast?

Dort war der römische Kaiser gemalt, wie er auf seinem Thron saß und die szythischen Fürsten ihm zu Füßen lagen; da kam der König Etzel des Wegs geritten und sah die Malerei lang an und lachte und sprach: Ganz recht; nur eine kleine Änderung! Und er ließ dem Mann auf dem Thron sein eigen Antlitz geben, und die vor ihm knieten und die Säcke voll Zinsgold vor seinem Thron ausleerten, waren die römischen Cäsaren ...[146]

Das Bild ist heut noch zu schauen ...«

»Ihr denkt an alte Geschichten«, sprach Ekkehard.

»Alte Geschichten!« rief der Greis: »Für mich hat's seit vierzig Jahren nichts Neues gegeben als Not und Elend. Alte Geschichten! 's ist gut, wer sie noch weiß, daß er sehen kann, wie der Väter Sünden gerächt werden an Kind und Kindeskind. Wißt Ihr, warum der große Karl das eine Mal in seinem Leben geweint hat? ›Solange ich lebe, sind's Narrenpossen‹, sprach er, da sie ihm der nordmännischen Seeräuber Ankunft meldeten, ›aber mich dauern meine Enkel!‹[147]«

»Noch haben wir einen Kaiser und ein Reich«, warf Ekkehard ein.

»Habt ihr noch einen?« sprach der Greis und trank seinen Schluck sauern Sipplinger und schüttelte sich: »Ich wünsch' ihm Glück. Die Ecksteine sind gesplittert, das Gebäu ist morsch. Mit übermütigen Herren kann kein Reich bestehen; die gehorchen sollen, herrschen, und der herrschen soll, muß schmeicheln statt gebieten. Ich hab' von einem gehört, dem haben seine getreuen Untertanen den Tribut in Kieselsteinen statt in Silber geschickt, und der Kopf des Grafen, der ihn heischen sollte, lag dabei im Sack. Wer hat's gerächt?«

»Der Kaiser«, sprach Ekkehard, »zieht in Welschland zu Felde und erwirbt großen Ruhm.«

»O Welschland, Welschland!« fuhr der Alte fort, »das wird noch ein schlimmer Pfahl im deutschen Fleische werden. Jenes eine Mal hat sich der große Karl ...«

»Den Gott segnen möge!« fiel Rauching ein.

»... einen blauen Dunst vormachen lassen. 's war schlimmer Tag, wie sie ihm in Rom die Krone aufsetzten, und hat keiner gelacht, wie der auf Petri Stuhl. Der hat uns nötig gehabt – aber was haben wir mit Welschland zu schaffen? Schaut hinaus: ist die Gebirgsmauer dort für nichts himmelan gebaut? Das jenseits gehört denen in Byzantium, und von Rechts wegen; griechische List wird dort eher fertig als deutsche Kraft; aber die Nachfolgenden haben nichts zu tun, als des großen Karl Irrtum ewig zu machen. Was er Vernünftiges gewiesen, haben sie mit Füßen getreten, in Ost und Nord war vollauf zu tun, aber nach Welschland muß gerannt werden, als säß' in den Bergen hinter Rom der große Magnetstein. Ich hab' oft darüber nachgedacht, was uns in die falsche Bahn gewiesen; – wenn's nicht der Teufel ist, kann's nur der gute Wein sein.«[148]

Ekkehard war betrübt worden ob des Alten Reden. Der schien es zu merken. »Laßt Euch nicht anfechten, was ein Begrabener sagt«, sprach er zu ihm, »wir in der Heidenhöhle machen's nicht anders, aber die Wahrheit hat schon manches Mal in Höhlen gehaust, wenn draußen der Unsinn mit großen Schritten durchs Land ging.«

»Ein Begrabener?« sprach Ekkehard fragend.

»Deshalb könnt Ihr doch mit ihm anstoßen«, sprach der Alte scherzend. »'s war nötig, daß ich vor der Welt gestorben bin, das Kopfweh und die Schurken haben mich in Unehren gebracht. Braucht mich darum nicht so anzusehen, Mönchlein. Setzt Euch her auf die Steinbank, ich will Euch eine schöne Geschichte erzählen – Ihr könnt ein Lied zur Laute darüber machen . . .

Es war einmal ein Kaiser, der hatte wenig frohe Tage, denn sein Reich war groß und er selber war dick und stark und das Kopfweh plagte ihn, seit daß er auf dem Thron saß. Darum nahm er sich einen Erzkanzler, der war ein feiner Kopf und konnte mehr denken als sein Herr, denn er war dünn und hager wie eine Stange und hatte kein Kopfweh. Und der Kaiser hatte ihn aus dunkler Herkunft emporgehoben, denn er war eines Hufschmieds Sohn, und erwies ihm Gutes und tat alles, was er ihm riet, und schloß sogar einen elendigen Frieden mit den Nordmännern, denn der Kanzler sagte ihm: das sei unbedeutend, er habe wichtigere Geschäfte, als sich um ein paar Seeräuber zu kümmern. Der Kanzler ging nämlich in selber Zeit zu des Kaisers Ehgemahlin und berückte ihr schwaches Herz und vertrieb ihr die Zeit mit Saitenspiel und ließ nebenbei der edlen Alemannen Töchter entführen und verschwor sich mit seines Kaisers Widersachern. Und wie dieser endlich einen Reichstag ausschrieb, um der Not zu steuern, stund sein hagerer Kanzler dort unter den ersten, die wider ihn sprachen; mit *neque enim* begann er seine Rede und bewies, sie müßten ihn absetzen, und sprach so giftig und schlangenklug gegen den Nordmännerfrieden, den er selber geschlossen, daß sie alle von ihrem rechtmäßigen Herrn abfielen wie welke Blätter, wenn der Herbstwind die Wipfel schüttelt. Und sie schrien, die Zeit des Dicken sei vorbei und setzten ihn ab, mit dreifacher Krone auf dem Haupt war der Kaiser in Tribur eingeritten, wie er von dannen zog, nannte er nichts Mehres sein, als was er auf dem Leibe trug, und saß zu Mainz vor des Bischofs Pfalz und war froh, da sie ihm eine Suppe zum Schiebfenster hinausreichten.

Der brave Kanzler hat Luitward von Vercelli geheißen – Gott

lohn' ihm seine Treue nach Verdienst und der Kaiserin Richardis auch und allen zusamm'![149]

Wie sie aber im Schwabenland sich des Verstoßenen erbarmten und ihm ein notdürftig Gütlein schenkten, sein Leben zu fristen, und wie sie daran dachten, mit Heeresmacht für sein gekränktes Recht zu streiten, da sandte der Luitward auch noch Mörder wider ihn. 's war eine schöne Nacht im Neidinger Hofe, der Sturm brach die Äste im Forst und die Fensterladen klapperten, der abgesetzte Kaiser konnte vor Kopfweh nicht schlafen und war auf das Dach gestiegen, daß ihm der Sturm Kühlung zublase: da brachen sie ein und fahten auf ihn. 's ist ein anmutig Gefühl, sag' ich Euch, mit schwerem Haupt auf kaltem Dach zu sitzen und zu hören, wie sie drunten bedauern, einen nicht strangulieren und am Ziehbrunnen aufknüpfen zu können ...

Wer das erlebt hat, der tut am besten, er stirbt.

Und der dicke Meginhart zu Neidingen war grad zu rechter Zeit vom Baum herab zu Tod gefallen, daß man ihn auf den Schragen legen konnt' und im Land verkünden, der abgesetzte Kaiser sei des Todes verblichen. Es soll ein schöner Leichenzug gewesen sein, wie sie ihn in die Reichenau trugen; der Himmel tat sich auf, ein Lichtstrahl fiel auf die Bahre, und sie haben eine rührende Leichenrede gehalten, da sie ihn einsenkten rechts vom Altar: ›daß er seiner Würden entblößt und seines Reiches beraubt ward, war eine Fügung des Himmels, ihm zur Läuterung und Probe, und da er's geduldig trug, steht zu hoffen, daß ihn der Herr mit der Krone des ewigen Lebens für die belohnt, die er hienieden verloren ...‹ so predigten sie in der Klosterkirche[150] und wußten nicht, daß in derselben Stunde der, den sie zu begraben meinten, mit Sack und Pack und einem Fluch auf die Welt in der Einsamkeit der Heidenhöhlen einzog.«

Der Greis lachte: »Hier ist's sicher und ruhig, um an alte Geschichten zu denken! stoßt an: die Toten sollen leben! Und der Luitward ist doch betrogen; wenn sein Kaiser auch einen alten Hut trägt statt güldenem Reif und Sipplinger trinkt statt goldigem Rheinwein, so lebt er doch noch: dieweil die Hageren und ihr ganzes Geschlecht vom Tode gerafft sind. Und die

Sterne werden ihr Recht behalten, in denen bei seiner Geburt gelesen ward, daß er im Tosen der Reiterschlacht aus der falschen Welt abscheiden werde. Die Hunnen kommen ... komm bald auch, du fröhlich Ende!«

Ekkehard hatte mit Spannung zugehört. »Herr! wie wunderbar sind deine Wege!« rief er. Er wollte vor ihm niederknien und seine Hand küssen, der Alte litt's nicht: »Das gilt alles nicht mehr! nehmt Euch ein Beispiel ...«

»Deutschland hat Euch und Eurem Stamm große Unbill angetan ...« wollte Ekkehard trösten.

»Deutschland!« sprach der Alte, »ich bin ihm nicht gram, mög' es gedeihen und blühen, von keinem Feinde bedräut, und einen Herrscher finden, der's zu Ehren bringt und kein Kopfweh hat, wenn die Nordmänner wieder kommen, und keinen Kanzler, der Luitward von Vercelli heißt. Nur die, die seine Kleider unter sich geteilt und das Los um sein Gewand geworfen« –

»Möge der Himmel strafen mit Feuer und schwefligem Regen!«[151] sprach Rauching im Hintergrund.

»Welchen Bescheid bring' ich meiner Herrin von Euch?« fragte Ekkehard, nachdem er seinen Becher geleert.

»Von wegen der Hunnen?« sagte der Greis. »Ich glaube, das ist einfach. Sagt Eurer Herzogin, sie soll in den Wald gehen und sehen, wie es der Igel macht, wenn ihm ein Feind zu nahe kommt. Er rollt sich auf wie eine Kugel und starrt in Stacheln, wer nach ihm greift, sticht sich. Das Schwabenland hat Lanzen genug. Macht's ebenso. Euch Mönchen kann's auch nicht schaden, wenn ihr den Spieß tragt.

Und wenn Eure Herrin noch mehr wissen will, so sagt ihr den Spruch, der in der Heidenhöhle gilt. Rauching, wie heißt er?«

»Zwei Mannslängen vom Leib, oder wir schlagen euch die Schädel entzwei!« ergänzte der Gefragte.

»Und wenn von Frieden die Rede ist, so sagt ihr, der Alte in der Heidenhöhle hätt' *ein* mal einen schlechten geschlossen, er tät's nicht wieder, trotzdem ihn sein Kopfweh noch plagt wie damals; er wollt' itzt lieber seinen Gaul satteln, wenn die Schlachtdrommeten blasen – lest eine Messe für ihn, wenn Ihr seinen letzten Ritt überlebt.«

Der Alte hatte gesprochen mit seltsamer Lebendigkeit. Plötzlich stockte die Stimme, sein Atem ward kurz, fast stöhnend, er neigte sein Haupt. »Es kommt wieder!« sprach er.

Rauching, der Dienstmanne, sprang ihm bei und brachte einen Trunk Wassers. Die Beklemmung ließ nicht ab.

»Wir müssen das Mittel anwenden«, sprach Rauching. Er wälzte aus der Höhlentiefe einen schweren Steinblock vor, von eines Mannes Höhe, der trug Spuren von Bildhauerwerk; sie hatten ihn in der Höhle als unerklärtes Denkmal früherer Bewohner vorgefunden. Er stellte ihn aufrecht an die Felswand; es war, als sei eines Menschen Haupt dran angedeutet und eine Bischofsmitra. Und Rauching griff einen gewaltigen knorrigen Stock und gab dem Alten einen zu Handen und begann auf das Steinbild einzudreschen und sprach einen Spruch dazu, langsam und ernst wie eine Litanei: »Luitward von Vercelli: Reichsverräter, Ehebrecher, *neque enim!* Nonnenräuber, Machterschleicher, *neque enim!*« ... Dicht fielen die Streiche, da legte sich ein Lächeln um des Alten welke Züge, er erhob sich und schlug mit matten Armen ebenfalls drauf.

»Es steht geschrieben: ein Bischof muß tadellos sein«, sprach er in Rauchings Ton, – »das für den Nordmänner-Frieden! das für der Kaiserin Richardis Verführung, *neque enim!* Das für den Reichstag zu Tribur, das für Arnulfs Kaiserwahl! *neque enim!!*«

Die Höhle widerhallte vom dumpfen Klang; fest stand das Steinbild im Hagel der Schläge, dem Alten ward's leicht und leichter, er hieb sich warm am alten Haß, der ihm seit Jahren ein dürftig Leben fristete.

Ekkehard verstand den Hergang nicht ganz. Es ward ihm unheimlich. Er empfahl sich und ging.

»Habt wohl schöne Kurzweil gefunden beim alten Narren droben«, sprach der Meier von Sernatingen zu ihm, da er sein Roß gesattelt vorführte: »vermeint er immer noch, er hab' eine Krone verspielt und ein Reich? Ha ha!«[152]

Ekkehard ritt von dannen. Im Buchwald sproßte das junge Grün des nahenden Frühlings. Ein jugendlicher Mönch aus der Reichenau ging desselben Weges. Keck, wie Waffenklirren, tönte sein Sang durch die Waldeinsamkeit:

»O tapfre junge Landeskraft, nun halt dich brav!
Mit Wächterruf und Feldgeschrei verscheuch' den Schlaf,
Und mach' die Rund zu jeder Stund' um Tor und Turm!
Der Feind ist klug und schleicht mit Trug heran zum Sturm.
Von Wall und Zinnen schalle laut dein: Halt! Wer da?
Das Echo widerhalle: *eia vigila!!*«[153]

Es war das Lied, das die Nachtwachen zu Mutina in Welschland sangen, da der Hunnen Heer vor der Bischofsstadt lag. Der Mönch hatte selber vor drei Jahren dort Schildwache gestanden am Tor des heiligen Geminianus und kannte das Zischen der hunnischen Pfeile: wenn die Ahnung neuen Kampfes durch die Luft zieht, fallen einem die alten Lieder wieder ein. –

Der Hunnen Heranzug

»Der Alte hat recht«, sprach Frau Hadwig, als ihr Ekkehard Bericht von seiner Sendung Erfolg erstattete. »Wenn der Feind droht, rüsten; wenn er angreift, aufs Haupt schlagen, das ist so einfach, daß man eigentlich keinen drum zu fragen braucht. Ich glaube, das viele Bedenken und Erwägen hat der böse Feind als Unkraut auf die deutsche Erde gestreut. Wer schwankt, ist dem Fallen nah, und wer's zu fein machen will, der gräbt sich selbst sein Grab: Wir rüsten!«

Die bewegte und bald gefährliche Lage schuf der Herzogin eine freudige Stimmung: so ist die Forelle wohlgemut im rauschenden Gießbach, der über Fels und Trümmer schäumt, im stillen Wasser verkommt sie. Und Beispiel fester Entschlossenheit oben ist nie vergeblich. Da trafen sie ihre Vorbereitung zum Empfang des Feindes. Vom Turm des hohen Twiel wehte die Kriegsfahne[154] weit ins Land hinaus; durch Wald und Feld bis an die fernsten in den Talgründen versteckten Meierhöfe klang das Heerhorn, die Mannen aufzubieten; nur Armut befreite von Kriegspflicht. Wer mehr als zwei Mansen Land sein eigen nannte, ward befehligt, beim ersten Ruf in Wehr und Waffen sich zu stellen. Der Hohentwiel sollte der Sammelplatz sein, ihn hatte die Natur dazu gefestet. Boten durchflogen das Hegau. Das Land hub an, sich zu rühren; hinten im Tannwald standen die Köhler beisammen, den schweren Schürhaken schwang einer überm Haupt wie zum Einhauen. »Es tut sich!« sprach er, »ich geh' auch mit!«

An die Türen der Pfarrherren, der Alten und Bresthaften ward angeklopft; wer nicht ausziehen kann, soll beten; an alle Ufer des Sees ging die Kunde, auch hinüber nach Sankt Gallen.

Auf die friedliche Insel Reichenau ging Ekkehard; die Herzogin gebot's. Der Gang wär' ihm sauer gefallen, hätt' es sich um anderes gehandelt. Er brachte dem gesamten Kloster die Einladung auf den hohen Twiel für die Zeit der Gefahr.

Dort war schon alles in Bewegung. Beim Springbrunnen im Klostergarten ergingen sich die Brüder; es war ein linder Frühlingstag, aber keiner dachte ernsthaft dran, sich des blauen Himmels zu freuen, sie sprachen von den bösen Zeiten und ratschlagten; es wollt' ihnen schwer einleuchten, daß sie aus ihren stillen Mauern ausziehen sollten.

»Der heilige Markus«, hatte einer gesagt, »wird seine Schutzbefohlenen schirmen und den Feind mit Blindheit schlagen, daß er vorbeireitet, oder das Grundgewelle des Bodensees aufschäumen lassen, daß es ihn verschlinge wie das Rote Meer die Ägypter.«

Aber der alte Simon Bardo sprach: »Die Rechnung ist nicht ganz sicher, und wenn ein Platz nicht sonst mit Turm und Mauern umwallt ist, bleibt Abziehen rätlicher. Wo aber noch eines Schillings Wert zu finden ist, da reitet kein Hunne vorbei; legt einem Toten ein Goldstück aufs Grab, so wächst ihm noch die Hand aus der Erde und greift danach.«

»Heiliger Pirminius!« klagte der Bruder Gärtner, »wer soll den Kraut- und Gemüsgarten bestellen, wenn wir fort müssen?«

»Und die Hühner?« sprach ein anderer, dessen teuerste Kurzweil in Pflege des Hühnerhofes bestund, »haben wir die drei Dutzend welsche Hahnen für den Feind ankaufen müssen?«

»Wenn man ihnen einen eindringlichen Brief schriebe«, meinte ein dritter; »sie werden doch keine solche Unmenschen sein, Gott und seine Heiligen zu kränken.«

Simon Bardo lächelte. »Werd ein Lämmerhirt«, sprach er mitleidig, »und trink einen Absud vom Kraut *Camomilla,* der du den Hunnen eindringliche Briefe schreiben willst. O, daß ich meinen alten Oberfeuerwerker Kedrenos mit über die Alpen gebracht! Da wollten wir ein Licht wider den Feind ausgehen lassen, schärfer als der milde Mondschein über dem Krautgärtlein, der dem seligen Abt Walafrid[155] so weiche Erinnerungen an seine Freundin in der Seele wachrief. Dort an der Landzunge ein paar Schiffe versenkt, hier am Hafenplatz desgleichen, – und mit den langen Brandröhren den Uferplatz bestrichen: hei, wie würden sie auseinanderstieben, wenn's durch die Luft flöge wie ein feuriger Drache und seinen Naphtabrandregen ausspruhte! Aber was weiß euer einer von Griechischem Feuer?![156] O Kedrenos, Feuerwerker Kedrenos!«

Ekkehard war ins Kloster eingetreten. Er fragte nach dem Abt. Ein dienender Bruder wies ihm dessen Gemächer. Er war nicht drinnen und auch anderwärts nicht zu finden.

»Er wird in der Rüstkammer sein«, sprach ein Mönch im Vorübergehen zu ihnen. Da führte der dienende Bruder Ekkehard in die Rüstkammer; sie war auf dem hohen Klosterspeicher, viel Harnisch und Gewaffen lag droben aufgehäuft, mit denen das Kloster seine Kriegsleute zum Heerbann ausstattete.

Abt Wazmann stand drin, eine Staubwolke verhüllte ihn dem Blick der Eintretenden, er hatte die Rüstungen von den Wänden abnehmen lassen und gemustert. Staub und Rost waren Zeuge, daß sie lange Ruhe gehabt. Beim Mustern hatte der Abt schon an sich selber gedacht; sein Obergewand lag ausgezogen vor ihm, der blonde Klosterschüler hatte ihm einen Ringpanzer umgeworfen, er reckte seine Arme, ob er ihm fest und bequemlich sitze.

»Tretet näher!« rief er Ekkehard zu, »andere Zeiten, anderer Empfang!«

Ekkehard teilte ihm der Herzogin Aufforderung mit.

»Ich hätt' selber auf dem hohen Twiel drum nachgesucht, wenn Ihr nicht gekommen wäret«, sprach der Abt. Er hatte ein langes Schwert ergriffen und schlug einen Lufthieb, daß Ekkehard etliche Schritte zurückwich; dem scharfen Pfeifen der Luft war zu entnehmen, daß es nicht der erste, den er in seinem Leben führte.

»'s wird Ernst«, sprach er. »Zu Altdorf im Schussental sind sie schon eingekehrt; bald wird sich die Flamme von Lindau im See spiegeln. Wollt Ihr Euch auch einen Harnisch auslesen? Der mit dem Wehrgehenk dort fängt Stich und Hieb so gut wie das feinste Nothemd, das je eine Jungfrau spann.«

Ekkehard dankte. Der Abt stieg mit ihm aus der Rüstkammer hinunter. Der Ringelpanzer behagte ihm, er warf die braune Kapuze drüber um; so trat er in den Garten unter die zagenden Brüder wie ein Riese des Herrn.[157]

»Der heilige Markus ist heut nacht vor mein Lager getreten«, rief der Abt; »nach dem hohen Twiel hat er gedeutet; dorthin wollen meine Gebeine, daß keines Heiden Hand sie entweihe. Auf und rüstet euch! In Gebet und Gottvertrauen hat seither eure Seele den Kampf mit dem bösen Feind gekämpft, jetzt sollen eure Fäuste weisen, daß ihr Kämpfer seid. Denn die da kommen, sind Söhne der Teufel; Alraunen und Dämonen in asischer Wüste haben sie erzeugt; Teufelswerk ist ihr Treiben, zur Hölle werden sie zurückfahren, wenn ihre Zeit um!«[158]

Da ward auch dem sorglosesten der Brüder deutlich, daß eine Gefahr im Anzug. Beifällig Murmeln ging durch die Reihen, sie waren von Pflege der Wissenschaft noch nicht so weich gemacht, daß ihnen ein Kriegszug nicht als löbliche Abwechslung erschienen wäre.

An einen Apfelbaum gelehnt, stand Rudimann, der Kellermeister, bedenkliche Falten auf der Stirn. Ekkehard ersah ihn, schritt auf ihn zu und wollte ihn umarmen als Zeichen, daß gemeinsame Not alten Zwist ausebne. Rudimann aber winkte ihm ab: »Ich weiß, was Ihr wollet!« – Aus dem Saum seiner Kutte zog er einen groben härenen Faden, warf ihn auf die Erde und trat darauf. »Solang ein hunnisch Roß die deutsche Erde stampft«, sprach er, »soll alle Feindschaft aus meinem Herzen gerissen sein, wie dieser Faden aus meinem Gewand;[159] überleben wir den Streit, so mag's wieder eingefädelt werden, wie sich's geziemt!«

Er wandte sich und schritt nach seinem Keller zu wichtiger Arbeit. In Reih und Glied lagen dort den hochgewölbten Raum entlang die Stückfässer als wie in Schlachtordnung, und keines klang hohl, so man anklopfte. Rudimann hatte etliche Maurer bestellt; jetzt ließ er einen Vorplatz, wo sonst Kraut und Frucht bewahrt lag, herrichten, als wär' das der Klosterkeller; zwei Fäßlein und ein Faß pflanzten sie drin auf. »Findet der Feind gar nichts vor, so schöpft er Verdacht«, also hatte der Kellermeister bei sich überlegt, »und wenn die Sipplinger Auslese, die ich preisgebe, ihre Schuldigkeit tut, wird manch ein hunnischer Mann ein bös Weiterreiten haben.«

Schon hatten die Werkleute die Quadersteine gerichtet zu Vermauerung der inneren Kellertür, – noch einmal ging Rudimann hinein; aus einem verwitterten Faß zapfte er sein Krüglein und leerte es wehmütig; dann faltete er die Hände wie zum Gebet. »Behüt' dich Gott, roter Meersburger!« sprach er. Eine Träne stund in seinen Augen ...

Rühriges Treiben ging allenthalben durchs Kloster. In der Rüstkammer wurden die Waffen verteilt, es waren viel Häupter und wenig Helme, der Vorrat reichte nicht. Auch war viel Lederwerk zerfressen und mußte erst geflickt werden.

In der Schatzkammer ließ der Abt die Kostbarkeiten und Heiligtümer verpacken; viel schwere Truhen wurden gefüllt, das güldne Kreuz mit dem heiligen Blut, die weiße Marmorurne, aus der einst die Hochzeitsgäste in Kana den Wein schöpften, Reliquiensärge, Abtsstab, Monstranz – alles ward sogleich eingetan und auf die Schiffe verbracht. Sie schleppten auch den schweren und durchsichtig grünen Smaragd bei, achtundzwanzig Pfund wog er. »Den mögt ihr zurücklassen«, sprach der Abt.

»Das Gastgeschenk des großen Kaisers Karl? des Münsters seltenstes Kleinod, wie keines mehr in den Tiefen der Gebirge verborgen ruht?« fragte der dienende Bruder.

»Ich weiß einen Glaser in Venezia, der kann einen neuen machen, wenn diesen die Hunnen fortschleppen«[160], erwiderte leichthin der Abt.

Sie stellten das Juwel in den Schrank zurück.

Noch war's nicht Abend worden, da stund alles zum Abzug bereit. Der Abt hieß die Brüder im Hofe zusammentreten, sämtliche erschienen bis auf einen. »Wo ist Heribald?« frug er.

Heribald war ein frommer Bruder, dessen Wesen schon manchem den Ernst auf der Stirn in Heiterkeit verwandelte.[161] In jungen Tagen hatte ihn die Amme einmal aufs Steinpflaster fallen lassen, davon war ihm ein gelinder Blödsinn zurückgeblieben, eine Kopfsinnierung, aber er war guten Herzens und hatte an Gottes schöner Welt seine Freude, so gut wie ein Geistesgewaltiger.

Da gingen sie, den Heribald zu suchen.

Er war auf seiner Zelle. Die gelbbraune Klosterkatze schien ihm ein Leides zugefügt zu haben, er hatte ihr den Strick, der sein Gewand zusammenhalten sollte, um den Leib geschnürt und sie an einen Nagel an seines Gemaches Decke aufgehängt; in die leere Luft herab hing das alte Tier, das schrie und miaute betrüblich, er aber schaukelte es sänftlich hin und her und sprach lateinisch mit ihm.

»Vorwärts, Heribald!« riefen die Genossen, »wir müssen die Insel verlassen.«

»Fliehe, wer will!« sprach der Blödsinninge, »Heribald flieht nicht mit.«

»Sei brav, Heribald, und folg' uns! der Abt hat's anbefohlen.«

Da zog Heribald seinen Schuh aus und hielt ihn den Brüdern entgegen. »Der Schuh ist schon im vorigen Jahr zerrissen«, sprach er, »da ist Heribald zum Camerarius gegangen; gib mir mein jährlich Leder, hat Heribald gesagt, daß ich mir ein paar Schuhe anfertige, da hat der Camerarius gesagt: ›Tritt du deine Schuhe nicht krumm, so werden sie nicht reißen‹ – und hat das Leder geweigert, und wie Heribald den Camerarius beim Abt verklagt, hat ihm der gesagt: ›Ein Narr, wie du, kann barfuß laufen!‹ Jetzt hat Heribald kein ordentlich Fußwerk und mit zerrissenen geht er nicht unter fremde Leute«[162] ...

Solchen Gründen war keine stichhaltige Widerlegung entgegenzusetzen. Da umschlangen ihn die Brüder mit starkem Arm, ihn hinabzutragen; im Gang aber riß er sich los und floh mit Windeseile hinab in die Kirche und die Treppen hinauf, die auf den Kirchturm führten. Zu oberst setzte er sich fest und zog das hölzerne Stieglein empor; es war ihm nimmer beizukommen.

Sie erstatteten dem Abte Bericht. »Lasset ihn zurück!«, sprach der Abt, »über Kinder und Toren wacht ein besonderer Schutzengel.«

Zwei große Lädinen lagen am Ufer, die Abziehenden aufzunehmen: wohlgerüstete Schiffe mit Ruder und Segelbaum. In kleinen Kähnen hatten sich des Klosters dienende Leute und was sonst noch auf der Reichenau hauste, mit Hab und Gut eingeschifft: es war ein wirres Durcheinander.

Ein Nachen voll von Mägden und befehligt von Kerhildis, der Obermagd, war bereits abgefahren; sie wußten selber nicht wohin, aber die Furcht war diesmal größer als die Neugier, die Schnurrbärte fremder Reitersmänner zu sehen.

Jetzt zogen die Klosterbrüder heran; es war ein seltsamer Anblick: die meisten in Wehr und Waffen, Litanei betend andere, den Sarg des heiligen Markus tragend, der Abt mit Ekkehard und den Zöglingen der Klosterschule – betrübt schauten sie noch einmal nach der langjährigen Heimat, dann stiegen sie zu Schiffe.

Wie sie aber in den See ausfuhren, huben alle Glocken an zu

tönen, der blödsinnige Heribald läutete ihnen den Abschiedsgruß: dann erschien er auf den Zinnen des Münsterturmes. »*Dominus vobiscum!*« rief er mit starker Stimme herab und in gewohnter Weise antwortete da und dort einer: »*Et cum spiritu tuo!*«

Ein scharfer Luftzug kräuselte die Wellen des Sees. Erst vor kurzem war er aufgefroren, noch schwammen viel schwere Eisblöcke drin herum, und die Schiffe hatten große Mühe, sich durchzuarbeiten.

Geduckt saßen die Mönche, die den Sarg des heiligen Markus hüteten, etlichemal schlug die Woge zu ihnen herein, aber aufgerichtet und keck stand Abt Wazmanns hohe Gestalt, die Kapuze flatterte im Winde.

»Der Herr geht vor uns her«, sprach er, »wie er in der Feuersäule vor dem Volk Israel ging; er ist mit uns auf der Flucht, er wird mit uns sein auf fröhlicher Rückkehr!« . . .

In heller Mondnacht stieg der Reichenauer Mönche Schar den Berg Hohentwiel hinauf. Für Unterkunft war gesorgt. In der Burg Kirchlein stellten sie den Sarg ihres Heiligen ab; sechs der Brüder wurden zu Wacht und Gebet bei ihm befehligt.

Der Hofraum ward in den nächsten Tagen zum fröhlichen Heerlager. An aufgebotenen Dienstmannen lagen schon etliche hundert oben, der Reichenauer Zuzug brachte einen Zuwachs von neunzig streitbaren Männern. Emsig ward geschafft an allem, was des baldigen Kampfes Notdurft heischte. Schon eh' die Sonne aufstieg, weckte der Schmiede Gehämmer die Schläfer. Pfeile und Lanzenspitzen wurden gefertigt; beim Brunnen im Hofe stand der große Schleifstein, dran wetzten sie die rostigen Klingen. Der alte Korbmacher von Weiterdingen war auch heraufgeholt worden, der saß mit seinem Buben unter der Linde, die langen, zu Schilden zugeschnittenen Bretter überspannen sie mit starkem Flechtwerk von Weidengezweig, dann ward ein gegerbtes Fell darüber genagelt: der Schild war fertig. Am lustigen Feuer saßen andere und gossen Blei in die Formen zu spitzem Wurfgeschoß für die Schleuder, – eschene Knittel und Keulen wurden in den Flammen gehärtet.[163] »Wenn der an eines Heiden Schädel anklopft«, sprach Rudimann und schwang den Prügel, »so wird ihm aufgetan!«

Wer früher schon im Heerbann gedient, sammelte sich um Simon Bardo, den griechischen Feldhauptmann. »Zu euch nach Deutschland muß einer gehen, wenn er seine greisen Tage in Ruhe verleben will«, hatte er scherzend zur Herzogin gesagt. Der Waffenlärm aber stärkte sein Gemüt wie alter Rheinwein und richtete ihn auf; mit scharfer Sorge ließ er die Unerfahrenen sich in den Waffen üben, des Burghofs Pflaster widerhallte vom schweren Schritt der Mönche, die in geschlossenen Reihen des Speerangriffs unterwiesen wurden. »Wände könnt' man mit euch einrennen«, sprach der Alte Beifall nickend, »wenn ihr einmal warm geworden seid.«

Wer von den Jüngern eines sichern Auges und beweglicher Knochen sich erfreute, ward den Pfeilschützen zugeteilt. Fleißig übten sie sich. Heller Jubel klang einmal von des Hofes anderem Ende zu den Speerträgern herüber: das lose Volk hatte einen Strohmann angefertigt, eine Krone von Eulenfedern im Haupt, eine sechsfältige Peitsche in der Hand, einen roten Lappen in Herzform auf der Brust, war er ihre Zielscheibe.

»Der Hunnen König Etzel«, riefen die Schützen, »wer trifft ihn ins Herz?«

»Spottet nur«, sprach Frau Hadwig, die vom Balkon herab zuschaute: »hat ihn auch in schlimmer Brautnacht der Schlag darnieder gestreckt, so geht sein Geist fort und fort mächtig durch die Welt; die nach uns kommen, werden noch an ihm zu beschwören haben.«

»Wenn sie nur auch so scharf auf ihn schießen, wie die da unten!« sagte Praxedis – und Halloruf klang vom Hofe herauf, der Strohmann wankte und fiel, ein Pfeil hatte das Herz getroffen.

Ekkehard kam in den Saal herauf. Er war wacker mitmarschiert, sein Antlitz glühte, der ungewohnte Helm hatte einen roten Streif auf der Stirn zurückgelassen. In der Erregung des Tages vergaß er seine Lanze draußen abzustellen. Mit Wohlgefallen sah Frau Hadwig auf ihn; es war nicht mehr der zage

Lehrer der Grammatik ... Er neigte sich vor seiner Gebieterin. »Die Reichenauer Mitbrüder im Herrn«, sprach er, »lassen melden, daß sich Durst in ihren Reihen eingestellt.«

Frau Hadwig lachte. »Laßt eine Tonne kühlen Bieres im Hof aufstellen; bis die Hunnen wieder heimgejagt sind, soll unser Kellermeister keine Klage über Verschwinden seiner Fässer führen.«

Sie deutete auf das stürmische Treiben im Burghof.

»Das Leben bringt doch mannigfachere Bilder als alle Poeten«, sprach sie zu Ekkehard; »– auf solchen Wandel der Dinge wart Ihr nicht vorbereitet?«

Aber Ekkehard ließ seinem teuren Virgilius nicht zu nahe treten.

»Erlaubet«, sprach er, auf seinen Speer gelehnt, »es steht alles wortgetreu in der ›Äneis‹ vorgezeichnet, als wenn es nichts Neues unter der Sonne geben sollt! Würdet Ihr nicht glauben, Virgilius sei hier auf dem Söller gestanden und habe hinabgeschaut ins Getümmel, wie er vom Beginn des Krieges in Latium sang:

»Dort wird gehöhlt dem Haupte der Schirm – dort flechten sie wölbend
Weidener Schilde Verband – dort ziehn sie den ehernen Harnisch,
Dort hellblinkende Schienen, aus zähem Silber gehämmert.
Sichel und Schar wird jetzo entbehrt, und die Liebe des Pfluges
Weicht – um schmiedet die Esse verrostete Klingen der Väter.
Hornruf schmettert durchs Land, und es geht die kriegrische Losung.«[164]

»Das paßt freilich gut«, sprach Frau Hadwig. »Könnt Ihr auch den Gang des Streites aus Eurem Heldenbuche vorhersagen?« wollte sie noch fragen, aber in Zeiten des Durcheinander ist nicht gut über Dichtungen sprechen. Der Schaffner war eingetreten. Das Fleisch sei aufgezehrt bis auf den letzten Bissen, lautete sein Bericht, ob er zwei Ochsen schlachten dürfe ...

Nach wenig Tagen war Simon Bardos Mannschaft so geschult, daß er sie der Herzogin zur Musterung vorführen konnte. Es war auch Zeit, daß sie ihre Zeit nutzten; schon waren sie die verflossene Nacht aufgestört worden, eine helle Röte stand am Himmel fern überm See, wie eine feurige Wolke hielt sich das Brandzeichen etliche Stunden lang, es mochte weit in Helvetien drüben sein. Die Mönche stritten miteinand'; es sei eine Erscheinung am Himmel, sagten die einen, ein feuriger Stern zur Warnung der Christenheit. Es brennt im Rheintal, sprachen andere: ein Bruder, der mit feinerer Nase begabt war, behauptete sogar den Brandgeruch zu spüren. Erst lang nach Mitternacht erlosch die Röte.

Auf des Berges südlichem Abhang war eine mäßig weite Halde, die ersten Frühlingsblumen blühten drauf, in den Talmulden lag noch alter Schnee; das sollte der Platz der Musterung sein. Hoch zu Rosse saß Frau Hadwig, bei ihr hielten wohlgerüstet etliche Edelknechte, die zum Aufgebot gestoßen waren, der von Randegg, der von Hoewen und der dürre Fridinger; der Reichenauer Abt saß stolz auf seinem Zelter, ein wohlberittener Mann Gottes;[165] Herr Spazzo, der Kämmerer, bemühte sich, es ihm an Haltung und Bewegung gleichzutun, denn sein Gebaren war vornehm und ritterlich. Auch Ekkehard sollte die Herzogin begleiten, es war ihm ein Roß vorgeführt worden; allein er hatte es abgelehnt, daß kein Neid entstünde unter den Mönchen.

Jetzt tat sich das äußere Burgtor knarrend auf, und die Scharen zogen herab. Voraus die Bogen- und Armbrustschützen, lustige Klänge erschallten, ernsten Antlitzes schritt Audifax als Sackpfeifer mit den Hornisten, in geschlossenem Zug ging's vorbei. Dann ließ Simon Bardo ein Signal blasen, da lösten sich ihre Glieder und schwärmten aus wie ein wilder Wespenschwarm und hielten Busch und Hecken besetzt.

Dann kam die Kohorte der Mönche, festen Schrittes, in Helm und Harnisch, die Kutte darüber, den Schild auf dem Rücken, den Spieß gefällt: eine sturmgewaltige Schar; hoch flatterte ihr Fähnlein: ein rotes Kreuz im weißen Feld. Pünktlich marschierten sie, als wär' es seit Jahren ihr Handwerk – – bei starken Menschen ist auch die geistige Zucht gute Vorübung zum Kriegerstand. Nur einer am linken Flügel vermochte nicht Schritt zu halten, seine Lanze ragte uneben aus der geraden Reihe der andern. »'s ist nicht seine Schuld«, sprach Abt Wazmann zur

Herzogin, »er hat in Zeit von sechs Wochen ein ganz Meßbuch abgeschrieben, da flog ihm der Schreibkrampf in die Finger.«

Ekkehard schritt auf dem rechten Flügel; wie sie an der Herzogin vorüberkamen, traf ihn ein Blick aus den leuchtenden Augen, der kaum der ganzen Schar gegolten.

In drei Haufen folgten die Dienstmannen und aufgebotenen Heerbannleute; mächtige Stierhörner wurden geblasen, seltsam Rüstzeug kam zum Vorschein, manch ein Waffenstück war schon in den Feldzügen des großen Kaisers Karl eingeweiht worden, mancher aber trug einen mächtigen Knittel und sonst nichts.

Herr Spazzo hatte indes scharfen Auges in das Tal hinuntergeschaut. »'s ist gut, daß wir gerade beisammen sind, ich glaub', 's gibt Arbeit!« sprach er und deutete hinüber in die Tiefe, wo die Dächer des Weilers Hilzingen hinter hügeligen Gründen aufstiegen. Ein dunkler Streif zog sich heran ... Da hieß Herr Simon Bardo seine Heerschar halten und spähte nach der Richtung. »Das sind keine Hunnen, sie kommen unberitten.« Zu größerer Fürsicht aber hieß er seine Bogenschützen den Abhang des Berges besetzen.

Aber wie der fremde Zug näher rückte, ward auch in ihren Reihen des heiligen Benedikt Ordensgewand sichtbar, ein gülden Kreuz ragte als Standarte aus den Lanzen, »Kyrie eleison!« klang ihre Litanei den Berg herauf ...»Meine Brüder!« rief Ekkehard, da lösten sich die Glieder der Reichenauer Kohorte, sie rannten den Berg hinunter mit stürmischem Jubelschrei – wie sie aneinander waren, überall freudiges Umarmen; Wiedersehen in Stunde der Gefahr ringt dem Herzen ein fröhlicher Jauchzen ab denn sonst.

Arm in Arm mit den Reichenauern stiegen die fremden Gäste den Berg empor, ihren Abt Cralo an der Spitze; auf schwerfälligem Ochsenwagen in der Nachhut führten sie den blinden Thieto mit. »Gott zum Gruß, erlauchte Frau Base«, sprach Abt Cralo und neigte sich vor ihr; »wer hätt' vor eines halben Jahres Frist gedacht, daß ich mit dem gesamten Kloster

Euren Besuch erwidern würde? Aber der Gott Israels spricht: ausziehen laß mein Volk, auf daß es mir getreu bleibe.«

Frau Hadwig reichte ihm bewegt vom Rosse herab die Hand. »Zeiten der Prüfung!« sprach sie. »Seid willkommen!«

Verstärkt durch die neuen Ankömmlinge, zog die Hohentwieler Heerschar in der Burg schirmende Mauern zurück. Praxedis war in den Hof heruntergestiegen. Bei der Linde stand sie und schaute auf die einziehenden Männer; schon waren die von Sankt Gallen alle im Hofraum versammelt, unverwandt schaute sie nach dem Tor, als müsse noch einer nachkommen; doch der, den ihr Blick suchte, war nicht unter denen, die da kamen.

In der Burg ging es an ein Einrichten und Unterbringen der Gäste. Der Raum war spärlich gemessen. Im runden Hauptturm war eine luftige Halle, dort wurde mit aufgeschüttetem Stroh für notdürftig Nachtlager gesorgt. »Wenn das so fortgeht«, hatte der Schaffner gebrummt, der bald nicht mehr wußte, wo ihm der Kopf stand, »so haben wir bald die ganze Pfaffheit Europas auf unserem Fels beisammen.«

Küche und Keller gaben, was sie hatten.

Unten saßen Mönche und Kriegsleute bei lärmender Mahlzeit. Frau Hadwig hatte die beiden Äbte und wer von edlen Gästen sich bei ihr eingefunden, in ihrem Saale vereinigt; es war viel zu besprechen und zu beraten, ein Summen und Schwirren von Frag' und Antwort.

Da erzählte Abt Cralo die Geschicke seines Klosters.[166]

»Diesmal«, sprach er, »ist uns die Gefahr schier übers Haupt gewachsen. Kaum ward von den Hunnen gesprochen, so tönte der Boden schon vom Hufe ihrer Rosse. Itzt galt's. Die Klosterschule hab' ich in die feste Verschanzung von Wasserburg geschickt, Aristoteles und Cicero werden eine Zeitlang Staub ansetzen, die Jungen mögen Fische im Bodensee fangen, wenn's nicht noch schärfere Arbeit gibt, die alten Professoren sind zu rechter Zeit mit ihnen übers Wasser. Wir aber hatten uns ein festes Kastell als Unterschlupf hergerichtet; wo der Sitterbach durch tannbewaldet enges Tal schäumt, war ein trefflich Plätzlein, waldabgeschieden, als wenn keine heidnische Spürnase den Pfad jemals finden sollt', dort bauten wir ein festes Haus mit Turm und Mauer und weihten es der heiligen Dreieinigkeit – mög' sie ihm fürder ihren Schutz leihen!

Noch war's nicht unter Dach und Fach, da kamen schon die Boten vom See: ›flieht, die Hunnen sind da!‹ und vom Rheintal kamen andere: ›flieht‹, war die Losung, der Himmel rot von Brand und Wachtfeuer, die Luft erfüllt vom Wehgeschrei flüchtender Leute und Knarren enteilenden Fuhrwerks. Da zogen wir aus. Gold und Kleinodien, Sankt Gallus' und Sankt Othmars Sarg und Gebein, der ganze Schatz ward noch sicher geborgen, die Bücher haben die Jungen nach der Wasserburg mitgenommen – aber an Essen und Trinken ward nicht viel gedacht, nur schmaler Mundvorrat war in die Waldburg geschafft; eiligst flohen wir dorthin. Erst unterwegs merkten die Brüder, daß wir Thieto, den Blinden, im Winkel der Alten vergessen, aber keiner ging mehr zurück, der Boden brannte unter den Füßen. So lagen wir etliche Tage still im tannversteckten Turm, oftmals nächtlich sprangen wir zu den Waffen, als stünde der Feind vor dem Tor, aber es war nur der Sitter Rauschen oder des Windes Strich in den Tannenwipfeln. Einmal aber rief's mit heller Stimme um Einlaß. Verscheucht und todmüd kam Burkard, der Klosterschüler. Aus Freundschaft zu Romeias, dem Wächter am Tor, war er zurückgeblieben, wir hatten des nicht wahrgenommen. Er brachte schlimme Kunde; vom Schreck, den er erlebt, waren etliche Haare auf dem jungen Haupte über Nacht grau geworden.«

Abt Cralos Stimme wollte zittern. Er hielt an und trank einen Schluck Weines. »Der Herr sei allen christgläubigen Abgestorbenen gnädig«, fuhr er bewegt fort, »sein Licht leuchte ihnen, er lasse sie ruhen im Frieden!«

»Amen!« sprachen die Tischgenossen.

»Wen meint Ihr?« fragte die Herzogin. Praxedis war aufgestanden, sie trat hinter ihrer Gebieterin Lehnstuhl, lauschend hing ihr Blick an des Erzählers Lippen.

»Erst wenn einer tot ist, merken die Zurückgebliebenen, was er wert war«, sprach Cralo und nahm den Faden wieder auf:

»Romeias, der trefflichste aller Wächter, war nicht mit uns ausgezogen. ›Will meinen Posten halten bis zum Schluß‹, hatte er gesagt; des Klosters Zugänge verschloß er, schaffte in sichern Versteck, was wegzuschaffen war, und machte die Runde um die Mauern, Burkard, der Klosterschüler, mit ihm; dann hielt er gewaffnet Wacht in seiner Turmstube. Da kam der helle Haufen hunnischer Reiter vor die Mauern geritten, vorsichtig schwärmend; Romeias tat die üblichen Hornstöße, dann sprang er nach der Ringmauer anderem Ende und stieß abermals ins Horn, als wär' alles wohl gehütet und besetzt; ›jetzt ist's Zeit zum Abzug!‹ sprach er zum Schüler. Einen alten welken Strauß hatte er an den Eisenhut gesteckt, erzählte Burkard, da gingen die zwei zum blinden Thieto hinüber, der wollte den Winkel der Alten nimmer verlassen, sie aber setzten ihn auf zwei Speere und trugen ihn fort – zum hinteren Pförtlein hinaus, das Schwarzatal aufwärts fliehend.

Schon waren die Hunnen von den Rossen gestiegen und kletterten über die Mauern; wie sich nichts regte, schwärmten sie ein wie die Mücken auf den Honigtropfen, aber Romeias ging gelassenen Schrittes mit seiner greisen Bürde bergan. ›Niemand soll vom Klosterwächter sagen, daß er struppigen Heidenhunden zulieb einen Trab angeschlagen‹ – so sprach er seinem jungen Freunde Mut zu. Aber bald waren ihm die Hunnen auf der Fährte, wild Geschrei erscholl durch die Talschlucht, – wieder ein Stück weit, da pfiffen die ersten Pfeile. So kamen sie bis an den Felsen der Klausnerinnen. Dort aber staunte selbst Romeias. Als wär' nichts geschehen, tönte ihnen Wiborads dumpfes Psalmodieren entgegen. In himmlischer Erscheinung war ihr Not und Tod geoffenbart worden, selbst der fromme Gewissensrat Waldram vermochte ihren Sinn nicht zur Flucht zu wenden. ›Meine Zelle ist das Schlachtfeld, wo ich gegen der Menschheit alten Feind gestritten, ein Streiter Gottes deckt's mit seinem Leibe‹,[167] so sprach sie und verharrte in der Wildnis, als alles entwich.

Die Waldburg war nimmer zu erreichen, da suchte Romeias das abgelegenste Häuslein aus. Auf den Fels tretend, ließ er den blinden Thieto sorglich durchs Dach hinab, er küßte den Greisen, eh' er sich von ihm wandte – dann hieß er den Klosterschüler sich auf die Flucht machen; ›es könnt' mir was Menschliches zustoßen; sag' denen in der Waldburg, daß sie nach dem Blinden sehen.‹ Vergeblich flehte Burkard zu ihm und zitierte den Nisus und Euryalus, die auch vor der Übermacht volskischer Reiter in nächtiges Waldesdunkel geflohen. ›Ich müßt' zu schnell laufen‹, sprach Romeias, ›Erhitzung ist ungesund und schafft Brustschmerzen, ich muß ein Wörtlein mit den Söhnen des Teufels reden.‹

Er ging an Wiborads Zelle und klopfte an den Laden. ›Reich mir die Hand, alter Drache‹, rief er hinein, ›wir wollen Friede machen!‹ und Wiborad streckte ihm ihre verwelkte Rechte hinaus ... dann wälzte Romeias etliche Felsblöcke an des steilen Pfades Ausgang, so daß der Zutritt von der Schwarzaschlucht gesperrt war, nahm den Schild vom Rücken und richtete die Speere; mit wehendem Haupthaar stand er in der Umwallung und blies noch einmal auf dem großen Wächterhorn, erst zürnend und kampfschnaubend, dann weich und sänftlich, bis ein Pfeil in des Hornes Krümmung hineingellte. Ein Regen von Geschossen überdeckte ihn und spickte seinen Schild, er schüttelte sie ab; da und dort klomm einer der Hunnen auf die Nagelfluhfelsen, ihm beizukommen, Romeias' Speerwurf holte sie herunter, – der Angriff mehrte sich, wild toste der Kampf, aber unverzagt sang Wiborad ihren Psalm:

›Vertilge sie im Grimm, o Herr, vertilge sie, daß sie nicht mehr sind, damit man erkenne, daß Gott über Israel herrsche bis an die Grenzen der Erde. Sela ...‹

Soweit hatte Burkard des Kampfes Verlauf mit angeschaut, dann wandte er sich zur Flucht. Da wurden wir in der Waldburg sehr betrübt und schickten noch in der Nacht eine Schar aus, nach dem blinden Thieto zu schauen. Es war still auf dem Hügel der Klausnerinnen, wie sie heranschlichen; der Mond leuchtete auf die Körper erschlagener Hunnen, da fanden die Brüder ...«

Ein lautes Schluchzen unterbrach den Erzähler. Praxedis

hielt sich mühsam an der Herzogin Lehnstuhl und weinte bitterlich.

»... Da fanden sie«, fuhr der Abt fort, »des Romeias verstümmelten Leichnam; sein Haupt hatten die Feinde abgehauen und mitgeschleppt, er lag auf seinem Schild, den welken Strauß, seine Helmzier, krampfhaft geballt in der Rechten. Gott hab' ihn selig: wes Leib mit Treuen ein Ende nimmt, ein solcher dem Himmelreich geziemt! An Wiborads Laden klopften sie vergeblich, die Ziegel am Dach ihrer Klause waren zertrümmert, da stieg einer aufs Dach und schaute hinab, vor dem kleinen Altar der Zelle lag die Klausnerin in ihrem Blut, drei Schwerthiebe klafften auf dem Scheitel, der Herr hat sie gewürdigt, unter den Streichen der Heiden des Martyriums Krone zu erringen.«

Die Anwesenden schwiegen bewegt. Auch Frau Hadwig war gerührt.

»Ich hab' Euch der Seligen Schleier mitgebracht«, sprach Cralo, »geweiht vom Blut ihrer Wunden, Ihr mögt ihn in der Kapelle der Burg aufhängen. Nur Thieto, der Blinde, war unverletzt geblieben: unentdeckt vom Feind schlummerte er in der Klause am Fels. ›Ich hab' geträumt, es sei ein ewiger Friede über die Welt gekommen‹, sprach er zu den Brüdern, wie sie ihn weckten.

Aber im abgelegenen Sittertal blieb's nimmer lang still; die Hunnen fanden den Weg zu uns: das war ein Schwärmen und Pfeifen und Grunzen, wie's der Tannwald noch nie gehört. Unsere Mauern waren fest und unser Mut stark, doch hungrige Männer werden des Belagertseins unlustig, vorgestern war unser Vorrat aufgezehrt; wie es dunkelte, sahen wir die Rauchsäule aufsteigen vom Brand unseres Klosters; da brachen wir nächtlicherweile durch den Feind, der Herr war mit uns und bahnte den Weg, unsere Schwerter halfen auch dazu; so sind wir zu Euch gekommen ...«

Der Abt neigte sich gegen Frau Hadwig –

»... heimatlos und verwaist wie Vögel, in deren Nest der Blitz geschlagen, und bringen Euch nichts mit, als die Kunde, daß der Hunne, den Gott vernichten möge, uns auf den Fersen nachfolgt ...«

»Je eher er kommt, je besser!« sprach der Reichenauer Abt trotzig und hob seinen Becher.

»Sieg den tapfern Waffen der Streiter Gottes!« sprach die Herzogin und stieß mit ihnen an.

»Und Rache für den braven Romeias!« sagte Praxedis leise mit Tränen im Aug', wie der dürre Fridinger sein Glas an das ihrige klingen ließ.

Es war spät geworden. Wilder Gesang und Kriegslärm erschallte noch im untern Saal. Der junge Bruder, der von Mutina in Welschland nach der Reichenau gekommen war, hatte sein Wächterlied wieder angestimmt.

Die Gelegenheit zu ernster Tat sollte nicht lange mehr auf sich warten lassen.

Heribald und seine Gäste

Auf der Insel Reichenau war's still und öde, nachdem des Klosters Insassen abgezogen. Der blödsinnige Heribald war Herr und Meister des Eilands. Er gefiel sich in seiner Einsamkeit. Stundenlang saß er am Seeufer und warf flache Kieselsteine über die Wellen, daß sie drauf tanzten. Wenn sie gleich anfangs untersanken, schalt er sie.

Mit den Hühnern im Hof pflog er manchen Zwiespruch; er fütterte sie pünktlich. »Wenn ihr brav seid«, sprach er einmal, »und wenn die Brüder nicht heimkommen, so wird euch Heribald eine Predigt halten.« Im Kloster trieb er allerhand Kurzweil – an einem Tag der Einsamkeit lassen sich gar mancherlei nützliche Gedanken aushecken – der Camerarius hatte ihn geärgert, daß er ihm sein Leder zum Schuhwerk geweigert, da ging Heribald auf des Camerarius Zelle, seinen großen steinernen Wasserkrug schlug er in Trümmer, die drei Blumentöpfe desgleichen und trennte den Strohsack auf des Camerarius Nachtlager entzwei und füllte ihn mit den Scherben. Dann versuchte er, wie sich darauf liege: der harte Inhalt war scharf zu verspüren – da lächelte er zufrieden und ging in des Abtes Wazmann Gemächer.

Auch dem Abte war er gram, dieweil er ihm manche Züchtigung zu verdanken hatte, aber es war alles wohl aufgeräumt und in Verschluß getan, da blieb ihm nichts übrig, als dem gepolsterten Lehnstuhl einen Fuß abzuschlagen. Er fügte ihn wieder künstlich an, als wäre nichts geschehen. »Das wird anmutig mit ihm zusammenbrechen, wenn er heimkommt und sich bequemlich niederlassen will. Den Leib sollst du züchtigen, sagt der heilige Benedikt. Aber Heribald hat den Stuhlfuß nicht abgeschlagen, das haben die Hunnen getan ...«

Gebet, Andacht und Psalmensingen verrichtete er, wie des Ordens Regel gebot. Die sieben Tageszeiten hielt der Einsame ängstlich ein, als möcht' er gestraft werden ob der Versäumnis, auch zur Vigilie stieg er nach Mitternacht hinunter in die Klosterkirche.

Zur Zeit, als seine Mitbrüder auf der Herzogsburg mit den Sankt Gallischen zechten, stand Heribald im Chor; unheimlich Grauen der Nacht lag über der Halle, düster flackerte die ewige Lampe: er aber stimmte unverdrossen und mit heller Stimme den Eingangsvers an: »Herr, neige dich zu meinem Beistand! Herr, eile heran zu meiner Hilfe!« und sang den dritten Psalm, den einst David gesungen, da er floh vor Absalom, seinem Sohn. Wie er an die Stelle kam, wo der Übung des Psallierens gemäß die Antiphonie ertönen sollte, hielt er nach alter Gewohnheit an und wartete des Gegengesangs, aber es blieb ruhig und stumm, da fuhr er mit der Hand nach der Stirn. »Ja so«, sprach der Blödsinnige, »sie sind fort und Heribald ist allein ...« Jetzt wollte er auch noch den vierundneunzigsten Psalm singen, wie es die Vorschrift nächtlichen Horadienstes erheischte, da erlosch die ewige Lampe, eine Fledermaus war drüber hingestreift. Draußen Regen und Sturm. Schwere Tropfen fielen auf das Dach der Kirche und schlugen an die Fenster, da ward's ihm unheimlich zumut: »Heiliger Benedikt«, rief er, »nimm ein gnädig Einsehen, daß Heribald nicht schuld ist, wenn die Antiphonie ungesungen blieb.« Er schritt in der Dunkelheit aus dem Chor; ein schriller Wind pfiff durch ein Fensterlein der Krypta unter dem Hochaltar, ein heulender Ton kam herauf. Wie Heribald vorwärts ging, faßte ein Luftzug sein Gewand. »Bist du wieder da, höllischer Versucher?« rief er, »muß wieder gefochten sein?«[168]

Unverzagt schritt er zum Altar und faßte ein hölzern Kreuz, das der Abt nicht hatte wegnehmen lassen. »Im Namen der Dreieinigkeit, komm heran, Larve des Satans, Heribald erwartet dich!« Festen Mutes stand er an des Altars Stufen, der Wind heulte fort, der Teufel blieb aus ... »Er hat noch genug vom letztenmal!« sprach der Blödsinnige lächelnd. Vor Jahresfrist war ihm der böse Feind erschienen in Gestalt eines großen Hofhundes und hatte ihn angebellt, aber Heribald hatte ihn bestanden mit einer Stange und ihm mit so tapfern Hieben zugesetzt, daß die Stange zerbrochen war ...

Da rief Heribald noch eine Auslese beleidigender Reden nach der Richtung hin, wo der Luftzug stöhnte; wie sich aber nichts nahte, ihn anzufechten, stellte er das Kreuz wieder auf den Altar, beugte sein Knie und ging, *»Kyrie eleison«* murmelnd, in seine Zelle zurück. Bis in den hellen Morgen hinein schlief er dort den Schlaf des Gerechten.

Die Sonne stand hoch am Himmel, da wandelte Heribald vergnüglich vor dem Kloster auf und nieder. Seit daß er sich von den Schulbänken weg der Vakanz hatte erfreuen mögen, war ihm wenig Gelegenheit zum Ausruhen mehr geworden. »Ruhe ist der Seele größte Feindin!« hatte Sankt Benedikt gesagt, und darum seinen Schülern streng vorgeschrieben, die Stunden des Tages, die nicht der Andacht galten, mit Arbeit der Hände auszufüllen. Heribald war keiner Kunst oder Handwerksgriffe kundig, darum hatten sie ihn zum Holzspalten und ähnlich nutzbringender Tätigkeit angehalten: Jetzt aber schritt er, die Arme gekreuzt, an den aufgerichteten Scheitern vorüber und schaute lächelnd nach einem Klosterfenster hinauf. »So komm doch herunter, Vater Rudimann!« rief er, »und halte den Heribald zum Holzhauen an! Du hast ja so trefflich Aufsicht gehalten über die Brüder und den Heribald so oft einen unnützen Knecht Gottes gescholten, wenn er den Wolken nachschaute, statt die Axt zu führen, warum tust du nicht, was deines Amtes?«

Kein Echo gab dem Blödsinnigen Antwort; da zog er von den Scheitern der untersten einige heraus, rasselnd stürzte die hochgeschichtete Beige zusammen. »Fallet nur«, fuhr er im Selbstgespräch fort, »Heribald macht Feiertag heut und setzt nichts wieder auf. Der Abt ist durchgegangen, die Brüder sind durchgegangen, es geschieht ihnen recht, wenn alles zusammenstürzt.«

Nach solch löblicher Verrichtung wandte sich Heribald zum Klostergarten. Eine anderweite Erwägung beschäftigte seinen Geist: er gedachte ein paar liebliche Stöcke Salates zu seinem Mittagsmahl zu schneiden und sie feiner zuzubereiten, als in Anwesenheit des Paters Küchenmeister je geschehen wäre. Lokkend malte er sich die Arbeit aus, wie er das Ölkrüglein sonder Schonung angreifen und der größten Zwiebeln einige mitleidsvoll zerschneiden wollte: da wirbelte drüben am weißsandigen Ufer eine Staubwolke auf, Gestalten von Roß und Reitern wurden sichtbar ...

»Seid ihr schon da?« sprach der Mönch und schlug ein Kreuz, seine Lippen bewegten sich zu einem hastigen Gebete; aber bald lag die gewohnte Miene zufriedenen Lächelns wieder auf seinem Antlitz.

»Fremden Wanderern und Pilgersmännern soll am Tor des Gotteshauses ein christlicher Bescheid erteilt werden«,[169] murmelte er, »– ich werde sie erwarten.«

Ein neuer Einfall flog itzt durch sein Gemüt; er fuhr mit der Hand über die Stirn: »bin ich nicht in der Klosterschule über den Geschichten des Altertums gesessen und hab' gehört, wie die römischen Senatoren der senonischen Gallier Einbruch erwartet? Den Mantel umgeschlagen, den Elfenbeinzepter in der Faust, saßen die Greise in ihren Stühlen, unbewegten Auges, wie eherne Götzenbilder; der lateinische Lehrer soll uns nicht umsonst vorgepredigt haben, das sei ein würdiger Empfang gewesen! Heribald kann's auch!«

... Gelinder Blödsinn ist dann und wann eine neidenswerte

Mitgift fürs Leben: was andere schwarz schauen, scheint ihm blau oder grün, zickzackig ist sein Pfad, aber von den Schlangen, die im Gras lauern, merkt er nichts und über den Abgrund, in den der weise Mann regelrecht hineinstürzt, stolpert er hinüber sonder Ahnung der Gefahr . . .

Ein kurulischer Stuhl war zur Zeit im Kloster nicht vorhanden. Heribald schob einen mächtigen Eichstamm an die Pforte, die in Hof führte. »Zu was Zweck und Nutzen haben wir die weltliche Geschichte gelernt, so wir keinen guten Rat draus schöpfen?« murmelte er, setzte sich gelassen auf seinen Block und wartete der Dinge, die da kommen sollten.

Drüben am nahen Seeufer hielt ein Trupp Reiter; die Zügel in den Arm geschlungen, den Pfeil auf der Bogensehne, waren sie spähend herangesprengt, der hunnischen Heerschar Vortrab. Wie kein Hinterhalt aus dem weidenumbuschten Ufer vorbrach, hielten sie die Rosse eine Weile an zum Verschnaufen; der Pfeil ward in den Köcher gelegt, der krumme Säbel mit den Zähnen gefaßt, die Sporen eingepreßt – so ging's in den See. Hurtig arbeiteten sich die Rosse durch die blauen Wogen – itzt war der vorderste am Land und sprang vom Gaul und schüttelte sich dreimal wie ein Pudel, der vom kühlen Bad zurückkommt; mit schneidigem Hurraruf zogen sie in der schweigenden Reichenau ein.

Wie in Stein gehauen saß Heribald und schaute unverzagt den seltsamen Gestalten entgegen. Nachdenken über vollendete menschliche Schönheit hatte ihm noch keine schlaflose Nacht verursacht, aber was jetzt auf ihn zukam, deuchte ihn so häßlich, daß er ein langgedehntes: »Erbarme dich unser, o Herr, nach deiner Barmherzigkeit Größe!« nicht zu unterdrücken vermochte.

In den Sattel gebückt saßen die fremden Gäste, aus Tierfellen das Gewand, hager, dürr und klein die Gestalt, viereckig der Schädel, das Haar steif struppig herabhängend; gelb glänzte das unfertige Gesicht, als wär' es mit Talg gesalbt; – der vordersten einer hatte durch freiwilligen Einschnitt seinen aufgeworfenen Mund um ein Erkleckliches nach den Ohren hin verlängert;

verdächtig schauten sie aus den kleinen tiefliegenden Augen in die Welt hinaus.

»Ebensogut könnt' man statt eines Hunnen einen Lehmklumpen halb viereckig in den Händen formen, etwas wie eine Nase dran aufstülpen und das Kinn einschlagen«, dachte Heribald: da standen sie vor ihm. Er verstand ihre zischende Sprache nicht und lächelte ruhig, als ging' ihn die ganze Bande nichts an. Sie starrten eine Zeitlang verwundert auf den närrischen Gesellen, wie die Männer kritischen Handwerks auf einen neuen Poeten, von dem ihnen noch nicht klar, in welchem Schubfach vorrätiger Urteile sie ihn unterbringen sollen. Itzt erschaute einer die kahlgeschorene Stelle auf Heribalds Haupt und deutete mit dem krummen Säbel darauf hin, sie erhoben ein grinsendes Gelächter, einer griff nach Bogen und Pfeil und legte auf den Mönch an, da ging Heribalds Geduld aus, ein Anflug germanischen Stolzes gegenüber solchem Gesindel kam über ihn. »Bei der Tonsur des heiligen Benedikt«, rief er aufspringend, »die Krone meines Hauptes soll kein Heidenhund lästern!« er fiel dem vordersten in die Zügel, riß ihm den krummen Säbel von der Seite, kampfbereit wollte er sich aufpflanzen ... aber schneller denn der Blitz hatte ihm der Hunnen einer eine starke Schlinge übers Haupt geworfen und riß ihn nieder; sie stürzten über ihn her, knebelten seine Hände auf den Rücken: schon waren todbringende Waffen geschwungen – da hub sich ein fernes Gesumm' und Getöse wie von einer mächtig heranrükkenden Schar, das zog die Reiter von dem Blödsinnigen ab, sie warfen ihn als wie einen Sack gebunden zu seinem Eichstamm und jagten im Galopp zum Seeufer zurück.

Der ganze Troß des hunnischen Heerhaufens war drüben angelangt; die vom Vortrab gaben durch gellend Pfeifen ein Zeichen hinüber, daß alles sicher; sie erspähten an der Insel schilfbewachsenem Ende eine Furt, schier trocknen Fußes zu durchreiten, den Pfad wiesen sie ihren Gesellen. Itzt kam's herüber gebraust wie das wilde Heer, viele hundert Reitersmänner. An Augsburgs Wällen und des Bischofs Gebet waren ihre vereinten Waffen zerstiebt,[170] itzt durchzogen sie hordenweis das

Land. An Gestalt, Antlitz und Art zu Pferd zu sitzen glich einer dem andern – bei rohen Nationen sind die Gesichtszüge aller wie aus einem Guß, da es der einzelnen Beruf, in der Masse aufzugehen, nicht von ihr sich abzuheben.

Da glänzten zwischen den Obstbäumen und Gartenfeldern der Insel, wo sonst der Mönch Brevier betend gewandelt, zum erstenmal des Hunnenheeres fremde Waffen, schlangengleich wand sich der reisige Zug über den schmalen Pfad vom Festland herüber, ein wildes Klingen, wie Zimbalschlag und Geigenton, zog mit ihnen, es klang schrill und scharf wie Essig, denn der Hunnen Ohr war groß, aber nicht feinfühlig, und zur Musika wurden nur die verwendet, die des Reiterdienstes untüchtig.

Hoch über dem Heerhaufen wallte die Fahne mit der grünen Katze im roten Feld, bei ihr ritten etliche der Anführer, Ellaks und Hornebogs hervorragende Gestalten.

Ellak mit scharfer unhunnischer Nase, eine Zirkassierin war seine Mutter gewesen, ihr dankte er das blasse, schier denkerartige Antlitz und den durchbohrenden Blick; er war der leitende Verstand des Haufens; daß die alte Welt umgepflügt werden müsse mit Feuer und Schwert, und daß es besser Pflüger als Dung zu sein, seine Lebensüberzeugung. Hornebog, schmal und schmächtig, das schwarze Haupthaar auf beiden Seiten des Angesichts zu zwei großen einsamen Locken zusammengedreht, drüber einen glänzenden Helm mit weithin starrenden Adlerflügeln, hunnischer Reiterkunst ein Vorbild; ihm war der Sattel Heimat, Zelt und Palast, er schoß den Vogel im Flug und trennte mit krummem Säbel ein Haupt vom Rumpf im Vorbeisprengen. Im Halfter wiegte sich ruhig die sechsfältige geknutete Peitsche, ein sinnig Symbol befehlshabender Gewalt.

Über der Rosse Rücken hatten die Hauptmänner köstlich gewirkte Decken hangen, auch Meßgewänder, ein lebendig Zeugnis, daß sie schon anderwärts Klosterbesuche abgestattet. In etlichen Wägen wurde die Kriegsbeute mitgeführt; großer Troß schloß den Zug.

Auf maultiergezogenem Gefährt bei den kupfernen Feldkesseln und anderweitem Küchengerät saß ein alt runzlich Weib.

Sie hielt die Hand über die Augen und schaute gegen die Sonne, dort ragten die Bergkegel des Hegau herüber, sie kannte ihre Kuppen ... das Weib war die Waldfrau. Ausgetrieben von Ekkehard, war sie in die Fremde gezogen, Rache der Gedanke, mit dem sie des Morgens vom Schlafe erwachte und des Abends sich niederlegte, so kam sie unstet wandernd vor Augsburg; am Fuß des Berges, drauf einst die Schwabengöttin Zisa[171] ihren Holztempel gehabt, brannten der Hunnen Lagerfeuer: sie fand sich zu ihnen.

Auf stattlichem Rappen ritt bei der Waldfrau ein Mägdlein, kurz aufgeschürzt, in kecker Fülle gesunden Reiterlebens, unter stumpfem Näslein ein verführerisch Lippenpaar, die Augen funkelnd, das Haar zu einer wallenden Flechte geschlungen, die, von rotem Band durchwoben, in der Luft flatterte wie Wimpel eines Meerschiffes. Über das lose Mieder hing Bogen und Köcher, so tummelte sie ihr Tier, eine hunnische Artemis. Das war Erika, das Heideblümlein; sie war nicht hunnischen Stammes, in den Steppen Pannoniens hatten die Reiter sie als ein verlassen Kind aufgelesen, und sie war mitgezogen und groß geworden, ohne zu wissen warum. Wen sie gern hatte, den streichelte sie, wer mißfiel, den biß sie in den Arm. Botund, der alte Hunnenwachtmeister, hatte sie geliebt, Irkund, der junge, schlug den Botund wegen des Heideblümleins tot, aber wie Irkund sich ihrer Liebe erfreuen wollt', kam Zobolsu und tat ihm mit spitzer Lanze denselben Dienst, den Irkund dem Botund ohne sein Ansuchen erwiesen – so waren Erikas Schicksale mannigfalt, neue Wege, neue Länder, neue Liebe, aber sie war dem Reitertrupp zugewachsen, als wär' sie sein guter Geist, und stund in abergläubischer Verehrung; – »solang die Heideblume bei uns bleibt, besiegen wir die Welt«, sprachen die Hunnen, »vorwärts!«

Bei der Klosterpforte lag indes Heribald, der Geknebelte. Seine Betrachtungen waren traurig, eine große Stechfliege summte um sein Haupt, mit auf den Rücken gebundenen Händen vermochte er ihr nicht zu wehren. »Heribald hat sich würdig betragen«, dachte er, »wie ein alter Römer ist er dagesessen, den Feind zu empfangen, jetzt liegt er geknebelt auf dem Pflaster und die Fliege sitzt ungescheut auf seiner Nase: das ist der Lohn für das Würdige! Heribald wird zeitlebens nimmer würdig sein! Unter Stachelschweinen ist Würde ein ganz überflüssig Ding!«

Wie ein Waldbach bei gehobener Schleuse wälzte sich jetzt der Hunnenzug in den Klosterhof.

Da ward's dem guten Heribald nimmer ganz geheuer: »O Camerarius!« fuhr er in seinen Betrachtungen fort – «und weigerst du mir das nächstemal außer dem Schuhleder auch noch Hemd und Kutte, so flieh' ich doch, ein nackter Mann, von dannen.«

Die vom Vortrab traten zu Ellak und meldeten, wie sie den einsamen Mönch getroffen. Er winkte, ihn beizubringen, da lösten sie ihm den Strick, stellten ihn aufrecht in den Hof und deuteten durch Faustschläge die Richtung nach dem Anführer. Langsam schritt der Unglückliche vorwärts, er stieß ein unwillig Murren aus.

Ein unsäglich spöttischer Zug flog über des Hunnenführers Lippen, wie er vor ihm stand; lässig ließ er die Zügel über des Rosses Hals hangen und wandte sich rückwärts.

»Schau' doch, wie ein Vertreter deutscher Kunst und Wissenschaft aussieht!« rief er zu Erika hinüber. – Auf mehrfachen Raubzügen hatte Ellak notdürftig des deutschen Landes Sprache erlernt. »Wo sind die Bewohner der Insel?« fragte er gebieterisch.

Heribald deutete nach dem fernen Hegau.

»Gewaffnet?« fragte Ellak weiter.

»Die Diener Gottes sind stets gewaffnet, der Herr ist ihnen Schild und Schwert.«

»Gut gesagt!« lachte der Hunne. »Warum bist du zurückgeblieben?«

Heribald ward verlegen. Den wahren Grund von wegen seiner zerrissenen Schuhe anzugeben, gestattete ihm sein Ehrgefühl nicht. »Heribald ist fürwitzig«, sprach er, »Heribald wollte schauen, wie die Söhne der Teufel aussehen . . .«

Ellak teilte seinen Gefährten des Mönchs höfliche Worte mit. Ein wiehernd Gelächter erscholl.

»Ihr braucht nicht zu lachen«, rief Heribald verdrießlich, »wir wissen recht wohl, wer ihr seid, der Abt Wazmann hat's uns gesagt.«

»Ich werd' dich totschlagen lassen«, sprach Ellak gleichgültig.

»Das wird mir recht geschehen!« sprach Heribald, »warum bin ich nicht durchgegangen!«

Ellak musterte den störrischen Gesellen mit prüfendem Blick, da fiel ihm ein anderer Gedanke bei. Er winkte dem Bannerträger, daß er näher trete. Der kam und schwang die Fahne mit der grünen Katze. Die war einst dem Hunnenkönig Etzel in seiner Jugend erschienen: träumerisch saß er in seines Oheims Rugilas Zelt, er war schwermütig und überlegte sich, ob er nicht ein Christ werden und Gott und der Wissenschaft dienen solle, da kam die Katze. Unter Rugilas' Kleinodien hatte sie den goldenen Reichsapfel vorgeholt, ein Beutestück von Byzanz, sie hielt ihn in den Krallen und spielte damit und rollte ihn hin und her. Und eine Stimme sprach in Etzel: »Du sollst kein Mönch werden, du sollst mit der Erdkugel dein Spiel treiben wie dieses Tier!« und er merkte, daß ihm der Hunnengott Kutka erschienen war, ging hin, schwang sein Schwert nach den vier Weltteilen, ließ seine Fingernägel wachsen und wurde, was er werden sollte, Attila, König der Hunnen, die Geißel Gottes! . . .

»Knie nieder, elender Mönch«, rief Ellak vom Roß herunter, »der hier gemalt steht auf dem Banner, den sollst du anbeten!«

Aber festgewurzelt stand Heribald.

»Ich kenne ihn nicht«, sprach er mit dumpfem Lachen.

»Der Hunnen Gott!« rief der Anführer zürnend. »Auf die Knie, Kuttenträger! oder . . .«, er deutete auf sein krummes Schwert.

Heribald lachte abermals und fuhr mit dem Zeigefinger nach der Stirn. »Da kennt Ihr Heribald schlecht«, sagte er, »wenn Ihr glaubt, daß er sich das aufbinden lasse. Es steht geschrieben: ›als Gott Himmel und Erde erschaffen und Finsternis über den Abgründen lag, da sprach er: es werde Licht.‹ Wenn Gott eine Katze wäre, hätt' er nicht gesagt: es werde Licht. Heribald kniet nicht!« . . . Ein hunnischer Reiter trat unbemerkt bei, zupfte den Mönch am Gewand und raunte ihm leise, aber auf gut schwäbisch ins Ohr: »Landsmann, ich tät' knien an deiner Stell', es sind gar lebensgefährliche Leut'«. Der Warner hieß eigentlich Snewelin und war von Ellwangen im Rießgau, seiner Geburt nach ein fester Schwabe, aber im Lauf der Zeiten ein Hunne geworden und stand sich ganz gut dabei. Und er sprach's mit etwas windigem Ton in der Stimme, denn es fehlten ihm vier Vorderzähne und auch der Backzähne etliche, und das war eigentlich die Ursache, daß er unter den Hunnen zu finden. In jungen Tagen nämlich, da er noch als friedlicher Fuhrmann des heimatlichen Salvatorklösterleins sein Dasein fristete, war er mit einer Ladung schillernden Neckarweins unter guter Bedekkung und kaiserlichem Schutz nordwärts geschickt worden auf den großen Markt zu Magdeburg.[172] Dorthin kamen die Priester der heidnischen Pommern und Wenden, ihren Opferwein zu kaufen, und er machte ein gut Geschäft, da er seine Ladung an den weißbärtigen Oberpriester des dreiköpfigen Gottes Triglaff[173] für den großen Tempel bei Stettin losschlug. Aber dann blieb er mit dem weißbärtigen Heiden bei der Weinprobe sitzen, und dem schmeckte der schwäbische Nektar, und er kam in die Begeisterung und hub an, ihm die Herrlichkeit seiner Heimat zu preisen, und sagte, bei ihnen zwischen Spree und Oder fange eigentlich die Welt erst an, und wollte ihn bekehren zum Dienste Triglaffs, des Dreiköpfigen, und des schwarzweißen Sonnengottes Radegast und der Radomysl, der Göttin der lieblichen Gedanken – da ward's dem Mann von Ellwangen zu bunt. »Ihr seid ja ein scheußlicher wendischer Windmüller!« rief er und warf den Zechtisch um und fuhr an ihn, gleichwie der junge Recke Siegfried, da er den langbärtigen wilden Gezwerg Alberich anlief, und ward handgemein mit ihm und riß ihm mit starkem Ruck seines Graubarts Hälfte aus. Jener aber rief Triglaff, den Dreiköpfigen, an und schlug ihm mit eisenbeschlagenem Opferstab einen Streich auf die Kinnlade, der die Zier seiner Zähne für immer zerstörte. Und ehe der zahnlose schwäbische Fuhrmann sich wieder erholte, war sein weißbärtiger Widersacher von dannen gefahren, und er konnte sich nimmer an ihm rächen; aber wie er zu Magdeburgs Tor hinausging, ballte er seine Faust nordwärts und sprach: »Wir kommen auch wieder zusammen!« In der Heimat lachten sie ihn wegen seiner Zahnlücke noch gröblich aus, da ging er im hellen Verdruß unter die Hunnen und gedachte, wenn die einmal gen Norden ritten, mit dem dreiköpfigen Triglaff und allem, was ihm diente, eine furchtbare Rechnung abzumachen …

Heribald hörte nicht auf den seltsamen Reitersmann. Die Waldfrau war von ihrem Wagen heruntergesprungen und trat vor Ellak; grinsend schaute sie nach dem Mönch. »Ich hab' nach den Sternen geschaut«, rief sie, »von kahlgeschorenen Männern droht uns Unheil. Ihr sollt zur Abwendung diesen Elenden an des Klosters Pforte aufhängen lassen, mit dem Gesicht nach dem Gebirg gewendet!«

»Knüpft ihn auf!« riefen viele im Haufen, die der Waldfrau Gebärden verstanden.

Ellak hatte sich wieder zu Erika hinüber gewendet. »Dies Ungeheuer hat auch Grundsätze«, sprach er höhnisch; »es gilt seinen Tod, und er weigert, das Knie zu beugen. Lassen wir ihn aufknüpfen, Blume der Heide?«

Heribalds Leben hing an schwachen Fäden. Er sah rings die unheimlichen Gesichter, sein blöder Mut begann zu schwinden, das Weinen stand ihm nah, aber ein richtiger Zug liegt auch im Törichtsten zur Stunde der Gefahr – wie ein Stern glänzte ihm der Heideblume rotwangig Antlitz herüber, da sprang er mit angstvollen Schritten durchs Getümmel zu Erika. Vor ihr kam's ihm nicht schwer zu knien, ihr Liebreiz schuf ihm Vertrauen, mit ausgestreckten Armen flehte er um Schutz.

»Seht, seht!« rief die Heideblume, »der Mann der Insel ist nicht so töricht, als er ausschaut. Er kniet lieber vor Erika, als vor der grünroten Fahne.« Sie sah gnädig auf den Mitleidswerten, sprang vom Roß und streichelte ihn wie ein halbwild Tier. »Fürcht' dich nicht«, sprach sie, »du sollst am Leben bleiben, alter Schwarzrock!« und Heribald las aus ihren Augen, daß ihre Versicherung ernst war. Er deutete nach der Waldfrau, die ihm am meisten bang gemacht; Erika schüttelte das Haupt: »die darf dir nichts tun!« Da sprang Heribald wohlgemut an die Mauer,

Frühroſen blühten dort und Flieder, schnell riß er etlich Gezweig' ab und reichte es der hunnischen Maid. Schallender Jubel hob sich im Klosterhof.[174] »Der Heideblume Heil!« riefen sie und klirrten mit den Waffen. »Schrei mit!« raunte der Mann von Ellwangen dem Geretteten zu – itzt hub auch Heribald seine Stimme und rief ein heiseres »Heil!« Tränen standen ihm im Aug'.

Die Hunnen sattelten ab. Wie die Meute der Hunde am Abend der Jagd des Augenblicks harrt, wo der ausgeweidete Hirsch ihnen als Beute vorgeworfen wird, hier zerrt einer am haltenden Strick, dort bellt ein anderer laut vor Ungeduld, so standen sie vor dem Kloster. Jetzt gab Ellak das Zeichen, daß die Plünderung beginnen möge. In wildem Ungestüm stürmten sie durcheinand', die Gänge entlang, die Stufen hinauf, in die Kirche hinein. Verworren Geschrei erscholl von vermeintlichem Fund und getäuschter Hoffnung; die Zellen der Brüder wurden durchsucht, nur spärlicher Haushalt war drinnen.

»Zeig' uns die Schatzkammer!« sprachen sie zu Heribald. Der tat's gern, er wußte, daß das Kostbarste geflüchtet war. Nur versilberte Leuchter und der große Smaragd von Glasfluß waren noch vorhanden. »Schlecht Kloster!« rief einer, »Bettelvolk!« und trat mit gewappnetem Fuß auf den unechten Edelstein, daß ein mächtiger Sprung hineinklirrte. Den Heribald belohnten sie mit Faustschlägen, daß er betrübt hinwegschlich.

Im Kreuzgang kam ihm der Hunne Snewelin entgegen. »Landsmann«, rief er, »ich bin ein alter Weinfuhrmann, sagt an, wo ist euer Keller?« Heribald führte ihn hinab, vergnüglich lachte er, da er den Haupteingang vermauert sah, und nickte dem frisch aufgetragenen Kalk vertraulich zu, als wisse er sein Geheimnis. Der Mann von Ellwangen prüfte er nicht lang, er schnitt die Siegel von dem einen Faß, stach den Hahnen drein und schöpfte seinen Helm voll. Es war ein langer, langer Zug, den er tat. »O Hahnenkamm und Heidenheim!« sprach er, sich schüttelnd wie ein Fieberkranker, »von wegen *dem* Getränk hätt' ich nicht unter die Hunnen zu gehen brauchen!« – Er hieß die Gefährten die Fässer hinaufschleppen, aber besorgt trat Heribald vor und zupfte einen der Plünderer am Gewand. »Erlaube, guter Mann«, sprach er mit wehmütigem Ausdruck, »was soll ich denn trinken, wenn ihr wieder abgezogen seid?!«[175]

Lachend erklärte Snewelin des Mönchs Besorgnis den andern. »Der Narr muß auch was haben!« sprachen sie und legten ihm das kleinste von den drei Fässern unangetastet zurück; er aber ward gerührt ob solcher Rücksicht und schüttelte ihnen die Hände.

Droben im Hof hub sich ein wilder Lärm, etliche hatten die Kirche durchsucht, auch eine Grabplatte aufgehoben, da schaute ein verwitterter Schädel aus dunkler Kutte zu ihnen empor. Das schreckte selbst die Hunnen zurück. Zwei von den Gesellen stiegen auf den Kirchtum, dessen Spitze nach herkömmlichem Brauch ein vergoldeter Wetterhahn zierte. Mochten sie ihn für den Schutzgott des Klosters oder für echtes Gold halten, sie kletterten auf das Turmdach, verwegen saßen die zwei Gestalten oben und stachen mit ihren Lanzen nach dem Hahn ... da faßte sie plötzlicher Schwindel, den gehobenen Arm ließ einer sinken – ein Schwanken – ein Schrei, er stürzte herab, der andere ihm nach, gebrochenen Genicks lagen sie im Klosterhof.[176]

»Schlimm Vorzeichen!« sprach Ellak für sich. Die Hunnen schrien auf; doch nach wenig Augenblicken war der Unfall wieder vergessen, das Schwert hatte schon so manchen von seiner Genossen Seite gerafft, was war an zwei mehr oder weniger gelegen?

Sie trugen die Leichname in den Klostergarten. Aus den Holzstämmen, die Heribald in der Frühe umgeworfen, ward ein Scheiterhaufen geschichtet; aus des Klosters Bücherei waren die übrig gebliebenen Kodizes in den Hof heruntergeworfen worden, die brachten sie als nützlichen Brandstoff herbei und füllten damit die Lücken am Holzstoße.

Ellak und Hornebog schritten durch die Reihen. Eingeklemmt zwischen den Scheitern, schaute eine sauber geschriebene Handschrift betrüblich herfür, die goldenen Initialen glänzten an den umgeknickten Blättern. Da zog Hornebog sein krummes Schwert und stach das Pergament heraus; auf der Spitze der Klinge hielt er's seinem Gefährten entgegen.

»Zu was die Haken und Hühnerfüße, Herr Bruder?« sprach er.

Ellak nahm das gespießte Buch und blätterte darin, er war auch des Lateinischen kundig.

»Abendländische Weisheit!« sprach er. »Einer namens Boëthius hat's geschrieben; es stehen schöne Sachen drin vom Trost der Philosophie.«

»Philo-sophie, Herr Bruder«, sprach Hornebog, »was ist das für ein Trost?«

»Ein schönes Weib ist's nicht, auch kein gebranntes Wasser«, war Ellaks Antwort. »Es ist auf hunnisch schwer zu beschreiben ... wenn einer nicht weiß, warum er auf der Welt ist, und sich auf den Kopf stellt, um's zu erfahren, das ist ungefähr, was die im Abendland Philosophie heißen. Den, der sich damit getröstet in seinem Wasserturm von Pavia, haben sie deswegen doch dereinst mit Keulen totgeschlagen ...«

»Mög's ihm wohl bekommen«, sprach Hornebog. »Wer den Säbel in der Faust und das Roß zwischen den Schenkeln hat, weiß auch, warum er auf der Welt ist. Und wenn wir's nicht besser wüßten, wie diejenigen, die solche Haken auf Eselshaut klecksen, so wären *sie* an der Donau uns auf den Fersen und wir tränkten unsere Rosse nicht aus dem schwäbischen Meer.«

»Wißt Ihr auch, daß es ein Glück ist, daß solches Zeug angefertigt wird?« fuhr Ellak fort und warf den Boëthius auf den Scheiterhaufen zurück.

»Warum?« fragte Hornebog.

»Weil die Hand, die die Rohrfeder führt, nimmer taugt, einen Schwerthieb zu tun, der ins Fleisch geht, und ist der Unsinn, den der einzelne Kopf ausheckt, einmal gebucht, so verbrennen sich noch hundert andere das Hirn dran. Hundert Strohköpfe mehr, macht hundert Reiter weniger, das ist dann unser Vorteil, wenn wir über die Grenze brechen. Solang sie im Abendland Bücher schreiben und Synoden halten, mögen meine Kinder ruhig ihr Zeltlager vorwärts rücken! so hat's schon der große Etzel seinen Enkeln hinterlassen.«

»Gelobt sei der große Etzel!« sprach Hornebog ehrerbietig.

Da rief eine Stimme: »Lasset die Toten ruhen!« Tändelnden Schrittes kam Erika zu den beiden. Sie hatte die Klosterbeute gemustert, eine Altardecke aus rotem Seidenzeug fand Gnade vor ihren Augen, sie trug sie wie einen Mantel umgeschlagen, die Enden leicht über die Schultern geworfen.

»Wie gefall' ich euch?« sprach sie und wandte ihr Haupt selbstgefällig.

»Die Heideblume braucht keinen Schmuck schwäbischer Götzendiener, um zu gefallen«, sprach Ellak finster. Da sprang sie an ihm hinauf, streichelte sein straffes, schwarzes Haar und rief: »Vorwärts, das Mahl ist gerichtet!«

Sie schritten zum Hofe. Den ganzen Heuvorrat des Klosters hatten die Hunnen umhergestreut und lagerten drauf, des Mahles gewärtig. Mit gekreuzten Armen stand Heribald und schaute zu ihnen nieder. »Die Teufelsbrut kann nicht einmal sitzen, wie's einem Christenmenschen ziemt, wenn er sein täglich Brot verzehrt«, – so dachte er, doch sprach er's nicht aus. Erfahrung häufiger Schläge lehrt Schweigsamkeit.

»Leg' dich nieder, Schwarzrock, du darfst mitessen«, rief Erika und machte ihm ein Zeichen, daß er der andern Beispiel folge. Er schaute nach dem Mann von Ellwangen, der lag mit verschränkten Beinen, als hätt' er's nie anders gelernt – da machte Heribald einen Versuch, aber bald stund er wieder auf, das Liegen deuchte ihm allzu unwürdig. Er holte sich im Kloster einen Stuhl und setzte sich zu ihnen.

Ein Ochse war am Spieß gebraten. Was sonst der Klosterküche Vorrat bot, ward gereicht; sie fielen hungrig drüber her. Mit kurzem Säbel ward das Fleisch herunter gehauen, die Finger der Hand vertraten bei den Schmausenden die Stelle von Messer und Gabel. Aufrecht stund das große Weinfaß im Hofe, ein jeder schöpfte draus, soviel ihm beliebte, da und dort kam ein kunstgeformter Kelch als Trinkgefäß zum Vorschein. Auch dem Heribald brachten sie Weines die Hülle und Fülle, wie er aber stillvergnügt dran nippte, flog ihm ein halb genagter Knochen an den Kopf – er schaute schmerzlich auf, aber er schaute, daß noch manchen der Schmausenden ein gleiches Schicksal ereilte; sich mit den Knochen zu werfen, war hunnischer Brauch anstatt des Nachtisches.

Weinwarm begannen sie drauf ein ungefüges Singen.[177] Zwei der jüngeren Reitersmänner trugen ein altes Lied zum Preis des Königs Etzel vor; es hieß drin, daß er nicht nur mit dem Schwerte, sondern auch durch Liebreiz ein Sieger gewesen allenthalb', und kam eine höhnische Strophe über eines römischen Kaisers Schwester, die ihm Hand und Herz aus verliebter Ferne entgegentrug, ohne daß er's annahm.

Wie Eulenschrei und Unkenruf klang der Chorus; dann traten etliche auf Heribald zu und machten ihm deutlich, daß auch von ihm ein Gesang verlangt werde. Er wollte sich weigern, es half nichts. Da stimmte er ernst und mit schier weinender Stimme den Antiphon zu Ehren des heiligen Kreuzes an, der da beginnt: „*Sanctifica nos!*« Staunend horchten die Trunkenen den langen ganzen Tönen des alten Kirchengesangs, wie eine Stimme aus der Wüste klang die fremde Weise. Zürnend hörte es auch die Waldfrau beim kupfernen Kessel, mit ihrem Messer schlich sie herüber, faßte Heribalds Haupthaar und wollte ihm das Gelock verschneiden – der höchste Schimpf, der eines Geistlichen durch die Tonsur geweihtem Haupte widerfahren konnte.

Aber Heribald stieß sie zurück und sang unverdrossen weiter. Das gefiel den Versammelten, sie jauchzten auf, Zimbal und Geige fielen ein, itzt kam Erika auf den Mönch zu, der einförmige Gesang war ihr langweilig geworden, mit schalkhaftem Mitleid faßte sie ihn. »Nach Sang kommt Tanz«, rief sie und riß ihn in den Wirbel betäubenden Reigentanzes.[178] Heribald wußte nicht, wie ihm geschah. Der Heideblume Busen wogte ihm entgegen. »Ob Heribald tanzt oder nicht, es ist nur ein kleiner Ring in der großen Kette des Greuels« – da schwang er seine sandalenschweren Füße wacker mit, die Kutte wirbelte um ihn her, fest und fester preßte er die hunnische Maid, wer weiß, was noch geschehen wäre ... mit geröteten Wangen hielt sie endlich an, gab dem Blödsinnigen einen leichten Schlag ins Antlitz und sprang zu den Heerführern, die ernst in den tobenden Schwarm schauten.

Der Jubel ging zu Ende, der Wein war verraucht, da gebot Ellak, die Toten zu verbrennen. In eines Augenblicks Schnelle saß der Schwarm zu Rosse, in Reih und Glied ritten sie zum Scheiterhaufen. Vom Ältesten der Hunnen wurden der Toten Pferde erstochen und zu ihrer Herren Leichen gelegt; einen schauerlichen Weihespruch rief der greise Hunn' über die Versammelten, dann schwang er den Feuerbrand und entzündete den Holzstoß – Boëthius' »Trost der Philosophie«, Tannenscheiter, Handschriften und Leichname wetteiferten in prasselndem Aufflammen, eine mächtige Rauchsäule stieg gen Himmel.

Mit Ringkampf, Waffenspiel und Wetturnen ward der Toten Gedächtnis gefeiert. Die Sonne neigte sich zum Untergehen. Die Hunnenschar verblieb die Nacht im Kloster. –

– Es war am Donnerstag vor Ostern, als dies auf der Insel Reichenau sich zutrug. Die Kunde vom Überfall kam schnell in die Fischerhütten um Radolfs Zelle. Wie Moengal, der Leutpriester, den Frühgottesdienst hielt, zählte er seiner andächtigen Zuhörer noch sechs in der Kirche, des Nachmittags waren's drei, ihn mit eingerechnet.

Zürnend saß er in der Wohnstube, drin er einst Ekkehard freundlich bewirtet. Da stieg die Rauchwolke vom hunnischen Totenbrand auf, er trat ans Fenster ... Es qualmte, als wenn das ganze Kloster in Flammen stünde, brandiger Geruch kam über den See. »Hihahoi!!« rief Moengal, »*iam proximus ardet Ucalegon!* schon brennt es beim Nachbar Ukalegon! So muß auch ich mein Haus bestellen. Heraus itzt, alte Cambutta!!«[179]

Die Cambutta war keine dienende Magd, sondern ein nach irischer Weise zugeschnittener riesiger Keulenstock, Moengals liebstes Handgewaffen.

Er verpackte Meßkelch und Ziborium in die rehfellene Jagdtasche; weiter war an Gold und Geld nichts vorrätig. Dann versammelte er seine Jagdhunde, den zur Reiherbeize geübten Habicht und die zwei Falken; was seine Vorratkammer an Fleisch und Fischen bot, warf er ihnen vor. »Freßt euch satt, Kinder! daß nichts für die gottverfluchten Landplagen übrig bleibt!«

Das Faß im Keller schlug er entzwei, daß der funkelnde Wein herausströmte. »Nicht einen Tropfen Seeweins sollen die Teufel in Moengals Pfarrhaus zu schlucken bekommen.« Nur den Essig im Krug ließ er unversehrt stehen.

Über die kristallhelle Butter in der Holztonne schüttete er eine Schicht Asche. Angelhaken und Jagdgerät vergrub er, dann schlug er die Fenster ein und streute die spitzen Glasscherben sorglich durch die Gemächer, andere steckte er zwischen die Spalten der Dielen, – die Spitze nach oben – alles den Hunnen zu Ehren. Habicht und Falken ließ er hinausfliegen. »Lebt wohl«, rief er, »und haltet euch gut in der Nähe, bald gibt's tote Heiden zu benagen.«

So war das Haus bestellt. Die Tasche umgeworfen, eine lederne hibernische Feldflasche drüber, zwei Spieße in der Faust, die Keule Cambutta auf den Rücken geschnallt: so schritt Moengal, der Alte, aus seinem langjährigen Pfarrsitz, ein rechtschaffener Streiter des Herrn.

Ein Stück Weges hatte er zurückgelegt; der Himmel war verdüstert von Brand und Rauch. »Halt an!« sprach er, »ich hab' etwas vergessen.«

Er ging wieder zurück. »Einen Gruß zum Empfang ist das gelbgesichtige Gesindel doch wert!« Ein Stück Rötel zog er aus seiner Tasche und schrieb damit in irischer Schrift ein paar Worte auf die graue Sandsteinplatte über dem Portal des Pfarrhofs. Gewitterregen hat sie später verwaschen, und niemand hat sie entziffert, aber sicher war's ein inhaltschwerer Spruch, den Moengal, der Alte, in irischen Runen zurückließ.

Er schlug einen scharfen Schritt an und wandte sich dem hohen Twiel zu.

Zweiter Teil

Die Hunnenschlacht

Karfreitagmorgen war angebrochen. Des Erlösers Todestag ward heute auf dem hohen Twiel nicht in der stillen Weise begangen, wie es der Kirche Vorschrift heischte. Des alten Moengal Ankunft hatte allen Zweifel gelöst, ob der Feind herannahe; noch in später Nacht hatten sie Kriegsrat gehalten und waren eins geworden, den Hunnen entgegenzurücken und sie in offenem Feldstreit zu bestehen.

Trüb ging die Sonne auf, bald war sie wieder verhüllt. Sturmwind zog übers Land und jagte das Gewölk, daß es sich über den fernen Bodensee niedersenkte, als wenn Wasser und Luft eins werden wollten. Dann und wann schlug ein Sonnenstrahl durch; es war des Frühlings noch unentschiedener Kampf mit des Winters Gewalten. Die Männer hatten sich vom Lager erhoben und rüsteten zu des ernsten Tages Arbeit.

In seiner Turmstube ging Ekkehard schweigsam auf und nieder, die Hände zum Gebet gefaltet. Ein ehrenvoller Auftrag war ihm geworden. Er sollte zum versammelten Kriegsvolke die Predigt halten, bevor man auszöge zum Streit; da betete er um Stärke und mutigen Flug der Gedanken, daß sein Wort werde zum glühenden Funken, der in aller Herz die Flamme der Streitluft entfache.

Plötzlich tat sich die Türe seines Gemaches auf. Herein trat die Herzogin ohne Praxedis' Begleitung; einen faltigen Mantel hatte sie über das Morgengewand umgeworfen als Schutz gegen die Kühle der Frühstunde, vielleicht auch, daß sie den fremden Gästen unerkannt sein wollte, wie sie zum Turme schritt. Ein leicht Erröten überflog sie, wie sie allein ihrem jungen Lehrer gegenüberstand.

»Ihr zieht heute mit in den Kampf?« fragte sie.

»Ich ziehe mit«, sprach Ekkehard.

»Ich würd' Euch verachten, müßt' ich eine andere Antwort hören«, sprach die hohe Frau, – »und Ihr habt wohl vorausgesehen, daß es nicht notwendig, Urlaub von mir zu solchem Gang zu erbitten. Auch ans Abschiednehmen denkt Ihr nicht?« fuhr sie mit leis vorwurfsvollem Ton fort.

Ekkehard stand verlegen. »Es ziehen fürnehmere und bessere Männer heute aus Eurer Burg«, sagte er; »die Äbte und die Edeln werden um Euch sein, wie konnt' ich an besonderen Abschied denken, auch wenn es ...« seine Stimme stockte.

Die Herzogin schaute ihn an. Beide schwiegen.

»Ich bring' Euch etwas, das Euch im Kampfe dienlich sein soll«, sprach sie nach einer Weile. Sie trug unter ihrem Mantel ein kostbar Schwert in reichem Wehrgehäng', ein milchweißer Achatstein erglänzte am Griff. »Es ist das Schwert Herrn Burkhards, meines seligen Gemahls. Von allen Waffenstücken hielt er das am höchsten. ›Mit der Klinge lassen sich Felsen spalten, sie splittert nicht‹, hat er oft gesagt. Ihr sollt ihm Ehre machen!«

Sie reichte ihm die Waffe dar. Ekkehard nahm sie schweigend hin. Schon trug er den Harnisch unter der Kutte, itzt schnallte er das Wehrgehäng' um und fuhr mit der Rechten nach dem Schwertgriff, als stünd' ihm bereits der Feind gegenüber.

»Und noch etwas«, sprach Frau Hadwig.

An seidener Schnur trug sie ein goldgefaßt Kleinod um den Hals, das zog sie aus ihrem Busen; es war ein Kristall, der einen unscheinbaren Splitter barg. »Wenn mein Gebet nicht ausreicht, so mög' Euch die Reliquie Schutz verleihen. Es ist ein Splitter vom heiligen Kreuz, das die Kaiserin Helena einst aufgefunden. ›Wo auch immer dies Heiligtum sein wird, da wird Friede sich einstellen und Mehrung des Anwesens und Gesundheit der Luft‹,[180] so stand im Schreiben, mit dem der griechische Patriarch die Echtheit beglaubigte. Mög' es auch im Krieg Segen spenden!«

Sie neigte sich, dem Mönch das Kleinod umzuhängen. Er beugte sein Knie; längst hing's um seinen Hals, er kniete noch. Sie streifte leicht mit der Hand über sein lockig Haar, ein Zug von Milde und Wehmut lag über ihrem strengen Antlitz – Ekkehard hatte vor dem Namen des heiligen Kreuzes sein Knie gebeugt, itzt war's ihm, als müsse er sich ein zweitesmal niederwerfen, niederwerfen vor ihr, die so huldvoll seiner gedachte. Aufkeimende Neigung braucht Zeit, sich über sich selbst klar zu werden, und in Dingen der Liebe hatte er nicht rechnen und abzählen gelernt, wie in den Versmaßen des Virgilius, sonst hätte er sich sagen mögen, daß, wer ihn aus des Klosters Stille zu sich gezogen, wer an jenem Abend auf Hohenkrähen, wer am Morgen der Schlacht so vor ihm stand, wie Frau Hadwig, itzt wohl ein Wort aus der Tiefe des Herzens, vielleicht mehr als ein Wort von ihm erwarten mochte.

Seine Gedanken jagten sich, alle Pulse schlugen.

Wenn früher etwas wie Liebe sich in ihm geregt, so war die Ehrfurcht vor seiner Gebieterin herangetreten, es zurückjagend wie der Sturm, der dem scheu zum Dachfenster herausschauenden Kinde den Laden vor der Nase zuwirft. An die Ehrfurcht dachte er jetzt nicht, eher daran, wie er die Herzogin einst mit keckem Arm durch den Klosterhof getragen. Auch an sein Mönchsgelübde dachte er nimmer, es regte sich in ihm, als sollt' er ihr in die Arme fliegen und sie jauchzend ans Herz pressen – Herrn Burkards Schwert brannte ihm an der Seite. ›Wirf ab die Scheu, dem Kühnen gehört die Welt!‹ War's nicht so in Frau Hadwigs Augen zu lesen?

Er stand auf, stark, groß, frei – so hatte sie ihn noch nie gesehen ... Aber es war nur eine Sekunde, noch war kein Laut vom Sturm des Herzens über die Lippen geflohen, da fiel sein Blick auf das dunkle Kreuz von Ebenholz, das Vincentius einst in seiner Turmstube aufgehängt: »es ist der Tag des Herrn, und du sollst heute reden vor dem Volk!« – die Erinnerung an seine Pflicht schlug alles nieder ...

Es kam einmal ein Frost am Sommermorgen und Halm und Blatt und Blüten wurden schwarz, bevor die Sonne drüber aufging ...

Zag wie ehedem, ergriff er Frau Hadwigs Hand.

»Wie soll ich meiner Herrin danken?« sprach er mit gebrochener Stimme.

Sie schaute ihn durchbohrend an. Der weiche Zug war vom Antlitz entflogen, die alte Strenge lagerte wieder auf der Stirn, als wolle sie antworten: »wenn Ihr's nicht wißt, ich werd's Euch nicht verkünden« – aber sie schwieg. Noch hielt Ekkehard ihre Rechte gefaßt. Sie zog sie zurück.

»Seid fromm und tapfer!« sprach sie, aus dem Gemache schreitend. Es klang wie Hohn ...

Kaum länger als einer braucht, um das Vaterunser zu beten, war die Herzogin bei Ekkehard gewesen, aber es war mehr geschehen, als er ahnen mochte.

Er schritt wieder in der Turmstube auf und ab; »du sollst dich selbst verleugnen und dem Herrn nachfolgen«, so war's in Benedikts Regel in der Zahl der guten Werke mit aufgezählt – er wollte schier stolz sein auf den Sieg, den er über sich errungen, aber Frau Hadwig war gekränkt die Stufen der Wendeltreppe hinabgestiegen, und wo ein hochfahrend Gemüt sich verschmäht glaubt, da sind böse Tage im Anzug.

Es war die siebente Stunde des Morgens, da hielten sie im Hof von Hohentwiel den Gottesdienst vor dem Auszug. Unter der Linde war der Altar aufgeschlagen, die geflüchteten Heiligtümer standen drauf zum Trost der Gläubigen. Der Hof erfüllte sich mit Gewaffneten, Mann an Mann standen die Rotten der Streiter, wie Simon Bardo sie abgeteilt. Wie dumpf Gewitterrollen tönte der Gesang der Mönche zum Eingang. Der Abt der Reichenau, das schwarze Pallium mit weißem Kreuz übergeworfen, zelebrierte das Hochamt.

Hernach trat Ekkehard auf die Stufen des Altars; bewegt gleitete sein Auge über die Häupter der Versammelten, noch einmal zog's ihm durch die Erinnerung, wie er vor kurzer Frist im einsamen Gemach der Herzogin gegenüber gestanden – dann las er das Evangelium vom Leiden und Tod des Erlösers. Mählich ward seine Stimme klar und hell, er küßte das Buch und gab's dem Diakon, daß er's zurücklege auf das seidene Kissen; sein Blick flog gen Himmel – dann hub er die Predigt an.

Lautlos horchte die Menge.

»Schier tausend Jahre sind vorüber«, rief er, »seit der Sohn Gottes sein Haupt am Kreuzestamm neigte und sprach: ›Es ist vollbracht!‹ Aber wir haben der Erlösung keine Stätte bereitet in unsern Gemütern, in Sünden sind wir gewandelt und die Ärgernisse, die wir gaben in unserer Herzenshärtigkeit, haben gen Himmel geschrien.

Darum ist eine Zeit der Trübsal emporgewachsen, blanke Schwerter blitzen wider uns, heidnische Ungeheuer sind in christliches Land eingefallen.

Aber statt zürnend zu fragen: ›Wie groß ist des Herren Langmut, daß er solchen Scheusalen die liebreizende Heimaterde preisgibt? –‹, klopfe ein jeglicher an die Brust und spreche: ›Um unserer Verderbnis willen sind sie gesendet.‹ Und wollet ihr von ihnen erlöset sein, so gedenket an des Heilands tapferen Tod. Fasset den Griff eurer Schwerter, so wie er einst das Kreuz faßte und hinaustrug zur Schädelstätte, schauet auf und suchet auch ihr euer Golgatha!! ...«

Er deutete nach den Ufern des Sees hinüber. Dann strömte seine Rede in Worten des Trosts und der Verheißung, stark wie der Schrei des Löwen im Gebirge:

»Die Zeiten erfüllen sich, von denen geschrieben steht: ›Und wenn die tausend Jahre zu Ende gehn, wird Satan aus seinem Kerker losgelassen werden und ausgehn, zu verführen die Völker in den äußersten Gegenden der Erde – den Gog und den Magog, und sie zum Streite versammeln. Ihre Zahl ist wie des Meeres Sand; sie ziehen über die weite Erde daher, umringen das Lager der Streiter Gottes und die geliebte Stadt. Aber Feuer fährt aus dem Himmel nieder und verzehrt sie, und der Teufel, ihr Verführer, wird in den Schwefelsee geworfen, wo auch das Tier und der Lügenprophet ist, und sie werden gequält werden Tag und Nacht bis in die ewige Ewigkeit.‹[181]

Und was der Seher auf Patmos ahnend geoffenbart, das ist uns Bürgschaft und Gewähr des Sieges, so wir sündegeläutert ausziehen zum Kampf. Lasset sie anstürmen auf ihren schnellen Rossen, was verficht's? Zu Söhnen der Hölle hat sie der Herr gestempelt, darum ist ihr Antlitz nur die Fratze von eines Menschen Antlitz, die Ernte unserer Felder können sie niedertreten und die Altäre unserer Kirchen schänden, aber den Arm gottesmutiger Männer können sie nicht bestehen.

Seid eingedenk also, daß wir Schwaben allezeit vorfechten müssen,[182] wo um des Reiches Not gestritten wird; wenn es in anderen Zeiten ein Greuel vor dem Herrn wäre, an seinem Feiertag den Harnisch umzuschnallen, – heute segnet er unsere Waffen und sendet seine Heiligen zum Beistand und streitet selber mit uns, er, der Herr der Heerscharen, der den Blitz vom Himmel schmetternd niederfahren heißt und die klaffenden Abgründe der Tiefe auftut, wenn die Stunde der Erfüllung gekommen.«

Mit erlesenen Beispielen ruhmreicher Kämpfe feuerte dann Ekkehard seine Zuhörer an, und manche Faust preßte den Speer, und mancher Fuß hob sich ungeduldig zum Abzug, wie er von Josuas Heerzug sprach, der unter des Herren Schirm einunddreißig Könige schlug in der Landmark jenseits des Jordan, – und von Gideon, der beim Schall der Posaunen ins Lager der Midianiter brach und sie jagte bis Bethseda und Tebbath – und vom Ausfall der Männer von Bethulia, die nach Judiths ruhmreicher Tat die Assyrer schlugen mit der Schärfe des Schwerts.

Zum Schluß aber rief er, was Judas, der Makkabäer, zu seinem Volke gerufen, da sie bei Emmaus ihr Lager schlugen wider des Antiochus Heer: »Umgürtet euch drum und seid tapfere Männer und seid bereit, gegen den Morgen früh wider die Völker zu streiten, die heranziehen, unser Heiligtum auszutilgen, denn es ist uns besser, im Streit umzukommen, als das Elend sehen an unserm Heiligtum – Amen!«

Eines Augenblicks Länge blieb's still, wie er geendet; dann hob sich ein Klirren und Klingen, sie schlugen Schwert und Schild aneinand', hoben die Speere hoch und schwenkten die Feldzeichen – alte Sitte freudiger Zustimmung. »Amen!« scholl es tönend durch die Reihen, dann neigten sie die Knie, das Hochamt ging zu Ende; schauerlich klangen die hölzernen Klappern statt des üblichen Glockentones zur Feier. Wer sich noch nicht in österlicher Andacht mit dem Leib des Herrn gestärkt, trat vor zum Altar, ihn zu empfangen. Da rief's vom Turm: »Waffen! Waffen! Feindio![183] – Vom See kommt's schwarz herangezogen, Roß und Reiter, Feindio!« – itzt war kein Halt mehr und keine Ruhe, sie stürmten nach dem Tor, wie vom Geist getrieben; kaum mochte Abt Wazmann den Segen erteilen.

So stürmt in unsern Tagen der wendische Fischer aus der Sonntagskirche, die am rügianischen Dünengestad' sein Geistlicher hält, zur Zeit, wo des Herings Heersäulen im Anzug sind. »Der Fisch kommt!« ruft die Schildwache am sandweißen Ufer, da wogt's und rennt's nach den Barken, verlassen steht der Prediger und schaut ins Getümmel, da schneidet auch er der Andacht Faden ab und greift seine Netze und eilt zum Schifflein, die Schuppenträger zu bekriegen ...

Schlachtfroh rücken sie aus dem Hofe, in jedem Herzen jene Mark und Fibern schwellende Spannung, daß es einem großen Augenblick entgegengehe. Und waren der Mönche von Sankt Gallen vierundsechzig, derer von Reichenau neunzig und an Heerbannleuten mehr denn fünfhundert. Beim Feldzeichen der Sankt Gallischen Brüder schritt Ekkehard; es war ein florverhüllt Kruzifix mit schwarzen Wimpeln, da des Klosters Banner zurückgeblieben. Auf dem Söller der Burg stand die Herzogin und ließ ein weißes Tuch in die Lüfte wehen, Ekkehard wandte sich nach ihr, aber ihr Blick mied den seinen, und der Abschiedsgruß galt nicht ihm.

Ans untere Burgtor hatten dienende Brüder den Sarg mit des heiligen Markus Gebein getragen. Wer immer vorüberschritt, berührte ihn mit Schwert und Lanzenspitze, dann ging's schweren Tritts den Burgweg hinab.

In der weiten Ebene, die sich nach dem See hinstreckt, ordnete Simon Bardo die Scharen seiner Streiter. Hei! wie wohlig war's dem alten Feldhauptmann, daß statt der Kutte wieder der gewohnte Panzer sich um die narbenbedeckte Brust schmiegte. In fremdartig geformter, spitz zugehender Stahlkappe kam er geritten, sein breiter, edelsteingeschmückter Gürtel und der güldene Knauf des Schwertes zeigten den ehemaligen Heerführer.

»Ihr leset die Alten der Grammatika halber«, hatte er zu den

Äbten gesagt, die hoch zu Roß bei ihm hielten, »ich hab' mein Handwerk von ihnen gelernt. Mit Frontinus' und Vegetius' guten Ratschlägen läßt sich noch heutigestags was ausrichten. Für den Anfang soll's heut mit der Schlachtordnung der römischen Legionen erprobt sein, dabei läßt sich am besten abwarten, wie sich der Feind zu erkennen gibt. Wir können dann noch immer tun, wie wir wollen, die Sache geht nicht in einer halben Stunde zu End'.«

Er hieß die leichte Mannschaft der Bogenschützen und Schleuderer vorausrücken; sie sollten den Waldsaum besetzen, vom Tannendickicht gegen Reiterangriff geschützt. »Zielt nieder!« sprach er, »wenn ihr auch statt des Mannes das Roß trefft, 's ist immer etwas!«

Beim Klang der Waldhörner schwärmte die Schar vorwärts, noch war kein Feind zu sehen.

Die Männer des Aufgebots ordnete er in zwei Heersäulen; dichtgeschlossen, den Speer gefällt und langsam rückten sie vor, von der vorderen Säule zur zweiten ein Abstand weniger Schritte. Der von Randegg und der dürre Fridinger führten sie.

Die Mönche hieß er zu einem Haufen zusammentreten und stellte sie in die Rückhut.

»Warum das?« fragte der Abt Wazmann; er kränkte sich, daß ihnen nicht die Ehre des vordersten Angriffs zugeteilt ward.

Da lächelte der Kriegserfahrene. »Das sind meine Triarier«, sprach er, »nicht, weil altgediente Soldaten, wohl aber, weil sie um Rückkehr ins warme Nest streiten. Von Haus und Hof und Bett verjagt sein, macht die Hiebe am schwersten und die Stiche am tiefsten. Habt keine Sorge, die Wucht des Streites kommt noch früh genug an die Mannschaft des heiligen Benediktus!«

Die Hunnen hatten bei Tagesgrauen das Reichenauer Kloster geräumt. Die Vorräte waren aufgezehrt, der Wein getrunken, die Kirche geplündert: ihr Tagewerk war getan. Auf Heribalds Stirn ward manche Runzel glatt, wie der letzte Reiter dem Tor entritt. Er warf ihnen ein Goldstück nach, das ihm der Mann von Ellwangen im Vertrauen zugesteckt. »Landsmann«, hatte Snewelin zu ihm gesagt, »wenn du hörst, daß mir ein Unglück zugestoßen ist, so laß ein Dutzend Messen für meine arme Seel' lesen. Ich hab's immer gut gemeint mit euch und eurem Wesen, und daß ich unter die Heiden geraten bin, geschah mir, ich weiß selber nicht wie. Der Ellwanger Boden ist leider zu rauh, als daß Heilige darauf erwachsen können.«

Aber Heribald wollte nichts von ihm wissen. Im Garten schaufelte er Knochen und Asche der Verbrannten und ihrer Rosse zusammen und streute sie in den See, während die Hunnen noch drüben einherzogen. »Kein Staub von einem Heiden soll auf der Insel bleiben«, sprach er. Dann ging er in den Klosterhof und schaute sich tiefsinnig den Platz an, wo er gestern zum Tanz gezwungen wurde.

Der Hunnen Ritt ging durch den dunklen Tannwald dem Hohentwiel entgegen. Aber wie sie sorglos dahin trabten, prallte da und dort ein Roß auf; Pfeile und Schleuderkugeln, von unsichtbaren Schützen geschossen, fuhren in den Schwarm. Der Vortrab wollte stutzig werden. »Was kümmert euch der Mückenstich?« rief Ellak und spornte sein Roß, »vorwärts, die Ebene ist das Feld der Reiterschlacht!« Ein Dutzend seiner Leute hieß er mit dem Troß zurückbleiben zum Geplänkel mit denen im Wald. Die Erde dröhnte vom Hufschlag der vorwärts sausenden Horde; im Blachfeld breitete sich der Schwarm und sprengte mit Geheul auf den anrückenden Heerbann. Weit voraus ritt Ellak mit dem hunnischen Bannerträger, der schwenkte die grünrote Fahne über ihm, er aber hob sich hoch im Sattel und tat einen wilden Schrei und schoß den ersten Pfeilschuß ab, auf daß der Kampf nach altem Brauch eröffnet sei.[184] Es begann das Morden der Feldschlacht. Aber wenig frommte es den schwäbischen Kriegern, daß sie unerschüttert standhielten, ein starrender Lanzenwald: war der Reiter Angriff abgeprallt, so kam aus der Ferne ein Pfeilregen geschwirrt; halb aufgerichtet im Bügel standen die Hunnen trotz Rossestrab, den Zaum über des Gauls Nacken geworfen zielten sie, der Schuß traf.

Andere schwärmten von der Seite ein – weh dem Gefallenen, den seine Brüder nicht in die Mitte nahmen.

Da gedachten die Leichtbewaffneten vom Walde den Hunnen in den Rücken zu brechen. Hörnerruf rief sie zur Sammlung, sie rückten vor – aber mit eines Gedankens Schnelle waren die feindlichen Rosse gewendet, Pfeilregen prasselte in die Anrükkenden, sie stutzten, wenige schritten weiter, auch sie wurden geworfen, nur Audifax marschierte vorwärts, die Pfeile zischten um ihn, er schaute nicht auf und nicht zurück, er blies die Sackpfeife zum Angriff, wie es seines Amtes war; so kam er mitten ins Gewühl der feindlichen Reiter.

Da stockte sein Blasen – im Vorübersprengen hatte ihm einer die Schlinge um den Hals geworfen und riß ihn an sich; widerstrebend schaute Audifax um, kein einziger seines Häufleins war hinter ihm zu erspähen – »o Hadumoth!« rief er betrübt. Den Reiter jammerte des mutigen blonden Knaben, statt ihm das Haupt zu spalten, hob er ihn zu sich aufs Roß und jagte mit ihm zurück. Von einem Hügel gedeckt hielt der hunnische Troß. Hoch aufgerichtet stund die Waldfrau auf ihrem Wagen und spähte hinaus in die wogende Schlacht; sie hatte die ersten Verwundeten gepflegt und kräftige Heilsprüche gesungen über das rinnende Blut!

»Ich bring' Euch einen, der kann die Feldkessel fegen!« rief der hunnische Reiter und warf den Hirtenknaben vom Roß hinüber, daß er der Alten vor die Füße flog in den strohumflochtenen Korb des Wagens.

»Willkommen, du giftiges Krötlein«, rief sie grimmig, »du sollst den Lohn empfahen dafür, daß du den Kuttenmann auf meinen Fels gewiesen!« Sie hatte ihn erkannt, zerrte ihn an der Schlinge zu sich und band ihn an des Wagens Gestell.

Audifax schwieg. Aber bittere Tränen perlten im Auge, er weinte, nicht ob seiner Gefangenschaft, er weinte ob abermals getäuschter Hoffnung. »O Hadumoth!« seufzte er abermals. – Verwichene Mitternacht war er bei der jungen Hirtin gesessen, versteckt am glimmenden Herdfeuer: »du sollst fest werden«, hatte Hadumoth gesagt, »gefeit gegen Hieb und Stich!« Sie hatte eine braune Schlange zerkocht und ihm mit dem Fette Stirn und Schulter und Brust bestrichen. »Morgen abend erwarte ich dich hier am selbigen Plätzlein, du kommst mir heil zurück. Kein Eisen ist wider Schlangenfett!«

Und Audifax hatte ihr die Hand gegeben und war so wohlgemut mit seiner Sackpfeife ausgerückt in den Kampf – und jetzt! ...

Noch wogte der Feldstreit draußen im Talgrund. Schier wankten die schwäbischen Reihen, ermüdet des ungewohnten Fechtens. Bedenklich schaute Simon Bardo drüber hin und schüttelte das Haupt. »Die schönste Strategie«, brummte er, »ist vergeudet an diese Zentauren, – das sprengt ab und zu und schießt aus der Ferne, als wär' meine dreifache Schlachtordnung für nichts da: es täte wahrhaft not, daß man des Kaisers Leo ›Buch über die Taktik‹ ein eigen Kapitel vom Hunnenangriff zufügte!«

Er ritt zu den Mönchen und schied sie wieder in zwei Heerhaufen; die von Sankt Gallen sollten zur Rechten, die Reichenauer zur Linken des Heerbanntreffens vorrücken, dann schwenken, daß der Feind, den Wald im Rücken, in weitem Halbkreis eingeschlossen sei. »So wir sie nicht einklemmen, halten sie nicht stand«, rief er und schwang sein breites Schlachtschwert; »auf und dran denn!«

Wildes Feuer leuchtete aus aller Augen. Marschbereit standen die Reihen. Jetzt warf sich noch ein jeglicher ins Knie, griff eine Scholle vom Boden auf und streute sie rückwärts über sein Haupt, daß es geweiht und gefeit sei durch die vaterländische Erde,[185] – dann ging's in den Kampf.

Die von Sankt Gallen stimmten den frommen Schlachtgesang *»media vita«* an. Notker, der Stammler, war dereinst durch die Schluchten beim heimischen Martinstobel gestiegen, sie wölbten einen Brückenbogen herüber, über schwindelnder Tiefe schwebten die Bauleute, da stand es als Bild vor seiner Seele, wie zu unserem Leben jeden Augenblick des Todes Abgrund aufgähnt, und er dichtete das Lied. Jetzt galt's als Zaubersang, Schirm eigenen Lebens, Untergang dem Feinde.

Dumpf klang's von den anrückenden Männern in die Hunnenschlacht:

»Ach, unser Leben ist nur ein halbes Leben!
Des Todes Boten ständig uns umschweben.
Wen mögen wir als Helfer uns erflehen,
Als dich, o Herr! den Richter der Vergehen?
Heiliger Gott!«

und vom andern Flügel sangen die Reichenauer Mönche entgegen:

»Dein harrten unsre Väter schon mit Sehnen,
Und du erlöstest sie von ihren Tränen,
Zu dir hinauf erging ihr Schrein und Rufen,
Du warfst sie nicht von deines Thrones Stufen.
Starker Gott!«

und von rechts und links klang's zusammen – schon tönte Schwerthieb und dumpfer Fall Getroffener dazwischen:

»Verlaß uns nicht, wenn Unkraft uns befallen,
Wenn unser Mut entfleucht, sei Stab uns allen;
O gib uns nicht dem bittern Tod zum Raube,
Barmherz'ger Gott, du unser Hort und Glaube!
Heiliger Gott, heiliger starker Gott!
Heiliger barmherziger Gott, erbarme dich unser!«[186]

So standen sie im Handgemeng'. Staunig hatten die Hunnen die herannahenden dunkeln Scharen erschaut, Geheul und der zischende teuflische Ruf: »hui! hui!«[187] war ihre Antwort auf die *»media vita«*, auch Ellak teilte seine Reiter zum Angriff, und ringsum tobte der Kampf. Drein gespornte Rosse durchbrachen das schwache Häuflein derer von Sankt Gallen, grimmes einzelnes Streiten begann, es rang die Kraft mit der Schnelle, germanische Ungelenkheit mit hunnischer List.

Da trank die Hegauer Erde manch frommen Mannes Blut. Tutilo, der Starke, lag erschlagen, er hatte eines Hunnen Roß unterlaufen, den Reiter an den Füßen heruntergerissen und schwang den Krummgesichtigen durch die Lüfte, ihm das Haupt an einem Feldstein zerschmetternd – aber ein Pfeil flog dem greisen Künstler durch die Schläfe, wie Siegsgesang himmlischer Heerscharen ertönte es durchs wunde Gehirn, dann sank er auf den erschlagenen Feind. Sindolt, der Böse, sühnte mit der

Wunde auf der Brust manch schlimme Tücke, die er sonst an den Gefährten geübt; nichts frommte es dem Schotten Dubslan, daß er sich dem heiligen Minwaloius vergelübdet, barfuß gen Rom zu wallfahren, wenn er ihn heut beschütze – durchschossen trugen sie ihn aus dem Getümmel.

Wie's von Hieben auf die Helme prasselte, gleich Hagelschlag auf lockres Schieferdach, da zog Moengal, der Alte, die Kapuze übers Haupt, daß er nicht zur Rechten schaue und nicht zur Linken: sein Speer war verworfen. »Heraus jetzt, alte Cambutta!« rief er ingrimmig und schnallte die Keule los, die, über den Rücken gefestigt, ihn begleitet, und stand im Gewühl wie ein Drescher in der Tenne. Lang schon war ein Reiter um ihn geschwärmt, *»kyrie eleison!«* sang der Alte und schlug des Rosses Schädel entzwei, mit gleichen Füßen sprang der Reiter zur Erde, ein leichter Hieb von krummem Säbel streifte Moengals Arm. »Hoiho!« schrie er auf, »im Lenzmonat ist gut Aderlassen, sieh dich für, Ärztlein!« und er tat einen Keulenschlag, als wollt' er seinen Gegner klaftertief in die Erde hineinschlagen. Der Hunnenkämpe bog dem Hieb aus, da fiel der Helm – ein rotbackig Gesicht schaute zu dem Keulenschwinger hinüber, wallendes Haupthaar quoll drüber vor, von rotem Band durchflochten; eh' er einen zweiten Hieb führte, sprang's an Moengal hinauf wie eine Tigerkatze, das junge Gesichtlein hob sich vor dem seinen, als sollt' ihm in alten Tagen noch eines Kusses Gelegenheit beschert sein – da fuhr ein Biß in seine Wange, scharf und gut; er umfaßte den Angreifer – das war wie weibliche Hüften. »Weiche von mir, Unhold«, rief er, »hat die Hölle auch Teufelinnen ausgespien?« da saß ein zweiter Biß auf der linken Wange, gestörtes Gleichmaß herzustellen. Er fuhr zurück, sie lachte ihn an, ein ledig Roß sprang vorüber – eh' Moengal, der Alte, die Keule wiederum gehoben, saß Erika im Sattel und ritt davon wie ein Traum der Nacht, wenn der Hahn kräht ...

Beim Heerbann im Mitteltreffen focht Herr Spazzo, der Kämmerer, als Führer einer Rotte. Das langsame Vorrücken hatte ihm behagt, wie der Kampf aber gar kein Ende nehmen wollt' und alles ineinand' verbissen war, wie Meute und Edelwild auf der Hetzjagd, da ward's ihm schier zu viel. Eine idyllische Stimmung kam über ihn mitten unter Tod und Todesnot. Erst wie ihm einer im Vorbeireiten den Helm als Beutestück abriß, ward er aufgerüttelt aus seiner Betrachtung, und wie derselbe, den Versuch erneuernd, ihm auch noch den Mantel wegzerren wollte, rief er unwillig: »Ist's noch nicht genug, du Scharfschütz des Teufels?« und tat einen Stich nach ihm, daß des Hunnen Schenkel von der langen Schwertklinge an sein Roß angeheftet ward. Jetzt gedachte er, ihm den Todesstoß zu geben, doch wie er sein Antlitz schaute, war es so häßlich, daß er beschloß, ihn als lebendige Erinnerung des Tages seiner Gebieterin mitzubringen. Da machte er den wunden Mann zum Gefangenen; er hieß Cappan und schmiegte seinen Hals unter Herrn Spazzos Arm, als Zeichen der Unterwerfung, und grinste mit den weißen Zähnen, wie ihm sein Leben geschenkt ward.

Gegen die Brüder der Reichenau führte Hornebog seinen Schwarm. Dort hielt der Tod reiche Ernte. Des Klosters Mauern glänzten fern aus dem See herüber zu den Streitern, wie eine Mahnung zu wuchtigem Dreinschlag, und der Hunnen mancher, der in Schwertes Bereich kam, merkte, daß er auf schwäbischem Boden stund, wo der Streiche gediegenste wild wachsen, wie die Erdbeeren im Wald. Doch auch in der Brüder Reihen ward's lichter; da ruhte Quirinus, der Schreiber, für immer vom Schreibkrampf, der die Lanze in seiner Rechten zittern gemacht, da sank Wiprecht, der Sternkundige, und Kerimold, der Meister im Forellenfang, und Wittigowo, der Bauverständige – wer kennt sie alle, die Namenlosen, die freudigen Todes starben?

Nur einem gedieh ein hunnischer Pfeil zum Heile; das war der Bruder Pilgeram. Zu Köln am Rhein war er geboren und hatte seinen Wissensdurst und einen mächtigen Kropf auf Pirmins Eiland getragen, der frömmsten und gelahrtesten Mönche einer, doch wuchs sein Kropf und über Aristoteles' »Ethik« war er tiefsinnig geworden, daß Heribald oft mitleidig zu ihm gesagt: »Pilgeram, du dauerst mich!« Jetzt durchschnitt ihm ein Pfeil des Halses Überhang. »Fahr wohl, Freund meiner Jugend!« rief er und sank. Doch war's keine schwere Wunde, und wie er wieder erwachte, war's leicht am Hals und leicht im Kopf, und seinen Aristoteles schlug er zeitlebens nimmer auf.

Um das sanktgallische Feldzeichen war ein erlesen Häuflein geschart. Noch flatterten die schwarzen Wimpel vom Bild des Gekreuzigten, aber der Kampf war hart. Mit Wort und Tat feuerte Ekkehard die Genossen an, Widerpart zu halten; es war Ellak selber, der gegen sie anritt. Leichen erschlagener Männer und Rosse lagen in wildem Durcheinander; wer überlebte, hatte seine Schuldigkeit getan, und wo alle brav, ragt keine Einzeltat, besonderen Ruhm erheischend aus dem Geschehenen herfür. Herrn Burkhards Schwert hatte in Ekkehards Händen neue Bluttaufe errungen, doch vergeblich war er auf Ellak, den Heerführer eingedrungen, nur wenig Hiebe wechselten sie, da trennte das Wogen der Schlacht die Streitenden. Schon wankte das hochgehaltene Kreuz, von unablässigen Geschossen umschwirrt – da ging durch die Reihen ein Schrei des Staunens: vom Hügel, der den Turm von Hohenfridingen trägt, kamen zwei Reiter gesprengt, fremd an Gestalt und Rüstung. Schwerfällig und mächtigen Umfangs saß der eine zu Roß, von veralteter Form war Schild und Harnisch, doch verblichene Vergüldung zeigte den vornehmen Kriegsmann. Ein goldner Reif schlang sich um den Helm, vom roten Busch umwallt. Der Mantel flog im Wind, den Speer eingelegt, ritt er einher, ein Bild aus alten Zeiten, wie der König Saul in Folkards »Psalmenbuch«, da er ausritt wider David.[188] Sorgsam ihm zur Seite ritt der andere, zu Schirm und Deckung bereit als getreuer Dienstmann.

»Der Erzengel Michael!« rief's in der christlichen Heerschar, und sie faßten zu neuer Kraft sich zusammen. Die Sonne leuchtete auf des fremden Reitersmannes Gewaffen wie Verheißung des Siegs – itzt waren die zwei im Getümmel, als wollte der Goldgerüstete einen Gegner suchen. Der blieb ihm nicht aus. Wie ihn des Hunnenführers scharfes Auge erschaut, war auch schon sein Roß ihm entgegen gewandt, des fremden Rittersmannes Speer fuhr an ihm vorüber, schon hub Ellak das

Schwert zu tödlichem Hieb. Doch der Dienstmann warf sich dazwischen, sein breites Schlachtschwert erreichte nur des Hunnen Roß, da beugte er sein Haupt vor und fing den Schlag, der dem Gebieter galt; in den Hals getroffen, ging der treue Schildknappe in den Tod.

In klirrendem Fall rasselte Ellaks Pferd zu Boden, doch eh' der Schall verhallt war, stund der Hunne wieder aufrecht, der unbekannte Kämpe schwang den Streitkolben, ihn zu zerschmettern; Ellak, den linken Fuß auf den erschlagenen Renner gestemmt, preßte ihm mit nerviger Faust den Arm zurück und strebte ihn vom Gaul zu reißen. Mann an Mann hob sich ein Ringen der beiden Gewaltigen, daß die Kämpfer ringsum die Schlachtarbeit einstellend hinüberschauten.

Jetzt hatte Ellak in listiger Wendung das kurze Halbschwert gegriffen, das ihm nach hunnischem Brauch zur Rechten hing, aber wie er zu neuem Stoß ausholte, senkte sich schwer und langsam seines Gegners Streitkolben auf sein Haupt – noch führte die Faust des Getroffenen den Stoß, dann fuhr sie zur Stirn, Blut überströmte sie, auf sein Streitroß taumelte der Hunnenführer nieder und verhauchte unwillig sein Leben.

»Hie Schwert des Herrn und Sankt Michael!« scholl's brausend itzt von Mönch und Heerbannleuten, zu letztem verzweifelten Angriff drangen sie vor, noch war der Goldgerüstete der vorderste im Treffen. Des Anführers Fall schuf den Hunnen panischen Schreck, rückwärts wandten sie sich, rückwärts in toller Flucht.

Schon hatte die Waldfrau des Feldstreits Ausgang erspäht, die Rosse standen geschirrt, sie warf einen zornmütigen Blick auf die anrückenden Mönche und ihren heimatlichen Fels, und scharfen Trabes fuhr sie dem Rheine zu, der Troß ihr nach – »zum Rhein!« war die Losung der fliehenden Reiter; zuletzt und ungern kehrte Hornebog mit den Seinen der Schlacht und dem hohen Twiel den Rücken. »Auf Wiedersehen übers Jahr!« rief er höhnend zu den Reichenauer Männern.

Der Sieg war errungen. Doch der, den sie als Erzengel wähnten, vom Himmel niedergestiegen aufs hegauische Blachfeld, neigte sein schweres Haupt auf des Streitrosses Rücken, Zügel und Kolben entsanken den Händen, war's des Hunnen letzter Stoß, war's Erstickung in Hitze des Kampfes – sie huben ihn als einen Toten vom Roß. Sein Visier war gelüftet, ein freudig Lächeln schwebte um das runzelgefurchte mächtige greise Haupt . . . von dieser Stunde hatte des Alten aus der Heidenhöhle Kopfweh ein End'. Er hatte in ehrlichem Reiterstod die Schuld vergangener Zeiten gesühnt, das schuf ihm ein fröhlich Sterben.

Ein schwarzer Hund lief suchend über die Walstatt, bis er des Alten Leichnam gefunden, und leckte ihm wehmütig heulend die Stirn, und Ekkehard stand dabei, die Träne im Aug', und sprach das Gebet ums Heil seiner Seele . . .

Mit Tannenreis am Helm zogen die Sieger auf ihre Bergfeste zurück. Der Mönche zwölf ließen sie unten im Tal, Totenwache auf der Walstatt zu halten; und waren im Streit gefallen der Hunnen einhundertundachtzig, des schwäbischen Heerbanns sechsundneunzig, derer von der Reichenau achtzehn, derer von Sankt Gallen zwanzig, der Alte und Rauching, sein Dienstmann.

Mit verbundener Wange schritt Moengal übers Feld, auf seine Keule wie auf einen Wanderstab sich stützend. Er beschaute die Erschlagenen. »Hast du keinen Hunnen drunter getroffen, der eigentlich eine Hunnin ist?« fragte er einen der wachehaltenden Brüder.

»Nein!« war der Bescheid.

»Dann kann ich heimgehen!« sprach Moengal.

Hadumoth

Die Nacht ging zu Ende. Lang und bang war sie für die gewesen, denen der Walstatt Hut anvertraut worden. Unheimlich Grauen lag über Erde und Menschen. »Der Herr sei ihrer Seele gnädig!« so tönte leiser Ruf des Wächters durch die Stille des Gefildes. »Und erlöse sie von des Fegfeuers Pein, Amen!« antwortete es vom Waldessaum, wo die Gefährten ums Wachfeuer kauerten. Schwere Schatten der Nacht deckten die Erschlagenen, als wolle der Himmel mitleidig verhüllen, was der Menschen Hände da unten geschafft. Dann jagten die Wolken von dannen, als wären sie selber von Grauen getrieben über den Anblick unter ihnen – andere folgten, auch sie zogen fort, Gestalt und Formen wechselnd, verlierend, in neue übergehend ... Alles ist unstet, nur im Tod ewige eherne Ruhe. Die auf dem Blachfeld lagen still, Freund und Feind, wie das Wogen des Streits sie gebettet.

Eine Gestalt sah der Wächter über die Walstatt huschen, wie die eines Kindes. Sie beugte sich nieder und ging weiter und beugte sich abermals und wandelte auf und ab, aber es grauste ihm, sie anzurufen. Er stand wie gebannt. »Es wird der Engel sein, der die Stirn der Toten zeichnet mit dem Buchstaben, auf daß man sie erkenne, wann der Geist dereinst ihr Gebein anbläst, daß sie wieder leben und auf den Füßen stehen und ein Heer sind wie ehedem«; so dachte er nach dem Bild des Propheten, bekreuzte sich und schwieg. Die Gestalt verschwand aus seinen Augen.

Der Morgen graute, da kamen viel Männer vom Heerbann, die Mönche abzulösen. Die Herzogin sandte sie. Herr Simon Bardo war zwar nicht einverstanden. »Sieg ist nur halber Sieg, so er nicht benutzt wird; wir müssen den Fliehenden nachrükken, bis der letzte von ihnen getilgt ist«, hatte er gesagt. Aber die Mönche drangen auf Rückkehr, der Ostertage wegen, und die andern sprachen: »Bis wir die mit ihren schnellen Rossen einholen, mögen wir weit ziehen, sie sind gekommen, wir haben sie gehauen, kommen sie wieder, sind neue Hiebe vorrätig – die Arbeit von gestern ist ihrer Ruhe wert.« Da ward beschlossen, die Toten zu begraben vor Anbruch des Osterfestes.

Die Männer trugen Karst und Spaten und schaufelten zwei große Gräber. Es war eine verlassene Kiesgrube seitwärts im Feld, sie weiteten sie aus zu geräumigem Ruheplatz. Dorthin trugen sie der Hunnen Leichname. Waffen und Rüstung wurden abgetan und gesammelt, viel Traglasten von Beutestücken.

Und sie warfen die Toten in die Grube, sonder Rücksicht, wie sie gebracht wurden – es war ein wild verschlungener Knäuel von Gliedmaßen, Roß und Menschen durcheinander verstrickt, ein Gewühl wie beim Höllensturz der abtrünnigen Engel. Die Tiefe füllte sich. Einer der Schaufelnden kam und brachte ein einzeln Haupt; grimmig schaute es drein, mit zerspellter Stirn. »Es wird auch zu den Heiden gehören und mag seinen Rumpf suchen!« rief er und schleuderte es zu den Leichen.

Wie das ganze Feld abgesucht und kein hunnischer Mann mehr zu finden war, scharrten sie die Grube zu; es war ein Begräbnis ohne Sang und Klang – nur etliche Flüche tönten als Nachruf hinab, und Raben und Raubvögel krächzten heiser drein; die in den Felsspalten des hohen Krähen nisteten, waren herübergeflogen, und die im Tannwald horsteten; auch Moengals Habicht war dabei, sie wollten Einsprache erheben, daß die Beerdigung sie verkürze. Dumpf dröhnten die Erdschollen und Kieselgesteine in das weite Grab. Dann kam der Diakon von Singen mit dem Kessel geweihten Wassers, den Geviertraum schritt er auf und nieder und besprengte ihn zur Bannung der Dämonen und Niederhaltung der fremden Toten in der fremden Erde.

Ein verwittert Felsstück war vor Zeiten vom Hohentwieler Berg abgelöst zu Tal gestürzt, das wälzten sie aufs Hunnengrab, dann wandten sie sich schauernd von der Stätte und richteten das zweite Grab. Das sollte die gebliebenen Söhne des Landes empfangen. Für die Erschlagenen geistlichen Standes war die Klosterkirche auf Reichenau zum Ruheplatz bestimmt.

Zur selben Stunde, in der gestrigen Tags der Kampf begonnen, stieg ein düsterer Zug vom hohen Twiel hernieder. Es waren die Männer, so die Schlacht geschlagen. In derselben Ordnung rückten sie an, aber ihr Schritt war langsam und ihr Banner trauerfarben. Auf den Zinnen der Burg war die schwarze Fahne aufgezogen. Auch die Herzogin ritt mit hernieder, streng und ernst kleidete sie der dunkle Mantel. Die toten Mönche trugen sie auf Bahren herzu und stellten sie zu Seiten des großen Grabes ab, auf daß auch sie teilnähmen an der letzten

Ehre der Kampfgenossen. Wie die Litanei verklungen, trat der Abt Wazmann ans offene Grab, er rief den sechsundneunzig, die blaß und still drin geschichtet lagen, den letzten Gruß und Dank der Überlebenden hinab. »Ihr Gedächtnis sei gesegnet und ihr Gebein grüne an seinem Ort! Ihr Name bleibe in Ewigkeit und die Ehre der heiligen Männer komme auf ihre Kinder!« so sprach er mit den Worten des Predigers, dann tat er den ersten Erdwurf hinunter, die Herzogin nach ihm, dann die andern der Reihe nach. Drauf feierliche Stille. Vom Grab der Brüder hinweg wollten die, so gestern vereint gestritten, auseinander gehen; manch hartes Antlitz ward gerührt, Kuß und Handschlag gewechselt, dann zogen zuerst die von der reichen Au nach ihrem Kloster. Die Bahren ihrer Toten wurden mit ihnen getragen, Brüder mit brennenden Kerzen schritten psalmsingend zur Seite, auch des Alten aus der Heidenhöhle kampfmüden Leichnam führten sie mit sich, gesenkten Hauptes ging das Streitroß des ungekannten Kriegsmannes, mit schwarzem Tuch umhangen, im Zug – es war ein düstrer Anblick, wie das Totengeleite mählich ins Waldesdunkel einbog.

Dann nahmen die vom Heerbann Abschied von der Herzogin. Der dürre Fridinger, den Arm in der Binde, führte eine Schar landabwärts, nur der von Randegg mit etlichen Leuten sollte als Besatzung des hohen Twiel zurückbleiben.

Bewegt schaute Frau Hadwig den Abziehenden nach. Dann ritt sie langsam übers Schlachtfeld. Sie war gestern auf dem Turm der Burg gestanden und gespannten Auges dem Toben des Kampfes gefolgt. Itzt mußte ihr Herr Spazzo noch vieles erklären. Dem kam's auf etliche Übertreibungen nicht an, aber sie war's zufrieden. Mit Ekkehard sprach sie nicht.

... Wie auch sie heimgeritten, war's wieder still und öde auf dem Plan, als wär' nichts geschehen. Nur hufzerstampftes Gras, feucht rötliche Erde und die zwei großen Gräber gaben Zeugnis von der Ernte, die der Tod hier gehalten. Hat nicht lange gedauert, so ist das Blut aufgetrocknet und das Gras neu gewachsen, über die Hügel der Toten hat sich Moos gesponnen und Gestrüpp. Vögel und Wind haben Samenkorn hingetragen und

Busch und Bäume sind üppig aufgesprießt – wo Tote liegen, gedeiht der Pflanzen Wuchs. – Aber unverwischt lebt die Kunde von der Hunnenschlacht in den nachgeborenen Geschlechtern,[189] den »Heidenbuck« heißt der Mann im Hegau den Hügel, den der Felsblock als Grabplatte deckt, und in der Nacht vom Karfreitag geht keiner dort durchs Tal. Da gehört Erde und Luft den Toten; sie steigen aus dem alten Grab, hier schwärmen die kleinen Rosse wieder, dort rücken im Keil die Streiter zu Fuß an und der Harnisch blitzt unter verwittertem Mönchsgewand, Waffengelärm und wilder Kampfruf weht durch den Sturm, tosend schwingt sich die Geisterschlacht durch die Lüfte; da kommt plötzlich von der Insel im See einer drein gesaust im güldenen Harnisch auf schwarzem Roß, der jagt sie hinunter in kühle Ruhe – noch will sich der Hunnenführer gegen ihn wehren und schwingt zürnend sein krummes Schwert, da fährt ihm der Streithammer aufs Haupt, auch er muß hinab ... und alles ist still wie zuvor, nur der Birke junges Laub zittert im Winde ...

Ostersonntag ging trüb und ernst vorbei. Des Abends saß Frau Hadwig im Saal mit Ekkehard, Herrn Spazzo, dem Kämmerer und dem von Randegg. Es ist zu denken, was sie sprachen. Die große Geschichte der letzten Tage klang in aller Reden wider gleich dem Schall am Lurleifelsen; hat er an der einen Wand ausgehallt, so hebt sich ein dumpfes Rollen an der benachbarten, und in ferner Schlucht wiederholt sich's und will nirgend ein Ende nehmen.

Der Abt von der Reichenau hatte einen Boten geschickt, zu vermelden, wie sie das Kloster in mäßiger Verwüstung, doch vom Feuer unzerstört angetroffen, mit geweihtem Wasser und Umtragung der heiligen Gebeine die hunnischen Spuren getilgt, die Beisetzung ihrer Toten abgehalten.

»Und der zurückgebliebene Bruder?« fragte die Herzogin.

»An dem hat Gott der Herr erwiesen, daß seine Allmacht inmitten von Krieg und Feindesschwert auch einfältiger Gemüter nicht vergißt. An der Schwelle stand er bei unserer Rückkunft, als wär' ihm nichts begegnet. ›Wie haben dir die Hunnen gefallen?‹ rief ihm einer zu. Da sprach er mit dem wohlbekannten Lächeln: ›Eia, sehr gut haben sie mir gefallen. Niemals hab' ich vergnügtere Leute gesehen, und Speise und Trank messen sie ganz menschenfreundlich zu – der Pater Kellermeister hat zeitlebens meinen Durst Durst sein lassen, die gaben mir Wein die Hülle und Fülle – und wenn sie mich auch mit Faustschlag und Backenstreich geschädigt, so haben sie's mit dem Wein wieder gut gemacht – und das tät' keiner von euch. Nur die Disziplin fehlt ihnen, und sich still verhalten in der Kirche haben sie auch nicht ganz gelernt ...‹ Er wisse noch manches zum Preis der fremden Gäste, hat Heribald weiter gesprochen, aber nur im Beichtstuhl werd' er's offenbaren ...«

Frau Hadwig war noch nicht zur Heiterkeit gestimmt. Gnädig entließ sie den Boten. Sie gab ihm das geringelte Panzerhemd und den Schild des erschlagenen Hunnenführers mit, auf daß es in der Klosterkirche aufgehängt werde als ewiges Wahrzeichen. Das Schiedsrichteramt bei Verteilung der Beute war ihr zugewiesen.

Herr Spazzo, dessen Zunge seither nicht müßig war, seine Kriegstaten zu rühmen – und die Zahl der von ihm Erschlagenen wuchs mit jeder neuen Erzählung gleich einer Lawine – sprach würdig: »Ich habe auch noch ein Beutestück einzuliefern, es ist meiner gnädigen Herrin bestimmt.«

Er schritt hinab zu den untern Kammern, dort lag Cappan, sein Gefangener, auf dem Stroh, seine Wunde war verbunden und nicht gefährlich. »Steh auf, Sohn des Teufels!« rief Herr Spazzo und gab ihm einen unsanften Stoß. Der Hunn' erhob sich und schnitt ein zweifelhaft Gesicht, er schätzte seine Lebensdauer auf keine allzulange Zeit mehr; an einem Krückenstock hinkte er durch die Stube. »Vorwärts!« deutete ihm Herr Spazzo und führte ihn hinauf. Er marschierte in den Saal ein. »Halt!« rief Herr Spazzo. Da stand der Unglückliche still und ließ verwundert seine Augen Umschau halten.

Teilnehmend besah Frau Hadwig das fremde Menschenkind. Auch Praxedis war herbeigekommen. »Schön ist Euer Beutestück nicht«, hatte sie zu Herrn Spazzo gesagt, »aber merkwürdig.« Die Herzogin faltete ihre Hände, »– und vor dieser Nation hat das deutsche Land gezittert!« sprach sie.

»Die Menge schuf den Schreck und ihr Zusammenhalten«, sagte der von Randegg, »sie werden nimmer wiederkommen.«

»Seid Ihr des so gewiß?« fragte sie spitzig.

Der Hunn' verstand nicht viel vom Gespräch. Sein wunder Fuß schmerzte, er wagte nicht, sich niederzulassen. Praxedis sprach ihn griechisch an, er schwieg scheu und schüttelte sein Haupt. Sie begann durch Zeichen und Winke ein Verständnis anzuknüpfen – er ließ sich nicht darauf ein. »Erlaubet«, sprach sie zur Herzogin, »ich weiß doch ein Mittel, ihm ein Lebenszeichen abzugewinnen, in Konstantinopel hab' ich davon erzählen gehört.« Sie huschte aus dem Saal und erschien wieder, einen Becher tragend, spöttisch kredenzte sie den dem stummen Gefangenen.

Es war ein stark Wasser, gebrannt aus Kirschen und Steinobst; der selige Burgkaplan Vincentius hatte manch solches Essenzlein bereitet. Da verklärte sich des Hunnen Anlitz, die stumpfe Nase sog den Duft ein, er leerte den Becher, als ob er's für einen Friedenstrunk ansehe; die Arme über die Brust gekreuzt, warf er sich vor Praxedis nieder und küßte ihren Schuh.

Sie gab ihm ein Zeichen, daß die Huldigung der Herzogin gebühre, da wollte er auch dort seinen Dank wiederholen, Frau Hadwig aber wich zurück und winkte dem Kämmerer, daß er seinen Mann abführe.

»Ihr habt närrische Einfälle«, sprach sie zu Herrn Spazzo, wie er zurückkehrte, – »doch war's artig, daß Ihr in währendem Streite meiner gedachtet.«

Ekkehard saß währenddem stumm am Fenster und schaute ins Land hinaus. Herrn Spazzos Art verdroß ihn. Auch Praxedis hatte ihm weh getan. »Uns zu demütigen«, dachte er, »hat der Herr die Kinder der Wüste herübergesandt, – eine Mahnung zu lernen und in sich zu gehen und auf den Trümmern des Vergänglichen dem sich zuzuwenden, was mit dem Hauch des Ewigen gefeit ist; – noch liegt die Erde frisch auf dem

Grab der Gefallenen, und schon treibt das Völklein wieder seine Späße, als wär' alles nur Schaum und Traum gewesen ...«

Praxedis war zu ihm herangetreten. »Warum habt Ihr uns nicht auch ein Andenken aus der Schlacht mitgebracht, Professor?« sprach sie leicht. »Es soll eine sonderbare hunnische Amazone drin herumgetobt haben, so Ihr die gefangen, hätten wir jetzt ein Pärlein.«

»Ekkehard hat an Höheres zu denken, als an hunnische Frauen«, sprach die Herzogin in bitterem Ton, »und er weiß zu schweigen wie einer, der ein Gelübde getan. Was brauchen wir zu erfahren, wie es ihm in der Schlacht erging?«

Die schneidige Rede kränkte den Ernsten. – Scherz zu unrechter Zeit wirkt wie Essig auf Honigseim. Er ging schweigend hinaus, holte Herrn Burkhards Schwert, entblößte es seiner Scheide und warf's unwillig auf den Tisch vor Frau Hadwig. Frischrote Flecken glänzten feucht auf der braven Klinge und junge Scharten waren in den Rand gehauen. »Ob der Schulmeister müßig ging«, sprach er, »mag der da bezeugen! »ich hab' meine Zunge nicht zum Herold meiner Tat ernannt.«

Die Herzogin war betroffen. Sie trug noch einen Mißmut auf dem Herzen, es zuckte und drängte, ihm zürnend Luft zu schaffen – aber das Schwert Herrn Burkhards weckte mannigfache Gedanken, sie hielt den Groll an sich und reichte Ekkehard die Hand.

»Ich wollt' Euch nicht kränken«, sprach sie.

Die Milde der Stimme klang ihm vorwurfsvoll, er zögerte, die dargebotene Rechte zu ergreifen. Schier hätt' er um Verzeihung gebeten für seine Rauheit, aber das Wort stockte ihm; – da ging die Türe des Saales auf, es ward ihm alles Weitere erspart.

Hadumoth, das Hirtenkind, trat ein. Schüchtern stand sie am Eingang, übernächtig und verweint das Antlitz; sie getraute sich nicht zu reden.

»Was hast du, arm Kind?« rief Frau Hadwig. »Komm näher!«

Da ging die Hirtin vorwärts. Sie küßte der Herzogin Hand.

Da ersah sie Ekkehard, dessen geistlich Gewand ihr Scheu einflößte, sie nahte sich auch ihm, seine Hand zu küssen, sie wollte reden, Schluchzen hemmte ihre Stimme.

»Fürcht' dich nicht«, sprach die Herzogin tröstend. Da fand sie Worte.

»Ich kann die Gänse nimmer hüten«, sprach sie, »ich muß fortgehen. Du sollst mir ein Goldstück schenken, so groß du eines hast. Wenn ich wieder heimkomm', will ich zeitlebens dafür schaffen. Ich kann nichts dafür, daß ich fort muß.«

»Warum willst du fort, Kind?« fragte die Herzogin, »haben sie dir was Leides getan?«

»Er ist nicht mehr heimgekommen.«

»Es sind viele nicht mehr heimgekommen; darum mußt du nicht fort. Die draußen blieben, sind bei Gott im Himmel und sind in einem schönen lustigen Garten und wohlauf und haben's besser denn wir.«

Aber das Hirtenkind schüttelte sein junges Haupt. »Audifax ist nicht bei Gott«, sprach's, »er ist bei den Hunnen. Ich hab' nach ihm geschaut drunten im Feld, er war nicht bei den toten Männern, und des Kohlenbrenners Bub von Hohenstoffeln, der auch mit den Schützen zog, hat's gesehen, wie ihn einer fing... Ich muß ihn dort holen, es läßt mir keine Ruh' mehr.«

»Wo willst du ihn holen?«

»Das weiß ich nicht. Ich will gehen, wo die andern hingeritten sind, die Welt ist groß, am Ende find' ich ihn doch, das weiß ich. Das Goldstück, das du mir schenken sollst, will ich den Hunnen geben und sagen: ›Laßt mir den Audifax frei‹; und wenn ich ihn hab', kommen wir beide heim.«

Frau Hadwig hatte ihr Wohlgefallen am Außerordentlichen. »Von diesem Kind mögen wir alle lernen!« sprach sie, hob die scheue Hadumoth zu sich empor und küßte sie auf die Stirn. »Mit dir ist Gott, darum sind deine Gedanken groß und kühn und du weißt nicht darum. Wer hat ein Goldstück von euch bei der Hand?«

Der von Randegg nestelte eins herfür. 's war ein großer Goldtaler, und war der Kaiser Karl darauf geprägt mit einem grimmen Antlitz und groß offenen Schlitzaugen, und auf der Rückseite war ein gekrönt Frauenbild zu schauen und eine Schrift. »'s ist mein letzter!« sprach der Randegger lachend zu Praxedis. Die Herzogin gab ihn dem Kind: »Zeuch aus im Herrn, es ist eine Fügung.«

Es war ihnen feierlich zumute, und Ekkehard legte seine Hände auf Hadumoths Haupt wie zum Segen.

»Ich dank' euch!« sprach sie und wollte gehen. Noch einmal wandte sie sich um: »Wenn sie mir aber den Audifax für das eine Goldstück nicht herausgeben?«

»Dann schenk' ich dir ein zweites«, sagte die Herzogin.

Da ging das Kind zuversichtlich von dannen.

Und Hadumoth zog in die unbekannte Welt hinaus, das Goldstück ins Mieder eingenäht, die Hirtentasche mit Brot gefüllt: – den Stab hatte ihr Audifax einst aus dunkelgrüner Stechpalme geschnitzt. Ob Weg und Steg ihr unbekannt, ob Speise und Obdach zweifelhaft, darum hatte sie nicht Zeit sich zu kümmern. »Die Hunnen sind gegen Sonnenuntergang gezogen und haben ihn mitgenommen«, das war ihr einzig Denken, der Lauf des Rheins und der Sonne Untergang ihr Wegweiser, Audifax ihr Ziel.

Mählich war ihr die Gegend fremd. Ferner und schmäler glänzte der Bodensee vor ihrem Blick, neue Bergrücken schoben sich vor und verdeckten ihr die gewohnten stolzen Formen des heimatlichen Felsens: da schaute sie etliche Male zurück. Noch einmal lugte die Kuppe des hohen Twiel mit Turm und Mauer und Zinnen zu ihr herüber, von blauem Duft umzogen, dann schwand sie. Ein unbekanntes Tal tat sich auf, weite schwarze Tannwälder zogen sich drüber hin, niedere Hütten mit tief herabhangenden Strohdächern lagen versteckt im Waldesdunkel – unverzagt ging Hadumoth weiter und winkte den Hegauer Bergen den letzten Gruß zu.

Wie die Sonne jenseits der Wälder zur Ruhe gegangen war, hielt sie eine Weile: »Jetzt läuten sie zu Hause den Abendsegen«, sprach sie, »ich will beten.« Und sie kniete in der Bergeinsamkeit und betete, erst für Audifax, dann für die Herzogin, dann für sich – und alles war still ringsum. Sie hörte nur ihr eigen pochend Herz.

»Wie wird's meinen Gänsen ergehen?« dachte sie beim Aufstehen; »jetzt ist die Stunde, sie einzutreiben.« Dann trat wieder Audifax vor ihre Seele, an dessen Seite sie so oft von der Weide zu Berg gefahren, und sie ging schneller.

In den Meierhöfen im Tal rührte sich niemand. Nur vor einer Strohdachhütte saß ein altes Weib. »Du sollst mich heut nacht bei dir behalten, Großmutter«, sprach Hadumoth zutraulich. Die gab ihr keine Antwort, doch ein Zeichen, daß sie bleiben könne. Sie war taub und alleine zurückgeblieben, die Männer fort ins höhere Gebirg, der Hunnen wegen.

Aber vor Tagesgrauen war Hadumoth wieder unterwegs. Und sie ging durch lange, lange Wälder, drin wollte es kein Ende nehmen mit Tannen, und war das erste lautlose Weben des Frühlings im Walde, die ersten Blumen streckten ihre Häupter aus dem Moos herfür, die ersten Käfer flogen leise summend drüber, und ein Harzgeruch, kräftig und anmutend, zog wehend herum, als wär' er ein Weihrauch, den die Tannen der Sonne hinaufschickten zum Dank für alles, was sie zu ihren Füßen lustig hervorgetrieben.

Der Hirtin gefiel's nicht. »Hier ist's zu schön«, sprach sie, »hier können die Hunnen nicht sein.«

Sie lenkte ihren Schritt vom Gebirg abwärts und kam auf einen Platz, da war der Wald licht und weite Umschau. Tief unten in der Ferne floß der Rhein, gekrümmt gleich einer Schlange, eingeklemmt zwischen doppelter Strömung trug eine Insel viel stattliche Mauern wie von Kirche und Kloster, der Hirtin scharfes Auge sah, daß das Mauerwerk geschwärzt und fleckig war und kein Dach mehr trug. Eine blaue Rauchwolke stand unbeweglich drüber.

»Wie ist's hier geheißen?« fragte sie einen Mann, der aus dem Walde kam.

»Schwarzwald!« sagte der Mann.

»Und drüben?«

»Rheinau.«

»Die Hunnen sind drüben gewesen?«

»Vorgestern.«

»Wo jetzt?«

Der Mann hatte sich auf seinen Stab gestemmt und schaute das Kind scharf an. Er deutete rheinabwärts. »Warum?« fragte er.

»Ich will zu ihnen.« – Er hob seinen Stab und ging seines Weges weiter. »Heiliger Fintan, bitt für uns!« murmelte er im Fortgehen.

Und wiederum schritt Hadumoth unverdrossen weiter. Sie hatte von der Höhe erschaut, daß der Rhein in großem Bogen vorwärts strömte; da ging sie quer über das Gebirg, den Hunnen einen Vorsprung abzugewinnen, und war zwei Tage unterwegs, die Nacht im Walde auf Moos gebettet, und schier keinem Menschen begegnet. Aber viel wilde Talschluchten traf sie und rinnend Gewässer und alte Stämme, die der Sturmwind gefällt; am Platze, wo sie sonst ihre Wipfel hoch gen Himmel gereckt, faulten sie und leuchteten grauweiß unheimlich im Dunkel. Sie ließ den Mut nicht.

Das Gebirg ward minder steil und flachte sich zu einer Hochebene ab, da strich oft rauher Luftzug drüber und Schnee lag in den Talmulden; sie ging weiter.

Das letzte Stück Brot war verzehrt, da kam sie auf einen Bergrücken und sah wieder den Rhein in der Ferne. Jetzt wollte sie dem entgegen; aber wie ein Riß im Erdreich tat sich eine enge Kluft diesseits des Berges auf, ein Waldstrom schäumte in der Tiefe. Junger Schuß von Stauden und Brombeer' und dornigem Gestrüpp hielt den Abhang dicht besetzt; sie bahnte sich einen Weg durch. Es kostete Mühe und Schweiß, die Sonne stand hoch am Himmel, die Dornen rissen am Gewand. Wenn der Fuß unwillig stillstehen wollte, sprach sie: »Audifax!« und hob ihn vorwärts.

Jetzt war sie unten, zu Füßen dunkler Felswände. Das Wildwasser hatte sich Bahn durch sie gebrochen und stürzte in klarem Fall drüber weg; die verwitterten Steine glänzten im Wasserduft, rötliches Moos hatte sich dran festgenistet wie eine

Vergoldung; die Flut leckte hinauf und brauste wechselnd drüber hin, bis sie wenig Schritte davon in tiefgrün durchsichtigem Becken still hielt und ausruhte, wie ein müder Mann, der sich und seines Lebens Tollheiten klar beschauen will. Üppige Pflanzen mit großen Blättern sprießten auf; der Wasserschaum funkelte in farbigen Tautropfen drin. Blaugeflügelte Libellen flogen auf und ab; als wären sie die Geister verstorbener Elfen.

Träumerisch hallte das einsame Stürzen des Bachs ins Herz des hungernden Kindes. Mit dem Bach sollte sie weiter gehen hinab zum Rhein. Alles war verwachsen, wie wenn nie ein Mensch seinen Fuß hierher getragen ... da lachte ein trocken grünes Plätzlein zu Hadumoth herüber, sie legte sich nieder. Es rauschte so kühl und lang, es rauschte sie in Schlummer. Den rechten Arm ausgestreckt, daß das Haupt drauf ruhte, lag sie da, Lächeln auf dem müden Antlitz. Sie träumte. Von wem? – die blauen Wasserjungfern haben nichts verplaudert ...

Ein leichter Wasserguß aus hohler Hand scheuchte sie aus ihrem Traum. Wie sie langsam die Augen aufschlug, stund ein Mann vor ihr mit langem Bart, in großzwilchenem Tschoben, die Füße nackt bis übers Knie. Angelruten, Netz und ein hölzern Legel, drin blaugetupfte Forellen schwammen, lagen im Grase bei ihm. Er hatte die Schläferin lang betrachtet. Zweifelhaft, ob sie ein Menschenkind, ging er, Wasser zu schöpfen, und weckte sie.

»Wo bin ich?« fragte Hadumoth sonder Furcht.

»Am Wieladinger Strahl!« sprach der Fischer. »Das Wasser ist die Murg und hat gute Forellen und geht in den Rhein. Wie kommst aber du auf den Wald, Mägdlein? bist vom Himmel heruntergefallen?«

»Ich komm' weither; bei uns sind die Berge anders und wachsen einzeln und steil aus der Ebene auf und steht ein jeder für sich, – und die Forellen schwimmen im See und sind größer: Hegau heißen's die Leute.«

Der Fischer schüttelte das Haupt. »Das muß weit weg sein«, sprach er. »Wohin jetzt?«

»Wo die Hunnen sind«, sagte Hadumoth und erzählte ihm treuherzig, warum sie ausgezogen und wen sie suche.

Da schüttelte der Fischer sein Haupt noch stärker denn zuvor. »Beim Leben meiner Mutter!« sprach er, »das ist ein böser Gang!« Aber Hadumoth faltete die Hände und sagte: »Fischer, du mußt mir den Weg zeigen, wo sie sind.«

Da ward der Bärtige weich. »Wenn's sein muß«, brummte er, »gar fern sind sie nicht. Komm mit!«

Er packte sein Fischgerät zusammen und ging mit der Hirtin den Lauf des Waldbachs entlang. Wenn Baum und Busch zu dicht die Ufer sperrten oder Felsblöcke aufgetürmt lagen, hub er das Mägdlein auf den Arm und schritt durchs schäumende Wasser. Dann ließen sie die Talschlucht zur Rechten. Sie standen auf einem der Vorberge, die sich zum Rhein hinuntersenken. »Schau' hin, Kind«, sprach er und deutete über den Rhein hinüber, wo ein flach abgeschnittener Gebirgszug sich streckte: »dort geht's ins Fricktal hinein, zum Bötzberg hin. Dort steht ihr Lager geschlagen. Gestern ist das Laufenburger Kastell ausgeflammt worden ... Aber weiter sollen uns die Mordbrenner nimmer tragen«, fuhr er grimmig fort.

Sie gingen noch eine Weile, da hielt Hadumoths Geleitsmann an einem felsigen Vorsprung. »Warte!« sprach er zu ihr. Er schleppte etliche Stämme dürres Tannenholz zusammen und schichtete sie auf, Reisig und Kienspäne reichlich dazwischen, doch ließ er's unangezündet. Das Gleiche tat er an andern Plätzen. Hadumoth sah ihm zu; sie wußte nicht, warum er's tat.

Dann stiegen sie zu den Ufern des Rheins hinunter.

»Ist's dein Ernst mit den Hunnen?« frug er noch einmal. »Ja!« sprach Hadumoth. Da löste er einen im Gebüsch verborgenen Kahn und fuhr sie hinüber. Am andern Ufer war's waldig: er ging ein Stück einwärts und schaute sorgfältig um. Auch dort lag ein Holzstoß geschichtet und Kienfackeln dabei, von grünen Zweigen verdeckt. Er nickte zufrieden und kam zu Hadumoth. »Weiter geh' ich nicht mit, dort ist Fricktal und Hunnenlager. Mach', daß sie deinen Buben herausgeben, eher heut als morgen, 's könnt sonst zu spät werden. Behüt' dich Gott! du bist ein tapfer Kind.«

»Ich dank' dir«, sprach Hadumoth und drückte seine schwielige Hand. »Warum gehst du nicht mit?«

»Ich komm' später!« sagte der Fischer mit bedeutsamem Ton und stieg in seinen Kahn.

Am Eingang zum Tal war der Hunnen Lager geschlagen, wenig Gezelte und etliche große Hütten aus Buschwerk und Stroh, in Blockhäusern von Tannstämmen die Pferde. Es lehnte sich im Rücken an einen Berg, nach vorn war ein Graben gezogen als Schutzwehr und mit Verhack, Pfählen und dazwischen geworfenen Felsblöcken nach Art des hunnischen Landhags[190] gesperrt. Bis weit hinaus ritten die Vorposten auf und nieder. Halb war es das Bedürfnis der Ruhe nach Ritt und Kampf, halb ein Anschlag aufs Kloster des heiligen Fridolin drüben, was sie dort festhielt. Ein Teil der Mannschaft baute Schiffe und Flöße am Rhein.

In seinem Zelt lag Hornebog, der Führer seit Ellaks Fall. Decken und Polster waren aufgetürmt, er freute sich keiner Ruhe. Erika, die Heideblume, saß bei ihm und spielte mit einem güldenen Kleinod, das sie an seidener Schnur um den Hals trug.

»Ich weiß nicht«, sagte Hornebog zu ihr, »es ist sehr ungemütlich geworden. Die Kahlgeschorenen am See haben zu wütend dreingeschlagen. Wir müssen sachter tun.[191] Hier trau' ich auch nicht; 's ist mir zu ruhig, und Ruhe geht vor dem Sturm. Mit dir ist's auch nichts mehr, seit sie den Ellak erschlagen. Solltest mich jetzt lieben wie ihn, als er der erste war – und du bist wie ein ausgebrannt Kohlenfeuer.«

Erika schnellte das Kleinod an seiner Schnur weit von sich, daß es tönend an die Brust zurückprallte, und summte was Hunnisches vor sich hin.

Da trat ein wachehaltender Kriegsmann ins Zelt, Hadumoth, die Hirtin, mit ihm und Snewelin von Ellwangen als Dolmetsch. Das Kind war ins Lager gekommen, durch Vorposten und Wacheruf unverzagt durchschreitend, bis sie's festhielten. Snewelin trug Hadumoths Begehr um den gefangenen Knaben vor; er war mitleidig und weich gestimmt, als wär' er noch in der Heimat und begehe den Aschermittwoch, denn er hatte heute sämtliche Untaten im Lauf seines Hunnenlebens überrechnet, die ausgebrannten Klöster begannen ihm schwer auf dem Gewissen zu lasten.

»Sag' ihm auch, daß ich ein Lösegeld zahlen kann«, sprach Hadumoth und trennte des Mieders Naht auf, drin der Goldtaler war. Sie reichte ihn dem Anführer dar. Der lachte. Auch die Heideblume lachte.

»Verrücktes Land!« sprach Hornebog. »Die Männer scheren das Haupt, und die Kinder tun, was Kriegern geziemte. Wären uns die Gewaffneten vom See nachgezogen, statt dieses Mägdlein, es hätt' uns in Verlegenheit bringen mögen.«

Er sah das Kind mißtrauisch an. »Wenn sie zu spähen käme ...!« rief er. Aber Erika fuhr dazwischen und streichelte Hadumoths Stirn. »Du sollst bei mir bleiben«, sagte sie, »ich brauch' was zum Spielen, seit mein schwarzer Rapp' tot und mein Ellak tot ...«

»Schafft mir das Gezeug hinaus«, rief Hornebog unmutig. »Sind wir am Rhein, um mit Hirtenkindern zu spielen?!«

Da merkte Erika, daß beim Anführer ein Ungewitter im Anzug war; sie nahm das Mägdlein bei der Hand und ging mit ihr.

Wo das Lager sich an den Berg hinstreckte, war zwischen aufgehäuften Steinplatten die Feldküche errichtet. Dort schaltete die Waldfrau. Audifax kniete beim größten der Kessel und blies das Feuer an, die Abendsuppe brodelte drin. Jetzt sprang er auf und tat einen Schrei. Er hatte seine Gefährtin erschaut. Aber die Waldfrau reckte ihr Haupt hinter dem andern Kessel vor, das war mehr als ein Haltruf. Er stand unbeweglich, griff nach einem geschälten Ast und rührte die Suppe, wie's ihm vorgeschrieben war; – ein Bild stummen Jammers, er war blaß und hager geworden, die Augen trüb von Tränen, die niemanden gerührt.

»Daß Ihr mir den Kindern nichts zuleide tut, alte Meerkatze!« rief Erika der Waldfrau zu.

Da ging Hadumoth hinüber. Der Hirtenknabe ließ seinen

kunstlosen Löffel fallen und reichte ihr die Hand stumm und still, aber aus den tiefdunkeln Augen blitzte es zu ihr hinüber wie eine große Geschichte von Gefangenschaft, Duldung und schweifendem Wunsch des Befreitseins. Hadumoth stand unbeweglich vor ihm: sie hatte sich viel Rührendes gedacht vom Augenblick des Wiedersehens; das alles schwand – die größte Freude jubelt schweigend ihr Lied himmelan. »Gib mir eine Schüssel von deiner Suppe, Audifax«, sprach sie, »mich hungert!«

Die Waldfrau ließ es geschehen, daß er ihr eine hölzerne Schüssel aus dem Feldkessel füllte. Das hungrige Kind stärkte sich dran und war guten Mutes und erschrak nicht über die wilden Gesichter der hunnischen Reiter, die da kamen, ihre Abendsuppe zu schöpfen. Nachher setzte sie sich dicht zu Audifax hin. Er war stumm und zurückhaltend, erst wie es dunkel ward und seine Dräuerin von dannen ging, lösten sich die Fesseln seiner Zunge. »O, ich weiß viel, Hadumoth!« sagte er leise und sah sich scheu um »– ich weiß den Hunnenschatz! Die Waldfrau hat ihn in Verwahrung, zwei Truhen stehen unter ihrem Lager im Zweighaus: ich hab' selber hineingeschaut, es glänzt drin von Spangen und Vorhängkleinodien und güldenem Geschirr. Auch ein silbern Huhn mit Küchlein und Eiern ist dabei, das hat einer im Lombardenland mitgenommen, und viel Prächtiges sonst ... ich hab's teuer gebüßt, den Schatz zu sehen« ...

Er lüpfte seinen ledernen Schlapphut. Sein rechtes Ohr war halb abgeschnitten.

»... Die Waldfrau kam heim, eh' ich die Truhe zuschlagen konnte. ›Das sei dein Lohn‹, sprach sie und zuckte die Schere wider mein Ohr. 's hat weh getan, Hadumoth. Aber ich zahl's ihr heim!«

»Ich helf dir!« sprach die Gefährtin.

Lange noch plauderten die beiden; der Schlummer floh die Augen der Glücklichen. Der Lärm des Lagers schwieg. Dämmernde Schatten waren über das Tal gebreitet. Da sprach Hadumoth: »Ich muß immer und immer denken, es sei jene Nacht, wo die Sterne fielen.«

Audifax seufzte. »Ich gewinn' meinen Schatz doch noch«, sprach er; »ich weiß es.«

Und wieder saßen sie eine Weile, da schreckte Audifax zusammen, Hadumoth spürte das Zittern seiner Hand. – Über dem Rheine auf dunklem Berggipfel flammte ein Feuerzeichen auf, es war eine Fackel, die ein Mann in kreisendem Bogen schwingt und in die Lüfte hinausschleudert.

»Jetzt ist's erloschen!« sprach Audifax leis.

»Aber dort!« sagte Hadumoth erschrocken und wies rückwärts.

Von des Bötzbergs Höhe schlug eine Lohe empor und kreiste feurig und sprühte in Funken. Es war dasselbe Zeichen. Und drüben auf dem Schwarzwald hub sich an dem Platze, wo die Fackel geschwungen worden, eine hohe Flamme himmelan und leuchtete durch die sternlose Nacht. Von der Wache im Tal draußen scholl ein gellender Pfiff. Im Lager regte sich's. Die Waldfrau kam herein. »Was träumst du noch, Bub!« rief sie drohend, »schirr' unser Gespann und rüste das Saumroß!«

Schweigend gehorchte Audifax.

Der Wagen stand geschirrt, das Saumroß an den Pfahl gebunden; vorsichtig schlich die Alte heran und hing ihm zwei Körbe um und trug zwei Truhen herzu, die packte sie in die Körbe und tat Heu drüber. Sie spähte lauernd hinaus. Es war wieder still. Der Fricktaler Wein schaffte den Hunnen einen festen Schlaf.

»Es ist nichts!« brummte die Waldfrau, »wir können die Gäule wieder zur Ruhe bringen.« Da fuhr sie auf wie geblendet. Der Berg über dem Lager war lebendig geworden, es blitzte und sprühte von viel hundert Fackeln und Feuerbränden[192] und donnerte in wütendem Schlachtruf dazwischen, – vom Rhein her wälzten sich dunkle Massen, auf allen Gipfeln flammte es gen Himmel. – »Heraus, ihr Schläfer!« ... es war zu spät – schon flog der helle Brand ins Hunnenlager, – klagend Gewieher der Rosse tönte auf – der große Stall stand in Flammen – dunkle Gestalten brechen ein, fackelglanzbeschienen kommt heute der Tod: – das ist der alte Irminger, Herr im Frickgau, der ihn bringt, er, der starke Vater sechs starker Söhne, der wie Mattathias mit seinen Makkabäern das Elend seines Volkes nicht länger erschauen wollte, – und, von ihnen geführt, die Männer von Hornussen und Herznach und die aus dem Aartal und von Brugg und von Badens heißen Quellen und weit von der Giselaflueh her. In sicherm Waldversteck waren sie gelegen, bis auf dem Eggberg drüben die Fackel schwirrte, das war des Schwarzwalds nachbarliche Hilfe – da ging's vorwärts zum Sturm.

Graunvoll tönte der Überfallenen Schrei in den Sturmruf. Blutigen Hauptes sprengte Snewelin vorüber, ein wohlgeschleuderter Pechbrand haftete an seiner Gewandung und flakkerte weiter, daß er aussah wie ein feurig Gespenst: »Die Welt geht unter!« rief er, »das Tausendjährige Reich bricht an, Herr, sei meiner armen Seele gnädig!«

»Verloren, alles verloren!« sprach die Waldfrau vor sich hin und fuhr mit der Hand über die Stirn. Dann band sie das Saumroß los, um es auch noch vor ihren Wagen zu schirren. Im Dunkel stand Audifax, er biß die Zähne zusammen, um nicht jubelnd hinauszujauchzen in das Geheul des nächtlichen Überfalls; zitternder Widerschein des Feuers spielte um sein Antlitz; es kochte in ihm. Eine Weile schaute er starr ins Rennen und Wogen und Kämpfen der dunkeln Männer – »jetzt weiß ich's!« sprach er leise zu Hadumoth; er hatte einen Feldstein aufgerafft, katzenschnell sprang er an der Waldfrau hinauf und schlug sie nieder, das Saumroß riß er weg und hob mit Mannesstärke die kniende Hadumoth hinauf. »Halt dich fest am Sattelknopf!« – er sprang aufs Roß und griff die Zügel, das fühlte die ungewohnten Reiter, scheu von Brand und Glanz, sprengte es davon in die Nacht. – Audifax wankte nicht, sein Herz pochte in lautem Schlag, er schloß die Augen vor dem qualmenden Rauch – über Erschlagene ging's und durchs Gewühl streitender Männer ... itzt tobte der Schlachtenlärm entfernter, das Roß schlug langsameren Schritt an, dem Rheine entgegen trug es die Kinder – sie waren gerettet.

Und sie ritten die lange bange Nacht durch und schauten

nicht um. Audifax hielt schweigsam die Zügel, es war ihm oft, als wär' alles ein Traum gewesen; er legte die Linke auf Hadumoths Haupt und klopfte an die Truhe im Hängekorb, es gab einen Klang von Metall, da erst wußte er wieder, daß er nicht geträumt. Und das Roß war brav und trug seine Last willig, über Feld und Heide ging der Weg und durch finstere Wälder, immer dem strömenden Rhein entgegen.

Wie sie lang und weit geritten waren, da kam ein kühler Luftzug, daß sie zusammenschauerten: das war des Morgens Vorbote.[193] Hadumoth schlug die Augen auf. »Wo sind wir?« fragte sie. »Ich weiß es nicht«, sagte Audifax.

Jetzt hörten sie ein Rauschen und Tosen wie fernen Donner, aber es war nicht von einem Gewitter; der Himmel hellte sich, die Sternlein verblaßten und schwanden. Der Donner ward lauter und näher, sie ritten an einem Kastell vorüber, das sah stattlich in die Gewässer herunter, dann bog ihr Pfad um einen Bergrücken, da kam der Rhein in breiter Strömung daher und stürzte mit Hall und Schall und sprühendem Geschäume über dunkles zernagtes Gefels;[194] perlender Wasserstaub stäubte herüber und alles stand in feuchtem Duft . . . das Roß hielt an, als wolle es den gewaltigen Anblick bedachtsam in sich aufnehmen; Audifax sprang herab, hob die müde Hadumoth herunter, stellte die Hängekörbe zur Erde und ließ das brave Tier grasen.

Und die Kinder standen vor dem Fall des Stromes, Hadumoth hielt ihres Gefährten Rechte in ihrer Linken, lang und lautlos schauten sie hinein. Und die Sonne warf ihre Strahlen über die stürzende Flut, die fing sie auf und fügte sie zu farbigem Regenbogen zusammen und spielte mit dem schillernden Licht . . .

Audifax aber ging jetzt zu den Körben, nahm eine Truhe herfür und schlug sie auf – es war eitel Gold und Geschmeide drin – der Schatz, der langersehnte, war gehoben und war sein eigen, nicht durch Zauberformel und nächtige Beschwörung, eigen durch kräftig Rühren der Hände und Dreinschlagen und Nutzung des günstigen Augenblicks. Er schaute in den güldenen Flimmer: Es überraschte ihn nicht, er wußte ja seit Monden, daß ihm ein solches beschieden war ... Von jeglicher Art der güldenen Stücke las er eines aus, von Gefäßen eines, von Ringen einen, von Münzen und Armspangen eine und trug sie ans Ufer.

»Hadumoth«, sprach er, »hier muß Gott sein, sein Regenbogen schwebt über dem Wasser. Ich will ihm ein Dankopfer bringen.«

Er trat vor auf einen Felsblock am Rande des Stromes und schleuderte mit starkem Arm das Gefäß in die brausende Rheinflut und den Ring und die Münze und die Spange – dann kniete er auf die Erde und Hadumoth kniete zu ihm und sie beteten eine lange Zeit und dankten Gott ...

Cappan wird verheiratet

Wenn das Gewitter vorüber ist, kommen die Bäche trüb und erdfarbig dahergeflossen. So folgt auf landerschütternde Bewegung meist eine Zeit kleiner verdrießlicher Geschäfte, bis das alte Geleise wiederhergestellt worden.

Auch Frau Hadwig mußte das erfahren.

Es war viel zu richten und schlichten nach Vertreibung der Hunnen. Sie unterzog sich dem gerne, ihr beweglicher Geist und die Freude am eigenen Eingreifen erleichterten die Sorge des Regierens.

Witwen und Waisen der gefallenen Heerbannmänner kamen, und wem der rote Hahn aufs Dach der Hütte geflogen und wem die junge Saat von Rosseshuf zerstampft war: es ward Hilfe geschafft, so viel wie möglich! Boten an den Kaiser gingen ab mit Bericht über das Geschehene und Vorschlag künftiger Abwehr, der Burg Befestigung, wo sie sich mangelhaft erwiesen, ward gebessert, die Waffenbeute bemessen und verteilt, die Stiftung einer Kapelle auf dem Grabhügel der christlichen Kriegsmänner beschlossen.

Mit Reichenau und Sankt Gallen war viel Verhandlung: geistliche Freunde vergessen niemals Rechnung zu stellen für erwiesenen Dienst. Sie wußten eindringlich zu jammern und wehklagen über die Schädigung der Gotteshäuser und unerschwingliche Einbuße an Hab und Gut: daß eine Schenkung von Grund und Boden den bedrängten Gottesmännern sehr erwünscht käme, ward der Herzogin täglich ins Gehör geträufelt. Fern im Rheintal, wo der Berg von Breisach mit seinen dunkel ausgebrannten Felsrücken der Strömung sich entgegenstemmt, war der Herzogin das Hofgut Saspach.[195] Auf vulkanischem Boden gedeiht die Rebe, – das hätte den frommen Brüdern auf der Aue wohl getaugt; schon um den Unterschied des rheinischen Weines von dem am See erproben zu können, außerdem als geringer Ersatz für tapferes Streiten und die nötigen Seelenmessen um die Gebliebenen.

Und wie sich Frau Hadwig eines Tages dem Vorschlag, es abzutreten, nicht ganz abgeneigt erwiesen, kam schon des andern mit dem Frühsten der Subprior geritten und bracht' ein großes Pergament, drauf stund die ganze Formel der Schenkung, und klang recht stattlich, wie alles dem heiligen Pirminius solle zugewiesen sein, Haus und Hof und aller Zubehör, gerodet Land und ungerodet, Wald und Weinberg, Weide und Wieswuchs und der Lauf der Gewässer samt Mühlenbetrieb und Fischfang, und was von eigenen Leuten männlichen und weiblichen Geschlechts auf den Huben seßhaft ... und fehlte auch die übliche Verwünschung nicht: »So sich einer vermessen sollt«, hieß es, »die Schenkung anzuzweifeln oder gar dem Kloster zu entziehen, über den sei *Anathema Maranatha* gesprochen, der Zorn des Allmächtigen und aller heiligen Engel treffe ihn, mit Aussatz werde er geschlagen wie Naëmann, der Syrer, mit Gicht und Tod wie Ananias und Sapphira, und ein Pfund Goldes zahle er zur Sühne des Frevels dem Fiskus.«[196]

»Der Herr Abt hat seiner gnädigen Herrin die Mühe sparen wollen, den Schenkbrief selbst aufzusetzen«, – sprach der Subprior, »es ist freier Raum gelassen, Namen und Grenzen des Gutes einzutragen, die Unterschriften der Parteien und Zeugen beizufügen, die Sigille dranzuhängen.«

»Wisset ihr euch bei allen Geschäften so zu sputen?« erwiderte Frau Hadwig. »Ich werd' mir euer Pergament bei Gelegenheit ansehen.«

»Es wäre dem Abt ein liebsam und erwünscht Ding, so ich ihm heute schon die Schrift von Euch gezeichnet und gesiegelt zurückbringen könnte. ›Es ist wegen der Ordnung im Klosterarchiv‹, hat er gesagt.«

Frau Hadwig schaute den Mann von oben herab an. »Sagt Eurem Abt«, sprach sie, »daß ich eben die Rechnung stellen lasse, um wieviel der Brüder Einlagerung auf dem hohen Twiel mich an Küche und Keller geschädigt. Sagt ihm außerdem, daß wir unsere eigenen Schreibverständigen haben, so es uns zu Sinne kommt, Hofgüter am Rhein zu verschenken, und daß ...«

Es lagen ihr noch etliche bittere Worte auf der Zunge. Der Subprior fiel beschwichtigend ein und gedachte, eine Reihe von Fällen aufzuzählen, wo erleuchtete Herren und Fürsten desgleichen getan, – wie die Könige in Francien drüben dem heiligen Martinus von Tours reichlichst den Schaden ersetzt, den er durch der Normänner Plünderung erlitten, und wie erklecklich durch solche Schenkung dem Heil der Seele Vorschub geleistet sei, denn wie das Feuer durchs Wasser gelöscht werde, so die Sünde durchs Almosen ...

Die Herzogin wandte ihm den Rücken und ließ ihn samt seinen unerzählten Beispielen im Saale stehen. »Zu viel Eifer ist vom Übel!« murmelte der Mönch; »langsam gefahren, sicher gefahren!« Da wandte sich die Herzogin noch einmal. Es war eine unbeschreibliche Handbewegung, mit der sie sprach: »Wollet Ihr mich verlassen, so gehet auch gleich und ganz!«

Er trat seinen Rückzug an.

Den Abt zu ärgern, übersandte sie noch desselben Tages dem greisen Simon Bardo für glückliche Lenkung der Schlacht eine güldene Kette.

Ein Mann, mit dessen Schicksal sich die Herzogin gern beschäftigte, war der gefangene Hunne Cappan. Der hatte anfangs böse Tage durchlebt; es war ihm noch nicht klar, warum man ihn am Leben gelassen, er lief scheu umher, wie einer, der kein

Recht auf sich selber mehr hat, und wenn er auf seinem Strohlager schlummerte, kamen schöne Träume über ihn: Da sah er weite blumige Gefilde, aus denen wuchsen Galgen ohne Zahl wie Disteln in die Höhe, und an jedem hing einer seiner Landsleute, und am höchsten hing er selber und fand's ganz in der Ordnung, daß der dran hing, denn das war das Los Kriegsgefangener in selben Tagen.[197] Es ward aber keiner für ihn errichtet. Noch etliche Zeit schaute er mißtrauisch auf die Linde im Burghof; die hatte einen stattlichen kahlen Ast, und es deuchte ihm oftmals, als winke ihm der Ast herauf und sage: »Hei! wie taugtest du, mich zu schmücken!«

Allmählich fand er jedoch, daß die Linde ein schöner schattiger Baum sei, und ward zutraulicher. Sein durchstochener Fuß heilte, er trieb sich in Hof und Küche herum und schaute mit stumpfer Verwunderung in das Getrieb' deutschen Hauswesens. Er vermeinte zwar auf hunnisch, eines Mannes Heimat solle der Rücken des Rosses sein und für Weib und Kind genüge ein fellumhangener Wagen, aber wenn's regnete oder die Abendkühle kam, schien ihm das Herdfeuer und die vier Wände nicht zu verachten, ein Trunk Wein besser als Stutenmilch und ein wollenes Wams weicher als ein Wolfspelz. So schwand die Sehnsucht des Fliehens; vor Heimweh war er geschützt, weil ihm ein Vaterland fremd.

In Hof und Garten schaltete dazumal eine Maid, die hieß Friderun und war hoch wie ein Gebäu von mehreren Stockwerken, drauf ein spitzes Dach sitzt, denn ihr Haupt hatte die Gestalt einer Birne und glänzte nicht mehr im Schimmer erster Jugend; wenn der breite Mund sich zu Wort oder Gelächter auftat, ragte ein Stockzahn herfür, als Markstein gesetzten Alters. Die bösen Zungen raunten sich zu, sie sei einst Herrn Spazzos Freundin gewesen, aber das war schon lange her; seit Jahren war ihre Huld einem Knecht zugewandt, den hatten in den Reihen des Heerbannes die Hunnen erschossen – itzt stand ihr Herz verwaist.

Große Menschen sind gutmütig und leiden nicht unter den Verheerungen allzu scharfen Denkens. Da lenkte sie ihre Augen auf den Hunnen, der sich einsam im Schloßhof umtrieb, und ihr Gemüt blieb mitleidig an ihm haften wie der funkelnde Tautropfen am Fliegenschwamm. Sie suchte ihn heranzubilden zu den Künsten, die ihr selber geläufig, und wenn sie im Garten gejätet und gehackt, geschah es, daß sie ihre Hacke dem Cappan übergab; der tat, wie er's von seiner Meisterin gesehen. Auch im Abschneiden von Bohnen und Kräutern folgte er ihrem Beispiel, – und nach wenig Tagen, wenn Wasser vom Brunnen beigeschafft werden sollte, brauchte die schlanke Friderun nur auf den hölzernen Kübel zu deuten, so hatte ihn Cappan aufs Haupt gehoben und schritt damit zum plätschernden Brunnen im Hofe.

Nur in der Küche ward am gelehrigen Tage keine Freude erlebt, denn wie ihm einsmal ein Stück Wildbret zugewiesen war, daß er's mit hölzernem Schlegel mürb schlage, kamen alte Erinnerungen über ihn, und er zehrte ein Stück davon roh auf samt Zwiebeln und Lauch, die zu des Bratens Würze bereitstanden.

»Ich glaub', mein Gefangener gefällt dir«, rief ihr Herr Spazzo eines Morgens zu, als der Hunn' fleißig mit Holzspalten beschäftigt war. Dunkelrot färbten sich die Wangen der hohen Gestalt. Sie schlug die Augen nieder. – »Wenn der Bursch deutsch reden könnt' und kein verdammter Heidenmensch wär' ...« fuhr Herr Spazzo fort.

Die Schlanke schwieg verschämt.

»Ich weiß, daß du ein Glück verdienst, Friderun ...« sprach Herr Spazzo weiter. Da löste sich Friderуns Zunge. »Von wegen des deutsch Redens ...« sagte sie mit fortwährend gesenktem Blick, »auf die Sprache käm' mir's gar nicht an. Und wenn er ein Heide ist, so braucht er ja keiner zu bleiben. Aber ...«

»Was aber?«

»Er kann nicht sitzen beim Essen wie ein vernünftiger Mensch. Er liegt immer den langen Weg auf dem Boden, wenn's ihm schmecken soll.«

»Das wird ihm ein Ehegespons, wie du, sattsam austreiben. Habt ihr euch schon verständigt?«

Friderun schwieg abermals. Plötzlich lief sie davon wie ein gehetztes Wild, die Holzschuhe klapperten auf dem Steinpflaster des Hofes. Da ging Herr Spazzo zum holzspaltenden Cappan, schlug ihm auf die Schulter, daß er aufschaute, deutete mit gehobenem Zeigefinger auf die Fliehende, nickte mit dem Haupt fragend und blickte ihn scharf an. Der Hunn' aber fuhr mit dem rechten Arm auf die Brust, neigte sich, tat dann einen mächtigen Satz in die Höhe, daß er sich um sich selber herum drehte, wie der Erdball um seine Achse, und verzog seinen Mund in fröhlichem Grinsen.

Da wußte Herr Spazzo, wie es mit beider Gemüt beschaffen war.[198] Friderun hatte des Hunnen Luftsprung nicht erschaut. Zweifel lasteten noch auf ihrer Seele, darum erging sie sich vor dem Burgtor; sie hatte eine Wiesenblume gepflückt und zupfte die weißen Blumenblättlein, eines nach dem andern: »Er liebt mich, er liebt mich nicht, er liebt mich.« Wie sie alle ein Spiel der Winde geworden bis aufs letzte, hörte ihr Gemurmel auf; sie sah den kahlen Blumenrest mit dem einen kleinen weißen Blättlein verklärt an[199] und nickte wohlgefällig lächelnd darauf nieder. Spazzo, der Kämmerer, aber trug die Sache seines Gefangenen der Herzogin vor. Geschäftigen Geistes gedachte sie sogleich dessen Schicksal zu gestalten. Der Hunn' hatte im Garten Proben einer löblichen Kunst abgelegt; er wußte dem treulos unterirdischen Wühlen der Maulwürfe Einhalt zu tun – mit eingebogenen Weidenruten, dran er eine Schlinge festigte, hatte er manchem der schwarzen Gesellen ein unerwünscht Lebensend' bereitet, aufgeschnellt baumelten sie im gleichen Augenblick zu Sonnenlicht, Galgen und Tod empor. Auch flocht er aus Draht treffliche Fallen der Mäuse und zeigte sich in allem, was niedere und niederste Jagd angeht, wohlerfahren.

»Wir weisen ihm etliche Huben Landes drüben am Stofflerberge zu«, sprach Frau Hadwig. »Als Fron- und Felddienst soll er dafür den Krieg gegen alles saatverderbende Getier führen, soweit unser Twing und Bann reicht. Und wenn die lange Friderun Gefallen an ihm hat, mag sie ihn nehmen; es wird schwerlich schon eine andere aus den Jungfrauen unseres Landes ein Aug' auf ihn geworfen haben.«

Sie gab Ekkehard die Weisung, den Gefangenen vorzubereiten, daß er seines Heidentums ledig in die christliche Gemeinschaft aufgenommen werden möge. Der schüttelte zwar bedenklich das Haupt, aber Frau Hadwig sprach: »Der Wille muß für das gut sein, was an der Einsicht abgeht! den Unterricht möget Ihr kurz halten, soviel als den Sachsen, die der große Karl in die Weser treiben ließ, wird ihm auch deutlich werden.«

Ekkehard tat, wie ihm geheißen, und seine Lehre fiel auf gutes Erdreich. Cappan hatte auf seinen Heerzügen manch ein deutsches Wort aufgelesen und hatte, wie alle seine Landsleute, einen eigenen Sinn, zu erraten, was anderer Absicht, auch wenn die Sprache nicht ganz verstanden ward. Zeichen und Bild ergänzte vieles; wenn Ekkehard vor ihm saß, das metallbeschlagene Evangelienbuch mit den goldgemalten Buchstaben aufgeschlagen, und gen Himmel deutete, so wußte der Hunn', wovon die Rede; das Abbild des Teufels verstand er und gab in Gebärden kund, daß der zu verabscheuen sei; vor dem Zeichen des Kreuzes warf er sich, wie er von andern gesehen, in die Knie. So gedieh der Unterricht.

Wie Cappan seinerseits sich auszudrücken vermochte, stellte sich freilich heraus, daß seine Vergangenheit eine sehr schlimme. Er nickte bejahend auf die Frage, ob er Wohlgefallen an der Zerstörung von Kirchen und Klöstern gehabt, und an den ausgereckten Fingern war abzuzählen, daß er mehr denn einmal bei solchem Frevel mitgewirkt.

Unter Zeichen aufrichtiger Reue aber tat er zu wissen, daß er in jüngeren Tagen zu Heilung von schlimmem Wundfieber ein Stück vom Herzen eines erschlagenen Klerikers aufgezehrt;[200] zur Sühne lernte er jetzt desto emsiger die offene Schuld aussprechen; wenn ein Wort fehlte, half ihm Friderun, und bald konnte Ekkehard erklären, daß er mit ihm zufrieden, wenn auch nicht alles in seinem Gemüt Eingang gefunden, was der Kirchenvater Augustinus in seinem Buch von Unterweisung der im Glauben Rohen verlangt.

Da ordneten sie einen Tag zu gleichzeitigem Vollzug von Taufe und Hochzeit. Nach der Herzogin Geheiß sollten ihm drei Taufpaten gegeben sein, einer vom Kloster Reichenau, einer von Sankt Gallen und einer vom Heerbann, zum Gedächtnis an die Schlacht, drin sie ihn gefangen. Die Reichenauer sandten Rudimann, den Kellermeister; für den Heerbann trat Herr Spazzo ein. Und weil die Paten sich nicht einigen konnten, welch einen neuen Namen der Täufling führen sollte, ob Pirmin, zu Ehren der Reichenau, oder Gallus, brachten sie es vor die Herzogin zum Austrag; die sprach: »Heißet ihn Paulus, denn auch er ist schnaubend von Wut und Mord gegen die Jünger des Herrn ins Land gezogen, bis daß ihm die Schuppen von den Augen fielen.«

Es war ein Sonnabend, da führten sie den Cappan, der während des ganzen Tages gefastet, zur Kapelle der Burg und verbrachten abwechselnd die Nacht mit ihm im Gebete. Der Hunn' war ergeben und fromm und trug sich mit ernsten Gedanken und vermeinte, der Geist seiner Mutter sei ihm erschienen, in Lämmerfelle gehüllt, und hab' ihm zugerufen: »Dein Bogen ist zerbrochen, duck' dich, arm Reiterlein, die dich vom Roß gestochen, solln deine Herren sein!«

In stiller Sonntagsfrühe aber, als noch perlender Tau die Halme netzte und kaum ein erstes Lerchlein sich zum reinen Morgenhimmel aufschwang, wallte eine kleine Schar mit Kreuz und Fahne den Burgweg hinab – diesmal kein Trauerzug.

Ekkehard voraus im violetten Priestergewand, inmitten seiner Paten der Hunne, so schritten sie durch den üppigen Wieswuchs ans Ufer des Flüßleins Aach. Dort pflanzten sie das Kreuz in weißen Sandboden und traten im Halbkreis um den, der heute zum letztenmal Cappan heißen sollte; hell klang ihre Litanei durch die Morgenstille zu Gott auf, daß er gnädig herabschaue zu dem, der jetzt seinen Nacken vor ihm beuge und sich nach Befreiung sehne vom Joch des Heidentums und der Sünde.

Dann hießen sie den Täufling sich entkleiden bis auf die Umgürtung der Lenden. Er kniete im Ufersand, Ekkehard sprach die Beschwörung im Namen dessen, den Engel und Erzengel fürchten, vor dem Himmel und Erde erzittern und die Abgründe sich auftun, auf daß der böse Geist die letzte Gewalt über ihn verliere, dann hauchte er ihn dreimal an, reichte geweihtes Salz seinem Munde, als Sinnbild neuer Weisheit und neuen Denkens, und salbte ihm die Stirn und Brust mit heiligem Öle. Der Täufling war wie erschüttert und wagte kaum zu atmen, so schlug ihm die Wucht der Feier ins Gemüt. Wie ihm darauf Ekkehard die Formel der Abschwörung vorsprach: »Versagst du dem Teufel und allen seinen Werken und allen seinen Gezierden?« antwortete er mit heller Stimme: »Ich versag' ihm!« und sprach, so gut er's vermochte, die Worte des Bekenntnisses nach, drauf tauchte ihn Ekkehard in die kühle Flut des Flüßleins, die Taufe war ausgesprochen, der neue Paulus stieg aus dem Gewässer ... einen wehmütigen Blick warf er nach dem frischen Grabhügel, der sich drüben am Waldsaum türmte, dann zogen ihn die Taufpaten herauf und hüllten den Zitternden in ein blendend linnen Gewand. Vergnüglich stand er unter seinen neuen Brüdern. Ekkehard hielt eine Ansprache nach den Worten der Schrift: »Der ist selig, welcher sein Gewand treu behütet, damit er nicht nackend gehe«[201] und mahnte ihn, daß er von nun an das makellose Linnen trage als Gewand der Wiedergeburt in Rechtschaffenheit und Güte, wie es die Taufe ihm verliehen, – und legte ihm die Hände auf. Mit schallendem Lobgesang führten sie den Neubekehrten zur Burg zurück.

In der gewölbten Fensternische eines Gemachs im Erdgeschoß saß indessen Friderun, die lange. Praxedis huschte auf und ab wie ein unstetes Irrlicht; sie hatte sich's von der Herzogin erbeten, die ungeschlachte Braut zu ihrem Ehrentag zu schmücken. Schon waren die Haare eingeflochten in rote Stränge von Garn, der unendlich faltenreiche Schurz wallte bis zu den hochabsätzigen Schuhen, drüber prangte der dunkle Schappelgürtel mit seiner güldfadenen Einfassung – nur wer die Braut erstreitet, darf ihn lösen – jetzt griff Praxedis die glitzernde glasperlenbesetzte Krone voll farbiger Steine und Flittergold: »Heilige Mutter Gottes von Byzantium!« rief sie, »muß das auch noch aufgesteckt werden? Wenn du mit dem Kopfschmuck einherschreitest, Friderun, werden sie in der

Ferne glauben, es sei ein Festungsturm lebendig geworden und wandle zur Trauung.«

»Es muß sein!« sprach Friderun.

»Warum muß es sein?« fragte die Griechin. »Ich hab' daheim manch schmucke Braut gesehen, die trug den Myrtenkranz oder den silbergrünen Olivenzweig in den Locken, und es war gut so. Freilich in euren harzigen rußigen schwärzlichen Tannenwäldern wächst nicht Myrte und nicht Olive, aber Efeu wär' auch schön, Friderun?«

Die drehte sich zürnend im Stuhl. »Lieber ledig bleiben«, sprach sie, »als mit Blatt und Gras im Haar zur Kirche gehn. Das mögt Ihr hergelaufenem Volk raten, aber wenn ein Hegauer Kind Hochzeit macht, muß die Schappelkrone sein Haupt schmücken, das gilt von jeher, seit der Rhein durch den Bodensee rinnt und die Berge stehen. Wir Schwaben sind all ein königlich Geschlecht, hat mein Vater immer gesagt.«

»Euer Wille geschehe«, sprach Praxedis und heftete ihr die Flitterkrone auf.

Die große Braut erhob sich, aber Falten lagerten über ihrer Stirn wie ein Schatten eilenden Gewölks, der sein vorübergehend Dunkel auf die sonnbeglänzte Ebene wirft.

»Willst du jetzt schon weinen«, fragte die Griechin, »auf daß dir in der Ehe die Tränen gespart werden?«

Friderun machte ein ernst Gesicht und der unholde Mund zog sich betrübt in die Länge, daß Praxedis Müh' hatte, nicht zu lachen.

»Mir ist so bang«, sprach die Braut des Hunnen.

»Was soll dir bang machen, zukünftige Nebenbuhlerin der Tannen am Stofflerberg?«

»Ich fürcht', die Burschen des Gaus tun mir einen Spuk an, daß ich den Fremden heirate. Wie der Klostermeier vom Schlangenhof die alte Witfrau vom Bregenzer Wald heimgeführt hat, sind sie ihm in der Hochzeitnacht vors Haus gezogen und haben mit Stierhörnern und Kupferkesseln und großen Meermuscheln eine Höllenmusik gemacht, wie wenn ein Hagelwetter wegzudrommeten wär'; und wie der Rielasinger Müller am ersten Tag seines Ehestandes vors Haus trat, stand ein Maienbaum gepflanzt, der war kahl und dürr, und statt Blumen hing ein Strohwisch dran und ein zerlumpt grüngelb Schürzlein.«

»Sei gescheit!« tröstete Praxedis.

Aber Friderun jammerte weiter: »Und wenn sie mir's machen wie des Bannförsters Witib, da sie den Jägersknaben nahm? Der haben sie nachts das Strohdach entzweigeschnitten oben auf dem Hausfirst, halb zur Rechten, halb zur Linken ist's heruntergerollt, der blaue Himmel hat in ihr Hochzeitsbett geleuchtet, ohne daß sie wußten warum, und die Krähen sind ihnen zu Häupten geflogen.«[202]

Praxedis lachte. »Du wirst doch ein gut Gewissen haben, Friderun?« sprach sie bedeutsam.

Aber der stand das Weinen näher.

»Und wer weiß«, sprach sie ausweichend, »was mein Cappan . . .«

»Paulus«, verbesserte Praxedis.

». . . in jungen Tagen für Streiche gemacht? Gestern nacht hat mir geträumt, er habe mich fest in seinen Armen gehalten, da sei ein hunnisch Weib gekommen, gelb von Gesicht und schwarz von Haar, und hab' ihn weggerissen. ›Mein gehört er!‹ drohte sie, und wie ich ihn nicht lassen wollte, ward sie zur Schlange und ringelte sich fest an ihm auf . . .«

»Laß die Schlangen und Hunnenweiber«, unterbrach sie Praxedis, »und mach' dich fertig, sie kommen schon den Berg herauf . . . Vergiß den Rosmarinzweig nicht und das weiße Tuch!«

Hell glänzte draußen im Burghof des Cappan weißes Festgewand. Da gab Friderun den trüben Gedanken Valet und schritt hinaus; die Ehrenmägde empfingen sie im Hof, der Neugetaufte lachte ihr fröhlich entgegen, das Glöcklein der Burgkapelle läutete, es ging zur Hochzeit.[203]

Die Trauung war beendet, mit strahlendem Antlitz verließ das neue Ehepaar die Burg. Frideruns ganze Sippschaft war erschienen, stämmige Leute, die an Höhe des Wuchses der Braut nicht nachstanden; sie saßen als Meier und Bauern auf den nachbarlichen Höfen; itzt zogen sie nach dem Gütlein am Fuß des hohen Stoffeln, das erste Feuer zur Einweihung des neuen Herdes anzuzünden und das Hochzeitsfest zu feiern. Voraus im Zug wurde auf bekränztem Wagen der Brautschatz geführt; da fehlte die große Bettstatt von Tannenbrettern nicht, Rosen und Drudenfüße als Abwehr von Alp und Wichtelmännern und andern nächtlichen Unholden waren darauf gemalt; – in Kisten und Kasten folgte ein mannigfacher Hausrat.

Die Ehrenmägde trugen die Kunkel mit angelegtem Flachs und den schön gezierten Brautbesen von weißen Reisern, einfache Sinnbilder von Fleiß und Ordnung fürs künftige Hauswesen.

An Jauchzen und Jubelruf ließen es die Geleitsmänner nicht fehlen; dem Cappan aber war's zu Sinn, als hätten die Fluten der Taufe in früher Morgenstund' alle Erinnerung weggespült, daß er je streifend und schweifend ein Roß getummelt, er schritt ehrsam und bürgerlich mit Schwägern und Schwiegern, als wär' er von Jugend ein Fronvogt oder Schultheiß im Hegau gewesen.

Noch war der Lärm der bergab Ziehenden nicht verklungen, da traten zwei schmucke Burschen vor die Herzogin und ihre klösterlichen Gäste, des Schaffners auf der kaiserlichen Burg Bodmann Söhne und Frideruns Gevattern. Sie kamen als Hochzeitbitter, jeder eine gelbe Schlüsselblume hinters Ohr gesteckt und einen Strauß am zwilchenen Gewand.

Verlegen blieben sie unter des Saales Eingang stehen, die Herzogin winkte, da traten sie etliche Schritte vor, dann noch etliche, und scharrten eine Verbeugung und sprachen den altherkömmlichen Ladspruch zum Ehrentag ihrer Base und baten, ihnen hinüberzufolgen über Weg und Steg, über Gassen und Straßen, Brück' und Wasser zum Hochzeitshaus; dort werd' man auftragen Kraut und Brot, wie selbes geschaffen der allmächtige Gott, ein Faß werd' rinnen und Geigen drein klingen, ein Tanzen und Springen, Jubilieren und Singen. »Wir bitten Euch, laßt zwei schlechte Boten sein für einen guten, gelobt sei Jesus Christ!« so schloß ihr Spruch, und ohne den Bescheid zu erwarten, scharrten sie die zweite Verbeugung und enteilten.

»Erweisen wir unserem jüngsten christlichen Untertan die Ehre des Besuchs?« fragte Frau Hadwig heiter. Die Gäste wußten, daß auf Fragen, die sie so freundlich stellte, keine Verneinung zieme. Da ritten sie des Nachmittags hinüber. Auch Rudimann, der Abgesandte von Pirminius' Kloster, ritt mit, er hielt sich schweigsam und lauernd, seine Rechnung mit Ekkehard war noch nicht abgemacht.

Der Stoffler Berg ragt stolz und lustig mit seinen drei Basaltkuppen, von dunkelm Tannwald umsäumt, ins Land hinaus. Die Burgen, deren Trümmer itzt sein Rücken trägt, waren noch nicht gebaut, nur auf dem höchsten stand ein verlassener Turm. Auf dem zweiten Bergvorsprung aber war ein bescheiden Häuslein im Waldversteck – des neuen Ehepaars Sitz. Als Zins und Zeichen, daß der Einziehende der Herzogin Mann, war ihm gesetzt, alljährlich fünfzig Maulwurfsfelle einzuliefern und auf Sankt Gallus' Festtag einen lebenden Zaunkönig.

Auf grüner Waldwiese hatte die Hochzeitsippe ihr Lager aufgeschlagen; in großen Kesseln ward gesotten und gebraten, wem keine Platte oder Teller zuteil wurde, der schmauste von tannenem Brett, wo die Gabel fehlte, ward zweizinkige Haselstaude zu deren Rang erhoben.

Cappan war mühsam zu Tisch gesessen und hielt sich aufrecht an seiner Ehefrau Seite; aber in des Gemütes Tiefe bewegte er den Gedanken, ob er nicht nach etlichen Tagen die Gewohnheit des Liegens zur Mahlzeit wieder zum alten Recht erheben wolle.

In den langen Zwischenräumen von einem Gericht zum andern – der Schmaus begann mit der Mittagstunde und sollte zum Sonnenuntergang noch nicht beendet sein – schuf der Hunne seinen vom Sitzen gequälten Gliedmaßen durch Tanzen Luft.

Von bäuerlicher Musika empfangen, kam die Herzogin angeritten. Sie schaute vom Roß herab auf die Fröhlichen, da zeigte ihr der neue Paulus seine wilde Kunst. Die Musika genügte ihm nicht, er pfiff und jauchzte sich selber den Takt; sein langes Ehgemahl drehte er in labyrinthischer Verschlingung, ein wandelnder Turm und eine Katze des Waldes, so tanzte die Langsame mit dem Behenden, bald beisammen, bald fliehend, bald

Brust gegen Brust, bald Rücken gegen Rücken – dann stieß er seine Tänzerin von sich, die Holzschuhe im Schweben zusammenklirrend, tat er sieben wirbelnde Luftsprünge, einen höher als den andern, zum Beschluß ließ er sich vor Frau Hadwig ins Knie fallen und beugte sein Haupt zur Erde, als wollt' er den Staub küssen, den ihres Rosses Huf berührt. Es sollte sein Dank sein.

Die Hegauer Vettern aber schöpften ein Beispiel löblicher Anregung aus dem ungewohnten Tanz. Es mag sein, daß mancher spätere sich nähere Unterweisung darin erbat, denn aus fernem Mittelalter klingt noch die Sage herüber von den »sieben Sprüng'« oder dem »hunnischen Hupfauf«, der als Abwechslung vom einfachen Drehen des Schwäbischen und als Krone der Feste seit jenen Tagen dort landüblich ward.

»Wo ist Ekkehard?« fragte die Herzogin, nachdem sie, vom Zelter gestiegen, die Reihen ihrer Leute durchwandelt hatte. Praxedis deutete hinüber nach einem schattigen Rain. Eine riesige Tanne wiegte ihre schwarzgrünen Wipfel, ihr zu Füßen im verschlungenen Wurzelwerk saß der Mönch. Lauter Jubel und Menschengewühl preßte ihm beklemmend die Brust, er wußte nicht weshalb – er hatte sich seitab gewandt und schaute hinaus über die waldigen Rücken in die Alpenferne.

Es war einer jener duftigen Abende, wie sie hernachmals Herr Burkart von Hohenvels auf seinem riesigen Turm überm See belauscht hat, »da die Luft mit Sonnenfeuer getempert und gemischet«.[204] Die Ferne schwamm in leisem Glanz. Wer einmal hinausgeschaut von jenen stillen Berggipfeln, wenn bei blauem Himmel die Sonne glutstrahlend zur Rüste geht, purpurne Schatten die Tiefen der Täler füllen und flüssiges Gold den Schnee der Alpen umsäumt, dem muß noch spät im Nebeldunst seiner vier Wände die Erinnerung tönen und klingen, lieblich wie ein Sang in den schmelzenden Lauten des Südens.

Ekkehard aber saß ernst, das Haupt gestützt in der Rechten.

»Er ist nicht mehr wie früher!« sagte Frau Hadwig zur Griechin.

»Er ist nicht mehr wie früher!« sprach Praxedis gedankenlos

ihr nach. Sie hatte auf die hegauischen Weiber zu schauen und ihren Festschmuck und überlegte an diesen hohen Miedern und faßartig gesteiften Röcken und der unnennbaren Haltung beim Tanz, ob der Genius guten Geschmacks händeringend für immer dies Land verlassen oder ob sein Fuß es noch gar nie betreten habe.

Frau Hadwig trat vor Ekkehard. Er fuhr auf seinem Moossitz empor, als wär' ihm ein Geist erschienen.

»Einsam und fern von den Fröhlichen?« frug sie. »Was treibet Ihr?«

»Ich denke darüber nach, wo das Glück sei«, sprach Ekkehard.

»Das Glück?« sprach Frau Hadwig, »das Glück kommt von ohngefähr wohl über neunzig Stunden her, heißt's im Sprichwort. Fehlt's Euch?«

»Es wäre möglich«, sprach der Mönch und schaute ins Moos hinab. Erneute Musik und Jauchzen der Tanzenden tönte herüber.

»Die dort das Erdreich stampfen«, fuhr er fort, »und mit den Füßen auszusprechen wissen, was ihnen das Herz bewegt, sind glücklich; es gehört wohl wenig dazu, um's zu sein, vor allem« – er deutete nach den schimmernden Häuptern der Alpen – »keine Fernsicht auf Höhen, die unser Fuß niemals erreichen darf.«

»Ich versteh' Euch nicht«, sagte die Herzogin trocken. Ihr Herz dachte anders als ihre Zunge. »Wie geht es Eurem Virgilius?« sprach sie, die Rede ablenkend; »es hat sich wohl Staub und Spinnweb' über ihn gesetzt in der Not der vergangenen Tage?«

»In meinem Herzen ist er wohl geborgen«, sprach Ekkehard, »wenn das Pergament auch modert. Erst vorhin sind mir seine Verse zum Lob des Landbaus durch die Gedanken gezogen: Dort das waldumschattete Häuslein, am Bergeshang der Felder schwarzfettes Erdreich, ein neu vermählt Paar mit Hacke und Pflug, der Mutter Erde den Unterhalt abzwingend – neidig mußt' ich des Virgilius Bild vor mir sehen

– ein truglos gleitendes Leben, Reich an mancherlei Gut. Und Muße bei räumigen Feldern, Grotten und lebende Teich', ein Kühlung atmendes Tempe, Rindergebrüll und unter dem Baum sanft winkender Schlummer.«

»Ihr wißt sinnig zu erklären«, sprach Frau Hadwig. »Des Cappan Lehenspflicht, ringsum den Maulwurf zu fahen und die nagende Feldmaus, hat Euer Neid wohl übersehen. Und die Winterfreuden! wenn der Schnee mauergleich bis an das Strohdach sich türmt, daß der helle Tag sich verlegen umschaut, durch welchen Spalt er ins Haus schlüpfen soll ...«

»Auch in solche Not wüßte ich mich zu finden«, sprach Ekkehard. »Virgilius weiß es auch:

Mancher verbleibet dann lang beim späten Geflimmer des Feuers Wach im Winter und schnitzt sich Fackeln mit schneidendem Eisen, Während sein Weib, mit Gesang sich der Arbeit Weile verkürzend, Rasch des Gewebs Aufzug durchschießt mit sausendem Kamme.«

»Sein Weib?« sprach die Herzogin boshaft. »Wenn er aber kein Weib hat?«

Drüben erscholl ein brausend Jubelgelächter. Sie hatten den hunnischen Vetter auf ein Brett gesetzt und trugen ihn erhoben, wie einst den Heerführer auf dem Schild bei der Königswahl, über die Wiese. Er tat etliche Freudensprünge über ihren Häuptern.

»– und kein Weib haben darf?« sprach Ekkehard zerstreut. Seine Stirn glühte. Er deckte sie mit der Rechten. Wohin er schaute, schmerzte ihn das Aug'. Dort das Gewirre des Hochzeitjubels – hier die Herzogin, fern die leuchtenden Gebirge. Es war ihm unendlich weh, aber seine Lippen blieben geschlossen. »Sei stark und still!« sprach er zu sich selber.

Er war in Wahrheit nicht mehr wie früher. Der stille Bücherfriede der Mönchsklause war von ihm gewichen, Kampf und Hunnennot hatten sein Denken geweitet, der Herzogin Zeichen von Huld sein Herz entzweit. Im Gang des Tages, im Traum der Nacht verfolgte ihn das Bild, wie sie ihm Reliquie und Schwert des Gatten umgehangen, und in bösen Stunden zogen Vorwürfe nebelgleich durch seine Seele, daß er's so schweigend hingenommen. Frau Hadwig ahnte nicht, was in ihm kochte; sie dachte gleichgültiger von ihm, seit vermeintliches Nichtverstehen ihres Zuvorkommens sie gedemütigt; aber wenn sie ihn wieder sah, Kummer auf der hohen Stirn und fragende Schwermut im Aug', so erneute sich das alte Spiel.

»Wenn Ihr solche Freude am Landbau habt«, sprach sie leicht, »ich wüßt' Euch Rat. Der Abt von Reichenau hat mich geärgert, die Perle meiner Hofgüter mir abschwatzen wollen, als wär's eine Brotkrume, die man vom Tisch schüttelt, ohne umzuschauen!«

– Es rauschte im Gebüsch, sie nahmen es nicht wahr. Ein dunkler Schimmer zog sich durch die Blätter – war's ein Fuchs oder eines Mönchs Gewand?

»Ich will Euch als Verwalter drauf setzen«, fuhr Frau Hadwig fort, »da habt Ihr all die Herrlichkeit vollauf, deren Anblick Euch heute schwermütig macht, und noch mehr. Mein Saspach liegt fröhlich am Rhein, der alte Kaiserstuhl rühmt sich der Ehre, daß er zuerst in all unsern Landen die Weinrebe trug, – und sind ehrliche Leute dort, wenn sie auch eine unfeine Sprache sprechen.«

Ekkehard sah vor sich nieder.

»Ich kann's Euch auch ausmalen, ohne daß ich zu schildern weiß wie Virgilius. Denkt Euch, es ist Herbst – Ihr habt ein gesund Leben geführt, mit der Sonne heraus, mit den Hühnern zu Bett – jetzt kommt die Weinlese, von allen Bergrücken steigen Knechte und Mägde zu Euch hernieder, den Hängekorb gefüllt mit Trauben, Ihr steht am Tor ...«

Es rauschte wieder im Gebüsch.

»... und denkt darüber nach, wie der Wein wird, und besinnt Euch, auf wessen Wohl Ihr ihn trinken wollt, der Vogesenwald schaut so licht und blau zu Euch herüber, wie hier die Hörner der Alpen, da kommt's mit Roß und Wagen vom alten Breisach her, die Heerstraße stäubt, Ihr hebet das Haupt, nun, Meister Ekkehard, wer wird angezogen kommen?«

Der Gefragte war kaum der Schilderung gefolgt. »Wer?« sagte er scheu.

»Wer anders als Eure Gebieterin, die sich ihr herzoglich Recht nicht vergeben wird, zu prüfen, wie ihre Diener schalten.«

»Und dann?« fragte er weiter.

»Dann? dann werd' ich Erkundigungen einziehen, wie Meister Ekkehard seiner Pflicht oblag, und sie werden alle sagen: ›Er ist brav und ernst, und wenn er nicht so viel denken und sinnen und in seinen Pergamenten lesen wollte, wär' er uns noch lieber ...‹«

»Und dann?« fragte er noch einmal. Sein Ton war seltsam.

»Dann werd' ich sprechen mit den Worten der Schrift: ›Wohl, du guter und getreuer Knecht! Du warst treu über weniges, ich will dich über vieles setzen. Zeuch ein zum Freudenmahl deines Herrn.‹«

Ekkehard stand gleich einem Betäubten. Er hob seinen Arm, er ließ ihn wieder sinken, eine Träne zitterte in seinem Aug'. Er war sehr unglücklich.

... Zu selber Zeit schritt ein Mann vorsichtig aus dem Gebüsch heraus. Wie er wieder Wiesengrund unter den Füßen fühlte, ließ er die gehobene Kutte niederfallen. Er schaute bedeutsam auf die beiden zurück und nickte mit dem Haupte, wie einer, der eine Entdeckung gemacht. Er war auch nicht hingegangen, um Veilchen zu pflücken.

Das Hochzeitsfest war in stufenweiser Entwicklung bis dahin gediehen, wo Chaos einzubrechen droht. Der Met wirkte in den Gemütern. Einer hing sein Obergewand an einen Baumast und fühlte unwiderstehliche Neigung, alles zu zertrümmern, ein anderer hingegen strebte, alles zu umarmen, ein dritter, der vor zehn Jahren manchen Kuß von Frideruns Wangen gepflückt zu haben sich erinnerte, saß trübsinnig am Tisch und hatte viel getrunken und sah den Ameisen zu, die ihm zu Füßen wimmelten, und sprach: »Kling, klang, gloria! Keine ist was nutz ...« Die jungen Leute, die in der Frühe so verschämt als Hochzeitbitter bei der Herzogin waren, führten mit ihrem hunnischen Anverwandten ein germanisches Schalksspiel aus: Sie hatten ein großes linnenes Laken aus einer der Hochzeittruhen gerissen, den Cappan drauf, an den vier Ecken hielten sie's starr und schleuderten den Unseligen von der prallenden Decke empor, daß er in die blauen Lüfte hinaufwirbelte wie eine Lerche.[205] Er hielt's für den landesüblichen Ausdruck verwandschaftlicher Hochachtung und schwang sich gewandt auf und nieder.

Da plötzlich tat die lange Friderun einen lauten Schrei. Alle Köpfe wandten sich, schier ließen die Vettern den Aufgeschnellten hinab ins kühle Erdreich sausen, ein Freudenjubel brach aus, ungeheuer und dröhnend, daß es schien, als wollten selber die verwitterten Basaltfelsen im Tannwald verwundert umschauen, und die hatten in Sturm und Wetter schon manch tüchtigen Lärm gehört. Audifax und Hadumoth kamen auf ihrer Flucht aus hunnischer Hand des Wegs gezogen. Audifax führte den Gaul mit der Schatztruhe am Zügel, glückselig gingen die Kinder nebeneinand', sie hatten heut zum erstenmal den Gipfel des hohen Twiel wieder erschaut und mit frohem Aufjauchzen begrüßt. »Erzähl' ihnen nicht alles!« flüsterte Audifax seiner Gefährtin zu und flocht dichtes Weidengezweig um die Körbe. Schon war die lange Friderun herbeigesprungen und trug die Hadumoth halb auf den Armen weg. »Grüß' Gott, verloren Söhnlein! Trink Sachpfeifer, trink Sturmläufer!« rief's aus aller Mund dem Audifax zu – sie wußten von des Jungen Gefangenschaft und reichten ihm die großen Steinkrüge zum Willkomm.

Die Kinder hatten unterwegs beredet, wie sie der Herzogin zu Haus entgegentreten wollten. »Wir müssen ihr schön danken«, hatte die Hirtin gesagt, »und ich muß ihr den Goldtaler zurückgeben, ich hab' den Audifax umsonst bekommen, werd' ich ihr sagen.«

»Nein«, hatte Audifax erwidert, »wir legen vom Hunnengold noch die zwei größten Münzen darauf und bringen ihr die dar: Sie möcht' uns gnädig bleiben wie bisher, das sei unser Dank und Buße in den Herzogsschatz, daß ich die Waldfrau erschlagen.«

Sie hatten das Gold schon gerüstet.

Jetzt sahen sie die Herzogin bei Ekkehard unter der Tanne stehen. Der tobende Lärm der Mannen unterbrach das landwirtschaftliche Gespräch der beiden. Praxedis kam gesprungen und kündete die wunderbare Mär. Jetzt kamen die jungen Flüchtlinge selber, sie führten sich. Vor Frau Hadwig knieten sie nieder. Hadumoth hielt ihren Taler empor, Audifax zwei große güldene Schaumünzen; er wollte sprechen, die Worte blieben aus ... Da wandte sich Frau Hadwig mit stolzer Anmut zu den Umstehenden:

»Die Narretei meiner zwei jungen Untertanen schafft mir Gelegenheit, ihnen meine Gnade zu beweisen. Seid dessen Zeugen.«

Sie brach einen Haselzweig vom Strauch, tat einen Schritt vor, schüttelte dem Hirtenknaben und seiner Gefährtin die Münzen aus der Hand, daß sie weit hinüberflogen ins Gras und berührte beider Scheitel mit dem Zweig: »Stehet auf«, sprach sie, »keine Schere soll von heut an euer Haupthaar mehr kürzen, als der Burg Hohentwiel eigene Leute seid ihr gekniet, als freigesprochene und freie erhebt euch und behaltet einand' so lieb in der Freiheit wie ehe bevor.«

Es waren die Formen der Freilassung nach salischem Recht.[206] Schon der Kaiser Lotharius hatte seiner alten Magd Doda den güldenen Denar aus der Hand und damit das Joch der Sklaverei vom Nacken geschüttelt. Audifax aber war fränkischer Abstammung, darum hatte sich Frau Hadwig nicht nach ihrem alemannischen Landrecht gerichtet.

Die beiden standen auf. Sie begriffen, was vorgegangen. Dem Hirtenknaben wollte es schwarz vor den Augen werden, der Traum seiner Jugend, Freiheit, Goldschatz ... alles Wahrheit geworden, dauernde Wahrheit für jetzt und immerwährendes Immer! ... Er sah Ekkehards ernstes Antlitz und warf sich mit Hadumoth vor ihm nieder. »Vater Ekkehard«, rief er, »wir danken auch Euch, daß Ihr's wohl mit uns gemeint!«

»Wie schade, daß es schon zu spät worden«, rief Praxedis herüber, »Ihr könnt gleich noch ein Paar mit dem Band der Ehe zusammenschmieden oder wenigstens feierlich verloben, die taugen so gut zu einand', wie die zwei da drüben.«

Ekkehard ließ sein blaues Aug' lange auf den beiden ruhen. Er legte ihnen die Hand auf und machte das Zeichen des

Kreuzes über sie. »Wo ist das Glück?« sprach er leise vor sich hin. – –

In später Nacht ritt Rudimann, der Kellermeister, in sein Kloster zurück. Die Furt war trocken, er konnte zu Roß hinüber. Von des Abts Zelle glänzte noch ein Lichtschimmer in den See nieder. Er klopfte bei ihm an, öffnete die Tür halb und sprach: »Meine Ohren haben heute mehr hören müssen, als ihnen lieb war. Mit dem Hofgut zu Saspach am Rheine wird's nichts! Sie setzt das Milchgesicht von Sankt Gallen drauf ...«

»*Varium et mutabile semper femina!* Wankelmütig und veränderlich stets ist das Weib!«[207] murmelte der Abt, ohne sich umzuschauen. »Gute Nacht!«

Gunzo wider Ekkehard

In den Zeiten, da all das seither Erzählte an den Ufern des Bodensees sich zugetragen, saß fern in belgischen Landen im Kloster des heiligen *Amandus sur l'Elnon* ein Mönch in seiner Zelle. Tagaus, tagein, wenn die Pflicht der Klosterregel ihn freiließ, saß er dort wie festgebannt; Wintersturm war gekommen, die Flüsse zugefroren, Schnee, soweit das Auge reichte – er hatte dessen keine Acht; der Frühling trieb den Winter aus – es kümmerte ihn nicht; die Brüder plauderten von Krieg und schlimmer Botschaft aus dem befreundeten Land am Rhein – er hatte kein Ohr für sie. Auf seiner Zelle lag Stuhl und Schragen mit Pergamenten überdeckt, des Klosters ganze Bücherei war zu ihm herabgewandert, er las und las und las, als wollt' er den letzten Grund der Dinge ergründen; – zur Rechten die Psalmen und heiligen Schriften, zur Linken die Reste heidnischer Weisheit, alles ward durchwühlt; dann und wann machte ein höhnisch Lächeln dem Ernst seiner Studien Platz, und er schrieb sich auf schmale Streifen Pergaments hastig etliche Zeilen heraus. Waren es Goldkörner und Edelsteine, die er auf seiner Bergmannsarbeit aus den Schachten alten Wissens grub? Nein.

»Was mag dem Bruder Gunzo widerfahren sein?« sprachen

seine Genossen, »ehedem ist seine Zunge gegangen wie ein Mühlrad, und die Bücher haben Ruhe vor ihm gehabt: ›Sie können mir doch nur bieten, was ich längst weiß‹, hat er sich oft gerühmt – und jetzt? Jetzt knarrt und scharrt seine Feder, daß bis im vorderen Kreuzgang der Widerhall ihres Kratzens gehört wird. Gedenkt er des Kaisers Proto-Notar und Erzkanzler zu werden? sucht er den Stein der Weisen oder schreibt er seine italische Reise?«

Aber der Bruder Gunzo blieb bei seinem Werk. Unverdrossen trank er seinen Wasserkrug leer und las seine Klassiker; – die ersten Gewitter kamen und mahnten, daß der Sommer mit seiner Schwüle vor der Türe stehe; er ließ donnern und blitzen und saß fest wie zuvor. Den Schlummer der Nacht brach er zuweilen und sprang auf zu seinem Tintenfaß, als hätt' er im Traum Gedanken erhascht; oft waren sie wieder verschwunden, bevor ihm das Niederschreiben gelang, aber sein Sinn war fest aufs Ziel gerichtet. »Kommen wird einstens der Tag« . . . mit der homerischen Verheißung sich tröstend, schlich er auf sein Lager zurück.

Gunzo war im kräftigen Mannesalter, eine mäßig große gedrungene Gestalt, wohlbeleibt; wenn er des Morgens vor seinem fein geschliffenen Metallspiegel stund und mehr als notwendig die Augen auf dem eigenen Abbild haften ließ, strich er oft seinen rötlichen Bart, als woll' er zu Fehde und fährlichem Streithandel ausreiten.

Fränkisch Blut mit gallischem vermischt rollte in seinen Adern, das schuf ihm ein Stück von jener Beweglichkeit und Immerlebendigkeit, die dem Germanen reinen Stammes abgeht. Darum hatte er auch in währender Schreibarbeit mehr Federn zerbissen und Schnipfel zerzaust und Selbstgespräche geführt, als ein Genosse in deutschem Kloster in gleicher Frist getan hätte. Aber er hielt seines Fleisches natürliche Unruhe nieder und zwang seine Füße mannhaft, unter dem bücherschweren Tisch standzuhalten.

Es war ein linder Sommerabend; wiederum war seine Feder wie ein Irrlicht über das geduldige Pergament gehüpft, es knisterte vom Ziehen der Buchstaben – da hub sie an, langsamer zu gehen, – itzt eine Pause, dann noch einige Züge – und einen gewaltigen Schnirkel zog er über den unbeschriebenen übrigen Raum, daß die Tinte unfreiwillig einen Schwarm von Flecken gleich schwarzen Sternbildern drüber schwirrte. Er hatte das Wort *»Finis!«* geschrieben; mit langedehntem Atemzug erhob er sich vom Stuhl gleich einem Mann, dem ein Zentnerstein vom Herzen gefallen, er überschaute, was schwarz auf weiß vor ihm lag. »Gelobt sei der heilige Amandus!« rief er feierlich, »wir sind gerächt!«

Er hatte in diesem erhebenden Augenblick – eine Schmähschrift vollendet, eine Schmähschrift, zugeeignet der ehrwürdigen Bruderschaft auf der Reichenau, gerichtet gegen – Ekkehard, den Pörtner zu Sankt Gallen. Als der blonde Erklärer des Virgilius Abschied nahm von seinem Kloster und zur Herzogin übersiedelte, konnte es ihm unmöglich zu Sinne kommen – und hätt' er sein Gedächtnis auch umgeschüttelt bis in die verborgensten Falten, daß ein Mann auf der Welt sei, dessen Dichten und Trachten darauf ausging, an ihm Rache zu nehmen, denn er war harmlos und sanft und tat keiner Mücke ein Leides. Und doch war es so; denn zwischen Himmel und Erde und im Gemüt eines Schriftgelehrten gehn viele Dinge vor, davon sich der Verstand der Verständigen nichts träumen läßt.

Die Geschichte hat ihre Launen im Erhalten wie im Zerstören. Die deutschen Lieder und Heldensagen, die durch des großen Kaisers Karl Fürsorge aufgezeichnet standen, mußten im Schutte der Zeiten untergehen, Gunzos Werk, das noch keinem der wenigen, die es gelesen, Freude bereitet, ist auf die Nachwelt gekommen.[208] Mag denn der ungeheuerliche Anlaß, der des welschen Gelehrten Rache aufrief, mit seinen eigenen Worten erzählt sein:

»Schon lange«, – also schreibt er seinen Reichenauer Freunden, – »betrieb es der verehrungswürdige teure König Otto bei den Fürsten Italiens, daß er mich in seine Reiche herüber berufe. Da ich aber keinem so untertan, noch auch so niedrigen Standes war, daß man mich hätte zwingen mögen, wandte er sich an mich mit bittender Anzeige, also daß er mein Versprechen als Unterpfand des Kommens empfing. So geschah es auch, als er Welschland verließ, daß ich ihm folgte. Und ich folgte ihm, gedenkend, daß mein Kommen keinem zum Schaden, vielen zu Nutzen gereichen möge, denn wozu treibt uns nicht die Liebe und der Wunsch, den Mitbrüdern genehm zu sein? Und ich zog meines Wegs, nicht wie ein Britanne gespickt mit den Geschossen des Tadels, sondern im Dienste der Liebe und Wissenschaft.

Über steiles Joch der Gebirge und abschüssige Schluchten und Täler kam ich endlich vor des heiligen Gallus Kloster an, und zwar so erschöpft, daß die vom eisigen Hauch der Bergluft erstarrten Hände den Dienst versagten und fremde Hilfeleistung mich vom Saumtier heben mußte.

Des Ankommenden Hoffnung war friedlich Ausruhen am Ort klösterlicher Niederlassung. Auch sah ich dort häufiges Neigen der Häupter, sittig geordnete Kapuzen, sanftes Einherschreiten und seltenen Gebrauch der Rede, also daß ich keines Unheils gewärtig stund, nur daß des Juvenalis Spruch gegen die falschen Philosophen:

Spärlich ist ihnen das Wort, – doch Bosheit steckt in dem Schweigen

heimlich an meinem Gemüt nagen wollte. Und wer sollte glauben, daß jenem Heiden vorahnende Kenntnis von kuttentragender Verkehrtheit inwohnte?

Doch freute ich mich harmlos meines Lebens, erwartend, ob nicht unter dem spärlichen Gemurmel der Brüder etliche Funken philosophischer Strebungen aufblitzen möchten. Es blitzte aber nichts auf, sie rüsteten am Rüstzeug der Hinterlist.

Unter anderen war auch ein junger Schülerknab' anwesend und ein älterer, der – – je nun! er war, wie er war: sie hießen ihn einen braven Lehrer des Klosters, wiewohl er mir in die Welt zu schauen schien mit den Augen einer Turteltaube. Von diesem schmachtend blickenden Gelehrten habe ich nunmehr zu reden. Höret seine Tat. Ab- und zugehend machte er den Schüler zum Gefährten eines tückischen Anschlages.

Nacht war's, es nahte die Zeit des sorgenstillenden Schlummers,
Wohlgesättigt des Mahls, zollten wir Bacchus sein Recht –

da verführte mich ein ungünstig Geschick, daß ich im Hin- und Herreden lateinischen Tischgespräches eines Verstoßes im Gebrauch des Kasus schuldig ward *und einen Akkusativus setzte, wo ein Ablativus sich geziemt hätte.*

Nun ward offenbar, in welcher Art Künsten jener vielberühmte Lehrer den ganzen Tag seinen Schüler unterwiesen. ›Solch Verbrechen wider Sprache und Grammatik verdiene die Schulgeißel!‹ also spottete das benannte Studentlein mich, den Erprobten, und kramte bei diesem Anlaß ein höhnisches Spottgedicht aus, das ihm eben jener Lehrer eingeblasen, also daß ein rauhes zisalpinisches Gelächter über den fremden Gastfreund durchs Refektorium erschallte.

Wem aber ist unbekannt, welcher Beschaffenheit die Verse übermütig gewordener Mönche sind? Was weiß ein solcher von der inneren Haushaltung eines Gedichtes, wo ein Stück Purpur ans andere zu setzen ist, auf daß es glänze und gleiße? was von der Würde der Dichtkunst? – er spitzt die Lippen und spuckt ein Poem aus, gleich dem des Lucilius, den Horatius brandmarkt, daß er oftmals auf einem Fuß stehend zweihundert Verse diktierte und mehr noch, bevor ein Stündlein abgelaufen. Ermesset nun, ehrwürdige Brüder, welch ein Maß von Unrecht man mir angetan, und was der für ein Mensch sein muß, der seinem Nebenmenschen den Irrtum eines Ablativus vorhält!«

Der Mensch, der in harmlosem Scherz diesen Frevel begangen, war Ekkehard; wenig Wochen bevor ihn seines Schicksals Wendung auf den hohen Twiel rief, geschah die Untat. Mit des folgenden Morgens Frührot war das Tischgespräch mit dem übermütigen Welschen vergessen, aber in der Brust dessen, den sie des falschen Akkusativus überwiesen, saß ein Groll, so herb und nagend, wie der ob der Waffen Achills, der einst den Telamonier Aias in sein Schwert gejagt und noch bei den Schatten der Unterwelt seitab zürnen ließ; er zog aus dem Tal, das die Sitter durchströmt, nordwärts, er sah Bodensee und Rhein –

und dachte des Akkusativus; er ritt in den altersgrauen Toren von Köln ein und ritt hinüber auf belgische Erde, der falsche Akkusativus ritt hinter ihm auf dem Bug seines Rosses wie ein Alp; die Klostermauern des heiligen Amandus taten ihm ihren Frieden auf, im Psalmsingen der Frühmette, in der Litanei der Vesperandacht stieg der Akkusativus vor ihm auf und heischte sein Sühnopfer.

Von allen unfrohen Lebenstagen prägen sich die am tiefsten der Seele ein, wo durch eigen Verschulden eine Beschämung veranlaßt wird; statt mit sich selber drüber zu grollen, wird allen, die unfreiwillige Zeugen waren, eine bittere Verstimmung zugewendet, das liebe Menschenherz gesteht sich so schwer, so schwer die eigene Schwäche, und manchem, der ruhig an Kampf und Totschlag zurückdenkt, schießt alles Blut zu Haupte beim Gedanken an ein töricht Wort, das ihm an einer Stelle entfuhr, wo er gern mit einem verständigen geglänzt.

Darum nahm Gunzo seine Rache an Ekkehard. Und er führte eine scharfe tapfere Feder und hatte vieler Monde Frist auf sein Werk verwandt, daß es in seiner Art ein Meisterstück ward, eine schwarze Suppe von viel hundert gelahrten Brocken, reichlich gewürzt mit Pfeffer und Wermut und all den Bitterkeiten, die den Streitschriften geistlicher Herren vor denen anderer so lieblichen Schmack verleihen.

Und ging ein wohltuender Zug von Grobheit durchs Ganze, also daß dem Leser zumut' werden kann, als höre er, wie in naher Scheune ein Mensch mit Flegeln der Drescher gedroschen werde – was von der feinen Art neuerer Zeit, wo das Gift in vergüldeten Pillen gereicht wird und die Streiter den Hut voreinand' abziehen, eh' sie anheben, sich die Rippen einzuschlagen, rühmlich absticht.

Es waren aber zwei Teile, der erste dem Ekkehard zum Nachweis, daß nur ein roher und unwissender Mensch sich an Verwechslung eines Kasus stoßen könne, der zweite der Welt zur Überzeugung, daß der Verfasser Gunzo der gelahrteste, weiseste und frömmste der Zeitgenossen.

Und darum hatte er im Schweiß seines Angesichts die Klassiker gelesen und die heiligen Schriften, daß er alle Stellen verzeichnen möge, in denen gleichfalls dichterische Laune oder Nachlässigkeit einen fälschlichen Akkusativus gebraucht. Brachte auch der Beispiele aus Virgilius zwei, aus Homer eines, aus Terentius eines, aus Priscianus eines, ferner aus Persius eines, wo ein Vokativ statt eines Nominativ, und aus Sallustius eines, wo ein Ablativ statt des Genitiv gesetzt ward – desgleichen aus den Büchern Moses und den Psalmen. »Und wenn solches sogar in den Reihen heiliger Schriften zu finden, wer ist so ruchlos, daß er solche Weise des Sprechens zu tadeln wage oder zu verändern? Mit Falschheit also glaubt des heiligen Gallus Mönchlein, daß mir die Kunst der Grammatik fern, mag meine Zunge auch dann und wann gehemmt sein durch die Gewohnheit meiner heimischen Sprache, die der lateinischen nur verwandt ist. Verstöße aber kommen vor durch Nachlässigkeit und menschliche Unvollendetheit im allgemeinen, wie Priscianus sehr richtig sagt: »Ich glaube nicht, daß von menschlichen Erfindungen etwas nach allen Teilen Vollendetes erfunden werden möge.« Auch hat schon Horatius Nachlässigkeiten der Schreibart und Sprache bei bedeutenderen Männern entschuldigt: »Zuweilen schlummert auch der gute Homer.« Und Aristoteles sagt in seinem ›Buch über die *hermeneia*‹: »Alles, was unsere Zunge ausspricht, ist nur ein Ausdruck für das, was unserer Seele eingeprägt ist. Der Begriff einer Sache aber ist früher vorhanden als der Ausdruck, und somit die Sache höher zu schätzen denn das Wort. Wo aber der Sinn dunkel, sollst du ihm mit Geduld und erläuterndem Verstand behilflich sein, die wahre Meinung zu ermitteln.«

Folgte sodann ein Schwall klassischer Beispiele von ungeschicktem und nachlässigem Ausdruck des Gedankens, deren Reihe mit dem Spruch des Apostels schließt, der sich selber ungeschickt im Reden, aber nicht ungeschickt an Wissen genannt.

»Betrachtet man hiernach das Benehmen meines sanktgallischen Widersachers, so möchte man glauben, er sei einmal in den Garten eines weisen Mannes eingebrochen und habe vom

Mistbeet einen Rettich gestohlen, der ihm den Magen verdorben und Galle angesetzt. Hüte darum jeder sein Gärtlein vor solchen Gesellen! Schlechte Gespräche verderben gute Sitten.

Möglich auch, daß er durchaus nicht anders sich benehmen konnte. Er hat wohl den ganzen Tag in den Schlupfwinkeln seiner Kutte nachgesucht, womit er den Gastfreund bewirten möge, aber weil er nichts anderes als verborgene List und Bosheit drin vorfand, setzte er eben davon ein Pröbchen vor. Schlechte Menschen haben schlechte Schätze.

Mit solchem Wesen stimmt denn sein äußeres Erscheinen, das wir sorgsam zu mustern nicht unterließen. Sein Antlitz trug einen fahlen Glanz wie schlechtes Metall, das zur Fälschung des echten dient, seine Haare gekräuselt, die Kapuze feiner und sauberer denn nötig, die Schuhe leicht – auf daß alle Anzeichen vorhanden, die dem heiligen Hieronymus Ärgernis gaben, da er schrieb: ›Leider sind auch in meinem Sprengel etliche Kleriker, deren Sorge darauf gerichtet ist, ob ihre Kleider herrlich duften, die Nägel ihrer Finger glänzen, das krause Haupthaar mit Balsam gesalbt und gesänftigt sei und der gestickte Schuh knapp am Füßlein sitze. Ein solcher Aufzug geziemt sich aber kaum für einen Stutzer und Bräutigam, geschweige denn für einen Geweihten des Herrn.‹

Weiter hab' ich erwogen, ob nicht auch der Laut seines eigenen Namens mit seiner Handlungsweise übereinstimme. Und wie? Ekkehard oder Akhar hieß der Mann, als wäre ihm schon bei der Taufe der Name eines Übeltäters vorahnungsvoll aufgeprägt worden. Denn wer kennt nicht jenen Akhar, der aus der Beute von Jericho einen purpurnen Mantel entwendet und zweihundert Beutel Silbers samt einer güldenen Rute, also daß ihn Josua hinausführen ließ in ein abgelegen Tal, und ganz Israel steinigte ihn, und alles, was er hatte, ward mit Feuer verbrannt! Solchen Vorgängers hat sich der Akhar von Sankt Gallen würdig erzeigt, dieweil, wer die Gebote einer höflichen Lebensart verachtet, so übeltut als ein Dieb: er veruntreut das Gold wahrer Weisheit.«

Wäre es erlaubt, an die Seelenwanderung des Pythagoras zu

glauben, so stünde außer allem Zweifel, daß die Seele jenes hebräischen Akhar in diesen Ekkehard gefahren, und sie wäre ernsthaft darob zu bedauern, denn besser den Körper eines Fuchses zum Aufenthalt erwählen, als den eines hinterlistigen Mönches. All dies sei übrigens ohne Haß gesagt; mein Haß geht nur auf die dem Manne anklebende Schlechtigkeit, also nur auf ein Akzidens, nicht auf die Substanz selbst, in der wir ja nach den Worten der Schrift ein Ebenbild der Gottheit anzuerkennen haben.

»Merket nun«, so fuhr Gunzo in seines Buches zweitem Teile fort, »wie unsinnig mein Feind gegen Nutz und Frommen der Wissenschaft gehandelt. Mehr als hundert geschriebene Bände führte ich bei meiner Reise über die Alpen mit mir, Waffen des Friedens, darunter des Marcianus blumenreiche Unterweisung in den sieben freien Künsten, des Plato unergründliche Tiefe im ›Timäus‹, des Aristoteles zu unseren Zeiten kaum aufgehellte dunkle Weisheit im ›Buch von der *hermeneia*‹, und Ciceros rednerische Würde in der ›Topik‹. Wie ernst und fruchtbringend hätte die Unterhaltung gedeihen mögen, wenn sie mich über solche Schätze befragt! Wie konnte ich glauben, daß sie mich, dem Gott so vieles verliehen, ob der Verwechslung eines Kasus durchhecheln würden, mich, der den Donat und Priscian von innen und außen kennt! Es mag freilich jener Aufgeblasene wähnen, daß er die ganze Grammatica in seiner Kapuze mit sich trage – teure Mitbrüder! kaum ihren Rücken hat er von ferne erschaut, und wollte er eilen, einen Blick ihres hehren Angesichts zu erhaschen, er würde über den eigenen täppischen Fuß stolpernd zu Boden sinken. Die Grammatik ist ein hohes Weib, anders erscheint sie Holzhackern, anders einem Aristoteles.

Soll ich euch aber von der Schwester der Grammatik, von der Dialektik reden, die jener griechische Meister die Amme seines Geistes genannt? O edle Kunst, die den Toren in ihren Schlingen fängt, dem Weisen aber zeigt, wie er die Schlinge meide; die uns die verborgenen Fäden aufdeckt, durch welche das Sein mit dem Nichtsein verknüpft ist! Freilich davon weiß jener Kuttenträger nichts, – nichts von jener subtilen Feinheit, die mit neunzehn Gattungen von Schlüssen alles zu erledigen versteht, was je gedacht und was denkbar. Gott ist gütig, er entzieht ihm solches Wissen, weil er's doch nur zu Lug und Trug nützen würde . . .«

In solcher Weise wies der gelahrte Welsche seine Überlegenheit in allen freien Künsten nach; der Rhetorik und ihren Herrlichkeiten war ein Abschnitt gewidmet, worin wieder stark von solchen die Rede, denen die Göttin Minerva einmal von weitem im Traum erschienen, und von Toren, die da glauben, Kürze des Ausdrucks sei Zeichen der Weisheit. Dann aber ging's auf Arithmetik, Geometrie und Astronomie, mit Einschaltung tiefsinniger Abhandlungen über die Frage, ob die Himmelskörper mit Seele, Vernunft und Anspruch auf Unsterblichkeit begabt? und ferner, ob damals, als Josua geboten: ›Bewege dich nicht, Sonne, gegen Gabaon, noch du, Mond, gegen das Tal Aialon‹, gleichzeitig auch den andern fünf Planeten Stillstand auferlegt worden, oder ob diese ihren Kreislauf fortsetzen durften?

Gründliche Prüfung dieses Problems gab dann Anlaß, auf die Harmonie der Sphären und damit auf die Musik, als letzte der sieben Künste, einzugehen, und so konnte das Schifflein der Rache auf wogendem Schwall der Gewässer endlich dem Ziele entgegensteuern.

»Wozu nun hab' ich all dies angeführt?« frug er zum Schlusse.

»Nicht um die Elemente der freien Künste darzutun, sondern um die Torheit eines Unwissenden bloßzulegen, der da vorzog, grammatischen Schnitzern nachzujagen, statt wahre Wissenschaft von seinem Gastfreund zu erlauschen. Wenn ihm auch innerlich die Kunst für ewig versagt ist, hätt' er sich doch von außen einen Widerschein von mir erwerben können. Aber ihn blähte allzu großer Übermut, daß er vorzog, unter den Seinigen für einen Weisen zu gelten, gleich dem Frosche, der in seinem Sumpf zweifelsohne glaubt, daß er an Größe den Stier übertreffe. Ach, niemals ist der Mitleidwerte auf freien Höhen des Wissens gestanden und hat die Stimme Gottes zu sich reden gehört. In der Wildnis ist er geboren, unter blödem Murmeln aufgewachsen, und seine Seele bewahrt die Sitte der Tiere des Waldes; in tätigem Leben der Welt wollte er nicht beharren, zu innerlicher Beschaulichkeit ist er verdorben, der Feind des Menschengeschlechts hat ihm sein Zeichen aufgebrannt. Gern würde ich euch ermahnen, ihm die Hilfe heilender Arznei angedeihen zu lassen, aber ich fürchte, ich fürchte, seine Krankheit ist zu tief eingewurzelt.

Und auf verhärtetes Fell wirkt selber die Nieswurz vergeblich

sagt Persius.

Mögt ihr nun, ehrwürdige Brüder, aus allem, was ich mitteile, ersehen, ob ich ein solcher bin, der die Behandlung und das Gelächter jenes Toren verdient hat. Euerem Urteil stell' ich ihn und mich anheim: Im Urteil der Gerechten schwindet der Tor in sein verdientes Nichts. *Finis!*

... Gelobt sei der heilige Amandus!« sprach Gunzo nochmals, als das letzte Wort seines Werkes geschrieben vor ihm stand. Die alte Schlange hätte sicherlich ihre Freude an ihm gehabt, wenn sie ihn in seiner Gottähnlichkeit hätte belauschen können, da er den letzten Punkt anfügte. »Und Gott sah alles, was er gemacht hatte. Und es war sehr gut.« Und Gunzo? – Er tat desgleichen.

Dann schritt er zu seinem Metallspiegel und beschaute sich lange, als wär' es ihm von äußerster Wichtigkeit, das Antlitz dessen kennen zu lernen, der den Ekkehard von Sankt Gallen vernichtet. Er verneigte sich achtungsvoll vor seinem Spiegelbild.

Die Glocke im Refektorium hatte längst zur Abendmahlzeit gerufen, Psalm und Tischgebet waren gebetet, schon saßen die Brüder beim sanften Hirsebrei, da erst trat Gunzo in den Saal. Sein Antlitz strahlte. Der Dekan deutete ihm schweigend vom gewohnten Platz hinüber in den Winkel, denn wer allzuoft versäumte, sich rechtzeitig einzufinden, der ward zur Buße von der Speisenden Gemeinschaft gesondert und sein Wein den Armen verabreicht.[209] Aber ohne Murren setzte sich Gunzo hinüber und trank sein belgisch Brunnenwasser, sein Büchlein lag ja vollendet oben, das tröstete.

Nach aufgehobenem Mahl zog er seiner Freunde einige zu sich auf die Zelle, geheimnisvoll, als gält' es, verborgenen Schatz zu heben; er las ihnen das Werk vor.

Des heiligen Gallus Kloster mit seinen Büchern, Schulen, Gottesgelehrten war in damaliger Christenheit viel zu gut beleumdet, als daß die Jünger des heiligen Amandus nicht mit leiser Freude das Zischen von Gunzos Geschossen vernommen. Tüchtigkeit und vorragender Wandel beleidigt die Welt oft noch tiefer als Frevel und Sünde.

Darum nickten sie beifällig mit den grauen Häuptern, wie Gunzo die Kernstellen vortrug.

»Es wär' schon lang an der Zeit gewesen, den Bären im Helvetierland einen Tanz aufzuspielen«, sprach der eine, »Übermut mit Grobheit gepaart, verdient keine andere Musik.«

Gunzo las weiter. *»Bene, optime, aristotelicissime!«* murmelten die Versammelten, als er geendet. »Vergnügte Mahlzeit, Bruder Akhar«, sprach ein anderer, »belgisch Gewürz zum helvetischen Käse der Alpen.«

Der Bruder Küchenmeister umarmte den Gunzo und weinte vor Rührung. So gelehrt und so tief und so schön sei noch nichts aus den Mauern des heiligen Amandus in die Welt hinausgegangen. Nur ein einziger der Brüder stand unbeweglich an der Mauer.

»Nun?« fragte Gunzo.

»Wo bleibt die Liebe?« sprach der Bruder leise, dann schwieg er. Gunzo fühlte den Vorwurf.

»Du hast recht, Hucbald!« sprach er, »es soll geholfen werden. Die Liebe gebeut, für unsere Feinde zu beten. Ich werd' noch ein Gebet für den armen Toren an den Schluß der Schrift setzen, das wird sich versöhnlich ausnehmen und weiche Gemüter bestechen. Wie?«

Der Bruder schwieg. Es war spät in der Nacht geworden. Sie gingen auf den Zehen aus der Zelle.

Gunzo wollte den, der von der Liebe gesprochen, zurückhalten, es war ihm an seinem Urteil gelegen, aber der wandte sich und folgte den andern.

»Matthäus dreiundzwanzig, fünfundzwanzig!« sprach er vor sich hin, wie sein Fuß die Schwelle überschritten. Niemand hörte ihn.

Aber Gunzo, den Vielgelehrten, floh der Schlummer, wieder und wieder las er die Blätter seines Fleißes, er wußte bald, an welchem Fleck jedes einzelne Wort stand, und doch kamen seine Augen nicht los von den bekannten Zügen. Dann griff er zur Feder. »Einen frömmeren Schluß!« sprach er – »sei es denn!« Er besann sich, dann durchmaß er die Stube mit bedachtsamem Schritt. Es sollen künstliche Hexameter werden; wer hat je würdiger eine Beleidigung vergelten sehen?

Jetzt setzte er sich hin und schrieb. Ein Gebet für seinen Feind wollte er schreiben. Aber wider seine Natur kann niemand. Da las er seine Blätter noch einmal durch – sie waren allzu gelungen. Dann schrieb er einen Nachtrag. Der Hahn krähte ins Morgengrau, da war auch dieser vollendet, prasselnder Mönchsverse zwei Dutzend und ein halbes. Daß seine Gedanken vom Gebet für den Gegner auf ihn selbst und den Ruhm seiner Arbeit zu reden kamen, ist bei einem Mann von Selbstgefühl ein natürlicher Übergang.

Mit Salbung schrieb er die fünf letzten Zeilen:

»Zeuch nun hinaus in die Welt, mein Büchlein, und triffst du auf Leute,
Die mit hämischem Zahn mein glorreich Leben benagen,
Diesen zerschmettre das Haupt und wirf sie besiegt in den Staub hin,
Bis dein Verfasser dereinst zur verheißenen Seligkeit eingeht,
Die dem Manne gebührt, der sein Talent nicht verscharrt hat.«

Das Pergament war rauh und sträubte sich, er mußte die Rohrfeder breit drücken, daß es die Buchstaben annahm.

Anderen Tages verpackte Gunzo seine geharnischte Epistel in eine Kapsel von Blech und diese in einen leinenen Umschlag. Ein Dienstmann des Klosters, der seinen Bruder erschlagen, hatte das Gelübde getan, zu den Gräbern von zwölf Heiligen zu wallen, den rechten Arm an die rechte Hüfte gekettet, und dort zu beten, bis ihm ein himmlisch Gnadenzeichen werde.[210] Er pilgerte rheinaufwärts. Dem hing Gunzo die Kapsel um; nach wenig Wochen ward sie richtig und unversehrt an der Klosterpforte der Reichenau dem Pörtner eingehändigt. Gunzo kannte seine Leute dort. Darum hatte er ihnen die Schrift gewidmet.

Der alte Moengal hatte dazumal auch Geschäfte im Kloster. Im Gaststüblein saß der belgische Pilgersmann, sie hatten ihm ein Fischsüpplein gereicht, mühsam arbeitete er sich dran ab, seine Ketten klirrten, wenn er den Arm hob.

»Geh du wieder heim, Mordbüßer«, sprach Moengal zu ihm, »und heirat' die Witib des Erschlagenen, das wird eine bessere Sühne sein, als mit klirrendem Eisen einen Narrengang durch die weite Welt tun.«

Der Pilger schüttelte schweigend das Haupt, als dächte er, das schüfe ihm noch schwerere Ketten, als die der Schmied geschmiedet.

Moengal ließ sich beim Abt melden. »Er ist im Lesen vertieft«, hieß es. Doch ließ man ihn eintreten.

»Setzt Euch, Leutpriester«, sprach der Abt gnädig, »Ihr seid ein Freund von Gebeiztem und Gesalzenem – ich hab' was für Euch.«

Er las ihm die frisch angekommene Schrift Gunzos vor. Der Alte horchte; seine Augenbrauen zogen sich in die Höhe, die Nasenflügel traten weit und weiter auf.

Den Abt schüttelte ein Lachen, wie er an die Schilderung von Ekkehards krausem Haar und feinem Schuhwerk kam. Moengal saß ernst, es zogen drei Falten auf der Stirn auf, wie Wolken vor dem Gewitter.

»Nun?« sprach der Abt, »dem Bürschlein wird der Hochmut aus der Kutte geklopft! Sublim! ganz sublim! Und eine Fülle von Wissenschaft, das trifft. Darauf gibt's gar keine Antwort.«

»Doch!« sprach der Leutpriester finster.

»Welche?« fragte der Abt gespannt.

Moengal machte eine schlimme Gebärde. »Einen Stechpalmstock von der Hecke schneiden«, rief er, »oder eine brave Hasel, und rheinabwärts ziehen, bis zwischen dem schwäbischen

Holz und des welschen Schreibers Rücken nur noch eine Armslänge Entfernung ist! Dann aber ...« er schloß seine Rede sinnbildlich.

»Ihr seid grob, Leutpriester«, sprach der Abt, »und habet keinen Sinn für Gelehrsamkeit. So etwas kann freilich nur ein eleganter Geist schreiben. Respekt!«

»Hoiho!« fing Moengal, der Alte, an, er war fuchswild geworden, »Gelehrsamkeit? ›Aufgeblasene Lippen und dabei ein boshaftig Herz sind als wie ein irden Gefäß mit Silberschaum überzogen‹, spricht Salomo. Gelehrsamkeit? So gelehrt ist mein Pfarrwald auch mit seinen Hagebuchen, der schreit auch hinaus, wie man in ihn hineingeschrien, und ist wenigstens ein lieblich Echo. Wir kennen die belgischen Pfauen! kommen anderwärts auch vor. Die Federn sind gestohlen, und was sie selber krähen, trotz Rad und Schweif und Regenbogen am Steiß, ist heiser und bleibt heiser, da hilft kein Halskragenblähen. Vor meiner großen Gesundkur hab' ich auch geglaubt, es sei gesungen statt gekrächzt, wenn einer mit Grammatik und Dialektik die Backen aufblies, – aber jetzt: ›Gute Nacht Marcianus Capella!‹ heißt's bei uns in Radolfs Zelle!«

»Ihr werdet wohl bald an Euren Heimweg denken müssen«, sprach der Abt, »es zieht schon ganz schwarz über Konstanz hin.«

Da merkte der Leutpriester, daß er mit seinen Ansichten von Gesundsein und von der Wissenschaft nicht an den rechten Mann geraten war. Er empfahl sich.

»Hättst auch in deinem Kloster Benchor auf der grünen Insel bleiben können, irischer Hartknochen!« dachte der Abt Wazmann und entließ ihn sehr kühl.

»Rudimann!« rief er dann in den dunkeln Gang hinaus. Der Gerufene erschien.

»Ihr gedenket noch der Weinlese«, redete ihn der Abt an, »und des Streiches, den Euch ein gewisses Milchgesicht geschlagen, dem eine phantasiereiche Herzogin itzt gewisse Grundstücke zuwenden will ...«

»Ich gedenke des Streichs«, sprach Rudimann, verschämt

schmunzelnd, wie eine Jungfrau, die nach dem Geliebten gefragt wird.

»Den Streich hat einer zurückgegeben, saftig und scharf, Ihr könnet zufrieden sein. Lest.« Er reichte ihm des Gunzo Pergamentblätter.

»Mit Erlaubnis!« sprach Rudimann und trat ans Fenster. Er hatte schon manchen braven Wein gekostet, der Pater Kellermeister, seit daß er sein Amt führte, aber selbst damals, als ihm der Bischof von Cremona etliche Krüge dunkelbraun schäumenden Asti übersendet, hatte sein Antlitz nicht so rötlich froh gestrahlt, wie jetzo.

»Es ist doch eine herrliche Gottesgabe um ein gründlich Wissen und einen schönen Stil«, sagte er. »Das Ekkehardlein ist fertig. Es kann sich nimmer an freier Luft sehen lassen.«

»Noch nicht ganz«, sagte der Abt, »aber was nicht ist, kann werden. Der gelehrte Bruder Gunzo hilft uns dazu. Seine Epistel darf nicht ungelesen vermodern, lasset etliche Abschriften nehmen, lieber sechs als drei. Der junge Herr muß von Hohentwiel weggebissen werden. Ich liebe die jungen Schnäbel nicht, die feiner singen wollen als die Alten. Schnee auf die Tonsur! das soll ihm gut tun. Wir werden unserem Mitbruder in Sankt Gallen ein Brieflein schicken, daß er ihm die Rückkehr anbefehle. Wie steht's mit seinem Sündenregister?«

Rudimann hob bedächtig die linke Hand auf und begann mit den Fingern zu zählen. »Soll ich's hersagen? Zum ersten: In währender Weinlese den Frieden unseres Klosters gestört, indem er ...«

»Halt!« sprach der Abt, »das ist abgetan. Alles was vor der Hunnenschlacht geschehen und anhängig worden, sei erledigt, ab und zur Ruhe! So haben's einst die Burgunder in ihr Gesetz[211] geschrieben, das soll auch bei uns noch gelten.«

»Dann ohne Fingerzählung«, sagte der Kellermeister. »Des heiligen Gallus Pörtner ist, seit er sein Kloster ließ, dem Hochmut und der Anmaßung untertan worden; ohne Gruß der Lippen geht er an Brüdern vorüber, deren Alter und Verstand seine Reverenz fordern; er hat sich herausgenommen, am heiligen

Tag, da wir die Hunnen schlugen, die Heerpredigt zu halten, wiewohl ein so wichtig Amt der Rede einem der hochwürdigen Äbte zugestanden wäre; hat sich ferner herausgenommen, einen heidnischen Gefangenen zu taufen, wiewohl die Taufe vorgenommen werden soll vom ordentlichen Pfarrer des Bezirks, und nicht von einem, der an die Pforte des heiligen Gallus gehört.

Was aber aus stetiger Berührung des vorlauten Jünglings mit seiner neuen Gebieterin noch werden mag, weiß nur der, der Herz und Nieren prüft! Bereits hat man bei der Hochzeit jenes getauften Heiden wahrgenommen, wie er sich der einsamen Unterredung mit jener Herrin in Israel nicht entzieht, und etlichemal geseufzt hat gleich einem angeschossenen Damhirsch. Auch hat man mit Betrübnis gesehen, wie eine unstet irrlichtelnde griechische Jungfrau, genannt Praxedis, um ihn her ihr Wesen treibt; was die Herrin unverdorben läßt, mag die Dienerin einreißen, von der nicht einmal sicher ist, ob sie eines orthodoxen Glaubens sich erfreue. Ein leichtfertig Weib aber ist bitterer denn der Tod, sie ist ein Strick der Jäger, ihr Herz ein Netz, ihre Hände sind Bande, nur wer Gott gefällt, mag ihr entrinnen.«

Es stund Rudimann, dem Beschützer der Obermagd Kerhildis, wohl an, daß er die Worte des Predigers so getreulich im Herzen trug.

»Genug«, sprach der Abt. »Hauptstück neunundzwanzig: Von der Rückberufung auswärts Weilender. Es wird durchschlagen. Mir ahnt und schwant, bald wird die wetterwendische Herrin droben um ihren Felsen herumflattern wie eine alte Schwalbe, der ihr Junges aus dem Nest gefallen, – Ade Herzkäfer! . . . und Saspach wird des Klosters!«

»Amen!« murmelte Rudimann.

Herrn Spazzos, des Kämmerers, Gesandtschaft

An einem kühlen Sommermorgen schritt Ekkehard den Burgweg entlang in die wehende Frühluft hinaus. Eine schlaflose Nacht lag hinter ihm; er war auf seiner Stube auf- und niedergeschritten, die Herzogin hatte wilde Gedanken in ihm aufgejagt. In seinem Kopf summte und schwirrte es, als streiche ein Flug Wildenten drin herum. Er mied Frau Hadwigs Anblick und sehnte sich doch in jeder Minute, da er fern, in ihre Nähe. Die alte frohe Unbefangenheit war verflogen, sein Wesen zerstreut und fahrig geworden; jene Zeit, die noch keinem Sterblichen erspart ward, die der brave Gottfried von Straßburg hernachmals ein »stetes Leid bei stetiglicher Seligkeit« geheißen, brach über ihn herein.

Vor sinkender Nacht hatte ein Gewitter getobt. Er hatte sein Fensterlein geöffnet und sich der Blitze erfreut, wenn sie das Dunkel durchzuckten, daß ein greller Schein die Ufer des Sees hell heraushob, und hatte gelacht, wenn's wieder finster ward und der Donner schütternd über die Berggipfel rollte.

Jetzt war sonniger Morgen. Auf dem Gras perlten tauige Tropfen, zwischendrein im Schatten auch dann und wann ein ungeschmolzenes Eiskorn. Schweigend lag Berg und Tal, aber die gebräunte Frucht der Felder ließ ihre Halme geknickt zu Boden hangen, Hagelschlag hatte in der hochstrebenden Ernte gewütet. Aus den Felsen des Berges rieselten trübfarbige Bächlein talabwärts.

Noch regte sich's nicht auf der Flur: es war kaum nach dem ersten Hahnenschrei. Nur fern über das Hügelland, das im Rücken des hohen Twiel sich wellenförmig ausdehnt, kam ein Mann geschritten. Das war der Hunn' Cappan. Er trug Weidengerten und allerhand Schlingen und ging an seine Arbeit, den Feldmäusen nachzustellen. Fröhlich pfiff er auf einem Lindenblatt, – das Bild eines glücklichen Neuvermählten, ihm war in der langen Friderun Armen ein neues Leben aufgegangen.

»Wie geht's?« fragte ihn Ekkehard mild, als er an ihm vorüberschritt und ihn demütig grüßte. Der Hunn' deutete in die blaue Luft hinauf: »wie im Himmel!« sagte er und drehte sich vergnügt auf seinem Holzschuh. Ekkehard wandte sich. Noch lang tönte des Schermausfängers Pfeifen durch die Morgenstille, er aber schritt zum Abhang der Felsen. Dort lag ein verwitterter Stein; ein Fliederbusch wölbte sich drüber mit üppig weißen Blüten. Ekkehard setzte sich. Lang schaute er in die Ferne, dann zog er ein von zierlicher Decke umfaßtes Büchlein aus seiner Kutte und hub an zu lesen. Es war kein Brevier und kein Psalterium. »Das hohe Lied Salomonis!« hieß die Überschrift; das war kein gut Buch für ihn. Sie hatten ihn zwar einstens gelehrt, der lilienduftige Sang gelte dem brünstigen Sehnen nach der Kirche, der wahren Braut der Seele; er hatte es auch in jungen Tagen studiert, unangefochten von den Gazellenaugen und taubenweichen Wangen und palmbaumschlanken Hüften der Sulamitin. Jetzt las er's mit anderem Sinne. Ein süßes Träumen umfing ihn.

»Wer ist die, welche hervortritt wie die aufgehende Morgenröte, schön wie der Mond, erwählet wie die Sonne und schrecklich wie eine wohlgeordnete Schlachtordnung?« Er schaute hinauf zu den Zinnen des hohen Twiel, die im Frührot glänzten, und wußte die Antwort.

Und wieder las er: »Ich schlafe, aber mein Herz wachet. Da ist die Stimme meines Geliebten, der anklopfet: ›Tue mir auf, meine Schwester, meine Freundin, meine Taube, denn meine Stirn ist voll Taues und meine Haarlocken voll perlender Tropfen.‹« Ein Luftzug schüttelte ihm die weißen Fliederblüten aufs Büchlein, Ekkehard schüttelte sie nicht ab, er neigte sein Haupt und saß regungslos ...

Unterdes hatte Cappan wohlgemut sein Tagewerk begonnen. Es war ein Grundstück drunten in der Ebene an der Grenze des Hohentwieler Bannes; dort hatten die Feldmäuse ihr Heerlager aufgeschlagen, die Hamster schleppten ganze Wintervorräte des guten Korns in ihren Backentaschen von dannen, und die Maulwürfe zogen ihre Schachte in den kiesigen Boden. Dahin war

Cappan beordert. Wie ein Staatsmann in aufruhrdurchwühlter Provinz sollte er ein geordnet Verhältnis herstellen und das Land säubern vom Gesindel. Die Fluten des Gewitters hatten die verborgenen Gänge aufgespült. Leise grub er nach und schlug manch eine Feldmaus im Frührotscheine tot, ehe sie sich dessen versah, dann stellte er sorgsam seine Schlingen und Weidenruten, an andere Orte streute er ein giftig Lockspeislein, das er aus Aaronswurz und Einbeer' zusammengekocht, und pfiff fröhlich zu seinem Mordwerk und ahnte nicht, was für schwere Wolken sich über seinem Haupte zusammenzogen.

Das Grundstück, wo er hantierte, stieß an Reichenauer Feldmark. Wo der alte Eichwald seine Wipfel regte, ragten etliche Strohdächer ins Waldesgrün hinein: das war der Schlangenhof. Der gehörte dem Kloster zu mit viel Huben Ackerland und Waldes; eine fromme Witfrau hatte ihn dem heiligen Pirminius zum Heil ihrer Seele vergabt. Jetzt saß ein Klostermeier darauf, ein wilder Mann mit knorrigem Schädel und harten Gedanken drin; er hatte viel Knechte und Mägde und Roß und Zugvieh und gedieh wohl, denn die kupferbraunen Schlangen, die in Stall und Hof nisteten, pflegte er rechtschaffen und ließ die Milchschüssel in der Stallecke nie leer werden, also daß sie ganz zahm und fröhlich in dem Stroh herumspielten und niemanden ein Leides taten. »Die Schlangen sind des Hofes Segen«, sprach der Alte oftmals, »das ist bei uns Bauern anders als an des Kaisers Hof.«

Seit zwei Tagen aber hatte der Klostermeier keine gute Stunde mehr gehabt. Die schweren Gewitter schufen ihm Sorge für Frucht und Feld. Als ihrer drei sonder Schaden vorübergegangen waren, ließ er anspannen und einen Sack vormjährigen Roggen aufladen und fuhr hinüber zum Diakon am Singener Kirchlein. Der lachte auf seinem Stockzahn, wie des Klostermeiers Gespann aus dem Walde vorgefahren kam; er kannte seinen Kunden. Seine Pfründe war mager, aber aus der Menschen Torheit fiel ihm immer noch ein Hinlängliches ab, daß er seine Wassersuppen schmälzen konnte.

Der Klostermeier hatte seinen Kornsack bei ihm abgeladen

und gesagt: »Meister Otfried, Ihr habt Euer Sach brav gemacht und von meinen Äckern das Wetter ordentlich weggebetet. Vergeßt mich nicht, wenn's wiederum zu donnern kommt!«

Und der Diakonus hatte ihm geantwortet: »Ich denk', Ihr habt mich gesehen, wie ich unter dem Kirchentürlein stand, nach dem Schlangenhof gewendet, und aus dem Weihbrunn drei Kreuze gegen das Wetter gespritzt hab' und den Spruch von den heiligen drei Nägeln dazu, der hat Schauer und Hagel landabwärts gejagt.[212] Euer Roggen könnt' ein gut Brot geben, Klostermeier, wenn noch ein Stümplein Gerstenkorn dazugefügt wäre.«

Da war der Klostermeier wieder heimgefahren und gedachte just ein Säcklein mit Gerste zu richten, als verdiente Zulage für seinen Anwalt beim Himmel. Aber schon wieder türmte sich ein giftschwarz Gewölk auf, und wie es tiefdunkel über dem Eichwald stand, kam ein weißgrau Wölklein heraufgezüngelt, das hatte fünf Zacken, wie Finger einer Hand, und schwoll an und schoß Blitze und war ein Hagelwetter, fährlicher als alles frühere. Der Klostermeier war zuversichtlich unter seiner Einfahrt gestanden; »der von Singen sprengt mir's wieder weg«, hatte er gedacht; aber wie die schweren Eisgeschosse in sein Kornfeld einschlugen und die Ähren umsanken, wie pfeilerschossene Jugend im Feldstreit, und alles geknickt lag, da schlug er mit geballter Faust auf den Eichentisch: »Verflucht sei der Lügner in Singen!« In heller Verzweiflung wollt' er jetzt ein althegauisches Hausmittel anwenden, nachdem des Diakons Zauber fruchtlos: Er riß ein paar Eichenzweige vom nächsten Stamm und zupfte das Laub zu einer Streu zusammen, das tat er in sein altehrwürdiges Hochzeitsgewand und hing's an die mächtige Hauseiche. Aber die Hagelkörner schlugen fort und fort in die Kornernte trotz Hochzeitsrock und Eichblattstreu. Wie festgebannt schaute der Klostermeier auf den im Regen schwebenden Bündel, ob sich der Wind draus erhebe, der den Regen verjagt: Der Schönwetterwind blieb aus. Da zogen sich seine Augenbrauen grimmig zusammen, er biß sich die Lippen und schritt in seine Stube. Die Knechte wichen ihm auf zehn

Schritt aus, sie wußten, was es hieß, wenn ihr Meister die Lippen biß. Schier zusammengebrochen, warf er sich an den eichenen Tisch und sprach lang kein Wort. Dann tat er einen fürchterlichen Fluch. Wenn der Klostermeier fluchte, war's schon besser. Der Großknecht kam schüchtern herbei und stellte sich ihm gegenüber; er war ein riesiger Sohn Enaks, aber vor seinem Meister stand er blöd wie ein Kind.

»Wenn ich die Hexe wüßte!« sprach der Meier, »die Wetterhexe, die Wolkentrude! Die sollte ihren Rock nicht umsonst über den Schlangenhof ausgeschüttet haben ... Daß ihr die Zunge im Mund verdorre!«

»Braucht's eine Hexe zu sein?« sagte der Großknecht. »Seit das Waldweib am Krähen drüben landflüchtig worden, läßt sich keine mehr gespüren.«

»Schweig!« schalt der Klostermeier grimmig, »bis du gefragt bist.«

Der Knecht blieb stehen, er wußte, daß es noch an ihn kommen werde. Sie schwiegen eine Zeit. Dann fuhr ihn der Alte an: »Was weißt?«

»Ich weiß, was ich weiß«, sagte der Knecht pfiffig.

Sie schwiegen wiederum eine Weile. Der Klostermeier hatte zum Fenster hinausgeschaut, die Ernte war vernichtet. Er wandte sich.

»Sag's!« rief er.

»Habt Ihr die Wetterwolke gesehen«, sprach der Knecht, »wie sie übers Dunkel hingefahren ist? Was war's? Das Nebelschiff war's! Es hat einer unser Korn den Nebelschiffern verhandelt ...«

Der Klostermeier schlug ein Kreuz, als wollt' er ihm die weitere Rede wehren.

»Ich kenn's von meiner Großmutter her«, fuhr der Knecht fort. »Die hat's im Elsaß drüben oft erzählen hören, wenn das Wetter über den Odilienberg sauste. Aus dem Land Magonia kommt's hergesegelt, das Nebelschiff, weiß über die schwarzen Wolken, Fasolt und Mermuth sitzen drinnen, die hageln die Körner aus den Halmen, wenn ihnen der Wetterzauberer

Macht drüber gegeben, und heben unser Getreide ins Luftschiff hinauf und fahren wieder heim nach Magonia und zahlen einen guten Lohn.[213] Das Nebelschiff rufen, trägt mehr ein, als Messe lesen; uns aber bleiben die Hülsen.«

Der Klostermeier ward nachdenklich. Dann griff er den Knecht am Kragen und schüttelte ihn.

»Wer?« rief er heftig.

Der Knecht aber legte den Finger auf den Mund. Es war späte Nacht geworden.

In der gleichen Frühstunde, da Cappan dem Ekkehard begegnet war, ging der Klostermeier mit dem Großknecht über die Felder, den Schaden zu beschauen. Sie sprachen kein Wort. Der Schaden war groß. Aber das Land jenseits war minder verheert, als ob die Eichen des Waldes eine Grenzscheide für den Einschlag des Hagels gezogen. Auf dem nahen Grundstück trieb Cappan seine Arbeit. Er hatte das Stellen der Fallen beendet und gedachte eine Weile zu ruhen. Er zog aus dem Gürtel ein Stück schwarz Brot und eine Speckseite, die glänzte weich und weiß, wie frischgefallener Schnee, und war so schön, daß er mit Rührung seiner neuen Ehefrau gedenken mußte, die ihm solche Atzung zugesteckt. Und er gedachte an allerlei, was sich seit der Hochzeit zwischen ihm und ihr zugetragen, und schaute sehnsüchtig zu den Lerchen empor, als sollten sie hinüberfliegen zur Kuppe des hohen Stoffeln und ihm Haus und Ehebett grüßen, und es ward ihm so wohl zumut', daß er wieder einen mächtigen Luftsprung tat. Weil sein schlankes Ehgemahl nicht anwesend, gedachte er sich jetzt des langen Weges zur Erde zu legen, um seinen Imbiß zu verzehren, denn daheim hatte er sich immer noch zum Sitzen bequemen müssen, so sauer es ihm auch ward. Da schoß ihm durch den Sinn, daß ihm Friderun zu besserem Segen bei seiner Hantierung einen Spruch gelehrt, das Ungeziefer zu beschwören, und ihm streng aufs Herz gelegt, solchen Spruch nicht zu versäumen.

Sein Frühmahl hätt' ihm nimmer geschmeckt, bevor er dem Befehl gehorchet.

An des Feldes Grenze war ein Stein, drein ein Halbmond

gehauen, Frau Hadwigs Herrschaftszeichen. Er trat vor, zog seinen Holzschuh vom rechten Fuß, trat barfüßig auf den Grenzstein und hob die Arme nach dem Wald hin. Der Klostermeier und sein Knecht gingen zwischen den Eichen; sie blieben stehen, er sah sie nicht und sprach den Spruch, wie Friderun ihn gelehrt: *»Aius, sanctus, cardia cardiani!* Maus und Mäusin, Talp und Talpin, Hamster und Frau Hamsterin, lasset das Feld, wie es bestellt; fahrt in die Welt! Fahret hinunter, hinüber ins Moor, Fieber und Gicht laß euch nimmer hervor! *Afrias, aestrias, palamiasit!«*[214]

Der Klostermeier und der Großknecht hatten hinter den Eichen der Beschwörung gelauscht; jetzt schlichen sie näher. *»Afrias, aestrias, palamiasit!«* sprach Cappan zum zweitenmal, da fuhr ihm ein Schlag ins Genick, daß er zu Boden stürzte, seltsame Laute klangen an des Überraschten Ohr, vier Fäuste arbeiteten sich müd auf seinem Rücken, wie Flegel der Drescher in der Scheune.[215]

»Gesteh's, Kornmörder!« rief der Klostermeier dem Hunnen zu, der nicht wußte, wie ihm geschah, »was hat dir der Schlangenhof für Leids getan, Wettermacher, Mausverhetzer, Teufelsbraten?«

Cappan hatte keine Antwort, ihm schwindelte. Das erzürnte den Alten noch mehr.

»Schau' ihm ins Aug'!« rief er dem Knecht zu, »ob's trieft und ob's dich verkehrt abspiegelt, den Kopf nach unten.« – Der Knecht tat, wie geheißen. Aber er war ehrlich. »Im Aug' sitzt's nicht«, sprach er.

»So lupf' ihm den Arm!«

Er riß dem Darniedergeschlagenen das Obergewand ab und prüfte den Arm. Wer mit bösen Geistern Verbindung pflog, war irgendwo am Leib gezeichnet. Aber sie fanden kein Fehl an dem Mitleidswerten, nur etliche altvernarbte Wunden. Da wären sie schier wieder zu seinen Gunsten gestimmt worden; die Menschen waren dazumal, wie ein Geschichtschreiber sagt, in ihren Leidenschaften nach Art der Wilden auffahrend und jäh veränderlich. Aber des Knechts Blick fiel von ungefähr aufs

Erdreich, da kroch ein großer Hornschröter des Weges; violschwarz glänzten die Flügeldecken und die rötlichen Hörner standen ihm stolz, wie ein Geweih. Er hatte sich des Cappan Mißhandlung angeschaut und wollte jetzt feldeinwärts, denn er fand kein Wohlgefallen dran.

Der Knecht aber fuhr erschrocken zurück.

»Der Donnergugi!« rief er.

»Der Donnerkäfer!« rief der Klostermeier desgleichen. Jetzt war Cappan verloren. Daß er mit dem Käfer das Wetter gemacht, litt keinen Zweifel mehr, Hornschröter zieht Blitz und Hagel nieder.

»Mach' Reu und Leid, Heidenhund!« sprach der Meier und griff nach seinem Messer. Es fiel ihm etwas ein: »Auf dem Grab seiner Brüder soll er's büßen«, sprach er weiter. »Er hat das Wetter beschworen, die Hunnenschlacht zu rächen, Art läßt nicht von Art.«

Der Knecht hatte indes den Hornschröter zwischen zwei platten Feldkieseln zermalmt und grub die Steine in den Boden.[216] Jetzt schleppten sie den Cappan vorwärts übers Blachfeld und schleppten ihn zum hunnischen Grabhügel und schnürten ihm mit Weidenruten Hand und Fuß zusammen; dann sprang der Knecht zum Schlangenhof hinüber und rief seine Mitknechte. Wild und mordlustig kamen sie heran, etliche davon hatten auf Cappans Hochzeit getanzt, das stand nicht im Weg, daß sie jetzt zu seiner Steinigung auszogen.

Cappan fing an nachzudenken. Was ihm zur Last gelegt ward, begriff er nicht, wohl aber, daß Gefahr da. Darum tat er einen Schrei, der klang gell und durchdringend durch die Luft, wie der Schrei eines wunden Rosses in der Todesstunde; davon ward Ekkehard aus seinen Träumen unter dem Fliederbaum aufgejagt, er kannte die Stimme seines Täuflings und schaute hinunter. Ein zweitesmal klang Cappans Schrei auf, da vergaß Ekkehard sein hohes Lied und eilte die Berghalde hinab.

Er kam zu rechter Zeit. Sie hatten den Cappan an das Felsstück gelehnt, das den Hügel deckte, und standen im Halbkreis dabei. Der Klostermeier tat kund, wie er ihn auf handhafter Tat des Wettermachens betroffen, und fragte herum; da sprachen sie ihn schuldig, gesteinigt zu werden.

In die unheimliche Versammlung sprang Ekkehard. Die Männer geistlichen Standes waren dazumal minder verblendet, als etliche hundert Jahre später, wo Tausende unter gleich begründeter Anschuldigung auf dem Scheiterhaufen verenden mußten und der Staat sein »von Rechts wegen« druntersetzte und die Kirche ihren Segen dazu gab. Und Ekkehard, so sehr er sonst an zauberische Kunst glaubte, hatte selber einstmals im Kloster des frommen Bischofs Agobard Schrift gegen unsinnige Volksmeinung von Hagel und Wetter abgeschrieben; zürnender Unwille schuf ihm Beredsamkeit.

»Was tut ihr, Unsinnige, die ihr richten wollet, wo euch zu beten geziemt, daß ihr nicht selber möget gerichtet werden! Hat der Mann gefrevelt, so wartet bis zum Neumond, wenn der Leutpriester von Radolfszell das Sendgericht[217] hält, dort mögen ihn die sieben Eidmänner verbotener Kunst zeihen, wie es des Kaisers und der Kirche Vorschrift!«

Aber die Männer vom Schlangenhof trauten ihm nicht. Ein drohend Murren erhob sich.

Da gedachte Ekkehard in den wilden Gemütern eine andere Saite anzuklingen.

»Und glaubt ihr wirklich, ihr, die Söhne des Landes der Heiligen, der Gott wohlgefälligen schwäbischen Erde, daß ein so arm hergelaufener Hunnenmensch Macht haben könnte, unsere Wolken zu beschwören? Glaubt ihr, daß die Wolken ihm gehorchen? daß nicht vielmehr ein guter Hegauer Blitz ihm das Haupt zerschmettert hätte zur Strafe des Frevels, daß ein fremder Mann ihn angerufen?«

Wenig fehlte, so hätte dieser Grund den heimatstolzen Gemütern eingeleuchtet. Aber der Klostermeier rief: »Der Donnerkäfer! Der Donnerkäfer! Wir haben ihn mit eigenen Augen zu seinen Füßen kriechen sehen!« Da erscholl es von neuem: »Steiniget ihn!« Ein Feldstein flog herüber und schlug den Armen blutrünstig. Da warf sich Ekkehard unverzagt über seinen Täufling und schirmte ihn mit seinem eigenen Leib. Das wirkte.

Die Männer vom Schlangenhof schauten einander an; allmählich wurden sie stumm, dann machte einer im Kreise kehrt und ging feldeinwärts, andere folgten, zuletzt stand der Klostermeier allein, »Ihr haltet's mit dem Landverderber!« rief er zürnend, aber Ekkehard antwortete nicht, da ließ auch er den erhobenen Stein zur Erde sinken und ging brummend von dannen.

Cappan war übel zugerichtet. Auf einem Rücken, den alemannische Fäuste durchgearbeitet, wächst jahrelang kein Gras. Der Steinwurf hatte eine Wunde in den Kopf geschlagen, die blutete stark. Ekkehard wusch ihm das Haupt mit Regenwasser und machte das Zeichen des Kreuzes drüber, das rinnende Blut zu stillen, dann verband er ihn notdürftig. Er gedachte ans Evangelium vom barmherzigen Samariter. Der wunde Mann schaute dankbar aus den gekniffenen Augen zu ihm empor. Langsam führte ihn Ekkehard zur Burg hinauf; er mußte ihm zureden, bis er's wagte, sich auf seinen Arm zu stützen. Auch der Fuß mit der Narbe aus der Hunnenschlacht tat ihm weh, stöhnend hinkte er bergaufwärts.

Auf dem hohen Twiel gab's großen Lärm, wie sie ankamen. Alle waren dem Hunnen gut. Die Herzogin kam in den Hof herunter, sie nickte Ekkehard freundlich zu ob seiner Barmherzigkeit. Der Klosterleute Frevel an ihrem Untertan versetzte sie in zürnende Aufregung.

»Das soll nicht vergessen sein«, sprach sie: »Sei getrost, Mausfänger! Sie sollen dir ein Wehrgeld zahlen für den wunden Schädel, das einer Aussteuer gleichkommt. Und für den gestörten Herzogsfrieden setzen wir ihnen die höchste Buße, zehn Pfund Silbers soll nicht genug sein. Die Klosterleute werden frech wie ihre Herren.«

Am wildesten war Herr Spazzo, der Kämmerer. »Hab' ich darum mein Schwert von seinem Haupt zurückgezuckt«, schalt er, »wie er mit zerstochenem Schenkel vor mir lag, daß ihm's die Lümmel vom Schlangenhof mit Feldsteinen pflastern sollen? Und wenn er auch unser Feind war, jetzt ist er getauft, und ich bin sein Pate und hab' für seine Seele und seines Leibes Heil Sorge zu tragen. Sei vergnügt, Patenkind!« rief er ihm zu und klirrte mit seinem Schwert auf den Steinboden, »wenn deine Schramme geflickt ist, begleit' ich dich zum ersten Spaziergang, da wollen wir mit dem Klostermeier rechnen, Hagel und Wetter, rechnen wollen wir, daß ihm die Späne vom Kopf fliegen! Mit den Meiern kann's so nicht mehr fortgehen! Die Burschen führen Schild und Waffen wie Edelleute, richten statt ziemender Bauernjagd Hunde auf Wildschweine und Bären und blasen auf ihren Weidhörnern, als wären sie die Könige der Welt. Wo einer den Kopf am höchsten trägt, ist's ein Meier, man mag darauf wetten!«[218]

»Wo ist der Frevel geschehen?« fragte die Herzogin.

»Sie haben ihn von der Feldmark, wo der Halbmond ausgehauen steht, bis an den hunnischen Grabhügel geschleppt«, sagte Ekkehard.

»Also mitten auf unserm Grund und Boden«, zürnte Frau Hadwig, »das ist zuviel! Herr Spazzo, Ihr werdet reiten!«

»Wir werden reiten!« sprach der Kämmerer grimmig.

»Und vom Abt der Reichenau noch heute Wehrgeld und Friedbruchbuße und volle Genugtuung verlangen. Unsern landesherrlichen Rechten soll durch klösterliche Anmaßung kein Eintrag geschehen!«

»... durch klösterliche Anmaßung kein Eintrag geschehen!« wiederholte Herr Spazzo noch grimmiger denn zuvor.

Selten war ihm ein annehmlicherer Auftrag geworden. Er strich seinen Bart. »Wir werden reiten, Herr Abt!« sprach er und ging hinauf, sich zu rüsten.

Aber sein grünsamtnes Unterwams und seinen goldverbrämten Kämmerermantel ließ er geruhig im Kasten hängen; er suchte ein abgetragen grau Jagdgewand aus und legte die großen Beinschienen an, mit denen er in die Schlacht geritten, und die größten Sporen dran und probierte etlichemal einen festen Tritt. Auf den Eisenhut aber steckte er der wallendsten Federn drei und tat sein Schlachtschwert um.

So kam er in den Burghof herunter.

»Schaut mich einmal an, holdselige Jungfrau Praxedis«, sprach er zu dieser, »was mach' ich heut für ein Gesicht?« Er hatte den Eisenhut aufs linke Ohr gerückt und sein Haupt hochfahrend über die rechte Schulter gedreht.

»Sehr ein unverschämtes, Herr Kämmerer«, war der Griechin Antwort.

»Dann ist's recht!« sprach Herr Spazzo und schwang sich auf den Gaul. Er ritt aus dem Burgtor, daß die Funken stoben, mit dem erfreulichen Gefühl, daß heute Unverschämtheit Pflicht sei.

Unterwegs übte er sich. Das Wetter hatte eine Tanne niedergeworfen; im Wurzelwerk haftete noch das vom Sturz mit aufgerissene Erdreich. Die schweren Äste sperrten den Pfad.

»Aus dem Weg, geistlicher Holzklotz!« rief Herr Spazzo der Tanne zu. Wie die sich nicht rührte, zog er sein Schwert. »Vorwärts, Falada!« spornte er die Mähre und setzte in kühnem Satze über den Baum. Im Drüberspringen tat er einen Schwerthieb ins Geäst', daß die Zweige herumflogen.

Nach weniger denn anderthalb Stunden war er schon vor der Klosterpforte. Der schmale Streif Landes, der bei niederem Wasserstand des Sees das Ufer mit der Insel verbindet, war frei von Überschwemmung und gestattete das Hinüberreiten.

Ein dienender Bruder tat ihm auf. Es war um Mittagszeit. Der blödsinnige Heribald kam neugierig aus dem Klostergarten hergelaufen, zu schauen, wer der fremde Reiter. Er drängte sich nah ans Roß, wie Herr Spazzo absprang. Der Hofhund tobte an seiner Kette mit Gebell dem Rappen des Kämmerers entgegen, daß er sich aufbäumte. Schier hätte Herr Spazzo Schaden genommen. Wie er mit beiden Füßen auf die Erde gesprungen war, griff er seine Schwertscheide und hieb dem Heribald flach über den Rücken.

»Es ist nicht für Euch!« rief er und strich seinen Bart, »es ist für den Hofhund. Gebt's weiter!«

Heribald stand betroffen und griff nach seiner Schulter. »Heiliger Pirmin!« jammerte er.

»Es gibt heute keinen heiligen Pirmin!« sprach Herr Spazzo entschieden.

Da lachte Heribald, als wenn er seinen Mann kennte. »Eia,

gnädiger Herr, die Hunnen sind auch bei uns gewesen, und war niemand da als Heribald, sie zu empfangen, aber so gottlos haben sie nicht mit mir gesprochen.«

»Die Hunnen sind keine herzoglichen Kämmerer!« sprach Herr Spazzo mit Stolz.

In Heribalds blödsinnigem Gehirn begann der Gedanke aufzudämmern, die Hunnen seien nicht die schlimmsten Gäste auf deutscher Erde. Er schwieg und ging in den Garten. Dort riß er ein paar Salbeiblätter ab und rieb seinen Rücken.

Herr Spazzo schritt über den Klosterhof zum Tor, das durch den Kreuzgang ins Innere führte. Er trat fest auf. Die Glocke zum Mittagsmahl läutete. Einer der Brüder kam schnellen Ganges über den Hof. Herr Spazzo faßte ihn am dunkeln Gewand.

»Rufet mir den Abt herunter!« sprach er. Der Mönch sah ihn verwundert an und tat einen Seitenblick auf des Kämmerers abgetragen Jagdhabit.

»Es ist die Stunde der Mahlzeit«, sprach er. »Wenn Ihr geladen seid, was ich aber ...« er schaute wiederum etwas spöttisch auf Spazzos Jagdrock; der Schluß ward ihm erspart, der Kämmerer würdigte den hungrigen Bruder eines gediegenen Faustschlages, daß er taumelnd von der Schwelle in den Hof hinausflog wie ein wohlgeschleuderter Federball. Die Mittagssonne schien auf des Gefallenen Tonsur.

Dem Abt war bereits gemeldet worden, welch einen Frevel der Klostermeier sich an der Herzogin Mann erlaubt. Jetzt vernahm er den Tumult im Klosterhof. Wie er an sein Fenster trat, erschaute er just den frommen Bruder Yvo faustschlagbefördert in den Hof hinausfliegen. »Glücklich, wer der Dinge geheimste Ursachen erkannt hat«, singt Virgilius. Abt Wazmann erkannte sie, er hatte aus dem Dunkel des Kreuzgangs Herrn Spazzos Helmzier drohend herübernicken gesehen.

»Rufet mir den Abt herunter!« rief's zum zweitenmal vom Hofe herauf, daß die Scheiben der Zellenfenster klirrten. Unterdessen ward die Reichenauer Mittagssuppe kalt; die im Refektorium Versammelten griffen endlich zu, ohne des Abts zu warten.

Der Abt Wazmann hatte Rudimann, den Kellermeister, zu sich entboten. »Das alles«, sprach er, »hat uns der Grünspecht von Sankt Gallen wieder angezettelt. O Gunzo, Gunzo! Keiner soll seinem Nächsten ein Leid wünschen, aber doch überdenkt mein Gemüt die Frage, ob unsere Hofbauern, das riesige Geschlecht vor dem Herrn, nicht wohlgetan hätten, dem Gleisner Ekkehard die Steine an den Kopf zu werfen, die sie dem hunnischen Hexenmeister bestimmt ...«

Ein Mönch trat scheu in des Abts Gemach.

»Ihr sollt herunterkommen«, sagte er leise, »es ist einer drunten und tobt und griesgramt wie ein Gewaltiger.«

Da wandte sich der Abt zu Rudimann, dem Kellermeister, und sprach: »Es muß schlecht Wetter sein bei der Herzogin; ich kenne den Kämmerer, der ist ein sicher Wetterzeichen. Wenn seine Herrin ihren stolzen Mund zur Heiterkeit zuspitzt, so lacht er mit dem ganzen Gesicht, und wenn Wolken über ihre Stirn ziehen, so geht bei ihm ein volles Donnerwetter los ...«

»... und schlägt ein«, ergänzte Rudimann. Schwere Tritte klirrten durch den Gang.

»Es ist keine Zeit mehr zu verlieren«, sprach der Abt. »Macht Euch schnell auf den Weg, Kellermeister, reitet hinüber und drückt der Herzogin unser Bedauern aus; nehmt ein paar Silberlinge aus der Klostertruhe mit als Schmerzensgeld für den Zerschlagenen und saget, daß man für seine Genesung beten wolle. Vorwärts, Ihr seid ja sein Pate und ein kluger Mann.«

»Es wird schwer halten«, sprach Rudimann. »Sie wird recht giftig sein.«

»Bringt ihr ein Geschenk mit«, sprach der Abt. »Kinder und Frauen lassen sich gern die Augen blenden.«

»Was für eines?« wollte Rudimann fragen, da ward die Tür aufgerissen. Herr Spazzo trat ein. Sein Gesicht lag in den richtigen Falten.

»Beim Leben meiner Herzogin!!« rief er, »hat der Abt dieses Rattennestes heute Blei in seine Ohren gegossen, oder ist ihm Gichtbruch in die Füße gefahren? Was kommet Ihr nicht, Euern Besuch zu empfangen?«

»Wir sind überrascht«, sprach der Abt, »laßt Euch willkommen heißen.« Er hob den rechten Zeigefinger, ihm den Segen zu erteilen.

»Brauch' keinen Willkomm!« gab ihm Herr Spazzo zurück. »Der Teufel ist heute Schutzpatron des Tages. Wir sind gekränkt! schwer gekränkt! Wir heischen Buße, zweihundert Pfund Silbers zum mindesten. Heraus damit!! Mord und Weltbrand! den landesherrlichen Rechten soll durch klösterliche Anmaßung kein Eintrag geschehen! Wir sind Gesandter.«

Er klirrte mit den Sporen auf dem Fußboden.

»Verzeihet«, sprach der Abt, »wir haben am grauen Jagdrock die Tracht des Gesandten nicht zu erkennen vermocht.«

»Beim kamelhärenen Kleid des Täufers Johannes!« brauste Herr Spazzo auf, »und wenn ich im Hemd angeritten käme, so wär' die Gewandung noch stolz genug, um vor euch schwarze Kutten als Herold zu treten.«

Er setzte seinen Helm auf. Die Federn nickten: »Zahlet, damit ich weiters kann. Es ist schlechte Luft hier, schlecht, sehr schlecht ...«

»Erlaubet«, sagte der Abt, »im Zorn lassen wir keinen Gast von der Insel reiten. Ihr seid scharf, weil Ihr noch nichts gegessen habt. Lasset Euch ein Klostermahl nicht gereuen. Nachher von Geschäften.«

Daß einer für seine Grobheit freundlich zum Mittagsmahl eingeladen wird, machte dem Kämmerer einigen Eindruck. Er nahm seinen Helm wieder ab. »Den landesherrlichen Rechten soll durch klösterliche Anmaßung kein Eintrag geschehen!« sprach er noch einmal, aber der Abt deutete hinüber: da sah man die offene Klosterküche, der blonde Küchenjunge drehte den Spieß am Feuer und schnalzte mit der Zunge, denn ein lieblicher Bratenduft war in seiner Nase aufgestiegen – ahnungsvoll standen etliche verdeckte Schüsseln im Hintergrund, – ein Mönch wandelte mit riesigem Steinkrug vom Keller her durch den Hof. Das Bild war allzu lockend.

Da vergaß Herr Spazzo die amtlichen Stirnfalten und nahm die Einladung an.

Bei der dritten Schüssel strömten seine Grobheiten spärlicher. Wie der rote Meersburger im Pokal glänzte, versiegten sie ganz. Der rote Meersburger war gut. –

Unterdes ritt Rudimann, der Kellermeister, aus dem Kloster. Der Fischer von Ermatingen hatte einen riesigen Lachs gefangen, frisch und prächtig lag er im kühlen Keller verwahrt, den hatte Rudimann erlesen als Geschenk zur Beschwichtigung der Herzogin. Auf dem Schreibzimmer des Klosters hatte er auch noch zu schaffen, bevor er ausritt. Ein Laienbruder mußte ihn begleiten, das in Stroh verpackte Seeungetüm quer über sein Maultier gelegt. Herr Spazzo war hochmütig herübergeritten, demütig ritt Rudimann hinüber. Er sprach leise und schüchtern, wie er nach der Herzogin fragte. Sie ist im Garten, hieß es.

»Und mein frommer Mitbruder Ekkehard?« frug der Kellermeister.

»Der hat den wunden Cappan in seine Hütte am Hohenstoffeln geleitet und pflegt ihn, er kommt vor Nacht nicht heim.«

»Das tut mir leid«, sprach Rudimann. Höhnisch verzog er seine Lippen. Er ließ den Lachs auspacken und auf die Granitplatte des Tisches im Hofe legen; die Linde warf ihren Schatten drüber, die Schuppen des Seegewaltigen glänzten, es war, als ob sein kühles Auge noch Leben hätte und schmerzlich stumm vom Berggipfel nach den blauen Wogen drüben schaute. Der Fisch war über eines Mannes Länge; Praxedis hatte einen hellen Schrei getan, wie die Strohhülle von ihm genommen ward. »Er kommt vor Nacht nicht heim!« murmelte Rudimann und brach einen starken Lindenzweig und sperrte mit eingeschobenem Holze dem Lachs den Rachen, daß er weit aufgerissen hinausgähnte. Mit grünem Lindenblatt verzierte er das Fischmaul, dann griff er in seinen Busen, dort trug er die Pergamentblätter von Gunzos Schmähschrift, er rollte sie säuberlich zusammen und schob sie in den offenen Rachen. Neugierig sah ihm Praxedis zu; das war ihr noch nicht vorgekommen.

Jetzt nahte die Herzogin. Demütig ging ihr Rudimann entgegen, er bat um Nachsicht für die Klosterleute, es tue dem Abt leid, er sprach mit Anerkennung von dem Verwundeten, mit

Zweifel vom Wetterzauber, mit Erfolg im ganzen. »Und mög' Euch ein unwürdig Geschenk wenigstens den guten Willen des Euch stets getreuen Gotteshauses beweisen«, schloß er und trat zurück, daß der Lachs in seiner vollen Pracht sichtbar wurde. Die Herzogin lächelte halb versöhnt.

Jetzt sah sie das Pergament dem Rachen entragen. »Und das?« sprach sie fragend.

»Das Neueste der Literatur!« ... sprach Rudimann. Er neigte sich mit Anstand, ging zu seinem Saumtier und beeilte sich des Heimritts. –

Der rote Meersburger war gut. Und Herr Spazzo nahm's nicht als eine leichte Sache, beim Wein zu sitzen, er dauerte aus vor den Krügen wie ein Städtebelagerer und saß festgegossen auf seiner Bank und trank als ein Mann, der sprudelnd Aufschäumen den Knaben überläßt, ernst aber viel.

»Der Rote ist die verständigste Einrichtung im ganzen Kloster, habt Ihr noch mehr im Keller?« hatte er den Abt gefragt, wie der erste Krug leer war. Es sollte eine Höflichkeit sein, ein Zeichen der Versöhnung, daß er weiter trank. Da kam der zweite Krug.

»Unbeschadet der landesherrlichen Rechte!« sprach er grimm, wie er mit dem Abt anstieß. »Unbeschadet!« antwortete der mit einem Seitenblick.

Es war die fünfte Abendstunde, da schallte das Glöcklein durchs Kloster. »Verzeihet«, sprach der Abt, »wir müssen zur Vesper, wollet Ihr mit?«

»Ich werd' Euch lieber erwarten«, entgegnete Herr Spazzo und schaute in den dunkeln Hals des Steinkrugs. Es wogte drin noch sattsamer Bedarf für eine Stunde. Da ließ er die Mönche ihren Vespersang halten und trank einsam weiter.

Wieder war eine Stunde abgelaufen, da besann er sich, weshalb er eigentlich ins Kloster herüber geritten. Es fiel ihm nimmer deutlich ein. Jetzt kam der Abt zu ihm zurück.

»Wie habt Ihr Euch unterhalten?« fragte er.

»Gut!« sprach Herr Spazzo. Der Krug war leer.

»Ich weiß nicht« ... begann der Abt.

»Doch!« sprach Herr Spazzo und nickte mit dem Haupt. Da kam der dritte Krug.

Inzwischen kehrte Rudimann von seinem Ausritt heim, die Abendsonne neigte sich zum Untergehen, der Himmel färbte sich glühend, purpurne Streiflichter fielen durchs schmale Fenster auf die Zechenden.

Wie Herr Spazzo wieder mit dem Abte anstieß, glänzte der Rotwein wie feurig Gold im Pokal, und er sah einen Schein der Verklärung um des Abts Haupt flimmern. Er besann sich. »Beim Leben Hadwigs«,[219] sprach er feierlich, »wer seid Ihr?«

Der Abt verstand ihn nicht. »Was habt Ihr gesagt!« fragte er. Da kannte Herr Spazzo die Stimme wieder. »Ja so!« rief er und schlug mit der Faust auf den Tisch, »den landesherrlichen Rechten soll durch klösterliche Anmaßung kein Eintrag geschehen!«

»Gewiß nicht!« sagte der Abt.

Da fühlte der Kämmerer einen fliegenden Stich in der Stirn,[220] den kannte er wohl und pflegte ihn den »Wecker« zu heißen. Der Wecker kam nur, wenn er beim Wein saß; wenn er durchs Haupt brauste, so war's ein Signal, daß in Frist einer halben Stunde die Zunge gelähmt sei und das Wort versage. Kam der Wecker zum zweitenmal, so drohte die Lähmung den Füßen. Da erhob er sich.

»Die Freude sollen die Kutten nicht erleben«, dachte er, »daß vor ihrem Klosterwein eines herzoglichen Dienstmannes Zunge stille steht!« Er stand fest auf den Füßen.

»Halt an«, sprach der Abt, »des Abschieds Minne!«

Da kam der vierte Krug. Herr Spazzo war zwar aufgestanden, aber zwischen Aufstehen und Fortgehen kann sich noch vieles zutragen. Er trank wieder. Wie er seinen Pokal absetzen wollte, stellte er ihn bedächtig in die blaue Luft hinein, daß er auf die Steinplatten des Fußbodens fiel und zerschellte. Da ward Herr Spazzo grimmig. Verschiedenes rauchte und rauschte ihm durch den Sinn.

»Wo habt Ihr ihn?« fuhr er den Abt an.

»Wen?«

»Den Klostermeier! Gebt ihn heraus, den groben Bauer, der mein Taufpatenkind hat umbringen wollen!« Er ging drohend auf den Abt los. Nur einen einzigen Fehltritt tat er.

»Der sitzt auf dem Schlangenhofe«, sprach der Abt lächelnd. »Er sei Euch ausgeliefert. Ihr müßt aber selber ausziehen und ihn holen.«

»Mord und Weltbrand! wir werden ihn holen«, polterte Herr Spazzo und schlug ans Schwert, indem er nach der Türe schritt. »Aus dem Bett werden wir ihn greifen, den Bärenhäuter, und wenn er gegriffen ist, beim Tornister des heiligen Gallus! wenn er ... dann ... sag' ich Euch ...«

Die Rede kam nimmer zum Schluß. Die Sprache stand ihm still wie die Sonne in der Amorrhiter Schlacht, da Josua ihr gebot.

Er griff nach des Abtes Becher und trank ihn leer.

Die Sprache kam nicht wieder. Ein süßes Lächeln lagerte sich auf des Kämmerers Lippen. Er schritt auf den Abt zu und umarmte ihn.

»Freund und Bruder! vielgeliebter alter Steinkrug! wie wär's, wenn ich Euch ein Aug' austäche?« wollte er mit kämpfender Zunge zu ihm sagen; es gelang ihm nimmer, verständlich zu sein. Er preßte den Abt fest und trat ihm dabei mit dem bespornten Stiefel auf den Fuß. Abt Wazmann hatte bereits den Gedanken überlegt, ob er dem Erschöpften ein Nachtlager wolle anweisen, die Umarmung und der Schmerz seiner Zehen änderte ihm den Sinn, er sorgte, daß des Kämmerers Rückzug beginne.

Im Klosterhof ward sein Roß gesattelt. Der blödsinnige Heribald schlich sich draußen herum, er hatte ein groß Stück Zunder in der Küche geholt und gedachte dasselbe brennend des Kämmerers Roß in die Nüstern zu legen, daß es ihn räche für den flachen Hieb. Jetzt kam Herr Spazzo heraus, er hatte die Reste seiner Würde zusammengerafft. Ein Diener mit einer Fackel leuchtete.

Der Abt hatte ihm an der obern Pforte Valet gewinkt.

Herr Spazzo stieg auf seinen treuen Rappen Falada, ebenso

schnell gleitete er auf der rechten Seite wieder herab. Heribald sprang bei, ihn aufzufangen, der Kämmerer fiel ihm in die Arme, des Mönchs Bart streifte stechend seine Stirn.

»Bist du auch da, Elbentrötsch![221] weiser König Salomo!« lallte Herr Spazzo; »sei mein Freund!« Er küßte ihn, da hob ihn Heribald aufs Roß und warf seinen Zunder weg und trat darauf. »Eia, gnädiger Herr«, rief er ihm zu, »kommt recht wohl nach Hause! Ihr seid anders bei uns eingeritten wie die Hunnen, darum reitet Ihr aber auch anders von dannen wie sie, und sie haben sich doch auch aufs Weintrinken verstanden.«

Herr Spazzo drückte den Eisenhut aufs Haupt, fest griff er die Zügel; es preßte ihm noch etwas das Herz, er kämpfte mit der lahmgewordenen Zunge. Itzt kam ein Stück verlorener Kraft wieder, er hob sich im Sattel, die Stimme gehorchte.

»Und den landesherrlichen Rechten soll durch klösterliche Anmaßung kein Eintrag geschehen!« rief er, daß es durch die stille Nacht des Klosterhofs dröhnte.

Zu derselben Zeit berichtete Rudimann dem Abt über den Erfolg seiner Sendung zur Herzogin.

Herr Spazzo ritt ab. Dem Diener, der mit der Fackel leuchtete, hatt er einen güldenen Fingerring zugeworfen. Darum ging der Fackelträger noch weit mit ihm bis zum schmalen Pfad, der über den See führte.

Bald war er am jenseitigen Ufer. Kühl wehte die Nachtluft um das heiße Haupt des Reiters. Er lachte vor sich hin. Die Zügel hielt er gepreßt in der Rechten. Der Mond schien auf den Weg. Dunkel Gewölk ballte sich fern um die Häupter der helvetischen Berge. Jetzt ritt Herr Spazzo in den Tannwald ein. Laut und gemessen schallte des Kuckucks Stimme durch die Stille. Herr Spazzo lachte. War's fröhliche Erinnerung oder sehnende Hoffnung der Zukunft, die sein Lächeln so süß machte? Er hielt sein Roß an.

»Wann soll die Hochzeit sein?« rief er zum Baum hinüber, drauf der Rufer saß.[222] Er zählte die Rufe, aber der Kuckuck war heute unermüdlich. Schon hatte Herr Spazzo zwölf gezählt, da begann seine Geduld auf die Neige zu gehen.

»Schweig, schlechter Gauch!« rief er.

Da tönte des Kuckucks Ruf zum dreizehnten Male.

»Der Jahre fünfundvierzig haben wir schon, und dreizehn macht achtundfünfzig«, sprach Herr Spazzo zornig. »Das gäb' späten Brautstand.«

Der Kuckuck rief zum vierzehnten. Ein anderer war vom Rufen wach geworden und ließ itzt auch seine Stimme erklingen, ein dritter stimmte ein, das hallte und schallte neckisch um den trunkenen Kämmerer herum und war nicht mehr zu zählen.

Da ging ihm die Geduld gänzlich aus.

»Lügner seid ihr und Ehebrecher und Bäckerknechte alle zusammen!« schalt er die Vögel. »Schert euch zum Teufel!«

Er spornte sein Roß zum Trab. Der Wald schloß sich dichter. Jetzt zogen Wolken herauf, schwer und dunkel, sie zogen gegen den Mond. Es ward stockfinster; geisterhaft ragten die Tannen, alles lag schwarz und still. Gern hätte Herr Spazzo itzt noch den Kuckuck gehört, der nächtliche Ruhestörer war fortgeflogen – da ward's dem Heimreitenden unheimlich; eine ungestalte Wolke kam gegen den Mond geschlichen und hüllte ihn ganz ein, da fiel Herrn Spazzo ein, was ihm die Amme in erster Jugend erzählt, wie der böse Wolf Hati und Managarm, der Mondhund, dem leuchtenden Gestirn nachjagen; er sah wieder auf, da sah er den Wolf und den Mondhund deutlich am Himmel; Itzt hielten sie den armen Tröster der Nacht im Rachen ... Herr Spazzo schauderte. Er zog sein Schwert. »*Vince luna!* Siege, o Mond!« schrie er mit heller Stimme und rasselte mit Schwert und Beinschienen, »*vince luna, vince luna!*«[223]

Sein Geschrei war laut und sein ehern Gerassel scharf, aber die Wolkenungetüme ließen den Mond nicht, nur des Kämmerers Roß ward scheu und sprengte sausend mit ihm durch die Waldesnacht.

Wie Herr Spazzo des andern Morgens erwachte, lag er am Fuß des hunnischen Grabhügels. Auf der Wiese sah er seinen Reitersmantel liegen, sein schwarzes Rößlein Falada erging sich fern am Waldessaum, der Sattel hing unten am Bauch, die Zügel waren zerrissen; es fraß die jungen Wiesenblumen. Langsam wandte der schlafmüde Mann sein Haupt und schaute sich gähnend um. Der Klosterturm der Reichenau spiegelte sich so ruhig und fern im See, als wenn nichts geschehen wäre. Er aber riß einen Büschel Gras aus und hielt die tauigen Halme an seine Stirn. *»Vince luna!«* sprach er mit bittersüßem Lächeln. Er hatte schwer Kopfweh.

Burkard, der Klosterschüler

Rudimann, der Kellermeister, war kein falscher Rechner. Eine Rolle Pergament in einem Lachsrachen muß Neugier erregen. Während Herr Spazzo den Reichenauer Klosterwein getrunken, war seine Gebieterin mit Praxedis im stillen Kabinett an Entzifferung der Gunzoschen Schrift gesessen; die Schülerinnen Ekkehards hatten des Lateinischen genug gelernt, um die Hauptsachen zu verstehen; was grammatisch unklar blieb, errieten sie, was nicht zu erraten war, setzten sie nach eigenem Gutdünken zusammen.

Praxedis war empört. »Ist denn die Nation der Gelehrten überall wie in Byzantium?« sprach sie. »Erst die Mücke zum Elefanten gemacht und dann einen Feldzug gegen das selbstgeschaffene Ungetüm begonnen! Das Reichenauer Geschenk schmeckt essigsauer.« – Sie verzog den lieblichen Mund wie damals, da sie Wiborads Holzäpfel kosten mußte.

Frau Hadwig war sonderbar bewegt. Ein unheimlich Gefühl sagte ihr, daß in Gunzos Blättern ein Geist sein Wesen treibe, der nicht vom Guten, aber sie gönnte Ekkehard die Demütigung.

»Ich glaube, er hat die Zurechtweisung verdient«, sprach sie.

Da sprang Praxedis auf. »Unser braver Lehrer verdient manche Zurechtweisung«, rief sie, »aber das sollte unsere Sache sein. Wenn wir ihm seine blöde Schwerfälligkeit wegschulmeistern, tun wir ein gutes Werk. Aber wenn einer mit dem Balken im Aug' dem andern den Splitter vorwirft, das ist zu arg. Die bösen Mönche haben das nur angebracht, um ihn anzuschwärzen. Darf ich's zum Fenster hinauswerfen, gnädige Herrin?«

»Wir haben Euch weder um Ekkehards Erziehung noch um Werfung eines Gastgeschenks zum Fenster hinaus ersucht«, sprach die Herzogin bitter. Praxedis schwieg.

Die Herzogin konnte sich von der eleganten Schmähschrift lange nicht trennen. Ihre Gedanken waren dem blonden Mönch nicht mehr zugewendet wie damals, als er sie über den Hof des heimischen Klosters trug. Im Augenblick überschwenglichen Gefühls nicht verstanden werden, ist gleich der Verschmähung, der Stachel weicht nicht wieder. Wenn sie ihn jetzt erschaute, pochte das Herz nicht in höherem Schlag; oft war's Mitleid, was ihre Blicke ihm noch zuführte, aber nicht jenes süße Mitleid, aus dem die Liebe aufsprießt wie aus kühlem Grunde die Lilie – es barg einen bösen Keim von Geringschätzung in sich.

Durch Gunzos Schmähschrift ward auch das Wissen, das die Frauen seither hoch an ihm gehalten, in Staub gezogen, was blieb noch Gutes? Das stille Weben und Träumen seiner Seele verstand die Herzogin nicht, zarte Scheu ist in anderer Augen Torheit. Daß er in der Frühe ausgegangen, das hohe Lied zu lesen, war zu spät; er hätte das im vorigen Herbst tun sollen...

Der Abend dunkelte.

»Ist Ekkehard heimgekehrt?« fragte die Herzogin.

»Nein«, sprach Praxedis, »Herr Spazzo auch nicht.«

»Dann nimm den Leuchter«, befahl Frau Hadwig, »und trage die Pergamentblätter auf Ekkehards Turmstube. Er darf nicht ununterrichtet bleiben von seiner Mitbrüder Werken.«

Die Griechin gehorchte, aber unfroh. In der Turmstube droben war schwüle Hitze. Ungeordnet lagen Bücher und Gerätschaften umher. Auf dem Eichentisch war das Evangelium des Matthäus aufgeschlagen: »Am Geburtsfest des Herodes aber tanzte der Herodias Tochter vor der Gesellschaft, und sie gefiel dem Herodes, daß er ihr mit einem Eidschwur verhieß zu geben, um was sie bitten wollte, und sie sprach: ›Gib mir auf einer Schüssel den Kopf Johannes des Täufers!‹...«

Die priesterliche Stola, Ekkehards Weihnachtsgeschenk von

der Herzogin, lag daneben, die goldgewirkten Fransen hingen über das Fläschlein mit Jordanwasser, das ihm der alte Thieto einst mitgegeben.

Da schob Praxedis alles zurück und legte Gunzos Epistel auf den Tisch; es tat ihr leid, wie sie alles geordnet. Beim Fortgehen wandte sie sich, tat das Fenster auf, riß ein Zweiglein von dem üppig am Turm sich emporschlingenden Efeugerank und warf's drüber hin.

Ekkehard war spät heimgekommen. Er hatte den wunden Cappan gepflegt; noch größere Arbeit war es ihm, des Hunnen langes Ehegemahl zu trösten. Nachdem das erste Wehgeheul verstummt und ihre Tränen getrocknet, war bis nach Sonnenuntergang ihre Rede nur ein einziger großer Fluch auf den Klostermeier, und wenn sie ihren starken Arm gen Himmel hob und von Augauskratzen und Bilsenkraut in die Ohren gießen und Zähneeinschlagen sprach, und ihre braunen Zöpfe wildbedrohlich im Winde flatterten, so bedurfte es eindringlichen Zuspruchs, sie zu beruhigen. Doch war's gelungen.

In der Stille der Nacht las Ekkehard die Blätter, die ihm die Griechin in seine Stube gelegt. Seine Hand spielte mit einer wilden Rose, die er heimgehend im Tannenwald gepflückt, während sein Auge die geharnischten Angriffe des welschen Gelehrten aufnahm.

»Woher mag es kommen«, dachte er und sog den Duft der Blume ein, »daß so vieles der Tinte Entsprossenes seinen Ursprung nicht verleugnen kann? Alle Tinte kommt vom Gallapfel und aller Gallapfel vom bösen Wespenstich ...«

Mit heiterem Antlitz legte er schließlich die gelben Pergamentblätter weg. »Eine gute Arbeit – eine recht fleißige gute Arbeit – o, der Wiedehopf ist auch eine wichtige Person unter dem fliegenden Getier! Aber die Nachtigall hat kein Ohr für seinen Gesang« ... Er schlief ausgezeichnet gut nach seiner Lesung.

Wie er des andern Morgens von der Burgkapelle zurückschritt über den Hof, traf er auf Praxedis.

»Wie geht's Euch, Hunnentäufer?« sprach sie leicht, »ich bin ernstlich um Euch besorgt. Es hat mir geträumt, ein großer brauner Meerkrebs sei den Rhein herauf geschwommen und aus dem Rhein in den Bodensee, und vom Bodensee sei er auf unsere Burg gekrochen und hätt' schneidige Scheren und hätt' Euch drein geklemmt und scharf ins Fleisch geschnitten. Der Seekrebs heißt Gunzo. Habt Ihr noch viel so gute Freunde?«

Ekkehard lächelte.

»Ich mißfalle manchem Mann, der mir auch nicht gefallen kann«, sprach er. »Wer an rußige Kessel anstößt, kann leichtlich schwarz werden.«

»Scheint Euch aber ganz gleichgültig zu sein« – sprach Praxedis. »Ihr solltet Euch schon heut auf eine Antwort besinnen. Siedet den Krebs rot ab, dann beißt er nimmer.«

»Die Antwort«, erwiderte Ekkehard, »hat ein anderer für mich gegeben. Wer zu seinem Bruder spricht: ›Rakka!‹, wird des hohen Rates schuldig sein, und wer sagt: ›du Narr!‹, wird des höllischen Feuers schuldig sein.«

»Ihr seid recht fromm und mild«, sagte Praxedis, »aber sehet zu, wie weit Ihr damit in der Welt kommet. Wer sich seiner Haut nicht wehret, dem wird sie abgezogen. Auch den schlechten Feind sollt Ihr nicht gering anschlagen: Sieben Wespen zusammen stechen ein Roß tot.«

Die Griechin hatte recht. Stumme Verachtung unwürdigen Angreifers gilt allzu leicht für Schwäche. Aber es war Ekkehards Natur so.

Praxedis trat einen Schritt auf ihn zu, daß er betroffen zurückwich. »Soll ich Euch noch einen guten Rat geben, Ehrwürdigster?« sprach sie. Er nickte schweigend.

»Ihr schreitet wieder viel zu ernst einher; es möchte einer glauben, Ihr wollet mit Sonne und Mond Kegel schieben, wenn Ihr des Weges kommt. 's ist heißer Sommer jetzt, die Kapuze macht Euch schwül. Lasset Euch ein linnen Gewand beschaffen und meinetwegen auch den Schloßbrunnen übers Haupt rieseln, aber seid fröhlich und guter Dinge. Die Herrin möchte sonst recht gleichgültig für Euch werden.«

Ekkehard wollte ihr die Hand reichen; es deuchte ihm zuweilen, als sei Praxedis sein guter Engel. Da kam langsamen Hufschlages Herr Spazzo in den Burghof eingeritten. Sein Haupt senkte sich dem Sattelknopf entgegen, bleiernes Lächeln war über das müde Antlitz gegossen, halb schlief er.

»Euer Gesicht hat sich namhaft verändert seit gestern«, rief ihm Praxedis zu. »Warum fliegen keine Funken mehr unter Faladas Huf?«

Er schaute mit stieren Augen zu ihr herab. Es flimmerte vor seinem Blick.

»Bringt Ihr auch ein erklecklich Schmerzensgeld mit, Herr Kämmerer?«

»Schmerzensgeld? für wen?« fragte Herr Spazzo stumpf.

»Für den armen Cappan! Ich glaube, Ihr habt eine Hand voll Mohnkörner gegessen, daß Ihr nimmer wisset, warum Ihr ausgeritten ...«

»Mohnkörner?« sprach Herr Spazzo mit dem gleichen Ausdruck, »Mohnkörner? Nein. Aber Meersburger, roten Meersburger, ungefügigen hundertschlündig[224] zu trinkenden roten Meersburger! ja!«

Er stieg schwerfällig vom Roß und zog sich in seine Gemächer zurück. Der Bericht über seiner Sendung Erfolg blieb unerstattet. Praxedis schaute dem Kämmerer nach, sie begriff den Grund seiner bleischweren Gemütstimmung nicht ganz.

»Habt Ihr noch nie davon erzählen gehört, daß einem gesetzten Manne Gras, Blumen und Klee und aller Kräuter Meisterschaft, die Würze und aller Steine Kraft, der Wald und alle Vöglein – nicht so zur Erquickung frommen als ein alter Wein?« sprach Ekkehard zur Ergänzung. »Aber schon der jüdische Prophetenknabe sprach zum König Darius, da die Kriegsleute und Amtmänner aus Morgenland um den Thron standen und stritten, wer der stärkste sei: ›der Wein ist der stärkste, der überwältigt die Männer, die ihn trinken, und führt ihre Gemüter in Irrtum‹.«

Praxedis hatte sich weggewendet und stand an den Zinnen der Mauerbrüstung.

»Seht einmal hinunter, Sonne der Wissenschaft«, sprach sie

zu Ekkehard, »was kommt dort für ein sauber geistlich Männlein gewandelt?«

Ekkehard beugte sich über die Mauer und schaute an der senkrecht aufstrebenden Felswand hinab. Zwischen den Stauden am Burgweg wandelte ein braunlockiger Knabe; er trug ein Mönchsröcklein, das bis an die Knöchel reichte, Sandalen am nackten Fuß, einen ledernen Ranzen auf dem Rücken, den eisenbeschlagenen Wanderstab in der Hand. Ekkehard kannte ihn noch nicht.

Nach einer Weile stand er am Burgtor.

Er hielt die Hand vor die Augen und schaute in das weite schöne Land hinaus. Dann trat er in den Hof und ging gemessenen Schrittes auf Ekkehard zu.

Es war Burkard, der Klosterschüler, Ekkehards Schwestersohn, der von Konstanz herüberkam, seinem jungen Oheim einen Ferienbesuch abzustatten.

Er machte ein feierlich Gesicht und sprach den Begrüßungsspruch, als hätte er ihn auswendig gelernt.

Ekkehard küßte den wohlerzogenen Schüler, der in den fünfzehn Jahren seines Lebens noch keinen einzigen dummen Streich begangen. Burkard richtete Grüße von Sankt Gallen aus und brachte eine Epistel Meister Ratperts, der sich behufs vergleichender Studien von Ekkehard Auskunft erbat, in welcherlei Fassung und Wortlaut er gewisse schwierige Stellen im Virgilius zu übersetzen pflege. »Heil, Gedeihen und Fortschritt in der Erkenntnis!«[225] lautete des Briefes Abschiedsgruß.

Ekkehard begann ein langes Fragen nach seinen dortigen Brüdern. Aber Praxedis fiel ihm in die Rede.

»Lasset doch den frommen jungen Mann ausruhen. Trockene Zunge erzählt nicht gern. Komm mit mir, Männlein, du sollst uns ein lieberer Besuch sein, als der böse Rudimann von der Reichenau.«

»Vater Rudimann?« sprach der Knabe, »den kenne ich auch.«

»Woher?« fragte Ekkehard.

»Er ist vor wenig Tagen bei uns gewesen und hat dem Abt ein großes Schreiben überbracht und eine Schrift; es soll vieles über Euch drin stehen, liebwerter Ohm, und nicht lauter Schönes.«

»Hört!« sprach Praxedis.

»... und wie er Abschied genommen, ist er nur bis zur Kirche gegangen; dort hat er gebetet, bis daß es dunkel war. Er muß aber alle Gänge und Schliche im Kloster kennen, wie die Glocke die Schlafstunde angeläutet, ist er heimlich und auf den Zehen ins große Dormitorium geschlichen, um zu lauschen, was die Brüder vor Einschlafen über Euch und über das, was in seiner Schrift stand, zusammen sprechen würden. Die Nachtkerze hat trüb geflackert, daß er im Verborgenen niedersitzen konnte. Aber um Mitternacht ist der Vater Notker Pfefferkorn gekommen, der hat die Runde gemacht, nachzuschauen, ob jeder seinen Gürtel fest ums Gewand geschlungen, und ob kein Messer oder schädlich Gewaffen im Schlafgemach sei. Der hat den Fremden hervorgezogen aus seinem Versteck, und die Brüder sind aufgewacht, und die große Abtslaterne ist angezündet worden, mit Stecken und Stangen und der siebenfältigen Geißel aus der Geißelkammer sind sie herbeigesprungen und war ein großer Lärm und Geschrei, trotzdem daß der Dekan und die Alten abwinkten. Notker Pfefferkorn selber war hoch ergrimmt: ›Der Teufel geht lauernd umher und sucht, wen er verschlinge‹, rief er, ›wir haben den Teufel, züchtigt ihn!‹

Vater Rudimann aber ist noch recht höhnisch gewesen: ›ich gestehe, treffliche Jünglinge‹, hat er gesagt, ›wenn ich wüßte, wo der Zimmermann einen Weg offen gelassen, so würde ich auf Händen und Füßen von dannen gehen; nun aber, da ich gern oder ungern euch in die Hände fiel, so gedenket, daß ihr eurem Gastfreund keine Schande antuet.‹[226] Da wurden sie alle wild und schleppten ihn in die Geißelkammer; nur auf den Knien konnt' er sich losbitten, und als endlich der Abt sprach: ›Wir wollen das Füchslein heimspringen lassen in seinen Bau‹, hat er sich höflich bedankt.

Ich bin gestern einem Fuhrwerk mit zwei großen Weinfässern vorbeigekommen: der Kellermeister der Reichenau schicke das dem heiligen Gallus für freundschaftliche Aufnahme, hat der Fuhrmann zu mir gesagt ...«

»Davon hat Herr Rudimann nichts gemunkelt, wie er gestern bei uns war«, sprach Praxedis. »Für die Geschichte verdienst du ein Stück Kuchen, Goldsohn, du erzählst ja wie ein Jubelgreis.«

»Oh«, sprach der Klosterschüler halb beleidigt, »es heißt nichts. Aber ich werde ein Gedicht darüber machen: Des Wolfs Einbruch im Schafstall und Strafe, – ich hab's schon halb im Kopf, das muß schön werden.«

»Du machst auch Gedichte, junger Neffe?« sprach Ekkehard heiter.

»Das wär' kein guter Klosterschüler,« gab der Junge zur Antwort, »der vierzehn Jahre alt würde und keine Gedichte machen könnte. Meinen Lobgesang auf den Erzengel Michael in doppelt gereimten Hexametern hab' ich dem Abt vorlesen dürfen; er hat meine Verse eine glänzende Perlenschnur geheißen. Und meine sapphische Ode zu Ehren der frommen Wiborad ist auch recht schön, soll ich sie vortragen?«

»Um Gottes willen!« sprach Praxedis, »glaubst du, man fällt bei uns nur zum Burgtor herein und trägt gleich Oden vor? Wart' erst dein Stück Kuchen ab.«

Sie sprang zur Küche und ließ den gelehrten Neffen Ekkehards im Gespräch mit seinem Oheim unter der Linde zurück. Der plauderte dann ein Namhaftes von Trivium und Quadruvium; weil gerade der Fels von Hohentwiel im Morgenlicht einen feingezeichneten Schatten über das flache Land warf, erging sich der Klosterschüler in einer weitläufigeren Disputation über den Grund des Schattens, als welchen er mit Sicherheit einen dem Licht entgegenstehenden Körper bezeichnete und alle anderen Definitionen in ihrer Nichtigkeit nachwies.

Wie ein Springquell entströmte dem jugendlichen Munde die Flut der Wissenschaft. Auch in der Astronomie war er bewandert; das Lob Zoroasters von Baktrien und des Königs Ptolemäus von Ägyptenland mußte der Oheim geduldig anhören, über Form und Verwendung des Astrolabiums ward ihm scharf auf den Zahn gefühlt;[227] auch begann der braungelockte Schwestersohn auseinanderzusetzen, wie faselnd die Meinung derer sei, die da glauben, daß auf der Rückseite des Erdglobus das ehrenwerte Geschlecht der Antipoden[228] hause – vor fünf Tagen hatte er all die schönen Sachen gelernt. Aber schließlich erging es dem Oheim wie dem tapfern Kaiser Otto, da der weltweise Bischof Gerbert von Reims und Otrich, der Domschulmeister von Magdeburg, vor ihm und viel hundert gelahrten Äbten und Scholastern ihren Wettkampf über Einteilung und Grund der theoretischen Philosophie[229] abhielten – er gähnte.

Jetzt kam Praxedis mit einem herrlichen Kirschkuchen und einem Körbchen Früchte, das gab den Gedanken des fünfzehnjährigen Weltweisen eine Wendung zum Natürlichen; als wohlerzogener Knabe sprach er erst den Hymnus[230] vor dem Essen, wie er in der Klosterschule üblich, dann vertiefte er sich ganz in des Kuchens Aufzehrung und überließ die Frage von den Antipoden einer späteren Zukunft ...

Praxedis wandte sich zu Ekkehard. »Die Herzogin läßt Euch kundtun«, sprach sie mit verstelltem Ernst, »daß sie gesonnen, zum Studium des Virgils zurückzukehren; sie ist begierig zu vernehmen, wie der Königin Dido Geschicke sich weiter abspinnen. Heute abend beginnen wir; Ihr sollt ein freundlich Gesicht dazu machen«, fuhr sie leiseren Tones fort, »es ist eine zarte Aufmerksamkeit, Euch zu beweisen, daß trotz der Schriften gewisser Herren das Vertrauen auf Eure Wissenschaft nicht geschwunden.«

Es war so. Ekkehard aber erschrak. Wieder in der alten Weise mit den zwei Frauen zusammen zu sein: schon der Gedanke tat ihm weh. Er konnte noch immer nicht vergessen, daß einst ein Karfreitagmorgen gewesen.

Da schlug er seinen Neffen auf die Schulter, daß der zusammenfuhr. »Du kommst hier nicht in die Ferien zum Fischfangen und Vogelstellen, Burkard!« sprach er, »heute nachmittag lesen wir Virgil mit der gnädigen Herzogin, du wirst dabei sein.«

Er gedachte den Knaben als schirmende Abwehr zwischen die Herzogin und seine Gedanken zu stellen.

»Wohl!« sprach Burkard mit kirschrotblauen Lippen, »Virgilius ist mir lieber als Jagen und Reiten, und ich werd' die Frau Herzogin bitten, mir von ihrem Griechischen etwas zu lehren. Nach jenem Besuch, wo sie Euch mit fortgenommen, haben die Klosterschüler oftmals gesagt, sie wisse mehr Griechisch als alle ehrwürdigen Väter des Klosters zusammen, sie habe es durch Zauberei erlernt ... Und wenn ich auch im Griechischen der erste bin ...«

»Dann kann dir's nicht fehlen, daß du in fünf Jahren Abt und in zwanzig Jahren heiliger Vater zu Rom wirst«, sprach Praxedis spottend. »Einstweilen fließt dort der Burgbrunnen, das Blau deiner Lippen zu tilgen ...«

Um die vierte Abendstunde harrte Ekkehard im säulengetragenen Gemach seiner Gebieterin, die Lesung der »Äneide« wieder aufzunehmen. Über ein halb Jahr war abgelaufen, daß Virgilius Ruhe gehabt. Ekkehard war beklommen, er hatte die Fenster weit aufgetan. Wohltuende Kühle des Abends strömte herein.

Der Klosterschüler blätterte in der lateinischen Handschrift.

»Wenn die Herzogin mit dir spricht, sei fein artig«, sprach Ekkehard.

Er aber antwortete mit Selbstgefühl: »Mit einer so vornehmen Frau red' ich nur in Versen. Sie soll sich überzeugen, daß ein Zögling der innern Schule vor ihr steht.«

Jetzt trat die Herzogin ein, gefolgt von Praxedis. Sie grüßte mit leichtem Kopfnicken. Ohne daß sie Ekkehards hoffnungsvollen Neffen zu bemerken schien, ließ sie sich im schnitzwerkverzierten Lehnstuhl nieder. Burkard hatte sich zierlich verneigt und stand am Ende des Tisches.

Ekkehard schlug den Virgilius auf. Da fragte die Herzogin gleichgültigen Tones: »Was soll der Knab'?«

»Ein demütiger Zuhörer«, sprach Ekkehard, »dem die Sehnsucht, das Griechische zu erlernen, Mut gibt, so erlauchter Lehrerin sich zu nahen. Er wird glücklich sein, wenn er von Eueren Lippen ...«

Aber bevor Ekkehard seine Rede geendet, war Burkard vor die Herzogin getreten, befangen und keck zugleich sprach er mit niedergeschlagenen Augen und genauer Betonung des Silbenmaßes:

Esse velim Graecus, cum vix sim, dom'na, Latinus.[231]

Der ich kaum ein Lateiner bin, ein Grieche möcht' ich werden.

Es war ein tadelloser Hexameter.

Frau Hadwig hörte ihm halb erstaunt zu. Ein braunlockiger Knabe, der einen Hexameter sprach, war in alemannischen Landen etwas Ungewohntes. Und er hatte ihr zu Ehren die Daktylen und Spondäen aus dem Stegreif ersonnen. Darum ergötzte sie sich an dem jungen Verseschmied.

»Laß dich einmal näher beschauen«, sprach sie und zog ihn zu sich. Er gefiel ihr; es war ein lieblich Knabenantlitz, durchsichtig Rot auf den Wangen, so fein und zart, daß das blaue Geäder in leichtem Umriß drunter zu erschauen war, üppig wallten die Locken um die Stirn, eine kecke Adlernase ragte über den gelehrten jungen Lippen wie ein Hohn auf das, was unter ihr gesprochen werde, in die Luft. Da schlang Frau Hadwig ihren Arm um den Knaben, hob ihn empor und küßte ihn auf Lippe und Wange und tat schier kindisch mit ihm; dann schob sie den gepolsterten Schemel hart an ihre Seite und setzte ihn drauf: »Einstweilen sollst du von meinen Lippen etwas anderes pflücken als Griechisch«, sprach sie scherzend und küßte ihn noch einmal, – »jetzt sei aber so brav wie vorhin und sag' schnell noch ein paar leichthingleitende Verse.«

Sie strich ihm die Locken zurück. Der Klosterschüler war errötet, aber seine Metrik kam durch einer Herzogin Kuß nicht aus der Fassung. Ekkehard war ans Fenster getreten und schaute nach den Alpen, Burkard aber sprach, ohne sich zu besinnen:

Non possum prorsus dignos componere versus,
Nam nimis expavi duce me libante suavi.

Ich finde keinen Vers mehr, es stockt der Rede Fluß,
Zu tief hat mich erschreckt der Herrin süßer Kuß.

Es waren wiederum zwei tadellose Hexameter.

Die Herzogin lachte laut auf: »Du hast sicher schon das Licht der Welt mit lateinischem Vers begrüßt; das klingt und strömt ja, als wäre Virgil aus dem Grabe gestiegen. Warum erschrickst du denn, wenn ich dich küsse?«

»Weil Ihr so vornehm und stolz und schön seid«, sprach der Knabe.

»Sei zufrieden«, entgegnete die Herzogin, »wer mit frisch glühendem Kuß auf den Lippen so regelrechte Verse aus dem Ärmel schüttelt, dem hat der Schreck nicht tief ins Herz geschlagen.« Sie stellte ihn sich gegenüber. »Warum begehrst du so eifrig, das Griechische zu erlernen?«

»Sie sagen, wenn einer Griechisch versteht, kann er so gescheit werden, daß er das Gras wachsen hört«, war des Klosterschülers Antwort. »Seit mein ältester Mitschüler Notker mit der großen Lippe sich gerühmt hat, er wolle dereinst den ganzen Aristoteles auswendig lernen und verdeutschen, läßt mir's keine Ruhe mehr.«

Da lachte Frau Hadwig: »Vorwärts denn! Weißt du den Antiphon: ›Ihr Meere und Flüsse, lobet den Herren!‹«

»Ja«, erwiderte Burkard.

»So sprich mir nach: *Thalassi ke potami, eulogite ton kyrion!*«
Der Knabe sprach's nach.

»Jetzt sing es!« Er sang es.

Ekkehard schaute vorwurfsvoll auf die Gruppe herüber. Die Herzogin verstand den Blick.

»So, nun hast du bereits sechs Worte gelernt«, sprach sie zu Burkard. »Wenn du wieder in Hexametern drum bittest, soll dir ein Mehreres verabreicht sein. Setz' dich jetzo mir zu Füßen und hör' andächtig zu. Wir werden Virgilius lesen.«

Da begann Ekkehard mit der »Äneide« viertem Gesang und las die Sorgen der Dido, wie immerdar der Gedanke an den edeln Trojaner Gast sie umschwebt und fest im innersten Busen sein Antlitz haftet und Wort. Und sie klagt ihr Leid der Schwester:

»Wenn's nicht fest in der Seele und unabänderlich stünde,
Keinem wollt' ich hinfort durch ehliches Band mich gesellen,
Seit mit dem Erstgeliebten mir Freud' und Hoffnung dahinstarb,
Wenn nicht verhaßt Brautkammer und Hochzeitfackel mir wäre:
Dieser *einen* Versuchung vielleicht noch könnt' ich erliegen.
Anna, ich will es gestehn: nachdem mein armer Sichäus
Sank, der Gemahl, und troffen in Bruderblut die Penaten,
Hat er allein mir gewendet den Sinn und die wankende Seele
Mir bewegt, ich erkenne die Spur vormaliger Flammen.«

Aber Frau Hadwig war wenig ergötzt von den Schmerzen der karthagischen Königswitwe. Sie warf sich in ihrem Lehnstuhl zurück und schaute zur Decke empor. Sie fand keine Beziehungen mehr zwischen sich und der Frauengestalt des Dichters.

»Haltet an!« rief sie dem Vorlesenden zu, »man merkt wieder, daß ein Mann das geschrieben. Er will die Frau demütigen. Alles falsch. Wer wird sich so in einen fremden Gast vernarren!«

»Das mag Virgilius verantworten«, sprach Ekkehard. »Die Geschichte wird's ihm so überliefert haben.«

»Dann lebt jetzt ein stärker Frauengeschlecht«, sagte die Herzogin und winkte ihm weiterzulesen. Sie war fast beleidigt von Virgilius' Schilderung, vielleicht daß sie sich selber didonischer Anwandlungen erinnerte. Es war nicht immer gewesen wie heute.

Und er las, wie Anna der Schwester zusprach, nicht vergeblich wider gefällige Liebe zu streiten, wie an der Götter Altären Friede und Heil durch Opfer erfleht wird, dieweil die geschmeidige Flamme fortzehrt im Mark und die alte Wunde nicht vernarbt. Und wieder will die Betörte von den Kämpfen um Ilium vernehmen und hängt am Mund des Erzählers –

»Wenn sie darauf sich getrennt und ihr Licht die erdunkelnde Luna
Jetzo gesenkt und zum Schlaf die sinkenden Sterne ermahnen,
Trauert sie einsam im leeren Gemach – aufs verlassene Lager
Wirft sie sich, jenen entfernt den Entferneten hört sie und schaut sie.
Oft den Askanius auch, von des Vaters Bilde bezaubert,
Hält sie im Schoß, um zu täuschen die unausprechliche Liebe.«

Ein leises Kichern unterbrach die Vorlesung. Der Klosterschüler war aufmerksam zu der Herzogin Füßen gesessen, schier angeschmiegt an ihr wallend Gewand; jetzt hatte er gekämpft, ein aufsteigend Lachen zu unterdrücken, es mißlang, er platzte heraus und hielt die Hände vergeblich vors Antlitz, sich zu decken.

»Was gibt's, junger Versemacher?« sprach Frau Hadwig.

»Ich habe denken müssen«, sprach der Junge verlegen, »wenn meine hohe Herrin die Königin Dido wäre, so wär' ich vorhin der Askanius gewesen, da Ihr mich zu herzen und küssen geruhtet.«

Die Herzogin schaute scharf auf den Knaben herab. »Will man ungezogen werden? Kein Wunder« – schalt sie mit einem Fingerzeig auf seine Locken, »die junge Altklugheit trägt ja schon graue Haare auf dem Scheitel.«

»... Das ist von der Nacht, da sie den Romeias erschlugen«, wollte der Klosterschüler sagen.

»Das ist vom Fürwitz, der törichte Dinge redet, wo er schweigen sollte«, fuhr die Herzogin drein. »Steh auf, Schülerlein!«

Burkard erhob sich vom Schemel und stand errötend vor ihr. »So«, sprach sie, »jetzt geh zu der Jungfrau Praxedis und melde ihr, es müßten dir zur Strafe alle grauen Haare abgeschnitten werden, und bitte schön, daß sie dir's tue. Das wird gut sein für unzeitig Lachen.«

Dem Knaben standen die hellen Tränen in den Augen. Er wagte keine Widerrede. Er ging zu Praxedis hin, die hegte Teilnahme für ihn, seit sie gehört, daß er des Romeias Gefährte bei seinem letzten Gang gewesen. »Ich tu' dir nicht weh, kleiner Heiliger«, flüsterte sie ihm zu und bog ihn zu sich. Das junge Haupt in ihren Schoß gebeugt, mußte er vor ihr knien, da griff sie eine mächtige Schere aus ihrem strohgeflochtenen Nähkorb und vollzog die Strafe.

Betrüblich klang erst des Klosterschülers Schluchzen, – wer sein Haupthaar von fremder Hand berühren ließ, galt eigentlich für schwer beschimpft[232] – aber Praxedis' weiche Hand fuhr ihm streichelnd über die Wangen, nachdem sie das Gelock zerzaust hatte, da ward ihm bei aller Strafe so seltsam zumut', daß sein Mund lächelnd die letzte niederrollende Träne auffing.

Ekkehard sah eine Weile stumm vor sich hin. Das Spiel leichtfertiger Anmut machte den Traurigen trauriger. Er war verletzt, daß die Herzogin so sein Lesen unterbrochen. Aus ihren Augen las er keinen Trost; »sie spielt mit dir, wie sie mit dem Knaben spielt«, dachte er und schlug seinen Virgilius zu und erhob sich.

»Ihr habt recht«, sprach er zu Frau Hadwig, »es ist alles falsch. Dido sollte lachen und Äneas sollte hingehen und sich ins Schwert stürzen, dann wäre es richtig.«

Sie blickte unstet auf. »Was habt Ihr?« fragte sie.

»Ich kann nicht weiter lesen«, erwiderte er.

Die Herzogin war aufgestanden.

»Wenn Ihr nicht mehr lesen möget«, sprach sie mit scheinbar gelangweiltem Ausdruck, »es gibt noch mannigfache Mittel und Wege, uns Kurzweil zu schaffen. Wie wär' es, wenn ich Euch aufgäbe, uns etwas Anmutiges zu erzählen, – Ihr möget dabei auslesen, was Euch gefällt, es gibt so viel Liebreizendes und Gewaltiges noch außer Euerem Virgil. Oder gehet hin und dichtet selber etwas. Euch drückt irgend eine Last, Ihr mögt nicht erklären, Ihr mögt nicht aufs Land gehen, alles tut Euern Augen weh, Eurem Geist fehlt eine große Aufgabe, wir wollen sie Euch setzen.«

»Was sollt' ich dichten?« erwiderte Ekkehard. »Ist's nicht schon Glück genug, das Echo eines Meisters, wie Virgilius, zu sein?« Er sah mit umflortem Auge auf die Herzogin. »Ich wüßte nur Elegien zu singen, sehr traurige.«

»Sonst nichts?« fragte Frau Hadwig vorwurfsvoll. »Haben unsere Vorfahren keine Kriegszüge getan und ihr Heerhorn mit Sturmschall durch die Welt erklingen lassen und Schlachten geschlagen, so viel wert wie die des Landfahrers Äneas? Glaubt Ihr, der große Kaiser Karl hätte die uralten Lieder der Völker sammeln und singen lassen, wenn nur leeres Stroh darin steckte? Müßt Ihr zu allem Eure lateinischen Bücher haben?«

»Ich weiß nichts«, wiederholte Ekkehard.

»Ihr sollt aber etwas wissen«, sagte die Herzogin. »Es stünde doch zu verwundern, wenn nur wir Hausgenossen der Burg einen Abend zusammensäßen und von den alten Geschichten und Sagen plauderten, ob da nicht mehr zusammenkäme, als in der ganzen ›Äneide‹ steht? Des Kaisers Karl frommer Sohn hat freilich vom alten Heldensang nichts mehr wissen wollen[233] und lieber schnarrendem Psalmodieren sein Ohr geliehen und ist an Leib und Seele verkümmert gestorben, aber uns allen haften von Kindesbeinen noch jene Geschichten an. Erzählet uns eine solche, Meister Ekkehard, dann erlassen wir Euch den Virgil samt der liebesiechen Königin Dido.«

Aber Ekkehards Gedanken flogen weit anderwärts. Er schüttelte sein Haupt wie ein Träumender.

»Ich sehe, Ihr brauchet Anstoß«, sprach die Herzogin. »Es soll Euch von allen ein gut Beispiel gegeben werden. Praxedis, halt dich bereit und künde es dem Kämmerer Spazzo an, wir wollen uns morgen an Erzählungen alter Sagen erfreuen. Ein jedes sei gerüstet.«

Sie griff den Virgilius und warf ihn feierlich unter den Tisch, als Zeichen, daß eine neue Ära beginne. Ihr Gedanke war gut und anregend. Nur dem Klosterschüler, der während der Herzogin Rede sein Haupt in Praxedis' Schoß hatte ruhen lassen, war es nicht ganz deutlich. »Wann darf ich weiter Griechisch lernen, gnädige Herrin?« sagte er. *»Thalassi ke potami ...«*

»Wenn die grauen Haare wieder gewachsen sind«, sprach sie heiter und küßte ihn wiederum.

Ekkehard ging mit großen Schritten aus dem Saal.

Von deutscher Heldensage

Auf dem Gipfel des hohen Twiel innerhalb der Burgmauern war ein zierlich Gärtlein angelegt; ein steiler Felsvorsprung, von Mauerwerk eingefaßt, umschloß den mäßigen Raum. Es war ein feiner Platz, als wie eine Hochwacht, den steil abwärts sprang der Fels, also, daß man über die Brüstung gelehnt einen

Stein mochte hinabschleudern ins tiefe Tal, und wer sich am Ausspähen erfreute, der mochte Umschau halten über Berg und Fläche und See und Alpengipfel, keine Schranke hemmte den Blick.

Im Eckwinkel des Gärtleins ließ ein alter Ahorn vergnüglich seine Wipfel im Winde rauschen, schon war das beflügelte Samenkorn reif und gebräunt und wirbelte auf die schwarze Blumenerde hernieder; – eine Leiter war an den grüngrauen Stamm gelehnt, zu Füßen stand Praxedis und hielt die Enden eines schweren langen Zeltgetüchs, in den Ästen aber saß Burkard, der Klosterschüler, mit Nagel und Hammer und suchte das Tuch festzunageln.

»Achtung!« rief Praxedis, »ich glaube, du schauest dem Storch nach, der dem Kirchturm von Radolfs Zelle entgegen fliegt. Pass' auf, du Ehrenpreis aller lateinischen Schüler, und schlag mir den Nagel nicht neben den Ast.«

Praxedis hatte das Tuch mit der Linken emporgehalten, jetzt ließ es der Klosterschüler fahren, da zog sich's gewichtig herab, riß von dem lässig eingeschlagenen Nagel und sank schwerfällig, so daß die Griechin schier ganz drein begraben ward.

»Warte, Pfuscher!« schalt Praxedis, wie sie sich aus der groben Umhüllung vorgewickelt, »ich werd' einmal nachsehen, ob es keine grauen Haare mehr abzuschneiden gibt.«

Kaum war das letzte Wort gesprochen, so ward der Klosterschüler auf der Leiter sichtbar, er kletterte die Sprossen bis zur Hälfte nieder, dann sprang er mit gleichen Füßen auf das Tuch und stand vor Praxedis.

»Setzt Euch«, sprach er, »ich will mich gern wieder strafen lassen. Ich hab' heut nacht geträumt, Ihr hättet mir alle Haare ausgerauft, und ich wär' mit einem Kahlkopf in die Schule gekommen, und es hätt' mich gar nicht gereut.«

Praxedis schlug ihm leicht auf das Haupt.

»Werd' nicht zu üppig in den Ferien, Männlein, sonst wird dein Rücken ein Tanzboden für die Rute, wenn du wieder im Kloster bist.«

Aber der Klosterschüler dachte nicht an den kühlen Schatten seiner Hörsäle. Er stund unbeweglich vor Praxedis.

»Nun?« sprach sie, »was gibt's noch? Was begehrt man?«

»Einen Kuß!« antwortete der Zögling der freien Künste.

»Hört mir den Zaunkönig an!« scherzte Praxedis. »Was hat Eure Weisheit für Gründe zu solchem Begehr?«

»Die Frau Herzogin hat's auch getan«, sagte Burkard, »und Ihr habt mich schon über ein dutzendmal aufgefordert, ich soll Euch die Geschichte erzählen, wie ich mit meinem alten Freund Romeias vor den Hunnen geflohen und wie er als ein tapferer Held gestritten hat. Das erzähl' ich Euch aber nur um einen Kuß.«

»Höre«, sprach die Griechin mit ernst verzogener Miene, »ich muß dir etwas sehr Merkwürdiges mitteilen.«

»Was?« frug der Knabe hastig.

»Du bist der törichtste Schlingel, der je einen Fuß über eine Klosterschulschwelle gesetzt!« ... sprach sie, verstrickte ihn schnell in ihre weißen Arme und küßte ihn derb auf die Nase.

»Wohl bekomm's!« rief eine tiefe Baßstimme von der Gartenpforte her, wie sie den Knaben schalkhaft von sich stieß. Es war Herr Spazzo.

»Schönen Dank!« sprach Praxedis unbetrübt. »Ihr kommt gerade recht, Herr Kämmerer, um bei Aufrichtung des Zelttuchs zu helfen. Mit dem törichten Knaben bring' ich's heut nicht mehr zustand'.«

»So scheint es!« sprach Herr Spazzo mit einem dreischneidigen Blick auf den Klosterschüler. Der hatte Angst vor des Kämmerers grimm gestrichenem Schnurrbart und drehte sich einem Rosengebüsch zu. Astronomik und Metrik, Aristoteles in der Ursprache und rote Frauenlippen schwebten in tanzendem Durcheinander durch das fünfzehnjährige Gemüt.

»Gibt's keine besseren Leute zu küssen im Hohentwieler Burgfrieden, Jungfräulein?« fragte Herr Spazzo.

»Wenn man je eine Sehnsucht hätte«, war Praxedis' Antwort, »so sind die besseren Leute ausgeritten und fahren in Nacht und Nebel herum und kommen erst am hellen Tag in einem Aussehen wieder heim, daß man meinen könnt', sie hätten Irrlichter einfangen wollen.«

Da hatte Herr Spazzo seinen Teil. Er hatte aber ein Gelübde getan, von seinem nächtlichen Ritt samt Kuckucksruf und *vince luna* kein Wörtlein zu verplaudern. »Wozu soll ich Euch helfen?« fragte er demütig.

»Eine Laube herrichten!« sprach Praxedis. »In abendlicher Sommerkühle will die Herzogin hier Hof halten – es sollen Geschichten erzählt werden, alte Geschichten, Herr Kämmerer, je wunderbarer, desto besser! Unsere Herrin hat das Lateinische satt bekommen, sie will was anderes, Ungeschriebenes, Einheimisches ... Ihr müßt auch Euer Scherflein beitragen.«

»Gott sei meiner Seele gnädig!« sprach Herr Spazzo, »wenn unter einer Frauen Herrschaftsführung nicht alles wunderbar herginge, so möcht' man sich noch verwundern. Gibt's keine fahrenden Sänger und Saitenspieler mehr, die um einen Helm voll Weines und eine Hirschkeule die Kehle heiser singen von derlei Mären? Da steigen wir hoch im Wert! Landflüchtige Possenreißer, Barden und derlei müßige Gesellschaft soll man mit Ruten aushauen, und wenn sie drum klagen, sei ihnen der Schatten eines Mannes an der Wand[234] verabreicht als Entgelt. Ich dank' für die Ehre.«

»Ihr werdet tun, was befohlen wird, als getreuer Dienstmann, der noch Rechenschaft schuldig ist über gewisse Geschäftsführungen beim klösterlichen Weinkrug«, sprach Praxedis. »Es ist doch lustiger, als Latein zu buchstabieren. Habt Ihr keine Lust, den gelehrten Herrn Ekkehard auszustechen?«

Der Wink leuchtete dem Kämmerer ziemlich ein. »Gebt mir den Tuchzipfel«, sprach er, »daß wir das Zeltdach spannen.« Er stieg zum Ahorn auf und festigte die Enden im Geäst'. Gegenüber waren hohe Stangen eingeschlagen, von blauer Bohnenblüte umrankt, dahin trug Praxedis das Getüch an seinen andern Enden; in kurzem hing die schattige Decke über den luftigen Raum, die grauweiße Leinwand schimmerte anmutig zum Gelbgrün der Blätter und Ranken, es war eine lustige Gartenfrische.

»Der Vesperwein möchte sich anmutig hier trinken lassen«, sagte Herr Spazzo halb betrübt über das, was bevorstand. Praxedis aber ordnete Tisch und Sitze, der Herzogin Polsterstuhl mit dem durchbrochenen Schnitzwerk lehnte sich an den Stamm des Ahorns, niedrige Schemel für die andern, ihre Laute holte sie herunter und legte sie auf den Tisch, Burkard aber mußte einen großen Blumenstrauß binden, der ward vor den Herzogssitz gestellt. Dann band die Griechin einen roten Seidenfaden um den Baumstamm, zog ihn bis zur Bohnenhecke hinüber und von dort zur Mauer, so daß nur ein schmaler Durchgang frei blieb. »So!« sprach sie vergnügt, »jetzt ist unser Plaudersaal umgrenzt und umfriedet, wie König Laurins Rosengarten,[235] die Mauern sind wohlfeil herzustellen.«

Die Herzogin freute sich ihres Einfalls und schmückte sich mit einer gewissen Absicht. Es war noch früh am Abend, da stieg sie zur Laube hinab. Blendend rauschte die stolze Erscheinung einher; sie hatte ein weites Gewand umgetan, Saum und Ärmel mit schimmerndem Gold durchstickt, ein stahlgrauer mantelartiger Überwurf wallte bis zum Boden herab, von edelsteinbesetzten Agraffen gehalten; übers Haupt trug sie ein schleierartig Gewebe, licht und durchsichtig, von güldenem Stirnband anschmiegend zusammengefaltet. Sie griff eine Rose aus Burkards Strauß und heftete sie zwischen Band und Schleier.

Der Klosterschüler, der schon nahe daran war, Klassiker und freie Künste zu vergessen, hatte sich die Gnade erbeten, der Herzogin Schleppe zu tragen, und ihr zu Ehren ein Paar abenteuerliche Schnabelschuhe, an beiden Seiten mit Ohren versehen, angelegt[236] und machte sich verschiedene Gedanken über das Glück, einer solchen Gebieterin als frommer Edelknabe zu dienen.

Praxedis und Herr Spazzo traten mit ein. Die Herzogin schaute sich flüchtig um: »Ist Meister Ekkehard, zu dessen Belehrung wir den Abend geordnet, unsichtbar?«

Er war nicht erschienen.

»Mein Oheim muß krank sein«, sprach Burkard. »Er ist gestern abend mit großen Schritten in seiner Turmstube auf und nieder gegangen, und wie ich ihm die Sternbilder vor dem Fenster erklären wollt', den Bär und Orion und den mattschimmernden Fleck der Plejaden, hat er mir keine Antwort gegeben. Dann hat er sich angekleidet aufs Lager geworfen und im Schlaf gesprochen.«

»Was hat er gesprochen?« fragte die Herzogin.

»›Meine Taube‹, hat er gesagt, ›die du in den Spalten der Felsen dich verbirgst und den Ritzen des Gesteines, zeig' mir dein Angesicht, laß deine Stimme klingen in meine Ohren, denn die Stimme ist süß und dein Angesicht schön‹; und ein andermal hat er gesagt: ›Warum küssest du den Knaben vor meinen Augen? was hoff' ich und schäum' ich noch in libyschen Landen?‹«

»Da schaut's gut aus«, flüsterte Herr Spazzo der Griechin zu, »habt Ihr das auf dem Gewissen?«

Die Herzogin aber sprach zu Burkard: »Du wirst selber geträumt haben. Spring' hinauf und such' deinen Ohm, daß er heruntersteige, wo wir seiner warten.«

Sie ließ sich anmutig auf dem thronartigen Sitz nieder. Da kam Ekkehard mit dem Klosterschüler in den Garten. Er sah blaß aus; sein Blick war unstet und trüb. Er neigte sich stumm und setzte sich an des Tisches entgegengesetzt Ende. Burkard wollte seinen Schemel zu Füßen der Herzogin rücken wie gestern, da sie Virgil lasen, aber Ekkehard stund auf und zog ihn an der Hand zu sich herüber. »Hierher!« sprach er. Die Herzogin ließ ihn gewähren.

Sie schaute in die Runde. »Wir haben gestern behauptet«, sprach sie, »daß wir in unsern deutschen Sagen und Geschichten so viel schöne Gelegenheit zu Kurzweil besitzen, als weiland die Römer in ihrem Heldenlied vom Äneas. Und sicher weiß ein jedes von uns etwas von schneller Helden Fechten und fester Burgen Brechen, von treuer Liebsten Scheidung und reicher Könige Zergängnis; des Menschen Herz ist mannigfach geartet, was der eine seitab liegen läßt, mutet den andern an. Darum haben wir die heutige Tagfahrt geordnet, daß von jedem unserer Getreuen, wie das Los entscheidet, ein anmutig Stück erzählt werde, und behalten uns vor, dem liebreizendsten einen Preis auszusetzen. Siegt einer von euch Männern, so mög' er das alte Trinkhorn gewinnen, das aus König Dagoberts Zeiten her droben im großen Saal hängt; siegt meine treue Praxedis, so wird ein Schmuckstück ihrer harren. Halmzug bestimme den Anfang!«

Praxedis hatte vier Grashalme von verschiedener Länge geordnet und reichte sie der Herzogin.

»Soll ich für den jungen Verskünstler auch ein Hälmlein beifügen?« fragte sie.

Aber Burkard sprach mit weinerlicher Stimme:

»Ich bitt' Euch, verschonet mich. Denn wenn meine Lehrer in Sankt Gallen erfahren möchten, daß ich mich wiederum an unnützen Mären ergötzt, so würd' ich gestraft wie damals, als wir auf Romeias' Wächterstube die Geschichte vom alten Hildebrand und seinem Sohn Hadubrand aufführten. Der Wächter hat immer seine Freude dran gehabt und hat uns selber die hölzernen Rosse geschnitzt und die langen dreieckigen Schilde; ich bin der Sohn Hadubrand gewesen und mein Mitschüler Notker machte den alten Hildebrand, weil er eine so große Unterlippe hat wie ein alter Mann. Und wir sind aufeinand' eingeritten, daß eine Staubwolke zu des Romeias Fenster hinauswirbelte; just hatte Notker den Armring losgelöst und mir als Gabe gereicht, wie das Lied es vorschreibt,[237] und ich sprach zu ihm:

›Du scheinst mir, alter Heune, doch allzu schlau; lockest mich mit deinen Worten, willst mich mit deinem Speere werfen; bist du so zum Alter gekommen, daß du immer trogest? mir kündeten Seefahrende westlich über den Wendelsee: hinweg nahm ihn der Krieg, tot ist Hildebrand, Heribrands Erzeuger!‹ –

Da kam Herr Ratolt, unser Lehrer der Rhetorica, heraufgeschlichen und fuhr mit seiner großen Rute so grimmig zwischen uns, daß Roß und Schild und Schwert den Händen entfielen: den Romeias schalt er einen altväterischen Bärenhäuter, der uns von nützlichem Studium ablenke, und mein Kamerad Notker und ich sind drei Tage bei Wasser und Brot eingesperrt gesessen und haben zur Strafe fürs Hildebrandspiel jeder hundertundfünfzig lateinische Hexameter zu Ehren des heiligen Othmar anfertigen müssen« ...

Die Herzogin lächelte. »Da sei Gott für, daß wir dich wiederum zu solcher Sünde verleiten«, sprach sie.

Sie faßte die Halme in der Rechten zusammen und reichte sie anmutig den andern zum Ziehen. Ekkehards Augen hafteten unverrückt auf der Rose am Stirnband, wie er vor sie trat. Sie mußte ihn zweimal auffordern, bis er zog.

»Mord und Brand und Weltende!« wollte Herr Spazzo herausfahren; er hatte den kürzesten Halm gegriffen. Aber er wußte, daß keine Ausrede ihn loswinden könne, und schaute betrüblich über die steile Felswand hinunter ins Tal, als ob sich von dort ein Ausweg auftun müsse. Praxedis hatte die Laute gestimmt und spielte ein Präludium, das klang lieblich zum Rauschen der alten Ahornwipfel.

»Unser Herr Kämmerer hat keine Strafen zu fürchten wie der Klosterzögling, wenn er uns etwas Schönes bringt«, sprach die Herzogin. »Nun denn!«

Da neigte sich Herr Spazzo vorwärts, stellte sein Schwert mit dem breiten Griff vor sich, so daß er seine Arme drauf stemmen konnte, strich seinen Bart und hub an:

»Wiewohl ich an alten Geschichten keine absonderliche Freude gewonnen und es lieber höre, wenn zwei Schwerter aufeinander klirren oder ein Hahnen ins volle Faß geschlagen wird, so hab' ich doch einmal eine schöne Mär aufgelesen. Mußte dereinst in jungen Tagen ins Welschland hinunter reiten, da ging mein Weg durchs Tirol und über den Brennerberg, und war ein rauher steiniger Saumpfad, der über Kluft und Gefelse zog, also daß mein Roß ein Hufeisen einbüßte. Und war Abend worden, so kam ich an ein Dörflein, heißt Gothensaß oder Gloggensachsen, so aus den Zeiten Herrn Dietrichs von Bern dort inmitten alter Lärchenwälder wie im Versteck steht. An den Rücken des Berges gelehnt war zu äußerst ein burgartig Haus, davor lagen viel Eisenschlacken und sprühte ein Feuer drinnen und ward stark gehämmert. Da rief ich den Schmied herfür, daß er mein Roß beschlage, und wie sich niemand rührte, tat ich einen Lanzenstoß nach der Tür, daß sie sperrweit auffuhr, und tat dazu einen starken Fluch mit Mord und Brand und allem Bösen: so stund plötzlich ein Mann vor mir mit zottigem Haar und schwarzem Schurzfell, und war ich sein kaum ansichtig, so war auch schon meine Lanze niedergeschlagen, daß sie zersplitterte wie sprödes Glas, und eine Eisenstange über meinem Haupt geschwungen, und an des Mannes nackten Armen sprangen Sehnen herfür, als könnt' er einen Ambos sechzehn Klafter tief in die Erde hineinschmettern.

Da vermeinte ich, unter solchen Umständen möcht' ein höflich Wort nicht vom Übel sein und sprach daher: ›Ich wollt' Euch nur um die Gewogenheit ersuchen, daß Ihr mein Roß beschlaget.‹ Drauf stieß der Schmied seine Stange in den Erdboden und sprach: ›Das lautet anders und schafft Euch Rat. Aber Grobheit gilt nichts in Welands Schmiede, das mögt Ihr in Eurer Heimat weiter sagen.‹

Er beschlug mein Roß, und ich sah, daß er ein ehrenwerter Schmied war, und ward ihm gut befreundet und ließ das Rößlein in seinem Stall stehen und blieb bei ihm in der Nachtherberge. Und wir tranken scharf bis in die Nacht hinein, der Wein hieß Terlaner, und er schenkte ihn aus einem Schlauche. In währendem Trinken befrug ich den rußigen Gastfreund um Gelegenheit und Namen seiner Schmiede. Da lachte er hell auf und erzählte die Geschichte *vom Schmied Weland*. Fein war sie nicht, aber schön.«

Herr Spazzo hielt eine Weile an und warf einen Blick auf den Tisch, wie einer, der sich nach einem Trunk Weines umschaut, trockene Lippen zu feuchten. Aber es war keiner zur Hand und man verstand den Blick nicht. Da fuhr er fort:

»›Woher der Weland gekommen‹, sprach der Mann von Gothensaß damals zu mir, ›ist hierlands nicht bekannt. Sie sagen, in nordischen Meeren, im Land Schonen sei der Riese Vade sein Vater gewesen, seine Großmutter aber eine Meerfrau, die kam aus der Tiefe, wie er geboren ward, und saß eine lange Nacht auf der Klippe und harfte: jung Weland muß ein Schmied werden! Da brachte Vade den Jungen zu Mimer, dem Schmiedungsverständigen, der hauste im dunkeln Tann zwanzig Meilen hinter Toledo und lehrte ihn viel mannigfache Kunst. Wie er aber sein erst Schwert geschmiedet, hieß ihn Mimer selber weiter ziehen, auf daß er die letzte Meisterschaft bei den Zwergen erringe. Und Weland ging zu den Zwergen und gewann viel Ruhm.

Da brachen die Riesen ins Zwergenland, daß Weland weichen mußte, und blieb ihm nichts als sein breites Schwert Mimung, das schnallte er über den Rücken und kam ins Land Tirol. Zwischen Eisack, Etsch und Inn aber saß dazumal der König Elberich, der nahm den Weland freundlich auf und wies ihm die Waldschmiede zu am Brenner, und Eisen und Erz und was sonst in des Gebirges Adern verborgen ruht, sollte all des Weland sein.

Und dem Weland ward's wohl und fröhlich ums Herz in den Tiroler Bergen; die Wildwasser rauschten zu ihm heran und trieben das Radwerk, der Sturm blies ihm das Herdfeuer an und die Sterne sprachen: wir müssen uns anstrengen, sonst glänzen die Funken, die Weland schlägt, heller denn wir.

So gedieh Welands Arbeit wohl. Schildesrand und Schwert, Messer und Pokal und was an Kleinod eines Königs Hofburg ziert, wirkte der Sinnige, und war kein Schmied, so weit die Sonne auf Alpenschnee glänzt, sich mit Weland zu messen. Elberich aber hatte viel böse Feinde, die einten sich und setzten den einäugigen Amilias zu ihrem Führer und brachen ins Land ein. Und Elberich trug großes Herzeleid und sprach: Wer mir des Amilias Haupt brächte, mein einzig Töchterlein sollt' ihn dafür küssen als Ehgemahl! Da löschte Weland sein Schmiedfeuer, schnallte sein breites Schwert Mimung um und zog aus gegen Elberichs Widersacher. Und das Schwert war brav und schlug dem Amilias das Haupt ab, daß aller Feind über Joch und Klausen heimlief. Weland aber brachte seinem König das Haupt. Da sprach der zürnend: Was ich von meiner Tochter angelobet, das hat der Wind verweht; ein Schmied kann nicht mein Sohn sein, des würden meine Hände rußig, wenn er den Gruß mir bieten wollt'. Aber als Lohn sollst du drei Goldpfennige haben, dafür kann ein Mann turnieren und stechen, reigen und tanzen, zieren und pflanzen und eine Dirne sich kaufen am Markt. Weland warf ihm die drei Goldpfennige vor die Füße, daß sie unter den Thron rollten, und sprach: Behüt' Euch Gott, auf Nimmerwiedersehen! und wandte sich, aus dem Lande zu gehen. Der König aber wollte den Schmied nicht missen, darum ließ er ihn niederwerfen und die Sehnen am Fuß durchschneiden, daß er hinkend ward und ungemut und des Fliehens vergessen mußt'.

Und Weland schleppte sich traurig in die Waldschmiede heim und zündete das Feuer wieder an, aber er pfiff und sang nimmer, wenn er mit schwerem Hammer das Eisen schlug, und sein Gemüt ward ingrimmig. Da kam einsmals des Königs Sohn, der war ein rotwangiger Knab' und war allein in den Wald gezogen und sprach: Weland, ich will dir zuschauen. Da sprach der Schmied tückisch: Stell' dich an den Ambos, so schaust du alles am besten, – und zog die glühende Eisenstange aus den Flammen und stieß sie dem Königsknaben durchs Herz. Sein Gebein bleichte er und goß um die Knochen viel Erz und Silber, daß sie zu Säulen der Leuchter wurden, um den Schädel aber fügte er einen Goldrand, da ward der Schädel zum Becher. All dies aber sandte Weland dem Elberich, und wie die Boten geritten kamen und nach dem Knaben fragten, sprach er: Ich sah ihn nimmer, er ist zu Wald gerannt.

Zu selber Zeit erging sich des Königs Tochter in ihrem Garten; die war so schön, daß sich die Lilien vor ihr neigten. Am Zeigefinger trug sie einen Ring von Gold, gestaltet wie eine Schlange, und ein Karfunkel blitzte im Schlangenhaupt, den hatte Elberich selbst eingefügt und hielt den Ring teurer als ein Königreich und schenkte ihn seiner Tochter nur, weil sie in ihrer Schöne ihm über alles lieb war. Dieweil sie aber eine Rose pflückte, sprang der Ring von der Jungfrau Finger und hüpfte mit hellem Schein über das Gestein und zerbrach; und der Karfunkel fiel aus der güldenen Fassung, daß die Maid die Hände rang und bitterlich wehklagte und sich nicht traute heimzugehen, denn sie fürchtete ihres Vaters Zorn.

Da sprachen die dienenden Frauen: Geh heimlich zum Schmied Weland, der weiß Rat dafür. So trat die Königstochter in Welands Schmiede und klagte ihre Not. Der nahm den Ring und fügte ihn zusammen und schmolz Gold und Erz und der Karfunkel blitzte wieder im Schlangenhaupt. Aber Welands Stirn war tief gefurcht, und wie die Jungfrau ihm freundlich zulachte und gehen wollt', da sprach er: Hei! wie kommst du mir geschlichen! und warf die feste Tür ins Schloß und legte Riegel vor und griff die Königstochter mit starker Hand und trug sie in die Kammer, wo Moos und Farrenkraut geschichtet lag. Und wie sie von dannen ging, weinte sie und raufte ihr seidenweich Haar ...‹«

Ein Geräusch unterbrach Herrn Spazzo. Praxedis hatte zur Herzogin aufgeschaut, ob sie nicht etwa errötend aufspringen und Herrn Spazzo den Mund schließen solle; doch aus dem strengen Antlitz war nichts zu lesen. Darum trommelte sie ungeduldig mit den Fingern auf ihrer Laute.

»›... und es war eine Gewalttat geschehen«, fuhr Herr Spazzo unbeirrt fort. »Da hub Weland ein Singen und Jodeln an, wie die Waldschmiede es nimmer gehört, seit ihm die Sehnen zerschnitten worden. Dann ließ er Schwerter und Schilde unvollendet und schmiedete Tag und Nacht und schmiedete zwei große Flügel und war kaum fertig, so kam Elberich mit Heeresmacht den Brenner herabgeritten. Da band sich Weland die Flügel an und hing sein Schwert Mimung um und trat auf die Zinne, daß die Leute riefen: Sehet, der Weland ist ein Vogel worden!

Er aber rief mit starker Stimme vom Turm: Behüt' Euch Gott, König Elberich! Ihr werdet des Schmiedes gedenken. Den Sohn hat er erschlagen, die Tochter trägt ein Kind von ihm. Ade, ich lass' sie grüßen, rief's, und seine ehernen Flügel hoben sich und rauschten wie Sturmwind, und er fuhr durch die Lüfte. Der König griff seinen Bogen, und alle Ritter spannten in grimmer Eil', wie ein Heer fliegender Drachen schossen die Pfeile ihm nach, doch Weland hob die Schwingen, kein Eisen traf ihn nicht, und flog heim nach Schonen auf seines Vaters Schloß und ward nicht mehr gesehen. Und Elberich hat seiner Tochter den Gruß nicht ausgerichtet. Sie aber genas noch in demselben Jahrgang eines Knaben, der hieß Wittich und ward ein starker Held, wie sein Vater.

Das ist der Mär' von Weland Ende!‹«[238]

Herr Spazzo lehnte sich zurück und tat einen langen behaglichen Atemzug. »Ein zweitesmal werden sie mich in Ruhe lassen«, dachte er. Der Eindruck des Erzählten war verschieden. Die Herzogin sprach sich lobend aus, des Schmiedes Rache mutete sie an; Praxedis schalt, es sei eine rechte Grobschmiedsgeschichte, man sollte dem Kämmerer verbieten, sich noch vor Frauen sehen zu lassen. Ekkehard sprach: »Ich weiß nicht, mir ist, als hätt' ich Ähnliches gehört, aber da hieß der König Nidung und die Schmiedewerkstätte stand am Kaukasus.«

Da rief der Kämmerer zürnend: »Wenn Euch der Kaukasus vornehmer ist wie Gloggensachsen, so mögt Ihr's dorthin verlegen; ich weiß noch recht wohl, wie mir mein Tiroler Freund den Ort genau gewiesen.[239] Über der Kammertür war eine geknickte Rose von Erz geschmiedet und auf dem Turm ein eiserner Adlerflügel, und stand eingegraben; ›hie flog der Schmied von dannen.‹ Dann und wann kommen Leute hinabgewallfahrtet und beten und glauben, der Weland sei ein großer Heiliger gewesen.«[240]

»Lasset sehen, wer Herrn Spazzo den Preis jetzt streitig machen soll«, sprach die Herzogin und mischte die Lose. Sie zogen. Der kleinste Halm blieb in Praxedis' Hand. Die tat weder verlegen, noch bat sie um Nachsicht; sie fuhr mit der weißen Hand über die dunkeln Haarflechten und begann:

»Mir haben zwar die Ammen keine Wiegenlieder von alten Recken gesungen, und in Waldschmieden bin ich, Gott sei es gedankt, niemalen eingekehrt, aber selbst in Konstantinopel geht die Rede von solcherlei Abenteuer. Und wie ich am Kaiserhof unterwiesen ward in allen Künsten, die dienenden Maiden wohl anstehen, da war eine alte Schlüsselverwahrerin, die hieß Glyzerium, die sprach oft zu uns:

›Höret, Mägdlein, so ihr je einer Prinzessin dienet, und ihr Herz ist in heimlicher Minne entbrannt, und sie kann den nicht sehen, den sie begehrt, so müsset ihr schlau sein und bedachtsam wie die Kammerfrau Herlindis, da der König Rother um des Kaisers Konstantinus Tochter geworben.‹ Und wenn wir im Frauensaal beisammensaßen, da ward gewispert und geflüstert, bis Glyzerium, die Alte, erzählte *vom König Rother.*

›Vor alten Zeiten saß in der Meerburg am Bosporus der Kaiser Konstantinus, der hatte eine wunderbar schöne Tochter, und die Leute sprachen von ihr, sie sei strahlend wie der Abendstern und leuchte unter allen Maiden wie der Goldfaden in der Seiden. Da kam eines Tages ein Schiff gefahren, daraus stiegen zwölf edle Grafen und zwölf Ritter und ritten in Konstantinus' Hof ein, und einer ritt voran, der hieß Lupolt. Und alles Volk der Hauptstadt staunte über sie, denn Mäntel und Gewande waren schwer von Edelstein und Jachanten besetzt, und an den Sätteln der Rosse klang's von goldenen Schellen. Das waren die Boten des Königs Rother von Wikingland, und Lupolt sprang vom Roß und sprach zum Kaiser:

Uns schickt unser König, geheißen Rother, der ist der schönste Mann, der je vom Weibe kam, ihm dienen die besten Helden und an seinem Hof ist Ball und Schall und Federspiel, soviel das Herz begehrt. Er aber ist unbeweibt und sein Herz steht einsam: Ihr solltet ihm Eure Tochter geben! Konstantinus aber war ein zornmütiger Herr; grimm warf er seinen Reichsapfel zu Boden und sprach: Um meine Tochter hat noch keiner geworben, der nicht den Kopf verloren, was bringt Ihr mir solchen Schimpf über das Meer? Ihr seid alle gefangen! Und ließ sie in einen Kerker werfen, da schien weder Sonne noch Mond drein, und bekamen nur Wasser, sich zu laben, und weinten sehr.

Wie die Kunde zum König Rother kam, da ward ihm sein Herz traurig, und er saß auf einem Stein und sprach zu niemand. Dann faßte er den Entschluß, in Reckenweise über Meer zu fahren, um seinen getreuen Sendboten beizuspringen. Und er war verwarnt vor den Griechen, daß man dort die Wahrheit übergülden müsse, so man etwas beschaffen wolle, darum hieß er seine Recken eidlich angeloben, daß sie alle vorgäben, er heiße nicht Rother, sondern Dietrich, und sei landflüchtig vor dem König Rother und gehre Hilfe bei dem Griechenkaiser. Also fuhren sie über Meer.

Und Rother nahm seine Harfe an Schiffes Bord, denn bevor seine zwölf Gesandten die Anker gelichtet, war er mit der Harfe an den Strand gekommen und hatte drei Singweisen gegriffen, das sollte ihnen ein Andenken sein: Und kommet ihr je in Not und höret die Weisen erklingen, so ist Rother helfend euch nah!

Es war ein Ostertag und der Kaiser Konstantin war nach dem Hippodrom ausgeritten, da hielt Rother seinen Einzug. Und alle Bürgersleute von Konstantinopel liefen zusammen; das war noch nie erschaut, denn Rother brachte auch seine Riesen mit sich: der erste hieß Asprian und trug eine Stahlstange, die war vierundzwanzig Ellen lang, der zweite hieß Widolt und war so wildwütig, daß sie ihn in Ketten mitführen mußten, der dritte hieß Abendrot.

Und viel tapfere Degen kamen mit Rother geritten, und zwölf Wagen mit Schätzen fuhren an, und war solche Pracht, daß die Kaiserin sprach: O weh, wie dumm sind wir gewesen, daß wir unsere Tochter dem König Rother versagten; was muß der für ein Mann sein, der solche Helden vertreibt über die Meere!

König Rother trug einen güldenen Harnisch und einen purpurnen Waffenrock und zwei Reihen schöner Ringe am Arm und beugte sein Knie vor dem Griechenkaiser und sprach: Mich Fürsten Dietrich hat ein König in Acht getan, der heißt Rother, nun ist alles, was ich gearbeitet, zu meinem Schaden. Ich biet' Euch meine Dienste an.

Da lud Konstantinus die Helden alle zum Hippodromushof und hielt sie in hohen Ehren und hieß sie zu Tisch sitzen. Es lief aber da ein zahmer Löwe herum, der gewohnt war, den

Knechten das Brot wegzufressen. Der kam auch an Asprians Teller, ihn aufzulecken. Da griff Asprian den Löwen an der Mähne und warf ihn an des Saales Wand, daß er zerbrach. Und die Kämmerer sprachen zueinand': Wer nicht an die Wand fliegen will, lasse dieses Mannes Teller unberührt.

König Rother aber teilte den Griechen viel schöne Geschenke aus; jedem, der ihn auf der Herberge besuchte, hieß er einen Mantel verehren oder ein Stück Gewaffen. Es kam auch ein landflüchtiger Grafe daher, dem schenkte er tausend Mark Silber und nahm ihn in Dienst, also daß viel hundert Ritter in sein Gefolge traten. So war in aller Munde des vermeinten Dietrichs Preis, und unter den Frauen hob sich ein Wispern und Raunen, es war keine Kemenate, daß die Wände nicht Herrn Dietrich rühmen hörten.

Da sprach die goldlockige Kaisertochter zu Herlindis, ihrer Kammerfrau: O weh mir! wie soll ich es anfangen, daß ich desselben Herrn ansichtig werde, den sie alle preisen?

Herlindis aber entgegnete: Nun bitte deinen Vater, daß er ein Freudenfest gebe am Hofe und den Helden dazu lade, so magst du ihn am besten ersehen.

Die Kaisertochter tat nach Herlindis' Rat und Konstantinus nickte ihr zu und entbot seine Herzoge und Grafen zum Hippodromushofe und die fremden Helden dazu. All die Geladenen kamen, da hob sich ein unsäglich Gedränge um den, den sie Dietrich nannten, und wie die Kaisertochter mit ihren hundert Frauen eintrat, geziert mit güldener Krone und gold- und cyklatgesticktem Mantel, brach gerade ein ungefüger Lärm aus. Asprian, den Riesen, hatte ein Kämmerer auf seiner Bank rükken geheißen, daß andere Leute auch Platz bekämen, da schlug Asprian dem Kämmerer einen Ohrschlag, daß ihm der Kopf entzweibrach, und es gab ein bös Durcheinander, so daß Dietrich Ruhe stiften mußt'.

Darum konnte die Kaisertochter des Helden nicht ansichtig werden und hätte ihn doch so gern gesehen.

Da sprach sie daheime wieder zu Herlindis: O weh mir, nun hege ich Tag und Nacht Sorgen und habe keine Ruh', bis meine

Augen den tugendsamen Mann erschaut. Der möcht' einen schönen Botenlohn verdienen, der mir den Helden zur Kammer führen wollt'.

Herlindis aber lachte und sprach: Den Botengang will ich in Treuen tun, ich geh' zu seiner Herberg'. Und die Vielschlaue legte ihr zierlichstes Gewand an und ging zu dem Herrn Dietrich. Der empfing sie frömmiglich, und sie setzte sich viel nahe zu ihm und sprach ihm ins Ohr: Meine Herrin, des Kaisers Tochter, entbeut dir viel holde Minne; sie ist der Freundschaft zu dir untertan, du sollst dich aufmachen und hingehen zu ihr.

Aber Dietrich sprach: Frau, du sündigest dich. Ich bin in andern Tagen zu mancher Kemenate gegangen, da es wohl sein mocht', was spottest du itzt des heimatlosen Mannes? An des Kaisers Hofe ist edler Herzoge und Fürsten eine große Zahl; nie gedachte deine Frau der Rede.

Und als Herlindis ihm minniglich zuredete, sagte Herr Dietrich: Hier sind der Merker so viele; wer seine Ehr' behalten will, muß wohlgezogen tun; Konstantinus möcht' mir das Reich verbieten. Darum wär' es mißhellig, so ich deine Frau sehen wollte. Vermelde ihr das, so sehr ich ihr zu dienen begehre.

Herlindis wollte von dannen gehen, da hieß der König seine Goldschmiede zwei Schuhe gießen von Silber und zwei von Golde, und schenkte ihr von jedem Paar einen, dazu einen Mantel und zwölf güldene Spangen, denn er war artigen Gemütes und wußte, daß man einer Fürstin Kammerfrau, die in Sachen der Minne Botengang tut, wohl ehren soll.‹«.

... Praxedis hielt eine Weile an, denn Herr Spazzo, der seit einiger Zeit mit seines Schwertes Scheide viel großnasige Gesichter in den Sand gezeichnet, hatte ein vernehmlich Räuspern erhoben. Da er aber keine weitere Einsprache tat, fuhr sie fort:

»› Und Herlindis sprang fröhlich heim und sprach zu Hause zu ihrer Herrin: Hart und fleißig pflegt der gute Held seiner Ehren, ihm ist des Kaisers Huld zu lieb. Aber schauet her, wie er mir Liebes tat: die Schuhe, den Mantel, die zwölf Spangen; o wohl mir, daß ich zu ihm kam! Ich mag wohl auf der weiten

Erde keinen schöneren Ritter erschauen. Gott verzeih mir, daß ich ihn angaffete, als wär' er ein Engel.

O weh mir! sprach die Kaisertochter, soll ich denn nimmer mehr selig werden? So sollst du mir zum mindesten die Schuhe geben, die dir des edlen Degen Huld verlieh, ich füll' sie dir mit Golde.

Da ward der Kauf geschlossen: Sie zog den güldenen Schuh an und nahm auch den silbernen, doch der ging an denselben Fuß. O weh mir! klagte die Holde, es ward ein Mißgriff getan, ich bring' ihn nimmer an, du mußt wiederum gehen und Herrn Dietrich bitten, daß er dir den anderen gebe und selber komme.

Das wird die Lästerer freuen, lachte Herlindis. Was tut's? Ich gehe – und sie hob ihr Gewand schier bis ans Knie und schritt, als hätte sie fraulichen Ganges vergessen, über den regenfeuchten Hof zu Dietrich. Und der werte Held wußte wohl, warum sie kam, er tat aber, als sähe er's nicht. Herlindis sprach zu ihm: Ich muß noch mehr Botengänge tun, es ist ein Mißgriff geschehen; itzt heißt dich meine Herrin mahnen, daß du den andern Schuh gebest und sie gesehest selber. Hei, wie tät' ich's gerne! sprach er, aber des Kaisers Kämmerer werden mich melden. O nie! sagte Herlindis, die tummeln sich im Hof und schießen den Speerschaft. Nimm du zwei Diener und heb dich leis mir nach, bei Schall und Kampfspiel misset dich keiner.

Jetzt wollte die Getreue von dannen gehen. Doch der Held sprach: Ich will erst nach den Schuhen fragen. Da rief Asprian draußen: Was liegt an einem alten Schuh? Viel tausend haben wir geschmiedet, die trägt das Ingesind'; ich will den rechten suchen. Und er brachte ihn, und Dietrich schenkte der Kammerfrau wiederum einen Mantel und zwölf Spangen.

Da ging sie voraus und kündigte ihrer Herrin die erwünschte Märe. Herr Dietrich aber hieß im Hippodromushofe einen großen Schall anheben und hieß die Riesen ausgehen; da fuhr Widolt mit der Stange heraus und gebärdete sich schreckentlich, und Asprian schlug einen Purzelbaum in die blaue Luft, und Abendrot warf einen ungefügen Stein von viel hundert Pfunden und ersprang ihn zwölf Klafter weit, so daß keiner der Merker Herrn Dietrich wahrnehmen mochte.

Der ging züchtiglich über den Hof. Am Fenster erschaute ihn die harrende Kaisertochter, da schlug ihr Herz, und die Kemenate ward ihm aufgetan, und sie sprach zu ihm: Willkomm', edler Herr! wie seh' ich Euch gerne. Nun sollt Ihr mir die schönen Schuhe selber anziehen.

Mit Freuden! sprach der Held und setzte sich zu ihren Füßen, und sein Gebaren war gar schön, und sie stellte ihren Fuß auf sein Knie, der Fuß war zierlich, und die Schuhe paßten wohl, da fügte sie Herr Dietrich ihr an.

Nun sage mir, vieledle Jungfrau, begann drauf der Listige, dich hat sicher schon gebeten manch ein Mann, du sollest zu seinem Willen stahn, welcher unter allen hat dir am besten gefallen?

Da sprach des Kaisers Tochter ernsthaft: Herr! auf die Seele mein, so wahr ich getauft bin, so man alle Recken der Welt zusammenstehen hieße, es möchte keiner wert sein, dein Genosse zu heißen. Du bist der Tugend ein auserwählter Mann, – und doch, so die Wahl bei mir stünde, so nähme ich einen Helden, des muß ich denken mit jedem neuen Tag; seine Boten hat er ausgeschickt, um mich zu werben, die liegen itzt in tiefem Kerker. Er heißt Rother und sitzt über dem Meer – wird mir der nicht, so bleib' ich eine Maid immerdar.

Eia, sprach Dietrich, willst du den Rother minnen, den schaff' ich dir zur Stelle. Wir haben als Freunde fröhlich gelebt, er war mir gnädig und gut, wenngleich er dann mich Landes vertrieb.

Da sprach die Kaisertochter: Höre, wie kann dir der Mann lieb sein, wenn er dich vertrieben? Ich merke wohl, du bist ein Bote, hergesandt von König Rother, nun sprich und verhehle mir nichts: was du mir heut auch sagest, ist wohl bei mir vertaget bis an den Jüngsten Tag.

Da tat der Held einen festen Blick nach ihr und sagte: Nun stell' ich alle meine Dinge Gottes Gnade und der deinen anheim. Wohl denn! es stehen deine Füße in König Rothers Schoß.

Hart erschrak die Vielholde; den Fuß zuckte sie auf und klagte: O weh mir, nun war ich so ungezogen, mich trog der Übermut, daß ich den Fuß gesetzt auf deinen Schoß. Hat dich Gott hergesendet, das wär' mir innig lieb. Doch wie mag ich dir getrauen? So du die Wahrheit probtest, noch heute wollt' ich mit dir meines Vaters Reich räumen; es lebet kein Mann, den ich nähme, so du König Rother wärest genannt – aber vorerst bleibt's wohl ungetan.

Wie soll ich's besser proben, erwiderte der König, als durch meine Freunde im Kerker? So die mich erschauen könnten, dir würde bald kund, daß ich wahr geredet.

So will ich meinen Vater bereden, daß er sie herauslasse, sprach des Kaisers Tochter. Aber wer wird Bürge sein, daß sie nicht entrinnen?

Ich will sie über mich nehmen, sprach er.

Da küßte des Kaisers Tochter den Helden, und er schied mit Ehren aus ihrer Kemenaten und ging auf seine Herberge und war ihm gar wonniglich zumute. Als aber der Morgen graute, nahm die Jungfrau einen Stab und schlüpfte in ein schwarz Trauergewand und legte einen Pilgerkragen über die Achsel, als wolle sie aus dem Lande abscheiden, und sah bleich und betrübt drein und ging zum Kaiser Konstantinus hinüber, klopfte an seine Türe und sprach listig zu ihm: Mein lieber Herr Vater, nun muß ich bei lebendem Leib ins Verderben. Mir ist gar elend, wer tröstet meine Seele? Im Traume treten die eingekerkerten Boten des Königs Rother vor mich und sind abgezehrt und elend und lassen mir keine Ruhe; ich muß fort, daß sie mich nimmer quälen, es sei denn, Ihr lasset mich die Armen mit Speisung, Wein und Bad erquicken. Gebet sie heraus, wenn auch nur auf drei Tage.

Da antwortete der Kaiser: Das will ich dulden, so du mir einen Bürgen stellest, daß sie am dritten Tage wieder niedersteigen zum Kerker.

Dieweil man nun zu Tische ging im Kaisersaal, kam auch der

vermeinte Herr Dietrich mit seinen Mannen, und als die Mahlzeit vollendet und man die Hände wusch, ging die Jungfrau um die Tische, als wolle sie unter den reichen Herzogen und Herrn den Bürgen suchen, und sprach zu Dietrich: Nun gedenke, daß du mir aus der Not helfest, und nimm die Boten auf dein Leben.

Er aber sprach: Ich bürge dir, du allerschönste Maid.

Und er gab dem Kaiser sein Haupt zum Pfand, und der Kaiser schickte seine Mannen mit ihm, daß sie den Kerker öffneten.

Drin lagen die Gesandten elend und in Unkräften. Als man die Kellertüren einbrach, schien der helle Tag ins Verlies, der blendete die Armen, denn sie waren sein nicht mehr gewohnt. Da nahmen sie die zwölf Grafen und ließen sie aus dem Kerker gehen; jedwedem folgte ein Rittersmann, und das Gehen fiel ihnen sauer. Voran schritt Lupolt, ihr Führer, der hatte ein zerrissen Schürzlein um die Lenden geschlungen, und sein Bart war lang und struppig, der Leib aber zerschunden. Herr Dietrich stund traurig und wandte sich zur Seite, daß sie ihn nicht erkenneten, und hielt mit Gewalt die Tränen an, denn noch niemals war ihm das Leid so nah gestanden. Er hieß sie zur Herberge führen und pflegen, und die Grafen sprachen: Wer war der, der seitab stand? der will uns sicher wohl. Und sie lachten in Freud und Leid zugleich, aber sie kannten ihn nicht.

Anderen Tages nun lud die Kaisertochter die Vielgeprüften zu Hofe und schenkte ihnen gute funkelnde Gewänder und ließ sie in die warme Badstube setzen und einen Tisch richten, sie zu atzen. Wie nun die Herren saßen und ihres Leids ein Teil vergaßen, nahm Dietrich seine Harfe und schlich hinter den Umhang und ließ die Saiten erklingen: er griff die Singweise, die er einst gegriffen am Meeresstrand. Lupolt hatte den Becher erhoben, da entsank er seiner Hand, daß er den Wein niedergoß auf den Tisch, und einer, der das Brot schnitt, ließ sein Messer fallen, und alle horchten staunend: voller und heller erklang ihres Königs Singweise. Da sprang Lupolt über den

Tisch, und alle Grafen und Ritter ihm nach, als wär' ein Hauch alter Kraft plötzlich über sie gekommen, und sie rissen den Umhang nieder und küßten den Harfner und knieten vor ihm und des Jubels war kein Ende.

Da wußte die Jungfrau, daß er treu und wahrhaft der König Rother von Wikingland war, und tat einen lauten Freudenruf, daß Konstantinus, ihr Vater, herzugelaufen kam – er mochte wollen oder nicht, so mußte er sie zusammengeben, und die Gesandten stiegen nimmermehr in ihren Kerker, und Rother hieß nimmermehr Dietrich und küßte seine Braut und fuhr mit ihr heim übers Meer und war ein glückseliger Mann und hielt sie hoch in Ehren, und wenn sie in Minne beisammensaßen, sprachen sie: Gelobt sei Gott und Mannesmut und kluger Kammerfrauen List!

Das ist die Mär vom König Rother!‹«[241]

... Praxedis hatte lang erzählt.

»Wir sind wohl zufrieden«, sprach die Herzogin, »und ob der Schmied Weland den Preis davontragen wird, scheint uns nach Rothers Geschichte ein weniges zweifelhaft.«

Herr Spazzo ward drob nicht böse. »Die Kammerfrauen in Konstantinopel scheinen die Feinheit mit Löffeln gegessen zu haben«, sprach er. »Aber sollt' ich auch besiegt sein, der letzte hat noch nicht gesungen.«

Er sah auf Ekkehard hinüber. Aber der saß wie ein Traumbild in sich versunken. Er hatte vom König Rother wenig vernommen, der Herzogin Stirnband mit der Rose war das Ziel seiner Augen gewesen, dieweil Praxedis erzählte.

»... Übrigens glaub' ich die Geschichte kaum«, fuhr Herr Spazzo fort. »Vor Jahren bin ich im Bischofshof zu Konstanz drüben beim Wein gesessen, da kam ein griechischer Reliquienverkäufer, der hieß Daniel und hatte viel heilige Leiber und Kirchenschmuck und künstlich Geräte bei sich. Dabei war auch ein altertümlich Schwert mit edelsteinbesetzter Scheide, das wollt' er mir aufschwatzen und sprach, es sei das Schwert des Königs Rother, und wären die güldenen Taler bei mir nicht ebenso dünn gesäet gewesen wie die Haare auf des Griechen

Scheitel, ich hätt' es gekauft. Der Mann erzählte, mit dem Schwert hab' Herr Rother mit dem König Ymelot von Babylon gestritten um des Kaisers Tochter, aber von goldenen Schuhen und Kammerfrauen und Harfenspiel hat er nichts gewußt.«

»Es wird noch vieles auf der Welt wahr sein, ohne daß Ihr Kenntnis davon habt«, sprach Praxedis leicht.

Der Abend dunkelte. Mit gelbem Schein war der Mond aufgestiegen, würziger Duft durchströmte die Lüfte, im Gebüsch und am Felshang flimmerte es von Leuchtkäfern, die sich anschickten auszufliegen. Ein Diener kam herab und brachte Windlichter; von ölgetränktem Linnen wie von einer Laterne umfangen, brannten die Kerzen. Es war lind und lieblich im Garten.

Der Klosterschüler saß vergnügt auf seinem Schemel und hielt die Hände gefaltet wie in Andacht.

»Was meint unser junger Gast?« fragte die Herzogin.

»Ich wollte mein schönstes lateinisches Buch geben«, sprach er, »wenn ich es hätte mit ansehen können, wie der Riese Asprian den Löwen an die Wand warf.«

»Du mußt ein Recke werden und selber auf Riesen und Drachen ausziehen«, scherzte die Herzogin.

Aber das leuchtete ihm nicht ein. »Wir bekommen mit dem Teufel zu streiten«, sagte er, »das ist mehr.«

Frau Hadwig war noch nicht gestimmt, aufzubrechen. Sie knickte ein Zweiglein vom Ahorn in zwei ungleiche Stücke und trat zu Ekkehard. Der fuhr verwirrt auf.

»Nun«, sprach die Herzogin, »ziehet! Ihr oder ich.«

»Ihr oder ich!« sprach Ekkehard stumpf. Er zog das kürzere Ende. Es gleitete ihm aus der Hand; er ließ sich wieder auf seinen Sitz nieder und schwieg.

»Ekkehard!« sprach die Herzogin scharf.

Er schaute auf.

»Ihr sollet erzählen!«

»Ich soll erzählen!« murmelte er und fuhr mit der Rechten über die Stirn. Sie war heiß; es stürmte drin.

»Ja wohl, – erzählen! Wer spielt mir die Laute dazu?«

Er stand auf und sah in die Mondnacht hinaus. Verwundert schauten die anderen sein Gebaren. Er aber hub mit klangloser Stimme an:

»Es ist eine kurze Geschichte. Es war einmal ein Licht, das leuchtete hell und leuchtete von einem Berg hernieder und leuchtete in Regenbogenfarben und trug eine Rose im Stirnband« ...

»Eine Rose im Stirnband?!« brummte Herr Spazzo kopfschüttelnd.

»... Und es war einmal ein dunkler Nachtfalter«, fuhr Ekkehard in gleichem Ton fort, »der flog zum Berg hinauf und flog um das Licht und wußte, daß er verbrennen müsse, wenn er hineinfliege, und flog doch hinein, und das Licht verbrannte den Nachtfalter, da ward er zur Asche und vergaß des Fliegens! Amen!«

Frau Hadwig sprang unwillig auf.

»Ist das Eure ganze Geschichte?« fragte sie.

»Meine ganze Geschichte!« sprach er mit unveränderter Stimme.

»Es ist Zeit, daß wir hinaufgehen«, sagte Frau Hadwig stolz. »Die Nachtluft schafft Fieber.«

Sie schritt mit verächtlichem Blick an Ekkehard vorüber. Burkard trug ihr die Schleppe. Ekkehard stand unbeweglich. Der Kämmerer Spazzo klopfte ihm auf die Schulter: »Der Nachtfalter war ein dummer Teufel, Herr Kaplan!« sprach er mitleidig. Ein Windstoß kam und blies die Lichter aus. »Es war ein Mönch!« sprach Ekkehard gleichgültig, »schlafet wohl!« –

Verstoßung und Flucht

Ekkehard war noch lang in der Gartenlaube gesessen, dann war er hinausgerannt in die Nacht. Er wußte nicht, wohin der Gang gehen sollte. Des Morgens fand er sich auf dem Fels Hohenkrähen, der ragte in stiller Einsamkeit seit der Waldfrau Abzug. Die Trümmer des ausgebrannten Hauses lagen verwirrt übereinander; wo einst die Wohnstube, stand noch der Römerstein mit dem Mithras, Farrenkraut und Riedgras war darüber gerankt, eine Blindschleiche lief züngelnd an dem wettergedunkelten Götterbild hinauf.

Ekkehard fuhr in hellem Hohn zusammen: »Die Kapelle der heiligen Hadwig!« rief er und schlug sich mit der Faust an die Brust, »so muß sie sein!« Er stieß den Römerstein um und stieg auf die Felskuppe; dort warf er sich nieder und preßte die Stirn ins kühle Erdreich, das einst Frau Hadwigs Fuß berührt. Lange blieb er dort; als die Sonne in der Mittagshöhe herunterbrannte, lag er noch oben – und schlief.

Vor Abend kam er auf den Hohentwiel zurück, heiß, verstört, unsicheren Ganges. Grashalme hafteten wirr in dem härenen Geweb' seiner Kutte. Die Leute der Burg wichen scheu vor ihm zurück, wie vor einem, dem des Unglücks Finger ein Zeichen auf die Stirn geschrieben. Sonst pflegten sie ihm entgegenzugehen und baten um seinen Segen.

Die Herzogin hatte sein Fortsein wahrgenommen, aber nicht nach ihm gefragt. Er ging in seine Burgstube hinauf; er griff ein Pergament, als ob er lesen wolle. Es war Gunzos Schrift wider ihn. »Gern würde ich Euch ermahnen, ihm die Hilfe heilender Arzneien angedeihen zu lassen, aber ich fürchte, seine Krankheit ist zu tief eingewurzelt«, las er drin. Er lachte. Die gewölbte Decke gab einen Widerhall, da sprang er auf, als wollt' er erspähen, wer gelacht. Dann trat er ans Fenster und schaute in die Tiefe; es ging weit, weit hinab. Ein Schwindel wollte ihn fassen, da wich er zurück.

Des alten Thieto Fläschlein stand bei den Büchern, das machte ihn wehmütig. Er gedachte des Blinden. »Frauendienst ist ein schlimm Ding für den, der gerecht bleiben will«, hatte der einst zu ihm gesprochen, wie er Abschied nahm.

Er riß das Siegel von dem Fläschlein und goß sich das Jordanwasser übers Haupt und netzte die Augen. Es war zu spät. Auch die Flut heiliger Ströme löscht die Glut des Herzens nicht; nur dem, der sich hinunterstürzt, um nimmer aufzutauchen ... Doch kam ein Anflug von Ruhe über ihn. »Ich will beten!« spach er, »es ist eine Versuchung.« Er warf sich auf die Knie, aber bald war's ihm, als schwirrten die Tauben um sein Haupt, wie damals, als er zuerst die Turmstube betrat, aber sie hatten itzt grinsende Gesichter und einen höhnischen Zug um die Schnäbel.

Er stand auf und ging langsam die Wendeltreppe hinunter zur Burgkapelle. Der Altar drunten war Zeuge frommer Andacht an manchem guten Tag. In der Kapelle war's wie ehedem, dunkel und still. Sechs schwere Säulen mit würfelförmigem laubwerkverziertem Knauf trugen die niedere Wölbung; ein feiner Streif Tageslicht fiel durchs schmale Fenster herein. Die Tiefe der Nische, wo der Altar stand, war schwach erleuchtet; nur der Goldgrund um das Mosaikbild des Erlösers glänzte in mattem Flimmern. Griechische Künstler hatten die Formen ihrer Kirchenausschmückung einst auf den deutschen Fels getragen: in weißem wallendem Gewand, goldroten Schein ums Haupt, hob sich des Heilands hagere Gestalt, die Finger der Rechten segnend ausgestreckt.

Ekkehard neigte sich vor den Stufen des Altars; seine Stirn ruhte auf den Steinplatten – so blieb er, in sich versunken. »Der du die Leiden der Menschen auf dich genommen, laß ausgehn einen Strahl der Gnade auf mich Unwürdigen!« Er hob den Blick und schaute starr hinauf, als müsse das ernste Gebild' aus der Wand niedersteigen und ihm die Hand reichen. »Ich liege vor dir, wie Petrus vom Seesturm umbraust, die Wellen tragen mich nicht, Herr, rette mich! Rette mich wie jenen, da du über die Sturmflut wandelnd ihm die Hand gereicht und gesprochen: ›Kleingläubiger, warum zweifelst du?‹«

Aber es geschah kein Zeichen.

Ekkehards Denken war zerrüttet.

Es rauschte durch die Kapelle wie Frauengewand. Er hörte nichts.

Frau Hadwig war heruntergestiegen, eine seltsame Anwandlung trieb sie. Seit sie dem Mönch gram geworden, stand das Bild ihres alten seligen Ehgemahls öfter vor ihrer Seele, denn ehedem. Natürlich. Wenn sich dieser niederlegt, muß sich jener heben. Das neuerliche Lesen im Virgilius hatte auch dazu beigetragen; es war so mannigfach vom Gedächtnis an Sichäus die Rede.

Morgen neute sich der Todestag Herrn Burkards. In der Kapelle lag der alte Herzog mit Schild und Lanze begraben. Eine rohe Platte deckte sein Grab seitwärts vom Altar. Matt brannte die ewige Lampe drüber. Ein Sarkophag aus grauem Sandstein stand dabei, unförmliche kleine Halbsäulen mit jonisch gewundenem Knauf waren an den Ecken angefügt; sie ruhten auf fratzenhaften Tiergestalten. Den Steinsarg hatte Frau Hadwig einst für sich selber anfertigen lassen. Jeweils an des Herzogs Gedächtnistag ließ sie ihn mit Korn und Früchten gefüllt hinauftragen und verteilte seinen Inhalt den Armen – die Mittel zum Leben aus der Ruhstatt der Toten; es war ein frommer Brauch so.[242]

Sie wollte heute an ihres Gatten Grab beten. Des Ortes Halbdunkel deckte den knienden Ekkehard. Sie sah ihn nicht.

Da schreckte sie auf aus ihrer Andacht. Halblaut, aber schneidig schlug ein Lachen an ihr Ohr, sie kannte die Stimme. Ekkehard hatte sich erhoben, er sprach itzt die Worte des Psalms: »Beschirme mich, o Herr, unter dem Schatten deiner Flügel, beschirme mich vor dem Antlitz der Gottlosen, die mich plagen. Meine Feinde haben meine Seele umgeben; ihr Herz ist mir verschlossen, ihr Mund hat Hochmut geredet.« Er sprach's mit bösem Tone. Das war kein Beten mehr.

Frau Hadwig neigte sich zum Sarkophag. Sie hätte gern einen zweiten drauf getürmt, daß er sie verberge vor Ekkehards Blick. Sie wünschte kein Alleinsein mehr. Ihr Herz schlug ruhig.

Er ging zur Pforte.

Da plötzlich wandte er sich; die ewige Lampe schwebte leise über Frau Hadwigs Haupt hin und her, das schwebende Dämmerlicht hatte sein Aug' getroffen ... mit einem Sprung, mächtiger als der, den der heilige Bernhard in späteren Tagen durch den Dom zu Speier tat, da ihm das Marienbild gewinkt, stand er vor der Herzogin. Er schaute sie lang und durchbohrend an. Sie erhob sich vom Boden, mit der Rechten den Rand des Steinsarges fassend, stand sie ihm gegenüber, an seidener Schnur wiegte sich die ewige Lampe über ihrem Haupt.

»Glückselig sind die Toten, man betet für sie!« brach Ekkehard das Schweigen.

Frau Hadwig erwiderte nichts.[243]

»Betet Ihr auch für mich, wenn ich tot bin?« fuhr er fort. »O, Ihr sollt nicht für mich beten! ... einen Pokal laßt Euch aus meinem Schädel machen, und wenn Ihr wieder einen Pörtner holt aus dem Kloster des heiligen Gallus, so müßt Ihr ihm den Willkommtrunk draus reichen – ich laß ihn grüßen! Dürft auch selber Eure Lippen dran setzen, er springt nicht. Aber das Stirnband müßt Ihr dabei ums Haupt tragen und die Rose drin ...«

»Ekkehard!« sprach die Herzogin, – »Ihr frevelt!«

Er fuhr mit der Rechten an die Stirn: »O!« sprach er wehmütig – »o ja! ... der Rhein frevelt auch: sie haben ihm mit riesigen Felsen den Lauf verbaut, aber er hat sie durchnagt und braust drüber weg in Schaum und Sturz und Vernichtung, Glück auf, du freier Jugendmut! ... Und Gott frevelt auch, denn er hat den Rhein werden lassen und den hohen Twiel und die Herzogin von Schwaben und die Tonsur auf meinem Haupt.«

Der Herzogin begann es zu grausen. Solchen Ausbruch zurückgepreßten Gefühles hatte sie nicht erwartet. Aber es war zu spät. Sie blieb gleichgültig.

»Ihr seid krank!« sprach sie.

»Krank?« sprach er – »es ist nur eine Vergeltung. Vor Jahr und Tag am Pfingstfest, da es noch keinen hohen Twiel für mich gab, hab' ich beim festlichen Umgang aus unserer Klosterkirche den Sarg des heiligen Gallus getragen, da hat sich ein Weib vor mir niedergeworfen. ›Steh auf!‹ hab' ich ihr zugerufen, aber sie blieb liegen im Staub; ›schreit über mich, Priester, mit deinem Heiligtum, daß ich gesunde!‹ sprach sie, und mein Fuß ging über sie hinweg.[244] Sie hat am Herzweh gelitten, die Frau. Jetzt ist's umgekehrt ...«

Tränen unterbrachen seine Stimme. Er konnte nicht weiter sprechen. Er warf sich zu Frau Hadwigs Füßen und umschlang den Saum ihres Gewandes. Der ganze Mensch zitterte.

Frau Hadwig wurde mild, mild gegen ihren Willen, als zucke es vom Saum ihres Gewandes zu ihr herauf von unsäglichem Herzeleid.

»Steht auf«, sprach sie, »und denkt an anderes. Ihr seid uns noch eine Geschichte schuldig. Verwindet's!«

Da lachte Ekkehard in seinen Tränen.

»Eine Geschichte«, rief er – »o, eine Geschichte! Aber nicht erzählen ... kommt, laßt sie uns tun, die Geschichte. Droben von des Turmes Zinnen schaut sich's so weit in die Lande und so tief hinunter, so süß und tief und lockend, was hat die Herzogsburg uns zu halten? Keiner braucht mehr zu zählen als drei, der hinunter will ... und wir schweben und gleiten in den Tod, dann bin ich kein Mönch mehr und darf den Arm schlingen um Euch« –

Er schlug mit der Faust auf Herrn Burkards Grab: »– und der da unten schläft, soll mir's nicht wehren! Wenn er kommt, der Alte: ich lass' Euch nicht, und wir schweben wieder zum Turm empor und sitzen, wo wir saßen, und lesen den Virgil zu Ende, und Ihr müßt die Rose im Stirnband tragen, als wär' nichts geschehen ... Dem Herzog schließen wir's Tor zu und über alle bösen Zungen lachen wir, und die Menschen sprechen dann, wenn sie am Winterofen sitzen: das ist eine schöne Geschichte vom treuen Ekkehard, der hat den Kaiser Ermanrich erschlagen, da er die Harlungen aufhing, und dann ist er mit seinem weißen Stab vor Frau Venus' Berg gesessen viel hundert Jahr und hat gemeint, er wolle bis zum Jüngsten Tag die Leute warnen, die zum Berg wallen;[245] aber hernachmals ist's ihm langweilig worden, und er ging durch und ward ein Mönch in Sankt Gallen und fiel sich zu Tode, und jetzt sitzt er bei einer blassen Frau und liest Virgil, und es klingt mitternächtig durchs Hegau: ›Den unsäglichen Schmerz zu erneuern gebeutst du, o Königin, mir!‹ und sie muß ihn küssen, ob sie will oder nicht – der Tod holt nach, was das Leben versäumt!«

Er hatte gesprochen mit irrem Blick. Jetzt brach er zusammen in leisem Weinen. Frau Hadwig war unbewegt gestanden, es war, als ob ein Flimmer von Mitleid ihr kaltes Aug' durchleuchte, sie beugte sich nieder.

»Ekkehard!« sprach sie, »Ihr sollt nicht vom Tod sprechen. Das ist Wahnsinn. Wir leben, Ihr und ich ...«

Er bewegte sich nicht. Da legte sich ihre Hand leicht über das fieberheiße Haupt. Es strömte und flutete durch sein Gehirn. Er sprang auf.

»Ihr habt recht!« rief er, »wir leben. Ihr und ich!« Tanzende Nacht legte sich um seinen Blick; er tat einen Schritt vor, seine Arme schlangen sich um das stolze Frauenbild, wütend preßte er sie an sich, sein Kuß flammte auf ihren Lippen, ungehört verklang ihr Widerspruch.

Er hob sie hoch gegen den Altar, als wäre sie ein Weihgeschenk, das er darbringen wollte: »Was hältst du die goldglänzenden Finger so ruhig und segnest uns nicht?« rief er zum düster ernsten Mosaikbild hinauf ...

Die Herzogin war zusammengeschrocken wie ein wundes Reh; – ein Augenblick, da ballte und bäumte sich alles in ihr von gekränktem Stolz; sie stieß den Rasenden mit starker Hand vor die Stirn und entstrickte sich seinem Arm.

Noch hielt er ihre Hüfte umschlungen, da tat sich die Pforte der Kirche auf; ein greller Strahl Tageslicht drang ins Düster – sie waren nicht mehr allein.

Rudimann, der Kellermeister von Reichenau, trat über die Schwelle, Gestalten erschienen im Grunde des Burghofs.

Die Herzogin war entfärbt in Scham und Zorn, eine Flechte ihres dunkeln Haupthaares wallte aufgelöst über den Nacken.

»Entschuldiget«, sprach der Mann von Reichenau mit grinsend höflichem Ausdruck, »meine Augen haben nichts geschaut!«

Da rang Frau Hadwig sich von Ekkehard los. »Doch – und doch – und doch! Einen Wahnsinnigen habt Ihr geschaut, der sich und Gott vergessen ... Es wär' mir leid um Eure Augen, ich müßte sie ausstechen lassen, wenn sie nichts erschaut ...«

Es war eine unsäglich kalte Hoheit, mit der sie's dem Betroffenen entgegen rief.

Da erklärte sich Rudimann den seltsamen Vorgang.

»Ich habe vergessen«, sprach er mit Hohn, »daß dort einer von denen steht, auf die weise Männer das Wort des heiligen

Hieronymus gezogen: ›Ihr Gebaren ziemt sich mehr für einen Stutzer und Bräutigam denn für einen Geweihten des Herrn.‹«

Ekkehard stand an eine Säule gelehnt, die Arme in die Luft erhoben, wie Odysseus, da er den Schatten seiner Mutter umfahen wollte; Rudimanns Wort riß ihn aus dem Fiebertraum. »Wer tritt zwischen mich und sie?« rief er drohend. Aber Rudimann klopfte ihm mit unverschämter Vertraulichkeit auf die Schulter: »Beruhigt Euch, guter Freund, wir haben nur ein Brieflein an Euch abzugeben, der heilige Gallus kann seinen weisesten Schüler nicht länger draußen lassen in der wankenden, schwankenden Welt, Ihr seid heimgerufen! – Vergeßt den Stock nicht, mit dem Ihr die Mitbrüder mißhandelt, die im Herbst gern einen Kuß pflücken, keuscher Sittenrichter!« flüsterte er ihm ins Ohr.

Ekkehard trat zurück. Sehnsucht, Wut der Trennung, glühend Verlangen und daraufgegossener Hohn stürmten in ihm; er rannte auf Frau Hadwig, aber schon füllte sich die Kapelle. Der Abt von Reichenau war selber gekommen, die Freude von Ekkehards Heimrufung zu erleben; »es wird schwerhalten, daß wir ihn los bekommen«, hatte er zum Kellermeister gesagt. Es ward leicht. Mönche und Gefolgsleute traten mit ein.

»Sakrilegium!« rief ihnen Rudimann entgegen, »er hat vor dem Altar die buhlerische Hand zu seiner Gebieterin erhoben!«

Da schäumte Ekkehard auf. Des Herzens heiligst Geheimnis von frecher Roheit entweiht, eine Perle vor die Schweine geworfen ... er riß die ewige Lampe herunter, wie eine Schleuder schwang er das eherne Gefäß; das Licht darin erlosch – ein dumpfer Schrei hallte auf, der Kellermeister lag blutigen Hauptes auf den Steinplatten, die Lampe klirrte neben ihm ... Ringen, Zerren, wilde Verwirrung ... es ging mit Ekkehard zu Ende.

Sie hatten ihn überwältigt; den Gürtel der Kutte rissen sie ihm ab und banden ihn. Da stand er, die jugendschöne Gestalt, jetzt ein Bild des Jammers, dem flügellahmen Adler gleich. Einen matten traurigen Blick ließ er zur Herzogin hinübergleiten ... die wandte sich ab.

»Tut, was Eures Amtes ist!« sprach sie zum Abt und schritt durch die Reihen.

Eine Rauchwolke zog ihr entgegen. Lärm und Jubel schallte vor dem Burgtor, ein Feuer brannte draußen, von harzigen Tannenscheitern geschichtet. Das Ingesinde der Burg tanzte darum und warf Blumen drein, eben hatte Audifax die Genossin seines Schicksals jubelnd in Arm gefaßt und war mit ihr durch die hochaufschlagende Flamme gesprungen.

»Was soll der Rauch?« sprach Frau Hadwig zur herbeigeeilten Praxedis.

»Sonnenwende!«[246] antwortete die Griechin.

Es war ein trüber verstimmter Abend. Die Herzogin hatte sich in ihre Erkerstube verschlossen und ließ niemand vor sich, Ekkehard war von den Leuten des Abts in ein Verlies geschleppt worden; in demselben Turm, in dessen luftigem Stockwerk sein Stübchen eingerichtet stund, war ein feuchter finsterer Gewahrsam, Trümmer alter Grabsteine, bei früherem Umbau der Burgkapelle dorthin verbracht, lagen unheimlich umher. Man hatte ihm einen Bund Stroh hineingeworfen. Ein Mönch saß vor dem Eingang und hielt Wache.

Burkard, der Klosterschüler, lief auf und nieder und rang klagend die Hände, er konnte seines Oheims Geschick nicht fassen. Die Leute der Burg steckten die Köpfe zusammen und wisperten und führten törichte Reden, als ob die hundertzüngige Fama auf dem Giebel des Burgdaches gesessen und ihre Lügen ausgestreut hätte: »Er hat die Herrin ermorden wollen«, sprach der eine; »er hat des Teufels Künste getrieben mit seinem großen Buch«, sprach ein anderer, »heut ist Sankt Johannistag, da hat der Teufel keine Macht und konnte ihm nicht aus der Klemme helfen.«

Am Brunnen im Burghof stand Rudimann, der Kellermeister, und ließ das klare Wasser über sein Haupt strömen; Ekkehard hatte ihm eine scharfe Schramme gehauen, zäh und unwillig rieselte sein Blut in den fremden Quell.

Praxedis kam herunter blaß und trüb; sie war die einzige Seele, die ein aufrichtig Mitleid um den Gefangenen trug. Wie sie den Kellermeister ersah, ging sie in den Garten, riß eine blaue Kornblume mit der Wurzel aus und brachte sie ihm:

»Nehmet«, sprach sie, »und haltet sie mit der Rechten, bis sie drin erwarmt, das stillet Euer Blut. Oder soll ich ein Linnen zum Verband bringen?«

Er schüttelte das Haupt.

»Es wird von selber aufhören, wenn's Zeit ist«, sagte er, »es ist nicht mein erster Aderlaß. Behaltet Eure Kornblumen für Euch!«

Aber Praxedis gedachte den Feind Ekkehards milde zu stimmen. Sie holte Leinwand. Da ließ er sich verbinden. Er sprach keinen Dank.

»Laßt Ihr den Ekkehard heut nimmer frei?« fragte sie.

»Heut?« sprach Rudimann höhnisch. »Drängt es Euch, einen Kranz zu winden für den Bannerträger des Antichrist, den Vorspann am Wagen des Satan, den Ihr da oben gehegt und geheckt, als wär' er der herzliebe Sohn Benjamin? Heut? fraget einmal nach Monatfrist drüben an.«

Er deutete nach den helvetischen Bergen. Praxedis erschrak. »Was wollet Ihr mit ihm anfangen?«

»Was recht ist«, sprach Rudimann mit finsterm Blick. »Buhlerei, Gewalttat, Ungehorsam, Hochmut, Kirchenschändung, Lästerung Gottes; es gibt der Namen nicht genug für seine Frevel, aber Mittel zur Sühnung, Gott sei es gedankt, gibt es!«

Er fuhr mit dem Arm aus wie zu einem Streich.

»... jawohl, Mittel zur Sühnung, wonnesame Jungfrau! Wir werden ihm einen Denkzettel aufs Fell schreiben.«

»Habt Mitleid«, sprach Praxedis, »er ist ein kranker Mann.«

»Gerade deswegen heilen wir ihn. Wenn er erst an die Säule gebunden, den Rücken krümmt und ein halb Dutzend Ruten drauf zerschlagen sind, das treibt Grillen und Teufelswerk aus dem Kopf ...«

»Um Gottes willen!« jammerte die Griechin.

»Beruhigt Euch, es kommt noch besser. Ein entlaufen Schaf gehört in seinen Stall geliefert, dort sind gute Hirten, die besorgen das Weitere: Schafschur, Jungfräulein, Schafschur! Dort schneiden sie ihm die Haare ab, das schafft dem Haupte Kühlung, und wenn Ihr einmal in Jahresfrist zum heiligen Gallus wallfahren wollt, so wird Sonn- und feiertags einer mit bloßen Füßen vor der Kirchentür stehen und sein Kopf wird kahl sein wie ein Stoppelfeld und das Bußgewand wird ihn zierlich kleiden. Was meint Ihr? Die Heidenwirtschaft mit dem Virgilius hat ein Ende.«

»Er ist unschuldig«, sagte Praxedis.

»O«, sprach der Kellermeister spöttisch, »der Unschuld krümmen wir kein Haar. Er braucht sie nur durchs Gottesurteil zu beweisen; wenn er mit heilem Arm den goldenen Ring aus dem Kessel mit siedendem Wasser herausfängt, gibt ihm unser Abt selber den Segen, und ich werd' sagen, es war nur Nebelbild und Teufelsspuk, daß meine Augen in der Kapelle seine Heiligkeit den Bruder Ekkehard sahen, wie er Eure Herrin umfangen hielt.«

Praxedis weinte. »Lieber, ehrwürdiger Herr Kellermeister« ... sprach sie bittend. Er senkte einen schiefen Blick auf sie, der blieb an der Griechin Busen haften.

»So ist es!« sagte er mit gekniffenen Lippen. »Ich wollte übrigens eine Fürbitte beim Abt einlegen, wenn ...«

»Wenn?« fragte Praxedis gespannt.

»Wenn Ihr heut abend geruhen wolltet, Eure Kammer nicht zu verschließen, daß ich Euch Bericht bringen kann vom Erfolg.«

Er zog wie spielend die großen Falten seiner Kutte zusammen, daß die geschnürten Hüften hervortraten,[247] und nahm eine selbstgefällige erwartende Haltung an. Praxedis trat zurück. Ihr Fuß stampfte die blaue Kornblume, die am Boden lag.

»Ihr seid ein schlechter Mensch, Herr Kellermeister!« sprach sie und drehte ihm den Rücken. Rudimann verstand sich auf Gesichter. Aus dem Zucken von Praxedis' Augenlid und den drei bitterbösen Stirnfalten ward ihm klar, daß ihre Kammer für alle Kellermeister der Christenheit jetzt und immerdar verschlossen bleibe.

Sie ging. »Habt Ihr noch etwas zu befehlen?« sprach sie im Fortgehen.

»Jawohl, griechisches Insekt«, antwortete er mit kühlem Ton,

»einen Krug Essig, wenn es gefällig ist. Ich will meine Ruten drin einweichen, es schreibt sich dann besser und vernarbt schwerer. Ich hab' noch keinen Erklärer des Virgilius ausgehauen; der verdient schon eine besondere Ehre.«

Unter der Linde saß Burkard, der Klosterschüler, und schluchzte noch immer. Praxedis küßte ihn im Vorbeigehen. Es geschah dem Kellermeister zuleid'.

Sie ging hinauf zur Herzogin und gedachte einen Fußfall zu tun und für Ekkehard zu bitten. Aber das Gemach blieb verschlossen. Frau Hadwig war tief erzürnt; wenn die Mönche der Reichenau nicht dazugekommen, hätte sie Ekkehards Kühnheit verzeihen mögen, sie selber hatte ja den Keim zu allem gelegt, was jetzt aufgewachsen war – aber jetzt war Ärgernis gegeben, das heischte Strafe. Scheu vor bösen Zungen hat schon manch Ding gewendet.

Der Abt hatte ihr das Schreiben von Sankt Gallen zustellen lassen. Benediktus' Regel, so stand geschrieben, verlange nicht nur den äußeren Schein mönchischen Lebens, sondern ein Mönchtum mit Leib und Seele; Ekkehard sei heimgerufen. Aus Gunzos Schrift war etliches wider ihn angeführt.

Es war ihr gleichgültig. Was ihm in den Händen seiner Gegner bevorstehe, wußte sie. Sie war entschlossen, nichts für ihn zu tun. Praxedis klopfte zum zweitenmal an. Es ward nicht aufgetan. »O du armer Nachtfalter!« sprach sie traurig.

Ekkehard lag in seiner Kerkerhaft wie einer, der einen wirren Traum geträumt hat. Vier kahle Wände waren um ihn, von oben ein schwacher Lichtschimmer. Oft zitterte er noch, als schüttle ihn Frost. Allmählich legte sich ein wehmütig Lächeln der Entsagung um die Lippen; es blieb sich nicht gleich – mitunter ballte er die Faust in heftiger Zorneserregung.

Es ist mit des Menschen Gemüt wie mit dem Meere. Hat der Sturm auch ausgetobt, so wogt und brandet es noch lange stärker als sonst und untereinmal schäumt wieder ein nachzügelnder Wellensturz gewaltig auf und jagt die Möwen vom Fels.

Aber Ekkehards Herz war noch nicht gebrochen. Dafür war es zu jung. Er begann die Lage zu überdenken. Die Aussicht in die Zukunft war sehr unerquicklich; er kannte seines Ordens Regel und geistlichen Brauch und kannte die Männer der Reichenau, daß sie seine Feinde waren.

Mit großen Schritten durchmaß er den engen Raum: »Allmächtiger Gott, den wir anrufen dürfen in der Heimsuchung, wie soll das enden?« Er schloß die Augen und warf sich auf sein Lager. Wirre Bilder zogen an seiner Seele vorbei.

Und er schaute mit dem inneren Gesichte des Geistes, wie sie ihn in der Morgenfrühe hinausschleppten; auf hohem Steinstuhl saß der Abt und hielt seinen Hakenstab, als Zeichen, daß Gericht sei, und sie lasen eine lange Anklage vor ... Alles in demselben Burghof, in dem er einst jubelnden Herzens aus der Sänfte gesprungen, in dem er am düstern Karfreitag die Predigt wider die Hunnen gehalten, – und die Männer des Gerichts fletschten die Zähne wider ihn.

»Was werd' ich tun?« dachte er weiter. »Die Hand aufs Herz, den Blick zum Himmel, werd' ich rufen: ›Ekkehard ist ohne Schuld!‹ Aber die Richter sprechen: ›probe es!‹ Der große Kupferkessel wird vorgeschleppt, das Feuer unter ihm angezündet, hoch wallt und zischt das Wasser, der Abt zieht den güldenen Ring vom Finger, sie streifen ihm den Ärmel der Kutte zurück, Bußpsalmen tönen dumpf dazwischen: ›Ich beschwöre dich, Kreatur des Wassers, daß der Teufel weiche aus dir und du dem Herrn dienest zu Offenbarung der Wahrheit gleich dem Feuerofen des Königs von Babylon, da er die drei Jünglinge hineinwerfen ließ!‹ Also bespricht der Abt die kochende Flut, und ›tauch' ein den Arm und suche den Ring!‹ befiehlt er dem Angeklagten ...

Gerechter Gott, wie wird dein Urteil sprechen?« Wilde Zweifel nagten an Ekkehards Gemüt. Er glaubte an sich und sein gutes Recht; minder fest an die schaurigen Mittel, in denen Priesterwitz und Gesetzgebung den Wahrspruch der Gottheit zu finden meinten.

Auf der Bücherei seines heimischen Klosters lag ein Büchlein, das die Aufschrift trug: »Gegen die ordnungswidrige Meinung derer, die da glauben, daß durch Feuer oder Wasser oder Zweikampf die Wahrheit des göttlichen Gerichts geoffenbart werde.« Das Büchlein hat er einst gelesen und wohl behalten; es war der Nachweis, daß bei all diesen, uraltem Heidentum entstammenden Proben, wie später der treffliche Gottfried von Straßburg es benamste: »Der heilig Christ windschaffen wie ein Ärmel ist.«

Und wenn kein Wunder geschieht??

Sein Denken neigte sich zu kleinmütiger Zagnis. »Verbrannten Armes und schuldig gesprochen, den Staupenschlag erleiden müssen ... und sie steht oben auf dem Söller und schaut drauf hernieder, als geschehe es einem wildfremden Mann: Herr des Himmels und der Erde, sende deine Blitze!«

Aber die Hoffnung leuchtet auch dem Elendsten noch. Da ward's ihm wieder, als töne in all den Jammer ein gelles Halt! sie stürzt herunter in fliegendem Gelock und rauschendem Herzogsmantel und treibt die Peiniger auseinander wie der Heiland die Wucherer im Tempel und reicht ihm die Hand und Lippen zum Kuß der Versöhnung ... lang und schön und glühend malte er sich's aus, ein Hauch von Trost kam über ihn, er sprach mit den Worten des Predigers: »Im Ofen werden die Geschirre des Töpfers bewährt und gerechte Menschen in Anfechtung der Trübsal:[248] Wir wollen unbeirrt erwarten, was da kommt.«

Er hörte ein Geräusch im Gemach vor seinem Kerker. Ein Steinkrug ward aufgesetzt. »Ihr sollt tapfer trinken!« sprach eine Stimme zum wachhaltenden Klosterbruder, »in Sankt Johannis' Nacht gehen allerhand Überirdische durch die Luft und streichen an unserer Burg vorbei, macht, daß Ihr Mut behaltet, es steht noch ein zweiter Krug bereit.« Es war Praxedis, die den Wein brachte.

Ekkehard verstand nicht, was sie wollte. »Auch sie ist falsch«, dachte er, »Gott behüte mich!«

Er schloß seine Augen zum Schlummer. Nach einer guten Weile ward er aufgeweckt. Dem Klosterbruder draußen mußte der Wein geschmeckt haben, er sang ein Lied zum Preis der vier Goldschmiede,[249] die in Rom einst die Fertigung heidnischer

Götzenbilder geweigert und das Martyrium erlitten, und schlug mit dem sandalenbeschwerten Fuß den Takt auf die Steinplatten. Ekkehard hörte, daß dem Mann ein zweiter Krug gebracht ward. Sein Gesang ward laut und stürmisch. Dann hielt er ein Selbstgespräch, worin viel von Welschland und guten Bissen und der heiligen Agnese vor den Mauern die Rede war. Dann verstummte er. Sein Schnarchen tönte vernehmlich durch die Steinwände zum Gefangenen herüber.

Die Burg lag still. Es ging auf Mitternacht. Ekkehard ruhte in leisem Halbschlummer, da ward's ihm, als würde der Riegel sachte zurückgeschoben; er blieb auf seinem Lager. Eine Gestalt trat ein, eine weiche Hand fuhr über des Schlummernden Stirn. Er sprang auf.

»Still!« flüsterte die Eingetretene.

Wie alles zu schlafen ging, hatte Praxedis gewacht. Der schlechte Kellermeister soll die Freude nicht haben, unsern schwermütigen Lehrer zu züchtigen, das war ihr Denken. Frauenlist findet Mittel und Wege zu dem, was sie ausgesonnen. Den grauen Mantel umgeschlagen, schlich sie herunter, es brauchte keiner besonderen Täuschungen. Der Klosterbruder schlief als wie ein Gerechter. Hätte er nicht geschlafen, so hätte ihn die Griechin durch einen Spuk scheu gemacht, so war ihr Plan.

»Ihr müßt fliehen!« sprach sie zu Ekkehard. »Sie drohen Euch das Schlimmste.«

»Ich weiß es!« sagte der Überraschte wehmütig.

»Auf denn!«

Er schüttelte das Haupt. »Ich will dulden«, sprach er.

»Seid kein Narr!« flüsterte Praxedis. »Erst habt Ihr Euer Haus auf den schimmernden Regenbogen gezimmert, und nun es zusammengefallen, wollt Ihr Euch auch noch mißhandeln lassen? Als wenn die ein Recht hätten, Euch zu geißeln und fortzuschleppen! und wollt ihnen die Freude machen, Eure Erniedrigung zu sehen ... 's wär' freilich ein schönes Schauspiel, man würde es Euch gönnen! ›Einen braven Mann sieht man nicht alle Tage hinrichten‹, hat einmal in Konstantinopel einer zu mir gesagt, wie ich fragte, warum er so springe.«

»Wohin soll ich mich wenden?« fragte Ekkehard.

»Nach der Reichenau nicht und nach Eurem Kloster auch nicht«, sagte Praxedis. »Es gibt noch manchen Unterschlupf auf der Welt.« Sie war ungeduldig worden, ergriff Ekkehards Hand und zog ihn mit sich. »Vorwärts!« raunte sie ihm zu. Er ließ sich von ihr führen. Sie schlichen am schlafenden Wächter vorüber. Jetzt standen sie im Burghof. Der Brunnen plätscherte hell. Ekkehard beugte sich übers Rohr und trank einen langen Schluck des kühlen Wassers.[250] »Alles vorbei!« sprach er. »Jetzt bergab!«

Es war eine stürmische Nacht. »Den Torweg könnt Ihr nicht hinunter, die Brücke ist aufgezogen«, sprach Praxedis, »aber zwischen den Felsen an der Morgenseite ist's möglich, unser Hirtenknab' hat den Weg auch schon versucht.«

Sie gingen in das Gärtlein. Ein Windstoß fuhr rauschend durch die Wipfel des Ahorn. Ekkehard wußte kaum, wie ihm geschah; er schwang sich auf die Brustwehr, steil und zackig senkten sich die Klingsteinfelsen in die Tiefe, dunkler Abgrund gähnte zu ihm herauf, am düstern Himmel jagten sich die Wolken, es waren unheimliche plumpe Massen, fratzenhaft, als wenn zwei Bären einen geflügelten Drachen verfolgten ... dann verschwammen die Gebilde ineinander, der Wind peitschte sie zu dem matt in der Ferne schimmernden Bodensee. In dunklem Umriß lag die Landschaft.

»Gesegnet sei Euer Weg!« sprach Praxedis.

Ekkehard saß starr auf der niederen Mauerzinne, er zog seine Hand nicht von der der Griechin, wehmütiger Dank durchwogte sein ausgestürmt Herz. Da schmiegte sich ihre Wange an die seine, auf seinen Lippen zitterte ein Kuß, eine Träne perlte drauf nieder. Sanft wand sich Praxedis von ihm.

»Vergesset nicht«, sprach sie, »daß Ihr noch eine Geschichte schuldig seid. Mög' Euch Gott bald wieder zu diesem Gartenplatz geleiten, daß wir sie aus Eurem Munde vernehmen.«

Jetzt ließ sich Ekkehard nieder; noch einmal winkte er mit der Hand, dann schwand er aus ihren Augen. Die Stille der Nacht unterbrach ein Dröhnen und Klingen am Gefelse, die

Griechin schaute hinab: Eine Felsplatte hatte sich losgelöst und stürzte schmetternd zu Tal, eine zweite folgte langsameren Falles, oben auf der zweiten saß Ekkehard und lenkte sie wie ein Reiter sein Roß, so ging's den schiefen Berghang hinunter ins Dunkel der Nacht ... »Fahr wohl!«

Sie bekreuzte sich und ging zurück, lächelnd in aller Betrübnis. Der Klosterbruder schlief noch immer. Im Vorbeigehen sah Praxedis den Aschenkorb im Hofe stehen, den griff sie, schlich in Ekkehards Verlies und schüttete ihn inmitten des Gemaches aus, als wäre das alles, was von des Gefangenen sterblichem Teil übrig geblieben.

»Warum schnarchst du so stark, Hochachtbarer?« sprach sie und enteilte.

Auf dem Wildkirchlein

Jetzund, vielteurer Leser, umgürte deine Lenden, greif' zum Wanderstab und fahr' mit uns zu Berge. Aus den Niederungen des Bodensees zieht unsere Geschichte ins helvetische Alpenland hinüber: dort ragt der hohe Säntis vergnüglich in die Himmelsbläue, wenn er just nicht vorzieht, die Nebelkappe ums Haupt zu hüllen, und schaut lächelnd in die Tiefen, wo der Menschen Städte zu eines Ameisenhaufens Größe zusammenschrumpfen; und um ihn steht eine Landsgemeinde stolzer Gesellen versammelt von gleichem Schrot und Korn, die recken ihre kahlen Scheitel einander entgegen und blasen sich Nebelwolken zu, ein Rauschen und Sausen zieht durch ihre Schlüfte, und was sie über menschliches Dichten und Treiben sich zuflüstern, klang vor tausend Jahren schon ziemlich verächtlich und hat sich seither nicht um vieles gebessert.

Ohngefähr zehn Tage, nachdem die Mönche der Reichenau im Hohentwieler Burgturm an Stelle eines Gefangenen ein Häufchen Asche vorgefunden und viel Verhandlung gepflogen hatten, ob ihn in böser Mitternacht der Teufel bewältigt und zu Asche verbrannt, oder ob er entwichen sei, schritt ein Mann längs dem weißgrünschäumenden Sitterbach über sprießende Matten und Felsgestein bergaufwärts.

Er trug einen Mantel aus Wolfsfell über ein mönchisch Gewand, eine lederne Tasche umgeschlagen, in der Rechten einen Speer. Oftmals stieß er die eherne Spitze ins Erdreich und stemmte sich am Schaft, die Waffe als Bergstock nutzend.

Rings um ihn stille tiefe Einsamkeit. Langgestreckte Nebelstreifen lagen über dem wilden Tal, wo die Sitter dem Seealpsee entspringt, aber hoch drüber weg schauten grimmige Steinwände, von spärlichem Grün umsäumt, himmelan. Die Berghalden, wo jetzt in schindelumhüllten Hütten ein fröhlich Hirtenvolk zahlreich nistet, waren damals zumeist öde und spärlich bewohnt; nur fern in der Niederung des Tals stund die Zelle des Abts von Sankt Gallen und wenig Behausungen dabei. Nach der blutigen Feldschlacht bei Zülpich war eine kleine Schar freiheitsliebender alemannischer Männer, die dem Franken ihren Nacken zu beugen nimmer erlernen mochten, in diese Einöde gezogen;[251] in zerstreuten Ansiedelungen saßen ihre Nachkommen und trieben in Sommerszeit ihre Herden zur Alp, kräftig verständige Bergbewohner, die unangetastet vom Lärm der Welt ein einfach freies Leben genossen und den folgenden Geschlechtern vererbten.

Steiler und rauher ward der Pfad, den der Mann einschlug. Jetzt stund er unter senkrecht aufstarrender Felswand; ein schwerer Wassertropfen war aus dem Kalkgestein auf sein Haupt niedergetrauft, da schaute er prüfend empor, ob der grauenhafte Überhang noch anhalte mit dem Einsturz, bis er vorüber. Aber Felswände vermögen länger im schiefen Zustand zu verharren als das, was Menschenhände bauen; es stürzte nichts herab als ein zweiter Tropfen.

Mit der Linken am Gestein sich anlehnend, schritt der Mann vorwärts. Immer schmäler ward der Steig, der schwarze Abgrund zur Seite rückte näher, schwindelnde Tiefe gähnte herauf ... jetzt schwand auch die letzte Spur eines Pfades. Zwei mächtige Fichtenstämme waren als Brücke über den Abgrund gelegt. »Es muß sein!« sprach der Mann und schritt unverzagt drüber. Er atmete hoch auf, wie er drüben wieder Boden unter den Füßen verspürte, und machte halt, um sich den grausigen Platz zu betrachten. Es war ein schmaler Felsvorsprung, über und unter ihm senkrechte gelbgraue Steinwand, in der Tiefe, kaum sichtbar, ein Silberstreif im Grün des Tales, der Waldbach Sitter, und scheu versteckt im Tannendunkel der meerfarbige Spiegel des Seealpsees. Genüber gepanzert und gewappnet die Schar der Bergesriesen – die Feder will zu fröhlichem Sang aufjodeln, da sie ihre Namen schreiben soll: der langgestreckte rätselvolle Kamor, die gewaltigen Mauern der Boghartenfirst und Sigels Alp und Maarwiese, auf deren Zinnen wie Moos auf den Dächern würziger Graswuchs grünt, dann der Hüter des Seegeheimnisses, der »alte Mann« mit runzelgefurchter Steinstirn und weißumschneitem Haupt, des hohen Säntis Kanzler und Busenfreund.

»Ihr Berge des Herrn, benedeiet den Herrn!« sprach der Wandersmann, ergriffen von der Wucht des Eindrucks. Viel hundert Bergschwalben flatterten aus den Spalten des Gesteins. Ihr Flug soll gute Vorbedeutung sein.

Er tat etliche Schritte vorwärts. Da war die Felswand mächtig zerklüftet, eine doppelte Höhle tat sich auf, aus rohem Schaft zusammengefügt, stand ein schmuckloses Kreuz dabei, Tannenstämme an der einen Höhlenwand zum Blockhaus geschichtet und nach Art der damals üblichen Kriegsgerüste oder Belagerungstürme mit zusammengefügtem Flechtwerk überdacht, deuteten auf menschliches Anwesen. Kein Laut unterbrach die Stille.

Der Fremde kniete vor dem Kreuz nieder und betete lang.

Es war Ekkehard, – der Ort, wo er betete, das Wildkirchlein.

Unversehrt war er auf seinem Bergrutsch, als ihn Praxedis befreit, in die Tiefe gefahren; der andere Morgen fand ihn erschöpft beim alten Moengal in Radolfzelle. »Ach, daß ich in der Wüste ein Hüttlein der Wandersleute haben könnte, so wollte ich mein Volk verlassen und mich von ihnen absondern, denn sie sind Lügner und treulos zusammen«, sprach er mit den Worten des Propheten,[252] nachdem er dem Leutpriester sein Leid geklagt. Da wies ihm der Alte den Säntis.

»Hast recht«, sprach Moengal. »Der heilige Gallus hat's ebenso gemacht. ›In der Einsamkeit will ich verharren und auf den warten, der meine Seele gesund machen soll‹:[253] er wär' vielleicht kein Heiliger geworden, wenn er anders gesagt und getan hätte. Verbeiß deinen Schmerz. Wenn der Adler siech wird und seine Augen dunkeln und seine Federn zergehen wollen, steigt er himmelan, so weit ihn seine Schwingen tragen.[254] Sonnennähe verjüngt. Tue desgleichen. Ich weiß dir ein gut Plätzlein zum Gesunden.«

Er beschrieb ihm den Weg.

»Du wirst einen droben finden«, fuhr er fort, »der seit zwanzig Jahren nicht mehr viel von der Welt gesehen hat, er heißt Gottschalk. Grüß' ihn von mir; so Gott will, sind seine Sünden vergeben.«

Der Leutpriester verschwieg aber, um welcher Sünden willen sein ehemaliger Freund dort Buße tat. Den hatte in teuern Zeiten das Kloster einst ins Welschland gesendet, Korn einzukaufen, da kam er gen Verona und ward gut aufgenommen vom streitsüchtigen Bischof Ratherius, und tat seine Andacht in der ehrwürdigen Kathedralkirche. Dort lag unverschlossen im güldenen Sarg der Leib der heiligen Anastasia, und die Kirche war leer und den Gottschalk verführte der Teufel, daß er nach Deutschland wollte ein Andenken mitbringen, da nahm er von der Heiligen Leib soviel er unter seiner Kutte mitschleppen konnte:[255] einen Arm und einen Fuß und etliche Wirbelknochen, und fuhr heimlich von dannen.[256] Aber seine Ruhe war verloren von jener Stunde, in Wachen und Traum stand die Heilige vor ihm, sie ging an der Krücke verstümmelt und zerrissen und forderte ihren Arm zurück und ihren Fuß – über Schluchten und Alpenpässe folgte sie ihm, an der Schwelle des heimischen Klosters trat sie ihm dräuend entgegen; da warf er halb wahnsinnig die Reliquienbeute von sich und floh auf die Höhen beim Säntis, den Lebensrest büßend zu verbringen, und schuf sich dort seine Klause.

Zwei Tage hatte der alte Moengal seinen jungen Freund beherbergt, dann schaffte er ihn nächtlich über den See. »Geh mir nicht ins Kloster zurück«, sprach er beim Auseinandergehen, »daß dich das dumme Gerede nicht umbringt. Spott schadet mehr als Strafe. Es gehört dir ein Denkzettel, aber die frische Luft soll dir ihn bringen, die hat ein Recht dazu, die andern nicht.« Speer und Wolfspelz schenkte er ihm zum Abschied.

Scheu und heimlich zog Ekkehard von dannen. Es war eine bittere Empfindung, da er nächtlich an seinem noch halb in Trümmern liegenden Kloster vorüberschlich; etliche Lichter glänzten zu ihm herüber, er beflügelte seinen Schritt. Auch an der Abtszelle im Gebirgsland zog er ohne Ankehr vorbei, er wollte von des Klosters Leuten nicht erkannt sein.

... Jetzt war sein Gebet beendigt. Er schaute erwartungsvoll nach dem Höhleneingang, ob Gottschalk, der Einsiedel, nicht heraustrete und den neuen Ankömmling begrüße. Es regte sich nichts, die Höhle stund leer. *»Sancta Anastasia, ignosce raptori!«* (»Heilige Anastasia, verzeihe deinem Räuber!«) war mit eingetrocknetem Kräutersaft an die lichte Felswand angeschrieben. Ein steingehauener Trog fing das herabtropfende Felswasser: es lief über den Rand herab.

Er trat in die Kammer. Etliche tönerne Schüsseln standen bei einer Steinplatte, die als Herd gedient haben mochte. Ein grobgarniges Fischnetz lag in der Ecke, Hammer, Spaten, ein verrostet Beil dabei, auch viel zugeschnittene Kienspäne.

Auf tannenen Scheitern war eine Streu geschüttelt, von Moder und Gewürm zerfressen. Zwei Ratten sprangen, vom Eintretenden verscheucht, in eine Spalte des Bodens.

»Gottschalk!« rief Ekkehard durch die hohle Hand. Dann tat er einen Schrei, wie er unter Leuten im Gebirg als Anruf üblich ist. Aber niemand erschien. Nähere Umschau zeigte, daß der Einsiedel nicht erst seit heute die Klause verlassen. In einem Krug war Milch zur Kruste eingetrocknet. Da trat Ekkehard betrübt wieder auf den schmalen Streif Erdreich, der zwischen Höhle und Abgrund das Stehen ermöglichte. Sein Blick wandte sich zur Linken. In weiter Ferne blaute ein Stück Bodensee über den Bergrücken. Die Pracht der Gebirgswelt vermochte nicht ein Gefühl von unendlichem Weh zu bannen. Einsam und gottverlassen stand er auf der jachen Höhe. Er reckte sein Ohr, als müsse er eines Menschen Stimme erlauschen. Aber nur das einförmig leise Rauschen des Windes durch die Tannen der Tiefe tönte herauf.

Seine Augen wurden feucht.

Es war spät geworden. Wohin? ... Ein starker Hunger zerstreute seine Gedanken. Er trug noch für drei Tage Speise bei sich. Da setzte er sich vor die Höhle und verzehrte unter Tränen seinen Abendimbiß. Sein Berg warf lange blaue Schatten auf die Wände genüber, nur die steinernen Gipfel glühten noch im Sonnenlicht.

»Solang das Kreuz am Felsen steht, werd' ich nie ganz verlassen sein!« sprach er. Er trug etliches Gras vom Abhang zusammen und richtete sich ein Lager auf die Stelle des vermoderten. Kühle Nachtluft zog herauf. Da hüllte er sich in Moengals geschenkten Mantel und legte sich nieder. Der Schlaf ist ein gutes Heilmittel für die Leiden der Jugend. Er kam auch über Ekkehard trotz Herzeleid und einsamer Felswildnis.

Die erste Dämmerung des Morgens zog über dem Haupte des Kamor auf, nur der Tagstern[257] schien noch in schöner Farbe, da fuhr Ekkehard aus dem Schlummer. Es war ihm, als hab' er ein lustig scharfes Hirtenjauchzen gehört. Dann glänzte im tiefen dunkeln Grund der Höhle ein Licht auf. Er glaubte zu träumen, als läg' er noch im Kerker und Praxedis nahe befreiend. Aber das Licht kam näher, Fackelglanz brennenden Kienspans; eine hochgeschürzte Maid trug die einfache Leuchte. Er sprang auf. Unerschrocken stand sie vor ihm und sprach: »Gott willkommen!«

Es war ein keck halbwildes Wesen von gelblicher Hautfarbe und sprühenden Augen, aus den Flechten des dunkelschwarzen Haares glänzte eine schwere silberne Nadel in Form eines Löffels, der geflochtene Korb auf dem Rücken und der Alpstock in der Rechten bezeichnete die Bewohnerin der Berge.

»Heiliger Gallus beschirme mich vor neuer Versuchung!«

dachte Ekkehard, aber sie rief vergnügt: »Gott willkommen noch einmal! Der Vater wird recht froh sein, daß wir einen neuen Bergbruder haben. Man merkt's an der wenigen Milch der Kühe, sagt er immer, daß der alte Gottschalk tot ist.«

Es klang nicht wie die Stimme eines weiblichen Dämon.

Ekkehard war noch schlaftrunken. Er gähnte. »Vergelt's Gott!« sprach die Maid. »Warum vergelt's Gott?« fragte er.

»Weil Ihr mich soeben nicht verschluckt habt!« lachte sie, und eh' er weiter fragen konnte, woher und wohin, sprang sie mit dem Kienspan zurück und verschwand in der Höhle.

Bald kam sie wieder. Ein graubärtiger Senn, in eine Decke von Lämmerfell gehüllt, folgte ihr.

»Der Vater will's nicht glauben!« rief sie Ekkehard entgegen.

Bedächtig schaute der Hirt auf den fremden Gast. Er war ein rauher Mann, der einst in grüner Jugendzeit beim altherkömmlichen Kraftspiel des Steinstoßens den hundertpfündigen Feldstein wohl über zwanzig Schritte weit von sich geschleudert, ohne einen Fuß zu verrücken; sein gebräuntes Antlitz und seine sehnigen nackten Arme waren itzt noch Denkzeichen alter ungeschwächter Kraft.

»Ihr wollt unser Bergbruder sein?« sprach er gutmütig zu Ekkehard und reichte ihm die Hand. »Recht so!«

Ekkehard war verlegen ob der wilden Erscheinung.

»Ich gedachte den Bruder Gottschalk zu besuchen«, erwiderte er.

»Beim Strahl! da kommt Ihr zu spät«, sprach der Senn. »Der hat sich verfallen im vorigen Herbst,[258] es war eine böse Geschichte. Schaut auf! – er wies ihm eine Felswand in der Tiefe, – auf jenen Hang ist er ins Laubsammeln gegangen, ich hab' ihm selber geholfen: da fuhr er auf einmal empor, als hätt' ihn eine Schlange gebissen, gegenüber auf den hohen Kasten hat er gedeutet; heilige Anastasia, rief er, du bist wieder ganz und stehst auf beiden Füßen und winkst mit beiden Armen! . . . auf und davon ist er gesprungen, als wär' zwischen dem Fels unten und dem hohen Kasten drüben kein Tal und kein Abgrund, mit ›*kyrie eleison!*‹ ging's in die greuliche Tiefe – Gott hab' ihn selig!

Aber erst im heurigen Frühjahr haben wir den Leichnam gefunden, zerklemmt in den Felsen, und die Lämmergeier waren drüber und haben einen Arm und ein Bein vertragen, kein Mensch weiß wohin ...«

»Mach' ihm keine Angst!« sprach die Maid und stieß den Sennen an.

»Deswegen mögt Ihr Euch doch bei uns festsetzen«, sprach der Senn. »Ihr bekommt, was wir dem Gottschalk gaben, Milch und Käs und drei Ziegen in den Stall, die mögen grasen, wo sie wollen. Im Notfall mögt Ihr auch mehr heischen, wir hier oben sind keine Geizkrägen und Musmehlspalter. Ihr predigt uns dafür an den Sonntagen und sprecht den Segen über Alm und Weiden, daß Wetter und Bergsturz kein Verderben bringen, und läutet die Tageszeit.«

Ekkehard sah zweifelhaft in den starren Höhlenraum. Es tat ihm wunderwohl, Menschen in der Nähe zu wissen, aber rätselhaft war's, woher sie kamen. »Sind Eure Almen in des Berges Tiefe?« fragte er lächelnd.

»Er weiß nicht, wo die Ebenalp steht!« sprach das Hirtenkind mitleidig. »Ich will's Euch zeigen!«

Ihr Kienspan brannte noch.

Sie wandte sich dem Innern der Höhle zu, die Männer folgten ihr. Da ging's durch enge dunkle Wölbung ins Innere des Berges, niedergestürztes Gestein sperrte den Pfad, oft mußten sie gebückt weiter kriechen. Scharfe rötliche Streiflichter zuckten auf den Kanten der Wände, – dann fiel fahler Schimmer des Tages herein. Es ging in die Höhe, dort öffnete sich ein Ausgang. Die Hirtin stieß ihren Span an die seltsam geformten Tropfsteingebilde, die von der Decke niederhingen, daß er erlosch ... noch etliche Schritte, und sie stunden auf weiter herrlicher Alp.

Würziger Duft von Alpenpflanzen umströmte sie, da blühte Mannstreu und Knabenkraut und blauer Eisenhut, der prächtige Alpenschmetterling Apollo mit dem rotleuchtenden Auge auf den Flügeln wiegte sich über den Blumenkelchen – nach enger Höhlennacht erquickte ein weites unendliches Rundbild den Blick.

Noch lag der Frühnebel in den Tälern, schwer, unbeweglich, zusammengeballt, als hätte überall ein gewaltiges Meer geströmt, und wäre im Augenblick, da es zu sprühendem Schaum aufwogte, versteinert worden; aber klar und scharf schnitten die Häupter der Berge ihren Umriß in das tiefe Blau der Himmelsdecke, wie riesige Inseln dem Schoß des Nebelmeers entsteigend. Auch der Bodensee war umnebelt, in leisem Duft türmten sich die Reihen der fernen Gebirge an rhätischer Landmark mit ihren zackigen Felshörnern übereinand'. Friedlich tönte weidender Herden Geläut von den Halden herauf. In Ekkehards Gemüt klang es wie ein stolz demütiges Morgengebet.

»Ihr bleibet bei uns«, sprach der alte Senn, »ich seh' Euch's an den Augen an.«

»Ich bin ein landfremder Mann«, erwiderte Ekkehard traurig, »mich hat der Abt nicht gesendet.«

»Das gilt gleich«, rief der Alte. »Wenn's uns recht ist und dem Säntis dort droben, so hat niemand was drein zu reden. Des Abts Twing und Bann reicht nicht in unsere Höhen, wir zahlen ihm den Herdenzins, wenn seine Vögte am Milchprüfungstag[259] zur Schau unserer Senntümer heraufkommen, weil's alter Brauch ist, aber sonst: ›Sein' Grund und Boden pflanz' ich nicht, nach seiner Pfeife tanz' ich nicht‹,[260] heißt's hierzulande. Schaut her!« – er wies Ekkehard eine graue Bergspitze, die aus langgestreckten Eisfeldern einsam aufragte – »das ist der hohe Säntis, der ist Herr in den Bergen, vor dem schwenken wir den Hut, sonst vor niemand. Dort zur Rechten ist der blaue Schnee; da war früher Alm und Weide und saß ein übermütiger Mann drauf, der war ein Riese und ihm wuchsen die Herden und der Stolz, daß er sprach: ich will König sein über alles, was mein Auge umfaßt! Aber in des Säntis Tiefen hub sich ein Donnern und Beben und der Felsgrund regte sich und Eisströme rannen hervor und deckten den Riesen samt Hütte und Stall und Vieh und Alm, und vom blauen Schnee weht's jetzt noch frierend herunter, – ein Denkzeichen, daß neben dem Alten der Berge keiner zur Herrschaft berufen!«

Der Hirt schuf Ekkehard Vertrauen. Trotzige Kraft und gutes Herz strömte in seinen Worten. Sein Kind hatte einen Strauß Alpenrosen gepflückt und reichte sie Ekkehard dar.

»Wie heißt du?« fragte er.

»Benedikta«, sprach sie.

»Das ist ein guter Name«, sagte Ekkehard und steckte die Alpenrosen in den Gürtel seiner Kutte; »ich bleibe bei euch.«

Da schüttelte ihm der alte Senne die Rechte, daß sie in ihren Grundfesten erbebte, dann griff er das Alphorn, das er an rohhäutigem Riemen auf der Schulter trug, und blies ein seltsam klingendes Zeichen. Aus Höhen und Tiefen klang's antwortend herüber, die benachbarten Sennen kamen herbei, starke wilde Hirten, und standen zu dem Alten, den sie in der Frühlingszeit seiner Tüchtigkeit halber zum Alpmeister und Aufseher über die Bergweiden der Ebenalp erwählt.

»Wir haben einen Bergbruder überkommen«, sprach er, »es wird keiner von euch dawider schelten und tosen?«[261]

Und sie erhoben alle die Hände als Zeichen der Zustimmung und gingen auf Ekkehard zu und hießen ihn willkommen, und er ward gerührt und machte das Zeichen des Kreuzes über sie.

So ward Ekkehard Einsiedel auf dem Wildkirchlein und wußte eigentlich selber nicht wie. Der Senn von der Ebenalp hielt Wort und half ihm, sich einzurichten, und stellte ihm drei Ziegen ein und wies ihm den Pfad zwischen Kluft und Spalt zum Seealpsee hinunter, wo die großen Forellen schwimmen, und schindelte ihm die Lücken zu, die tropfend Gewässer und Unbill des Wetters in das Dach von Gottschalks Blockhaus geschlagen. Mählich gewöhnte sich Ekkehard an die Enge des Raumes vor seiner Behausung, und wie der nächste Sonntag kam, trug er das hölzerne Kreuz ins Innere der vorderen Höhle, wand einen Kranz Blumen drum, zog die Glocke, die aus Gottschalks Zeiten am Eingang hing – (sie trug das Zeichen Tanchos, des tückischen Glockengießers von Sankt Gallen) und als seine Sennen mit Buben und Mägdlein beisammen waren, hielt er der kleinen Gemeinde eine Predigt über das Evangelium von der Verklärung und sprach darüber, daß ein jeder Mensch, der mit rechtem Sinn zu Bergeshöhen steige, ein verklärter werde.

»Und wenn auch Moses und Elias nicht zu uns herabtreten«, rief er, »so haben wir den Säntis und den Kamor bei uns stehen, das sind auch Männer eines alten Bundes und es ist gut bei ihnen sein!«

Seine Worte waren groß und keck, und er wunderte sich, daß sie ihm so entströmten, denn es war schier ketzerisch, und er hatte in keinem Kirchenvater solch Gleichnis gelesen. Aber den Sennen war's recht und den Bergen auch, und niemand tat Einsprache.

Des Mittags kam Benedikta, das Hirtenkind; ein silbern Kettlein schmückte das Sonntagsmieder, das wie ein Panzer die Brust umschloß. Sie brachte einen saubern eschenholzenen Milchkübel, drauf war in kunstlosen Linien eine Kuh geschnitzt. »Den schickt Euch der Vater«, sagte sie, »darum, daß Ihr so auferbaulich gepredigt und von den Bergen Gutes gesprochen – und wenn Euch einer was Leides tun will, sollt Ihr wissen, wo die Ebenalp steht.«

Sie warf etliche Handvoll Haselnüsse aus ihrer Schurztasche in das Milchgefäß: »die hab' ich für Euch gepflückt«, sagte sie, »und ich weiß noch mehr, wenn sie Euch schmecken.«

Bevor sich Ekkehard bedanken konnte, war sie in der Höhlentiefe verschwunden.

»Schwarzbraun sind die Haselnüss'
Und schwarzbraun bin auch ich,
Und wenn mich einer lieben will,
So muß er sein wie ich,«

tönte verklingend ihr schalkhafter Gesang durch die Klause.

Ekkehard lächelte wehmütig.

Aber ganz war der Sturm in seinem Herzen noch nicht geschwichtigt; es hallte und tönte in ihm nach wie der Donner des Alpengewitters, der an ferner Bergwand zu neuem Dröhnen sich zusammenrafft.

Eine riesige Felsplatte war bei der Höhle niedergestürzt, schmelzendes Schneewasser hatte sie im Frühling losgenagt, sie sah aus wie die Decke eines Grabmals. Dort saß er oft, er nannte sie stillschweigend das Grab seiner Liebe; oft kam's ihm vor, als ruhe die Herzogin und er selber in kühlem Schlaf der Toten darunter, und er saß drauf und schaute über die tannumsäumten grünen Rücken nach dem Bodensee hinüber und träumte. Es war ihm nicht gut, daß er den See von seiner Klause erschauen konnte, wunde Rückerinnerung durchschmerzte sein Inneres. Oft wollt' er zornig aufbrausen, oft bog er sich abendlich um die Ecke seines Felsens in der Richtung des Untersees und hauchte Grüße hinaus.[262] Wem galten sie?

Der Traum der Nacht war wirr und bewegt. Er sah sich wieder in der Burgkapelle und die ewige Lampe schwebte über der Herzogin Haupt wie damals, und wie er auf seine Gebieterin zustürzen wollte, hatte sie das Antlitz der Waldfrau und lachte ihm höhnisch ins Gesicht; und wenn er frühmorgens von seinem Streulager aufsprang, hörte er sein eigen Herz pochen und das Wort Frau Hadwigs: »O Schulmeister, warum bist du kein Kriegsmann worden?« verfolgte ihn, bis die Sonne hoch am Himmel stand oder der Anblick Benediktas es verscheuchte.

Oft warf er sich ins kurze schwellende Gras am Abhang und überdachte die letzten Monate; in läuternder Schärfe der Alpenluft prägten sich Gestalten und Ereignisse klar vor seinem Denken, es peinigte ihn das Gefühl, daß er sich zag und scheu und töricht benommen und nicht einmal die Aufgabe gelöst, eine Geschichte zu erzählen, wie Herr Spazzo und Praxedis. »Ekkehard, du bist lächerlich geworden«, sprach er höhnisch leise zu sich selber und vermeinte dabei, er müsse an den Felswänden sein Gehirn anrennen.

Melancholisch Gemüt zehrt lang an erlittener Beschädigung und vergißt in seinem Brüten, daß tadelhafte Tat nur durch nachfolgende bessere im Gemüt der Menschen verwischt wird.

Darum war Ekkehard noch nicht reif für die klärenden Wonnen der Einsamkeit. Der haftende Eindruck vergangenen Leids tat seine seltsame Wirkung; wenn er in seiner Höhlenstille saß, glaubte er Stimmen zu hören, die spottend mit ihm plauderten von törichten Hoffnungen und den Täuschungen der Welt, Flug und Ruf der Vögel klang ihm wie kreischender Schrei der

Dämonen und sein Gebet half nicht dawider. Wenn Schauer der Wildnis den Geist erfüllt, täuscht sich Ohr und Auge und glaubt die alten Sagen, daß alles von Mitte der Luft bis hernieder und die Erde selber, da wo sie unbauhaft,[263] erfüllt sei vom Reigentanz ewig lebender Geister.

Es war eine weiche würzige Spätsommernacht, er wollte sich auf sein einfach Lager werfen, da schien der Mond in scharfem Glanz die Höhle an, zwei weiße Wolken zogen langsam einander nach, er hörte, wie sie zueinander sprachen, und die eine Wolke war Frau Hadwig, die andere Praxedis. »Ich will doch sehen, wie die Ruhestatt eines flüchtigen Toren aussieht«, sprach die vordere weiße Wolke und streifte eilend über die Scheitel der wagrechten Wände und stand gegenüber der Höhle über dem Kamor, dann senkte sie sich nieder zu den Tannen, die talab in unzähligen Reihen standen: »Es ist's!« rief die Wolke, »greifet den Frevler!« und die Tannen wurden lauter Mönche, tausend und abertausend, und wurden lebendig und zogen wimmelnd aus und begannen die Abhänge des Wildkirchleins zu ersteigen, psalmend und rutenschwingend – da sprang Ekkehard schaudernd auf und griff seinen Speer – itzt war's, als wenn Irrlichter aus der Höhlentiefe vorhüpften: »hinaus aus den Alpen!« rief's hinter ihm – alle Adern fieberten, da rannte er fort über den schmalen Steg an den dräuenden Felsüberhängen hinaus in die Nacht wie ein Verzweifelter. Noch stand die zweite Wolke beim Mond: »Ich kann dir nicht helfen«, sprach sie mit Praxedis' Stimme, »ich weiß den Weg nicht...«

Er rannte bergab, das Leben war ihm eine Qual, und doch tastete er am abspringenden Boden und stemmte den Speer ein, um nicht hinabzustürzen und den herankletternden Spukgestalten in die Hände zu fallen.

Der nächtliche Rutsch den Hohentwiel hinab war ein Kinderspiel gegen dieses Klimmen; über schwindelnden Abgrund, der Gefahr unwissend kam er zur Tiefe. Die Ziegen stürzen dort in zerschmetterndem Fall zu Tale, wenn sie die Augen von Gras und Berghang weg zur halsbrechenden Schlucht wenden.

Jetzt stand er unten; da lag geheimnisvoll lockend der grüne

Seealpsee, vom Mondlicht umzittert. Von den verfaulten Stämmen am Ufer ging ein gespenstig Scheinen. Es ward trüb vor Ekkehards Blick. »Nimm du mich auf!« rief er, »mein Herz will Ruhe!«

Er rannnte hinein in die stille glatte Flut, – aber der Boden wich nicht unter ihm, wohltätig kühlend drang ihm des Bergsees Frische durch Mark und Bein.

Schon stund er bis an die Brust im Wasser, da hemmte er seinen Schritt. Wirr schaute er auf, die weißen Wolken waren verschwunden, vom Mond in Duft zerlöst, traurig prächtig funkelte Stern an Stern ihm zu Häupten.

In kühn phantastischer Linie schwang die Möglisalp ihren bis zur höchsten Höhe grasumwachsenen Gipfel mondaufwärts: ihr zur Linken ruhig und ernst das durchfurchte Haupt des alten Mann, zur Rechten aus gedoppeltem Eisfeld sich emportürmend die graue Pyramide des Säntis, Zacken und Felshörner ringsum wie furchtbare Schrecken der Nacht. Da kniete Ekkehard auf den Steinboden des Sees, daß ihm die Flut über dem Haupt zusammenschlug, dann tauchte er wieder auf und stund unbeweglich, die Arme hoch erhoben wie ein Beter.[264]

Der Mond ging über dem Säntis unter, bläulicher Schimmer leuchtete auf dem alten Schnee der Gletscher, da zuckte ein stechender Schmerz durch Ekkehards Gehirn, die Berge um ihn tanzten und schwankten, sausendes Getön strömte durch die Wälder, aufschäumte der See, viel tausend werdende Frösche in schwarzen Kaulquappengestalten wimmelten in den Wogen ... Aber in tauiger Schöne stieg die Gestalt eines Weibes[265] empor und entschwebte bis zum Gipfel der Möglisalp, dort saß sie im samtweichen Grün und strich das Wasser aus dem langen triefenden Haar und flocht sich einen Kranz aus Alpenblumen, in den Schluchten hob sich ein Krachen, der Säntis reckte sich auf, der alte Mann zur Rechten nicht minder, Gestalten himmelstürmenden Ursprungs tobten sie gegeneinand', der Säntis griff seine Wände und schleuderte sie hinüber, und der alte Mann riß sich sein Haupt ab und warf's auf die Säntispyramide – itzt stund der Säntis zur Rechten, und der alte Mann floh vor ihm zur Linken, aber die Jungfrau des Sees saß in lächelnder Ruhe auf ihrer Alpe und spottete der steinernen Zweikämpfer und rang ihr felsgelbes Gelock, draus entstömte perlender Wasserfall und strömte stärker und strömte wilder und wirbelte die Maid mit den feuchten Augen rauschend hinab in den See – da schwichtigte sich das Toben der Berge, der Altmann griff sein weggeworfenes Haupt und setzte es auf und wandelte schmerztraurig jodelnd zurück zur Kluft, in die er gehörte, und der Säntis stund wieder am alten Platz und seine Schneefelder leuchteten wie vordem.

... Als Ekkehard des andern Tages erwachte, lag er in seiner Höhle, von fiebrigem Frost durchschüttelt – in den Knien todmüde Zerbrochenheit.

Die Sonne stand in der Mittagshöhe.

Benedikta huschte draußen vorbei und sah ihn zitternd daliegen, den Wolfspelz umgeschlagen. Die Kutte hing triefend und wasserschwer über einem Felsstück.

»Wenn Ihr wieder Forellen im Seealpsee fangen wollt, Bergbruder«, sprach sie, »so laßt mich's wissen, daß ich Euch führe. Der Handbub, der Euch vor Sonnenaufgang begegnete, hat gesagt, Ihr seid den Berg herauf gewankt wie ein Nachtwandler.«

Sie ging und läutete die Mittagglocke für ihn.

Auf der Ebenalp

Sechs Tage lang war Ekkehard krank gelegen. Die Sennen pflegten ihn, ein Trank aus blauem Enzian gekocht, schwichtigte das Fieber. Die Alpenluft tat das ihre. Eine starke Erschütterung war ihm notwendig gewesen, um an Körper und Geist das gestörte Gleichgewicht herzustellen. Jetzt war's in Ordnung. Er hörte keine Stimmen und sah keine Phantasmen mehr. Lindes Gefühl von Ruhe und aufsprossender Gesundheit durchströmte ihn; es war jener Zustand sanfter Unkraft, der schwermütigen genesenden Menschen so wohl ansteht. Sein Denken war ernst aber nimmer bitter.

»Ich hab' von den Bergen was gelernt«, sprach er zu sich selber, »Toben hilft nicht, wenn auch die zauberreichste Maid vor uns sitzt, der Mensch muß von Stein werden, wie der Säntis, und kühlenden Eispanzer ums Herz legen, kaum der Traum der Nacht soll wissen, wie es drinnen kocht und glüht, das ist besser.«

Und mählich ward ihm die Trübsal der letzten Vergangenheit in mildem Duft verklärt; er dachte an die Herzogin und alles, was auf dem hohen Twiel geschehen, es tat ihm nimmer weh. Und das ist das Fürtreffliche gewaltiger Natur, daß sie nicht nur sich selber als ein mächtig wirkend Bild vor den Beschauenden stellt, sondern den Geist überhaupt ausweitend anregt und fernliegende verschwundene Zeit im Gedächtnis wieder heraufbeschwört. Ekkehard hatte lang nimmer auf die Tage seiner Jugend zurückgeschaut, jetzt flüchtete sich sein Denken am liebsten dorthin, als wär' es ein Paradiesgarten, aus dem ihn der Sturm des Lebens hinausgeweht. Er hatte etliche Jahre in der Klosterschule zu Lorsch am Rheine verbracht; damals ahnte er nicht, was in der Frauen dunkeln Augen für herzverzehrende Glut verborgen glimmt, die alten Pergamente waren seine Welt.

Aber eine Gestalt stand ihm schon damals fest ins Herz geschrieben, das war der Bruder Konrad von Alzey. An ihn, den wenig Jahre älteren, hatte Ekkehard die erste Neigung junger Freundschaft geheftet; ihr Lebensweg ging auseinand', es war Gras gewachsen über die Tage von Lorsch, jetzt tauchten sie strahlend vor der Betrachtung auf, gleich dem dunkeln Hügelland der Fläche, wenn die Morgensonne ihre Strahlen drauf geworfen.

Es ist mit des Menschen Geist wie mit der Rinde der alten Erde; auf den Anschwemmungen der Kindheit türmen sich in stürmischer Hebung neue Schichten auf, Fels und Grat und hohe Bergwand, die bis in den Himmel zu reichen wähnt, und der Boden, drauf sie ruht, ist mit Trümmern überschüttet und vergessen, – aber wie die starren Gipfel der Alpen oft sehnsüchtig zu Tale schauen und sich heimwehbewältigt hinabstürzen in die Tiefe, der sie entstiegen, so fährt die Erinnerung zurück in die Jugend und gräbt nach den Schätzen, die sie unbeachtet beim tauben Gestein zurückließ.

Jetzt flog Ekkehards Denken oftmals zu seinem treuen Gespan, er stund wieder mit ihm, unter der rundbogigen säulengetragenen Vorhalle, er betete mit ihm an den alten Königsgräbern und am Steinsarg des blinden Herzogs Thassilo, er wandelte mit ihm durch die schattigen Gänge des Klostergartens und lauschte seinen Worten, – und was Konrad damals gesprochen, war hehr und gut, denn er schaute mit dem Aug' eines Dichters in die Welt, und es war, als müßten Blumen am Wege aufsprießen und die Vögel lustig begleitend drein schmettern, wenn sein Mund sich auftat zu honigsüßer Rede.

»Schau' auf, Kind Gottes!« hatte Konrad einmal zum jungen Freund gesagt, da sie von der Warte des Gartens hinabschauten ins Land, »dort wo die weißen Sanddünen aus dem Feld aufragen, ist ehemals Fluß gewesen und Strömung des Neckars: so geht die Spur vergangener Menschengeschichten durch die Felder der Nachkommen, und es ist schön, wenn sie des achthaben. Und hier am Rhein ist heiliger Boden, es wäre Zeit, daß wir das sammeln, was drauf gewachsen, eh' uns das leidige Trivium und Quadruvium den Sinn dafür abtötet.«

Und an fröhlichen Vakanztagen war Konrad mit ihm in den Odenwald gewandert, da rieselte im grünen Birkental versteckt eine Quelle, draus tranken sie und Konrad sprach: »Neige dein Haupt, hier ist der Totenhain und Hagens Buche und Siegfrieds Bronn, hier ward dem besten aller Recken vom grimmen Hagen der Speer in den Rücken gerannt, daß die Blumen allenthalb vom roten Blut ertauten, dort auf dem Sedelhof hat Chriemhildis um den Erschlagenen getrauert, bis des Hunnenkönigs Boten kamen, um die junge Witib zu werben« – und er erzählte ihm all die alten Mären von der Königsburg zu Worms und vom Nibelungen-Schatz und von Chriemhildis Rache, und seine Augen sprühten: »Schlag ein!« rief er dem jungen Freunde zu, »wenn wir Männer sind und des Sanges geübt, wollen wir ein Denkmal setzen den Geschichten am Rhein; es gärt und braust schon in mir wie ein gewaltig Lied von Heldentapferkeit und Not und Rache und Tod, und die Kunst des hörnen Siegfried, sich zu festen und zu feien, weiß ich, wenn's auch keine Drachen mehr zu erschlagen und kein Blut mehr abzukochen gibt: wer mit heiligem Sinn die Waldluft schlürft und die Stirn mit dem Morgentaue netzt, dem geht das gleiche Verständnis auf, er hört, was die Vögel von den Zweigen singen und was der Sturmwind von alten Mären kündet, und wird stark und fest, und wenn er das Herz am rechten Fleck hat, schreibt er's nieder zu Nutz und Frommen der anderen.«

Ekkehard aber hatte schier furchtsam den fröhlich Übermütigen angeschaut und gesagt: »Mir wird schier schwindlig, wenn ich dir zuhöre, wie du ein anderer Homerus zu werden gedenkst.« Und Konrad sprach lächelnd: »Eine ›Ilias‹ soll keiner singen nach Homerus, aber das Lied der Nibelungen ist noch nicht gesungen und mein Arm ist grün und mein Mut ist stark, und wer weiß, was die Folge der Zeiten bringt!«

Und ein andermal gingen sie am Gestade des Rheines und die Sonne spiegelte sich über den Bergen des Wasgauwaldes herunter in den Wellen, da sprach Konrad: »Für dich wüßt' ich auch einen Sang, der ist einfach und nicht allzu herb und paßt zu deinem Gemüt, denn du horchst lieber dem Schalle des Jagdhorns als dem Rollen des Donners. Schau' auf! so wie heute hat einst die Zinne von Worms herübergeglänzt, da der Held Walthari von Aquitanien aus der Hunnengefangenschaft fliehend ins Frankenland ritt; hier hat ihn der Ferg' übergefahren samt seiner Liebsten und seinem Goldschatz, nach dem Walde ist er geritten, der dort blaudunkel ragt, das gab am Wasichenstein ein hartes Fechten und Funkensprühen von Helm und Schilden, da ihm die Wormser nachrückten, aber die Lieb' und ein gut Gewissen hat den Walthari stark gemacht, daß er sie alle bestand, den König Gunther und Hagen selbst, den Grimmen.«

Und er hatte ihm die Sage weitläufig erzählt; »um große Riesenbäume treibt allerhand wilder Schoß«, sprach er, »so ist auch um die Nibelungensage ringsum viel ander Buschwerk aufgesprießt, aus dem sich etwas zuschneiden läßt, wenn einer Freude dran hat; sing du den Walthari!«

Aber Ekkehard ließ damals Kiesel über die Rheinflut tanzen und verstand seinen Freund nur halb; er war ein frommer Schüler und sein Sinn aufs nächste gerichtet. Die Zeit trennte die beiden, und Konrad mußte die Klosterschule fliehen, weil er einst gesagt, des Aristoteles »Logika« sei eitel leeres Stroh, und war in die weite Welt gegangen, niemand wußte wohin, und Ekkehard kam nach Sankt Gallen und hatte fort und fort studiert und war ein verständiger junger Mann geworden, den sie zum Professor tauglich fanden, und dachte an den Alzeyer Konrad oft schier mit einem vornehmen Mitleid.

Aber ein triebkräftig Samenkorn kann in des Menschen Herz lange verborgen ruhen und geht zuletzt doch auf, wie der Weizen aus den Mumiensärgen Ägyptenlands.

Daß Ekkehard jetzo freudig jener Erinnerung pflegte, war ein Zeichen, daß er seither auch ein anderer geworden.

Und es war gut so. Die Launen der Herzogin und Praxedis' unbefangene Grazie hatten sein blödes, schwerfällig gründliches Wesen geläutert, die große Zeit, die er durchlebt, das Sausen der Hunnenschlacht hatten Schwung in seine Gesinnung getragen und ihn das Getrieb' kleinen Ehrgeizes verachten gelehrt, jetzt trug er einen großen Schmerz in sich, der ausgetobt sein mußte – so war der Klostergelehrte trotz Kutte und Tonsur in der glücklichen Umwandlung zum Dichter begriffen und schritt einher gleich der Schlange, die sich aus der alten Umhäutung losgerungen und nur der Gelegenheit wartet, ihre ganze Hülle wie einen abgetragenen Rock an der Hecke abzustreifen.

Täglich und stündlich, wenn er die allezeit schönen Gipfel seiner Berge anschaute und die reine Luft mit vollen Zügen einsog, kam es ihm mehr als ein Rätsel vor, daß er seines Lebens Glück erst im Erklären und Deuten vergilbter Schriften gesucht und hernachmals an einer stolzen Frau schier den Verstand eingebüßt: »laß stürzen, Herz«, sprach er, »was nicht mehr stehen mag, und bau' dir eine neue Welt, bau' sie dir tief innen, luftig, stolz und weit, strömen und verinnen laß die alte Zeit!«

Er ging wieder vergnügt in seiner Klause umher; eines Abends hatte er die Vesperzeit geläutet, da kam der Senn von der Ebenalp; er trug etwas sorgsam in einem Tuch. »Gott grüß', Bergbruder«, sprach er, »es hat Euch ordentlich geschüttelt, hab' heut was für Euch aufgelesen zur Nachkur, aber Eure Backen sind rot und Eure Augen fröhlich, da ist's nimmer nötig.« Er öffnete sein Tuch, es war ein wimmelnder Ameisenhaufen, alt und jung, samt trockenen Fichtennadeln; er schüttelte das fleißige Völklein die Felswand hinunter.

»Ihr hättet sonst heute nacht drauf schlafen müssen«, sprach er lachend, »das beizt die letzte Spur von Fieber hinweg.«

»Es ist vorbei«, sprach Ekkehard, »ich dank' Euch für die Medizin.«

»Aber macht Euch warm ein«, sagte der Senn, »es streicht eine schwarze Wolke über den Brülltobel her, und die Kröten schleichen aus den Steinritzen vor, das Wetter will umschlagen.«

Am andern Morgen glänzten alle Gipfel in frischem blendendem Weiß. Es war ein starker Schnee gefallen. Aber für Winters Anfang war's noch viel zu früh. Die Sonne stieg lustig drüber auf und peinigte den Schnee mit ihren Strahlen, daß es ihn schier gereute, gefallen zu sein. Wie Ekkehard abends beim Kienspanlicht saß, schlug ein Krachen und Dröhnen an sein Ohr, als wollten die Berge einstürzen. Er fuhr zusammen und legte die Hand an die Stirn, ob das Fieber nicht wieder komme.

Aber es war kein Spuk kranker Einbildung.

Dumpfer Widerhall wälzte sich gegenüber durch die Schluchten der Sigelsalp und Maarwiese, dann klang's wie ein Zusammenbrechen mächtiger Baumstämme und schütternder Fall – und verklang. Aber ein leis klagendes Brummen tönte die ganze Nacht durch vom Tal herauf.

Ekkehard schlief nicht. Seit er am Seealpsee herumgeirrt, traute er sich nimmer. In aller Frühe ging er zur Ebenalp hinauf. Benedikta stand vor der Sennhütte und warf ihm einen Schneeball in die Kutte. Der Senn lachte, als er ihn ob des nächtlichen Lärms befragte.

»Die Musik werdet Ihr noch oft hören«, sprach er, »es ist eine Lawine zu Tal gestürzt.«

»Und das Brummen?«

»Wird Euer eigen Schnarchen gewesen sein.«

»Ich hab' nicht geschlafen«, sagte Ekkehard. Da gingen sie mit ihm hinunter und horchten. Es war ein fernes Stöhnen im Schnee.

»Sonderbar«, sagte der Senn, »es ist etwas Lebendiges verschüttet.«

»Wenn der Pater Lucius von Quaradaves noch lebte« – sagte Benedikta, »der hat so eine sanfte Bärenstimme gehabt.«

»Schweig, du wilde Hummel!« drohte ihr Vater. Sie holten Schaufel und Bergstock, der Alte nahm sein Handbeil mit, so stiegen sie mit Ekkehard den Spuren der Lawine nach. Die war von der Felswand zum Äscher herabgefahren über Grund und Steingerölle und hatte die niedrigen Fichtenstämme geknickt wie Strohhalme; drei mächtige Blöcke, die gleich Schildwachen ins Tal hinabschauten, hemmten den Sturz, dort hatte sich der wandernde Schnee zürnend aufgebäumt, weniges war auch über diese Schranke weggesaust, der Kern, zerbröckelt von der Wucht des Anpralls, lag in trümmerhafter Masse getürmt. Der Senn legte sein Ohr an die Schneedecke, dann trat er etliche Schritte hinein, stieß den Bergstock ein und rief: »Hier graben wir!«

Und sie gruben eine gute Weile und gruben einen Schacht, also, daß sie tief drinnen standen und über ihren Häuptern die Schneemauer sich erhob, und bliesen oftmals in die Hände bei der kalten Arbeit. Da jodelte der Senn hell auf und Ekkehard tat einen Schrei – ein schwarzer Fleck kam zum Vorschein, der Senn sprang zum Beil, noch etliche Schaufelstöße, da hob sich's in zottiger Schwerfälligkeit und richtete sich brummend auf und reckte seine Vordertatze weit empor gen Himmel, wie einer, der sich schweren Schlaf aus den Gliedern bannen will, und stieg langsam zu dem Fels und setzte sich drauf.

Es war eine mächtige Bärin, die auf nächtlichem Gang zu den Forellen des Seealpsees samt ihrem Ehgemahl dort überschüttet worden. Aber der Bär rührte sich nimmer, der war an ihrer Seite erstickt und lag in kühlem Todesschlaf, einen trotzigen Zug um die Schnauze, als wär' er mit einem Fluch auf allzu frühen Schneefall vom süßen Dasein geschieden.

Der Senn wollte mit seinem Beil wider die Bärin ausziehen, aber Ekkehard hielt ihn zurück und sprach: »Lasset ihr das Leben, wir haben genug an dem da!« und sie zogen ihn herfür und mochten ihn kaum selbander von der Stelle bringen. Die Bärin saß auf ihrem Stein und schaute betrübt herunter und brummte und warf einen feuchten Blick auf Ekkehard, als habe sie ihn verstanden. Dann stieg sie hernieder, aber nicht wie zum Angriff; die Männer banden Fichtengezweig zu einer Schlinge zusammen, die Beute fortzuschleifen, sie traten zurück, Beil und Speer geschwungen, die Bärenwitib aber beugte sich über den toten Ehegespons und biß ihm das rechte Ohr ab und fraß es auf zum ewigen Angedenken an glückliches Ehemals, dann wandte sie sich gegen Ekkehard, auf den Hinterfüßen einherwandelnd. Er erschrak, als drohte ihm eine Umarmung, da schlug er ein Kreuz und sprach den Bärensegen des heiligen Gallus wider sie: »Zeuch aus und weiche von unserem Tal, du Ungetüm des Waldes, Berg und Alpenschlucht seien dein Revier, uns aber laß in Ruh und die Herden der Alm.«[266] Und die Bärin war stillgestanden, im Aug' einen bitter wehmütigen Blick, als wäre sie gekränkt ob der Verschmähung ihres Gefühls, sie ließ die Tatzen zur Erde sinken, drehte dem Bannenden den Rücken und schritt auf allen Vieren von dannen. Noch zweimal hatte sie umgeschaut, ehe sie aus dem Blick der Bergbewohner verschwand.

»So ein Tier hat zwölf Männer Verstand und sieht dem Menschen an den Augen an, was er will«, sprach der Senn, »sonst würd' ich sagen: Ihr seid ein heiliger Mann, daß Euch die Völkerschaften der Wildnis gehorchen.«

Er wiegte die Tatzen des Toten prüfend im Arm:

»Juhuhu, das wird ein Festschmaus. Die verzehren wir am nächsten Sonntag, Bergbruder, und ein Salätlein von Alpenkräutern dazu. Das Fleisch gibt Wintervorrat für uns zweibeide, ums Fell losen wir.«

Wie sie das Opfer der Lawine zum Wildkirchlein empor schleiften, sang Benedikta:

»Und wer Schneeglöcklein graben will
Und hat das Glück dabei,
Der gräbt wohl einen Bären aus
Und gräbt auch ihrer zwei.«

Der Schnee war ein luftiger Flutterschnee[267] gewesen und war in Bälde wieder zerschmolzen, Spätsommer zog noch einmal mit herzwärmender Kraft in den Bergen ein, ein stiller Sonntagfriede lag über dem Hochland.

Ekkehard hatte des Mittags mit dem Senn und seiner Tochter die Bärentatzen verzehrt, eine lecker kräftige Speise, rauh aber stark, wie die Altvorderen selber; dann war er hinaufgestiegen auf den Gipfel der Ebenalp und hatte sich ins duftende Gras geworfen und schaute behaglich in die Himmelsbläue, von wohligem Hauch der Gesundheit erquickt. Um ihn weideten Benediktas Ziegen; schier war's zu hören, wie das Alpengras zwischen den Zähnen der Kauenden sich bog und zerbrach. Unstetes Gewölk zog an den Bergwänden herum, – auf weißer Kalksteinplatte, dem Säntis zugewendet, saß Benedikta; sie blies auf der Schwegelpfeife. Einfach, melodisch wie ein Klang aus ferner Jugendzeit tönt die Weise, mit zwei hölzernen Milchlöffeln in der Linken schlug sie den Takt dazu. Sie war Meisterin in dieser Kunst, und ihr Vater pflegte oftmals mit Bedauern zu sagen: »Es ist schade, sie verdiente Benediktus zu heißen, sie hätt' wahrlich einen tollen Handbuben gegeben.«

Wenn die Tonweise rhythmisch zu Ende ging, tat sie einen scharfen Jodelruf zur benachbarten Alp, dann schallte von dort sanftkräftiges Blasen des Alphorns herüber, ihr Liebster, der Senn auf der Klus, stand unter dem zwergigen Fichtenbaum und blies den Kuhreigen[268] – jenen seltsamen Naturlaut, der, keiner Melodei vergleichbar, erst dumpfes Geräusch scheint, als säße eine Hummel oder ein Käfer im Horn eingesperrt und suche summend den Ausweg, der aber mählich und mählich das große Lied von Sehnsucht, Liebe und Heimweh in alle Gänge des Menschenherzens hinein drommetet, daß es aufjubelt oder zerbricht.

»Ich glaube, Euch ist wieder ganz wohl, Bergbruder«, rief Benedikta zu Ekkehard herauf, »daß Ihr Euch so vergnügt auf den Rücken strecket. Gefällt's Euch?«

»Ja«, sprach Ekkehard, »pfeif' weiter.«

Er konnte sich nicht satt schauen an all der Pracht. Zur Linken stund in schweigender Größe der Säntis mit seiner Sippe, – er kannte schon all die einzelnen Häupter bei ihren Namen und hieß sie seine lieben Nachbarn; vor ihm breitete sich ein Gewimmel niedrigerer Berge und Hügel aus, grünes üppiges Mattenland und dunkle Wälder, ein Stück Rheintal glänzte herauf, von den Höhen des Arlbergs und fernen rhätischen Alpen umsäumt, – ein dunstiger Streif Nebel deutete das Becken des Bodensees an, das er umhüllte – alles war weit und groß und schön.

Wer das Geheimnis erlauscht hat, das auf luftiger Berghöhe waltet und des Menschen Herz weitet und dehnt und himmelan hebt in freiem Schwung der Gedanken, den faßt ein lächelnd Mitleid, wenn er derer gedenkt, die drunten in der Tiefe Ziegel und Sand zum Bau neuer babylonischer Türme beischleppen, und er stimmt ein in jenes rechtschaffene Jauchzen, von dem die Hirten sagen, daß es vor Gott gelte wie ein Vaterunser.

Die Sonne stund über dem Kronberg und neigte sich zum Untergang und sprühte ein glühgolden Feuer an den Himmel und schoß lustig ihre Strahlen in den Nebel über dem Bodensee. Itzt riß die weiße Umhüllung, in leiser ahnungsvoller Bläue lag der Untersee vor Ekkehards Blick; sein Auge schärfte sich im Glanz des Abends, er sah einen verschwindenden dunkeln Punkt, das war die Reichenau, er sah einen Berg, kaum hob er sich am Himmelsgrund, aber er kannte ihn – es war der hohe Twiel.

Und der Kuhreigen tönte ins Herdengeläut und wärmer und wärmer färbte sich alles auf der Alp, goldbraungrün leuchteten die Matten, leiser Abglanz der Röte warf sich auf die grauen Kalksteinwände des Kamor, da hub sich auch in Ekkehards Seele ein Leuchten und Glänzen, – die Gedanken flogen hinüber ins ferne Hegau und weiter, es war ihm, als säße er wieder bei Frau Hadwig auf dem Hohenstoffeln, wie damals, als sie des Hunnen Cappan Hochzeit feierten, als käme Audifax mit Hadumoth aus der Hunnennot heimgeritten, als säh' er das Glück in Gestalt jener zwei verkörpert, und aus dem Schutt vergangener Zeit tauchte auf, was der sinnige Konrad von Alzey ihm dereinst von Walthari und Hiltgunde erzählt, mit Sang und Klang zog der Geist der Dichtung bei ihm ein, er sprang auf und tat einen Satz in die Luft, daß der Säntis seine Freude an ihm haben mochte: »Im Bild der Dichtung soll das arme Herz sich dessen freuen, was ihm das Leben nimmer bieten kann, an Reckenkampf und Minnelohn, – ich will das Lied von Walthari von Aquitanien singen!« rief er der scheidenden Sonne zu, und es war ihm, als stünde drüben in der Gemsenlucke zwischen Sigelsalp und Maarwies glanzumwallt der Freund seiner Jugend, der Meister Konrad, und winkte ihm mild lächelnd herüber und spreche: »Tu's!«

Und Ekkehard ging fröhlich ans Werk. »Was bei uns geschieht, muß recht geschehen oder gar nicht, sonst lachen uns die Berge aus« – so hatte der Senn eines Tages zu ihm gesprochen, und er hatte beifällig dazu genickt. Der Handbub ward ins Tal geschickt, Eier und Honig zu holen, da bat ihn Ekkehard für einen Tag bei seinem Meister frei und gab ihm einen Brief nach Sankt Gallen an seinen Neffen. Er schrieb ihn in damals üblicher dort wohlbekannter Stabrunenschrift,[269] damit ihn kein Unberufener lese. Darin aber stand:

»Dem Klosterschüler Burkard Heil und Segen.

Der du ein Augenzeuge von deines Oheims Leid gewesen, wisse zu schweigen. Und wo er weilet, frage nicht – Gottes Hand reicht weit. Du hast im Prokopius[270] gelesen vom Vandalenkönig Gelimer; da er im numidischen Gebirg eingeschlossen saß und sein Elend groß war, heischte er von den Belagerern eine Harfe, seinen Schmerz zu versingen. Gedenke dabei deines Ohms und wolle dem Überbringer eine eurer kleinen Harfen mitgeben und etliche Bogen reinen Pergaments samt Farbe und Rohrfeder, denn mein Herz ist wohlgemutet, zu singen in der Einsamkeit. Verbrenne das Blatt. Die Gnade Gottes sei mit dir! Leb' wohl!« –

»Mußt schlau und fürsichtig sein, als wenn du eines Adlers Nest beschleichen wolltest, um die Jungen auszuheben«, sprach Ekkehard zum Handbuben. »Erkunde den Klosterschüler, der mit dem Wächter Romeias war, da die Hunnen kamen, dem entbiete den Brief. Sonst soll niemand drum wissen.«

Der Handbub legte den Zeigefinger auf die Lippen: »Bei uns wird nichts verplaudert!« sprach er, »Bergluft macht still.«

Nach zwei Tagen kam er wieder bergan gestiegen. Er packte den Inhalt seines Tragkorbes vor Ekkehards Höhle aus. Eine kleine Harfe war unter grünen Eichzweigen verborgen, dreiekkig, der Gestalt des griechischen Delta nachgebildet, mit zehn Saiten besaitet, Farbe und Schreibgerät dabei und viel Blätter saubern weichen Pergamentes, sorgsam waren die Linien drin punktiert, daß die Buchstaben gerade und eben drauf zu stehen kämen.

Aber der Handbub sah finster und trotzig drein.

»Hast's brav gemacht«, sagte Ekkehard.

»Ein zweitesmal laß ich mich nicht mehr dort hinunterschikken«, murrte der Bub und ballte die junge Faust.

»Warum?«

»Weil dort keine Luft geht für unsereins. Im Stüblein der Wandersleut' hab' ich mir den Schüler erkundet und hab' den Auftrag bestellt. Hernach aber wollt' ich erschauen, was das für eine heilige junge Zunft sei, die dort in Kutten zur Schule geht, und bin in den Klostergarten gegangen, dort haben die jungen Herren mit Würfeln gespielt und Wein getrunken, es war ein Ergötzungstag.[271] Da hab' ich zugesehen, und wie sie Steine nach dem Ziel warfen und das Stockspiel trieben, hab' ich laut auflachen müssen, weil alles schwach und spottmäßig war. Und sie wollten wissen, warum ich lache, da hab' ich einen Stein gegriffen und hab' ihn zwanzig Schritt weiter geworfen als der beste von ihnen, und hab' gesagt: ›Was seid ihr für Wacholderdrosseln, wollt ein rechtschaffen Spiel spielen und habt lange Kutten an! Euch kann ich ja nicht einmal zum Hosenlupf ausfordern oder zu einem gehörigen Schwingen: euer Sach ist nichts!‹ Da sind sie mit Stöcken auf mich los, aber den nächsten hab' ich gegriffen und durch die Lüfte geworfen, daß er ins Gras flog wie ein flügellahmer Bergrabe; und sie erhoben ein groß Geschrei und sagten, ich sei ein grober Bergbub, ihre Stärke sei Wissenschaft und Geist. Da hab' ich wissen wollen, was der Geist sei, und sie sprachen: ›Trink' Wein, dann schreiben wir dir's auf den Rücken!‹ Und der Klosterwein war gut, ein paar Krüge hab' ich ihnen weggetrunken, dann haben sie mir etwas auf den Rücken geschrieben, ich weiß nimmer, wie's zuging, aber andern Morgens hab' ich nur einen schweren Kopf gehabt und weiß von ihrem Geist im Kloster so wenig denn vorher.«

Der Handbub streifte sein rauhes Flachshemd zurück und wies Ekkehard seinen Rücken. Der trug in großem Lapidarstil mit schwarzer Wagensalbe aufgetragen die Inschrift:

»Abbatiscellani, homines pagani,
vani et insani, turgidi villani.«

»Die bei des Abtes Zellen
Sind heidnische Gesellen
Grobe ungescheite
Hochmüt'ge Bauersleute.«

Es war ein Klosterwitz. Ekkehard mußte lachen. »Laß dich's nicht verdrießen«, sprach er, »und denke, daß du selber schuld bist, weil du zu tief in den Weinkrug geschaut.«

Der Handbub war nicht beruhigt. »Meine schwarzen Ziegen sind mir lieber als all die Herrlein«, sprach er und knüpfte sein Hemd wieder zu. »Aber wenn mir so ein Hasenfuß, so ein Lappi auf die Ebenalp kommt, dem schreib' ich mit ungebrannter Asche ein Wahrzeichen auf die Haut, daß er zeitlebens dran denken soll, und wenn's ihm nicht recht ist, kann er den Bergtobel hinabsausen wie ein Schneesturz im Frühling.«

Brummend ging der Bub von dannen.

Ekkehard aber nahm die Harfe und setzte sich unter das Kreuz vor die Höhle und griff eine fröhliche Tagweise; er hatte lange nimmer die Saiten gerührt, es tat ihm wundersam wohl, der mächtigen Einsamkeit gegenüber in leisen Tönen auszusprechen, was ihm im Herzen lebte, und die Musika war ein guter Verbündeter dem Werke der Dichtung; das Waltharilied, das erst wie ferner Nebel ihm vorgeschwebt, verdichtete sich und nahm Gestaltung an und zog in lebendurchatmeten Bildern an ihm vorüber: er schloß die Augen, um besser zu sehen, da sah er die Hunnen anreiten, ein reisig fröhlich Reitervolk und minder abscheulich als die, gegen die er selber vor wenigen Monaten in der Feldschlacht gestanden, und sie nahmen die Königskinder in Franken und Aquitanien als Geiseln mit und jung Hiltgund, die Wonne von Burgund – und wie er stärker die Saiten anschlug, da erschaute er auch den König Etzel, der war ein leidlich Menschenbild, zu Glimpf und Becherfreuden wohl aufgelegt, – und die Königskinder wuchsen an der Hunnen Hofburg auf, und wie sie groß geworden, kam ein stilles Heimatsehnen über sie, und sie gedachten, daß sie von alters einand' verlobt – jetzt hub sich ein Klingen und Drommeten, die Hunnen saßen beim Bankett und König Etzel trank den großen Humpen und alle folgten seinem Vorbild, Schlummer trunkener Männer tönte durch die Hallen – jetzt sah er, wie im Mondschein der junge Aquitaner Held das Streitroß waffnete, und Hiltegunde kam und brachte den hunnischen Goldschatz, er hub sie in den Sattel – hei! wie prächtig entritten sie der Gefangenschaft ...

Und fern und ferner wogte es noch wie Fährlichkeit und Flucht und Fahrt über den Rhein und schwerer Kampf mit dem habsüchtigen König Gunther: In großen markigen Zügen stund die Geschichte vor ihm, die er in schlichtem Heldengesang zu verherrlichen gedachte. Noch in derselbigen Nacht blieb Ekkehard beim Kienspanlicht sitzen und begann sein Werk, und eine Freude kam über ihn, wie die Gestalten unter seiner Hand Leben annahmen, eine ehrliche, große Freude, denn in fröhlicher Arbeit der Dichtung erhebt sich der Mensch zur Tat des Schöpfers, der eine Welt aus dem Nichts hervorgerufen.

Der nächste Tag fand ihn vergnüglich über den ersten Abenteuern, er konnte sich selber nicht Rechenschaft geben, nach welchem Gesetz er die Fäden seines Gedichtes ineinander wob, – es ist auch nicht nötig, von allem das Warum und Weil zu wissen: »der Wind wehet, wo er will, und du hörest sein Getöse, aber du weißt nicht, woher er kommt und wohin er geht; so verhält es sich auch mit jedem, der im Geiste geboren ist« – sagt das Evangelium Johannis.[272]

Und wenn es zwischenein wieder dunkelte vor den Augen des Geistes und Zagheit ihn beschlich – denn er war ängstlich von Natur und vermeinte noch manchmal, es sei kaum möglich, etwas zustand' zu bringen ohne Hilfe von Büchern und gelahrtem Vorbild – dann wandelte er auf dem schmalen Fußsteig draußen auf und nieder und ließ den Blick auf den Riesenwänden seiner Berge haften, die gaben ihm Trost und Maß, und er gedachte: »Bei allem, was ich sing' und dichte, will ich mich fragen, ob's dem Säntis und Kamor drüben recht ist.« Und damit war er auf der rechten Spur: wer von der alten Mutter Natur seine Offenbarung schöpft, dessen Dichtung ist wahr und echt, wenn auch die Leinweber und Steinklopfer und hochverständigen Strohspalter in den Tiefen drunten sie zehntausendmal für Hirngespinst verschreien.

Etliche Tage vergingen in emsigem Schaffen. In lateinischen Vers des Virgilius goß er die Gestalten der Sage, die Pfade deutscher Muttersprache deuchten ihm noch zu rauh und zu wenig geebnet für den gleichmäßig schreitenden Gang des Heldenliedes. Mehr und mehr bevölkerte sich seine Einsamkeit; er gedachte in ununterbrochenem Anlauf Tag und Nacht fort zu arbeiten, aber der leibliche Mensch hat auch sein Recht. Darum sprach er: »Wer arbeitet, soll sein Tagwerk richten nach der Sonne.« Und wenn die Schatten des Abends auf die nachbarlichen Höhen fielen, brach er ab, griff seine Harfe und klomm durch die Höhlenwildnis zur Ebenalp hinauf. Der Platz, wo der erste Gedanke des Sangs in ihm aufgestiegen, war ihm vor allen teuer.

Benedikta freute sich, wie er zuerst mit der Harfe kam. »Ich versteh' Euch, Bergbruder«, sagte sie, »weil Ihr keine Liebste haben dürfet, habt Ihr Euch die Harfe eingetan und sprechet zu der, was Euch das Herz schwellt. Aber umsonst sollt Ihr kein Spielmann geworden sein.«

Sie pfiff durch die Finger und tat einen schönen Lockruf zu der niedern Hütte auf der Klus hinüber, da kam ihr Liebster, der Senn, das Alphorn umgehangen, ein frisches junges Blut, im rechten Ohr trug er den schweren silbernen Ring, des Sennen Ehrenzeichen, die Schlange, die an silbernem Kettlein den schwanken Milchlöffel hält, und um die Lenden glänzte der breite Gürtel, drauf in getriebenem Metall ein kuhähnlich Ungetüm zu schauen war;[273] scheu neugierig stund er vor Ekkehard, aber Benedikta sprach: »Jetzt spielet uns einen Tanz auf, Bergbruder; wir haben uns schon lang geärgert, daß wir's nicht selber können, aber wenn er das Alphorn bläst, kann er mich nicht zugleich fassen und lustig umschwingen, und wenn ich die Schwegelpfeife tönen lasse, hab' ich auch keinen Arm frei.«

Und Ekkehard erquickte sich an der gesunden Fröhlichkeit der Kinder vom Berg und griff wacker in die Saiten, und sie tanzten im weichen Gras der Matten, bis der Mond in gelber Schöne sich über die Maarwiese hob, den grüßten sie mit Jauchzen und Zauren[274] und tanzten weiter in vergnüglichem Wechselgesang:

»Und das Eis kam gewachsen
Bis zur Alpe daher,
Wie schad' um das Mägdlein,
Wenn's eingfroren wär'!«

summte Benediktas Tänzer in den leichthinschwebenden Reigen;

»Und der Föhn hat geblasen,
Kein Hüttlein mehr steht –
Wie schad' um den Buben,
Wenn's auch ihn hätt' verweht!«

sang sie antwortend in gleicher Tonart. Und wie sie müde vor dem angehenden Dichter ausruhten, sprach Benedikta: »Ihr sollt auch Euern Lohn überkommen, herzlieber Harfeniste. Es geht ein alt Gerede auf unsern Bergen, daß alle hundert Jahr' auf kahlem Hang eine wundersame blaue Blume blühe, und wer die Blume hat, dem steht plötzlich Ein- und Ausgang des Berges offen, drinnen glänzt es mit hellem Schein, und die Schätze der Tiefe heben sich zu ihm herauf, davon mag er greifen soviel sein Herz begehrt, und seinen Hut bis zum Rande füllen. Wenn ich die Blume finde, bring' ich sie Euch, dann werdet Ihr ein steinreicher Mann, ich kann sie doch nicht brauchen« – sie schlang ihren Arm um den jungen Senn – »ich hab' den Schatz schon gefunden.«

Aber Ekkehard sprach: »Ich kann sie auch nicht brauchen!«

Er hatte recht. Wem die Kunst zu eigen ward, der hat die echte blaue Blume: wo für andere Stein und Fels sich auftürmt, tut sich ihm das weite Reich des Schönen auf; dort liegen Schätze, die kein Rost verzehrt, und er ist reicher als die Wechsler und Mäkler und Goldgewaltigen der Welt, wenn auch in seiner Tasche oftmals der Pfennig mit dem Heller betrüblich Hochzeit feiert.

»Ja, was fangen wir dann mit der Wunderblume an?« sprach Benedikta.

»Gib sie den Ziegen zu fressen oder dem großen Stierkalb«, lachte der Senn, »denen ist auch was zu gönnen.«

Und wiederum hoben sie die Füße zum Tanz und schwangen sich im Mondschein, bis Benediktas Vater heraufgestiegen kam. Der hatte nach vollbrachtem Tagewerk den seither von der Sonne gebleichten Schädel des Bären über die niedere Tür seiner Sennhütte genagelt[275] und ihm mit einem Tropfstein den Rachen aufgesperrt, daß Ziegen und Kühe scheu vor der neuen Wandverzierung davonliefen.

»Ihr gumpet und ruguset[276] ja, daß der Säntis zu wanken und schüttern anhebt«, rief der alte Alpmeister schon von weitem, »was ist das für ein Gelärme?« Gutmütig scheltend trieb er sie in die Hütte.

Das Waltharilied schritt rasch vorwärts. Wenn das Herz erfüllt ist von Sang und Klang, hat die Hand sich zu sputen, dem Flug der Gedanken nachzukommen.

Eines Mittags wollte Ekkehard seinen schmalen Felssteg entlang wandeln: da kam ihm ein sonderbarer Gast entgegen. Es war die Bärin, die er aus dem Schnee gegraben, langsam stieg sie den Pfad herauf, sie trug etwas in der Schnauze. Er sprang zur Höhle zurück und griff seinen Speer, aber die Bärin kam nicht als Feind, achtungsvoll machte sie halt am Höhleneingang und legte auf die vorspringende Felskante ein fettes Murmeltier, das sie beim Spielen im sonnigen Gras erschnappt. War's ein Geschenk für die Lebensrettung, war's Ausdruck anderweiter Anwandlungen, wer weiß es? Ekkehard hatte freilich mitgeholfen, die sterblichen Reste des Ehgemahls der Verwitibten zu verzehren; – ob dadurch ein Stück Neigung auf ihn übergelenkt werden konnte? – wir kennen die Gesetze der Wahlverwandtschaft zu wenig. Die Bärin setzte sich schüchtern vor der Höhle nieder und schaute unbeweglich hinein. Da ward Ekkehard gerührt, er schob ihr, immer den Speer in der Faust, ein hölzern Schüsselein mit Honig in die Nähe, aber sie schüttelte gekränkt das Haupt, der Blick aus ihren kleinen Augen, denen das Augenlid fehlte, war traurig erheiternd, so daß Ekkehard seine Harfe von der Wand holte und anfing, den Reigen zu spielen, den sich Benedikta von ihm erbeten. Das labte der Verlassenen Gemüt, sie erhob sich und ging aufrecht in rhythmischer Grazie bald vorwärts, bald zurück, und Ekkehard spielte schneller und stürmischer, aber da blickte sie verschämt zur Erde; zu tanzen gestattete ihr dreißigjähriges Bärengewissen nimmer, sie streckte sich wieder wie zuvor vor der Höhle, als wollte sie das Lob verdienen, das der Verfasser des Hymnus zu Ehren des heiligen Gall einst den Bären gezollt, da er sie Tiere von bewunderns-werter Bescheidenheit nannte.[277]

»Wir passen zueinand'«, rief Ekkehard »du hast dein Liebstes im Schnee verloren, ich im Sturm, – ich will dir noch eines harfen.« Er spielte eine wehmütige Weise, des war sie wohl zufrieden und brummte beifällig; er aber, immer seiner Dichtung gedenkend, sprach: »Ich hab' mich heut eine lange Zeit auf den Namen besonnen für die Hunnenkönigin, in deren Obhut jung Hiltgund zu stehen kam, itzt weiß ich ihn: sie soll Ospirin heißen, die ›göttliche Bärin!‹[278] Verstehst du mich?«

Die Bärin sah ihn an, als wäre sie einverstanden, da griff Ekkehard seine Pergamentblätter und fügte den Namen ein.

Das Bedürfnis, einer lebenden Seele die Schöpfung seines Geistes mitzuteilen, war schon lange rege in ihm: »hier in der ungeheuren Bergwelt«, dachte er, »mag auch eine Bärin die Stelle einnehmen, zu der sonst ein gelehrtes Haupt erforderlich wäre«, und er trat an sein Blockhaus, und auf den Speer gestemmt las er der Bärin die Anfänge des Waltharilieds, und las mit lauter Stimme und begeistert, und sie lauschte mit löblicher Ausdauer.

Da las er denn weiter und weiter, wie die Wormser Recken den Walthari verfolgend im Wasgauwald nachritten und an seiner Felsburg mit ihm stritten – noch horchte sie geduldig, aber wie des Einzelkampfes gar kein Ende ward, wie Ekkefrid von Sachsen erschlagen ins Gras sank zu seiner Vorgänger Leichen und Hadwart und Patafrid, des Hagen Schwestersohn, das Los der Genossen teilten, da erhub sich die Bärin langsam, als wäre selbst ihr des Mordens zuviel für ein lieblich Gedicht, und schritt würdigen Ganges talab.

Auf der Sigelsalp drüben in einsamer Felsritze stund ihre Behausung; dorthin entkletterte sie, sich zum Winterschlaf vorzubereiten.

Das Heldenlied aber, das von allen sterblichen Wesen zuerst die Bärin auf der Sigelsalp vernommen, hat der Schreiber dieses Buches zur Kurzweil an langen Winterabenden in deutschen Reim gebracht, und wiewohl sich schon manch anderer wackerer Verdeutscher derselben Aufgabe beflissen, so darf er's doch im Zusammenhang der Geschichte dem Leser nicht vorenthalten, auf daß er daraus ersehe, wie im zehnten Jahrhundert ebensogut wie in der Folge der Zeiten der Geist der Dichtung sich im Gemüt erlesener Männer eine Stätte zu bereiten wußte.

Das Waltharilied[279]

Das war der König Etzel im fröhlichen Hunnenreich,
Der ließ das Heerhorn blasen: »Ihr Mannen, rüstet euch!
Wohlauf zu Roß, zu Felde, nach Franken geht der Zug,
Wir machen zu Worms am Rheine uneingeladen Besuch!«

Der Frankenkönig Gibich saß dort auf hohem Thron,
Sein Herze wollt' sich freuen, ihm war geboren ein Sohn;
Da kam unfrohe Kunde gerauscht an Gibichs Ohr:
Es wälzt ein Schwarm von Feinden sich von der Donau vor,
Es steht auf fränkischer Erde der Hunnen reisig Heer,
Zahllos wie Stern' am Himmel, zahllos wie Sand am Meer.

Da blaßten Gibichs Wangen. Die Seinen rief er bei
Und pflog mit ihnen Rates, was zu beginnen sei.
Da stimmten all die Mannen: »Ein Bündnis nur uns frommt,
Wir müssen Handschlag zollen dem Hunnen, wenn er kommt;
Wir müssen Geiseln stellen und zahlen den Königszins,
Des freuen wir noch immer uns größeren Gewinns,
Als daß, ungleiche Kämpfer, wir Land zugleich und Leben
Und Weib und Kind und alles dem Feind zu Handen geben.«
Des Königs Söhnlein Gunther war noch zu schwach und klein,
Noch lag's an Mutterbrüsten, das mocht' nicht Geisel sein;
Doch war des Königs Vetter, Herr Hagen hochgemut
Von Trojer Heldenstamme, ein adlig junges Blut.
Sie richteten viel Schätze und fassen drauf den Schluß,
Daß der als Pfand des Friedens zu Etzel ziehen muß.

Zur Zeit als dies geschah, da trug mit fester Hand
Den Zepter König Herrich in der Burgunden Land.
Ihm wuchs die einzige Tochter, benamst jung Hiltegund.
Die war der Mägdlein schönstes im weiten Reich Burgund.
Die sollt' als Erbin einst, dem Volk zu Nutz und Segen,
So Gott es fügen wollt', der alten Herrschaft pflegen.

Derweil nun mit den Franken der Friede gefestigt war,
So rückt' auf Herrichs Grenzmark der Hunnen kampfliche Schar.
Voraus mit flinkem Zügel lenkt' König Etzel sein Roß,
Ihm folgt' in gleichem Schritte der Heeresfürsten Troß.
Von Rosseshuf zerstampft die Erde gab seufzenden Schall,
Die zage Luft durchtönte Schildklirren als Widerhall.

Im Blachfeld funkelte ein eherner Lanzenwald,
Wie wenn die Frührotsonne auf tauige Wiesen strahlt,
Und so ein Berg sich türmte: er wurde überklommen,
Die Saone und die Rhone: es wurde durchgeschwommen.

Zu Chalons saß Fürst Herrich, da rief der Wächter vom Turm:
»Ich seh' von Staub eine Wolke, die Wolke kündet Sturm,
Feind ist ins Land gebrochen, ihr Leute, seht euch vor!
Und wem ein Haus zu eigen, der schließe Tür und Tor!«

Der Franken Unterwerfung, dem Fürsten war sie kund;
Er rief die Lehenträger und sprach mit weißem Mund:
»Die Franken, niemand zweifelt's, sind tapfre Kriegesleute,
Doch mochte keiner dort dem Hunnen stehn zum Streite,
Und wenn die also taten, da werden wir allein
Dem Tode uns zu opfern auch nicht die Narren sein.
Ich hab' ein einzig Kind nur, doch für das Vaterland
Geb' ich es hin, es werde des Friedens Unterpfand.«

Da gingen die Gesandten, barhäuptig, ohne Schwert,
Den Hunnen zu entbieten, was Herrich sie gelehrt.
Höflich empfing sie Etzel, es war das so sein Brauch,
Sprach: »Mehr als Krieg taugt Bündnis, das sag' ich selber auch,
Auch ich bin Mann des Friedens, nur wer sich meiner Macht
Töricht entgegenstemmt, dem wird der Garaus gemacht.
Drum eures Königs Bitte gewähret Etzel gern.«
Da gingen die Gesandten, es kündend ihrem Herrn.

Dem Tor entschritt Fürst Herrich, viel köstliches Gestein
Bracht' er den Hunnen dar, dazu die Tochter sein –
Der Friede ward beschworen, – fahr wohl, schön Hiltegund!
So zog in die Verbannung die Perle von Burgund.

Wie dort Vertrag und Bündnis geordnet war zum besten,
Entführte König Etzel sein reisig Volk gen Westen.
Im Land der Aquitanen herrscht Alpher, der strenge Mann,

Dem wuchs ein Sohn Walthari im Jugendschmuck heran.
Herrich und Alpher hatten sich manch einen Boten geschickt
Und sich mit feierlichem Eidschwur einand' verstrickt:
»Sobald die Zeit des Freiens dereinst sich stellet ein,
So sollen unsre Kinder ein fröhlich Brautpaar sein.«

Betrübt saß König Alpher itzt bei der Hunnen Not:
»O weh mir, daß ich Alter nicht finde Schwertes Tod –
Ein schlechtes Beispiel gaben Burgund und Frankenland,
Itzt muß ich Gleiches tun, und ist doch eine Schand'.
Ich muß Gesandte schicken und Friede heischen und Bund,
Und muß den eignen Sprossen als Geisel stellen zur Stund'.«
So sprach der strenge Alpher, und also ward's getan,
Mit Gold belastet traten die Hunnen den Rückzug an,
Sie führten Walthari und Hiltgund und Hagen in sichrer Hut
Und grüßten wildfroh jauchzend die heimische Donauflut.

Nachdem nun König Etzel der Heimat sich erfreut,
Pflegt er die fremden Kinder mit großer Biederkeit,
Wie seine eignen Erben ließ er sie auferziehn,
Die Jungfrau anempfahl er der Königin Ospirin.
Die jungen Recken aber behielt er scharf im Auge,
Daß jeder zu des Krieges und Friedens Künsten tauge.
Die wuchsen auch an Jahren und Weisheit wohl heran,
Ihr Arm bezwang den stärksten, ihr Witz den witzigsten Mann.
Derwegen liebt der König die beiden Knaben sehr
Und schuf sie zu den ersten in seiner Hunnen Heer.
Es ward mit Gottes Beistand auch die gefangene Maid
Der trutzigen Hunnenfürstin ein' wahre Augenweid',
an Tugend reich und Züchten, so ward Hiltgund zuletzt
Als Schaffnerin dem Schatze der Hofburg vorgesetzt,
Und wenig fehlte nur, so war sie in dem Reich
Die höchste – was sie wünschte, erfüllt war's alsogleich.

Derweil starb König Gibich, ihm folgte Gunther sein Sohn,
Der brach das Hunnenbündnis und weigert den Zins mit Hohn,

Die Kunde kam geflogen zu Hagen in der Fern',
Da nahm er nächtlich Reißaus und floh zu seinem Herrn.
Am Tag, da er verschwunden, erfreute sich nur wenig
Frau Ospirin, und listig sprach sie zu Etzel dem König:
»O königliche Weisheit, habt Acht, habt scharfe Acht,
Daß unsres Reiches Säule zu Fall nicht werde gebracht,
Ich fürchte, auch Walthari, der Hunnen bester Held,
Sucht wie der schlaue Hagen, sein Freund, das weite Feld.
Ihr müßt ihn seßhaft machen, durch süße Bande und Haft,
Ihr müßt mit solchen Worten bereden Waltharis Kraft:

›Du trugst in unserm Dienste viel Müh' und Fährlichkeit,
Drum merk', wie dein Gebieter huldvollen Dank dir beut,
Der Hunnentöchter beste sollst du zum Weib erkiesen
Und reich an Land und Ehren verdienter Ruh' genießen.
Und was du gehrst an Gute, umsonst nicht sei dein Bitten,
Gewährt sei volles Maß dir, du hast es wohl erstritten.‹«

Das Wort gefiel dem König, es deucht' ihm fein und schlau,
Es weiß in derlei Dingen das Weiseste stets die Frau.

Der König jung Walthari mit solchem Rat empfing,
Doch dessen Dichten auf ganz andre Dinge ging,
Er merkte, daß ihm Etzel die Wege wollt' verlegen,
Drum kam dem Prüfenden ablenkend er entgegen:

»O Fürst, was ich getan, ist großen Ruhmes ledig,
Daß Ihr so hoch es anschlagt, ist huldvoll zwar und gnädig,
Doch muß ein Weib ich wählen nach Eurem Machtgebot,
Werd' ich umstrickt von Sorge und süßer Minne Not.
Da muß ein Haus ich zimmern und muß den Acker baun,
Ich kann des Herren Auge nur selten wiederschaun.
Und wer der Lieb' gekostet, dem fehlet Kraft und Stärke,
Mit Freuden obzuliegen dem edlen Kriegsgewerke.
Nichts Süßeres auf Erden, als hold gewärtig und treu
Dem Dienstherrn überall folgen, drum bitt' ich, laßt mich frei.

So Ihr am späten Abend, so Ihr in Mitternächten
Befehl schickt, bin ich willig, wo Ihr nur wollt, zu fechten.
Mir soll im Schlachtenwetter nicht Sorg' um Kind und Weib
Die Blicke rückwärts wenden und lähmen meinen Leib.
Bei Eurem Leben fleh' ich, bei Eurem tapfern Land:
Laßt mir die Hochzeitsfackel, o König, ungebrannt.«

Da weichte Etzels Herze, das Wort behagt' ihm sehr,
Er sprach getrost: »Walthari entfleucht mir nimmermehr.«

Inzwischen hatte sich ein fernes Volk empört,
Da ward des Schwertes Schneide gen diesen Feind gekehrt,
Da wurde jung Walthari zum Feldhauptmann gemacht,
Und dauerte nicht lange, so schlugen sie die Schlacht.
Vorwärts drang ihre Heerschar als wie ein spitzer Keil,
Es zitterten die Lüfte von wildem Schlachtgeheul.
Hellauf klang die Drommete, die Speere flogen wild,
Aufleuchtet's wie ein Blitzstrahl von manch gespaltnem Schild,
Und wie bei Nordsturms Sausen ein dichter Hagel fällt,
So ward zahlloser Pfeilschwarm herüber hinüber geschnellt.
Dann ging's zum Handgemenge, gezogen ward das Schwert,
Da lag zerspellten Hauptes manch ein gewappnet Pferd,
Da lag zerspellten Hauptes beim Schild manch fester Ritter.
Hei, wie das Feld durchmähst du, Walthari, tapfrer Schnitter!
Als stünd' mit seiner Sense der Tod leibhaft im Streit,
So schauten ihn zag die Feinde bei seiner Blutarbeit.
Zur Linken und zur Rechten, wohin er sich gewendet,
Hub sich ein jähes Flüchten, so ward der Kampf geendet,
Dem Hunnenvolke war ruhmvoller Sieg bereitet
Und von erschlagnem Feind manch preislich Stück erbeutet.

Drauf ließ der Führer blasen zur Ruh' vom Waffentanz,
Er schmückte seine Schläfe mit grünem Eichlaubkranz,
Und Fahnenträger und Mannschaft, sie taten all wie er,
So zog im Siegesschmucke bekränzt nach Hause das Heer.
Jedweder suchte froh des Hauses gastlich Dach,
Zu König Etzels Hofburg Walthari schritt gemach.

Sieh da, wie eilig rannten die Diener aus dem Schloß,
Sie labten sich des Anblicks und hielten ihm das Roß;
Derweil aus hohem Sattel Walthari niederstieg,
So frugen sie neugierig: »Gewannen wir den Sieg?«
Er warf just für die Neugier ein mäßig Bröcklein hin
Und ging zum Königssaale, gar müd war ihm zu Sinn.
Hiltgund traf er alleine, da küßt' er sie und sprach:
»Beschaff' mir einen Trunk, das war ein heißer Tag.«
Da füllte sie den Becher, er trank den Firnewein,
Jach, wie ein'n Wassertropfen einsaugt der glühe Stein,
Dann schloß er in die seine der Jungfrau weiße Hand,
Beid' wußten, daß von alters verlobt sie seien einand'.

Errötend stand und schwieg sie. Da sprach er zu der Maid:
»Schon lange tragen wir der Fremde herbes Leid
Und sollten doch nach Rechten einander sein zu eigen:
Ich hab' das Wort gesprochen! nicht länger mag ich's
schweigen.«

Die Jungfrau stand betrüblich, als wär's nur Spott und Hohn,
Aufflammt ihr blaues Auge, sie sprach mit herbem Ton:
»Was heuchelt deine Zunge, was nie dein Herz begehrt?
Viel besserer Verlobten hältst, Schlauer, du dich wert.«

Da blickte treu und minnig, da sprach der tapfre Mann:
»Fern sei, was du gedenkest, o hör' mich huldvoll an!
In meines Herzens Grunde haust weder Falsch noch Arg,
Niemal ich mit dem Munde den wahren Sinn verbarg.
Kein Späher weilt im Saale, nur wir zwei beid' allein,
Ich wüßt' ein süß Geheimnis, wolltst du verschwiegen sein.«
Da stürzte ihm zu Füßen Hiltgund und weint' und sprach:
»Wohin du mich berufest, o Herr, ich folge dir nach.«
Er hob sie auf mild tröstend: »Ich bin der Fremde müd,
Ein süßes Heimatsehnen die Seele mir durchglüht,
Doch ohne Hiltgund nimmer steht mir zur Flucht mein Sinn,
So du zurücke bliebest, des schöpft' ich Ungewinn.«

Da lacht' sie in die Tränen: »O Herr, du sprichst mit Fug
Das Wort, das ich seit Jahren geheim im Busen trug.
Gebiete denn die Flucht, mit dir will ich sie wagen,
Durch Not und Fährlichkeit muß uns die Liebe tragen.«
Und weiter sprach Walthari, doch flüsternd nur, nicht laut:
»Dieweil sie dir zu hüten den Hunnenschatz vertraut,
So stell' des Königs Helm mir und Waffenhemd zurück
Und seinen Riemenpanzer, des Schmiedes Meisterstück.
Dann fülle du zwei Schreine mit Spangen und Gold zuhauf,
Daß du sie kaum vom Boden zur Brust magst heben auf,
Auch sollst du mir beschaffen vier Paare starker Schuh',
– Der Weg wird lang – gleichviele richt' für dich selber zu;
Darüber magst du weiter kostbar Gefäß verpacken,
Beim Schmiede aber heische krummspitze Angelhaken,
Du wirst auf unsern Fahrten erschauen deinen Gesellen,
Wegzehrung uns gewinnen mit Fischen und Vogelstellen.
Dies all sei vorbereitet heut über sieben Tage,
Da sitzt mit seinen Mannen der König beim Gelage
Und schlafen weinbewältigt sie all in trunkner Ruh'...
Glück auf! dann reiten wir dem Land im Westen zu!«

Die Stunde kam des Schmauses. Mit Tüchern mannigfalt
Verhänget war die Halle. Eintrat Herr Etzel bald,
Er setzte auf den Thron sich, den Woll' und Purpur deckt,
Auf hundert Polstern rings die Hunnen lagen gestreckt.
Schier beugten sich die Tische den Speisen sonder Zahl,
Viel süßer Labtrank dampfte im güldenen Pokal,
Mit bunten Fähnlein waren die Schüsseln ausgeziert,
So hub die Mahlzeit an – Walthari machte den Wirt.
Und wie der Schmaus zu Ende, die Tische weggeräumt,
Da sprach zu König Etzel Walthari ungesäumt:
»Nun, edler Herr und König, erteilt uns Euren Segen,
Daß alle hier im Saale der Zechlust mögen pflegen.«
Der Humpen allergrößten reicht' er ihm kniend dar,
Darauf aus alten Mären manch Bild geschnitzet war.
Da lacht' der alte Zecher: »Fürwahr, Ihr meint es gut,
Als wie ein Meer im Sturme entgegenschäumt mir die Flut.«

Doch sonder Zagen stand er, ein Fels am wogenden Strand,
Und lüpft' den Riesenhumpen und wiegt' ihn in der Hand,
Und trank mit tapfrem Zuge ihn bis zum Grunde leer
Und macht' die Nagelprobe, da floß kein Tropfen mehr.
»Itzt tut mir's nach, ihr Jungen!« so rief der alte Held,
Da war ein lobwert Beispiel den andern aufgestellt.

Hurtig und hurtiger, dem Winde gleich, dem schnellen,
Sah man den Saal durchrennen den Mundschenk samt Gesellen.
Sie nahmen die Pokale, sie füllten sie aufs neu,
Da hub sich in dem Saale ein scharfes Weinturney.
Bald lallte manche Zunge, die sonst viel Ruhm gewann,
Bald wankte in den Knien manch heldenkühner Mann;
Es kam die Mitternacht, noch zechten sie und sungen,
Dann sanken sie zur Beute dem Schlafe, weinbezwungen.
Und hätt' Walthari itzt die Burg in Brand gesteckt:
Kein Mann war da so nüchtern, daß er ihn drob entdeckt.

Walthari rief Hiltgunden fürsichtig nun zu sich:
»Wohlauf bring das Geräte, wohlauf und rüste dich!«
Dann führt er aus dem Stall sein Roß, der Löwe hieß es,
Hufscharrend stand's und schäumend in seine Zügel biß es.
Er wappnete mit Erze des Rosses Stirn und Seite,
Vom Bug hernieder hing er goldschwer die Schreine beide,
Dazu ein Körbchen Speise – dann gab er die wallenden Zügel
Der Jungfrau in die Hand und hob sie in den Bügel.
Er selber saß zu Rosse, vom roten Helmbusch umwallt,
Bepanzert und beschienet in riesiger Gestalt.
Zur Linken hing gegürtet ein Schwert, zur Rechten auch
Ein scharfer krummer Säbel nach hunnischem Gebrauch.
Jetzt schwang er Schild und Lanze, es ritten auf *einem* Roß
Walthari und Hiltgunde aus König Etzels Schloß.

Sie ritten aus dem Schlosse, sie ritten die ganze Nacht.
Die Jungfrau lenkt' das Streitroß und hatt' der Schätze acht,

Und sorgsam auch zu Handen hielt sie die Fischergerte,
Dieweil das viele Gewaffen Walthari sehr beschwerte.
Als nun die Morgensonne aufging mit lichtem Funkel,
Entbogen sie der Heerstraß' zu tiefem Waldesdunkel,
Und hätte Haß der Fremde und Heimweh nicht gedrängt,
So hätte schier Hiltgunde das Roß nicht weiter gelenkt.
Wo nur ein Lüftlein rauschte, wo ein Waldvöglein sang,
Wo schrill ein Baumast knarrte, da seufzete sie bang.
So mieden sie der Menschen Behausung und Gehege
Und suchten in bahnlosem Gebirg sich Weg und Stege.

Noch schwieg der Hunnen Hofburg. Es war schon hoch am Tag,
Da wurde König Etzel von allen der erste wach.
Er wiegt' in beiden Händen sein Haupt, das nebelschwere,
Und schritt aus dem Gemach: »Ruft mir Walthari here,
Er teilte als Genosse heut seines Königs Jammer,
Er soll den Frühtrunk reichen mir in der Waffenkammer.«

Da rieben sich die Diener die Augen und liefen und sahn
Und suchten aller Orten, sie trafen ihn nicht an.
Jetzund kam auch die Fürstin, Frau Ospirin, gehinkt:
»Wo säumt und träumt denn Hiltgund, daß sie kein Kleid mir bringt?«

Da flüsterten die Diener, da war's der Königin klar,
Daß Hiltgund mit Walthari nächtlich entflohen war.
Da hub sie an: »O Fluch dem Gastmahl und dreimal Fluch
Dem Wein, der meine Hunnen so schwer darnieder schlug!
Was ich den König warnte, liegt offen itzt zu Tag,
Von unsres Reiches Stützen die stolzeste Säule brach!«

Der alte König Etzel, von bösem Zorn entbrannt,
Zerriß den Purpurmantel und warf ihn an die Wand,
Und wie der Staub vom Sturme gewirbelt wird zuhauf,
So wirbelte ihm im Herzen ein Schwarm von Sorgen sich auf.

Kein Wörtlein konnt' er sprechen, zu mächtig war sein Grimm,
Und Speise und Getränk stund unberührt vor ihm.
Die Nacht kam angeflogen, noch fand er keine Ruh',
Er lag auf seinem Pfühle und schloß kein Auge zu,
Er warf sich bald zur Rechten, bald zu der Linken nieder,
Als hätt' ein Pfeil durchschossen die stolzen Heldenglieder,
Dann saß er wieder aufrecht, der grambetörte Greis,
Dann sprang er aus dem Lager, er lief herum im Kreis.
So ward dem Hunnenkönig der süße Schlaf verleidet,
Derweil das Flüchtlingspaar schweigsam dem Land entreitet.
Doch wie am andern Morgen aufstieg der lichte Tag,
Hieß er der Hunnen älteste zusammenkommen und sprach:
»Wer mir in Banden brächte Walthari, den schlauen Fuchs,
Als wie vom Wald der Jäger den hinterlistigen Luchs,
Dem schüfe ich zur Stunde ein golddurchwirkt Gewand
Und wollt' mit Gold ihn decken von Haupt zu Fuß so sehr,
Daß ihm von Goldeshaufen der Weg gesperret wär'.«
Doch in den weiten Landen fand sich kein einz'ger Grafe,
Kein Heerfürst oder Ritter, kein Knappe oder Sklave,
Der sich vermaß, Walthari verfolgend nachzugehn
Und mit des Schwertes Schneide dem Zürnenden zu stehn.
Und was der König flehte, gesprochen war's in den Wind,
Die hohen Goldeshaufen – sie blieben unverdient.

Walthari ritt bei Nachtzeit weiter und weiter in Hast,
Des Tags in dichtem Walde und Buschwerk hielt er Rast.
Nah flogen ihm die Vögel, lieblich klang sein Gelock,
Er fing sie mit Leimruten und mit gespaltnem Stock,
Und wo in krummem Laufe ein Strom vorüberfloß,
Eintaucht' er seine Angel und reiche Beute genoß.
So kürzten sich die Tage mit Fischfang und Gejaid,
Das schafft dem Hunger Stillung, dem Herzen Nüchternheit,
Und auf der ganzen Fahrt hat nimmermehr begehrt
Die Jungfrau zu umarmen der Recke ehrenwert.

Schon vierzig Male war der Sonne Lauf vollendet,
Seit daß er sonder Abschied von Etzel sich gewendet,
Da glänzt aus lichtem Waldsaum im Abenddämmerschein
Ein Fluß zu ihm herüber – das war der Vater Rhein,
Das war der Rhein, und jenseits am fernen Ufer stand
Die Königsburg von Worms, Hauptstadt in Frankenland.
Ein Schiffer kam gerudert auf breitgebautem Kahn,
Die letztgefangenen Fische bot ihm Walthari an,
Da fuhr ihn jener über, er war zufrieden der Gabe,
Und weiter flüchtend spornt Walthari das Roß zum Trabe.

Der Fährmann andern Tages nach Worms gegangen war,
Des Königs Leib- und Mundkoch bracht' er die Fische dar,
Der würzt' und salzte sie und setzte sie als Mahl
Dem König Gunther vor: erstaunt sprach der im Saal:
»Seit daß ich herrsche in Franken, nie sah ich einen Fisch
Von solcherlei Gestalt und Schmack auf meinem Tisch,
Der muß aus fremden Landen zu uns gekommen sein.
Sag' an, mein Koch, geschwinde, wer brachte den herein?«

Da wies der Koch den Fergen, der König rief ihn her,
Genau verkündet' der dem Fragenden die Mär:
»Ich saß am Rheinesstrande noch gestern abend spat,
Da kam ein fremder Mann geritten den Uferpfad,
Als käm' er just vom Kriege, so schaut' er trutzig wild,
Er starrte ganz in Erze und führte Speer und Schild.
Schwer mocht' die Wucht der Rüstung auf seinen Schultern lasten,
Doch ritt er scharfen Schrittes und mochte nimmer rasten.
Dem Mann folgt eine Maid, schön wie der Sonne Scheinen,
Sie sitzt auf gleichem Gaul, schier streift ihr Fuß den seinen.
Die lenket mit dem Zügel das riesig starke Roß,
Von dessen Rücken hangen zwei Schreine mäßig groß.
Doch wie aufbäumend es den Nacken schütteln wollte,
Da hört' ich drin ein Klingen von Edelstein und Golde.
Den Mann hab' ich gefahren. Der gab mir solche Fische.«

Das Wort erlauschte Hagen. Er rief am Königstische:
»Freut euch mit mir Genossen, die Sache wird klar und hell,
Aus Hunnenland heimreitet Walthari, mein Gesell.«
Er rief's, da schallte Jubel hellauf im hohen Saal,
Doch übermütigen Sinnes der König Gunther befahl:
»Freut euch mit mir viel lieber, der ich dies durft' erleben,
Den Schatz, den einst mein Vater den Hunnen mußte geben,
Den hat ein guter Gott zurück mir jetzt gebracht! –«
Sprach's, und gehobenen Fußes umstieß er den Zechtisch mit Macht
Und hieß die Rosse satteln und las aus seinem Volk
Erprobter Mannen zwölfe als starkes Heergefolg'.
Er wählt den Hagen auch, der bat vergeblich ihn,
– Des alten Freunds gedenkend – zu ändern seinen Sinn.
Doch Gunther polterte: »Frisch vorwärts! drauf und drein!
Hüllt eure Heldenknochen in Eisenrüstung ein,
Schirmt mit dem Schuppenpanzer Rücken euch und Brust,
Des Frankenschatzes Räuber zu jagen ist mein Gelust!«

Da rückte aus dem Tor die Schar, die wohlbewehrte.
Walthari, edel Wild – Feind ist auf deiner Fährte!

Walthari ritt indessen landeinwärts von dem Rhein,
In einem schattig finstern Forste ritt er ein.
Das war des Weidmanns Freude, der alte Wasichenwald,
Wo zu der Hunde Bellen das Jagdhorn lustig schallt.
Dort ragen dicht zusammen zwei Berge in die Luft,
Es spaltet sich dazwischen anmutig eine Schluft,
Umwölbt von zackigen Felsen, umschlungen von Geäst'
Und grünem Strauch und Grase, ein rechtes Räubernest.
Er schaut' den festen Platz. »Hier«, sprach er, »laß uns rasten,
Des süßen Schlafes mußt' ich schon allzulange fasten;
Das war seit vierzig Nächten auf hartem Rosses Rücken
Über den Schild gelehnet ein unerquicklich Nicken.«

Ab tat er Wehr und Waffen und in der Jungfrau Schoß
Lehnt' er sein müdes Haupt: »Nun, teurer Fluchtgenoß
Hiltgund, halt sorgsam Wacht! und steigt vom Tal herauf
Fahldunkle Staubeswolke, dann wecke leis mich auf;
Doch käm' auch angeritten ein ganzes Heer von Recken,
So sollt' du doch, Vielteure, nicht allzu schnell mich wecken.
Ich traue deinen Augen. Die sind gar scharf und rein,
Die schaun weit in die Lande ...« So schlief Walthari ein.

Im Sand sah König Gunther die Spur von Hufesritt,
Anspornend trieb den Renner er nun zu schnellerm Schritt.
»Herbei«, rief er, »ihr Mannen! noch heute fahn wir ihn
Samt den gestohlenen Schätzen, er soll uns nicht entfliehn.«
Umsonst entgegnet Hagen: »Das geht so glatt nicht ab;
Manch einen tapfern Degen warf jener in das Grab.
Zu oft hab' ich erschauet Walthari in Schlachtenwut,
Ich weiß, er handhabt Lanze und Schwert nur allzu gut.«
Doch nimmer ließ sich warnen der vielverstockte Mann:
Im Glanz des Mittags ritten sie vor der Felsburg an.

Vom Bergesgipfel schaute Hiltgund zum Tal hinab,
Da hub sich Staubeswirbel und ferner Rossestrab,
Sie strich mit leisem Finger des Schläfers braunes Haar:
»Wach' auf, wach' auf, Walthari! es naht uns eine Schar.«

Der rieb sich aus den Augen des süßen Schlafes Rest
Und griff nach seinen Waffen und rüstete sich fest,
Und durch die leeren Lüfte schwang er den Speer mit Macht,
Das war ein lustig Vorspiel vor bitterernster Schlacht.

Hiltgund, wie sie von weitem Lanzen blitzen sah,
Warf klagend sich zu Boden: »Nun sind die Hunnen da!
Nun fleh' ich, mein Gebieter, hau ab mein junges Haupt,
Daß, so ich dein nicht werde, kein anderer Mann mich raubt! –«
»Gebiete deiner Furcht«, sprach mild der junge Recke,
»Fern sei, daß schuldlos Blut die Klinge mir beflecke.

Der in so manchen Nöten ein starker Hort mir war,
Wird mich auch heute stärken, zu werfen diese Schar.
Nicht Hunnen sind die Feinde, es sind nur dumme Jungen,
Die hier im Lande wohnen, sind fränkische Nibelungen.«

Drauf deutet er mit Lachen nach einem Helm auf dem Plan:
»Das ist fürwahr der Hagen, mein alter Hunnenkumpan.«

Nun trat zum Höhleneingang der Held und sprach von dort:
»Vor diesem Tore künd' ich nunmehr ein stolzes Wort:
Kein Franke soll entrinnend sich rühmen seinem Weib,
Er hab' Waltharis Schätze gegriffen bei lebendem Leib,
Und ...« doch die Sprache hemmt' er und kniete zum Gebete,
Gott um Verzeihung flehend für solche Frevelrede.

Dann hub er sich und schaute prüfend der Feinde Reihn:
»Von allen diesen Kämpen fürcht' ich den Hagen allein,
Der weiß viel böse Listen und kennt den Brauch des Streits,
Doch außer ihm, o Hiltgund, tut keiner uns ein Leids.«

Derweil Walthari dräuend Wacht hielt am Felsentor,
Sprach Hagen zu dem König: »O Herr, noch seht Euch vor!
Schickt einen Boten ihm, und friedlich sei's geschlichtet.
Vielleicht daß jener selber sich bittend an Euch richtet
Und Euch den Schatz ausfolgt. Die Antwort zeige den Mann,
Es ist noch immer Zeit, mit Waffen ihn zu fahn.«

Da hieß der König ausziehn Herrn Camelo von Metz,
Der dort als Frankenrichter verwaltet das Gesetz.

Der flog als wie die Windsbraut zu jung Walthari hin:
»Wer bist du, fremder Degen, sag' an, woher, wohin?«

Der Held ihm drauf erwidert: »Erst künde du die Mär:
Kommst du aus eignem Willen, schickt dich ein andrer her?«

Stolz sprach Herr Camelo: »Mich hat hierher entsandt
Als Herold König Gunther, der Herr im Frankenland.«
Walthari ihm entgegen: »Fürwahr, was ficht Euch an,
Zu spähn und auszuforschen den fremden Wandersmann?
Ich bin von Aquitanien Walthari hochgemut,
Als Geisel gab der Vater mich in der Hunnen Hut,
Dort mußt' ich seit verweilen. Itzt wandt' ich mich zu gehn,
Ich will die süße Heimat, die Eltern wiedersehn.«

Da sprach der Bote trocken: »Wohlan, so sei bereit,
Den Goldschrein mir zu liefern, dein Roß auch und die Maid,
Nur so du schnell dich sputest, dies alles herzugeben,
Will dir mein Herr belassen die Glieder und das Leben.«

Da rief Walthari kecklich: »Nie hört' ich größern Toren!
Wie kann dein König bieten, was ich noch nicht verloren?
Ist er ein Gott denn, daß er mich also will berücken?
Noch trag' ich nicht die Fäuste gefesselt auf dem Rücken,
Noch duld' ich nicht, gewundet, des Kerkers Herzeleid –
Doch billig ist mein Denken: Und läßt er von dem Streit,
Goldroter Spangen hundert will ich ihm gern gewähren,
Ich weiß als fremder Mann des Königs Namen zu ehren.«

Der Bote ritt hinunter und brachte den Bescheid.
Da sprach zum König Hagen: »O nimm, was er dir beut,
Ich ahne Unheil sonst, mir hat verwichene Nacht
Ein Traum um dich, Gebieter, viel schwere Sorge gebracht.
Ich sah selband' uns reiten und jagen im Geheg',
Da trat ein großer Bär dir, hoher Herr, in Weg;
Das war ein hitzig Streiten, es hat das Tier zuletzt
Das Bein dir bis zur Hüfte zerhauen und zerfetzt.
Und wie gefällten Speeres ich beisprang dir im Strauß,
Riß er mir selbst ein Auge mit scharfem Zahne aus.«

Stolz schalt der König: »Wahrlich, du bist des Vaters wert,
Auch der focht mit der Zunge viel lieber als mit dem Schwert!«

Drob zog in Hagens Herzen ein bitter Zürnen ein:
»Wohlan«, sprach er, »so mögt Ihr des Kampfes denn Euch freun
Dort steht vor Euren Augen, des Euch gelüstet, der Mann,
Ich will des Ausgangs harren und keine Beute han.«
Sprach's und zum nahen Hügel lenkt er sein Roß in Ruh',
Sprang ab und sah gelassen, im Grase sitzend, zu.

Der König Gunther winkte den Camelo nun her:
»Zeuch aus und künde jenem: ›den ganzen Schatz ich gehr',‹
Und so er noch sich weigert, so bist du Manns genug,
Daß du ihn kampflich angehst und niederwirfst mit Fug.«

Von Metz, der Bischofsstadt, Herr Camelo zog ab,
Fahl nickt vom blauen Helme sein gelber Busch herab.
Von fern schon rief er laut: »Heda! mein Freund – heraus!
Dem Frankenkönig liefre den ganzen Goldschatz aus!«
Walthari hört's und schwieg. Da ritt er näher bei:
»Den ganzen Goldschatz liefre!« so rief er ihm aufs neu.
Dem riß jetzt die Geduld. »Laß ab dein Schrein und Johlen,
Hab' ich dem König Gunther den Schatz etwann gestohlen,
Hat er ein Darlehn mir geliehn habgier'gen Sinns,
Daß er mir jetzo heischet so schnöden Wucherzins?
Hab' ich das Land geschädigt und Häuser weggebrannt,
Daß Ihr mir Buße fordert mit übermüt'ger Hand?
Das muß ein schäbig Volk sein, das mir den Durchgang neidet
Und keinen fremden Mann auf seinem Boden leidet.
Ich will ums Wegrecht markten: Zweihundert Spangen wohlan
Biet' ich jetzt deinem König. Vernimm's und zeig's ihm an!«

»Du sollst noch mehr uns bieten!« rief Camelo in Wut,
»Des Redens bin ich satt. Itzt gilt's dein Gut und Blut.«
Er deckte seinen Arm mit dem dreifältigen Schild
Und raffte seinen Speer und schüttelte ihn wild
Und zielte genau und warf. Ihm bog Walthari aus,
Er fuhr in grünen Rasen mit schneidigem Gesaus.

»Wohlan denn!« rief Walthari, – »es sei, wie's euch gefällt!«
Und seine dunkle Lanze schoß der junge Held.
Die fuhr zur linken Seite durch den Schildesrand
Und nagelt' an die Hüfte Camelos rechte Hand
Und drang dem Gaul in Rücken – ausschlagend bäumt sich der
Und hätt' ihn abgeschüttelt, doch fest hielt ihn der Speer.
Indes ließ Camelo den Schild zu Boden sinken,
Und strebte, sich des Speeres zu ledigen mit der Linken.
Doch jener stürzt' heran und stemmt den Fuß, und tief
Stieß er ihm in den Leib das Schlachtschwert bis zum Griff.
Zog's dann zusamt der Lanze aus der Todeswunde,
– Da sanken Roß und Reiter wohl in derselben Stunde.

So mußt' ins grüne Gras Herr Camelo dort beißen.
Ihn sah sein Neffe Kimo, auch Scaramund geheißen.
»Ha! das traf mich!« so rief er, »zurück, ihr andern all,
Jetzt sterb' ich oder sühne des teuern Blutfreunds Fall.«
Weinend sprang er hinauf, der Weg war hohl und enge,
Daß ihm kein andrer konnt' beistehn im Handgemenge,
Er knirschte mit den Zähnen: »Nicht will ich Schatz und Gut,
Ich komme als ein Rächer für meines Oheims Blut.«
Zwei Speere schwang er hoch, am Helm die Mähne zittert;
Doch fest stand dort Walthari und sagte unerschüttert:
»War ich des Kampfs Beginner, geb' ich mich gern verloren,
Es soll mich noch zur Stunde dein Lanzenwurf durchbohren!«

Da warf in rascher Folge die Lanzen Scaramund,
Die eine traf den Schild nur, die andre flog in den Grund.
Dann mit gezücktem Schwerte ritt der Walthari an,
Doch bracht' er's nicht zuwege, die Stirn ihm durchzuschlan.
Der Hieb saß auf dem Helme, das dröhnte und das klang,
Und Feuerfunken sprühten den dunkeln Wald entlang.
Jetzt fuhr ihm wie ein Blitz Waltharis Speer in Hals
Und hob ihn aus dem Sattel, da fiel er dumpfen Falls.
Nichts half ihm mehr die Bitte, sein Haupt hieb jener ab,
So sank bei seinem Ohme der Neffe früh ins Grab.

»Vorwärts!« rief König Gunther, »und laßt ihm keinen Frieden,
Bis daß wir Schatz und Leben geraubt dem Kampfesmüden.«
Da kam als dritter Kämpe Werinhard gezogen,
Des Speerwurfs ein Verächter, trug er nur Pfeil und Bogen.
Er richtet' auf Walthari von Ferne manch Geschoß,
Gedeckt vom riesigen Schilde, gab der sich nirgends bloß,
Und eh' der Schütz ihm beikam, war schon sein Köcher leer,
Des zürnend, stürmt er jetzo mit blankem Schwert einher:
»Und sind dir meine Pfeile zu luftig und zu leicht,
Paß auf, ob nicht mein Hieb dir vollgewichtig deucht!«

»Schon lange wart' ich, daß dem Kampf sein Recht geschehe«,
Walthari rief's entgegen – und schleudert aus der Nähe
Den Speer. Der traf das Roß. Hufschlagend bäumt sich's auf,
Warf in den Staub den Reiter und stürzte oben drauf.
Dem Fallenden entriß der Held sein Schwert in Hast,
Löst ihm den Helm – am blonden Gelock er stark ihn faßt':
»Zu spät kommt itzt dein Jammern, den Bitten bin ich taub!«
Und abgeschlagnen Hauptes lag Werinhard im Staub.

Drei Leichen lagen schon. Des Streitens noch nicht müd,
Entsandt' als vierten Kämpen Gunther den Ekkefrid.
Der hatt' im Sachsenlande den Herzog einst erschlagen
Und der Verbannung Leid am Frankenhof getragen.
Der trabte stolz einher auf rötlichbraunem Schecken,
Den kampfbereiten Mann tat er erst spöttisch necken:
»Bist du gefestet, Unhold? trügst du durch Luft und Wind?
Bist ein Waldteufel du? bist du ein Menschenkind?« –

Hohnlachend rief Walthari: »Ich kenne solches Welschen,
Ihr seid das rechte Volk zum Trügen und zum Fälschen –
Heran denn! Deinen Sachsen sollst du erzählen bald,
Was du dereinst für Teufel erschaut im Wasichenwald!«

»Wir wollen es erproben«, sprach Ekkefrid, und scharf
Schwang er die Eisenlanze am Riemen, holt' aus und warf,

Doch sie zerbrach am Schilde, der Schild war allzu hart,
Zurück warf sie Walthari und lachte in den Bart:
»Schau' an, wie dir der Waldgeist heimgibt, was du geschenkt,
Sie mag wohl tiefer fahren, wenn meine Faust sie lenkt.«
Gespalten von dem Wurf, des Schildes Stierhaut klafft',
Der Rock zerriß – es fuhr tief in die Lunge der Schaft,
Todwund sank Ekkefrid, ein Blutstrom sich ergoß,
Als Beute nahm Walthari mit sich des Toten Roß.

Der fünfte Kämpe war Hadwart. Er ließ zurück
Den Speer und hofft' allein vom scharfen Schwert sein Glück.
Erst sprach er zu dem König: »So ich den Sieg gewinne,
Belaß des Feindes Schild mir, nach diesem steht mein Sinne.«
Zu Rosse drang er vor, doch seinen Pfad versperrten
Die Leichen der Erschlagenen. Da sprang er zu der Erden.
Des lobt Walthari ihn. Doch Hadwart rief und schalt:
»Du liegst wie eine Natter im Kreis zusammengeballt
Und denkst, o schlaue Schlange, Pfeil und Geschoß zu meiden –
Des sollt von meiner Rechten du herbe Schläge leiden.
Den schönbemalten Schild leg' ab jetzt unverweilt,
Als Kampfpreis ist er mir vom König zugeteilt,
Er soll nicht Schaden nehmen, gar wohl gefällt er mir.
Und wollt' sich's anders wenden, und unterläg' ich dir:
Dort stehen die Genossen, du fristest nicht dein Leben,
Und wolltst du auch als Vogel befiedert uns umschweben.«

Furchtlos sprach da Walthari: »Den Schild, den laß ich nicht!
Dem bin ich als ein Schuldner zu großem Dank verpflicht'.
Der schirmte mich vorm Feinde gar oft in heißen Tagen,
Die Wunden, die *mir* galten, ließ *er* sich willig schlagen;
Du sollt noch heut erkennen, wie nützlich dieser mir,
So ich den Schild nicht hätte, ich stünde nimmer hier.«

Drauf Hadwart: »Unfreiwillig sollt du ihn balde missen
Und Roß und Gold und Jungfrau in unsern Handen wissen.
Noch einmal rat' ich dir: leg' ab, leg' ab die Last,
Die du so weiten Weges bis heut getragen hast.«

Sprach's und vom Leder zog er. Das war ein Fechten schwer,
Er kämpfte mit dem Schwerte, Walthari mit dem Speer,
Im Wasichenwalde nimmer solche Blitze sprühten,
Staunend sahn die Franken auf die Nimmermüden.
Das hat von Helm und Schilden geklungen und gegellt,
Wie wenn mit scharfem Beile ein Mann die Eiche fällt.

Aufsprang der Wormser Kämpe und schwang des Schwertes Schneide,
Auf daß mit *einem* Hieb der Zweikampf sich entscheide.
Walthari fing den Streich und zwang ihm aus der Faust
Die Klinge, daß sie weit seitab ins Buschwerk saust.
Dahin floh Hadawart. Doch Alphers Sohn, der schnelle,
Ihm nach: »Wo fleuchst du hin? da, nimm den Schild, Geselle!«
Sprach's und mit beiden Händen hob er den Speer und stach,
Da ging der Kampf zu Ende. Der sank mit dumpfem Krach,
Ihm setzte auf den Nacken den Fuß Walthari und dann
Spießt' an den Boden er zusamt dem Schilde den Mann.

Als sechster in den Kampf ging jetzo Patafrid,
Des Hagen Schwestersohn. Wie den sein Oheim sieht,
Gedachte er mit Bitten zu wenden ihm den Sinn:
»Schau', wie der Tod dich anlacht! laß ab, wo eilst du hin?
Laß ab, laß ab, o Neffe, dich täuscht dein Jugendmut,
Zu zwingen den Walthari, braucht's andere Kraft und Glut.«

Des Zuspruchs ungerührt, der Jüngling ging von hinnen,
Sein einzig Trachten war, sich Ehre zu gewinnen.
Bekümmert saß drum Hagen und seufzte tief und grollte:
»O nimmersatte Habgier, o schnöder Durst nach Golde,
O schlänge doch die Hölle das güldne Erz in Rachen,
Und gäb' es statt den Menschen zur Hut den alten Drachen!
Niemand hat mehr genug. Sie schaffen und sie scharren
Sich täglich mehr zusammen und sind doch arme Narren!
Wie reitest in den Tod auch du mein Neffe so blind!
Was soll ich deiner Mutter für Kunde bringen vom Kind?

Und was dem jungen Weibe, das traurig deiner harrt,
Dem noch zu schwachem Troste der erste Sproß nicht ward?«

Sprach's, und die Träne rollt ihm langsam in Schoß hinab:
»Fahr wohl auf lange!« seufzt er, »fahr wohl, du schöner Knab'!«
Aus weiter Fern' Walthari des Freundes Klage vernahm,
Gerührt sprach er zum Kämpen, der itzt gestürmet kam:
»Steh' ab, mein tapfrer Junge, ich mag dir's redlich raten,
Aufspare deine Kraft zu anderweiten Taten.
Schau' auf! hier liegt erschlagen manch ein gewalt'ger Held,
Ich müßte Leides tragen, wenn du dich beigesellt.«

»Was kümmert dich mein Sterben?« rief jener, »steh und ficht!
Zum Streit bin ich gekommen, zu losem Schwatzen nicht.«
Und mit dem Worte flog auch die knorrige Lanze einher,
Zur Seite schlug Walthari sie mit dem eignen Speer;
Von Wurfs Gewalt getragen und von des Windes Kraft,
Flog bis zur Felsenhöhle zu Hiltgunds Füßen der Schaft.

Aufschrie vor Furcht die Jungfrau; dann aus der Felsenspalte
Lugt' sie fürsichtig, ob Walthari sich noch halte.
Noch einmal warnte dieser den ungestümen Mann,
Doch er, bedachtlos wütend, stürmt' mit dem Schwerte an.
Da schirmte sich Walthari und schwieg, doch mocht' sein Schweigen
Dem Zähneknirschen des gehetzten Keulers gleichen.
Zu mächtigem Schwertstreich holte Patafrid itzt aus,
Da duckte sich Walthari ins Knie und bog ihm aus,
Daß ihn des leeren Streiches Wucht zu Boden riß.
Auf sprang der Held mit Macht. Da war der Sieg gewiß.
Zwar wollt' zu neuem Fechten auch Patafrid sich heben,
Umsonst. In Bauch getroffen, ließ er das süße Leben.
Die Seele flog von dannen, es ward sein junger Leib
Dem wilden Waldgetiere ein Fraß und Zeitvertreib.

Des Toten Fall zu rächen kam Gerwig itzt gesprengt,
Er sprengte über die Leichen, die dort den Steg geengt!
Derweil des Toten Haupt vom Rumpf Walthari fällt,
Warf er die doppelschneidige Streitaxt nach dem Held,
– Die war in jenen Zeiten der Franken liebst Gewaffen. –
Schnell hob den Schild Walthari, sich Deckung zu verschaffen,
Rückspringend nach der Lanze, an sich die teure riß er,
Die blutige Schwertesklinge ins grüne Riedgras stieß er
Und stellte sich dem Angriff. Da fiel kein unnütz Wort,
So grimmig nach dem Kampfe lechzten die beiden dort.
Der focht, den Freund zu rächen, *der* schirmte Leib und Leben,
Viel schwere Hiebe wurden gehauen und rückgegeben.
Waltharis Speer war länger, doch tummelte sein Pferd
Der Franke rings im Kreis, daß jener müde werd'.
Zuletzt ersah Walthari, daß er den Schild ihm hob,
Durch Gerwigs Weichen itzt das grimme Eisen schnob.
Hinsank er auf den Rücken, ein Schrei entfuhr dem Mund,
Des Todes unfroh stampfte er den durchfurchten Grund.
Auch diesem tät der Held das Haupt vom Rumpfe lösen.
– Er war ein stolzer Graf im Wormser Gau gewesen.

Nun stutzten erst die Franken und baten ihren Herrn,
Vom Streite abzustehen. Doch dem war Gunther fern.
»He!« zürnte er, »ihr tapfre, ihr vielerprobte Seelen,
Schafft euch das Unglück Furcht, anstatt zum Zorn zu stählen?
Soll aus dem Wasichenwalde ich so mich werfen lassen,
Und als geschlagner Mann durchziehn die Wormser Gassen?
Erst wollt' ich jenen Fremden des Goldes sehn verlurstig,
Jetzt dürst' ich seines Blutes. Und ihr, seid ihr nicht durstig?
Den Tod sühnt nur der Tod. Blut heischet wieder Blut.«
Er sprach's, da wurden alle entflammt zu neuem Mut.
Als ging's zu lust'gem Spiele, zu Wettkampf und Turneyn,
So wollte jetzt ein jeder im Tod der erste sein.
Den Felspfad aufwärts ritten sie nacheinand' im Trab,
Indessen nahm Walthari den Helm vom Haupte ab

Und hing ihn an den Baum. Den würz'gen Waldesduft
Sog er mit vollen Zügen und kühlt' sich an der Luft.

Da rannt' auf schnellem Rosse Herr Randolf jach heran.
Mit schwerer Eisenstange stürmt' er Walthari an
Und hätt' ihn schier durchbohrt. Doch auf der Brust zum Glück
Trug er ein schwer Geschmeide, Schmied Welands Meisterstück.
Leicht faßte sich der Held und hielt den Schild bereit,
Den Helm sich aufzusetzen hatt' er nimmer Zeit.
Schon sauste Randolfs Klinge um Waltharis Ohren,
Da wurden dem Barhäupt'gen zwei Locken abgeschoren.
Doch unverwundet blieb er. Es fuhr der zweite Hieb
So mächtig in den Schildrand, daß er drin steckenblieb.
Dem Blitz gleich sprang Walthari zurück und wieder vor,
Und riß ihn von dem Gaule, daß er das Schwert verlor,
Und preßt' ihn auf den Boden, trat ihm die Brust mit Füßen:
»Jetzt sollt du für die Glatze mir mit dem Scheitel büßen
Und dieses Stückleins nimmer prahlen deinem Weibe!«
Sprach's und hieb den Kopf von des Besiegten Leibe.

Als Neunter in den Kampf sprang Helmnod vor in Eile,
Er schleppte einen Dreizack an vielgewundnem Seile,
Das hielt zu seinem Rücken der Freunde kleiner Rest.
Sie dachten, wenn die Haken im Schilde säßen fest,
Das Seil dann anzuziehen mit so gewaltiger Macht,
Daß drob Walthari leicht zu Falle werd' gebracht.
Den Arm reckt Helmnod aus und warf den Zack im Bogen:
»Pass' auf, du kahler Mann! da kommt dein Tod geflogen!«
Stolz durch die Lüfte kam das Wurfgeschoß gesaust,
Als wie die Schlange zischend vom Baum herunter braust.
Gespalten ward der Nagel am Schild. Er war getroffen.
Scharf zerrten an dem Seil die Franken schweißumtroffen,
Im Waldgebirg erscholl ihr siegesfroher Schrei.
Der König selbst gesellte den Ziehenden sich bei.

Doch festgewurzelt stand, als wie die Riesenesche,
Des Lärmens unbekümmert, Walthari in der Bresche,
Er stund und wankte nicht. Da dachte dort der Schwarm,
Zum mindsten ihm den Schild zu reißen von dem Arm.

Von zwölf Gesellen so die letzten viere kamen
Zu ungestümem Streit. Der Sang nennt ihr Namen:
Der neunte war Herr Helmnod, Eleuther auch benannt,
Der zehnte Mann war Trogus, von Straßburg hergesandt,
Von Speier an dem Rhein Herr Tannast war der elfte,
Und König Gunther war an Hagens Statt der zwölfte.

Solch eiteln Streitens ward Walthari endlich wild.
Barhäuptig war er schon. Jetzt ließ er auch den Schild
Und auf die Rüstung nur und seinen Speer vertrauend,
Sprang er in Feind, zuerst nach dem Eleuther hauend.
Er spaltet ihm den Helm und Haupt und Nacken zugleich,
Zerspaltet' auch die Brust mit einem einz'gen Streich.
Dann stürmt' er auf den Trogus. Verwickelt in dem Seil
Hing der, ihm brachte nimmer das Flüchten Glück und Heil,
Sie hatten bei dem Seilzug sich abgetan der Waffen;
Vergebens sprang er itzt, sich diese zu erraffen,
Walthari holt' ihn ein, und tiefe Wunde schlug er
In beide Waden ihm und seinen Schild wegtrug er,
Bevor ihn Trogus griff. – In Wut ersah der Wunde
Sich einen riesigen Feldstein. Den hob er von dem Grunde
Und stemmte sich und warf ihn so sicher auf den Held,
Daß er den eignen Schild in Mitten ihm zerschellt'.
Im Grase kriechend Trogus sein Schwert dann wiederfand,
Er nahm's und durch die Lüfte schwang er's mit starker Hand.
Zwar konnt' er seine Mannheit nicht mehr durch Taten weisen,
Doch kündet Herz und Mund sattsam den Mann von Eisen.
Und als die Todesgeister er noch nicht lachen sah,
Rief er: »O wär' ein Schild – o wär' ein Freund mir nah!
Zufall, nicht Tapferkeit hat dir den Sieg bereitet,
Noch hast zu meinem Schild das Schwert du nicht erbeutet.«

»Bald komm' ich!« sprach Walthari und flog den Weg herab,
Dem furchtlos Hauenden schlug er die Rechte ab.
Schon sollt' ein zweiter Streich der Seele öffnen das Tor
Zum ew'gen Abschied. Sieh, da sprang Herr Tannast vor.
Der hatte gleich dem König die Waffen aufgenommen
Und war, den Freund zu schirmen, mit seinem Schild gekommen.
Unwillig wandte sich Walthari gegen ihn,
Mit tief durchhauner Schulter sank Herr Tannast dahin
Und mit durchstochner Seite. »Ich grüß' dich tausendmal!«
Noch leise murmelt er's, dann war er tot und fahl.
Verzweifelnd stieß nun Trogus viel bittre Schmähung aus.
»So stirb denn«, rief Walthari, »und meld' im Höllenhaus,
Wie du den Freunden warst ein Rächer und Vergelter! –«
Rief's – und mit güldner Kette erdrosselt er den Schelter.

So lagen die Genossen erschlagen allzumal,
Da seufzte laut der König und floh hinab ins Tal,
Auf des bewehrten Rosses Rücken schwang er sich
Und ritt zu Hagen hin und weinte bitterlich.
Er strebt', ihn zu erweichen mit Bitten mannigfalt
Und ihn zur Schlacht zu stacheln. Doch jener sagte kalt:
»Zu kämpfen hindert mich der Ahnen schnöd Geschlecht,
Mir lähmt ja kühles Blut den Arm zu dem Gefecht.
Bleich war ja schon mein Vater, wenn er die Lanzen schaute,
Und schwatzte feig, derweil ihm vor der Feldschlacht graute –
O König, wie du also geprahlt vor den Genossen:
Für immer in die Scheide hast du mein Schwert gestoßen!«
Von neuem ging der König den Grimmen flehend an:
»Laß ab von deinem Grolle – laß ab und sei ein Mann!
Und schuf dir auch mein Schelten viel Zorn und Ungeduld,
Ich will mit reicher Gabe wettschlagen meine Schuld.
Zu viel des edeln Blutes ward heute schon vergossen,
Magst du das alles schauen so müßig und verdrossen?

Fürwahr den Schimpf wird nimmer das Frankenland verwinden,
Schon hör' ich unsre Feinde zischend die Mär verkünden:
›Es kam ein fremder Mann, man wußte nicht woher,
Der tilgte ungestraft der Franken ganzes Heer.‹«

Noch wollte Hagen zaudern. Er saß und übersann,
Wie ihm Walthari einst in Treuen zugetan.
Doch als sein Herr und König mit aufgehobnen Armen
Kniefällig zu ihm bat, – da faßt' ihn ein Erbarmen,
Da brach das Eis im Herzen, sein Antlitz färbt' sich rot –
So er noch länger säumte, die Ehre litte Not.

»Wohin du auch mich rufest – o Fürst, ich werde gehn,
Was nimmer sonst geschah, die Treue heißt's geschehn!
Doch wer war je so töricht, daß er ins offne Grab,
So wie es hier aufgähnet, freiwillig sprang hinab?
Solang Walthari dort die Felsburg innehält,
Zieht auch ein Heer vergebens wider ihn zu Feld.
Und wenn die Franken all, Fußvolk und Reiterei,
An jenem Platze stünden, es käm' ihm keiner bei.
Doch weil Beschämung dich und Schmerz darnieder drücken,
Ersinn' ich einen Weg, auf dem wird's besser glücken.
Fürwahr, ich ginge nimmer, beschworene Treu zu brechen,
Selbst nicht – ich sag' es frank –, des Neffen Tod zu rächen,
Für dich nur, Herr und Fürst, will der Gefahr ich stehn,
Drum auf und laß uns erst von dieser Walstatt gehn!
Es mögen unsre Rosse dort auf der Warte weiden,
Dann wähnt er uns gegangen – und wird von dannen reiten,
So er die enge Burg verlassen, dann wohlan,
Wir folgen ihm und greifen im offnen Feld ihn an.
Dann magst nach Herzenslust und mehr selbst, als dich freut,
Du mit Walthari fechten; nicht schenkt er uns den Streit.«

Dem Könige gefiel des Hagen schlaues Wort,
Er sänftigte ihn vollends mit einem Kuß sofort,

Dann wichen beide und spähten sich sichern Hinterhalt,
Die Rosse ließen sie frei grasen in dem Wald.

Gesunken war die Sonne. Einbrach die dunkle Nacht.
Der müde Held Walthari stand prüfend und bedacht':
Ob er in sichrer Felsburg schweigsam verweilen möge,
Ob er durch öde Wildnis versuche neue Wege.
Er scheute bloß den Hagen und ahnte böse List,
Daß ihn der König dort umarmet und geküßt.
»Des fürchte ich«, so dacht' er, »daß sie zur Stadt entreiten
Und morgen früh den Kampf erneun mit frischen Leuten,
Wofern sie nicht schon itzt im Hinterhalte lauern.« –
Auch schuf der wilde Wald ihm ein gelindes Schauern,
Als dräut' es drin ringsum von Dorn und wilden Tieren,
Daß er, dort hilflos irrend, die Jungfrau möcht' verlieren.
Dies alles wohlgeprüft und wohlerwogen sprach er:
»Wie es auch gehen mag, hier sei bis mor'n mein Lager,
Daß nicht der König prahle, ich sei dem Diebe gleich
Entflohn bei Nacht und Nebel aus dem Frankenreich.«
Er sprach's, und Dorn und Strauchwerk hieb er sich rings vom Hag
Und schloß den engen Pfad mit stachligem Verhack.
Mit bitterm Seufzen wandt' er sich zu den Leichen dann.
Jedwedem Rumpfe fügte sein Haupt er wieder an;
Gen Sonnenaufgang warf er kniend sich zur Erde
Und sprach das Sühngebet mit scharfentblößtem Schwerte:
»O Schöpfer dieser Welt, der alles lenkt und richtet,
Gen dessen hohen Willen sich nichts hienieden schlichtet,
Hab' Dank, daß heute ich mit deinem Schutz bezwungen
Der ungerechten Feinde Geschoß und böse Zungen!
O Herr, der du die Sünde austilgst mit starken Armen,
Doch nicht den Sünder selbst – dich fleh' ich um Erbarmen:
Laß diese Toten hier zu deinem Reich eingehn,
Daß ich am Himmelssitze sie möge wiedersehn.«
So betete Walthari. Dann trieb er alsogleich
Der Toten Rosse ein und band sie mit Gezweig'.

Noch sechse waren übrig. Zwei waren umgekommen,
Drei hatte König Gunther mit auf die Flucht genommen.

Dann löst' er seine Rüstung. Das war dem Hitzigen gut,
Mit frohem Zuspruch schöpft' er der Jungfrau Trost und Mut,
Mit Speise und mit Trank labt' er die müden Glieder,
Und auf den Schild gelagert, warf er zum Schlaf sich nieder.
Den ersten Schlummer sollte Hiltgunde ihm behüten,
Denn allzusehr nach Ruhe gelüstet's den Vielmüden.
Er selbst behielt sich vor die Wacht am frühen Morgen,
Er wußt', da drohten ihm erneuten Kampfes Sorgen.
Zu Haupt ihm sitzend, wachte Hiltgund die Nacht entlang
Und scheuchte von den Augen den Schlaf sich mit Gesang.
Bald hub Walthari sich und brach des Schlummers Rest
Und hieß die Jungfrau ruhen und griff zum Speere fest
Und wandelt' ab und auf. Bald schaut' er nach den Rossen,
Bald lauscht' er an dem Walle. So war die Nacht umflossen.

Der Morgen dämmerte. Es fiel ein linder Tau
Auf Busch und Blatt und Halm hernieder in die Au.
Zu der Erschlagenen Leichen schritt itzt Walthari hin,
Die Waffen und den Schmuck zu rauben war sein Sinn.
Die Panzer samt den Helmen, die Spangen nahm er zur Hand
Und Schwert und Wehrgehenk. Doch ließ er das Gewand.
Er nahm der Rosse viere und lastet' sie damit,
Hiltgund aufs fünfte hob er, das sechste er selbst beschritt.
Erst ritt er aus dem Walle, die Gegend zu erspähn,
Und ließ die Falkenaugen sich rings im Kreis ergehn.
Nach Wind und Lüften hielt er das Ohr gereckt und lauschte,
Ob nichts geschlichen käme, ob nichts im Grase rauschte,
Ob nicht von schwerem Zügel sich höb' ein fernes Tönen,
Oder von Rosseshuf die Erde möcht' erdröhnen.

Doch rings lag alles still. Die Rosse schwer beladen
Trieb er itzt vor und sandte Hiltgund auf gleichen Pfaden,
Er selber führt den Gaul, der ihm den Goldschrein trug,
Und schloß in Wehr und Waffen als Hüter den reisigen Zug.

Sie hatten tausend Schritte etwann zurückgelegt,
Da schaute Hiltgund um, sie war vor Furcht bewegt,
Da schaute sie vom Hügel herab zwei Männer eilen,
Die ritten scharfen Weges und mochten nicht verweilen.
Und zu Walthari rief die Jungfrau schreckensbleich:
»Das Ende kommt, o Herr! Zur Flucht itzt sputet Euch.«
Walthari wandte sich. Die Feinde nahm er wahr:
»Ich will ins Antlitz mir beschauen die Gefahr.
Und winkt mir auch der Tod: viel besser ist's, zu streiten,
Als Hab und Guts verlustig einsam von dannen reiten.
Du, Hiltgund, nimm die Zügel und treib das Goldroß fort,
Der dichte Hain dort drüben beut sichern Zufluchtsort.
Ich will am Bergeshang mir einen Stand erkiesen
Und harren, wer da kommt, und ritterlich sie grüßen.«

Die Jungfrau tat sofort, wie sie Walthari hieß.
Der machte unbefangen zurecht itzt Schild und Spieß
Und ritt des Weges weiter als wie ein fremder Mann,
Da schrie ihn schon von ferne der König Gunther an:
»Jetzt ist dein Unterschlupf benommen, grimmer Held,
Aus dem du zähneweisend als wie ein Hund gebellt.
Heraus ins offne Feld, dein warten neue Streiche,
Noch steht zu proben, ob das End' dem Anfang gleiche.
Du weisest ja Ergebung und Flucht so schnöd zurück,
Laß sehn, ob du auch heute um Lohn gedungen das Glück!«

Verächtlich tät Walthari kein Wort dawider sagen,
Als wär' er taub geworden. Er wandte sich an Hagen:
»O Hagen, alter Freund, sag'an, was ist geschehn,
Daß also umgewandelt ich dich muß wiedersehn?
Der tränend einst beim Abschied in meinen Armen lag,
Verrennt gewaffnet mir den Weg an diesem Tag?
Fürwahr ich dachte einst, käm' heimwärts ich gegangen,
Du würdest grüßend mich mit offnem Arm umfangen,
Und gastlich mich bewirten und pflegen mich in Freuden
Und reich beschenkt den Freund ins Heimatland geleiten.

Ich zog auf fremden Wegen. Oft wollt' das Herz mir schlagen:
O wär' ich bei den Franken, dort lebt mein Freund, der Hagen!
Gedenkst du nimmermehr der alten Knabenspiele,
Wo wir einmütig einst gestrebt nach gleichem Ziele?
Nicht mehr der Freundschaft? O, wenn ich dein Antlitz sah,
So deuchten mir die Eltern, die teure Heimat nah.
Ich wahrte dir die Treue am Hof und vor dem Feind,
Laß ab drum von dem Frevel und sei mein alter Freund!
Des werd' ich hoch dich preisen, und bist du mir zu Willen,
Werd' ich mit rotem Golde den hohlen Schild dir füllen.«

Mit finsterm Blick und zürnend sah ihn Hagen an:
»Erst übest du Gewalt und schwatzest listig dann;
Die Treu' hast du gebrochen. Du wußtest mich zugegen,
War dir an meinen Freunden, am Neffen nichts gelegen?
Nicht magst du dich entschuld'gen, wenn ich auch ferne stand,
An Waffen und Gestalt war ich dir gut bekannt.
Und doch hat mir dein Schwert den zarten Sproß gemäht,
Den teuren blonden Jungen. Da war die Freundschaft wett.
Drum heisch' ich itzt von dir nicht Gold, nicht Bruderbund,
Von deiner Hand verlang' ich den toten Neffen zur Stund'!«

Von Rosses Rücken schwang sich Hagen nun zur Erde,
Da ließen auch Walthari und König Gunther die Pferde.
Zum Fußkampf standen sie, zwei wider *einen* Mann.
Die zweite Frühstund' war's, da hub das Streiten an.
Erst brach den Frieden Hagen und warf mit Macht den Speer,
Der flog in hohem Bogen mit Zisch und Zasch daher.

Walthari mochte nicht ausbeugen, doch er hielt
In schräger Richtung ihm entgegen seinen Schild;
Rückprallte das Geschoß, als wie von Marmelstein,
Und wühlte bis an den Nagel sich in den nahen Rain.

Dann warf auch König Gunther den schweren Eschenschaft,
Er warf ihn kecken Mutes, doch nur mit schwacher Kraft,

Den Schildrand traf er nur, und konnt' ihn nicht zerreißen,
Walthari schüttelte, da fiel das matte Eisen.
Das war ein schlimmes Zeichen. Itzt griffen sie zum Schwerte,
Doch grimmen Blicks Walthari sich mit der Lanze wehrte.
Die Klingen waren kurz, sie reichten nicht an ihn,
Da fuhr ein schlimmer Plan dem König durch den Sinn.
Sein abgeschoßner Speer lag vor Waltharis Füßen,
Den hätt' er heimlich gern zu sich zurückgerissen –
Er winkte mit dem Aug', daß Hagen vorwärts dringe,
Und stieß zurück zur Scheide die goldgeschmückte Klinge,
Da ward die Rechte frei zum Diebsgriff – und den Schaft
Hielt er schon festgepackt – und hätt' ihn auch errafft.
Doch auf den Hagen stürmte Walthari plötzlich her
Und trat mit starkem Fuß auf den gegriffnen Speer.

Der Überraschung ward der König sehr erschrocken,
Die Knie wankten ihm, sein Atem wollte stocken,
Schon war der Tod ihm nah. Doch sprang in schnellem Lauf
Ihm schirmend Hagen bei. Da stund er zitternd auf,
Es ward der bittre Kampf itzt ungesäumt erneut,
Fest stand Walthari noch, doch ungleich war der Streit –
Er stand: so steht der Bär, gejagt von wilder Hatze,
Unwillig vor der Meute und droht mit scharfer Tatze,
Und duckt das Haupt und knurrt. Weh dem, der an ihn schwirrt:
Er preßt ihn und umarmt ihn, bis er sich nimmer rührt,
Scheu flieht der Rüden Schar mit heulendem Gebelle. –
So flutete die Schlacht schon auf der höchsten Welle,
Dreifache Not des Todes auf jeder Stirne stand:
Die Wut, die Last des Kampfes und glüher Sonnenbrand.

Gepreßten Herzens schaute bereits Walthari um,
Ob sich kein Ausweg öffne. Zu Hagen rief er drum:
»O Hagdorn, grün im Laub, du magst so gern mich stechen
Und mir die Heldenkraft mit kühnen Sprüngen brechen,

So schwerer Mühe satt, will ich mit dir itzt ringen –
Und bist du riesenstark, ich will dich näher bringen!«
Er sprach's und hochaufspringend warf er die Lanze keck,
Sie traf und riß ein Stück ihm von der Rüstung weg
Und streifte seine Haut, doch nur ein wenig, an,
Dieweil gar starken Panzer sich Hagen umgetan.
Walthari aber riß das Schwert aus seiner Scheide
Und stürmt' auf Gunther ein und schlug den Schild beiseite –
So wundersam gewalt'gen Schwertschlag tat er behende,
Daß er ihm Bein und Schenkel ganz von der Hüfte trennte.

Halbtot auf seinem Schilde lag König Gunther da,
Selbst Hagen wurde blaß, wie solchen Schlag er sah.
Doch schwang Walthari itzt die blutgefleckte Klinge,
Auf daß der wunde König den Todesstreich empfinge,
Doch Hagen warf dem Hieb das eigne Haupt entgegen,
Da sprühte von dem Helm hoch auf ein Funkenregen;
Der Helm war hart geschmiedet. Drum brach das Schwert mit Klirren,
Durch Luft und Busch und Gras zahllose Trümmer schwirren.

Walthari, wie ihm so die Klinge war zersplittert,
Fuhr unwirsch auf, es ward sein Herz von Zorn durchschüttert,
Wegwarf verächtlich er den Griff – was sollt' er nützen,
Ob er auch kunstgefüget von Golde mocht' erblitzen?
Doch wie er unbedacht die Hand zum Wurf ausreckte,
Tat Hagen einen Hieb, der sie zu Boden streckte.

Da lag die tapfre Rechte, so furchtbar manchem Land,
So siegespreisgeschmückt – nun blutend in dem Sand.
Ob zwar ein linker Mann – Walthari war noch nicht
Der Kunst des Fliehens kundig, starr blieb sein Angesicht,
Er biß den Schmerz zusamm' und in den Schild einschob er
Den blut'gen Stumpf und schnell mit linker Faust erhob er
Das krumme Halbschwert, das er einst im Hunnenland
Als Notbehelf sich um die rechte Hüfte band.

Das rächte ihn am Feind. Da ward dem grimmen Hagen
Sein rechtes Auge ganz aus dem Gesicht geschlagen,
Zersäbelt war die Stirn – die Lippen aufgeschlissen,
Dazu sechs Backenzähne ihm aus dem Mund gerissen.

So ward der Kampf geschlichtet – wohl durften beide ruhn.
Laut mahnten Durst und Wunden, die Waffen abzutun.
Da schieden hochgemut die Helden aus dem Streit,
An Kraft der Arme gleich und gleich an Tapferkeit.
Wahrzeichen ließ jedweder zurück von dem Gefechte,
Hier lag des Königs Fuß – dort lag Waltharis Rechte,
Dort zuckte Hagens Aug': so hob an jenem Platz
Sich jeder seinen Teil vom großen Hunnenschatz.

Die beiden setzten sich. Der dritte lag am Grunde.
Mit Blumen stillten sie den Blutstrom aus der Wunde.
Hiltgund, der zagen Maid, laut rief Walthari dann,
Die kam und legte guten Verband den Recken an.
Walthari drauf befahl: »Jetzt misch' uns einen Wein,
Wir haben ihn verdienet, er soll uns heilsam sein.
Es sei der erste Trunk dem Hagen zugebracht,
Der war dem König treu und tapfer in der Schlacht.
Dann reich' ihn mir, der ich das Schwerste hab' erlitten,
Zuletzt mag Gunther trinken, der lässig nur gestritten.«
Die Jungfrau folgt dem Winke, und bracht's dem Hagen dar,
Da sprach der Held, wie sehr er von Durst gequält auch war:
»Walthari, deinem Herrn, sei erst der Trunk gereicht,
Braver als ich und alle hat der sich heut erzeigt!«
Zwar müd, doch frischen Geists saß itzt beim Wein geeint
Hagen, der Dornige, mit seinem alten Freund.
Nach Lärm und Kampfgetös, Schildklang und schweren Hieben
Zum Becher dort die zwei viel Scherz und Kurzweil trieben.

»Zukünftig«, sprach der Franke, »magst du den Hirsch erjagen,
O Freund! und von dem Fell den Lederhandschuh tragen,

Und so du dir mit Wolle ausstopfest deine Rechte,
So meint noch mancher Mann, die Hand sei eine echte.
O weh, auch mußt fortan du allem Brauch entgegen
Um deine rechte Hüfte das breite Schlachtschwert legen,
Und will Hiltgunde einst dir in die Arme sinken,
So mußt du sie verkehrt umarmen mit der Linken,
Und alles, was du tust, muß schief und linkisch sein ...«
Walthari ihm erwidert: »O Einaug', halte ein!
Noch werd' ich manchen Hirsch als Linker niederstrecken,
Doch dir wird nimmermehr des Ebers Braten schmecken.
Schon seh' ich queren Auges dich mit den Dienern schelten
Und tapfrer Helden Gruß mit scheelem Blick entgelten.
Doch alter Treu' gedenkend, schöpf' ich dir guten Rat:
Bist du der Heimat erst und deinem Herd genaht,
Dann laß von Mehl und Milch den Kindleinbrei dir kochen,
Der schmeckt zahnlosem Mann und stärkt ihm seine Knochen.«

So ward der alte Treubund erneut mit Glimpf und Scherz,
Dann trugen sie den König, dem schuf die Wunde Schmerz,
Und hoben sänftlich ihn aufs Roß und ritten aus;
Nach Worms die Franken zogen, Walthari ritt nach Haus.
Da ward mit hohen Ehren begrüßt der junge Held,
Und bald ward auch Hiltgunde dem Treuen anvermählt.
Nach seines Vaters Tod tät er der Herrschaft pflegen
Und führte dreißig Jahre sein Volk mit Glück und Segen;
Noch in manch schwerem Kampfe gewann er Sieg und Ruhm,
Doch stumpf ist meine Feder und billig schweig' ich drum.
Hochweiser Leser du, schenk' meinem Werke Gnade:
Wohl gleicht mein rauher Reim dem Sang nur der Zikade,
Doch für das Höchste ist mein junger Sinn erglüht.
Gelobt sei Jesus Christ! – So schließt Waltharis Lied.

Ausklingen und Ende

»So schließt Waltharis Lied.« – Er hat brav gesungen, unser Einsiedel Ekkehard, und sein Waltharilied ist ein ehrwürdig Denkmal deutschen Geistes, die erste große Dichtung aus dem Kreis heimischer Heldensage, die trotz verzehrendem Roste der Zeit unversehrt der Nachwelt erhalten ward. Freilich sind andere Töne darin angeschlagen, als in den goldverbrämten Büchlein, die der epigonische Poet ausheckt, – der Geist großer Heldenzeit weht drin, wild und fast schaurig, wie Rauschen des Sturmes im Eichwald, es klingt und sprüht von Schwerteshieb und zerspelltem Helm und Schildrand ein Erkleckliches und ist von minniglichem Flötenton so wenig zu verspüren als von angegeistetem Schwatzen über Gott und die Welt und sonst noch einiges: riesenhafter Kampf und riesenhafter Spaß, altes Reckentum in seiner schlichtfürchterlichen Art, ehrliche fromme schweigende Liebe und echter dreinschlagender Haß, das waren Ekkehards Bausteine; aber darum ist sein Werk auch gesund und gewaltig worden und steht am Eingang der altdeutschen Dichtung, groß und ehrenfest, wie einer jener erzgewappneten Riesen, die die bildende Kunst späterer Zeiten als Torhüter vor der Paläste Eingang zu stellen pflegt.

Und wen die Herbigkeit alter, oft schier heidnischer Anschauung unlieblich anmuten möchte, gleich einem rauhen Luftzug an den Dünen des Meers, draus der frackumhüllte Mensch Erkältung schöpft und ein Hüstlein, der möge bedenken, daß einer das Lied sang, der selber in der Hunnenschlacht gefochten, und daß er's sang, die Locken umsaust vom Winde, der über die Schneefelder des Säntis gestrichen, viel hundert Klafter über den Niederungen des Tales, die Wolfshaut zum Mantel, den Felsblock der Höhle zum Schreibtisch, die Bärin zum Zuhörer.

Es ist schade, daß die neckenden Geister und Kobolde schon lange ihr frohsames Handwerk eingestellt haben, sonst möcht' es manch einem Schreibersmann unserer Tage nicht ungedeihlich sein, wenn ihn plötzlich unsichtbare Hände vom Mahagonitisch hinwegtrügen auf die grünen Matten der Ebenalp; – dort droben, wo der alte Mann in seiner Berggewaltigkeit dem Poeten in das Konzept schaut, wo die Abgründe gähnen, der Donner zwölffältig durch die Schluchten rollt und der Lämmergeier in einsam stolzem Kreisen dem Regenbogen zufliegt, dort muß einer etwas Großes, Kerniges, Bärenmäßiges singen oder reuig in die Knie sinken wie der verlorene Sohn und vor der gewaltigen Natur bekennen, daß er gesündigt – –

Unsere Erzählung neigt sich zum Ende.

Es wär' ihr vielleicht ein Gefallen geschehen, wenn Ekkehard jetzt nach Vollendung seines Sanges eines sänftlichen Todes verblichen wäre: das hätte einen gar rührenden Schluß gegeben, wie er oben vor seiner Höhle gesessen, den Blick nach dem Bodensee, die Harfe an den Fels gelehnt, die Pergamentrolle in der Rechten, und das Herz wär' ihm gebrochen, und es hätt' sich ein schön Gleichnis daran geknüpft, wie der Sänger vom Lodern des Geistes in ihm aufgezehrt ward und dahinstarb, gleich der Kerze, die zur Asche sich verzehrt, eben da sie Licht gewährt, – aber den Gefallen erwies Ekkehard seinem Angedenken bei der Nachwelt nicht.

Echte Dichtung macht den Menschen frisch und gesund. Und Ekkehards Wangen hatten sich in währender Arbeit strahlend gerötet, und es war ihm so wohl geworden, daß er oftmals den Arm ausstreckte, als woll' er einen Wolf oder Bären mit einem Schlag der Faust niederschmettern. Wie aber sein Walthari durch Not und Todeswunden glücklich zu Ende geführt war, da jubelte er, daß die Tropfsteine in seiner Höhle verwundert einander zublinzeln mochten, den Ziegen im Stall warf er eine doppelte Atzung an Futter zu, dem Handbuben aber übermachte er etliche Silberpfennige, daß er hinübersteige als Botenknabe nach Sennwald im Rheintal und einen Schlauch rötlichen Weines beschaffe. Es war damals wie jetzt: Ist das Buch zu End' gebracht, der Schreiber einen Freudsprung macht.[280]

Darum saß er abends auf der Ebenalp beim alten Senn und

trank ihm tapfer zu und nahm ihm das Alphorn vom Nacken und trat auf ein Felsstück und blies nach dem fernduftigen Hegauer Berggipfel hinüber, frohgewaltig, als wollt' er die Herzogin herausblasen auf den Söller, und Praxedis dazu, und wolle sie mit Lachen begrüßen.

»Wenn ich wieder auf die Welt käme«, sprach er zu seinem Freund, dem Alpmeister, »und hätte vom Himmel herniederzufallen und die Wahl wohin, ich glaube, ich ließ mich zum Wildkirchlein fallen und nirgend anders hin.«

»Ihr seid nicht der erste«, antwortete lachend der Alte, »dem's bei uns wohl behagt hat. Wie der Bruder Gottschalk noch lebte, sind einmal fünf welsche Mönche heraufgekommen zum Besuch, die haben ein besseres Weinlein mitgebracht, als das von Sennwald ist, und sind drei Tage oben geblieben und haben Sprünge gemacht, daß ihnen die Kutten zu Häupten flogen; erst wie es wieder bergab ging, haben sie das Antlitz in die gehörigen Falten gelegt, und einer hat noch eine lange Rede an unsere Herden gehalten: ›Ihr guten Ziegen, seid verschwiegen, der Abt von Novalese braucht nichts von unserer Geister Entrückung zu wissen.‹

Aber stehet mir einmal Rede, Bergbruder, was habt Ihr in diesen letzten Tagen so geduckt in Eurer Höhle zu sitzen gehabt? Ich hab' Euch wohl gesehen, wie Ihr viel Hakenfüße und Runen auf Eselshaut gezeichnet, Ihr habt doch keinen bösen Zauber vor gegen unsere Herden und Berge? Sonst ...« er sah ihn drohend an.

»Ich hab' ein Lied aufgeschrieben«, sprach Ekkehard.

Der Senn schüttelte das Haupt.

»Das Schreiben! das Schreiben!« brummte er. »Mich geht's nichts an, und der hohe Säntis wird, so Gott will, noch auf Enkel und Urenkel herabschauen, ohne daß sie wissen, wie man Griffel und Feder handhabt, aber das Schreiben kann unmöglich vom Guten sein. Der Mensch soll aufrecht einhergehen, wenn er ein Ebenbild Gottes sein will, wer aber schreibt, muß sitzen und den Rücken biegen, ist das nicht das Gegenteil von dem, was Gott angeordnet? Also muß es vom Teufel kommen.

Seht Euch vor, Bergbruder! und wenn Ihr mir noch einmal geduckt in Eurer Höhle sitzen wollet wie ein Murmeltier und schreiben – beim Strahl! ich fahr' Euch als Alpmeister dazwischen und reiß Euch Eure Blätter in Fetzen, daß sie der Wind verweht in die Tannenwipfel. Ordnung muß sein hier oben und einfach Wesen, wir leiden nichts Ausgespitztes!«

»Ich will's nicht wieder tun«, sagte Ekkehard lachend und reichte ihm die Hand.

Der brave Alpmeister war am Sennwalder Rotwein warm geworden.

»Und bei Donner und Blitz«, schalt er weiter, »was soll das heißen, ein Lied aufschreiben? Narrenpossen! Schreibt's einmal auf, wenn Ihr könnt!«

Er hub einen Jodelgesang an in so unmoduliert gröblichen Naturlauten, daß auch das geübteste Ohr einen mit Wort oder Schriftzug vorzustellenden Ton vergeblich darin zu entdecken vermocht hätte.

– – Zur selben Stunde saß zu Passau an der Donau im reblaubumhangten Gartenstüblein der Bischofspfalz ein Mann in der Frische sprossenden Mannesalters vor einem steingehauenen Tisch. Ein unnennbar feiner Zug lag um den von braunem Bart überdeckten Mund, üppige Locken wallten unter dem samtnen Barett herfür, seine dunkeln Augen folgten dem Zuge der schreibenden Rechten. Zwei blonde Knaben stunden neugierig an der hölzernen Armlehne seines Stuhles und schauten ihm über die Schulter ... es war schon manch ein Blatt beschrieben von Fahrten und Stürmen und Not und tapferer Helden Tod – er schrieb jetzo am letzten. Und dauerte nicht lang, so tat er die Feder weg und trank einen tiefen ernsten Schluck ungarischen Weines aus dem spitzen Pokal.

»Ist's jetzt fertig?« sprach der eine Knabe.

»Es ist fertig!« nickte der Schreibersmann, »alles fertig, wie es sich hub und wie es kam und wie es ein bitter Ende nahm.«

Er reichte ihm die Blätter, und jubelnd sprangen die Knaben zu ihrem Ohm, dem Bischof Pilgerim, und wiesen ihm die Schrift »Und du selber stehst auch drin, teurer Oheim,« riefen sie, ›der Bischof mit seiner Nichte ritt auf Passau an‹ – zweimal stehst du drin und dreimal!«

Und Pilgerim, der Bischof, strich seinen weißen Bart und sprach: »Ihr dürft euch freuen, liebe Neffen, daß euch der Konrad die Mär gebrieft, und wenn der Donaustrom drei Tage und drei Nächte mit Gold fließen wollte, ihr möchtet nichts Kostbareres drin fischen, denn diesen Sang; das ist die größeste Geschichte, die auf der Welt je geschah.«

Der Schreibersmann aber stund mit verklärtem Antlitz unter dem Rebgerank' und Geißblattgewinde des Gartens und schaute in die welken roten Blätter, die der Herbst von den Zweigen geschüttelt, und schaute hinab in die flutende Donau, und im rechten Ohr hub sich ihm ein helles Klingen, denn zu derselbigen Zeit hatte Ekkehard auf luftiger Alpenhöhe eine hölzerne Schale mit Wein gefüllt und zum alten Senn gesprochen: »Ich hab' einst einen guten Gesellen gehabt, einen bessern findet man in keines Herren Land, der hieß Konrad; und mit Frauenlieb' und Weltruhm ist's nichts; aber der alten Freundschaft bleib' ich zu Dank verpflicht't bis in den Tod, Ihr sollt mit mir sein Wohl trinken, das ist einer, der würde dem Säntis Freud' machen, wenn er hier wäre!« Und der Senn hatte die Schale geleert und gesagt: »Bergbruder, ich glaub's Euch. Er soll leben!«

Darum erklang dem Mann in Passau sein Ohr; er aber wußte nicht warum. Und sein Ohr klang noch, da kam der Bischof Pilgerim einhergewandelt, und hinter ihm brachte der Stallmeister ein weiß Rößlein, das war altersschwach und schäbig, und wenn man ihm näher ins Gesicht schaute, war's auch am linken Aug' blind, und der Bischof nickte mit seiner spitzen Inful und sprach gnädiglich: »Meister Konrad, was Ihr meinen Neffen zuliebe geschrieben, sollt Ihr nicht umsonst geschrieben haben, mein erprobtes Streitroß sei Euer!«

Da zuckte der Meister Konrad wehmütig lächelnd die feinen Lippen und dachte: »Es geschieht mir schon recht, warum bin ich ein Dichter worden!« laut aber sprach er: »Gott lohn's Euch, Herr Bischof, Ihr werdet mir wohl ein paar Tage Urlaub schenken zum Ausruhen von der Arbeit.«

Und er streichelte das alte weiße Rößlein und schwang sich darauf, ohne eine Antwort abzuwarten, und saß stolz und anmutsvoll im Sattel und brachte sein demütig Tier noch zu einem leidlichen Trab und ritt von dannen.

»Ich will meinen besten Stoßfalken gegen ein Paar Turteltauben verloren geben«, sprach der ältere der Knaben, »wenn er nicht wiederum nach Bechelaren reitet zur Markgrafsburg. Er hat immer gesagt: ›So gut ich meinen gnädigen Herrn, den Bischof, ins Lied hereinsetze, kann ich auch der Frau Markgräfin Gotelinde und ihrer schönen Tochter drin ein Denkmal aufrichten; die danken mir's doch am feinsten!‹«

Derweil war der Meister Konrad schon dem Tore der Bischofspfalz entritten; er schaute sehnsüchtig donauabwärts und hub an mit heller Stimme zu singen:

»Da sprach unverhohlen derselbe Fiedelmann:
›O Markgraf, reicher Markgraf, Gott hat an Euch getan
Nach allen seinen Gnaden, hat er Euch doch gegeben
Ein Weib, ein so recht schönes, dazu ein wonniglich Leben.
Und wär' ich nun ein König‹, fing er wieder an,
›Und sollte Kronen tragen, zum Weibe nähm' ich dann
Eure schöne Tochter, die wünschte sich mein Mut,
Sie ist so süß zu schauen, so minniglich ...‹«

aber bei diesen Worten wirbelte ihm eine Staubwolke entgegen, daß seine Augen unfreiwillig in Tränen standen und sein Gesang verstummte.

Die Strophen waren aus dem Werke, wofür ihn der Bischof soeben gelohnt; das war ein Heldenbuch in deutscher Sprache und hieß: »der Nibelungen Lied!« ...[281]

– Mählich ging's in den Herbst hinein. Und wenn der auch abendlich ein glühender Rot an die Himmelswölbung malt als andere Jahreszeit, so kommen doch kühle Lüfte in seinem Gefolg', daß, wer festgesiedelt auf den Alpen, sich anschickt, zu Tal zu fahren, und kein Wolfspelz vor fröstelndem Klappern der Zähne schützt.

Frischer Schnee glänzte auf allen Kuppen und gedachte für dieses Jahr nimmer zu zergehen. Ekkehard hielt den Sennen die letzte Bergpredigt. Hernach streifte Benedikta an ihm vorbei. »Jetzt ist's aus mit unserer Herrlichkeit da oben«, sprach sie, »morgen zieht Mensch und Tier ins Winterfutter. Wo geht Ihr hin, Bergbruder?«

Die Frage fiel ihm schwer aufs Herz.

»Ich bliebe am liebsten hier«, sprach er. Benedikta lachte hell auf. »Man merkt«, sagte sie, »daß Ihr noch keinen Winter oben versessen habt, sonst würd' es Euch nach keinem zweiten gelüsten. Ich möcht' Euch wohl sehen, eingeschneit im Bruderhäuslein, und die Kälte schleicht durch alle Ritzen, daß Ihr zittert wie ein Espenlaub, die Lawinen krachen rings umher, und die Eiszapfen wachsen Euch in den Mund herein ... Und wenn Ihr einmal zu Tal wollet und etwas zu essen holen, da liegt der Schnee haushoch auf dem Pfad, ein Schritt – und Ihr sinkt bis ans Knie ein, ein zweiter – traladibidibidib, so ragt nur noch die Kapuze hervor, und man sieht von der schwarzen Kutte nicht mehr als von einer Fliege, die in die Milchsuppe gefallen ist ... Und dieses Jahr hat's gar so viel Spiegelmeisen gehabt, das gibt einen strengen Winter! Hu, wie freu' ich mich auf die langen Abende, da sitzen wir beim Kienspanlicht um den warmen Ofen und spinnen Flachs, das Rädlein knurrt, das Feuer brummt, und wir erzählen die schönsten Geschichten, und wer ein braver Bub ist, darf zuhören. Es ist schad, daß Ihr kein Senn geworden seid, Bergbruder, ich würde Euch auch mitnehmen zur Stubeten.«

»Es ist schade«, sprach Ekkehard.

Folgenden Tages ging's in festlichem Zuge talab. Der alte Senn hatte sein feinstes Linnen angetan und sah vergnügt drein wie ein Patriarch; die rundliche Lederkappe auf dem Haupt, den schönsten Melknapf über der linken Schulter schritt er voraus und sang den Kuhreigen jugendhell und tapfer, ihm folgten Benediktas Ziegen, die Plänkler der großen Heerschar, die Hirtin mit ihnen, die letzten Alpenrosen mit schon vergilbten Blättern ins dunkle Gelock geflochten. Jetzt kam die schwarzgefleckte große Susanna, die Königin der Herde, als Zeichen des Vorrangs die schwere Glocke um den Hals; ehrbar und stolz war ihr Gang, und wenn eine der Nachfolgenden ihr vorauszuschreiten wagte, so warf sie ihr einen verächtlichen hornstoßdrohenden Blick zu, daß die Anmaßende erschrocken zurückwich. Schwerfällig schritten die anderen bergab: »Ade, du schmackhaft Alpengras, du fröhlich Wiederkäuen!« dachte manch ein fettgeworden Kühlein und knickte sich im Vorbeistreifen noch die letzten Blumen am Pfade.

Der Stier trug den einfüßigen Melkstuhl zwischen den Hörnern, auf des Gewaltigen Rücken saß der Handbub verkehrt und hielt die ausgestreckten Finger beider Hände an seine nicht allzu fein geformte Nase und rief zu den Berggipfeln hinauf: »Der Sommer ist gegangen und hat den Herbst gebracht, jetzt wünschen wir einand' eine gute, gute Nacht; ihr stille schneeige Herren, lebt wohl itzt allerseit, ich wünsch' euch wohl zu schlafen die ganze Winterzeit!« Ein Schlitten mit der Sennhütte Geschirr und Ausrüstung schloß den Zug.

Und Sennen und Herde und Ziegen verschwanden im Tannenwald, verhallend tönte Hirtenklang und Schellengeläut aus der Ferne, dann ward's still und einsam wie in jener Abendstunde, da Ekkehard zuerst vor dem Kreuz des Wildkirchleins gekniet war. Er trat in seine Klause. Es war ihm in seinem stillen Bergleben klar geworden, daß die Einsamkeit nur eine Schule fürs Leben ist, nicht das Leben selbst, und daß wertlos verderben muß, wer in der grimmen Welt immerdar nur müßig in sich hineinschauen will.

»Es hilft nicht«, sprach er, »auch ich muß wieder zu Tale. Der Schnee weht zu kalt, und ich bin zu jung, kann kein Einsiedel bleiben.

Fahr wohl, du hoher Säntis, der treu um mich gewacht,
Fahr wohl, du grüne Alpe, die mich gesund gemacht!
Hab' Dank für deine Spenden, du heil'ge Einsamkeit,
Vorbei der alte Kummer – vorbei das alte Leid.
Geläutert war das Herze, und Blumen wuchsen drin:
Zu neuem Kampf gelustig steht nach der Welt mein Sinn.
Der Jüngling lag in Träumen, dann kam die dunkle Nacht;
In scharfer Luft der Berge ist jetzt der Mann erwacht!«

Er griff seine Reisetasche und legte seine wenige Habe drein. Sein Teuerstes, das Waltharilied, sorgsam umhüllt, tat er oben drauf; ein Lächeln umspielte sein Antlitz, wie er noch etliche Gerätschaften umherstehen sah. Auf dem Felsrand stund die halbausgeschriebene Flasche mit Schreibsaft, die griff er und warf sie hinaus in die Tiefe, daß sie in glitzernde Splitter zerschmettert ward. Die dreieckige Harfe lehnte wehmütig an der Rasenbank vor der Höhle: »Du sollst zurückbleiben und dem, der nach mir kommt, seine stillen Stunden versüßen«, sprach er. »Aber kling ihm nicht matt und nicht süß, sonst mög' es aus den Tropfsteinen in deine Saiten träufeln, daß sie einrosten, und der Sturm von den Gletschern drüber fahren, daß sie bersten!

Ich hab' ausgesungen.«

Er hängte die Harfe an einen Nagel.

In währender Klausnerzeit hatte er sich einen starken Bogen geschnitzt, Köcher und Pfeile waren noch aus Gottschalks Nachlaß droben, die nahm er jetzt als gut Gewaffen zur Hand, – gerüstet, im Wolfsmantel stand er vor der Klause und tat noch einen langen, langen Blick nach der Stätte glücklicher Sommerfrische und hinüber zu den vielteuern Gipfeln und hinunter, wo aus dem Tannendunkel der Seealpsee meergrün aufglänzte. Es war so schön wie immer. Der Mauerspecht, der die gleiche Bergritze zu seiner Behausung erkoren, flog ihm traulich auf die Schulter und pickte ihm mit hämmerndem Schnabel die Wangen, dann schwang er sein schwarzrot Gefieder hinauf in die blauen Lüfte, als woll' er dem hohen Säntis des Einsiedels Abzug vermelden.

Aber Ekkehard stieß seinen Speer auf und wandelte den gewohnten schwindelnden Pfad hinunter. An der Felswand zum Äscher hielt er noch einmal und winkte hinauf zu seiner Siedelei und tat einen Jodelruf, daß es am Kamor erklang und am hohen Kasten und rollender Widerhall an der Maarwiese vorbeizog, bis in die fernsten Winkel des Gebirges. »Der kann's!« sprach ein heimkehrender Hirt unten im Tal zu seinem Gefährten.

»Schier wie ein Geißbub!« sagte der andere, als Ekkehard jenseits der Felswand verschwand.

– – Der aufgehende Tag hatte schon etlichemal seine Strahlen auf das Wildkirchlein geworfen, das traurig einem verlassenen Nest gleich ins Tal hinunterschaute. Der Bergbruder kam nimmer zurück.

Am Bodensee rüstete man zur Weinlese. An einem milden Abend saß Frau Hadwig im Gärtlein ihrer Burg, die treue Praxedis zur Seite. Die Griechin hatte unerquickliche Zeiten. Ihre Gebieterin war verstimmt, mißzufrieden, unzugänglich. Auch heute wollte ein Gespräch nicht gelingen. Es war ein schlimmer Gedächtnistag.

»Heute ist's ein Jahr«, hub Praxedis scheinbar gleichgültig an, »daß wir über den Bodensee fuhren und beim heiligen Gallus ansprachen.« Die Herzogin schwieg. – »Es ist viel geschehen seitdem«, wollte Praxedis beifügen – das Wort verhauchte auf den Lippen.

»Wißt Ihr auch, gnädige Herrin, was die Leute von Ekkehard sagen?« fuhr sie nach geraumer Weile fort.

Frau Hadwig schaute auf. Es zuckte um ihre Lippen. »Was sagen die Leute?« sprach sie gleichgültig.

»Herr Spazzo hat neulich den Abt von Reichenau getroffen«, erzählte Praxedis, »der sagte: ›Wisset Ihr auch etwas Neues? Den Alpen ist Heil widerfahren, das Joch des Säntis ertönt von Lyraklang und Dichtergezwitscher, ein neuer Homer hat sich droben eingenistet, und wenn er wüßte, in welchen Höhlen die Musen hausen, so könnt' er ihren Reigen anführen wie ein cynthischer Apollo.‹[282] Und wie Herr Spazzo kopfschüttelnd erwiderte: ›Was geht das mich an?‹ da sprach der Abt: ›Es ist Euer Ekkehard, aus der Klosterschule von Sankt Gallen hat's die Fama zu uns getragen.‹ Herr Spazzo hat lachend dazu gesagt: ›Wie kann der singen, der nicht einmal erzählen kann?‹«

Die Herzogin war aufgestanden. »Schweig!« sprach sie, »ich will nichts davon wissen.« Praxedis kannte das Zeichen ihrer Hand und ging betrübt von dannen.

Frau Hadwigs Herz aber dachte anders, als ihre Zunge sprach. Sie trat an des Gärtleins Mauerwehr und schaute hinüber nach den helvetischen Bergen. Dämmerung war eingebrochen, schwerfällige lange stahlgraue Wolkenstreifen standen unbeweglich über dem Abendrot, wie darauf genagelt, das zitterte und flammte wehmütig drunter vor. Im Rinnen und Zerrinnen des letzten Tagesstrahls ward auch ihr Denken weich. Ihr Auge blieb drüben auf dem Säntis haften, – es war ihr, als hätte sie eine Erscheinung, als täte sich der Himmel auf und seine Engel kämen durch die Lüfte gefahren und senkten sich hernieder zu jenen Höhen und brächten einen Mann getragen im wohlbekannten Mönchsgewand – und der Mann war blaß und tot und ein Lichtglanz, schön und lauter, umschwebte das luftige Geleit ...

Aber Ekkehard war nicht gestorben.

Ein zischender leiser Ton schreckte die Herzogin auf, ihr Auge streifte an dem Felsabhang vorüber, über den einst der Gefangene entronnen, eine dunkle Gestalt entschwand im Schatten, ein Pfeil kam über Frau Hadwigs Haupt geflogen und sank langsam zu ihren Füßen nieder.

Sie hob das wundersame Geschoß auf. Nicht Feindeshand hatte es dem Bogen entschnellt, feine Blätter Pergamentes waren um den Schaft gewunden, die Spitze umhüllt mit einem Kränzlein von Wiesenblumen. Sie löste die Blätter und kannte die Schrift.

Es war das Waltharilied. Auf dem ersten Blatt stund mit blaßroten Buchstaben geschrieben: *»Der Herzogin von Schwaben ein Abschiedsgruß!«* und dabei stund der Spruch des Apostels Jakobus: *»Selig der Mann, der die Prüfung bestanden!«*

Da neigte die stolze Frau ihr Haupt und weinte bitterlich.

Hier endet unsere Geschichte.

Ekkehard zog in die weite Welt, er hat den hohen Twiel nimmer gesehen, auch sein Kloster Sankt Gallen nicht. Er hatte sich zwar überlegt, ob er nicht bußfertig wieder eintreten wolle, wie er von den Alpen niedersteigend den bekannten Mauern nahe gekommen war. Aber es fiel ihm ein Sprichwort seines alten Alpmeisters ein: »wenn einer lang Senn war, wird er nimmer gern Handbub« – und er ging vorbei. Man hat später am

Hofe der sächsischen Kaiser viel von einem Ekkehard gehört, der ein stolzer, trotziger, in sich gekehrter Mann gewesen, bei frommem Gemüt von tiefer Verachtung der Welt beseelt, aber lebensfrisch und gewandt, in jeglicher Kunst erfahren. Er war des Kaisers Kanzler, erzog dessen jugendlichen Sohn, sein Rat galt viel in des Reichs Geschäften. »In kurzem«, schreibt ein Geschichtsschreiber von ihm, »erschien er ihnen als ein so Hervorragender, daß es durch aller Mund ging, sein warte noch die höchste Würde der Kirche.«

Die Kaiserin Adelheid wandte ihm ihre volle Hochachtung zu.[283] Er war auch einer der Hauptursächer, daß der übermütige Dänenkönig Knut mit Heeresmacht überzogen ward.

Es ist unbekannt, ob dies derselbe Ekkehard war, von dem unsere Geschichte erzählte.

Andere haben auch behauptet, es seien mehrere des Namens Ekkehard im Kloster Sankt Gallen gewesen, und der den Walthari dichtete, sei nicht der nämliche, der die Herzogin Hadwig des Lateins unterwies. Aber wer der Geschichte, die wir jetzt glücklich zu Ende geführt, aufmerksam folgte, weiß das besser. –

Von den weiteren Schicksalen der übrigen, die unsere Erzählung in buntem Wechsel der Gestalten vor des Lesers Auge gestellt hat, ist wenig zu berichten.

Die Herzogin Hadwig vermählte sich nicht wieder und erreichte in frommem Witwenstand ein hohes Alter. Sie stiftete später ein bescheidenes Kloster auf dem hohen Twiel und vergabte ihm ihre Güter in alemannischen Landen. Über Ekkehard durfte in ihrer Gegenwart nie wieder gesprochen werden; aber das Waltharilied ward fleißig von ihr gelesen und war ihre stete Trösteinsamkeit; nach einer unverbürgten Aussage der Mönche von Reichenau soll sie es sogar fast ganz auswendig gewußt haben.

Praxedis diente ihrer Herrin noch etliche Jahre getreu, aber mählich und mählich stieg eine unbezwingliche Sehnsucht nach ihrer sonnigen farbenprächtigen Heimat in ihr auf, und sie behauptete, die schwäbische Luft nimmer ertragen zu können.

Reich beschenkt, ward sie von der Herzogin verabschiedet; Herr Spazzo, der Kämmerer, gab ihr ein ritterlich ehrsam Geleite bis gen Venetia. Eine griechische Galeere trug die immer noch anmutige Jungfrau von der Stadt des heiligen Markus gen Byzantium. Die Erzählungen, die sie dort machte vom Bodensee und den wilden treuen Barbarenseelen[284] an seinen Ufern, wurden von sämtlichen Kammerfrauen am griechischen Kaiserhof mit bedenklichem Kopfschütteln aufgenommen, als spräche sie von einem verzauberten Meer und einem Lande der Fabel.

Moengal, der Alte, sorgte noch eine geraume Zeit für das Seelenheil seiner Pfarrkinder. Als die Hunnen wieder mit räuberischem Einfall drohten, beschäftigte er sich lange mit einem Plan zu ihrem Empfang. Er schlug vor, auf dem Blachfeld etliche hundert tiefe Fallgruben zu graben, sie mit Baumzweigen und Farrenkraut zu überdecken und hinter ihnen in Schlachtordnung den ansprengenden Feind zu erwarten, auf daß Roß und Reiter in jähem Sturz zu Schanden würden. Die schlimmen Gäste ließen sich aber nicht wieder im Hegau blicken und ersparten dem Leutpriester das Vergnügen, ihnen mit wuchtigen Keulenschlägen die Schädel zu zertrümmern. Ein sanfter Tod ereilte den alten Weidmann, als er gerade von einer wohlgelungenen Falkenjagd auszuruhen gedachte.

Auf seinem Grab im Schatten der grauen Pfarrkirche wuchs eine Stechpalme, die ward so knorrig und groß, wie man früher keine gesehen, daß die Leute sagten, es müsse ein Ableger von ihres Pfarrherrn braver Keule Cambutta sein.

Audifax, der Ziegenhirt, lernte die Goldschmiedekunst und zog hinüber nach Konstanz an des Bischofs Sitz und schuf viel schöne Arbeiten. Er führte die Gefährtin seines Abenteuers als angetrautes Ehgemahl heim, die Herzogin war der Taufpate ihres ersten Söhnleins.

Burkard, der Klosterschüler, ward ein gefeierter Abt des sanktgallischen Gotteshauses[285] und verfertigte bei feierlichen Anlässen noch manches Dutzend gelehrter lateinischer Verse, mit denen jedoch, dank der zerstörenden Unbill der Zeit, die Nachwelt verschont geblieben ist.

... Und alle sind längst Staub und Asche, die Jahrhunderte sind in raschem Flug über die Stätten weggebraust, wo ihre Geschicke sich abspannen, und neue Geschichten haben die alten in Vergessenheit gebracht.

Der hohe Twiel hat noch vieles erleben müssen in Kriegs- und Friedensläuften; zu manch einem tapferen Reiterstücklein ward aus seinen Toren geritten, und manch ein gefangener Mann trauerte in seinen Gewölben, bis auch der stolzen Feste ihr Stündlein schlug und an einem schönen Maientag der Berg in seinem Innersten zusammenschütterte und, von Feindeshand gesprengt, Turm und Mauer in die Lüfte flog.

Jetzo ist's still auf jenem Gipfel, die Ziegen weiden friedlich unter den riesigen Trümmerstücken, – aber über dem glänzenden Bodensee grüßt der Säntis aus blauer Ferne so anmutig und groß herüber wie vor viel hundert Jahren, und es ist immer noch ein vergnüglich Geschäft, ins schwellende Gras gelagert eine Umschau zu halten über das weite Land.

Und der dies Büchlein niedergeschrieben, ist selber manch einen guten Frühlingsabend droben gesessen, ein einsamer fremder Gast, und die Krähen und Dohlen flatterten höhnisch um ihn herum, als wollten sie ihn verspotten, daß er so allein sei, und haben nicht gemerkt, daß eine bunte und ehrenwerte Gesellschaft um ihn versammelt war, denn in den Trümmern des Gemäuers standen die Gestalten, die der Leser im Verlauf unserer Geschichte kennen gelernt, und erzählten ihm alles, wie es sich zugetragen, haarscharf und genau, und winkten ihm freundlich, daß er's aufzeichne und ihnen zu neuem Dasein verhelfe im Gedächtnis einer spätlebenden eisenbahndurchsausten Gegenwart.

Und wenn es ihm gelungen ist, auch dir, vielteurer Leser, der du geduldig ausgehalten bis hieher, ein anschaulich Bild zu entwerfen von jener fernen abgeklungenen Zeit, so ist er für seine Mühe und einiges Kopfweh reichlich entschädigt. Gehab' dich wohl und bleib ihm fürder gewogen!

Nachwort

Dies Buch ward verfaßt in dem guten Glauben, daß es weder der Geschichtschreibung noch der Poesie etwas schaden kann, wenn sie innige Freundschaft miteinander schließen und sich zu gemeinsamer Arbeit vereinen.

Seit Jahrzehnten ist die Hinterlassenschaft unserer Vorfahren Gegenstand allseitiger Forschung; ein Schwarm fröhlicher Maulwürfe hat den Boden des Mittelalters nach allen Richtungen durchwühlt und in fleißiger Bergmannsarbeit eine solche Masse alten Stoffes zu Tage gefördert, daß die Sammelnden oft selber davor erstaunten; eine ganze schöne in sich abgeschlossene Literatur, eine Fülle von Denkmalen bildender Kunst, ein organisch in sich aufgebautes politisches und soziales Leben liegt ausgebreitet vor unseren Augen. Und doch ist es all der guten auf diese Bestrebungen gerichteten Kraft kaum gelungen, die Freude am geschichtlichen Verständnis auch in weitere Kreise zu tragen; die zahllosen Bände stehen ruhig auf den Brettern unserer Bibliotheken, da und dort hat sich schon wieder gedeihliches Spinnweb angesetzt, und der Staub, der mitleidlos alles bedekkende, ist auch nicht ausgeblieben, so daß der Gedanke nicht zu den undenkbaren gehört, die ganze altdeutsche Herrlichkeit, kaum erst ans Tageslicht zurückbeschworen, möchte eines Morgens, wenn der Hahn kräht, wieder versunken sein in Schutt und Moder der Vergessenheit, gleich jenem gespenstigen Kloster am See, von dem nur ein leise klingendes Glöcklein tief unter den Wellen dunkle Kunde gibt.

Es ist hier nicht der Ort, zu untersuchen, inwiefern der Grund dieser Entscheidung dem Treiben und der Methode unserer Gelehrsamkeit beizumessen.

Das Sammeln altertümlichen Stoffes kann wie das Sammeln von Goldkörnern zu einer Leidenschaft werden, die zusammenträgt und zusammenscharrt, eben um zusammenzuscharren, und ganz vergißt, daß das gewonnene Metall auch gereinigt, umgeschmolzen und verwertet werden soll. Denn was wird sonst erreicht?

Ein ewiges Befangenbleiben im Rohmaterial, eine Gleichwertschätzung des Unbedeutenden wie des Bedeutenden, eine Scheu vor irgendeinem fertigen Abschließen, weil ja da oder dort noch ein Fetzen beigebracht werden könnte, der neuen Aufschluß gibt, und im ganzen – eine Literatur von Gelehrten für Gelehrte, an der die Mehrzahl der Nation teilnahmslos vorübergeht und mit einem Blick zum blauen Himmel ihrem Schöpfer dankt, daß sie nichts davon zu lesen braucht.

Der Schreiber dieses Buches ist in sonnigen Jugendtagen einstmals mit etlichen Freunden durch die römische Campagna gestrichen. Da stießen sie auf Reste eines alten Grabmals, und unter Schutt und Trümmern lag auch, von graugrünem Akanthus überrankt, ein Haufe auseinandergerissener Mosaiksteine, die ehedem in stattlichem Bild und Ornamentenwerk des Grabes Fußboden geschmückt. Es erhub sich ein lebhaftes Gespräch darüber, was all die zerstreuten gewürfelten Steinchen in ihrem Zusammenhang dargestellt haben mochten. Einer, der ein Archäolog war, hob die einzelnen Stücke gegens Licht und prüfte, ob weißer, ob schwarzer Marmor; ein anderer, der sich mit Geschichtforschung plagte, sprach gelehrt über Grabdenkmale der Alten, – derweil war ein dritter schweigsam auf dem Backsteingemäuer gesessen, der zog sein Skizzenbuch und zeichnete ein stolzes Viergespann mit schnaubenden Rossen und Wettkämpfern und viele schöne jonische Ornamentik darum; er hatte in der Ecke des Fußbodens einen unscheinbaren Rest des alten Bildes erschaut: Pferdefüße und eines Wagenrades Fragmente, da stand das Ganze klar vor seiner Seele, und er warf's mit kecken Strichen hin, derweil die andern in Worten kramten …

Bei jener Gelegenheit war einiger Aufschluß zu gewinnen über die Frage, wie mit Erfolg an der geschichtlichen Wiederbelebung der Vergangenheit zu arbeiten sei.

Gewißlich nur dann, wenn einer schöpferisch wiederherstellenden Phantasie ihre Rechte nicht verkümmert werden, wenn der, der die alten Gebeine ausgräbt, sie zugleich auch mit dem Atemzug einer lebendigen Seele anhaucht, auf daß sie sich heben und kräftigen Schrittes als auferweckte Tote einherwandeln.

In diesem Sinn nun kann der historische Roman das sein, was in blühender Jugendzeit der Völker die epische Dichtung: ein Stück nationaler Geschichte in der Auffassung des Künstlers, der im gegebenen Raume eine Reihe Gestalten scharfgezeichnet und farbenhell vorüberführt, also daß im Leben und Ringen und Leiden der einzelnen zugleich der Inhalt des Zeitraumes sich wie zum Spiegelbild zusammenfaßt.

Auf der Grundlage historischer Studien das Schöne und Darstellbare einer Epoche umspannend, darf der Roman auch wohl verlangen, als ebenbürtiger Bruder der Geschichte anerkannt zu werden, und wer ihn achselzuckend als das Werk willkürlicher und fälschender Laune zurückweisen wollte, der mag sich dabei getrösten, daß die Geschichte, wie sie bei uns geschrieben zu werden pflegt, eben auch nur eine herkömmliche Zusammenschmiedung von Wahrem und Falschem ist, der nur zu viel Schwerfälligkeit anklebt, als daß sie es, wie die Dichtung, wagen darf, ihre Lücken spielend auszufüllen.

Wenn nicht alle Zeichen trügen, so ist unsere Zeit in einem eigentümlichen Läuterungsprozeß begriffen.

In allen Gebieten schlägt die Erkenntnis durch, wie unsäglich unser Denken und Empfinden unter der Herrschaft der Abstraktion und der Phrase geschädigt worden; da und dort Rüstung zur Umkehr aus dem Abgezogenen, Blassen, Begrifflichen zum Konkreten, Farbigen, Sinnlichen, statt müßiger Selbstbeschauung des Geistes Beziehung auf Leben und Gegenwart, statt Formeln und Schablonen naturgeschichtliche Analyse, statt der Kritik schöpferische Produktion, und unsere Enkel erleben vielleicht noch die Stunde, wo man von manchem Koloß seitheriger Wissenschaft mit der gleichen lächelnden Ehrfurcht spricht, wie von den Resten eines vorsintflutlichen Riesengetiers, und wo man ohne Gefahr, als Barbar verschrien zu werden, behaupten darf, in einem Steinkrug alten Weines ruhe nicht weniger Vernunft als in mancher umfangreichen Leistung formaler Weisheit.

Zur Herstellung fröhlicher, unbefangener, von Poesie verklärter Anschauung der Dinge möchte nun auch die vorliegende Arbeit einen Beitrag geben, und zwar aus dem Gebiet unserer deutschen Vergangenheit.

Unter dem unzähligen Wertvollen, was die großen Folianten der von Pertz herausgegebenen *Monumenta Germaniae* bergen, glänzen gleich einer Perlenschnur die sanktgallischen Klostergeschichten, die der Mönch Ratpert begonnen und Ekkehard der Jüngere (oder, zur Unterscheidung von drei gleichnamigen Mitgliedern des Klosters der Vierte benannt) bis ans Ende des zehnten Jahrhunderts fortgeführt hat. Wer sich durch die unerquicklichen und vielfältig dürren Jahrbücher anderer Klöster mühsam durchgearbeitet hat, mag mit Behagen und innerem Wohlgefallen an jenen Aufzeichnungen verweilen. Da ist trotz mannigfacher Befangenheit und Unbehilflichkeit eine Fülle anmutiger, aus der Überlieferung älterer Zeitgenossen und den Berichten von Augenzeugen geschöpfter Erzählungen, Personen und Zustände mit groben, aber deutlichen Strichen gezeichnet, viel unbewußte Poesie, treuherzige brave Welt- und Lebensansicht, naive Frische, die dem Niedergeschriebenen überall das Gepräge der Echtheit verleiht, selbst dann, wenn Personen und Zeiträume etwas leichtsinnig durcheinander gewürfelt worden und ein handgreiflicher Anachronismus dem Erzähler gar keinen Schmerz verursacht.

Ohne es aber zu beabsichtigen, führen jene Schilderungen zugleich über die Schranken der Klostermauern hinaus und entrollen das Leben und Treiben, Bildung und Sitte des damaligen alemannischen Landes mit der Treue eines nach der Natur gemalten Bildes.

Es war damals eine vergnügliche und einen jeden, der ringende, unvollendete aber gesunde Kraft geleckter Fertigkeit vorzieht, anmutende Zeit im südwestlichen Deutschland. Anfänge von Kirche und Staat bei namhafter aber gemütreicher Roheit der bürgerlichen Gesellschaft, – der aller spätern Entwicklung so gefährliche Geist des Feudalwesens noch harmlos im ersten Entfalten, kein geschraubtes, übermütiges und geistreich schwächliches Rittertum, keine üppige unwissende Geistlichkeit, wohl aber ehrliche grobe Gesellen, deren sozialer Verkehr zwar oftmals in einem sehr ausgedehnten System von Verbal- und Realinjurien bestand, die aber in rauher Hülle einen tüchtigen, für alles Edle empfänglichen Kern bargen, – Gelehrte, die morgens den Aristoteles verdeutschen und abends zur Erholung auf die Wolfsjagd ziehen, vornehme Frauen, die für das Studium der Klassiker begeistert sind, Bauern, in deren Erinnerung das Heidentum ihrer Vorväter ungetilgt neben dem neuen Glauben fortlebt, – überall naive, starke Zustände, denen man ohne rationalistischen Ingrimm selbst ihren Glauben an Teufel und Dämonenspuk zugute halten darf. Dabei zwar politische Zerklüftung und Gleichgültigkeit gegen das Reich, dessen Schwerpunkt sich nach Sachsen übertragen hatte, aber tapferer Mannesmut im Unglück, der selbst die Mönche in den Klosterzellen stählt, das Psalterbuch mit dem Schwert zu vertauschen und gegen die ungarische Verwüstung zu Feld zu rücken, – trotz reichlicher Gelegenheit zur Verwilderung eine dem Studium der Alten mit Begeisterung zugewandte Wissenschaft, die in den zahlreich besuchten Klosterschulen eifrige Jünger fand und in ihren humanen Strebungen an die besten Zeiten des sechzehnten Jahrhunderts erinnert, leises Emporblühen der bildenden Künste, vereinzeltes Aufblitzen bedeutender Geister, vom Wust der Gelehrsamkeit unerstickte Freude an der Dichtung, fröhliche Pflege nationaler Stoffe, wenn auch meist in fremdländischem Gewand.

Kein Wunder, daß es dem Verfasser dieses Buches, als er bei Gelegenheit anderer Studien über die Anfänge des Mittelalters mit dieser Epoche vertraut wurde, erging wie einem Manne, der nach langer Wanderung durch unwirtsames Land auf eine Herberge stößt, die, wohnsam und gut bestellt in Küche und Keller, mit liebreizender Aussicht vor den Fenstern, alles bietet, was sein Herz begehrt.

Er begann, sich häuslich drin einzurichten und durch mannigfaltige Ausflüge in verwandtes Gebiet sich möglichst vollständig in Land und Leute einzuleben.

Den Poeten aber ereilt ein eigenes Schicksal, wenn er sich mit der Vergangenheit genau bekannt macht.

Wo andere, denen die Natur gelehrtes Scheidewasser in die Adern gemischt, viel allgemeine Sätze und lehrreiche Betrachtungen als Preis der Arbeit herausätzen, wachsen ihm Gestalten empor, erst von wallendem Nebel umflossen, dann klar und durchsichtig, und sie schauen ihn ringend an und umtanzen ihn in mitternächtigen Stunden und sprechen: Verdicht' uns!

So kam es auch hier. Aus den naiven lateinischen Zeilen jener Klostergeschichten hob und baute es sich empor wie Turm und Mauern des Gotteshauses Sankt Gallen, viele altersgraue ehrwürdige Häupter wandelten in den Kreuzgängen auf und ab, hinter den alten Handschriften saßen die, die sie einst geschrieben, die Klosterschüler tummelten sich im Hofe, Horasang ertönte aus dem Chor und des Wächters Hornruf vom Turme. Vor allen anderen aber trat leuchtend hervor jene hohe gestrenge Frau, die sich den jugendschönen Lehrer aus des heiligen Gallus Klosterfrieden entführte, um auf ihrem Klingsteinfelsen am Bodensee klassischen Dichtern eine Stätte sinniger Pflege zu bereiten; die schlichte Erzählung der Klosterchronik von jenem dem Virgil gewidmeten Stilleben ist selbst wieder ein Stück Poesie, so schön und echt, als sie irgend unter Menschen zu finden.

Wer aber von solchen Erscheinungen heimgesucht wird, dem bleibt nichts übrig, als sie zu beschwören und zu bannen. Und in den alten Geschichten hatte ich nicht umsonst gelesen, auf welche Art Notker, der Stammler, einst ähnlichen Visionen zu Leibe ging: er ergriff einen knorrigen Haselstock und hieb tapfer auf die Dämonen ein, bis sie ihm die schönsten Lieder offenbarten.[1]

Darum griff auch ich zu meinem Handgewaffen, der Stahlfeder, und sagte eines Morgens den Folianten, den Quellen der Gestaltenseherei, Valet und zog hinaus auf den Boden, den einst die Herzogin Hadwig und ihre Zeitgenossen beschritten, und saß in der ehrwürdigen Bücherei des heiligen Gallus und fuhr in schaukelndem Kahn über den Bodensee und nistete mich bei der alten Linde am Abhang des Hohentwiel ein, wo jetzt ein trefflicher schwäbischer Schultheiß die Trümmer der alten Feste behütet, und stieg schließlich auch zu den luftigen Alpenhöhen des Säntis, wo das Wildkirchlein keck wie ein Adlerhorst herunterschaut auf die grünen Appenzeller Täler. Dort in den Revieren des schwäbischen Meeres, die Seele erfüllt von dem Walten erloschener Geschlechter, das Herz erquickt von warmem Sonnenschein und würziger Bergluft, hab' ich diese Erzählung entworfen und zum größten Teil niedergeschrieben.

Daß nicht viel darin gesagt ist, was sich nicht auf gewissenhafte kulturgeschichtliche Studien stützt, darf wohl behauptet werden, wenn auch Personen und Jahrzahlen, vielleicht Jahrzehnte mitunter ein weniges ineinander verschoben wurden. Der Dichter darf sich, der inneren Ökonomie seines Werkes zulieb manches erlauben, was dem strengen Historiker als Sünde anzurechnen wäre. Sagt doch selbst der unübertroffene Geschichtschreiber Macaulay: »Gern will ich den Vorwurf tragen, die würdige Höhe der Geschichte nicht eingehalten zu haben, wenn es mir nur gelingt, den Engländern des neunzehnten Jahrhunderts ein treues Gemälde des Lebens ihrer Vorfahren vorzuführen.«

Dem Wunsche sachverständiger Freunde entsprechend, sind in Anmerkungen einige Zeugnisse und Nachweise der Quellen angeführt, zur Beruhigung derer, die sonst nur Fabel und müßige Erfindung in dem Dargestellten zu wittern geneigt sein könnten. Wer aber auch ohne solche Nachweise Vertrauen auf eine gewisse Echtheit des Inhalts setzt, der wird ersucht, sich in die Noten nicht weiter zu vertiefen; sie sind Nebensache und wären überflüssig, wenn das Ganze nicht als Roman in die Welt ginge, der die Vermutung leichtsinnigen Spiels mit den Tatsachen wider sich zu haben pflegt.

Den Vorwürfen der Kritik wird mit Gemütsruhe entgegengesehen. »Eine Geschichte aus dem zehnten Jahrhundert?« werden sie rufen, »wer reitet so spät durch Nacht und Wind?« Und steht's nicht im neuesten Handbuch der Nationalliteratur im Kapitel vom vaterländischen Roman gedruckt zu le-

1 *Ekkehardi* IV. *casus S. Galli cap. 3* bei Pertz, *Mon.* II. *98.*

sen: »Fragen wir, welche Zeiten vorzugsweise geeignet sein dürften in der deutschen Geschichte das Lokale mit dem Nationalinteresse zu versöhnen, so werden wir wohl zunächst das eigentliche Mittelalter ausschließen müssen. Selbst die Hohenstaufenzeit läßt sich nur noch lyrisch anwenden, ihre Zeichnung fällt immer düsseldorfisch aus.«

Auf all die Einwände und Bedenken derer, die ein scharfes Benagen harmlosem Genießen vorziehen, und den deutschen Geist mit vollen Segeln in ein alexandrinisches oder byzantinisches Zeitalter hineinzurudern sich abmühten, hat bereits eine literarische Dame des zehnten Jahrhunderts, die ehrwürdige Nonne Hroswitha von Gandersheim, im fröhlichen Selbstgefühl eigenen Schaffens die richtige Antwort gegeben. Sie sagt in der Vorrede zu ihren anmutigen Komödien: *»Si enim alicui placet mea devotio, gaudebo. Si autem pro mei abiectione vel pro viciosi sermonis resticitate nulli placet: memet ipsam tamen iuvat quod feci.«* Zu deutsch: »Wofern nun jemand an meiner bescheidenen Arbeit Wohlgefallen findet, so wird mir dies sehr angenehm sein; sollte sie aber wegen der Verleugnung meiner selbst oder der Rauheit eines unvollkommenen Stils niemanden gefallen, so hab' ich doch selber meine Freude an dem, was ich geschaffen!«

Heidelberg, im Februar 1855.

Anmerkungen Scheffels

Erster Teil

1 *».. Purchardus autem, dux Suevorum, Sueviam quasi tyrannice regens.« Ekkehardi* IV., *»casus S. Galli«, cap. 3* bei Pertz, *»Monumenta Germaniae historica«* II. *104. »hic cum esset bellator intolerabilis«.* Witukind *lib. I. c. 27.*

2 *».. cum jam esset decrepitus.« Ekkeh., »casus S. Galli«, cap. 10.*

3 *»Hadawiga, Henrici ducis filia, Suevorum post Purchardum virum dux vidua, cum Duellio habitaret, femina admodum quidem pulchra, nimiae severitatis cum esset suis, longe lateque terris erat terribilis.« Ekkeh., »casus S. Galli«, cap. 10* bei Pertz II. 122.

4 *»camisias clizana, pallium canum vel saphirinum.«* Das Kostüm der Vornehmen war mannigfacher Veränderung durch die Mode unterworfen. Zu Karls des Großen Zeiten trug man an den Füßen Schuhe, um die Beine hohe, kamaschenartig zugeschnürte Binden, ein hemdartig linnenes Unterkleid und ein wollenes Oberkleid oder einen langen von den Schultern bis zu den Absätzen reichenden Mantel, der durch Ausschnitt an den Seiten den Armen freie Bewegung ließ. Der lange Mantel wurde aber bald gegen einen kürzeren vertauscht, der sich indes auch nicht als zweckmäßig bewährte. Vgl. des *»monachus San Gallensis gesta Karoli M.«, lib. I. c. 34* bei Pertz *»Mon.«* II. *747.* Den Miniaturbildern sanktgallischer Handschriften, z. B. des *»psalterium aureum«*, ist mannigfacher Aufschluß über gleichzeitige Trachten zu entnehmen.

5 Wehrgeld – nach mittelalterlichem Strafrecht, wonach fast alle Vergehen und Verbrechen mit Geld zu sühnen waren, ist ein dem Verletzten zu persönlicher Genugtuung, Buße (Wette, *fredum*), ein zur Sühne des gestörten Friedens dem Volk, später dem Landesherrn zu entrichtendes Strafgeld. Die alten Volksrechte verzeichnen auch bei allen Gattungen von Tieren sorgfältig deren Wehrgeld, das im Fall von Tötung oder Beschädigung der Eigentümer zu erheben hatte. Wenn übrigens der Schaden mehr durch Zufall zugefügt wurde, lag kein Friedbruch vor, und es würde Herrn Spazzo sehr schwer gefallen sein, die Verurteilung des für seinen Wolfshund verantwortlichen Herrn von Fridingen zu einer Buße durchzusetzen.

6 Brautwerbungen zwischen dem byzantinischen Hofe und den deutschen Großen kamen in dieser Zeit wiederholt und wechselseitig vor. Oft wurden deutsche Bischöfe in solcher Mission nach Konstantinopel gesendet, z. B. Bernward von Würzburg für Kaiser Otto III., Werner

von Straßburg für den Sohn Kaiser Konrads II. In einer Notiz des sanktgallischen *»liber benedictionum«* wird es sehr getadelt, daß die vornehme Männerwelt sich mit Hintansetzung der deutschen Töchter Frauen aus Italien und Griechenland holte. Die Vorliebe der deutschen Herren für byzantinische Damen begreift sich aber nach den Schilderungen derer, die Augenzeugen des neuen Tones und der liebenswürdigen Geselligkeit waren, welche durch Ottos II. griechische Gemahlin Theophano an dem deutschen Kaiserhof eingeführt wurden. Sogar der ernsthafte Scholastiker Gerbert, nachmals Papst Sylvester II., sah sich veranlaßt, dem Zauber byzantinischer Frauensitte seine Anerkennung auszusprechen. »Da mir diese gemütlichen Gesichter«, sagte er, »diese sokratischen Unterhaltungen entgegenkamen, vergaß ich allen Kummer und mich schmerzte nicht mehr der Gedanke meiner Auswanderung.«

7 Einheimische Vögel, künstlich abgerichtet, nahmen in den Salons jener Tage die Stelle ein, die heute den Papageien zukommt. Im Fragment VIII des lateinischen Gedichts *»Ruodlieb«* wird sehr idyllisch erzählt von solch wundersam zahmen Staren, die es verstehen ihr Futter selbst zu verlangen, und gelehrt sind:

»Nostratim fari ›Pater‹ et ›noster‹ recitare
Usque ›qui es in coelis‹ lis, lis, lis triplicatis.«

s. Grimm und Schmeller, »latein. Gedichte des X. u. XI. Jahrhunderts«, *p. 174* u. *212*.

8 *»Haec quondam parvula, Constantino Graeco regi cum esset desponsata, per eunuchos ejus ad hoc missos literis graecis adprime est erudita, sed cum imaginem virginis pictor eunuchus domino mittendam uti simillime depingeret, solicite eam inspiceret ipsa nuptias exosa os divaricabat et oculos, sicque Graeco pervicaciter repudiato, literis post latinis studentem Purchart illam dux multipliciter dotatam duxit«* usw. *Ekkeh., »casus S. Galli«, c. 10* bei Pertz, *»Monum.«* II. *123*.

9 *».. seu serpentes capitatae, oscula quae sibi dant.« »Ruodlieb«, fragm.* III. *335*.

10 Rorschach wird oftmals erwähnt als Durchgangspunkt für die nach Italien Reisenden. Das Gotteshaus Sankt Gallen übte »von des Reichs wegen« die Vogtei darüber. S. »Öffnung zu Rorschach« V. 1469 bei Grimm, »Weistümer« I. 233. Diplome sächsischer Kaiser bestätigen den Äbten von Sankt Gallen das Markt-, Münz- und Zollrecht daselbst. S. Ildefons v. Arx, »Geschichte des Kantons Sankt Gallen« I. 221.

11 *».. et clamativo illum cantu salutant: ›Heil herro! Heil liebo!‹ et caetera.« Ekkeh., »casus S. Galli«* bei Pertz, *»Mon.« II. 87*.

12 *»silvarum avidus.« »vita S. Galli.«*

13 *»de natione Scotorum, quibus consuetudo peregrinandi jam in naturam conversa.«* Walafrid Strabo in der *»vita S. Galli«, lib. II. cap. 47* bei Pertz, *»Monum.« II. 30*.

14 *»Ascopam i.e. flasconem similis utri de coriis facta, sicut solent Scotones*

habere.« Glosse einer sanktgall. Handschrift des neunten Jahrhunderts bei Hattemer, »Denkmale des Mittelalters. Sankt Gallens altdeutsche Sprachschätze«. Bd. I. 237.

15 Und jetzt allerdings, rückblickend auf das wenig Gute, was die Nachwelt der Sorge wohlmeinender Vorfahren zu verdanken hat, mag man einstimmen in das Lob, das Herder s. Z. in seinem leider etwas hölzernen Poem »die Fremdlinge« jenen frommen Wandersmännern erteilt:

»Die *scotice* mit altem Bardenfleiß
Die Bücher schrieben und bewahrten.«

16 *»Regula S. Benedicti«, cap. 48. – »Accepit solitus fratres post prandiasomnus.« »Annales S. Gallenses majores«* bei Pertz, *»Monum.« I. 81.*

17 *».. in conclavi vase quodam argenteo mire figurato ad aquam inferendam utebatur.« Ekkeh. IV., »casus S. Galli« cap. 1* bei Pertz, *»Mon.« II. 88.*

18 *»Recalvaster est, qui in anteriore parte capitis duo calvitia habet medietate inter illa habente pilos, ut est Craloh abbas et Wikram.«* Glosse einer sanktgallischen Handschrift zum Buch *Leviticus* bei Hattemer, »Denkmale etc.«, I. 240.

19 *».. more hirundinis.«*

20 *»erat senatus reipublicae nostrae tunc quidem sanctissimus.« Ekkeh. IV., »casus S. Galli«, c. 1* bei Pertz, *»Mon.« II. 80.*

21 *»enimvero hi tres, quamvis votis essent unicordes, natura tamen, ut fit, erant dissimiles.«* S. die rührende Schilderung der drei engverbundenen klösterlichen Freunde in *Ekkeh. IV., »casus S. Galli«, cap. 3*, Pertz, *»Monum.« II. 94* u. ff., wo auch der böse Sindolt, ihr Widersacher, des näheren gezeichnet ist. Ratpert ist auch der Verfasser des »Lobgesangs auf den heiligen Gallus« in deutscher Sprache, von dessen Bedeutsamkeit die lateinische Übertragung Zeugnis gibt, die wir noch besitzen. Hattemer, »Denkmale etc.«, I. 337. Das von Tutilo als Deckelplatten für eine Evangelienhandschrift geschnitzte Diptychon wird in der sanktgallischen Stiftsbibliothek aufbewahrt. Man bevorzugte bei kirchlichem Schmuck das Elfenbein, da der Elefant nach einem Ausdruck Notker Labeos in seiner Psalmenübersetzung für ein »keusches Vieh« *(chiûsche fiêo)* galt. Hattemer, »Denkmale etc.«, II. 159.

22 »Den ganzen Kreis des Wissens am Schluß des 9ten Jahrhunderts vergegenwärtigt uns das in Sankt Gallen aus der Schule Isos hervorgegangene, gemeiniglich nach dem Abtbischof Salomo III. von Konstanz genannte enzyklopädische Wörterbuch *(»glossae Salomonis«)* in lateinischer Sprache. Es gibt zwar manches aus dem Schatze der alten Lexikographen, namentlich aus Isidorus, wörtlich wieder, enthält aber doch auch viele Eigentümlichkeiten zur Erläuterung damaliger Weltansichten und Verhältnisse und führt dabei die Mangelhaftigkeit der damaligen Kenntnisse und Begriffsbestimmungen vor Augen.« Stälin, »wirtemberg. Geschichte«, Bd. I p. 405. Die von Sindolt erwähnte Glosse lautet: *»Rabulum = thincman. qui semper vult ad unam quamque rem disputare. Sicut Ratolt*

facit«. Es war nicht ungewöhnlich, daß die von der Ordensregel so vielfach zum Schweigen veranlaßten Mönche einem verhaltenen Groll durch Einträge in die Handschriften und Bücher Luft machten. So ist auf dem letzten Blatt des *»Codex 176«* ein großes Geschirr abgebildet, daneben mehrere gröbliche Hexameter wider den Klostergeistlichen Grimoald geschrieben sind, z. B.:

»Grimoald, fällt es dir bei, aus diesem Kruge zu schöpfen,
Möge sein Inhalt sofort sich in Säure des Essigs verwandeln
Und ein unendlicher Husten samt brennendem Durst dir beschert sein!«

vgl. Hattemer, »Denkmale« I. 412. Die Schmähverse des Schotten Dubduin sind mitgeteilt bei Ildefons v. Arx, »Berichtigungen und Zusätze zur Geschichte des Kantons Sankt Gallen«, *p. 20. not. d.*

23 Über Sintram, den fleißigen Schreibekünstler, vgl. *Ekkeh. IV., »casus S. Galli«, c. 1* bei Pertz, *»Monum.« II. 89.*

24 Eine ganz ähnliche Kur mit Umschlag einer frischabgezogenen Wolfshaut und Einreibung des Gehirns eines indischen Fisches schlägt in dem seltsamen lateinischen Gedicht *»Ecbasis captivi« v. 495* u. ff. der Fuchs dem kranken König Löwen zur Stillung des Fiebers vor. S. Grimm und Schmeller, »latein. Gedichte des X. Jahrh.«, *p. 259.*

25 *».. mulieres ille et mala arborum naturali sibi quodam odio adeo execratus est, ut, ubi in itinere utrumvis inveniret, mansionem facere nollet.« Ekkeh. IV., »casus S. Galli«, c. 4* bei Pertz, *»Mon.« II. 104.*

26 s. J. v. Arx, »Berichtigungen und Zusätze etc.«, *p. 26.*

27 s. *»vita Wiboradae, auctore Hartmanno«* in den *»acta Sanctorum Mai.« tom. I. p. 288.*

28 *»Et quoniam hic locum aptum puto de Ekkehardo .. rem arduam aggredior, quoniam, cum tales viri aut nulli aut rarissimi sint, discredi mihi vereor. Erat hic facie adeo decorus, ut inspicientes, sicut Josephus de Moyse scribit, gratia sui detineret. Statura procerus, forti assimilis, equaliter grossus, oculis fulgurosus; ut quidam ad Augustum ait: Quia fulmen oculorum tuorum ferre non possum. Sapientia et eloquentia, maxime autem consiliis, nemini id temporis postponendus. In aetate florida gloriae, ut talis facturae vir, quam humilitati proximior, sed postea non ita; quia disciplina, cum qua nihil unquam participii superbia habuit, in ipso erat spectaculo digna. Doctor prosper et asper. Nam cum apud S. Gallum ambas scolas suas teneret, nemo praeter exiles pusiones quicquam alteri nisi latine ausus est proloqui« etc. Ekkeh. IV., »casus S. Galli«, c. 10* bei Pertz, *»Monum.« II. 122.*

29 *».. saepe juniori Dominus revelat, quod melius est!« »Regula S. Benedicti«, c. 3.*

30 *».. melius claudicare reges quam regna.«*

31 *»Nemini unquam, ait, Benedicti cuculla decentius insederat!« Ekkeh. IV., casus S. Galli«, c. 10.*

[32] Sankt Gallen war wegen der genauen Beobachtung klösterlicher Ordnung und dem tugendhaften Lebenswandel seiner Glieder besonders gerühmt. Daher galt es für eine große Ehre, in die Zahl der Verbrüderten – *fratres conscripti* – aufgenommen zu werden, zumal da man so das Verdienst frommer Übungen erwarb, ohne sie doch wirklich mitzumachen. Manche ließen sich deswegen vieles kosten. Das Verzeichnis der *fratres conscripti* ist noch vorhanden. Es stehen darin Kaiser, Könige von Deutschland, England, Frankreich, Prinzessinnen, Bischöfe und Grafen. Ildef. v. Arx, »Geschichte des Kantons Sankt Gallen«, I. 181.

[33] *»Vidi egomet comites aliosque potentes loci quoque milites, festis diebus crucem nobiscum sequendi, juvenes et senes quosdam ad cingulum barbatos monachicis roccis nobiscum, quaqua ivimus, ingredi.« Ekkeh.* IV., *»casus S. Galli«, c. 16.*

[34] *».. wil er zu nacht aber da buliben so soll ieklich schupposse, die in den hof hoeret, geben ein hun«* usw. Grimm, »Weistümer«, I. 1.

[35] *.. canem seucem quem »leithihunt« vocant ... seucem qui in ligamine vestigium tenet, quem »spurihunt« dicunt ... canem quem »bibarhunt« vocant qui sub terra venatur. »lex Baiuvarior.« tit. 19 de canibus.* S. auch *»lex Alamannor.« tit. 82 de canibus.*

[36]

»Der heber gât in ◡lîtun
trégit sper in ◡sîtun.
sîn báld éllin
ne lâzet in uéllin.
Imo sint fûoze
fûodermâze.
imo sint búrste
ében hó fórste.
únde zéne sîne
zwélifélnîge.«

Dies ehrwürdig alte Volkslied, das anscheinend entweder aus des Romeias Jagdgeschichte entstand, oder von ihm seiner Jagdgeschichte zugrunde gelegt ward, ist der Nachwelt erhalten durch die sanktgallische (vielleicht Notkersche) Abhandlung über die Rhetorik, allwo es als geeignetes Beispiel hyperbolischer Redeweise *(nam plus dicitur, sed minus intelligitur)* aufgeführt wird. Vgl. Hattemer, »Denkmale etc.«, Bd. III. *p. 577.*

[37] s. *»vita S. Galli«* bei Pertz, *»Monum.« II. 9.*

[38] *»Regula S. Benedicti«, cap. 1.*

[39] In rauhen Zeiten sucht der Mensch seinem Gott auch in rauher Form zu dienen. Das Klausnertum sagte damals weltabgewandten Gemütern zu, und Beispiele von solchen, die über zwanzig und dreißig Jahre lang solch eine freiwillig auferlegte Einzelhaft trugen, beweisen, daß das physische Leben durch einen starken, vom Glauben, etwas Verdienstliches zu tun, beseelten Willen lang gefristet werden kann. In der Handschrift der sanktgallischen *»annales maiores«* ist ein Abbild des Priesters Hart-

ker enthalten, eine unterwürfige, krummgebeugte, demütig kasteite Gestalt in faltigem Mönchsgewand mit großer Tonsur und der Überschrift: *Hatkerus reclusus.* S. Pertz, *»Monum.« I. 72.* Diesem ist im *»liber benedictionum«* folgender Nachruf gewidmet:

> »Wer hat ein härteres Los als Hartker, der Klausner, getragen,
> Der in beengender Haft sich dreißig der Jahre kasteite?
> Immerdar stand er gebückt, so niedrig war die Bedachung,
> Kissen des Kopfs war ein Stein. Auf diesem schlief und entschlief er,
> Und, in Kreuzesgestalt die mageren Arme entbreitend,
> Wandt' er zum Himmel den Blick und befahl dem Herrn seine Seele.«

s. J. v. Arx, »Geschichte etc.« I. 232.

Ein namhafter Reclausus früherer Zeit war der heilige Fintan (†827), der das Kloster Rheinau unweit Schaffhausen gestiftet. Ganze Nächte hindurch hörte man ihn in seiner Zelle laut beten und in den fremden Lauten seiner irischen Heimatsprache die Versuchung des bösen Feindes beschwören. S. *»vita S. Findani confessoris«* bei Mone, »Quellensammlung der badischen Landesgeschichte«, *p. 57.* Über die Zeremonien beim Akt der Einschließung vgl. *Martène, »de antiqu. ecclesiae ritib.« II. 177.*

40 Wiborad ist ein altdeutscher Name und bedeutet »Rat der Weiber«. – Zwei Mönche des Klosters Sankt Gallen, Hartmann und Hepidan haben die Lebensgeschichte dieser durch ihren tragischen Ausgang bedeutend gewordenen Klausnerin verfaßt. Sie ist in die *acta Sanctor* der Bollandisten (Monat Mai, Bd. I. 284 u. ff.) aufgenommen. S. auch Pertz, *»Monum.« VI. 452.*

41 *».. magistra praedurata.«*

42 *Lucas IX. 62.*

43 *».. Castitatis, inquit, fili mi, tibi cingulum per hoc lineum meum a Deo accipe. Continentiaeque cingulum per hoc lineum meum a Deo accipe, continentiaeque strophio ab hac deinceps die per Wiboradam tuam te praecinctum memento. Cave autem, ne ullis abhinc colloquiis vanis mulierculis miscearis. Et si, ut facillime fit, aliquo carnis igne incensus fueris, loco in quo fueris, mutato, ›Deus in adiutorium meum intende. Domine ad adiuvandum me festina‹ mox cantaveris. Sin autem sic pacem aliquo alio lapsu tuo vetante non habueris, titionem sive candelam ardentem quasi aliud aliquid agas querens, digitum vel leviter adure, eodemque versu dicto securus eris.« Ekkeh. IV., »casus S. Galli« cap. 3* bei Pertz, *»Mon.« II. 107.*

44 *».. et accepit angelus folia lauri et scripsit in eis verba orationis et dedit ea Pachumio dicens: ›manduca ea, et erunt amara in ore tuo sicut fel, ventremque tuum implebunt obsecrationibus sapientiae, dabitur tibi forma orationis sanae doctrinae‹. Et accipiens Pachumius manducavit et factum est os ejus amarum, porro venter ejus dulcedine impletus est, et magnificavit Dominum valde.« »Vita Pachumii St. abbatis«* in der Handschrift 310 der Karlsruher Hofbibliothek.

45 *»de cilicio etiam, quo ipsa utebatur, cuius hodie asperitatem pro reliquiis id habentes horrescimus ...« Ekkeh. IV., »casus S. Galli«, c. 3.* Pertz, *»Mon.« II. 107.*

46 *»proferensque mala de silva acidissima, inhianti et de manibus ejus rapienti reliquerat. At illa vix unum dimidium ore et oculis contractis vorans, caetera projiciens: ›Austera es,‹ inquit, ›austera sunt et mala tua.‹ Et cum esset literata: ›Si omnia‹, inquit, ›mala factor talia creasset, nunquam Eva malum gustasset!‹ »Bene‹, ait illa, ›Evam memorasti; enimvero quomodo et tu sic deliciarum avida erat, ideo in escula unius mali peccaverat‹.« Ekkeh. IV., »casus S. Galli«, c. 10* bei Pertz, *»Mon.« II. 119.*

47 Der Erzengel Michael war dem Mittelalter Gegenstand mannigfachen Aberglaubens. Man glaubte, daß er die Wache am Throne Gott Vaters halte, ja sogar, daß er Montags vor ihm die Messe zelebriere. Bischof Rather von Verona eifert in seiner Predigt *de quadragesima* heftig gegen diese rohen sinnlichen Vorstellungen: Vgl. Vogel, »Ratherius v. Verona und das 10. Jahrhundert.« Bd. I. 293.

48 Hroswitha von Gandersheim hat die Geschichte von der Thais und dem Anachoreten der Wüste in ihrer naiven lateinischen Komödie *»Paphnucius«* behandelt. S. *Magnin, »théâtre de Hrotswitha«, Paris 1845, p.280* u. ff.

49 *»Quid mihi et inanibus hujus seculi vanitatibus? Audio in coelis signa sonitusque campanarum ac dulcisonam angelicae modulationis harmoniam: illuc ire desidero, his interesse delector.« »Vita Wiboradae auctore Hartmanno«, c. 2.*

50 Frau Wendelgards Sehnsucht nach dem gefangenen Ehgemahl ward in anmutiger Weise gestillt. Sie ging aus ihrer Klause jedes Jahr einmal nach Buchhorn, um des Grafen Ulrich Angedenken in einer feierlichen Jahreszeit zu ehren. Wie sie einst nach derselben mit eigener Hand den Armen Almosen austeilte, stand einer unter den Bettlern, zerrissen und entstellt, dem schenkte sie ein Kleid. Er aber ließ ihre Hand nimmer aus der seinen, zog sie zu sich und küßte sie vor allem Volk, strich sein Haar zurück und sprach: »Erkenne deinen Gemahl«. Da Frau Wendelgard, unwillig über solchen Gewaltstreich eines Fremden, sich abwenden und ihn den Dienern zur Züchtigung überweisen wollte, wies er ihr eine alte Narbe, und wie aus langem Schlaf erwachend, fuhr sie auf: »O mein Gebieter, du aller Menschen mir der teuerste, sei gegrüßt, du mein Herr, sei gegrüßt, du immer süßer!« und lag weinend in seinen Armen. *Ekkeh. IV., »casus S. Galli«, c. 10* bei Pertz, *»Mon.« II. 120.*

51 *».. pelle ejus simulatae sanctitatis detracta ..«* Hepidan, *»vita Wiboradae«, cap. II.*

52 *».. quia nondum in se mortificaverit phylargyriam, quae est omnium radix malorum«* usw. Die Anklagen, wegen deren sich Wiborad einst vor dem Bischof in Konstanz zu verantworten hatte, sind ausführlich nachzulesen in Hepidan, *»vita Wibor.« II. 11.*

53 *».. grave pondus auri Veronensis«*, Geschenk des Bischofs Petrus. Die Klostergeschichte ist reich an Aufzeichnungen der durch Fürsorge der Äbte oder die Huld fremder Gönner erworbenen Kostbarkeiten. S. *Ekkeh.* IV., *»casus S. Galli«, cap. 1.* Pertz, *»Monum.« II. 81.*

54 *»magnum calicem ex electri miro opere.« »Casuum S. Galli contin. II.«, c. 7* bei Pertz II. 157. An den Heilkräften des Bernsteins wurde nicht gezweifelt. *»Quod vero medeatur multis vitalium incommodis, medentium docuit disciplina.«* Sanktgall. Handschrift des X. Jahrhunderts bei Hattemer, »Denkmale etc.« I. 414.

55 *»Spicharium novum solis feris et beluis, avibusque domesticis et domesticatis juxta fratrum condi fecit et ipsum jam fieri jussit magnificum.« Ekkeh.* IV., *»casus S. Galli«, cap. 16.*

56 *»Simia nare brevi nate nuda murcaque cauda,*
Voceque milvina cute crisa catta marina,
In quibus ambabus nil cernitur utilitatis.«
»Ruodlieb«, fragm. III. 131 u. ff.

57 Diese Fabel von der Murmeltiere abenteuerlichem Fuhrwesen, die sich das Mittelalter mit großer Behaglichkeit erzählte und die z. B. noch Sebastian Münster in seine »Cosmographey« aufnahm (p. 498), hat ihren Ursprung in Plinius, *»historia naturalis«.*

58 *».. Ein vogil heizit Caradrius, in dem buoche deuteronomio, da ist gescriben, daz man in ezzen nescule. Dannan zellet phisiologus unt chût daz er aller wiz si. Ein mist, der von ime vert, der ist ze den tunchelen ougen vile gûet. Mit disme vogile mach man bechennen, ob der sieche mann irsterben oder gnesen scol. Ob er sterben scol, so cheret sich der caradrius von ime. Ob er ave gnesen scol, so cheret sich der vogel zuo deme manne unt tuot sinen snabel uber des mannes munt unt nimit des mannes unchraft an sich; sa fert er ûf zuo der sunnen unte liuterit sich dâ: so ist der mann gnesen.« »Physiologus,* ein Weistum von Tieren und von Vögeln«, mitgeteilt von Wackernagel, »Altdeutsches Lesebuch«, I. p. 166. Es ist nicht bekannt, was für naturgeschichtliche Tatsachen zu dieser tiefsinnig schönen Sage von Caradrius Veranlassung gaben. In Sankt Gallen wurde sie von verschiedenen verschieden erfaßt, denn während sich unter den Tiernamen, die dem »Wörterbuch des heiligen Gallus« vorausgesetzt sind (s. Hattemer, »Denkmale etc.« I. 9. 10.), die bedeutsame Glosse findet: *»Cha-ra-drion: et ipsam non habemus, sed tamen dicitur et ipsam volare per medias noctes in sublimitate coeli«,* begnügten sich spätere Handschriften damit, das Wort *caradrius* geradezu mit *lericha,* Lerche zu übersetzen, was auf ein Verschwinden der früher bekannten Sage zu deuten scheint. S. Hattemer, »Denkmale etc.« I. 287. 318 u. a.

59 *».. longum est dicere, quibus jocunditatibus dies exegerit et noctes, maxime in processione infantum, quibus poma in medio ecclesiae pavimento antesterni jubens, cum nec unum parvissimorum movere nec ad ea ad-*

tendere vidisset, miratus est disciplinam.« Ekkeh. IV., *»casus S. Galli«, c. I.* Pertz, *»Mon.« II. 84.*

60 *»Homo animal capax disciplinae«* Hroswitha v. Gandersheim.

61 Notker Labeo hat den Erwartungen, die der Abt auf ihn setzte, entsprochen. Er erwarb sich den Ruhm des gelehrtesten Mannes seiner Zeit. Er war, wie aus seinen Schriften erhellet, ein Gottesgelehrter, ein Musikant, ein Dichter, ein Astronom, ein Mathematiker; in der Bibel, in den Kirchenschriftstellern, Vätern und Klassikern wohl bewandert, der deutschen, lateinischen und griechischen Sprache mächtig. J. v. Arx, »Geschichte von St. Gallen«, I. 277. Seine noch vorhandenen deutschen Werke bilden den zweiten und dritten Band von Hattemers »Denkmalen des Mittelalters«. Es sind insbesondere die Auslegungen der Psalmen, des Aristoteles, des Boethius, des Marcianus Capella, ein Aufsatz über Tonkunst. Notker, der Großlefzige, starb in hohem Greisenalter an der Pest. Vor seinem Tode legte er eine öffentliche Beichte ab, in der er u. a. seine Reue darüber aussprach, daß er einst in klösterlichem Habit einen Wolf erschlagen.

62 Die Stelle ist aus Aristoteles' »Kategorien«, cap. 36. Notkers Übersetzung s. bei Hattemer III. 401.

63 *»Erat utique jus illorum, sicut adhuc hodie quidem est, quoniam exleges quidem sunt, ut hospites intrantes capiant, captos, usque dum se redimant, teneant.« Ekkeh.* IV., *»casus S. Galli«, c. I.* Pertz, *»Mon.« II. 91.*

64 *».. enimvero si vixero«, ait, »me redimam et talem indolem remunerabo.« Collectisque quantotius ante januam scolarum fratrum primis, statuit pueris illis et eorum perpetuo posteris pro testamento singulis annis ludi sui tribus ab imperio statutis diebus in eisdem scolarum aedibus carnibus vesci et de abbatis curte singulos tribus donari aescis cottidie et potibus. Quod cum ipse quidem annuatim praesens solvi juberet, postea ita solutum est usque ad Ungrorum, de quibus loco suo dicturi sumus invasiones. Ekkeh.* IV., *»casus S. Galli«, c. I.*

65 Fehler wider die Ordensregel zogen die Strafe der Geißelung nach sich, der sich die Klostergeistlichen willig unterwarfen, wiewohl es eine knechtische Züchtigung war und ein Freier, mit dieser Strafe belegt, nach den alten Volksrechten seine Freiheit verlor. Der Schuldige ward an eine Säule gebunden und nach Ausziehung der Oberkleider gegeißelt. Eine noch erhaltene Geißelkammer, ähnlich der hier beschriebenen, findet sich im württembergischen Kloster Maulbronn. In den Klosterschulen bediente man sich der Rute. Daß die Bußwerkzeuge von denen, die darunter zu leiden hatten, in gutmütigem Humor mit eigenem Namen versehen wurden, beweist des Bischofs Salomo »Wörterbuch«, wo die *anguilla* (Schlange oder Aal) von der *scutica* (Riemenpeitsche) unterschieden wird.

66 *Tacitus, »German.«, cap. 8.*

67 *»Pectines eburnei ...«* In Kämmen trieb das Mittelalter Luxus. Bekannt

ist der silbergefaßte steinverzierte Kamm der Longobardenkönigin Theodolinde im Domschatz zu Monza und der von Heinrich II. herrührende Elfenbeinkamm in Bamberg. Die Sitte, die gewöhnlichsten und gleichgültigsten Verrichtungen des täglichen Lebens mit einem Gebet einzuleiten, veranlaßte, daß man auch für Schneiden und Kämmen des Haupthaars, Zustutzen des Barts usw. Gebetsformeln aufstellte. Die Handschrift 395 der sanktgall. Bibliothek enthält deren eine Reihe, und da sich dieselbe mit einer *benedictio ad omnia, quae volueris* schließt, darf man sich billig nicht mehr wundern, auch die *benedictio ad barbam comendam, ad capillos tondendos* usw. vorzufinden.

68 *»Regula S. Benedicti«, cap. 38: de hebdomadario lectore.*

69 Für diejenigen verehrten Leserinnen, die mit dem Althochdeutsch noch weniger vertraut sind als der Verfasser dieser Anmerkungen, und die sich vielleicht dafür interessieren, wie dieser Psalm damals wirklich in Ekkehards Mund und Sprechweise geklungen habe, sei hiemit die wenig Jahrzehnte spätere Verdeutschung Notkers als Probe mitgeteilt: *Psalmus* XLIV. *Kuôt wort irópfezta mîn herza. mîniu werch sago ih démo chúninge. mîn wort ist also stâte also diu scrift des spuôtigo scribenten. Scône pist du fóre allen mênniscon. knada ist kebreîtet in dînen lefsen. fone diû ségenôta dih Got in* ◡*êwa. Cúrte dîn swert umbe dîn dîeh: filo gewáltigo. mit dînemo ménniscinen bilde unde mit dînero gótelîchun scôni. Sih an únsih. unde frámspuotigo chum hára fone himele unde rîcheso hiêr in dînero ecclesia. umbe warheît unde námenti unde reht. Unde leîtet dih wúnderlicho dîn zésewa. dine strâla sind wasse, hárto mahtige. Under dih sturzent die liute, in demo herzen des chuninges fiendo. din stuôl Got, unde dîn riche wéret iêmer. Kerta gerihtennis ist dînes rîches kerta* usw. s. Hattemer, »Denkmale etc.« II. 156 u. ff.

70 Dieses Musessen war in Sankt Gallen so gewöhnlich, daß Gero das Wort *cibi* (Speisen) nicht besser als mit Mus und das Wort *coenare* (speisen) nicht anders als mit Abendmusen zu übersetzen wußte. J. v. Arx, »Gesch.« I. 178.

71 *»Regula S. Benedicti«, cap. 39: de mensura cibi.*

72 *»Illanch praecellat alemannicus et mala pellat.«* S. Hattemer, »Denkmale etc.« III. 599. (In der vorzugsweise als *»liber benedictionum«* bezeichneten Handschrift 393 ist eine so reiche Speisekarte von Fischen aufgezählt, Äschen, Trischen, Lampreten usw., daß man sie mit dem Gefühl vollkommener Befriedigung in betreff des Zustands der Klosterküche an den Fasttagen aus der Hand legt. Möchte sie durch vollständige Ausgabe größeren gastronomisch-philologischen Kreisen nicht länger vorenthalten bleiben!)

73 *Sueton* im Leben des Augustus c. 77. Übrigens trank der Kaiser selbst an jenem traurigen Tag nicht mehr als einen *sextarius* (etwa 1 Schoppen).

74 *»Regula S. Benedicti«, c. 40: de mensura potus.*

75 Ob der Abt recht gehabt, die deutsche Sprache, so wie sie damals ge-

sprochen ward, also anzufechten, möge dahingestellt sein. Sie hat sich seither vom Grund aus umgestaltet, die Mehrzahl der kernigen kräftigen, einem steten Verkehr mit der Natur entnommenen Worte, sowie die vollen tonreichen Formen sind verschwunden und haben einer kühleren gefirnißten und abgeschliffenen Redeweise Platz gemacht. Uns aber, wenn wir des alten Notker ungefügig großartige deutsche Schriften lesen, weht es jedesmal daraus an wie ein Hauch würziger Bergluft und echter ehrwürdiger Poesie, die von keinem Spatzengezwitscher und von keinem Rabengekrächze durchschnarrt ist.

76 *»Vita S. Benedicti abbatis a Gregorio Magno romano Pontifice conscripta«, c. 2: de tentatione carnis superata.*

77 *»... de voluntate ipsius ipsa cum eo pridie secreta condixerat«. Ekkeh. IV., »casus S. Galli«, c. 10.*

78 Tutilos Räubergeschichte s. *Ekkeh. IV., »casus S. Galli«, c. 3* bei Pertz, *»Monum.« II. 98.*

79 Über die damaligen Musikinstrumente und den Zustand sanktgallischer Musik gibt Notker Labeos Aufsatz – s. Hattemer, »Denkmale etc.« III. 586 u. ff. – wichtigen Aufschluß. – Die hier gegebene Beschreibung der Instrumente ist auf die bildlichen Darstellungen in Notkers Psalmenbuch (Handschrift 21 der sanktgall. Bibliothek) gestützt. Das eine Blatt der beiden Federzeichnungen, die den Eingang des Buches schmücken, stellt den König David vor, auf dem Throne sitzend und mit einem Plektron die siebensaitige Leier spielend. In den vier Ecken stehen vier Männer mit Violine, Zither, Hackbrett und Harfe. Bei der Ängstlichkeit, mit welcher diese übrigens fein gefühlten Gestalten ausgeführt sind, ist anzunehmen, daß der Künstler nichts erfunden, sondern sich an Vorhandenes gehalten hat.

80 *»... quae autem Tutilo dictaverat, singularis et agnoscibilis melodiae sunt, quia per psalterium seu per rohtam, qua potentior ipse erat, neumata (i.e. vocum modulationes) inventa dulciora sunt.« Ekkeh. IV., »casus S. Galli«, c. 3.*

81 *»Quid vero dies illa consumpserit, Dominus solus novit.«*

82 *»Cigneo canore dulcior sonus.«*

83 *»Alpina siquidem corpora vocum suarum tonitruis altisone perstrepentia susceptae modulationis dulcedinem proprie non resultant. Quia bibuli gutturis barbara feritas, dum inflexionibus et repercassionibus mitem nititur edere cantilenam, naturali quodam fragore quasi plaustra per gradus confuse sonantia rigidas voces iactat.* Ein sanktgallischer Musikfreund, der dies italische Kunsturteil später doch zu lesen bekam, schrieb an den Rand: *»vide jactantiam romaniscam in teutones et gallos!«*, d. h.: »Siehe da wieder ein Stück romanischer Unverschämtheit gegen die Deutschen und Franzosen!« S. Hattemer, »Denkmale etc.« I. 420.

84 Mit Geschenk, Kuß und Scheidetrank nehmen nach mittelalterlicher

Sitte Gastfreunde voneinander Abschied. Diese Förmlichkeiten wurden streng eingehalten. Bischof Salomo von Konstanz schenkte den zum Gastmahl geladenen Kammerboten kostbare Glasgefäße, und wiewohl sie, Groll im Herzen tragend, die Gläser zu Boden fallen lassen, daß sie zerbrechen, küssen sie einand' noch und trinken des Abschieds Minne. *»Amoreque, ut moris est, osculato et epoto laetabundi discedunt.« Ekkeh. IV., »casus S. Galli«, c. 1* bei Pertz, *»Mon.« II. 84*. S. auch »Ruodlieb«, *fragm. III. v. 221*. Eine anmutige Schilderung solcher Courtoisie gibt des Nibelungenlieds siebenundzwanzigstes Abenteuer, da König Gunther mit seinen Mannen sich beim Markgrafen von Bechelaren beurlaubt. Auch die Frauen verschmähten nicht, sich mit minniglichem Kusse von ihren Gästen zu scheiden.

85 Ein solches Schaustück ist ausführlich beschrieben im *»Ruodlieb«, fr. III. v. 309* u. ff.

86 Einträge dieser Art auf dem Titelblatt, wie sie jetzt noch die Kinder herkömmlicherweise in ihre Schulbücher zu machen pflegen, kommen in damaligen Handschriften häufig vor.

87 Dieses Psalmenbuch, der sog. *»liber Sancti Galli aureus«*, ist jetzt noch ein Kleinod der sanktgallischen Bibliothek. Die in frischen Farben glänzenden Miniaturen sind in manchen Motiven noch vom nachwirkenden Geist der Antike erfüllt, gewandt, mit Verständnis von Gestalt und Faltenwurf und einer gewissen unbefangenen künstlerischen Sicherheit hingezeichnet und leicht koloriert. Die mit reichen Arabesken gezierten Initialen und das die Bilder umrahmende architektonische Beiwerk gewähren mannigfache Einsicht in die baulichen Formen jener Zeit, deren monumentale Reste so selten geworden. – Auch Anfänge der Wandmalerei zum Schmuck der kirchlichen Gebäude kommen schon vor. Ein Abt Immo ließ in vielen an den Wänden der Münsterkirche angebrachten Gemälden die Lebensgeschichte des heiligen Gallus darstellen; von einem späteren Abt Manegold wird berichtet, daß er ein Bild *de materia genealogiae Christi* und außerdem ein letztes Gericht *in muro bonis coloribus* herstellen ließ. S. *»casuum S. Galli II. continuatio«, c. 8*. Pertz, *»Monum.« II. 161*. Jld. v. Arx, »Geschichte des Kantons St. Gallen« I. 237. Die Wandmalereien des Klosters Reichenau sind besungen von Burkhard bei Pertz, *»Monum.« IV. 629*.

88 *»Vocabularius Sancti Galli«*, dem Sprachforscher wichtig durch den Schatz althochdeutscher Wörter, noch erhalten und vielfach abgedruckt, z.B. bei Hattemer, »Denkmale etc.« I. 11–14.

89 Auch dieses wertvolle Denkmal aus der Zeit Kaiser Ludwigs des Frommen wird noch von der sanktgallischen Bibliothek bewahrt. Vgl. Keller, »der Bauriß des Klosters Sankt Gallen«.

90 *».. Thieto caminatam quandam ›veterum seniorum angulum‹ vocatam introiit.« Ekkeh. IV., »casus S. Galli«, cap. 6*. Pertz, *»Mon.« II. 112*. Vgl. auch II. 135.

[91] Die Geschichten vom Bischof Salomo und seinem Hader mit den Kammerboten sind nachgerade ein weniges abgedroschen und abgesungen. Den offenbar mannigfach zur Sage gewordenen Tatbestand erzählt *Ekkeh.* IV., *»casus S. Galli«, cap. 1.*; zu einer Reihe Balladen zusammengeschmiedet hat ihn ein Sänger der schwäbischen Schule etc.

[92] *»Digneris, domine, et hos benedicere fustes ...« »Benedictio ad capsellas et baculos ad iter agentes«* in der Handschrift 395.

[93] *»Ermenrici coenobitae augiensis tentamen etc.«* bei Pertz, *»Mon.« II. 32.* Auch der Verfasser der größeren sanktgallischen Annalen nennt die Reichenau einen *»hortus deliciarum«*. S. Pertz, *»Mon.«, I. 79.*

[94] Der Gegenstand religiöser Verehrung, der den Fischer von Ermatingen in Strafe brachte, scheint das Idol von Erz gewesen zu sein, das man für einen *hercules alemannicus* hielt und das nach Gallus Oheims Bericht noch im XV. Jahrhundert auf dem Grab des Egino stand. Es stach dem vornehmen Altertumsforscher Kaiser Max I. so in die Augen, daß er es, wie s. Z. den Neptunus vom Stadttor zu Ettlingen (Bader, »das bad. Land und Volk«, I. 329), kurzerhand entführte und in Innsbruck aufstellen ließ. Nach einer Notiz in G. Schwabs »Bodensee« II. 293 befand es sich ums Jahr 1764 in der kurpfälzischen Altertümerkammer.

[95] *»Benedictio vini novi.«* Handschrift 395.

[96] *».. erant autem dies vindemiae, quibus fratres ad obedientias (i.e. labores in agro) dimissi sunt per vineas.« Ekkeh., »casus S. Galli«, c. 3.* Pertz, *»Mon.« II. 97.*

[97] *»Regula S. Benedicti«, cap. 31: de cellerario monasterii qualis sit.*

[98] S. die »Edda«, übersetzt von Simrock p. 14.

[99] *».. at illa de camera egressa salutans compatrem, hospitem illum dormire putans, obtulit viro mustum, quo ille impigre hausto vaseque reddito mammam foeminae titillat assentientis.« Ekkeh.* IV. *»casus S. Galli« c. 3.*

[100] *».. hospes vero viso facinore exilit, illum scelestum inclamitans, comis apprehensum in terram dejicit, flagelloque, quo ad equum usus est, adhuc manu habito acriter hominem cecidit adjiciens: ›hoc‹, inquit, ›tibi Sanctus Gallus, S. Albani Frater, dedit!‹« Ekkeh.* IV., *»casus S. Galli«, cap. 3.* Pertz, *»Mon.« II. 97.*

[101] *»Dura viris et dura fide, durissima gleba!«* Notker.

[102] »Protospathar«: Befehlshaber der Leibwache. S. Gibbon, »Geschichte des röm. Weltreichs«, c. 53.

[103] *».. aegre exspectatus.«*

[104] *».. ›Fortunate‹, ait, ›qui tam pulchram discipulam docere habes grammaticam!‹ Ad quod ille, quasi caro assensu subridens, talia in aurem adversario reddit amico: ›Sicut et tu, Sancte Domini, Kotelindam monialem pulchram discipulam caram docuisti quidem dialecticam.‹ Dictoque citius, cum ille nescio quid resibilare vellet, ab eo divertens, equo ascenso indignanter abivit.« Ekkeh.* IV., *»casus S. Galli«, c. 10.* Pertz, *»Mon.« II. 124.*

105 Die Ausübung des Weidwerks war eigentlich wider die geistliche Disziplin. Eine Augsburger Synode von 952 (Pertz, *»Monum.« IV. 27)* verbietet den Bischöfen und der Geistlichkeit überhaupt das Würfelspiel, die Jagdbelustigungen und das Hunde- und Habichthalten zu diesem Behufe bei Strafe der Absetzung.

106 *»Stigmata: pictura in corpore, quales Scotti pingunt.«* Glosse einer sanktgall. Handschrift bei Hattemer, »Denkmale etc.«, I. 227 u. 233. Die Sitte des Bemalens der Augenlider und des Tätowierens der Arme scheint den Scoten und Iren damals gefallen zu haben. Die also eingeätzten Bilder mögen von roher, schier unverständlicher Häßlichkeit gewesen sein, wie dies noch aus den vorhandenen Miniaturen irischer Herkunft in den Handschriften geschlossen werden darf. Dieselben sind durch fremdartigen und – wenn das Wort noch erlaubt ist – keltisch unschönen Ausdruck, sowie durch gänzlich barbarische Art der Darstellung sehr unvorteilhaft von den gleichaltrigen, von germanischer Hand gefertigten, verschieden. Der Christus am Kreuze mit seinem hufeisenförmigen arabeskenartigen Barte und verzwickten Munde und die als Tiergestalten gezeichneten Evangelisten haben etwas Fetischartiges.

107 Das Silbergeld bestand lang in einem Bleche, das so dünn wie Laub und nur auf einer Seite grob und tief gepräget war *(nummi bracteati).* J. v. Arx, »Geschichten etc.« I. 451.

108 »Sie wollen lieber Jäger als Lehrer, lieber kühn als mild, lieber verschlagen als herzenseinfältig heißen ... Sie spielen Kreisel und meiden darum auch das Würfelspiel nicht. Sie gehen fleißig mit dem Spielbrett anstatt mit der Schrift, mit der Wurfscheibe anstatt mit dem Buche um. Sie wissen besser, was dich ein Fehlwurf kostet, als was die Heilswahrheit fordert, verbietet oder verheißt, besser was der Glückswurf bringt, als was sie Gott zu danken schuldig sind ... Sie lassen sich silberne Schalen, Kannen von großer Kostbarkeit, Krüge *(crateres),* ja Trinkhörner *(conchas)* von bedeutendem Gewicht und einer jedem Zeitalter verhaßten Größe machen. Sie bemalen ihre Weinkrüge und Schleifkannen, während die nahe Basilika von Ruß erfüllt ist.« Vogel, »Ratherius von Verona und das zehnte Jahrhundert«, I. p. 44.

109 Moengals Latein ist etwas verwildert. Wenn indes selbst Bischöfe in der Hofsprache sich klassischer Wendungen wie: *»sic omnes perriparii possunt bubus agricolantibus vetrenere«* (»So kann jeder Bauer am Pfluge seinen Ochsen was vordröhnen«) bedienten und Geschichtschreiber dies in ihren Text aufnahmen *(Monachus San. Gall., »gesta Karoli« I., 19* bei Pertz, *»Mon.« II. 739),* so darf dem Latein eines Leutpriesters einiges zugut' gehalten werden.

110 *».. Moengal, postea a nostris Marcellus diminutive a Marco avunculo sic nominatus, hic erat in divinis et humanis eruditissimus etc. ..«* Siehe die ganze Geschichte seines Besuchs und Verbleibens im Kloster bei *Ekkeh., »casus S. Galli«, cap. I.* Pertz, *»Mon.« II. 78.*

111 *».. in campanarium S. Galli per gradus ad hoc quidem nobis paratos ascendere incipit, uti oculis, quia gressu non licuit, montes camposque circumspiciens, vel sic animo suo vago satisfaceret.« Ekkeh., »casus S. Galli«, c. 3.* Pertz, *»Mon.« II. 99.*

112 »Den Haken hatte sie.« Kam vor kurzem ein schriftgelehrter Sohn der grünen Erin in die Bücherei des heiligen Gall, sich seines frommen Vorfahrens Werk genau zu besehen und abzuschreiben. Da reichten sie ihm den in schwarzen Samt gebundenen Kodex des Priscianus und er hub die Arbeit an; bald aber tönte ein verhaltenes Lachen zu den Bücherbewahrern im großen Saal, und wie sie herüberkamen, verdeutschte ihnen der Rektor von Dublin die irischen Glossen zum Latein, wie folgt:

»Gottlob es wird schon dunkel!
Heiliger Patrik von Armagh, erlöse mich von der Schreiberei!
O daß mir ein Glas alten Weines zur Seite stünde usw.«

Das war Moengals Übersetzungswerk!

113 Der Wachtelruf scheint den Ohren mittelalterlicher Weidmänner etwas anders geklungen zu haben als heutzutag' denn das Wort *quakkara,* womit der Mönch von Sankt Gallen *(».. quakaras etiam et alia volatilia«, »gesta Karoli« I. 19* bei Pertz, *»Mon.« II. 739)* anstatt des klassischen *coturnix* die Wachtel selbst bezeichnet, soll offenbar den Eindruck des Wachtelschlags wiedergeben. Dieser brave Schriftsteller, in welchem die Nachwelt einen Mitbegründer des Jägerlateins zu verehren hat, mag übrigens den Wachteln und »dem andern Geflügel« auf eigenen Weidmannszügen ebenso oft nachgezogen sein als irgend ein Autor späterer Tage. In Glossen sanktgallischer Handschriften wird indes die Wachtel auch *quasquila* und *quatala* benannt. S. Hattemer, »Denkmale etc.« I. 246 u. a.

114 Nicht ohne Grund. Herr Luitfried drang damals mit gezücktem Schwert unter Schmähreden auf den Bischof ein; nachdem ihn seine Oheime zurückgehalten und Rates gepflogen, was mit dem Gefangenen beginnen, stimmte er dafür, ihm entweder die Augen auszustechen oder die rechte Hand abzuhauen. Auf dem Weg zur Thietpoldsburg zwang man den Kirchenfürsten, etlichen herbeigelaufenen Schweinehirten die Füße zu küssen usw.

115 *».. paratur citissime lavacrum, ut pulvere et lassitudinis tergeretur sudore.« Ekkeh. IV., »casus S. Galli«, c. 1.* Pertz, *»Mon.« II. 86.*

116 »Commoditas talentum valet!« (alter geistlicher Spruch).

117 *».. Duellium die condicto cum aegre exspectatus veniret, ultra quam ipse vellet susceptum in conclave suo proximum, suum, ut ipsa ait, manu duxit magistrum. Ibi nocte et die cum familiari aliqua intrare solebat ad legendum pedisequa, foribus tamen semper apertis, ut, si quis etiam ausus quid esset, nihil quod diceret, sinistrum haberet. Illic quoque crebro ambos ministri et milites, principes etiam terrae, lectioni aut consiliis*

invenerunt agentes.« Ekkeh., »casus S. Galli«, c. 10 bei Pertz, *»Mon.« II. 123.*

118 S. Grimm, »deutsche Rechtsaltertümer«, 1. Aufl. p. 339.

119 S. Grimm, »deutsche Mythologie«, 3. Ausg. p. 695.

120 *».. vasque magnum, quod vulgo cupam vocant, quod viginti et sex modios amplius minusve capiebat, cerevisia plenum in medio habebant positum.« »Vita S. Columbani.«*

121 *Ausonius, »Idyll.« 7.*

122 Das alemannisch-schwäbische Heidentum beruhte auf einem einfachen Kultus der Natur. »Sie verehren Bäume, Wasserströme, Hügel und Bergschluchten. Pferden, Rindern und vielen anderen Tieren schneiden sie das Haupt vom Rumpf und bringen sie diesen als Schlachtopfer dar«, so schreibt der Grieche Agathias im sechsten Jahrhundert von den Alemannen im Gegensatz zu den christlichen Franken. »Betet keine Götzen an weder an Felsen noch an Bäumen, weder an abgelegenen Orten noch an Quellen, auch nicht auf Kreuzwegen bringet eure Anbetung und eure Gelübde dar«, predigt der heilige Pirminius, Stifter der Reichenau, zwei Jahrhunderte später. Wer da weiß, mit welcher Zähigkeit der Bauer in seiner Sitte die Überlieferung altersgrauer Vergangenheit bewahrt, und wie noch manche seiner heutigen Bräuche an die Opfer des Heidentums gemahnen, den wird es nicht befremden, im zehnten Jahrhundert noch auf nächtliche biertrinkende Konventikel zu stoßen, die sich von denen zu des heiligen Columban Zeiten wenig oder gar nicht unterscheiden. Ob übrigens eine in ähnlichen Formen, wie die hier beschriebenen, sich bewegende Sitte des gemeinschaftlichen Trinkens auf den deutschen Hochschulen, die unter dem Namen »einen Salamander reiben« bekannt, aber von niemanden erklärt ist, nicht auch einen Anklang an altheidnische Trankopfer enthalte, bleibe dahingestellt, wiewohl die Wissenschaft darüber einig ist, daß »durch die religiöse Bedeutung des Trinkens ein überraschender Zusammenhang in mehrere andere Gebräuche kommt.«

123 Die Steinbrüche am sog. Schienemer Berg, wie die im benachbarten Öningen sind später berühmt geworden durch ihre Petrefakten, insbesondere durch die seltenen Überreste von Vögeln. Bekanntlich ward dort auch das Gebein eines riesenmäßigen Salamanders aufgegraben, in welchem der gelehrte Naturforscher Scheuchzer (1726) einen fossilen Menschen erkannte, bis Cuvier die wahre Organisation dieses »Zeugen der Sündflut« nachwies. Vgl. Burmeister, »Geschichte der Schöpfung«, 5. Aufl. p. 518.

124 *»Vita Sancti Galli«, lib. I.* bei Pertz, *»Monum.« II. 7.*

125 Die Herzogin teilt hier dieselben Grundsätze zweckmäßiger Bekehrungspolitik, die der Papst Gregor der Große seiner Zeit in einem Schreiben an den Abt Mellitus und den Erzbischof Augustinus von England ausgesprochen. »Saget dem Augustinus«, heißt es dort, »zu

welcher Überzeugung ich nach langer Betrachtung über die Bekehrung der Engländer gekommen bin: daß man nämlich die Götzenkirchen bei jenem Volk ja nicht zerstören, sondern nur die Götzenbilder darin vernichten, das Gebäude mit Weihwasser besprengen, Altäre bauen und Reliquien hineinlegen soll. Denn sind jene Kirchen gut gebaut, so muß man sie vom Götzendienst zur wahren Gottesverehrung umschaffen, damit das Volk, wenn es seine Kirchen nicht zerstören sieht, von Herzen seinen Irrglauben ablege, den wahren Gott erkenne und um so lieber an den Stätten, wo es gewöhnt war, sich versammle. Und weil die Leute bei ihren Götzenopfern viele Ochsen zu schlachten pflegen, so muß auch diese Sitte ihnen zu irgendeiner christlichen Feierlichkeit umgewandelt werden. Sie sollen sich also am Tag der Kirchweihe oder am Gedächtnistag der heiligen Martyrer, deren Reliquien in ihren Kirchen niedergelegt werden, aus Baumzweigen Hütten um die ehemaligen Götzenkirchen machen, den Festtag durch religiöse Gastmähler feiern, nicht mehr dem Teufel Tiere opfern, sondern sie zum Lobe Gottes zur Speise schlachten, dadurch dem Geber aller Dinge für ihre Sättigung zu danken, damit sie, indem ihnen einige äußerliche Freuden bleiben, um so geneigter zu den innerlichen Freuden werden. Denn rohen Gemütern auf einmal alles abzuschneiden, ist ohne Zweifel unmöglich, und weil auch derjenige, so auf die höchste Stufe steigen will, durch Tritt und Schritt, nicht aber durch Sprünge in die Höhe kommt. S. Mone, »Geschichte des Heidentums etc.« II. 105.

126 Das Aufnageln von Pferdeschädeln war uralte Gewohnheit deutscher Völker. Schon die römischen Legionen, die Caecina in die Einsamkeit des Teutoburger Waldes führte, um den Gefallenen der Varusschlacht die letzte Ehre zu erweisen, erschraken, da von den Stämmen der Eichen die angenagelten Häupter geopferter Römerpferde auf das bleichende Gebein gefallener Krieger und die Schlachtaltäre herabnickten. *Tacitus, »Annal.« I. 61.*

127 Den merkwürdigen Gebrauch, daß durch Werfung der »Chrene Chruda« auf den nächsten zahlungsfähigen Verwandten dieser in das durch Blutschuld verwirkte Wehrgeld des zahlungsunfähigen Täters eintreten mußte, beschreibt die *»lex Salica« (ed.* Merkel*), cap. 58.* Der Name Chrene Chruda ist noch nicht hinlänglich erklärt. Man hat es mit »grünes Kraut« oder nach Grimm, »Rechtsaltertümer«, p. 116 mit »reines Kraut« zu übersetzen gesucht, indem die Räumung eines Landes oder die Übertragung eines Grundstücks auf einen andern zu eigen oder zu Pfand durch Übergabe einer mit Gras bewachsenen Erdscholle, eines Stückes Wasen symbolisch angedeutet wurde. Aber nach der *»lex Salica«* war das, was geworfen wurde, die aus den vier Ecken der Stube, wo doch kein Kraut wächst, zusammengeraffte Erde. S. Walter, »deutsche Rechtsgeschichte«, § 443. Da übrigens dieser Gebrauch nur bei den Salfranken urkundlich nachweisbar ist und auch dort schon frühe aufgeho-

ben war (*»lex Salica« nov. 262, 263, 264*), so bleibt es ziemlich unklar, wie derselbe hier als ein im zehnten Jahrhundert in Alemannien geltender aufgeführt werden kann.

128 Dem »bösen Auge« der Hexen wurden viele üble Wirkungen zugetraut; es kann Säuglinge schwindsüchtig machen, Kleider in Stücke reißen, Schlangen töten, Wölfe schrecken, Straußeneier ausbrüten, Aussatz erwecken etc. Als Schutz gegen solche »faszinierende« Blicke pflegte man auch die Pfote des blinden Maulwurfs zu tragen. S. Grimm, »deutsche Mythologie«, p. 1053.

129 *.. si quis mulierem »stria« clamaverit et non potuerit adprobare* usw. *»lex Salic.« c. 64.*

130 *»Dîn got, der ist ein junger tôr,*
ich will glouben an den alten.«
St. Oswald.

131 *Folchardi »codex aureus«* (Handschrift der sanktgallischen Bibliothek) p. 75.

132 »Eine Geschichte der deutschen Kuchen und Semmeln ließe sich nicht ohne unerwartete Aufschlüsse zusammenstellen.« Grimm, »deutsche Mythologie«, 3. Ausg. p. 56.

133 Bist du nicht auch schon, verehrte Leserin, in stiller Einsamkeit der Nacht kartenschlagend oder bleigießend oder loswerfend damit beschäftigt gewesen, den künftigen Freier zu ergründen? Alle diese Mittel zur Erratung kommender Dinge sind Reste grauen Heidentums. – Auch des Kämmerers Spazzo Turmgang scheint ähnliches bezweckt zu haben. Es war nicht ungewöhnlich, daß man sich in der Neujahrsnacht auf das Hausdach setzte, schwertumgürtet, um die Zukunft zu erforschen. S. Grimm, »Mythol.«, p. 1070.

134 *».. Sacratos noctis venerabilis hymnos.«*

135 Über die in jenem Zeitalter hervorragenden alemannischen Grafen- und Herrengeschlechter s. Stälin, »Geschichte von Wirtemberg« I. 544 u. ff.

136 *»Nova stella apparuit insolitae magnitudinis, aspectu fulgurans et oculos verberans non sine terrore.« »Annales S. Gallenses majores«* bei Pertz, *»Mon.« I. 8.*

137 S. Berthold, »der Heerwurm, gebildet aus Larven der Thomas-Trauermücke«, Göttingen 1854.

138 Der fromme Wahnglaube vom Hereinbrechen des Jüngsten Tages und vom bevorstehenden Ende der Welt war in karolingischer und späterer Zeit ein sehr häufiger. Viele Vornehme und Geringere sahen sich dadurch behufs der Sicherung ihres Seelenheils zu Schenkungen an die Kirche veranlaßt. *»Mundi terminum appropinquantem ruinis crebrescentibus jam certa signa manifestant«* beginnt z. B. ein in Mones »Anzeiger« 1838 p. 438 mitgeteilter Schenkungsbrief.

139 Seit Ausgang des neunten Jahrhunderts bis in die zweite Hälfte des zehnten gehörten die Einfälle der Ungarn in den deutschen Gauen zu

den gewöhnlichen Landplagen; Nord und Süd wurden von ihnen heimgesucht. Die gleichzeitigen Geschichtschreiber nennen sie bald Avaren oder Agarener, bald Ungarn (wobei der Name in abenteuerlicher Etymologie vom Hunger abgeleitet wird, der sie aus den Steppen Pannoniens vorwärts trieb *».. innumerabilis eorum crevit exercitus et a fame, quam patiebantur, Hungri vocati sunt.« »Epistola Remigii«* bei Martène, *»collect.« I. 234)*, noch öfter aber Hunnen, wiewohl die Abstammung derselben von dem Hunnen-König Attila keineswegs zu den erwiesenen Tatsachen gehört. Letztere altertümliche Bezeichnung ist in unserer Erzählung beibehalten.

Umständlichere Schilderung dieses fremden Reitervolkes gibt schon Regino in seinem *»Chronicon. ad ann. 889«* (Pertz, *»Mon.« I. 600)*. Das Bild, das er von den grausamen, alles zerstörenden, nie aus dem Sattel kommenden, von erschlagener Feinde Herzen sich nährenden Scheusalen entwirft, macht einen schauerlichen Eindruck und würde noch mehr zum Mitleid mit den von ihnen Heimgesuchten stimmen, wenn es nicht meist aus der Historie des Justinus *lib. 41 c. 2* u. 3 wörtlich abgeschrieben wäre, der die Skythen in dieser Weise charakterisiert. Die mehrfachen Verheerungen der alemannischen Lande sind erwähnt in den »alaman. Annalen« bei Pertz, *»Mon.« I. 54*, der einst von den Kammerboten und dem Argengaugraf Ulrich wider sie erfochtene Sieg am Inn in den *»annales S. Gallenses major.«* bei Pertz, *»Mon.« I. 77*.

140 s. G. Schwab, »der Bodensee nebst dem Rheintale«. Teil II. p. 119.

141 Diese Worte Ekkehards enthalten einen Anklang an das den Sanktgaller Mönchen wohlbekannte »alemannische Landrecht«, scheinen jedoch auf einer gewissen Verwechslung zu beruhen. In *tit. 99 n° 22 (ed.* Lindenbrog) findet sich nämlich folgende Bestimmung:

»Wenn ein fremder Hund einen Mann getötet hat, soll dessen Eigentümer den Hinterbliebenen das *halbe* Wehrgeld auszahlen. Verlangt die Familie des Getöteten das *ganze* Wehrgeld, so muß ihr dies zwar gewährt werden, aber nur unter der Bedingung, daß alle Zugänge des Hauses bis auf einen abgeschlossen werden, daß sie allezeit durch dies eine Tor ein- und ausgehen, und daß über dieser Schwelle der fremde Hund in einer Höhe von neun Fuß aufgehängt werde und aufgehängt bleibe, bis daß er ganz verfault und seine Knochen stückweis herabfallen. Würden die Bewohner des Hauses den toten Hund wegzuschaffen oder durch eine andere Türe einzugehen versuchen, so sollen sie auch des bereits empfangenen halben Wehrgelds verlustig gehen und jeden weiteren Anspruch verlieren.« Dieser aus hohem Altertum stammenden Verfügung liegt das Motiv zugrund', den Verwandten, die den vom Eigentümer des Tieres nicht verschuldeten Todesfall allzu geldgierig auszubeuten suchen, eine gewisse Schmach anzuhängen und sie dadurch abzuhalten, die äußerste, nach dem damaligen Strafgesetz allerdings formell zustehende Entschädigung zu beanspruchen. Ähnliches kennt das altnordische Recht. S. Grimm, »Rechtsaltertümer«, p. 665.

142 Die Heilkunde unserer Tage wendet diese und ähnliche Mittel nicht mehr an. Sie beruhten zum Teil auf der Ansicht, daß die Krankheiten dem Einfluß der Dämonen zuzuschreiben. Vieles übrigens, was in jener Zeit offiziell verordnet wurde, findet sich im Kreis der sog. sympathetischen Mittel noch vor, die in ununterbrochener Überlieferung von den Bauersmännern, Schäfern und Schmieden, die heutzutag' noch trotzig daran glauben, bis in fernes Heidentum hinaufreichen. Daß eine ähnliche Kur, wie die zuletzt erwähnte, von gutem Erfolg begleitet war, meldet der fränkische Geschichtschreiber Gregor von Tours in seiner Schrift über die Wunder des heiligen Martinus aus eigener Erfahrung. »Im zweiten Monat nach seiner Ordination als Bischof erkrankte er an der Ruhr so heftig, daß man an seinem Leben verzweifelte. Da alle Arzneien fruchtlos geblieben waren, ließ er sich Staub vom Grab des Heiligen bringen, nahm ihn in einem Tranke um die dritte Tagesstunde und wurde davon auf der Stelle geheilt, daß er um die sechste zur Mahlzeit ging.« Löbell, »Gregor von Tours und seine Zeit«, *p. 277.*

Manches Interessante in betreff ehemaliger Heilkunde würde wohl ein sachverständiger Arzt in dem *»tractatus insignis medicinalis«* der sanktgallischen Handschrift 104 vorfinden.

143 *».. nihil fame improbrius et sacrius!«*

144 Wenigstens zählt noch G. Schwab in seinem Werk über den Bodensee unter den »Merkwürdigkeiten von Sipplingen« *sub* Nr. 3 auf: »der Sipplinger Wein als der schlechteste am Bodensee.« Neuerdings soll der dortige Rebensaft um ein bedeutendes besser geworden sein als sein Ruf.

145 s. *»Einhardi vita Karoli Magni« c. 13* bei Pertz, *»Mon.« II. p. 449.*

146 s. Gibbon, »Geschichte des römischen Weltreichs« *c. 35.*

147 *»Scitis,« inquit, »o fideles mei, quid tantopere ploraverim?« »Non hoc,« ait, »timeo, quod isti nugae et nihili mihi aliquid nocere praevaleant: sed nimirum contristor, quod me vivente ausi sunt litus istud attingere, et maximo dolore torqueor, quia praevideo, quanta mala posteris meis et eorum sunt facturi subjectis.« »Monachi S. Gallens. gesta Karoli« II. 22* bei Pertz, *»Mon.« II. 757.*

148 Diese Auffassung der vielbesprochenen und folgenschweren Krönung Karls des Großen in Rom am Weihnachtsfest 800 zum Kaiser und Schirmherrn der römischen Kirche entspricht der Ansicht, die die Zeitgenossen von der Sache hatten. Der Papst, der dadurch das lästige Schutz- und Aufsichtsrecht seiner byzantinischen Oberherrn loswerden wollte, hatte seinen bestimmten Plan, wenn er auch die Tragweite und Folgen des Ereignisses nicht im Auge hatte. Seitens des fränkischen Herrschers aber war die Annahme dieser Kaiserwürde ein Akt der Usurpation den legitimeren Byzantinern gegenüber, und es ist wohl zu erklären, warum die Berichterstatter erzählen, er würde an jenem Tage

keinen Fuß über die Schwelle der Peterskirche gesetzt haben, wenn er des Papstes Absichten hätte erraten können, s. den *»Monachus San Gallensis«* und *»Einhardi vita Karoli M.« cap. 16* und *28*.

149 s. Hincmar von Rheims »Annalen *ad ann. 862*« bei Pertz, *»Mon.« I. 458*.

150 s. Hermanns des Lahmen von Reichenau »Chronik *ad. ann. 888*« bei Pertz, *»Mon.« V. 109*.

151 *».. vel, ut perturbatoris reipublicae dignum est pati, usque ad cinerem concremati et in omnem ventum dispersi cum nominibus vel potius ignominia et memoria sua condemnentur in secula!« »Erchanberti breviarium ad ann. 880«* bei Pertz, *»Mon.« II. 330*.

152 Die Gestalt des Alten in der Heidenhöhle möchte historisch etwas anzuzweifeln sein. Alle Merkmale deuten auf Karl den Dicken, aber der war eigentlich längst gestorben, bevor die erste Stunde des zehnten Jahrhunderts schlug. Indes, was die Geschichte trennt, fügt die Sage wieder zusammen, und wie sie einst dem ostgotischen Dietrich von Bern im Nibelungenlied eine Stellung verschaffte, auf die er seinen historischen Präzedentien nach gar keine nachzuweisenden Ansprüche hat, so gefällt es ihr, den letzten Träger des karolingischen Weltreichs an einen stillen Ort zu entrücken und ihm eine Gerechtigkeit angedeihen zu lassen, die ihm die Mitlebenden versagten.

Eines Gerüchtes, daß der alte Kaiser nicht gestorben, sondern von seinen Feinden stranguliert worden sei, erwähnt der Mönch von Vaast in seinen »Jahrbüchern« bei Pertz, *»Mon.« II. 203*. Das Volk aber, das von ihm ein ganz ander Bild im Herzen trug, als der Haß der Parteien, die ihn mit entstellten Zügen der Nachwelt geschildert, und das in dem hereingebrochenen Jammer der nächsten Jahrzehnte keinen Grund fand, seine Absetzung als den Anbruch besserer Zeiten zu begrüßen, hielt in Alemannien an dem Glauben fest, daß er gar nicht gestorben sei und noch, wie früher und später manch ein anderer Held, in irgendeiner Höhle verborgen sitze, um zu rechter Stunde wieder herauszutreten und die Zügel seines Reiches wieder zu Handen zu nehmen. Mehrere Aufstände in Alemannien gegen den durch Karls des Dicken Sturz emporgekommenen Kaiser gaben Zeugnis von dem Anteil, den man für seinen abgesetzten Vorfahr hegte.

Auch die neuere Geschichtschreibung beginnt, die wahren Gründe der Absetzung und das seither dem dicken Kaiser zugefügte Unrecht einzusehen, und es wird zugegeben, daß die Machinationen des hohen Klerus, der damals mit der Einführung des pseudo isidorischen Kirchenrechts in Deutschland beschäftigt war und einen seinen herrschsüchtigen Bestrebungen willfährigen Kaiser bedurfte, »guten Teils« an jener Absetzung schuld gewesen. S. Gfrörer, »Geschichte der ost- und westfränkischen Karolinger« II. 293.

153 *»Fortis juventus, virtus audax bellica,*
Vestra per muros audiantur carmina,
Et sit in armis alterna vigilia,
Ne fraus hostilis haec invadat moenia.
Resultat echo comes: Eja, vigila!
Per muros eja dicat echo vigila!«

Gefahr lehrt Verse machen! Der Gesang der Nachtwachen von Modena, dessen ganzen Text *Muratori, »antiqu. Ital.« III. 709* mitteilt, wetteifert an Wärme und rhythmischem Schwung mit den Kriegsliedern aller Zeiten. – Einen Bittgesang an den heiligen Geminianus um Schutz und Schirm wider die Hunnen in gleichem Metrum s. bei *Muratori, »antiqu. Ital.« I. 22.*

154 Mit Aufrichtung der Fahne wurde das Volk aufgeboten und versammelt. Nach nordischem Brauch wurde im Fall feindlichen Eingriffs schnell ein Pfeil herumgeschickt, das Volk zu entbieten, *herör,* der Heerpfeil. S. Grimm, »Rechtsaltertümer« 161. 162.

155 Walafrid Strabo, Abt der Reichenau, ein gefeierter Dichter der karolingischen Epoche. Manche seiner lateinischen Poesien sind von einem zarten Hauch durchweht, der an die Elegiker des Altertums erinnert. Es finden sich darunter eine Beschreibung seines Klostergartens, sowie eine Elegie an seine Freundin *(ad amicam),* und hierauf scheint sich Simon Bardos Äußerung zu beziehen. Der Anfang der letzteren ist allerdings sehr weich:

»Wenn mildschimmernden Scheins der Mond den Äther durchleuchtet,
Dann durch die wehende Nacht, o Freundin, schaue zum Himmel,
Eingedenk, wie von dort die reine Leuchte herabglänzt
Und mit demselbigen Strahl uns beide freundlich umschlingt,
Die wir leiblich zwar fern, doch geistig in Liebe uns nah sind.
Darf auch nimmer mein Auge in dem der Geliebten sich spiegeln,
Bleibt uns der Mond doch als Pfand von still glückseligem Ehmals« usw.

Des mehreren von ihm ist nachzulesen bei *Canisius, «Lect. ant.«, ed. Basnage, pars II. 183* u. ff.

156 Das griechische Feuer, eine Mischung von Naphtha, Schwefel und Pech, durch Wasser nicht zu löschen, leistete seine Dienste schon bei der Belagerung Konstantinopels im Jahre 716 wider die Sarazenen und rettete im Jahr 941 die Hauptstadt vor einer russischen Flotte, die unter Igor, Ruriks Sohn, die schon damals gangbare Prophezeiung zu verwirklichen drohte, daß die Russen »in den letzten Tagen Herren von Konstantinopel werden würden«. Seine Verwendung wurde zu einer förmlichen Artilleriekunst ausgebildet und von den griechischen Kaisern als ein wichtiges Staatsgeheimnis bewahrt. Die französischen Kreuzfahrer, die der heilige Ludwig in den Orient führte, beschrieben mit aufrichtigem Entsetzen den Anblick der zerstörenden Geschosse. S. *Joinville, »histoire de St. Louis«, Paris 1668 p. 39.*

157 *».. ipse velut Domini gigans lorica indutus, cucullam superinduens et*

stolam, ipsos eadem facere jubet: ›Contra diabolum‹, ait, ›fratres mei, quem hactenus animis in Deo confisi pugnaverimus, ut nunc manibus ostendere valeamus, ab ipso petamus.« Ekkeh. IV., »casus S. Galli«, c. 3 bei Pertz, *»Mon.« II. 104.*

158 *Jornandes, »de rebus geticis« c. 24.*

159 *».. tollensque manu sua de pallio suo filum projecit in terram et dixit: ›Ecce in testimonium perfectae remissionis filum de pallio meo projicio in terram, ut cunctis pateat, quod pristina deinceps adnulletur inimicitia.‹« »Vita S. Sturmi«, c. 18* bei Pertz, *»Mon.« II. 374.*

160 Der erwähnte Smaragd befindet sich noch im Kirchenschatz der Pfarrkirche Mittelzell auf Reichenau. Er hat das Schicksal der berühmten Smaragdschlüssel von Genua geteilt, die als *sacro catino* für das unschätzbare Palladium der Stadt galt und in den napoleonischen Kriegen als solches nach Paris abgeführt ward, allwo die Untersuchungskommission des französischen Instituts (1809) sie für einen gefärbten Glasfluß erkannte; – ein Mangel an Romantik, der die Zurückgabe des Beutestücks an die Genuesen »wesentlich erleichterte«. Es war sehr zweckmäßig, ein solches Schau- und Prachtstück im Kirchenschatz zu haben, um im Fall der Not ein namhaftes Anlehen darauf aufnehmen zu können.

161 *»Erat tunc inter nostrates frater quidam simplicissimus et fatuus, cujus dicta et facta saepe ridebantur, nomine Heribaldus ...« Ekkeh., «casus S. Galli«, cap. 3*

162 *».. ›enimvero‹, ait ille, ›fugiat, qui velit; ego quidem, quia corium meum ad calceos camerarius hoc anno non dedit, nusquam fugiam!‹« Ekkeh., l. c.*

163 *»Fabricantur spicula, piltris loricae fiunt, fundibula plectuntur, tabulis compactis et wannis scuta simulantur, sparrones et fustes acute focis praedurantur.« Ekkeh., l. c.*

164 *»Aeneis«, VII. 631.* u. ff.

165 *».. equitans vir dei.« »vita Liutger.«* bei Pertz, *»Mon.« I. 412.*

166 Ausführlich und sich gegenseitig ergänzend beschrieben bei *Ekkeh. IV. »casus S. Galli«, cap. 3* und den Biographen der heiligen Wiborad (s. Note 40) namentlich bei Hepidan, *»vita Wiboradae«, cap. VI. 24. (»Acta sanctor. Maj.« I. 305.)*

167 *».. locum enim, quem contra versutias antiqui hostis pugnatura elegi, Deo juvante, spiritu redeunte ad eum, qui dedit illum, etiam corpore tegam!«* Hepidan, *l. c. p. 304.*

168 *».. quasi canem audierat mussitantem .. et intellexit temptatorem: ›Esne tu‹, inquit, ›iterum ibi? Quam bene tibi, miser, contigit nunc mussitanti et grunnienti post gloriosas voces illas, quas in coelis habueras?« Ekkeh., »casus S. Galli«, cap. 3* bei Pertz, *»Mon.« II. 98.*

169 *»Regula S. Benedicti«, cap. 53: de hospitibus suscipiendis.*

170 *».. Augustaque diu obsessa precibus Uodalrici episcopi, sanctissimi qui-*

dem inter omnes tunc temporis viri, repulsi ...« Ekkeh., »casus S. Galli«, cap. 3.

171 S. Grimm, »deutsche Mythologie«, *p. 260.*

172 Schon unter Karl dem Großen bestand lebhafter Handelsverkehr mit Slawen und Awaren *(»Capitulare von 803«* bei Pertz, *»Mon.« III. 133)* und die nordischen Teile des Reichs verschafften sich die Produkte des Südens. Ermoldus Rigellus († 836) in seinen weinerlichen Gedichten nennt friesische Kaufleute als Ankäufer des elsassischen Weines, den sie auf dem Rheine fortführten. Auch am mittleren Neckar waren dieselben wohlbekannt. S. Stälin, »wirtemberg. Geschichte«, *I. 402.*

173 ».. In einer Kirchen war ein Abgott, Triglaff geheißen, und neben dem hingen viel Waffen und Harnisch, so sie im Kriege erworben und dem Abgotte geschenket hatten, und güldene und silberne Becher, damit sie pflagen zu wicken und daraus zu weissagen und zukhünfftige Dinck erfharen und daraus die Edelen pflagen zu hohen Festen zu trinken; auch große Urochßenhörner, in Silber gefaßt, und Trommeten zum Kriege, schwerter und dolche und ander köstlich Zeug und Geräte, das hübsch und kunstreich von Arbeit und zu des Götzen geschmuck bescheret war .. Und der Götze Triglaff war von Golde und hatte drei Köpfe, davon er auch so genennet ist worden, denn triglafi auf wendisch heißen drei köpfe, damit sie haben bedeuten wollen, daß er ein Gott were über Himmel, erde und helle. Den nahm Sant Otto mit sich wegk, und schickte ihn dem Papst Honorio zu einem triumpff und zu einer Anzeigung der Pommern Bekehrung.« Thomas Kantzow, »Pomerania oder Ursprunck, Altheit und Geschicht der Völker und Lande Pommern, Cassuben, Wenden, Stettin, Rhügen« *(ed. Kosegarten) p. 107.*

174 *».. fatuitatis monstrum ubi sentiunt, omnes illi risibiles parcunt.« Ekkeh., »casus S. Galli«, c. 3.*

175 *».. nam cum quidam illorum ascia vibrata unum retinaculorum succideret, Heribaldus inter eos jam domestice versatus ›Sine‹, inquit ›vir bone, quid vis vero, ut nos, postquam abieritis, bibamus?« Ekkeh., I. c.*

176 S. Ekkehards Erzählung bei Pertz, *»Mon.« II. 104.*

177 *»Postquam vero mero incaluerant, horridissime diis suis omnes vociferabant ...« l. c.* Das Lied mag sich auf Attilas Abenteuer mit der Prinzessin Honoria, Schwester des Kaisers Valentinian, beziehen, die aus Rache dafür, daß sie wegen unstandesgemäßer Neigung zu ihrem Kämmerer Eugenius ins Kloster gesteckt worden, den Barbarenmonarchen durch Übersendung eines Rings anflehte, sie als seine Verlobte und Gattin heimzuführen. S. Gibbon, »Geschichte des röm. Weltreichs«, *cap. 35.*

178 *».. et effusa laetitia saltant coram principibus.« Ekkeh. IV., I. c.*

179 *»Cambutta, scottica vox, baculum significans.«* Nach dem Tode des heiligen Columban wurde dem heiligen Gallus dessen Cambutta als Andenken überbracht. S. *»vita Sancti Galli«* bei Pertz, *»Mon.« II. 14.* und J. v. Arx, Anmerkung. Man irrt wohl schwerlich, wenn man sich

eine solche Cambutta weniger elegant denn keulenförmig denkt, da schon vom gewöhnlichen Spazierstock der Zeitgenossen Karls des Großen eine wahrhaft schreckbare Beschreibung überliefert ist. *».. baculus de arbore malo, nodis paribus admirabilis, rigidus et terribilis!« »Monachus San Gallensis«, I. 34* bei Pertz, *»Mon.« II. 747.*

Zweiter Teil

180 *».. ubicunque autem hae reliquiae fuerint, illic pax et augmentum et lenitas aëris semper erit.« »Annales San Gallens. major.«* bei Pertz, *»Mon.« I. 71.*

181 »Offenbarung Johannis«, 20, 7. Allgemein hielt man den Gog und Magog der Schrift in den Ungarn verkörpert und sah in ihnen die Vorläufer des Weltendes; die Frage wurde ernsthafter theologischer Prüfung unterzogen. S. Gibbon, »Geschichte des röm. Weltreichs«, *cap. 55 II.*

182 Die Ehre des ersten Angriffs im deutschen Reichsheer galt für ein von alters her den Schwaben zustehendes Vorrecht. Nach dem »Schwabenspiegel« verleiht Karl der Große: *»swa man umbe des riches not striten solte, da sulen die swabe vor allen sprachen striten.«* »Landrecht« § 32. – Eine Reihe anderer Stellen aus Geschichtschreibern und Dichtern desselben Inhalts s. bei Stälin, »wirtemberg. Geschichte« I. 393.

183 »Waffen, Feindio!« der alte *clamor ad arma*, Alarm, Waffenschrei. S. Grimm, »Rechtsaltertümer«, *p. 876.* Gleiche Sprachbildung – Verstärkung des Substantivs durch einen angehängten Ausruf – liegt den Hilferufen »Mordio, Feurio!« usw. zugrunde.

184 »Ich selbst«, sprach Attila vor Beginn der Schlacht in den katalaunischen Feldern zu seinen Kriegern, »werde den ersten Wurfspieß schleudern, und der Elende, der sich weigert, das Beispiel seines Fürsten nachzuahmen, ist unvermeidlichem Tode verfallen!« S. Gibbon, *a.a.O. cap. 35 (7).*

185 Noch im sechzehnten Jahrhundert bewahrten die deutschen Landsknechte die Sitte, sich rücklings Erde übers Haupt zu streuen, ehe sie ins Wogen des Treffens rückten. So der tapfere Georg von Frundsberg vor der Schlacht von Pavia.

186 Wir können uns nicht enthalten, den einfach großartigen Text des Notkerischen Liedes *media vita* mitzuteilen, so wie ihn J. v. Arx seinen »Geschichten des Kantons St. Gallen« I. *p. 95* einverleibt hat.

»Media vita in morte sumus, quem quaerimus adjutorem, nisi te domine, qui pro peccatis nostris juste irasceris.

V. In te speraverunt patres nostri, speraverunt et liberasti eos
R. Sancte deus.

V. Ad te clamaverunt patres nostri, clamaverunt et non sunt confusi.
R. Sancte fortis.

V. Ne despicias nos in tempore senectutis, cum defecerit virtus nostra, ne derelinquas nos.

R. Sancte et misericors salvator, amarae morti ne tradas nos.«

Es fand so großen Anklang im Gemüt frommer Streiter, daß eine Synode zu Köln sich gemüßigt sah anzuordnen, niemand solle ohne seines Bischofs Erlaubnis gegen irgendeinen Menschen das *»media vita«* singen. In das evangelische Kirchenlied ging es über durch Luthers Übersetzung: »Mitten wir im Leben sind von dem Tod umfangen etc.«

187 *».. haud mora, bellum incipitur atque ex Christianorum parte sancta mirabilisque vox ›kyrie‹, ex eorum turpis et diabolica ›hui, hui!‹ frequenter auditur.«* Luitprand von Cremona, *»de reb. imp. et regum« lib. II. cap. 9.*

188 *Folchardi »codex aureus«* (Bibliothek zu St. Gallen) *p. 39.*

189 s. Bernhard Bader, »Volkssagen aus dem Lande Baden«, *p. 34.*

190 Den merkwürdigen Landhag, mit dem die Ungarn zu Karls des Großen Zeit ihre Grenzen gesperrt hatten, beschreibt nach Erzählung eines Augenzeugen der Mönch von St. Gallen, *»gesta Karoli« lib. VI. cap. 1* bei Pertz, *»Mon.« II. 748.*

191 *».. iam mitius agendum inter Teutones!«*

192 *»Nam et villani quidam praedocti ollas, prunas in proximo monte paratas habentes, tumulto audito faces accensas levabant, et ut discretionem sociorum et hostium nossent, quasi, perlustrium fecerant.* Die anschauliche Darstellung dieses Überfalls des ungarischen Lagers im Fricktal durch Irminger, den Alten, mit seinen sechs Söhnen und ihrer Mannschaft gibt *Ekkeh. IV. »casus S. Galli« cap. 3* bei Pertz, *»Mon.« II. 110.* Im Schein der rings auf den Bergen flammenden Feuerzeichen stürmten ihre drei Heerhaufen in den sorglosen Feind. Wer nicht in keckem Schwimmen über den Rhein setzte, wurde erschlagen; die Beutestücke der Schlacht weihte Irminger dem Münster des heiligen Fridolin zu Säckingen. Eine auf dem rechten Rheinufer gelagerte ungarische Schar zog sich auf die Nachricht dieser Niederlage ins Elsaß hinüber.

193 »›Mir wird so kühl im Harnisch,‹ sprach der Fiedelmann,
›Drum glaub' ich, daß der Morgen ziehet schon heran,
Ich spür' es an der Kühle, es wird wohl balde Tag ...‹«
»Nibelungenlied«, Avent. 31.

194 ».. Es ist ein grausam ding zu sehen. Dieser fall heißt zu unsern Zeiten am Lauffen. Es wirt das Wasser so es oben herab fallt, zu eim gantzen schaum, es steubt über sich gleich wie weisser rauch. Do mag kein Schiff herab kommen, anderst es zerfiel zu stucken. Es mögen auch keine Fisch die Höhe dieses Felsen übersteigen, wann sie noch so lange krumme zeen hätten, wie das Mörthier Rosmarus oder Mors genannt.«

Sebastian Münster. »Cosmographey.« 1574. S. 551.

[195] *»Sahspach, Hadewigae beneficii villa«*. S. *Ekkeh.* IV. *»casus S. Galli«, c. 10* bei Pertz, *»Mon.« II. 135.*

[196] Verfluchungen gegen etwaige Widersacher gehörten bei allen auf Vergabungen, Eigentumsübertragungen, Stiftungen etc. bezüglichen Urkunden zum Kanzleistil. Man war in den verschiedenen Formen von erfindungsreicher Mannigfaltigkeit. »Es fühle der Leib in den Jahren ihres Lebens den Vorschmack der unendlichen Höllenpein, wie Heliodor, welchen die Engel gestäupt, wie Antiochus, welchen die Würmer gefressen«, heißt es z. B. im Stiftungsbrief des Klosters Peterlingen. »Wer mit böswilligem Gemüt diese Schrift liest«, wird anderswo gewünscht, »möge zur Stelle erblinden!« S. Joh. v. Müller, »Geschichte der Schweiz« I. 253. Eine Zeit, die sich so umfangreich aufs Segnen verstand, mußte notwendig auch im Fluchen Erkleckliches leisten.

[197] *».. et multi illorum comprehensi sunt cum rege eorum nomine Pulszi et suspensi sunt in patibulis.« »Annales S. Gallenses major.« ad. ann. 955* bei Pertz, *»Mon.« I. 79.*

[198] *»Qui dubitans minime huic illam nubere posse.« »Ruodlieb« fr.* XVI. *v. 15.*

[199]

»Mich macht ein kleines Hälmchen froh:
Es sagt, mir soll Gnade kommen;
Ich maß dasselbe kleine Stroh,
Wie ich's bei Kindern wahrgenommen.
Nun höret all und merkt, ob sie es tu':
Sie tut, tut's nicht, sie tut, tut's nicht, sie tut!
Wie oft ich maß, stets war das Ende gut.«

Herr Walter von der Vogelweide (übersetzt bei Simrock, »altdeutsches Lesebuch« 1854 *p. 208*).

[200] *».. corda hominum quos capiunt particulatim dividentes veluti pro remedio devorant.« Regino, »Chronicon ad ann. 889«* bei Pertz, *»Mon.« I. 600.*

[201] *».. Der ist sâlic der dri behûttet sîne gewate daz er nihet naccetne gange«* usw. Predigt, mitgeteilt von J. v. Arx aus einem Pergamentblatt des XI. Jahrhunderts und verbessert herausgegeben bei Hattemer, »Denkmale etc.« I. 326.

[202] S. Grimm, »Rechtsaltertümer«, *p. 723 s. v.* Dachabdeckung.

[203] *»Ungar baptizatus uxorem duxit, filios genuit.« Ekkeh.* IV., *»casus S. Galli«, c. 3.*

[204] Rüdiger Manesses »Sammlung« I. 87.

[205] S. Grimm, »Rechtsaltertümer« *p. 726. s. v.* Prellen.

[206] S. *»lex Ripuariorum« cap. 57.* Der auf solche Weise Freigelassene hieß *homo denariatus.*

[207] S. *Ekkeh.* IV., *casus S. Galli«, cap. 10* bei Pertz, *»Mon.« II. 135.*

[208] Wiewohl wir nicht hoffen, daß einer der Leser sich versucht fühle, Gunzos pomphaftes Werk nachzuschlagen, sei doch der Ort angegeben, wo es zu finden. Es steht in der gelehrten Benediktiner *Martène et*

Durand »collectio veterum scriptor. et monumentor.« Tom. I. 294 als *»Epistola Gunzonis ad Augienses fratres«;* – ein geschichtlicher Beweis, daß auch vor Ehren-Götze und allen, die heutigestags auf den Pfaden gelehrter Injurie selbstgefällig lächelnd einherschreiten, tapfere Männer gelebt haben. Ähnliche Leistungen hat wohl Baronius im Auge gehabt, da er das zehnte Jahrhundert ein *»bleiernes«* nannte. Ein sachkundiges Urteil charakterisiert den Stil einiger Zeit- und Gesinnungsgenossen von Gunzo als ein Latein, »dessen Grundfarbe durch die gehäuften klassischen Floskeln und Schnörkel nicht verdeckt wird und in welchem sie nur fremde Gedanken zu wiederholen wissen, wenn es ihnen überhaupt um Gedanken zu tun ist.« S. Vogel, »Ratherius von Verona« I. 161.

209 *»Regula S. Benedicti«, cap. 43: de his qui ad mensam tarde occurunt.*

210 Schon die »Lebensbeschreibung des heiligen Gallus« *(lib. II. cap. 34* in Pertz, *»Mon.« II. 29)* erwähnt die Sitte, daß unvorsätzliche Mörder, mit schweren Ketten, die oft aus dem eigenen Mordschwert geschmiedet wurden, oder mit eisernen Ringen um den Leib oder die Arme belastet, Wallfahrten tun mußten. S. auch Uhlands schönes Gedicht »der Waller«.

211 *»Lex Burgundionum« tit.* XVII. *I.*

212 S. *»Vita S. Liobae«* bei *Mabillon, »Acta Benedict. saec. 3« pars 2. 229. (ed. Venet. 1734.)*

213 *».. plerosque autem vidimus et audivimus tanta dementia obrutos, tanta stultitia alienatos, ut credant et dicant, quandam esse regionem, quae dicatur Magonia, ex qua naves veniant in nubibus, in quibus fruges, quae grandinibus decidunt et tempestatibus pereunt, vehantur in eandem regionem, ipsis videlicet nautis aëreis dantibus pretia Tempestariis et accipientibus frumenta vel ceteras fruges.« Agobard., »contra insulsam vulgi opinionem de grandine et tonitruis« I. 146 (ed. Baluze).*

214 Durch alle Völker geht der Glaube, daß im gebundenen feierlich gefaßten Wort eine zauberische Kraft verborgen ruhe, die zu Segen und Fluch gedeihlich verwendet werden möge. Von dem rätselhaften römisch-sabinischen Zauber gegen Verrenkung, den schon der alte Cato *(»de re rustica« 160)* anführt, von den nordischen Runen, von den echten ehrwürdigen »Merseburger Heilsprüchen« bis auf das unverständliche Kauderwelsch, mit dem heutigestags, wenn just kein Arzt oder anzeigedrohender Ortsdiener in der Nähe ist, der ländliche Viehdoktor den suchtkranken Haushund oder das räudige Schaf beschwört: überall derselbe Grundgedanke von der Macht rhythmisch gebundener Rede. Man traute eben ehedem der Poesie Größeres und Praktischeres zu als jetzt. – Vieles an den Formeln ist sinnlos geworden, namentlich die geheimnisvollen Worte am Beginn und Ausgang. Sie haben einst ihre Bedeutung gehabt; imposanter wurden sie, wie manches andere, wohl von der Zeit an, wo man sie nicht mehr verstand. Wie feierlich klingt das *»daries, dardaries, astaries, Disunapiter!«*, mit dem Catos Verrenkungsspruch sich einleitet, wie rätselvoll das *»alau, tahalaui, fugau!«* in dem lateini-

schen Spruch, der die verirrten Klosterschweine segnend zurückbeschwören soll! (Sanktgallische Handschrift 111 bei Hattemer, »Denkmale etc.«, I. 410.) S. überhaupt Grimm, »Mythologie«, *cap. 38.*

215 *»lex Alamannorum« tit. 45. de rixis, quae saepe fieri solent in populo...*

216 Dem Schröter, den es mit Donner und Feuer in Bezug setzt, mag das deutsche Volk besondere Ehre angetan haben. Grimm, »Mythologie« (3. Ausg.) *p. 657.* S. auch *p. 167* über die Bedeutung dieses und anderer Käfer.

217 Über die Einrichtung der Sendgerichte vgl. J. v. Arx, »Geschichten des Kantons St. Gallen« I. 257.

218 *»Maiores locorum de quibus scriptum est, ›quia servi, si non timent, tument‹, scuta et arma polita gestare incoeperant; tubas alio quam ceteri villani clanctu inflare didicerant, canes primo ad lepores, postremo etiam non ad lupos sed ad ursos et ad tuscos, ut quidam ait, minandos aluerant apros.« Ekkeh. IV., »casus S. Galli«, cap. 3* bei Pertz, *»Monum.« II. 103.*

219 *Per Hadewigae, ait, vitam! sic enim iurare solebat ... Ekkeh. IV., »casus S. Galli«, c. 10.*

220 *»ich hoere eine sueze stimme*
in mînem houbet singen
die hoere ich gerne klingen ..«
»der Weinschwelg« v. 268 u. ff.

221 Elpentrötsch, tölpentrötsch, trilpentritsch, hilpentritsch usw., ein linkischer einfältiger Mensch, dem die Elbe (Elfen) etwas angetan haben. S. Grimm, »Mythol.«, 412.

222 Der Kuckuck ist bekannt als Orakelverkünder im frühlingsgrünen Walde. Viel merkwürdige Traditionen über ihn s. bei Grimm, »Mythologie«, 640 u. ff. Eine sehr alte Sage erzählt, er sei ein verwünschter Bäcker oder Müllerknecht, der armen Leuten von ihrem Teig gestohlen, und trage darum fahles mehlbestaubtes Gefieder.

223 s. das Ausführliche über die abergläubigen Vorstellungen bei Verfinsterung des Mondes, die nach *Tacitus, »Annal.« I. 28* schon die Gemüter der aufrührerischen pannonischen Legionen beunruhigten, bei Grimm a.a.O. *p. 668.* – Es ist ein bemerkenswerter Zug der germanischen Vorzeit, daß sie sogar dem Mond in seinen vermeinten Nöten durch Geschrei abzuhelfen bestrebt war.

224 *»dô huob er ûf unde tranc*
ein hundert slundigen trunc;
er sprach ›daz machet mich junc‹.«
»der Weinschwelg«, v. 197.

225 *».. Salutem et profectum in doctrina!«* »Brief Meister Ruodperts von St. Gallen« bei Wackernagel, »altdeutsches Lesebuch« *p. 138.*

226 *»›.. si fugae‹, inquit, ›copiam haberem, iuvenum optimi, profecto fugerem, nunc autem in vestris quia velim nolim sum manibus, mitius me-*

cum quidem vos condecet agere‹.« S. die ganze Schilderung von Rudimanns nächtlichem Einschleichen und Ertappung bei *Ekkeh. IV., »casus S. Galli«, c. 10.* Pertz, *»Mon.« II. 124.*

227 Die damaligen Studien erstreckten sich auch auf die Sternkunde. In der sanktgallischen Handschrift Nr. 18 *p. 43* findet sich das Bild eines Mönches, der durch ein Fernrohr nach den Gestirnen schaut. Notker Labeo beschreibt ausführlich einen im Kloster aufgestellten Himmelsglobus. Die astronomischen Schriften der Alten, z. B. Aratus, kannte und las man. Vgl. J. v. Arx etc. *I. 265.*

228 *».. Antipodes nulla ratione credendi sunt, quia nec soliditas patitur, nec centrum terrae, sed neque hoc ulla historiae cognitione firmatum, sed hoc poetae quasi ratiocinando conjectant.«* »Wörterbuch des Bischofs Salomo.«

229 Diese berühmte Disputation beschreibt ausführlich der fränkische Mönch Richer im dritten Buch seiner »Geschichten«, Kap. 65. Der Kaiser gab Befehl, das gelehrte Turnier einzustellen, denn »der Tag war darüber beinah zu Ende gegangen und die Zuhörer von den vielen und langen Reden ermüdet«.

230 Die klösterliche Disziplin war bemüht, mit den mannigfachsten Akten des gewöhnlichen Lebens ein Gebet oder einen Hymnus zu verbinden. Die sanktgallische Handschrift 134 enthält eine Sammlung solcher Hymnen, z. B. Hymne beim ersten Hahnenruf *(ad gallicinium)*, beim Fasten, vor und nach dem Imbiß, beim Anzünden der Nachtlampen usw. Vgl. Hattemer, »Denkmale etc.« I. 273 u. ff.

231 *».. Altera dein die .. magistrum lectura adiit. Et cum sedisset, ad quid puer ille venerit, ipso astante inter cetera quaesivit. ›Propter Grecismum‹, ille ait .. ›domina mi! ut ab ore vestro aliquid raperet, alias sciolum vobis illum attuli‹. Puer autem ipse pulcher aspectu, metro cum esset paratissimus, sic intulit: ›Esse velim Graecus‹* usw.« *Ekkeh. IV., »casus S. Galli« c. 10* bei Pertz, *»Mon.« II. 125.*

232 Grimm, »deutsche Rechtsaltertümer«, *p. 702 s. v.* Scheren.

233 S. *Thegani, »vita Hludowici imp.« I. 19* bei Pertz, *»Mon.« II. 594.*

234 *».. spillüten und allen den, die gut für ere nement und die sich ze aigen geben hant, den gibt man ains mannes schaten von der sunnen etc.«* »Landrecht des Schwabenspiegels.«

235 ».. dabei ein schönes Gärtelein,
Darumb gehet ein seiden Faden.«
»Laurins kleiner Rosengarten.«

236 »Was soll ich aber von ihren abenteuerlichen Schuhen sagen? Denn in dieser Hinsicht sind die Mönche so unvernünftig, daß ihnen der Nutzen einer Fußbekleidung großenteils entgeht. Sie lassen sich nämlich ihre Schuhe so eng machen, daß sie darin fast, wie in den Stock geschlossen, am Gehen gehindert sind. Auch setzen sie denselben vorne Schnäbel, an beiden Seiten aber Ohren an und tragen große Sorge, daß sie sich genau dem Fuße anschließen; halten auch ihre Diener dazu an, daß sie mit

besonderer Kunst den Schuhen einen spiegelhellen Glanz verleihen.« »Dritte Ereiferung des Primas auf der Synode zu Mont Notre-Dame« bei Richer III. 39.

237 »Hildebrandslied«, V. 70 u. ff. – Noch Prätorius († 1680) in seiner Weltbeschreibung erwähnt »närrische Gauklerszelte, wo der alte Hildebrand und solche Possen mit Docken gespielt werden, Puppenkomödien genannt.«

238 Dieser fabelhafte Ahnherr aller Grobschmiede war seit altersher der deutschen Volksüberlieferung eine entschieden beliebte Gestalt. Bis ins vorige Jahrhundert trug ein Haus in Würzburg nach ihm den Namen »zum großen Schmied Wieland«. Das alte deutsche Gedicht, welches ihn zum Helden erkor, ist uns nicht mehr erhalten, die nordische Sage aber hat ihm die gebührende Aufmerksamkeit geschenkt. S. »Wilkina Sage«, Kap. 19–30, bei von der Hagen, »altdeutsche und altnordische Heldensage« I. 56 und ff.

239 s. Steub, »zur rhätischen Ethnologie«, *p. 103. s. v.* Gossensaß und »Drei Sommer in Tirol«, *p. 504.*

240 *»Welandus ab aliquibus Sanctus dictus ..« »Acta Sanctorum.« Mart. tom. I. 364.*

241 s. Maßmann, »Gedichte des XVI. Jahrhunderts«, Band II. Das Heldengedicht, wie es hier teilweise nacherzählt wird, hat die Bearbeitung, in der es vorliegt, erst im zwölften Jahrhundert erhalten; der Inhalt aber ist entschieden alt und weist auf frühere Sagen zurück, die füglich zu Praxedis' Zeit ihren Weg an den griechischen Kaiserhof gefunden haben mochten.

242 *»Marmoreum sibi sarcophagum longe ante obitum jussit praeparari ob incerti temporis momentum, quem duabus quotidie vicibus diversis alimentorum aliarumve rerum impensis summotenus implevit et victu carentibus hilariter distribuit.« »Vita S. Rimberti«, c. 14* bei Pertz, *»Mon.« II. 771.*

243 *».. moribus tamen illa suis severis et efferis saepe virum exasperans domi interdum quam secum mansisse multo malle fecerat.« Ekkeh. IV., »casus S. Galli«, c. 10* bei Pertz, *»Mon.« II. 123.*

244 S. *Ekkeh. IV., »casus S. Galli«, c. 3* bei Pertz, *»Monum.« II. 108.*

245 Ekkehard verflicht hier sich und seinen Namen mit dem, was die Sage vom getreuen Eckhart erzählt. S. Grimm, »deutsche Heldensagen« 144. 190 und »deutsche Mythologie« *p. 887.*

246 In unserer alten Sprache wird die festlichste Jahreszeit, wo die Sonne ihren Gipfel erlangt hat und nun wieder herabsinken muß, Sunnewende *(solstitium)* genannt. Grimm, »deutsche Mythologie«, *p. 583.* Sie trifft mit dem St. Johannistag (24. Juni) zusammen; die altherkömmlichen Oster- und Maifeuer wurden durch den Einfluß der Kirche auf diesen Tag verlegt. Man sprang durch die Flammen und trieb das Vieh durch zu vermeintlicher Abwehr von Krankheit und Mißgeschick.

247 Das Bestreben einiger Mönche, durch festes Schnüren des faltigen Gewandes eine elegante Taille zu gewinnen, veranlaßte auf der Synode zu Mont Notre-Dame (972) eine zornsprühende Ereiferung des Primas. S. Richers »Geschichte« III. 37.

248 »Sirach«, 27. 6.

249 Die Kirche der *quattro coronati* in Rom mit ihren alten Mosaikfußböden und Malereien aus dem 12. Jahrhundert ist bekannt.

250 Ein Trunk Wassers war Zeichen der Entsagung. Grimm, »Rechtsaltertümer« 190. Wer einmal in der letzten Stunde seines römischen Aufenthaltes zur rauschenden *fontani Trevi* geleitet wurde, um bei Sang und Trank den Scheidetrunk zu trinken, kennt diese Symbolik.

251 Vgl. Zellweger, »Geschichte Appenzells«. – Es ist eine interessante Aufgabe, die alemannische Sprache Appenzells, die auch so, wie sie heutzutage gesprochen wird, noch mannigfache Anklänge an das Althochdeutsch aus Notker Labeos Zeiten enthält, in ihren reichen dialektischen Formen und Wendungen zu verfolgen. Gründliche Anleitung hiezu gibt Titus Tobler, »Appenzellischer Sprachschatz«. Zürich 1837.

252 »Jeremias«, IX. 2.

253 *».. ecce elongavi fugiens et mansi in solitudine et exspectabam eum, qui me salvum faceret.« »Vita St. Galli«* bei Pertz, *»Monum.« II. 8.*

254 S. *»Physiologus,* ein Weistum von Tieren und Vögeln; *von des aran geslâhte«*, bei Wackernagel, »altdeutsches Lesebuch«, I. 165.

255 *».. quantum sub sua cuculla potuit portare ..«*

256 Es war etwa seit dem 8. Jahrhundert in Deutschland und Frankreich das Verlangen heimisch geworden, die Kirchen mit irdischen Überresten von Heiligen so reichlich als möglich und um jeden Preis zu versorgen. Dieses Verlangen hatte im zehnten Jahrhundert einen neuen Aufschwung genommen und erreichte seine höchste Glut in dem sächsischen Königshause. Otto der Große wußte keine größeren Schätze zu sammeln als Reliquien und brachte besonders für sein geliebtes Magdeburg einen großen Vorrat zusammen ... Da sich Kirchen und Gemeinden nur selten freiwillig zu Gunsten anderer ihrer Reliquien entäußerten, so scheute man sich nicht vor dem Mittel des Zwanges und Raubes, und als das Vaterland der Heiligen, Italien, wo damals die Reliquien wenig geachtet wurden, sich den Deutschen wieder auftat, da gehörte es zu den schönsten Aussichten der letzteren, nun im reichen Maße und zwar um Geld oder durch List oder auch mit Gewalt ihr Verlangen erfüllen zu können. Dieser Sehnsucht scheint auch der heilige Metro zum Opfer gefallen zu sein.

.. Daß man aber, wenn man sich nicht eines ganzen Heiligenkörpers bemächtigen konnte, auch damit zufrieden war, daß man ein möglichst großes Stück hinwegbrachte, das hat Verona noch einmal erfahren müssen usw. Vogel, »Ratherius von Verona und das zehnte Jahrhundert« I. 255ff.

257 *».. sô der tágostérno in scônero fárewo skînet.«* Worte der Notkerischen Paraphrase des Marcianus Capella.

258 »Den 4. November 1853 mittag 11 Uhr ist der Eremit Anton Fäßler verunglückt und ist totgefallen auf Pommen im Sail. *Requiescat in pace.«* Eintrag im Fremdenbuch des Wildkirchlein.

259 *».. in visitatione lactis.«*

Dantur de Coldaribus in Seealpe XXX. casei, meliores alpinis caseis (Rotulus censuum sec. 13 in der sanktgallischen Handschrift 456). *de Alpe Gamor tres partes lacticinii, quae per duos dies a Vaccis ibidem compacte fuerint, Portarie nomine. – Citatio Abbatis cellana* bei J. v. Arx, »Geschichten etc.« I. 314. S. auch Grimm, »Weistümer« I. 191. »die Rechte von Appenzell«.

260 *»Nec sua rua colo, nec sua jura volo!«*

261 »Tosen«: an der Volksversammlung murmelnd rauschen. Wenn ein Vorschlag der Landesgemeinde sehr mißfällt, so toset's gewöhnlich. Tobler, »Appenz. Sprachschatz«, *p. 148.*

262

».. dic illi nunc de me corde fideli
Tantundem liebes, veniat quantum modo loubes,
Et volucrum wunna quot sint, tot dic sibi minna,
Graminis et florum quantum sit, dic et honorum.«
»Ruodlieb« fr. XVI. 11–15.

263 *».. sélbun dia érda, dár si únbûhafte ist, hábent erfúllet tero lánglîbon mâniginâ in wálden, ióh in⌣fórsten, ióh in-lóhen, in⌣sêwen, in⌣áhôon, in-brúnnôn.«* Notkers Paraphrase des Marcianus Capella, *lib. II. cap. 34.* bei Hattemer, »Denkmale etc.«, III. 356.

264 S. Grimm, »deutsche Mythologie« *p. 29.*

265 Auch der heilige Gallus war von solchen Erscheinungen dämonischer Weibergestalten *nude ad litus stantes, quasi ad balneum ingredi volentes, turpitudinemque corporis sui ei monstrantes,* heimgesucht. *»Vita S. Galli«* bei Pertz, *»Mon.« II. 9.*

266 *».. In nomine Domini mei Jesu Christi, recede ab hac valle. Sint tibi montes et colles communes nec tamen hic pecus ledas aut homines.« »Vita S. Galli«* bei Pertz, *»Monum.« II. 9.* Die Bären waren in jener Zeit häufige Besucher der Appenzeller Alpen und einige Plätze tragen noch jetzt den Namen zur Erinnerung an sie, z. B. Bärenbach, Bärental, Bärenalp. Seit die Touristen in jenen Revieren zahlreicher geworden, haben sie sich indes gänzlich zurückgezogen. – Die Geschichtsquellen liefern, Bären betreffend, eine so reiche Ausbeute, daß es einem fleißigen Mann nicht schwer fallen würde, sie in einer Abhandlung »über die Bedeutung und soziale Stellung der Bären im Mittelalter« zu verwerten. Wir erinnern an den Bären des heiligen Gallus, der ihm wie ein getreuer Diener Scheiterholz beitrug und Brot aus der Hand fraß, – an die kunstreichen Tanzbären die im *»Ruodlieb«, fr. III. 85* u. ff. besungen sind und mit ihrem aufrechten Eimertragen und Reihentanz im Verein mit singenden

Spielweibern den Zuschauern ein Vergnügen geboten haben mögen, von dem man begreift, daß die Geistlichkeit in besonderen Synodalbeschlüssen dawider eiferte. *(Regino, »de eccles. disciplin.« II. 213.)* Die *»lex Alamannor.«, tit. 99. 12* schlägt das Wehrgeld eines zahmen Hausbären auf 6 *solidi* an – alles Beweise, daß man die Bären in Deutschland zu schätzen wußte, auch ehe ihr Stammverwandter aus den Pyrenäen zum Helden epischer Dichtung erhoben ward.

267 Flutterschnee, ein lockerer, leichter, nicht kompakter Schnee. S. Tobler, »Appenzell. Sprachschatz«, 196.

268 *»Tubas alio quam ceteri villani clanctu inflare didicerant.« Ekkeh. IV., »casus S. Galli«, c. 3* bei Pertz, *»Monum.« II. 103.* Ein echter kanonischer Kuhreigen ist übrigens trotz der Untersuchungen der Gelehrten nicht festgestellt, und im Gebirge schwanken die Ansichten derer, die als geborene Sachverständige ein festes Urteil haben sollten, so daß die einen behaupten, der Kuhreigen werde gar nie mit Worten begleitet, während andere einen – jedenfalls alten und eigentümlichen Text mit dem Refrain *»loba! loba!«* zu geben wissen. Dem Verfasser wurde am Säntis auf die Frage nach dem Kuhreigen dadurch geantwortet, daß man das Alphorn vom Rücken nahm und ihn blies, ohne ein Wort dazu zu singen oder zu jodeln.

269 *»Ekkehardus autem, notularum peritissimus, paene omnia haec eisdem notavit in tabula verbis etc.« Ekkeh. IV., »casus S. Galli«, c. 19.* Pertz, *»Mon.« II. 140.* Die sanktgallische Handschrift 270 gibt nähere Auskunft über die verschiedenen Arten von Geheimschrift, deren man sich allgemein bediente. S. W. Grimm, »über deutsche Runen« und Hattemer, »Denkmale etc.« I. 417, wo auch als Beilage in Steindruck mehrere genaue Faksimile mitgeteilt sind. Es ist auffallend wie eine gewisse Ähnlichkeit zwischen diesen Charakteren und denen etruskischer Inschriften stattfindet.

270 *Procop., »bell. Vand.« II. 6.*

271 Die noch ganz an antike Gymnastik erinnernden Ergötzungen der sanktgallischen Schuljugend, wozu u. a. auch Wettrennen, Ringen mit gesalbten Händen, Stockfechten etc. gehörte, beschreibt Notker Labeo in seinem lateinischen Vakanzlied, mitgeteilt von J. v. Arx, »Geschichten etc.«, I. 259.

272 Ev. Jos., III. 8.

273 Die sehr ins Auge fallende innerrhodische Kleidungsart ist unzweifelhaft die alte des appenzellischen Volkes. Tobler, »Appenzell. Sprachschatz«. *p. 25.*

274 Der Zaur ist ein einzelnes kurzes Gejauchze, das mit uhó oder u bu hu hui hui! bezeichnet werden kann. Tobler, a. a. O. *p. 453.*

275 Appenzellischer Landbrauch. Noch vor wenig Jahrzehnten war die große Haustüre des Amtmanns Tanner von Herisau voll der Köpfe von Gewild, wodurch das Volk ihm Liebe und Achtung erzeigen wollte.

276 Gumpen, gompela = hüpfen, mutwillig springen, ruggûßa (ru-jauchzen) = den Ruggûßler singen, ein landeseigentümliches Hirtenlied in holperigen Reimen, aber mit einer um so angenehmeren weicheren Weise, die zwischen den Worten aus dem Gaumen bisweilen üppig spielt und ergötzt. S. Tobler, a. a. O. *p. 233* und 373.

277 »*Panem Gallus bestiae mirandae dat modestiae, mox ut hunc voravit, in fugam festinavit* usw.« »Ratperts Lobgesang auf St. Gallus« in der lateinischen Übersetzung Ekkehards des Vierten bei Hattemer, »Denkmale etc.« I. 342.

278 Eigentümlich heißt Attilas Gemahlin »Ospirin«, was »göttliche Bärin« bedeutet und in altdeutscher Form Anspirin lauten sollte. Der Name ist echt, alt und auch sonst vorhanden. Grimm und Schmeller, »lat. Gedichte etc.«, *p. 119,* wo auch eine Reihe anderer mehr auf sprachliche Gründe gestützter Konjekturen über die Aufnahme des Namens Ospirin ins Waltharilied nachzulesen ist.

279 S. den Text des Waltharius bei Grimm und Schmeller, »lateinische Gedichte des zehnten und elften Jahrhunderts«, Göttingen 1838. *p. 3* u. ff. Verdeutschungen von anderen anders, Kommentar und Anmerkungen bei San-Marte, »Walther von Aquitanien«, Magdeburg 1853.

280 »*Libro completo saltat scriptor pede laeto!*« Randbemerkung einer sanktgallischen Handschrift, mitgeteilt von J. v. Arx, »Berichtigungen und Zusätze etc.«, *p. 30.*

281 Es steht zu hoffen, daß die Hirngespinste einer zerstörungsfrohen Kritik, die sich wie am Homer so an den Nibelungen nicht eher erfreuen konnte, als bis sie in eine Anzahl von verschiedenen Sängern an verschiedenen Orten verfaßter Volkslieder auseinander genagt waren, seit Holtzmanns Untersuchungen über das Nibelungenlied (Stuttgart 1854) als beseitigt angesehen werden dürfen. Der Streit, der noch immer wider den guten Meister Konrad geführt wird, beweist, daß auf diesem wie auf andern Gebieten das Einfachste am schwersten Eingang findet.

282 »*.. Insuper et alpes philosophantur, sub quibus jugum Sambutinum Rihpertus lyrico possidet sono, et si nosset antra musarum, esset et talis, ut Cynthius Apollo.*« Aus einem Brief des Mönches Ermenrich von Reichenau, bei J. v. Arx, a. a. O. *p. 14.*

283 »*Assumptus est interea in aulam Ottonum patris et filii ... Ekkehardus, ut capellae semper immanens doctrinae adolescentis regis nec non et summis dexter esset consiliis. Ibique in brevi tantus apparuit, ut in ore omnium esset, summum eum aliquem exspectare, pontificatum. Nam et Adelheida regina illum, nunc sancta, per se diligebat.« Ekkeh. IV., »casus S. Galli«, c. 10* bei Pertz, II. 126.

284 »*.. barbarum ferocia ac ferrea corda.« Nithard, lib. I. 1.*

285 »*Domnus Purchardus abbas, elegantissimum sanctae ecclesiae speculum.« »Annales San Gallenses majores«* bei Pertz, »*Mon.« I. 82.*

Bitte beachten Sie
auch die folgenden Seiten

Anton Čechov im Diogenes Verlag

Anton Čechov wurde 1860 in Taganrog (Südrussland) geboren, wuchs in ärmlichen Verhältnissen auf und studierte dank eines Stipendiums in Moskau Medizin. Den Arztberuf übte Čechov nur kurze Zeit aus. Der Erfolg seiner Theaterstücke und Erzählungen machte ihn finanziell unabhängig. Seine Lungentuberkulose jedoch erzwang immer häufigere Aufenthalte in südlichem Klima, so dass Čechov auf die Krim übersiedelte. Er starb 1904 in Badenweiler.

»Wir verdanken Peter Urban einen deutschen Čechov, wie er schöner nicht sein könnte: sprachlich makellos, akribisch annotiert und von einer Vollständigkeit, die weder vom Pléiade- noch vom Oxford-Čechov erreicht wird.«
Manfred Papst / NZZ am Sonntag, Zürich

»Für mich bleibt Čechov unerreicht: Er schrieb Komödien der Verzweiflung über das Leiden und die Sehnsüchte der Menschen. Und weil man davon gleichzeitig amüsiert ist und zerrissen wird, wirkt seine Kunst so eindringlich.« *Woody Allen*

In hochwertiger Leinenaustattung, übersetzt und herausgegeben von Peter Urban:

Er und sie
Frühe Erzählungen 1880–1885

Ende gut
Frühe Erzählungen 1886–1887

Späte Erzählungen in 2 Bänden
Rothschilds Geige
Erzählungen 1893–1896

Die Dame mit dem Hündchen
Erzählungen 1897–1903

Gesammelte Stücke in 1 Band

Briefe (1877–1904) in 5 Bänden

Čechov-Chronik
Daten zu Leben und Werk
Zusammengestellt von Peter Urban

Wie soll man leben?
Anton Čechov liest Marc Aurel
Herausgegeben, übersetzt und mit einem Vorwort von Peter Urban
Auch als Diogenes Hörbuch erschienen, gelesen von Ulrich Matthes

Anton Čechov – Sein Leben in Bildern
Herausgegeben von Peter Urban. Mit 793 Abbildungen, einem Anhang mit Daten zu Leben und Werk und einem Personenregister

In Taschenbuchausgaben:

Das dramatische Werk in 8 Bänden
Aus dem Russischen übersetzt und herausgegeben von Peter Urban. Zurzeit sind folgende Titel lieferbar:

Der Kirschgarten
Komödie in vier Akten

Der Waldschrat
Komödie in vier Akten

Die Möwe
Komödie in vier Akten

Onkel Vanja
Szenen aus dem Landleben in vier Akten

Ivanov
Komödie und Drama in vier Akten

Drei Schwestern
Drama in vier Akten

Sämtliche Einakter

Das erzählende Werk in 10 Bänden
Deutsch von Gerhard Dick, Wolf Düwel, Ada Knipper, Georg Schwarz, Hertha von Schulz und Michael Pfeiffer. Herausgegeben und mit Anmerkungen von Peter Urban. Zurzeit sind folgende Titel lieferbar:

Ein unbedeutender Mensch
Erzählungen 1883–1885

Gespräch eines Betrunkenen mit einem nüchternen Teufel
Erzählungen 1886

Die Steppe
Erzählungen 1887–1888

Flattergeist
Erzählungen 1888–1892
Daraus die Erzählung *Flattergeist* auch als Diogenes Hörbuch erschienen, gelesen von Ernst Schröder

Rothschilds Geige
Erzählungen 1893–1896

Die Dame mit dem Hündchen
Erzählungen 1897–1903
Daraus die Erzählung *Die Dame mit dem Hündchen* auch als Diogenes E-Hörbuch erschienen, gelesen von Otto Sander

Eine langweilige Geschichte / Das Duell
Kleine Romane I
Das Duell auch als Diogenes Hörbuch erschienen, gelesen von Ulrich Matthes

Krankenzimmer Nr. 6 / Erzählung eines Unbekannten
Kleine Romane II
Erzählung eines Unbekannten auch als Diogenes Hörbuch erschienen, gelesen von Rolf Boysen

Drei Jahre / Mein Leben
Kleine Romane III

Außerdem erschienen:

Das Drama auf der Jagd
Eine wahre Begebenheit. Roman. Deutsch von Peter Urban

Ein unnötiger Sieg
Frühe Novellen und Kleine Romane. Deutsch von Beate Rausch und Peter Urban. Herausgegeben, mit Anmerkungen und einem Nachwort von Peter Urban
Ausgewählte Texte auch als Diogenes Hörbuch erschienen, gelesen von Frank Arnold

Wintergeschichten
Deutsch von Peter Urban. Ausgewählt von Christine Stemmermann

Sommergeschichten
Deutsch von Peter Urban. Ausgewählt von Christine Stemmermann

Über Theater
Herausgegeben von Jutta Hercher und Peter Urban, in der Übersetzung von Peter Urban

Meistererzählungen
Deutsch von Ada Knipper, Hertha von Schulz und Gerhard Dick. Ausgewählt von Franz Sutter. Mit einem Nachwort von W. Somerset Maugham

Freiheit von Gewalt und Lüge
Gedanken über Aufklärung, Fortschritt, Kunst, Liebe, Müßiggang und Politik. Zusammengestellt von Peter Urban

Das Čechov-Lesebuch
Herausgegeben, kommentiert und mit einem Vorwort von Peter Urban

Kaschtanka
und andere Kindergeschichten. Diogenes Hörbuch, 2 CD, gelesen von Peter Urban, aus dem Russischen von Peter Urban

Veročka
Geschichten von der Liebe. Diogenes Hörbuch, 4 CD, gelesen von Otto Sander, aus dem Russischen von Peter Urban. Diogenes Sammler-Edition

Meistererzählungen der Weltliteratur im Diogenes Verlag

- **Ambrose Bierce**
Meistererzählungen. Auswahl und Vorwort von Mary Hottinger. Aus dem Amerikanischen von Joachim Uhlmann. Mit Zeichnungen von Tomi Ungerer

- **Giovanni Boccaccio**
Meistererzählungen aus dem Decamerone. Aus dem Italienischen von Heinrich Conrad. Mit einem Nachwort von Bruder Hilario

- **Anton Čechov**
Meistererzählungen. Ausgewählt von Franz Sutter. Aus dem Russischen von Ada Knipper, Hertha von Schulz und Gerhard Dick. Mit einem Nachwort von W. Somerset Maugham

- **Miguel de Cervantes Saavedra**
Meistererzählungen. Die Beispielhaften Novellen. Aus dem Spanischen von Gerda von Uslar. Mit einem Nachwort von Fritz R. Fries

- **Raymond Chandler**
Meistererzählungen. Aus dem Amerikanischen von Hans Wollschläger

- **Friedrich Dürrenmatt**
Der Tunnel und andere Meistererzählungen. Ausgewählt von Daniel Keel. Mit einem Nachwort von Reinhardt Stumm

- **William Faulkner**
Eine Rose für Emily und andere Meistererzählungen. Aus dem Amerikanischen von Elisabeth Schnack

- **F. Scott Fitzgerald**
Drei Stunden zwischen zwei Flügen und andere Meistererzählungen. Ausgewählt und mit einem Nachwort von Daniel Kampa

- **Franz Kafka**
Meistererzählungen. Ausgewählt von Winfried Stephan. Mit einem Nachwort von Walter Muschg und einer Erinnerung an Franz Kafka von Kurt Wolff

- **Gottfried Keller**
Meistererzählungen. Mit einem Nachwort von Walter Muschg

- **D. H. Lawrence**
Meistererzählungen. Ausgewählt, aus dem Englischen und mit einem Nachwort von Elisabeth Schnack

- **Jack London**
Meistererzählungen. Aus dem Amerikanischen von Erwin Magnus. Mit einem Vorwort von Herbert Eisenreich

- **Carson McCullers**
Wunderkind und andere Meistererzählungen. Ausgewählt von Daniel Keel und Daniel Kampa. Aus dem Amerikanischen von Elisabeth Schnack. Mit einem Nachwort von Daniel Kampa
Auch als Diogenes Hörbuch erschienen, gelesen von Elke Heidenreich

- **Katherine Mansfield**
Glück und andere Meistererzählungen. Ausgewählt von Daniel Kampa. Aus dem Englischen von Elisabeth Schnack. Mit einem Vorwort von Anthony McCarten
Daraus zwei Erzählungen auch als Diogenes Hörbuch erschienen, gelesen von Anna König

- **W. Somerset Maugham**
Regen und andere Meistererzählungen. Ausgewählt von Daniel Keel und Daniel Kampa. Aus dem Englischen von Tina und Gerd Haffmans, Ilse Krämer, Irene Muehlon, Simone Stölzel, Friedrich Torberg, Kurt Wagenseil und Mimi Zoff
Auch als Diogenes Hörbuch erschienen, gelesen von Marietta Bürger, Hans Korte, Friedhelm Ptok und Werner Rehm

- **Guy de Maupassant**
Meistererzählungen. Ausgewählt, aus dem Französischen übertragen und mit einem Nachwort von Walter Widmer

- **Herman Melville**
Meistererzählungen. Aus dem Amerikanischen von Günther Steinig. Mit einem Nachwort von Hans-Rüdiger Schwab

- **Frank O'Connor**
Und freitags Fisch und andere Meistererzählungen. Aus dem Englischen von Elisabeth Schnack

● **Liam O'Flaherty**
Silbervogel und andere Meistererzählungen. Aus dem Englischen und mit einem Nachwort von Elisabeth Schnack

● **Luigi Pirandello**
Meistererzählungen. Aus dem Italienischen von Percy Eckstein, Hans Hinterhäuser und Lisa Rüdiger. Mit einem Nachwort von Lisa Rüdiger

● **Edgar Allan Poe**
Meistererzählungen. Aus dem Amerikanischen von Gisela Etzel. Auswahl und Vorwort von Mary Hottinger

● **Alexander Puschkin**
Meistererzählungen. Aus dem Russischen von André Villard. Mit einem Fragment ›Über Puschkin‹ von Maxim Gorki

● **Joseph Roth**
Der Leviathan und andere Meistererzählungen. Ausgewählt von Daniel Keel. Mit einem Nachwort von Stefan Zweig
Auch als Diogenes Hörbuch erschienen, gelesen von Senta Berger

● **Muriel Spark**
Meistererzählungen. Aus dem Englischen von Peter Naujack und Elisabeth Schnack

● **Stendhal**
Meistererzählungen. Mit einem Nachwort von Maurice Bardèche

● **Leo Tolstoi**
Meistererzählungen. Ausgewählt von Christian Strich. Aus dem Russischen von Arthur Luther, Erich Müller und August Scholz

● **Mark Twain**
Meistererzählungen. Mit einem Vorwort von N. O. Scarpi. Auswahl und Bearbeitung von Marie-Louise Bischof und Ruth Binde

● **Evelyn Waugh**
Ausflug ins wirkliche Leben und andere Meistererzählungen. Ausgewählt von Margaux de Weck und Daniel Kampa

● **H. G. Wells**
Meistererzählungen. Ausgewählt von Antje Stählin. Aus dem Englischen von Gertrud J. Klett, Lena Neumann und Ursula Spinner

● **Stefan Zweig**
Brief einer Unbekannten und andere Meistererzählungen. Ausgewählt von Daniel Kampa und Winfried Stephan. Mit einem Nachwort von Donald Prater

Außerdem erschienen:

● **D. H. Lawrence**
Verliebt. Sieben Meistererzählungen
Diogenes Hörbuch in der Diogenes Sammler-Edition. 7 CD in Geschenk-Verpackung, gelesen von Rolf Boysen, Brigitte Buhre, Anna König und Hans Korte

● **Aleksandr Puškin**
Pique Dame. Sechs Meistererzählungen
Diogenes Hörbuch in der Diogenes Sammler-Edition. 4 CD in Geschenk-Verpackung, gelesen von Brigitte und Traugott Buhre

● **Joseph Roth**
Triumph der Schönheit. Meistererzählungen
Diogenes Hörbuch in der Diogenes Sammler-Edition. 5 CD in Geschenk-Verpackung, gelesen von Peter Simonischek